saur

Grundwissen Buchhandel – Verlage

Herausgegeben von
Klaus-Wilhelm Bramann und
Joachim Merzbach

Band 2

Klaus-Wilhelm Bramann
Joachim Merzbach
Roger Münch

SORTIMENTS- UND VERLAGSKUNDE

Zweite, überarbeitete
und erweiterte Ausgabe

K · G · Saur
München · New Providence · London · Paris
1995

Die Deutsche Bibliothek – CIP Einheitsaufnahme

Bramann, Klaus-Wilhelm:
Sortiments- und Verlagskunde / Klaus-Wilhelm Bramann ;
Joachim Merzbach ; Roger Münch. – 2., überarb. und erw.
Ausg. – München ; New Providence ; London ; Paris : Saur,
1995
(Grundwissen Buchhandel – Verlage : Bd. 2)

ISBN 3-598-20065-X
NE: Merzbach, Joachim:; Münch, Roger:; GT

∞

Gedruckt auf säurefreiem Papier
Printed on acid-free paper

Printed in the Federal Republic od Germany
Printed by Strauss Offsetdruck, Mörlenbach
Bound by Thomas Buchbinderei, Augsburg

ISBN 3-398-20065-X

Inhaltsverzeichnis

4. Verlagswesen

5. Zwischenbuchhandel

6. Bucheinzelhandel

7. Bibliographie

8. Ausbildung und Fortbildung im Buchhandel

Anhang

Vorwort

Alle Beteiligten waren über die wohlwollende Akzeptanz der 1. Auflage angenehm überrascht. Nach nunmehr drei Jahren stellt sich eine zweite, überarbeitete Auflage der Kritik. Was hat sich geändert? Was ist beibehalten worden?

Das Autorenteam bleibt unverändert. Obwohl die Autoren in unterschiedlichen Bereichen im Buchhandel hauptberuflich tätig sind (Herr Münch als wissenschaftlicher Mitarbeiter am Institut für Buchwesen der Johannes-Gutenberg-Universität in Mainz, Herr Merzbach als Geschäftsführer eines namhaften Schulbuchverlages in Bad Homburg, Herr Bramann als Dozent an den Schulen des Deutschen Buchhandels), gibt es entscheidende Gemeinsamkeiten: das jahrelange Mitwirken als Mitglieder verschiedener Prüfungskommissionen der Industrie- und Handelskammern sowie vor allem langjährige Erfahrungen mit (Rahmen-)Lehrplänen und deren didaktischer Umsetzung. Die Autoren versuchen, die anstehenden Themenbereiche – im besten Sinne des Wortes – zu popularisieren. Nicht nur die Auflistung der Fakten, sondern der versuchsweise unterhaltsam-informative Zugang zu diesen Fakten kennzeichnet die Ausführungen. Vielleicht ist gerade dies der Grund für die Akzeptanz bei vielen Wieder- und Seiteneinsteigern im Buchhandel. Daß die Zielgruppe Auszubildende in den Berufsbildern Verlags- und Sortimentsbuchhändler/-händlerin sowie Verlagskauffrau/-kaufmann dabei nicht zu kurz kommt, dafür dienen die über 150 Fragen und Antworten am Ende des Buches.

Auch die Gesamtkonzeption des Buches bleibt unverändert. Allein aus umbruchtechnischen Gründen sind größere Änderungen nicht möglich gewesen. Die einzige Ausnahme stellt das neu geschriebene Kapitel 6.4 dar, das den Bereich Marketing im Sortimentsbuchhandel zum Gegenstand hat. Alle weiteren Änderungen dienen vorrangig den angefallenen Aktualisierungen. Dies bedeutet jedoch mehr als nur den Austausch einiger Abbildungen. Viele inhaltliche Änderungen (Wegfall des Bücherzettels, neue Bestimmungen für Büchersendungen, neuer Sammelrevers 1993, Neuorganisation des Sammelreversverfahrens, Neuregelung der Pflichtabgabeverordnung für *Die Deutsche Bibliothek* etc.) mußten in bestehende Ausführungen eingearbeitet werden. Darüber hinaus waren im Kapitel Bibliographie aufgrund konstruktiver Anregungen von Frau Rohrmoser (Neven-DuMont-Schule in Köln) einige Korrekturen notwendig. Damit auch die vorliegende Auflage dem aktuellen Stand entspricht, werden im Anschluß an die Kapitel Zwischenbuchhandel und Bibliographie neueste Entwicklungstendenzen der 90er Jahre skizziert. Alle wesentlichen Änderungen seit April 1995 – so z.B. die sich anbahnende Verbandsreform, die auf den diesjährigen Buchhändlertagen in Stuttgart in die Wege geleitet wurde – mußten jedoch unberücksichtigt bleiben.

Möge auch die zweite Auflage, mit der zudem ein Wechsel der Herausgeber der Reihe *Grundwissen Buchhandel – Verlage* verbunden ist, als Lehr-, Fach- und Sachbuch für Aus- und Weiterbildung im herstellenden sowie im verbreitenden Buchhandel und angrenzenden Fachbereichen freundlich aufgenommen und sinnvoll genutzt werden.

Dr. Klaus-Wilhelm Bramann, Frankfurt a.M.
Joachim Merzbach, Neu-Anspach

1 Aufgaben und Bedeutung des Buchhandels

1.1 Historischer Überblick

Von der Antike bis zur Frühdruckzeit

Die Geschichte des Buchhandels reicht zurück bis ins Altertum. Damals ließen die Herrscher in Ägypten, Griechenland und Rom von ihren Sklaven Handschriften auf Papyrus oder Pergament anfertigen. Zahlreiche Zeugnisse belegen, daß es auch einen regen Handel mit diesen Abschriften gab. Nachdem es um 105 n. Chr. den Chinesen gelungen war, Papier herzustellen, und sich diese Erfindung in den folgenden Jahrhunderten in ganz Europa ausbreitete, verstärkte sich auch die Buchproduktion. Die erste Papiermühle in Deutschland errichtete *Ulman Stromer* 1390 in Nürnberg.

Für die Weitergabe der antiken Literatur im Mittelalter sorgten anfangs die Mönche in ihren Klöstern, seit dem 12. Jahrhundert kamen noch Schreibstuben der sogenannten *stationarii* hinzu, die vor allem Studenten die entsprechenden Texte verliehen oder anfertigten. Einer der bekanntesten Handschriftenhändler war *Diebold Lauber*, der von 1425 bis 1467 im elsässischen Hagenau eine große Schreiberwerkstatt leitete. Seine Handschriftenproduktion verkaufte er hauptsächlich an Adlige, Geistliche und Bürger, die aus dem gesamten deutschsprachigen Gebiet stammten.

Johannes Gutenberg aus Mainz (um 1400–1468) revolutionierte die Buchherstellung um 1450 mit seinem Buchdrucksystem. Zwar kannte man bereits im 8. Jahrhundert im asiatischen Raum die Druckkunst, doch erst Gutenberg gelang es, die einzelnen Komponenten sinnvoll zu kombinieren und weiterzuentwickeln. Seine Hauptleistung war es, Texte in ihre kleinsten Einheiten zu zerlegen, genormte Einzeltypen aus einer Blei-Zinn-Antimon-Legierung mit Hilfe des Handgießapparats herzustellen, sie nach einem ausgeklügelten Schema in einem Setzkasten abzulegen, danach im Winkelhaken wieder zu Texten zusammenzustellen und in der Druckpresse beliebig oft zu vervielfältigen. Sehr treffend hat der Schriftsteller *Georg Christoph Lichtenberg* (1742–1799) einige Jahrhunderte später diese Erfindung mit den folgenden Worten gewürdigt:

„Mehr als das Gold hat das Blei die Welt verändert, und mehr als das Blei in der Flinte das Blei im Setzkasten".

Obwohl manche Zeitgenossen dieser neuen Art der Buchherstellung kritisch gegenüberstanden, verbreitete sich die Druckkunst im 15. Jahrhundert rasch in ganz Europa. Anfangs versuchten die Frühdrucker noch mit ihren Büchern die alten Handschriften nachzuahmen, doch schon bald bekamen die Druckwerke ihren eigenen Charakter. Bis zum Jahre 1500 entstanden schätzungsweise 35000 Druckwerke, die man als *Wiegendrucke* oder *Inkunabeln*

Bildnis von Johannes Gutenberg.
Kupferstich von A. Thevet. Paris, 1584.
Wie alle andern Bilder von Gutenberg
ist auch dieses Porträt
eine freie Erfindung.

Abb. 1: Johannes Gutenberg. Kupferstich von A. Thevet, Paris 1584. (Nachweis: Gutenberg Museum Mainz.)

bezeichnet. Gutenberg und seine Nachfolger, die gleichzeitig Verleger, Drucker und Buchhändler waren, nannte man *Druckerverleger.* Anfangs waren die Auflagen der Bücher noch sehr gering. Man schätzt, daß von der *B-42*, der zweiundvierzigzeiligen *Gutenberg-Bibel*, etwa 150 bis 200 Exemplare gedruckt worden sind. Doch ein Massenbedarf an Büchern war auch gar nicht vorhanden, da die wenigsten Menschen lesen bzw. die teuren Druckwerke kaufen konnten. Das *Catholicon*, ein lateinisches Wörterbuch, kostete um 1470 in Bamberg nachweislich 47 Gulden, was dem Preis von 13 Ochsen bzw. dem Jahresgehalt eines fürstlichen Leibarztes gleichkam.

Erst im Laufe des 15. Jahrhunderts stiegen die Auflagenzahlen allmählich auf 1000 Exemplare, was zur Folge hatte, daß die Druckerverleger ein Vertriebssystem aufbauen mußten, denn Einrichtung und Betrieb einer Druckerei war ein kostspieliges Unternehmen. So versuchten die Buchdrucker, möglichst rasch ihre Verlagserzeugnisse – Bibeln, Andachtsbücher, lateinische Grammatiken und Wörterbücher – abzusetzen. In Bücheranzeigen und Prospekten nannten sie die Titel der angebotenen Werke und teilweise noch ergänzende Hinweise zu Inhalt und Qualität. Bezüglich des Preises verwies man auf „entgegenkommende Verkäufer", die im Auftrag der Druckerverleger herumreisten und vor allem Klöster und Messestädte besuchten. Aus diesen als *Buchführer* bezeichneten Angestellten entstanden mit der Zeit die selbständigen Sortimenter, die vereinzelt bereits Ende des 15. Jahrhunderts in Augsburg und Leipzig nachweisbar sind. Neben diesen reisenden Buchhändlern vertrieben auch Buchbinder die Verlagspublikationen, die damals noch ungebunden verkauft wurden. Ein erstes Großunternehmen der Zeit gründete *Anton Koberger* (um 1445–1513) in Nürnberg, der anfangs zwar eine leistungsfähige Druckerei besaß, später aber dazu überging, anderen Druckoffizinen Aufträge zu übergeben. Damit bahnte sich schon eine Aufgabenteilung zwischen Druckerei und reinem Verlag an, die jedoch erst im Laufe der folgenden Jahrhunderte konkreter wurde.

Der Buchhandel von der Reformation bis zur Französischen Revolution

Eine erste Probe ihrer Leistungsfähigkeit konnte die Buchdruckerkunst zu Beginn des 16. Jahrhunderts ablegen. *Martin Luther* und die Anhänger der Reformation machten von dieser neuen Technologie regen Gebrauch. Bereits nach fünf Tagen war Luthers Flugschrift „An den christlichen Adel deutscher Nation" mit einer Auflage von 4000 Exemplaren vergriffen, seine Übersetzung des Neuen Testaments von 1522, in einer geschätzten Auflage von 3000 Exemplaren, war ebenfalls nach einigen Wochen verkauft. Schon bald erschienen an zahlreichen Orten Nachdrucke, wodurch die Ideen der Reformation – oft jedoch etwas verfälscht – eine rasche Verbreitung fanden. Die Geschichte des Nachdrucks ist so alt wie die Buchdruckerkunst selbst, denn anfangs sahen die Druckerverleger keinen Unterschied zwischen der Abschrift und dem Druck eines Werkes. Die Lehre vom geistigen Eigentum und ein Urheberrecht entwickelte sich erst viel später (vgl. Kap. 4.5). Bei den älteren Büchern handelte es sich primär um gemeinfreie Werke, bei denen man keinen Urheber mehr benennen und bezahlen konnte. Ein Autorenhonorar existierte auch zur damaligen Zeit noch nicht, da viele Verfasser für ihre Schriften keine finanzielle Entlohnung verlangten. Eine Honorierung der Autoren – meist in Form von Naturalienabgaben und Geldgeschenken – setzte sich etwa ab Mitte des 16. Jahrhunderts durch. Von einem Autorenhonorar im heutigen Sinne kann man jedoch erst ab der Mitte des 18. Jahrhunderts sprechen. Selbst Luther bezog kein Honorar, obwohl seine Werke in hohen Auflagen verkauft wurden und den Verlegern und Druckern große Gewinne einbrachten. Er protestierte zwar gehen die zahlreichen Nachdrucke, doch nicht aus finanziellen Beweggründen, sondern aus Ärger über die häufig aufgetretenen Textentstellungen. Das Problem des unberechtigten Nachdrucks bzw. des Raubdrucks hat bis in unsere heutige Zeit seine Aktualität nicht verloren. Damals konnten sich die Druckerverleger von ihren Landesherren zwar Privilegien für ihre Neuerscheinungen geben lassen, doch stellten diese nur einen zeitlich und regional begrenzten Schutz dar.

Ein weiteres Problem im Buchhandel erschien in Form der obrigkeitlichen Kontrolle über Produktion und Vertrieb von Druckwerken. Kirche und Staat hatten bereits früh erkannt, daß durch die neue Buchdruck-Technologie sehr schnell und in großem Umfang unliebsame Ideen und Meinungen verbreitet werden konnten. Schon Kaiser Karl V. hatte 1521 im Wormser Edikt ein Verbot von Schriften, die der kirchlichen Lehre zuwiderliefen, ausgesprochen.

Vor allem die Kirche bediente sich der Zensur. So ließ im Jahre 1559 Papst Paul IV. ein erstes Verzeichnis von verbotenen Büchern – den *Index librorum prohibitorum* – anfertigen. Das System von Vor- und Nachzensur, Zulassungsbeschränkungen und Beschlagnahmen wurde in den nachfolgenden Jahrhunderten immer wieder verbessert und erreichte besonders in totalitär regierten Staaten seine perfekteste Variante. Der lange Kampf des Buchhandels gegen jegliche Zensur fand in Deutschland erst 1949 in Artikel 5 des Grundgesetzes sein Ende.

Doch trotz dieser vielfältigen Problematik entwickelte sich der Buchhandel in Deutschland kontinuierlich weiter.

Die Druckerverleger trafen sich seit dem 16. Jahrhundert regelmäßig auf den Buchhandelsmärkten, die in Frankfurt und Leipzig im Rahmen der allgemeinen Messen stattfanden, um dort ihre Publikationen mit den Kollegen zu tauschen. Der *Tauschhandel* oder *Changehandel* war nämlich die übliche Form des Geschäftsverkehrs geworden. Die Buchhändler tauschten untereinander Bogen gegen Bogen, unabhängig von Inhalt und Qualität des Buches. Dieses Verfahren blieb bis ins 18. Jahrhundert hinein erhalten, weil damit ein großer Vorteil verbunden war. Die Buchhändler ersparten sich dadurch mühsame Ab- und Umrechnungen, da es zur damaligen Zeit in den deutschsprachigen Gebieten kein einheitliches Münzwesen gab.

Seit der Mitte des 16. Jahrhunderts entstanden jeweils zu den Buchmessen Verzeichnisse der angebotenen Schriftwerke, aus denen sich im Laufe der Jahre dann die Meßkataloge entwickelten. Den ersten Buchkatalog dieser Art – mit 256 Titeln – veröffentlichte im Jahre 1564 der Augsburger Buchhändler *Georg Willer*. Dem Druck von privaten Meßkatalogen, bei denen es sich primär nur

Abb. 2: Der Buchhändler. (Nachweis: Chr. Weigel: Abbildung der gemein-nützlichen Haupt-Stände … Regensburg: Weigel 1698.)

um Auswahlverzeichnisse handelte, folgten ab 1597 die offiziellen Kataloge, die vom Rat der Reichsstadt Frankfurt herausgegeben wurden. Der bibliographische Wert der Meßkataloge ist sehr gering, da kein Verzeichnis die Novitäten vollständig verzeichnen konnte. Oft wurden auch Titel angezeigt, die dann niemals erschienen sind. Die beiden Messestädte Frankfurt und Leipzig standen schon immer in Konkurrenz zueinander. Seit dem Ende des 17. Jahrhunderts ging jedoch die Stellung Frankfurts als Buchhandelsmetropole immer mehr zurück. Hierbei spielte auch das Wirken der Kaiserlichen Bücherkommission, die seit 1579 die Ausübung der Zensur und die Erteilung von Privilegien zur Aufgabe hatte, eine nicht zu unterschätzende Rolle. Endgültig verlor Frankfurt seine Bedeutung durch die dort ständig anwachsende Zahl von abzuliefernden Freiexemplaren, die Verlagerung des geistigen Lebens nach Mittel- und Norddeutschland und durch das gestiegene Ansehen der Universitäten von Leipzig und Wittenberg. Im Jahre 1764 verkündeten fast alle norddeutschen Buchhändler, allen voran der Leipziger *Philipp Erasmus Reich* (1717–1787), man habe „von Frankfurt Abschied genommen und die Buchhändlermesse sozusagen daselbst begraben" (zit. nach: Hans Widmann: Geschichte des Deutschen Buchhandels). Dadurch konnte sich Leipzig ungehindert zum Zentralplatz des deutschsprachigen Buchhandels entwickeln.

Reich war auch Wortführer der norddeutschen Buchhändler, die sich für die Abschaffung des Tauschhandels einsetzten. Die Unzulänglichkeiten dieses Verfahrens wurden besonders stark von den Leipziger Verlegern empfunden. Da sie in einer Stadt tätig waren, die eine angesehene und gut besuchte Universität besaß und Aufenthaltsort namhafter Gelehrter und Autoren war, mußten sie auf hohe Qualität ihres Büchenangebots bedacht sein. Unter diesen Umständen lehnten sie es ab, ihre hochwertigen Verlagsartikel gegen minderwertige Literatur einzutauschen. Daher hielten sie den Tauschhandel nur noch mit den Geschäftspartnern aufrecht, denen sie vertrauen konnten und schieden ihren Verlag in Changeartikel (d.h. Tauschartikel) und Kontantartikel (d.h. Artikel, die durch Bezahlung erworben wurden). Man forderte von den nicht in Norddeutschland ansässigen Kollegen, den sogenannten *Reichsbuchhändlern*, Barzahlung oder gewährte Kredit auf ein halbes Jahr bei einem Rabatt zwischen 16 und 25%. Mit Entrüstung reagierten die Reichsbuchhändler auf dieses Geschäftsgebaren, beschimpften ihre norddeutschen Kollegen als *Nettohändler* und drohten, der Leipziger Buchmesse fernzubleiben. Darüber hinaus wollten sie deren erfolgreiche Werke systematisch nachdrucken. Reich blieb allen Drohungen gegenüber standhaft und bemühte sich, eine Deutsche Buchhandels-Gesellschaft zu gründen, deren Mitglieder sich verpflichten sollten, keine Nachdrucke herzustellen, und ihre Verlagsartikel nur gegen Barzahlung zu verkaufen. Zwar erhielt 1769 diese Buchhandels-Gesellschaft die landesherrliche Genehmigung, doch erwirkte Reich 1773 mit dem Kursächsischen Mandat ein noch besseres Mittel, seine Forderungen durchzusetzen. Auf Grund dieses Mandats, das sowohl den in Kursachsen als auch außerhalb des Landes gedruckten Büchern Schutz gegen Raubdruck zusicherte, durften die nachdruckenden Buchhändler die Leipziger Messe nicht mehr besuchen. Danach machten die Reichsbuchhändler ihre Drohung wahr und begannen – allen voran *Franz Varrentrapp* in Frankfurt und *Johann Thomas Edler von Trattner* in Wien – norddeutsche Literatur systematisch nachzudrucken. Natürlich gab es unter den süddeutschen und österreichischen Verlegern ebenfalls ehrenwerte Kollegen, die teilweise auch unter den unberechtigten Nachdrucken ihrer Landsleute zu leiden hatten.

Unter den Reichsbuchhändlern indes kam es im Laufe der Zeit zu einer neuen Art der gegenseitigen Belieferung und Abrechnung, der sogenannten „Reichsbuchhändler-Handlungsart". Man schickte sich jeweils die Neuerscheinungen zu und vereinbarte einen Termin, an dem man die Bücher mit einem Rabatt von 33 1/3% vom Ladenpreis bezahlen mußte. Darüber hinaus gestattete man, die nicht verkauften Bestände wieder zurückzusenden (Konditionswesen).

Ein Jahr vor der Französischen Revolution schlugen dann neunzehn süddeutsche und schweizerische Buchhändler in der „Nürnberger Schlußnahme" diesen Konditionshandel als Kompromißlösung vor und setzten damit dem andauernden Streit zwischen Nord und Süd ein Ende.

Der Buchhandel im 19. Jahrhundert

Im Zuge des Übergangs vom Tausch- zum Konditionshandel vollzog sich allmählich auch die Trennung zwischen dem Sortimenter, der für den Vertrieb der Novitäten zuständig war, und dem Verleger, der sich ausschließlich mit der Herstellung von Büchern beschäftigte. Als erster „reiner" Sortimenter gilt *Friedrich Christoph Perthes* (1772–1843), der seine Sortimentsbuchhandlung 1796 in Hamburg gegründet hatte. Perthes zählte zu den führenden Persönlichkeiten des deutschen Buchhandels und veröffentlichte 1816 mit seinem Buch „Der deutsche Buchhandel als Bedingung des Daseins einer deutschen Literatur" eine der wichtigsten programmatischen Schriften der Buchhandelsgeschichte.

Für viele Verleger war es wichtig geworden, ihre Publikationen auch außerhalb der Messezeit zu vertreiben. Daher suchten sie sich vor allem in den großen Städten Verwalter, die als Kommissionäre ihre Interessen das ganze Jahr über wahrnahmen. Aus diesen Kommissionären entstanden in der Mitte des 19. Jahrhunderts die Zwischenbuchhändler. Das erste Barsortiment wurde 1852 von *Louis Zander* in Leipzig gegründet (vgl. Kap. 6.1).

In der Zwischenzeit begann auf der großen politischen Bühne ein kleiner Korse, die bestehenden Machtverhältnisse in Europa grundlegend zu ändern. Diese Entwicklungen trafen natürlich auch das deutsche Buchwesen. Absatzschwierigkeiten beim Handel innerhalb und außerhalb Deutschlands und verschärfte Zensurmaßnahmen, ja sogar die Hinrichtung eines Buchhändlers (des Nürnberger Buchhändlers *Johann Philipp Palm*, der 1806 auf Befehl Napoleons erschossen wurde) waren die Folgen der Napoleonischen Kriege. Die beiden bekannten Buchhandelshistoriker *Friedrich Kapp* und *Johann Goldfriedrich* sprachen daher in ihrer vierbändigen „Geschichte des Deutschen Buchhandels" von der „französischen Fremdherrschaft" (1806–1813), die erst nach der Völkerschlacht bei Leipzig beendet wurde.

Der

deutsche Buchhandel

als

Bedingung des Daseyns

einer deutschen Literatur.

„Die Literatur umfaßt beynahe das ganze geistige Leben des Menschen."

(Fr. Schlegels Geschichte der alten und neuen Literatur.)

1816, im July.

Abb. 3: Friedrich Christoph Perthes ließ seine programmatische Schrift 1816 anonym erscheinen.

Das Ende der französischen Fremdherrschaft bedeutete für den deutschen Buchhandel auch einen Neuanfang. Zum Wiener Kongreß 1814/15 sandte man eine Deutsche Deputation der Buchhändler, um auf die Probleme der Branche – Nachdruck und Zensur – aufmerksam zu machen. Zwei ehrenwerte Vertreter wurden aus dem Kollegenkreis ausgewählt und nach Wien beordert, um sich für „die Sache des deutschen Buchhandels", wie man es nannte, einzusetzen. Nach vielen Gesprächen und Audienzen bei den wichtigsten Politikern gelang es *Karl Bertuch d.J.* aus Weimar und *Johann Friedrich Cotta* aus Stuttgart, daß in der Deutschen Bundesakte von 1815 folgender Satz in § 18d aufgenommen wurde:

„Die Bundesversammlung wird sich bei ihrer ersten Zusammenkunft mit Abfassung gleichförmiger Verfügungen über die Preßfreiheit und die Sicherstellung der Rechte der Schriftsteller und Verleger gegen den Nachdruck beschäftigen." (Zit. nach: Kapp-Goldfriedrich: Der Deutsche Buchhandel. Bd IV.)

Abb. 4: Die Buchhändlerbörse um 1825. Aus dem Skizzenbuch des Nürnberger Verlagsbuchhändlers Friedrich Campe. (Nachweis: Stadtbibliothek Nürnberg.)

Damit glaubten sich die Buchhändler und Verleger schon am Ziel ihrer Forderungen, doch sie hatten nicht mit der Schwerfälligkeit der Bürokratie gerechnet. Die Debatte über die anstehenden Probleme wurde immer wieder verschoben, bis die Tat eines fanatischen Studenten namens *Karl Ludwig Sand* nicht nur dem Leben des Schriftstellers *August von Kotzebue* ein Ende setzte, sondern auch alle Pläne auf eine baldige Besserung im Buchmarkt vernichtete. Aufgeschreckt durch diese Tat erließ der Deutsche Bund am 20. September 1819 die Karlsbader Beschlüsse, die alle Hoffnungen auf die in Aussicht gestellte Zensurfreiheit und das geplante Gesetz gegen den Nachdruck zunichte machte. So mußten sich die Buchhändler auch weiterhin mit diesen Problemen auseinandersetzen. Erst 1837 erließ Preußen das „Gesetz gegen Nachdruck und Nachbildung zum Schutz des Eigentums an Werken der Wissenschaft und Kunst" und bestimmte eine Schutzfrist von 30 Jahren nach dem Tode des Urhebers (vgl. Kap. 4.5).

Die Entwicklung innerhalb der Buchhandelsbranche verlief dagegen sehr positiv. Die Buchhändler und Verleger trafen sich regelmäßig zur Leipziger Buchmesse, besprachen anstehende Probleme und rechneten untereinander ab. Zu diesem Zweck mietete man anfangs verschiedene Räume in Leipzig, um die Abrechnungsgeschäfte zu vereinheitlichen. Daher sprach man während der Messe von der sogenannten *Buchhändlerbörse*.

Nach langen Diskussionen und Vorverhandlungen gründeten schließlich am 30. April 1825 sechs Leipziger und 93 auswärtige Buchhandelsunternehmen den *Börsenverein der Deutschen Buchhändler*. Damit war auch die „Sturm- und Drangperiode des deutschen Buchhandels" (zit. nach: Kapp-Goldfriedrich: Der Deutsche Buchhandel. Bd IV.) überwunden, und der weitere Ausbau des Buchhandelssystems konnte beginnen. In den folgenden Jahrzehnten beschäftigte sich der Börsenverein mit allen Problemen der Branche, kämpfte weiter für eine nationale und internationale Gesetzgebung gegen den Nachdruck, setzte sich bei den verantwortlichen Regierungsgremien für die Pressefreiheit ein, ließ ab 1834 das *Börsenblatt für den Deutschen Buchhandel* als Fachorgan der Branche erscheinen, baute 1836 ein Vereinshaus – die Deutsche Buchhändler Börse – in Leipzig und regte mit der Gründung der Historischen Kommission im Jahre 1876 die Erforschung der Buchhandelsgeschichte an.

Auf Grund zahlreicher Erfindungen im druckgraphischen Bereich (Papiermaschine 1798, Steindruck um 1800, Schnellpresse 1812, erste Patente für Setzmaschinen 1822, Stereotypie 1830) veränderten sich auch die Voraussetzungen für die technische und wirtschaftliche Produktion von Druckerzeugnissen. So steigerte sich die Buchproduktion von rund 4000 Titeln im Jahre 1800 auf jährlich über 15000 neue Titel in den 1880er Jahren.

Die Buchpreise waren schon immer ein intensiv und leidenschaftlich diskutiertes Thema, nicht nur bei Buchhändlern, sondern auch bei Buchkäufern. Durch die Einführung des Konditionshandels entstanden viele neue buchhändlerische Betriebe, die bei der zunehmenden Konkurrenzsituation häufig dazu übergingen, ihre Publikationen mit enormen Rabatten (zwischen 25 und 50%) an ihre Kunden abzugeben.

Georg Joachim Göschen rügte diese Preisnachlässe bereits in seinem 1802 verfaßten Exposé „Meine Gedanken über den Buchhandel" als „Schleuderey". Seiner Meinung nach sollte man die Kundenrabatte völlig abschaffen oder auf einen Höchstsatz von 10% beschränken. Doch obwohl sich der Börsenverein lange Jahre um eine Lösung des Problems bemühte, gelang es erst 1887 dem damaligen Vorsteher, dem Stuttgarter Verleger *Adolf Kröner*, einige Veränderungen im deutschen Buchhandel durchzusetzen. Diese als Krönersche Reform in die Buchhandelsgeschichte eingegangene neue Satzung des Börsenvereins führte ein Jahr später zur *Buchhändlerischen Verkehrsordnung*. Die wesentlichste Bestimmung war die Vereinbarung über den *Festen Ladenpreis*, die bis heute zwar aufrechterhalten wurde, aber die ganze Zeit über immer wieder Anlaß zu zahlreichen Kontroversen geboten hat. Einen sehr heftigen Kampf gegen die Abschaffung des Kundenrabatts führten die Mitglieder des 1903 in Leipzig gegründete *Akademischen Schutzvereins*. Einer ihrer bekanntesten Vertreter, der Leipziger Professor für Nationalökonomie *Karl Bücher*, kritisierte besonders stark den Börsenverein und bezeichnete ihn in seinem Buch „Der deutsche Buchhandel und die Wissenschaft“ als Kartell. Diese Auseinandersetzung wurde erst durch die Vermittlung des Reichsministeriums des Innern 1907 beigelegt. Man einigte sich damals auf verschiedene Preisnachlässe für Bibliotheken mit einem bestimmten Vermehrungsetat. Diese Regelung bildet noch heute die Grundlage für die Bibliotheksrabatte.

Von der Krönerschen Reform zur Währungsreform von 1948

Die Jahrhundertwende war auch die Zeit der großen Verlagsgründungen. Samuel Fischer hatte 1886 seinen Verlag in Berlin gegründet, Eugen Diederichs 1896 in Florenz und Leipzig und Reinhard Piper 1904 in München, ein Jahr später übernahm Anton Kippenberg den 1899 gegründeten Insel-Verlag in Leipzig, Ernst Rowohlt begann 1908 in Berlin und Rowohlts ehemaliger Teilhaber Kurt Wolff 1913 in Leipzig. Nach einem Ausspruch von Eugen Diederichs wurden diese Neugründungen auch als Kulturverlage bezeichnet.

Auf Anregung des Börsenvereins geht die Gründung der *Deutschen Bücherei* in Leipzig zurück, die ab 1913 ihre Tätigkeit aufnahm. Mit der Deutschen Bücherei wollte man ein Zentralarchiv der deutschen Verlagsproduktion, ähnlich den großen Nationalbibliotheken des Auslands, schaffen. Später wurde sie auch für die Herausgabe der *Deutschen Nationalbibliographie* zuständig.

Kurz nach dem Ersten Weltkrieg verbreiteten sich auch die Buchgemeinschaften, die es sich zum Ziel gesetzt hatten, „das Buch dem Volke“ zu bringen. So lautete auch der Leitsatz der ersten bedeutenden Buchgemeinschaft, des 1891 gegründeten *Vereins der Bücherfreunde*.

In den 20er Jahren entfaltete sich im deutschen Buchhandel eine Erneuerungs- und Bildungsbewegung, die von *Eugen Diederichs* (1867–1930) ausging und nach neuen Formen der Berufsgestaltung suchte. Im Vordergrund dieser als *Jungbuchhandel* bezeichneten Bewegung stand die Aus- und Fortbildung des Nachwuchses sowie die Vertiefung einer Berufsauffassung. Neben der Herausgabe verschiedener Zeitschriften veranstaltete der Jungbuchhandel zahlreiche Sommerakademien und entwickelte Pläne zur Aus- und Fortbildung. Bis zum Jahre 1933 gehörten etwa 1000 Mitarbeiter der Buchhandelsbranche dieser losen Vereinigung an, deren ehemalige Mitglieder vor allem nach 1945 den deutschen Buchhandel mit aufbauen halfen.

Wir treten mit einem seit langem sorgfältig vorbereiteten und wohl durchdachten Unternehmen nunmehr an die Öffentlichkeit, einem Unternehmen, das bei den uns befreundeten Autoren und Sortimentern, mit denen wir darüber sprachen, den lebhaftesten Beifall und die günstigste Prognose gefunden hat. Es soll den Namen

Insel-Bücherei

führen und freundlich ausgestattete gebundene Bändchen umfassen, die jedes

fünfzig Pfennig

kosten. Was wir nicht damit bezwecken, mag vorausgeschickt werden: wir wollen nicht mit bestehenden verdienstvollen Sammlungen in Wettbewerb treten und nicht zum hundertsten Male den Faust, den Tell, Iphigenie, Hermann und Dorothea oder Minna von Barnhelm drucken. Wir wollen ferner nicht einen Rekord der Billigkeit aufstellen. Gewiß, die Bändchen der Insel-Bücherei sind sehr preiswert, aber sie suchen nicht durch den Umfang zu glänzen. Das Aufschwellen der Bücher bei immer geringerem Preis läuft am Ende doch nur auf eine Verminderung der Qualität hinaus.

Die Insel-Bücherei soll unsere gesamte Verlagstätigkeit widerspiegeln. Sie soll kleinere Werke – Novellen, Gedichtgruppen, Essays, dramatische Dichtungen, Reden, Volksbücher – enthalten, die urheberrechtlich geschützt oder durch die Art der Bearbeitung oder Übertragung unser Eigentum sind, sodann Werke aus früherer Zeit, die zu Unrecht in Vergessenheit geraten sind oder denen wir eine besondere aktuelle Wirkung zu geben beabsichtigen, und gelegentlich auch illustrierte Bücher.

Abb. 5: Anzeige der Insel-Bücherei, Mai 1912. (Nachweis: Börsenblatt für den deutschen Buchhandel. 18/1962.)

Bedeutete der Erste Weltkrieg, die anschließende Währungsreform von 1923 und die große Arbeitslosigkeit während der Weimarer Republik bereits einen großen Rückschlag für das Buchhandels- und Verlagswesen, so zerstörte das Dritte Reich im wahrsten Sinne des Wortes nachhaltig die traditionellen Strukturen des deutschen Buchwesens.

Unter den als vordringlich zu bewältigenden Aufgaben, die sich dem am 30. Januar 1933 an die Macht gekommenen nationalsozialistischen Regime stellten, nahm die Kontrolle der Publizistik und des Buchwesens eine überragende Stellung ein. Die „Revolution" von 1933 auch geistig zu gewinnen, war ein wichtiges Ziel der nationalsozialistischen Schrifttumspolitik, die im Hinblick auf die Errichtung eines „Tausendjährigen Reiches" betrieben wurde.

Bereits fünf Tage nach der Ernennung Adolf Hitlers zum Reichskanzler, wurde eine „Verordnung zum Schutze des Deutschen Volkes" erlassen, die sowohl Beschlagnahme als auch Verbot von Druckschriften regelte: „Druckschriften, deren Inhalt geeignet ist, die öffentliche Sicherheit und Ordnung zu gefährden, können polizeilich beschlagnahmt werden."

Zur Realisierung der geplanten Übernahme und Umstrukturierung des Buchwesens gründete man im September 1933 die Reichskulturkammer (RKK). Als nationalsozialistische Zwangsorganisation der „Kulturschaffenden" überwachte und lenkte sie mit ihren sieben Einzelkammern das deutsche Kulturleben. Für den Buchhandel war die Reichsschrifttumskammer (RSK) zuständig. Jeder Mitarbeiter der Buchhandelsbranche mußte, wenn er in seinem Beruf tätig sein wollte, der RSK angehören.

Schon kurz nach der Machtübernahme ließ sich der Börsenverein gleichschalten und veröffentlichte bereits im April 1933 im Börsenblatt ein zehn Punkte umfassendes *Sofortprogramm des deutschen Buchhandels*, das eine schamlose Mixtur aus wirtschaftlichem Opportunismus und politischer Anbiederung darstellte. In diesem Sofortprogramm hatten Vorsteher und Vorstand zunächst die „nationale Erhebung" begrüßt und die „Bereitwilligkeit zur Mitarbeit an ihren Zielen" bekundet. In Form eines Kataloges stellte man verschiedene Forderungen auf, die mit den neuen „kulturellen und wirtschaftlichen Richtlinien" übereinstimmen sollten. Im einzelnen ging es um die Umgestaltung des Börsenvereins zu einer „Zwangsorganisation für alle Buchhändler", um die Schaffung „einer pflichtmäßigen staatlichen Gehilfenprüfung" und um die Abschaffung von Buchgemeinschaften. Darüber hinaus wünschte man eine Wiederaufstockung des Kulturetats und forderte die „sofortige und restlose Beseitigung" von Buchproduktion und -vertrieb durch Warenhäuser. „In der Judenfrage", so lautet der letzte Punkt des Programms, vertraue man sich „der Führung der Reichsregierung an. Ihre Anordnungen wird er für seinen Einflußbereich ohne Vorbehalt durchführen."

Innerhalb des Börsenvereins übernahmen schon bald linientreue Parteigenossen die Führung und bestimmten so die weitere Entwicklung. Einen ersten Schritt bildete im Dezember 1933 die Eingliederung des Börsenvereins als Fachverband in die RSK. Nach dem erzwungenen Rücktritt des Vorstehers *Friedrich Oldenbourg* leitete ab Juni 1934 *Kurt Vowinckel*, der Geschäftsführer eines kleinen Berliner Verlags, den Börsenverein. In einer vom Rundfunk in ganz Deutschland gesendeten und im Börsenblatt abgedruckten Rede skizzierte er den weiteren Umbau des deutschen Buchhandels mit folgenden Worten:

„Um die Organisation geht es nicht – die brauchen wir nur anzupassen und anders zu führen –, es geht um die Aufgaben, geht um den Geist von Führung und Gefolgschaft, aus dem heraus wir sie anpacken. Und der wird anders – ganz anders, als er bisher war! Denn was fehlte uns bis heute bei allen Ansätzen zur Zusammenarbeit? Der nationalsozialistische Wille zur Gemeinschaftsarbeit. Es fehlte die bedingungslose Einordnung jedes einzelnen in den Dienst des Standes und die Einordnung des Standes in den Dienst an der Volksgemeinschaft. Es fehlte der Wille, Vorkämpfer zu sein im Ringen des Nationalsozialismus um unser Volk. Oder glauben Sie, wer heute seine Bücher oder sein Schaufenster mit dem Hakenkreuz schmückt, wer laut nach dem Führerprinzip schreit, wer das Wort Gemeinnutz im Munde führt, erfülle seine Aufgabe als Volksgenosse und als Glied unseres Standes? Wir verlangen mehr, wir verlangen restlose Hingabe über den Stand an die Volksgemeinschaft. Und darum werden wir den reichsdeutschen und nur den reichsdeutschen Buchhandel in schnellem Zuge umbauen."

Vowinckel blieb aber nur drei Monate im Amt und wurde von *Wilhelm Baur*, der seit 1920 der NSDAP angehörte, abgelöst, unter dessen Leitung am 15. Oktober 1934 der Bund Reichsdeutscher Buchhändler e.V. (BRB) gegründet wurde. Der BRB übernahm innerhalb der RSK die ständische Vertretung, während der Börsenverein nach der wenige Tage später erfolgten Ausgliederung außerhalb der Kammer für die wirtschaftlichen Belange des Buchhandels zuständig blieb. Die Umorientierung und Neuordnung im Buchhandel fand jedoch erst drei Jahre später ihren endgültigen Abschluß. Im Juni 1937 wurde der BRB aufgelöst und dafür die Abteilung III der RSK als *Gruppe Buchhandel*, unter Leitung von Wilhelm Baur, mit den branchenspezifischen Aufgaben betraut.

Neben der RSK gab es noch eine große Anzahl von Institutionen, die für die neue Kulturpoltik des nationalsozialistischen Regimes zuständig waren, z.B. die Abteilung Schrifttum im Ministerium für Volksaufklärung und Propaganda sowie die parteiamtliche Prüfungskommission zum Schutze des NS-Schrifttums. Oft waren sich selbst die Leiter der verschiedenen Abteilungen und Amtsstellen über ihre tatsächlichen Kompetenzen nicht bewußt, was aus einigen erhaltenen Briefen und Dokumenten deutlich hervorgeht. In dem 1940 von Hellmuth Langenbucher herausgegebenen Standardwerk „Die Welt des Buches. Eine Kunde vom Buch" befindet sich das Schaubild (Abb. 6), das den recht komplizierten „Gesamtaufbau der staatlichen Welt des Buches" aufzeigt.

Bis zum Ende des Dritten Reiches hatte es die nationalsozialistische Regierung erreicht, durch Gründung von Parteiverlagen, Zusammenlegung und Schließung von unliebsamen Verlagsunternehmen und Buchhandlungen,

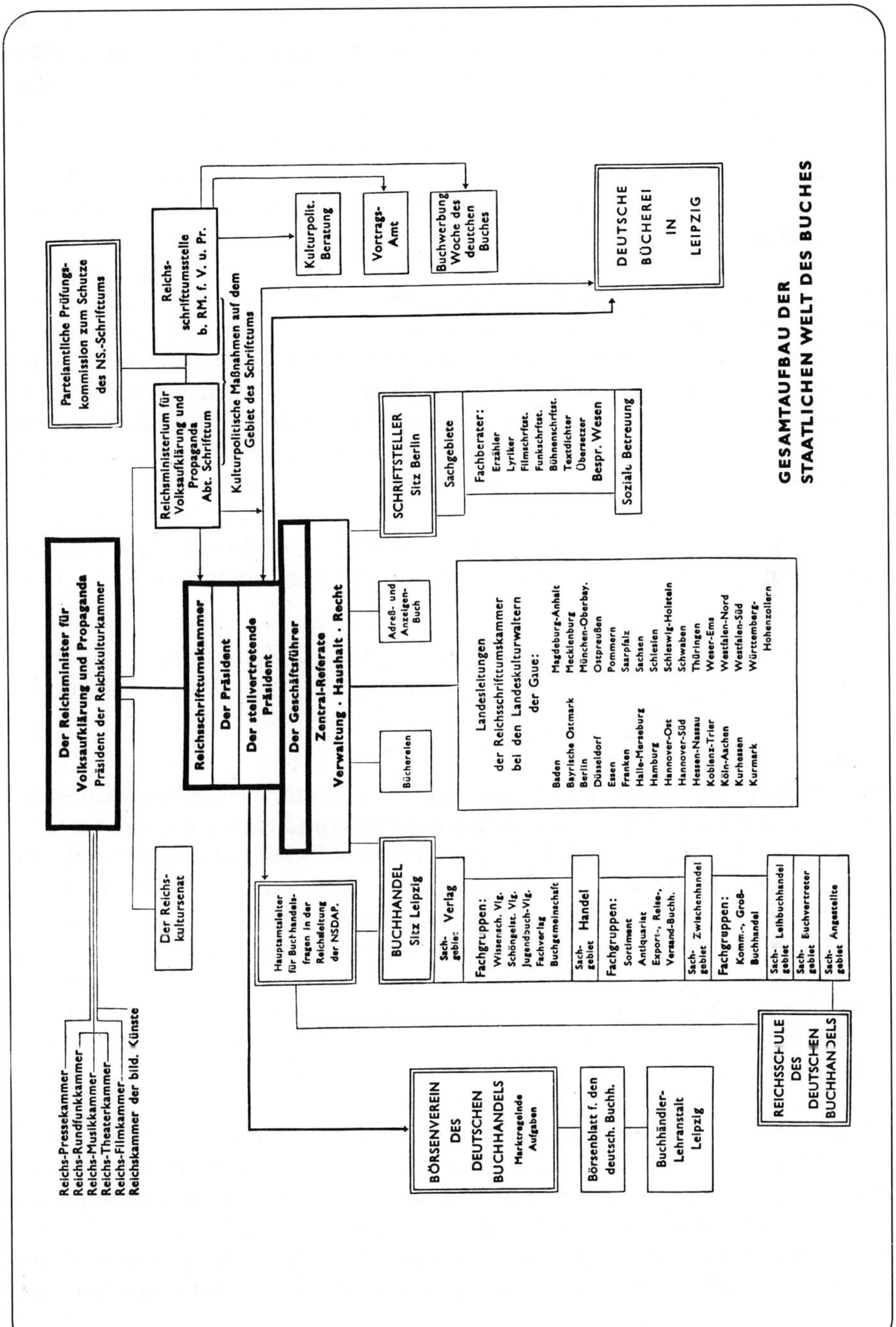

Abb. 6: „Gesamtaufbau der staatlichen Welt des Buches" im Dritten Reich. (Nachweis: Die Welt des Buches. Eine Kunde vom Buch. Hrsg. von Hellmuth Langenbucher. München 1940.)

Papierbewirtschaftung, Verbotslisten, Buchbesprechungsprogrammen und vor allem durch verdeckte, später auch ganz offen durchgeführte Terroraktionen, das deutsche Buchwesen so nachhaltig umzuformen, daß nach der Befreiung durch die alliierten Streitkräfte sehr große Anstrengungen unternommen werden mußten, das völlig zerstörte Buchhandelssystem langsam wieder aufzubauen.

Nachkriegszeit

Die Situation in Deutschland nach der Kapitulation am 9./11. Mai 1945 war chaotisch. Alle Kommunikationsmittel waren unterbrochen, die öffentlichen Verkehrsmittel außer Betrieb, der Straßenverkehr durch zerstörte Straßen und Brücken sowie durch fehlende Betriebsstoffe lahmgelegt, Brief- und Paketpost, Fernsprech- und Telegraphendienst eingestellt. Eine der ersten Maßnahmen der Alliierten war die Stillegung aller Mittel zur öffentlichen Nachrichtenverbreitung. Eine der ersten diesbezüglichen Verordnungen der Militärregierung war das „Gesetz Nr. 191" über die Nachrichtenkontrolle vom 24. November 1944.

In Abschnitt 1 wurde vorbehaltlich anderer Anordnungen oder sonstiger Ermächtigungen durch die Militärregierung folgendes verboten:

„Das Drucken, Erzeugen, Veröffentlichen, Vertreiben, Verkaufen und gewerbliche Verleihen von Zeitungen, Magazinen, Zeitschriften, Büchern, Broschüren, Plakaten, Musikalien und sonstigen gedruckten oder (mechanisch) vervielfältigten Veröffentlichungen, von Schallplatten und sonstigen Tonaufnahmen und Lichtspielfilmen jeder Art."

Ein Hauptziel der Alliierten war die bereits im Winter 1944/45 in Washington vorgeplante Aktion der „Entnazifizierung". Da rund ein Fünftel der Gesamtbevölkerung Deutschlands Mitglieder der NSDAP gewesen waren, mußte die gesamte erwachsene Bevölkerung mit einer Fragebogen-Aktion überprüft werden. Für die anschließende „re-education" – später nannte man es „reorientation" – der deutschen Bevölkerung benötigte man ein funktionierendes Buchwesen. Daher förderten die Alliierten, aber kontrollierten auch den deutschen Buchhandel sehr intensiv, um diese „Erziehung zu demokratischer Gesinnung und Denkweise" zu beschleunigen.

Die Alliierten hatten Deutschland in vier Besatzungszonen eingeteilt, in denen nach und nach jedoch deutsche Länder- und Provinzialregierungen eingesetzt wurden. Dadurch lockerten sich auch die Bestimmungen für den Buchhandel immer mehr. Aus strikten Verboten entwickelte sich das System der Lizenzvergabe, das im Mai 1949 durch die „Allgemeine Genehmigung (General License No. 3)" ersetzt wurde, wonach jeder, dem deutsche Gesetze oder Gesetze der Militärregierung dies nicht anderweitig untersagten, berechtigt war, Zeitungen, Magazine, Zeitschriften, Bücher, Broschüren, Plakate, Noten und sonstige Veröffentlichungen herauszugeben. Doch noch mehr als diese anfängliche Lizenzierungspraxis der Alliierten behinderten den Buchhandel – vor allem die Verlage – die akute Papierknappheit und die fehlenden Setzerei- und Druckereieinrichtungen.

Nach der Währungsreform 1948 wurde, bedingt durch die geringe Kaufkraft, der Ruf nach billigen Büchern immer lauter. Ein Verleger, der diese Rufe hörte und reagierte, war *Ernst Rowohlt.* Beim Lesepublikum bestand in der Nachkriegszeit ein großer Nachholbedarf, den die wenigen Verlage mit ihrem knappen Buchangebot nicht befriedigen konnten. Aus dieser Notsituation heraus entwickelten Ernst Rowohlt und sein Stiefsohn *Heinrich Maria Ledig-Rowohlt* die berühmten „Rowohlts-Rotations-Romane" ro-ro-ro. Zwischen Dezember 1946 und Oktober 1949 erschienen insgesamt 25 Hefte (keine Bücher!) im Zeitungsformat, ungebunden und ungeheftet, im Rotationsverfahren auf stark holzhaltigem Papier gedruckt und in einer Auflage von 100 000 (!) Exemplaren verbreitet. Zum Preis von 50 Pfennig für das einfache Heft konnten die Leser die „Romane der Weltliteratur" sowohl über das Sortiment beziehen als auch an Kiosken kaufen. Mit ihrer Devise „Möglichst viel Buchstaben auf möglichst wenig Papier für möglichst wenig Geld" konnten die Rowohlts in den Nachkriegsjahren das entstandene geistige Vakuum auf recht preiswerte Art und Weise füllen.

Trotzdem bat der Rowohlt Verlag in der Rubrik „Bitten an die Leser!" auf der letzten Seite eines jeden ro-ro-ro-Heftes, „solange der Büchermangel herrscht, nicht g r u n d s ä t z l i c h jeden Rotationsroman zu kaufen, sondern lassen Sie sich beraten von Ihrem Buchhändler und wählen Sie aus."

Anfang der 50er Jahre folgten dann die ersten Taschenbücher im Rowohlt Verlag. Als Vorbild dienten dem jungen Ledig-Rowohlt die pocket-books der Amerikaner. Andere Verlage brachten kurze Zeit später ebenfalls Taschenbücher auf den Markt. So erschienen 1952 die ersten Bände der „Fischer-Bücherei" und des Paul List Verlags, ein Jahr später folgten „Bürgers Taschenbücher", die 1955 vom Verlag Ullstein übernommen wurden.

Über „Das Buch aus der Fabrik" – so der Titel eines Artikels im Wirtschaftsteil der F.A.Z. – schrieb Jürgen Eick am 28. Februar 1953:

„Erfinderische, ideenreiche Köpfe haben den westdeutschen Konsumenten nach 1948 viele neue Produkte beschert. Aber zu einer Revolutionierung scheint es doch nur auf zwei Gebieten gekommen zu sein, dem der Textilrohstoffe und – dem der Buchproduktion. [...] Hier in den Pocket-Books wird ein Musterbeispiel erfolgreicher Mengenkonjunkturpolitik vorexerziert, wie man es wohl so rasch nicht ein zweites Mal in der Wirtschaftsgeschichte finden wird. In einer Zeit, da der Buchhandel fast völlig darniederlag, konnten die Taschenbücher infolge ihres niedrigen Preises in Massenauflagen abgesetzt werden, die noch einige Monate vorher den Fachleuten ein Märchen aus Tausendundeiner Nacht zu sein schienen."

Ein weiterer wichtiger Impuls im Buchwesen ging von den Buchgemeinschaften aus, die es zwar in Deutschland schon seit den 20er Jahren gab (Deutsche Buch-Gemeinschaft, Büchergilde Gutenberg), doch nach dem Zweiten Weltkrieg durch ihr „zweistufiges Vertriebssystem" – der vertreibende Buchhandel konnte Mitglieder werben und beliefern – eine neue Vertriebsvariante schufen. An dieser Entwicklung war der 1950 gegründete *Lesering ‚Das Bertelsmann Buch'*, aus dem später der *Bertelsmann Club* mit seinen Club-Centers ent-

Abb. 7: Ernst Rowohlt
Fotografie von Ursula Litzmann (Quelle und Bildvorlage: Deutsches Literaturarchiv, Marbach am Neckar)

stand, maßgeblich beteiligt. Mit diesem Lesering als wichtigster Stütze seines Verlagsimperiums schuf der Verlagschef *Reinhard Mohn* in den folgenden Jahren einen Medienkonzern, der mittlerweile mit einem Gesamtumsatz von über 17 Mrd. DM weltweit eine Spitzenstellung einnimmt (vgl. Kap. 4.2). Während in der Anfangszeit noch eine große Anzahl von Buchgemeinschaften in Konkurrenz zueinanderstanden, gehören heute die beiden großen Buchgemeinschaften – der Bertelsmann Club und der Deutsche Bücherbund – dem Bertelsmann Konzern.

Ab den 50er Jahren entwickelte sich der Buchhandel in Westdeutschland stetig weiter. Im Jahre 1955 wurde der Börsenverein des Deutschen Buchhandels e.V. in Frankfurt gegründet, wo auch seit 1946 die Deutsche Bibliothek ihre Arbeit als zentrale Archiv-Bibliothek des deutschsprachigen Schrifttums aufgenommen hatte. Der deutsche Buchhandel konnte von Jahr zu Jahr die Titelproduktion steigern, höhere Umsätze erzielen, den Service – vor allem in puncto Schnelligkeit – erheblich ausbauen, dank moderner Techniken aus dem druckgraphischen Bereich (Offsetdruck, Fotosatz etc.) sowohl die Quantität als auch die Qualität der Printmedien verbessern und gilt heute unangefochten als einer der vorbildlichsten und leistungsfähigsten der Welt. Doch trotz verbesserter Technik und perfekter Organisation bietet der Buchhandel ideenreichen und unternehmungslustigen Menschen immer noch zahlreiche Möglichkeiten, ihre Träume und Vorstellungen zu realisieren, auch wenn das eine oder andere Experiment nicht glückt. So versprach 1984 ein bunter Prospekt, der plötzlich in den Buchhandlungen aufgetaucht war: „Jeden Monat ein bestes Buch zum festen Preis von 25 DM. Ausgewählt von Hans Magnus Enzensberger und nach den alten Regeln der ‚Schwarzen Kunst' verlegt bei Franz Greno, Nördlingen."

Seit 1994 kostet der Band 48 DM, der Verleger wurde zum „Nur-Drucker" und die Bücher werden im Verlag mit der Fliege (= Eichborn Verlag) angezeigt. Doch die Ankündigung des Herausgebers *Hans Magnus Enzensberger* für DIE ANDERE BIBLIOTHEK ist auch heute noch lesenswert.

„Wir haben vor, mit unserem Plan gegen die Regeln zu verstoßen, nach denen sich die Büchermacher in unserm Lande richten. Dieser Vorsatz ist nicht so überheblich, wie er sich anhört. Im Gegenteil, es liegt sogar eine gewisse Bescheidenheit darin. Wir wollen nur zwölf Bücher im Jahr veröffentlichen, jeden Monat eins. DIE ANDERE BIBLIOTHEK hat kein Frühjahrs- und kein Herbstprogramm. Sie kümmert sich weder um die Buchmesse noch um das Weihnachtsgeschäft. Wir machen keine Sonderangebote; unsere Bücher werden nicht ‚abverkauft' und nicht verramscht. Das ist auch gar nicht nötig; denn jeder, der sie in die Hand nimmt, wird sehen, daß sie ihren Preis wert sind. Sie fallen nicht auseinander, denn sie sind sorgfältig gebunden. Sie zu verwechseln wird nicht leicht sein, denn sie tragen keine Uniform. Sie tun den Augen nicht weh, denn sie sind mit Blei gesetzt. Sie vergilben nicht, denn sie sind aus holzfreiem Papier. Sie sind nicht ‚eingeschweißt', denn sie sind dazu bestimmt, geöffnet zu werden. Sie tragen keinen Schutzumschlag, denn sie brauchen keine Verkaufsverpackung. Sie brauchen auch keinen Klappentext, denn sie sollen sich selbst erklären."

1.2 Ausblick

Unter Buchhandel versteht man heutzutage „den Wirtschaftszweig, der sich mit der Herstellung und der Verbreitung literarischer Erzeugnisse befaßt“. So trocken und nüchtern diese Definition des *Großen Brockhaus* sich zwar anhört, bildet sie doch eine solide Ausgangsbasis für die folgende Betrachtung.

Für die Herstellung ist der Verlagsbuchhandel (1. Wirtschaftsstufe) und für die Verbreitung der Sortimentsbuchhandel (3. Wirtschaftsstufe) zuständig. Zwischen beiden Teilen steht ein Großhändler, der folgerichtig als Zwischenbuchhändler (2. Wirtschaftsstufe) bezeichnet wird. Damit hätten wir das Bild des deutschen Buchhandelssystems fast vervollständigt, denn es müssen auch noch die Buchgemeinschaften, die vor allem in der Nachkriegszeit eine wichtige Funktion hatten, erwähnt werden. Auf den ersten Blick unterscheidet sich dieses System kaum von dem bekannten Wirtschaftsprinzip, nach dem ein Hersteller über einen Großhandel den Einzelhandel mit Waren beliefert. Doch ein grundlegender Unterschied besteht in der Ware bzw. den Waren des Buchhandels. „Books are different“ lautet der berühmt gewordene Ausspruch der Richter des britischen Kartellgerichts, die es so in ihrer Entscheidung zum Netbook Agreement, dem englischen Preisbindungs-System, am 30. Oktober 1962 formulierten.

„Bücher sind eine besondere Ware“, stellt auch eine Broschüre über den *Buchhandel in der Bundesrepublik Deutschland* fest, die 1990 vom Börsenverein herausgegeben worden ist, „-einerseits prägen sie das geistige und gesellschaftliche Leben einer Kulturnation entscheidend mit, andererseits dienen sie Verlagen und Buchhandlungen als Grundlage wirtschaftlicher Betätigung.“ Daß Bücher etwas anderes (Besonderes?) sind, wird wohl von kaum einem Buchhändler bestritten, doch leider fehlt dieses Bewußtsein in weiten Teilen der Bevölkerung. Wie anders läßt sich die Kritik an den Vergünstigungen – Möglichkeit der Preisbindung, halber Mehrwertsteuersatz, Sonderkonditionen bei der Bundespost etc. – erklären, wenn nicht mit Unverständnis der Ware Buch gegenüber.

Man spricht zwar häufig nur vom Buch, doch steht das Buch synonym für alle anderen – zur Zeit noch überwiegenden – Printmedien, die vom Buchhandel hergestellt und/oder vertrieben werden. Neben den Büchern gibt es noch eine ganze Reihe von Produkten, z.B. Zeitschriften, Zeitungen, Musikalien, Atlanten, Landkarten, Globen, Lehrmittel, Audio- und Videokassetten, Schallplatten, CD-ROMs etc. In Zukunft werden vielleicht noch einige hinzukommen, was unter Umständen zu einer neuen Berufsbezeichnung wie „Medienhändler“ führen könnte. Aber das ist momentan noch Zukunftsmusik und wird bei einigen Vertretern der Branche noch nicht gerne gehört. In den Kapiteln 4 bis 6 werden diese drei Bereiche – Verlagswesen, Zwischenbuchhandel und Bucheinzelhandel – noch näher vorgestellt. Aus diesem Grund soll in dieser Einleitung nur ein Überblick über den Buchhandel der Bundesrepublik Deutschland gegeben werden.

„Vergleichsweise erfreulich“, so umriß der Börsenverein die wirtschaftliche Entwicklung des Buchmarktes in der 1994er Ausgabe von „Buch und Buchhandel in Zahlen". Der geschätzte Gesamtumsatz betrug 1989 etwa 11,45 Mrd. DM (zu Endverbraucherpreisen). Insgesamt wurden 65980 Titel, darunter 48980 Ersterscheinungen und 17610 Neuauflagen, auf den Markt gebracht. Im „Verzeichnis lieferbarer Bücher" (VlB) sind für die Bundesrepublik mehr als 650000 lieferbare Titel angezeigt. Die Aufteilung der Titelproduktion nach Sachgebieten liefert das folgende Schaubild:

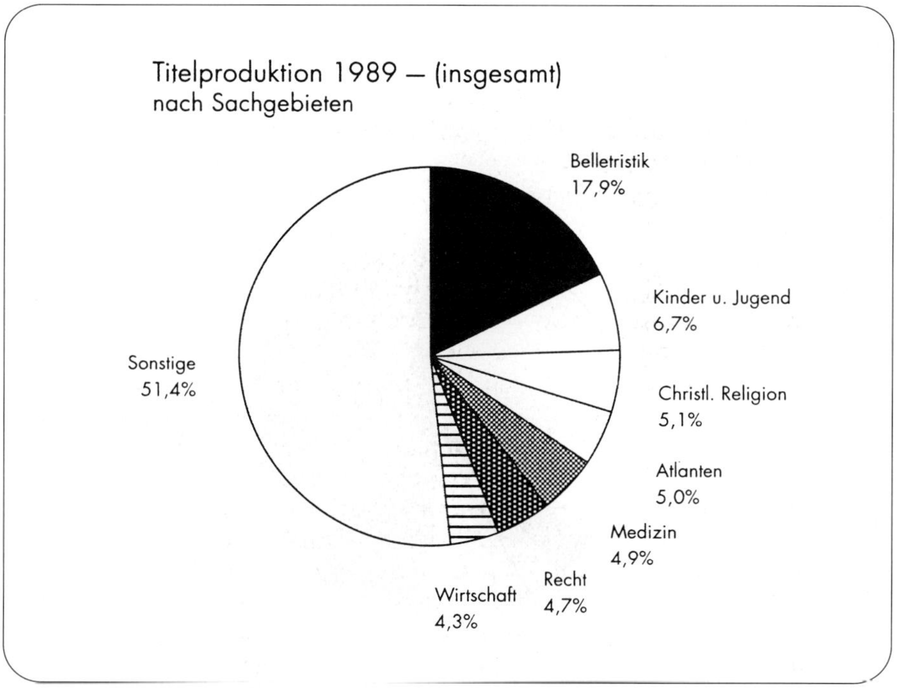

Abb. 8: Titelproduktion 1989 nach Sachgebieten (insgesamt)
(Quelle: Bibliographische Statistik der Deutschen Bibliothek)

Der Anteil von Taschenbüchern an der Gesamttitelproduktion betrug 16,5%, der sich wie folgt (Abb. 9) auf die Sachgebiete verteilte:

Im Vergleich zu anderen Gütern des täglichen Lebens haben sich die durchschnittlichen Ladenpreise von Büchern recht gemächlich entwickelt. So kostete im Jahre 1964 ein Buch durchschnittlich 13,60 DM, 1989 mußte man 31,10 DM für ein Buch auf den Ladentisch legen. Das ist innerhalb von 25 Jahren eine Preissteigerung um knapp 130%. Zum Vergleich: 1964 kostete eine der beliebtesten deutschen Illustrierten 0,70 DM. Heute kostet sie 3,50 DM. Das ist eine Steigerung um 400%.

Wer noch mehr Daten, Schaubilder und Tabellen über die Branche sucht, dem sei ein Blick in die jährlich zur Herbstmesse vom Börsenverein herausgegebene Publikation „Buch und Buchhandel in Zahlen" empfohlen.

Der Buchhandel in der Bundesrepublik Deutschland befindet sich bereits seit Jahren im Umbruch. Der Europäische Binnenmarkt wird noch zusätzliche Unsicherheiten mitbringen. Das Lesen muß sich innerhalb der Medienkonkurrenz gegenüber Fernsehen, Video, Computerspielen etc. behaupten. Hierfür wurde eigens die *Stiftung Lesen* in Mainz gegründet. Darüber hinaus organisiert auch der Börsenverein zahlreiche Veranstaltungen zur Leseförderung (Vorlese-Wettbewerb des deutschen Buchhandels, Das lesende Klassenzimmer etc.).

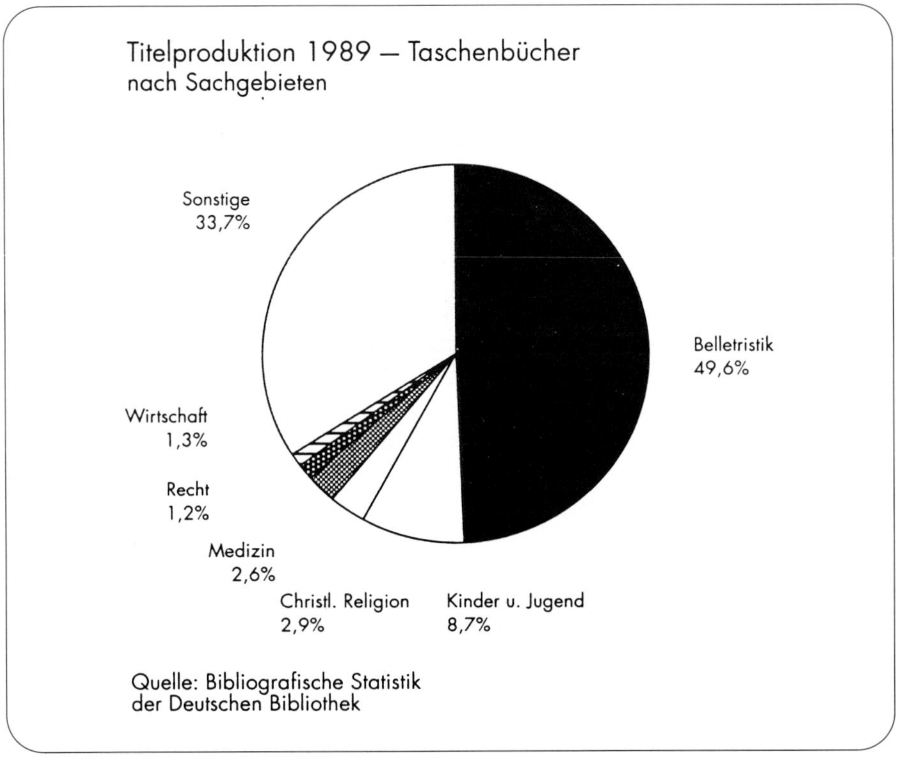

Abb. 9: Titelproduktion 1989 nach Sachgebieten (Taschenbücher)
(Quelle: Bibliographische Statistik der Deutschen Bibliothek)

In diesem Zusammenhang muß jedoch fairerweise darauf hingewiesen werden, daß auch die „Neuen Medien" ihren Teil zum Erfolg eines Buches beitragen können bzw. das Buch immer mehr als sinnvolle Ergänzung (das Begleitbuch zur Fernsehsendung, das Übungsbuch zur Software etc.) zu den unterschiedlichsten Medien genutzt wird.

In der „Langzeitstudie zur Mediennutzung und Medienbewertung 1964–1985, Massenkommunikation III" wurde ein Wandel der Lesekultur festgestellt. Nach dieser Studie lasen 1985 rund 27 % der Bundesbürger täglich ein Buch und ließen sich für ihre Buchlektüre durchschnittlich 17 Minuten Zeit. Dem Leser von heute geht es auch – neben der traditionellen Kulturvermittlung, Bildung und Unterhaltung – verstärkt um eine „informationsorientierte Buchnutzung". Trotz aller Bemühungen ist ein deutlicher Rückgang der „Leselust" zu verzeichnen. Daß die Lesefähigkeit und -freudigkeit bereits seit Jahren abnimmt, bestätigten auch die Ergebnisse einer Untersuchung der deutschen UNESCO-Kommission, die in der Bundesrepublik bis zu 3 Millionen „habituelle" Analphabeten, Tendenz steigend, registrierte.

Der Börsenverein des Deutschen Buchhandels, der die teilweise recht unterschiedlichen Interessen der drei Sparten Verlag, Zwischenbuchhandel und Sortiment vertritt, kümmert sich seit Jahren um die Rahmenbedingungen des Buchhandels. Neben der Durchsetzung von grundlegenden Gesetzen und Verordnungen (Urheber- und Verlagsrecht, Preisbindung, halber Mehrwertsteuersatz) formuliert er Handelsbräuche und fördert Rationalisierungsmaßnahmen. Im Gegensatz zu anderen vergleichbaren Wirtschaftsverbänden vereint der Börsenverein alle Handelsstufen seines Wirtschaftszweiges unter einem Dach. Doch gerade durch diese Dreistufigkeit seiner Verbandsstruktur kann er die Angelegenheiten der gesamten Branche in der Öffentlichkeit besser vertreten, auf wirtschaftliche und kulturpolitische Veränderungen mit Geschlossenheit und entsprechendem Gewicht reagieren.

Doch auch der Börsenverein steht den neuen Entwicklungen teilweise ratlos gegenüber. In den letzten Jahren drängen sich beispielsweise sowohl brancheninterne als auch branchenfremde kapitalkräftige Handelskonzerne und Einzelunternehmen in die überwiegend klein- und mittelständisch geprägte Buchhandelslandschaft. Der Buchmarkt, der den Verbandsfunktionären zufolge bereits ausreichend besetzt ist, wird als Möglichkeit zur Diversifikation und Konzentration immer beliebter, bietet er doch recht ansehnliche Gewinnspannen. Diese als bedrohlich angesehene Marktveränderung wird gemeinhin mit dem Schlüsselbegriff „Strukturwandel" bezeichnet.

Im verbreitenden Buchhandel lassen sich folgende Tendenzen registrieren:
- eine Zunahme von Buchhandelsketten und Filialunternehmen (montanus-aktuell, Gondrom)
- das Entstehen von Großsortimenten mit überdurchschnittlicher Ladenfläche (2000–4000 qm) und hohem Umsatz (Hugendubel, Thalia, Bouvier)
- Einrichtung von spezialisierten Fachbuchhandlungen.

Bereits vor Jahren widmete das Börsenblatt diesem Thema einen 80seitigen Sonderteil in seiner Ausgabe vom 20.9.1988. Allein die Überschriften der zahlreichen Artikel von angesehenen Vertretern der Branche lassen die Tendenz erkennen: „Struktur bewahren – Wandel wollen", „Die Kaufhäuser: Betroffene oder Verursacher?", „Neue Medien als Produkt im Sortimentsbuchhandel", „Zwischen Blattmachern und Analphabeten" und „Das Erfolgsrezept: Service, Service, Service".

Ein Dauerbrenner war und ist die Diskussion um die Preisbindung. Seit der Krönerschen Reform 1888 wurden immer wieder Stimmen laut, die dieses Privileg abschaffen wollten. Die Preisbindung mache die Bücher teuer, so argumentierten die Gegner. Doch die Preisbindung konnte sich in all den Jahren behaupten, egal welche politischen und wirtschaftlichen Verhältnisse in den vergangenen 100 Jahren in Deutschland vorherrschend waren. Zur Zeit binden mehr als 1500 Verlage ihre Preise. Was passierte, wenn die Preisbindung aufgehoben werden würde, konnte man vor einigen Jahren in Frankreich beobachten.

Am 1. Juli 1979 wurde in Frankreich der feste Ladenpreis für Bücher abgeschafft. Damit war Frankreich das zweite europäische Land – nach Schweden – ohne Preisbindung. Doch bereits am 1. Januar 1982 wurde sie wieder eingeführt. Mittlerweile hatte sich aber – wie von vielen Branchenkennern vorausgesagt – die Zahl der Sortimentsbuchhandlungen verringert. Es existierten weniger und nicht mehr so gut ausgestattete lagerhaltende Buchhandlungen, die Bücher waren nicht billiger, sondern teurer geworden, und die jährliche Titelproduktion war zurückgegangen. In Schweden, wo es seit 1970 schon keine Preisbindung mehr gibt, sind die Buchpreise „die teuersten der Welt", wie das Fachmagazin „Publishers weekly" schrieb. Der Staat muß jedes Jahr höhere Subventionen zahlen, um das Überleben der noch existierenden Buchhandlungen und Verlage zu sichern. „Das Netz von geistigen Tankstellen", wie Alt-Bundeskanzler Helmut Schmidt die deutschen Buchhandlungen einmal bezeichnet hat, ist in Schweden schon längst zerstört. Bis heute haben lediglich 270 Buchhandlungen den Konkurrenzkampf überlebt. Zum Vergleich: Der Börsenverein verzeichnete 1994 insgesamt 4644 Unternehmen des verbreitenden Buchhandels in der Bundesrepublik Deutschland.

Neben manchen internen Problemen wird der Buchhandel auch durch die immer mehr zunehmenden Billigangebote auf den Nebenmärkten beunruhigt. Zum Weihnachtsgeschäft 1990 bot beispielsweise die Aldi-Kette in ihren Verbrauchermärkten Sprachkurse, bestehend aus einem Lehr- und Übungsbuch sowie sechs Sprachkassetten, zum Preis von DM 19,80 an.

Vor allem der Sortimentsbuchhandel befürchtet, daß sich die Nebenmärkte (Aldi, Massa, Metro etc.) durch ihre Dumpingpreisaktionen in Zukunft zu Hauptmärkten entwickeln könnten. Ob sich diese Prognose bewahrheiten wird oder ob dadurch nicht eher die Buchgemeinschaften und Buchclubs Marktanteile verlieren, bleibt abzuwarten. Bereits Anfang der 70er Jahre wurde die Branche aufgeschreckt, als der Kaffee-Röster Tchibo in einer Verkaufsaktion von dem Gräfe und Unzer-Buch „Kochen heute" innerhalb von sechs Wochen 800 000 (!) Exemplare als einmalige Sonderausgabe zu einem Abgabepreis von 8,05 DM zusammen mit zwei Päckchen Tchibo-Goldmocca à 250 Gramm absetzen konnte. Der Buchhandel reagierte damals mit dem Boykott des Verlags und ließ sich erst nach einer Entschuldigung des Verlegers Kurt Prelinger und der Zahlung eines Goodwill-Beitrages an den Börsenverein wieder besänftigen.

Konzentrationserscheinungen sind auch im Bereich des Zwischenbuchhandels festzustellen. Nachdem vor einigen Jahren die Firma KNOe (Koch, Neff & Oetinger mit Koehler und Volckmar) mit dem Hamburger Grossohaus Wegner fusionierte, konnte dieses Unternehmen einen Marktanteil von ca. 60% am Barsortimentsumsatz erzielen. Mit einem Marktanteil von ca.

30% ist die Firma Lingenbrinck (Libri) in Hamburg seit 1993 im Besitz der Hamburger Firma W. u. M. Herz (Tchibo).

Die Gründe für den Konzentrationsprozeß im Verlagswesen sind sehr vielschichtig. Zum einen dürfte die außerordentliche Vergrößerung des Taschenbuchmarktes bei gleichzeitigen Verlusten auf dem Hardcover-Markt verantwortlich sein. Der Buchtyp Taschenbuch kann auf Grund seines niedrigen Ladenpreises sinnvoll nur in großen Auflagen produziert werden. Zu diesem Zweck ließ die Bertelsmann-Verlagsgruppe 1982/83 Buchproduktionsanlagen aufstellen, bei denen zwei Druckwerke Vorder- und Rückseite gleichzeitig im Offsetdruckverfahren bedrucken und zusätzlich eine Klebebindestraße angeschlossen werden kann. Auf der „Taschenbuchproduktionsstraße" (TBS) können stündlich bis zu 10 000 (!) Exemplare, auf dem „Mohn-Buch-System" (MBS) bis zu 7000 Exemplare hergestellt werden.

Zum anderen ist eine Umorientierung im Käuferverhalten durch Bevorzugung von Buchgemeinschaftsausgaben und sonstigen niedrigpreisigen Ausgaben festzustellen. Des weiteren sind beträchtliche Etatkürzungen bei Bibliotheken und Büchereien, das hemmungslose Fotokopieren – insbesondere aus wissenschaftlichen Büchern und Zeitschriften – und die verstärkte Medienkonkurrenz ebenfalls nicht zu vernachlässigende Faktoren für die zunehmenden Konzentrationsprozesse innerhalb der Branche.

Aus diesen und weiteren Überlegungen geht der Trend in der Verlagsbranche dahin, Marktanteile zu sichern, neue Marktnischen zu finden, die Programmprofile weiter zu festigen. Deshalb können auch kleine Verlage (Ein-Frau- oder Ein-Mann-Verlage), die sich auf einem eng abgegrenzten Marktsegment befinden, in diesem Rahmen existieren. Andererseits haben nur große Verlage durch Mehrfachnutzungen (multimediale Mehrfachverwertung) ihrer Werke, durch beträchtliche Rationalisierungen, Koproduktionen mit anderen Medien, Erschließung von Auslandsmärkten etc. eine betriebswirtschaftlich rentable Ausgangsbasis.

Doch noch immer kann man – wie vor allem bekannte Branchenkenner es tun – in Deutschland von einem hochentwickelten und leistungsfähigen Buchhandel sprechen.

„In kaum einem anderen Land der Welt existiert ein derart dichtes Netz bestsortierter Buchgeschäfte, die zigtausend Titel vorrätig halten und jedes andere Buch über einen optimal organisierten Großhandel binnen 48 Stunden beschaffen. Wer einmal die Verhältnisse etwa in den USA beobachtet, wo man häufig sechzig Meilen reisen muß, um einen Buchladen zu finden, der sich dann als Drugstore-Nische mit den gängigen Taschenbüchern entpuppt, vermag abzuschätzen, was der Buchhandel hierzulande für die Verlage – und für die Leser – bedeutet." (Hans-Helmut Röhring: Wie ein Buch entsteht.)

Wie sich das Buch in einer Gesellschaft mit gewandelter Lesekultur, einer stetigen Arbeitszeitverkürzung und einem daraus resultierenden wachsenden Freizeitangebot gegenüber den neuen elektronischen Medien behaupten wird, bleibt abzuwarten. Das traditionelle Buchhandelssystem wird jedoch aller

Wahrscheinlichkeit nach weiter bestehen können, wenn es sich in seinem Angebot, seinem Service und seinen Ausbildungsmöglichkeiten für die Mitarbeiter der Branche den veränderten Umständen anpassen wird. So muß die Branche alles daran setzen, daß nicht eines Tages das Buch auf der „ultimativen In- und Outliste" mit einem dicken „mega-out" versehen wird. Wie wird nun „Der Buchhandel im Jahr 2000" – so der Titel eines Aufsatzes im „Jahrbuch '89" – aussehen? Der bekannte Literaturkritiker und Redakteur der F.A.Z., Franz Josef Görtz, gibt unter der Rubrik „Themen des Jahres" seine Vision folgendermaßen wieder:

„Den Tchibuchhandel hat ein literarischer Großröster erfunden. Einmal im Monat schickt er seinen Frischdienst über Land, von Stadt zu Stadt, von Dorf zu Dorf. Ein rascher Blick aufs Verfallsdatum – und schon sind die Bestände ausgetauscht, steht die allerneueste Ware aufrecht im Regal: Romane und Ratgeber, Erzählungen und Essays, Klassisches und Kulinarisches, Lyrik und Lebenshilfe. Das Angebot der Woche nennt Schleuderpreise für Tee und Kaffee, Grillkohle und leichtes Gartengerät, Leselampe für Bett und Büro. In abgelegenen Landstrichen nehmen kleinere Buchhändler zusätzlich gern Tiernahrung und Düngemittel ins sogenannte Service-Sortiment: Wer Viehfutter sucht, soll auch Lesefutter finden, und wer viel liest, trinkt viel Kaffee, grillt sein Steak auf dem eigenen Rasen am liebsten selber. Die Skelette seien im Augenblick leider ausverkauft, sagt der freundliche Herr im Obergeschoß, Schädel und Lendenwirbel finde man in der Vitrine, außerdem Sezierbestecke in mehreren Preislagen, Stethoskope und Reflexhämmer, ‚auf besonderen Wunsch auch vergoldet', das Stück für 98 Mark, Lieferzeit sieben Tage. Zwei Stockwerke tiefer werden Reisen angeboten: eine Woche auf den Spuren von Rainer Maria Rilke zwischen Madrid und Malaga, eine Woche auf den Spuren Theodor Fontanes in Schottland, eine Woche auf der Fährte der Nibelungen den Rhein entlang. Fontane in Schottland? Nähere Auskünfte gibt es im Erdgeschoß, wo die Kinderbücher und die Klassiker und auch die Nachschlagewerke stehen."

2 Organisation und Gemeinschaftseinrichtungen im Buchhandel

Der deutsche Buchhandel besitzt eine ihm eigene Organisationsstruktur. Sie läßt sich in ihren Grundzügen aus dem 19. Jahrhundert erklären. So ist der Buchhandel auch heute noch – im Unterschied zu anderen Wirtschaftsverbänden – in einem (!) Verband organisiert, der alle Wirtschaftsstufen und Betriebsformen vom herstellenden bis zum verbreitenden Gewerbe umfaßt: dem *Börsenverein*. In unmittelbarem Zusammenhang mit der Arbeit des Börsenvereins als Interessenvertretung des gesamten Buchhandels müssen die in der Nachkriegszeit gegründeten Landesverbände genannt werden. Sie tragen nicht nur den gemeinsamen Verband, sondern sie unterstützen und beeinflussen seine Aktivitäten in ideeller und materieller Hinsicht.

So wie der Buchhandel eine Branche ist, die mit kulturellen Erzeugnissen handelt, so steht zwangsläufig auch der Börsenverein im Spannungsfeld zwischen Geist und Ökonomie. Die Darstellung des Verbandes versucht folgenden Weg zu gehen: Zunächst werden seine Aufgaben und Organisationsstrukturen vorgestellt, danach seine Aktivitäten nach innen und außen und abschließend die vier Wirtschaftsbetriebe, über die der gesamte Buchhandel unter dem Dach des Börsenvereins verfügen kann. Selbstverständlich können nicht alle Aktivitäten und Dienstleistungen angesprochen, geschweige denn ausführlich behandelt werden; das obliegt einer eigenen Selbstdarstellung des Börsenvereins.

Auf die Verbandsorganisation in der ehemaligen Deutschen Demokratischen Republik wird nicht näher eingegangen. Durch die Fusion der Börsenvereine zu Leipzig und Frankfurt a.M. mit Beginn des Jahres 1991 werden diese vormaligen Verbandsstrukturen hinfällig.

2.1 Börsenverein

Der *Börsenverein des Deutschen Buchhandels e.V.* vertritt die Interessen und Belange seiner mehr als 6.000 Mitgliedsfirmen. In der Vereinssatzung sind in Paragraph 1, Abs. 2 seine sieben vornehmlichen Aufgabenbereiche abgesteckt:

1. Vertretung der Standes- und Berufsinteressen seiner Mitglieder gegenüber der Öffentlichkeit, den gesetzgebenden Körperschaften, Behörden, Parteien, Organisationen und Verbänden;
2. Schaffung und Unterhaltung von Einrichtungen zur Erleichterung des Geschäftsverkehrs;
3. Ermittlung der im buchhändlerischen Verkehr üblichen Sitten und Gebräuche sowie der Wettbewerbsregeln im Verkehr seiner Mitglieder und mit dem Publikum sowie Anregung zweckmäßiger neuer Verkehrsformen im Buchhandel;

4. Ausgleich der verschiedenartigen Interessen unter seinen Mitgliedern und ihren Gruppen sowie zwischen den Landesverbänden;
5. Förderung der Ausbildung des buchhändlerischen Nachwuchses und die Fortbildung der Buchhändler;
6. Förderung sozialer Einrichtungen für die Angehörigen des Buchhandels;
7. Aufnahme und Pflege von Beziehungen zu fachverwandten Vereinigungen und Einrichtungen im In- und Ausland.

Obwohl der Börsenverein bzw. sein Vorstand standesgemäß auftritt und ein traditionelles Selbstverständnis an den Tag legt, versucht er stets, auch zukunftsweisende Weichenstellungen und Entscheidungen zu treffen, damit das Kulturgut Buch auch weiterhin seinen Stellenwert in der Gesellschaft behält. Zwei Entscheidungen – so marginal sie auch sein mögen – seien in diesem Zusammenhang kurz erwähnt. Einmal die Ablösung des *Fust-Schöfferschen* Druckerzeichens durch das modischere aufgeblätterte (rote) Buch als Signet des Börsenvereins im Jahre 1986, zum anderen die Einrichtung einer Marketing-Abteilung im Buchhändlerhaus Anfang der 90er Jahre mit der Zielsetzung, die zahlreichen Aktivitäten des Vereins, seiner Ausschüsse und Wirtschaftsunternehmen für die Mitglieder noch effizienter zu gestalten und zu koordinieren.

Abb. 1: Das Fust-Schöffersche Druckerzeichen mit dem Zusatz BV im linken Schild (seit 1952 Signet des Frankfurter Börsenvereins) und das seit 1986 geltende moderne ‚corporate design' des Börsenvereins.

Landesverbände

Die buchhändlerischen Landesverbände bestehen juristisch und organisatorisch unabhängig vom Börsenverein. Da in der Bundesrepublik Deutschland nach dem Grundgesetz die Länder für die Kulturpolitik zuständig sind, ist bereits ein Aufgabenschwerpunkt der Landesverbände vorgezeichnet. Aber neben dem Kontakt zu Kommunal- und Landespolitikern hinsichtlich kulturpolitisch-juristischer Rahmenbedingungen für den Berufsstand haben die Landesverbände die Funktion, für ihre Mitgliedsfirmen vor Ort zu wirken. So beraten sie in Rechts- und Betriebsfragen, sie veranstalten regionale Aktivitäten zur Leseförderung, und sie bieten Seminare zur beruflichen Fortbildung an.

Laut §2, Abs. 2 der Satzung des Börsenvereins müssen die Mitglieder des Börsenvereins zugleich Mitglieder der Landesverbände sein. Dieses Junktim gewährleistet die enge Zusammenarbeit der einzelnen Landesverbände mit dem Dachverband Börsenverein. Darüber hinaus sind die Landesverbände Gesellschafter der Buchhändler-Vereinigung und nehmen damit unmittelbaren Einfluß auf eines der wichtigsten Wirtschaftsunternehmen des Börsenvereins (vgl. Kap. 2.5).

In der Regel arbeiten die Landesverbände innerhalb der politischen Ländergrenzen. Nach der Fusion der Börsenvereine von Frankfurt und Leipzig gibt es deren elf:

Baden-Württemberg
Bayern
Berlin-Brandenburg
Bremen-Unterweser
Hessen
Niedersachsen
Norddeutschland (Hamburg, Mecklenburg-Vorpommern, Schleswig-Holstein)
Nordrhein-Westfalen
Rheinland-Pfalz
Saar
Sachsen, Sachsen-Anhalt und Thüringen

Organe des Börsenvereins

Die Organe des Börsenvereins bestehen laut Satzung (§ 17) aus der Hauptversammlung, der Abgeordnetenversammlung, dem Vorstand, den Fachausschüssen und der Geschäftsleitung. Sie werden durch verschiedene Arbeitsgemeinschaften und -ausschüsse sowie durch Rechnungsprüfer unterstützt.

Die *Hauptversammlung* als Versammlung aller Mitglieder des Börsenvereins findet einmal im Jahr statt. Sie hat u.a. die Aufgaben, Vorstandsmitglieder und Rechnungsprüfer zu wählen sowie Aufnahmegebühren und Jahresbeiträge festzusetzen. Auch etwaige Satzungsänderungen sind der Hauptversammlung vorbehalten; allerdings können sie nur dann beschlossen werden, wenn sie in der Abgeordnetenversammlung vorbereitet und dort bereits mit Dreiviertel-Mehrheit angenommen worden sind.

> „Die Abgeordnetenversammlung ist Willensorgan der im Börsenverein zusammengefaßten buchhändlerischen Unternehmen, soweit die Willensbildung nicht von der Hauptversammlung vollzogen wird. Durch die Abgeordnetenversammlung wirken die Landesverbände bei der Erfüllung der organisatorischen, verwaltungsmäßigen, wirtschaftlichen, beruflichen und sozialen Aufgabe des Börsenvereins mit." (Satzung §25, Abs. 1)

Die *Abgeordnetenversammlung* tagt zweimal im Jahr und ist ein Organ, das zwischen Vorstand und Hauptversammlung eingeschaltet ist. Sie stellt eine

Art Delegiertenversammlung dar. Entscheidend bei der Bestimmung der Abgeordneten ist der Grundgedanke der paritätischen Besetzung zwischen dem herstellenden und verbreitenden Buchhandel. Die Mitglieder der Abgeordnetenversammlung setzen sich zusammen aus Vertretern der Landesverbände, den Fachausschüssen (s.u.), dem Vorsitzenden der Arbeitsgemeinschaft der Verlagsvertretungen sowie aus Abgeordneten, die vom Vorstand berufen werden und von der Hauptversammlung zu bestätigen sind.

Auch der *Vorstand* des Börsenvereins ist gleichermaßen besetzt aus Mitgliedern des herstellenden und des verbreitenden Buchhandels. Er leitet den Börsenverein und führt die Beschlüsse der Haupt- und der Abgeordnetenversammlung durch. In dringlichen Fällen ist er aber auch berechtigt, außerordentliche Maßnahmen im Interesse des Börsenvereins und des Buchhandels zu beschließen und umzusetzen. Der Vorstand wird jeweils für drei Jahre gewählt. Der Vorsitzende des Vorstandes wird *Vorsteher* genannt.

Zur Beratung des Vorstandes sind im Börsenverein drei *Fachausschüsse* institutionalisiert. Es handelt sich um den Verleger-Ausschuß, den Sortimenter-Ausschuß und den Ausschuß für den Zwischenbuchhandel. Die Fachausschüsse haben aber nicht nur eine beratende Funktion; sie können auch ihre Fachinteressen nach innen und außen vertreten. So besitzen Verleger und Sortimenter ihre eigenen Mitteilungsblätter (Verleger-Mitteilungen, Sortimenterbriefe), die von den Geschäftsführern der Fachausschüsse redaktionell betreut werden.

Für bestimmte Sparten und Gruppierungen können auch *Arbeitsgemeinschaften* und *Arbeitskreise* gebildet werden (vgl. Kap. 4.2). An dieser Stelle sollen nur einige wenige erwähnt werden:

AJV	–	Arbeitsgemeinschaft Jugendbuchverlage
AGVZ	–	Arbeitsgemeinschaft Zeitschriftenverlage
AG LSV	–	Arbeitsgemeinschaft Literarische- und Sachbuchverlage
AKS	–	Arbeitskreis Kleinerer Sortimenter
AWS	–	Arbeitsgemeinschaft Wissenschaftlicher Sortimentsbuchhandlungen

Neben den Fachausschüssen gibt es sogenannte *Arbeitsausschüsse*. Die Mitglieder der ordentlichen Arbeitsausschüsse werden vom Vorstand berufen; sie arbeiten ehrenamtlich. Auch hier seien nur einige erwähnt:

Satzungs- und Rechts-Ausschuß
Wahl-Ausschuß
Haushalts-Ausschuß
Urheber- und Verlagsrechts-Ausschuß
Ausschuß für Wettbewerbsfragen
Betriebswirtschaftlicher Ausschuß
Ausschuß für Berufsbildung
Ausschuß für Bibliotheksfragen
Historische Kommission

Geschäftsleitung

Es liegt auf der Hand, daß ein so komplex aufgebauter Verband wie der Börsenverein nicht nur ehrenamtlich geleitet werden kann. Deshalb ist eine mit hauptamtlichen Mitarbeitern eingerichtete Geschäftsleitung eingerichtet worden. Diese trifft, soweit es nicht Sache der ehrenamtlichen Gremien (Vorstand, Hauptversammlung, Abgeordnetenversammlung) ist, verbandspolitische Entscheidungen. Darüber hinaus ist sie im organisatorischen Bereich tätig. Dem ehrenamtlichen Vorsteher entspricht in diesem Sinn ein hauptamtlicher Geschäftsführer des Vereins. Sein Stellvertreter – gleichzeitig Leiter der Rechtsabteilung – ist der Justitiar des Börsenvereins. Zur Geschäftsleitung gehören darüber hinaus noch die hauptamtlichen Geschäftsführer des Verleger- und des Sortimenterausschusses, die im Buchhändlerhaus eigene Geschäftsstellen unterhalten. An den Sitzungen der Vereinsorgane nehmen die Mitglieder der Geschäftsleitung ohne Stimmrecht teil.

2.2 Kulturelle und kulturpolitische Verbandsaktivitäten

Im folgenden werden verschiedenartige Aktivitäten vorgestellt, die der Börsenverein initiiert hat oder an denen er maßgeblich beteiligt ist. Diese unterschiedlichen Bemühungen spiegeln das Bedürfnis wider, das Kulturgut Buch im gesellschaftlichen Bewußtsein zu erhalten und zu fördern.

Leseförderung

Die Fähigkeit zu lesen stellt eine der Grundvoraussetzungen für die Existenz des Buchhandels dar. Da aber die Zeit, die für das Bücherlesen aufgewendet wird, rückläufig ist und da besonders bei Kindern und Heranwachsenden die audio-visuellen Medien eine starke Faszination ausüben, müssen sich Buchhandlungen, Bibliotheken sowie deren Verbände intensiv dem Thema Leseförderung zuwenden. So veranstalten die Landesverbände gemeinsam mit anderen interessierten Organisationen in verstärktem Maße Büchertage bzw. -wochen mit kulturellen Rahmenprogrammen. Der *Börsenverein* prägte 1990 das Motto „Lesen ist Familiensache“ und fordert wie auch die *Stiftung Lesen* ein Umdenken in Sachen Medienerziehung, die im Elternhaus beginnen soll.

Zwei Wettbewerbe des Börsenvereins finden im Zusammenhang mit der Leseförderung starke Beachtung. Seit 1959 gibt es den *Vorlese-Wettbewerb des deutschen Buchhandels*, der für alle Schülerinnen und Schüler des sechsten Schuljahres – gleich welche Schulform sie besuchen – ausgeschrieben wird. Die außerordentliche Resonanz dieses Wettbewerbs zeigt sich u.a. darin, daß er seit 1979 unter der Schirmherrschaft des Bundespräsidenten stattfindet. Eine große Akzeptanz erzielt auch der Wettbewerb *Das lesende Klassenzimmer*, der seit den 80er Jahren mit jährlich wechselnden Themen veranstaltet wird.

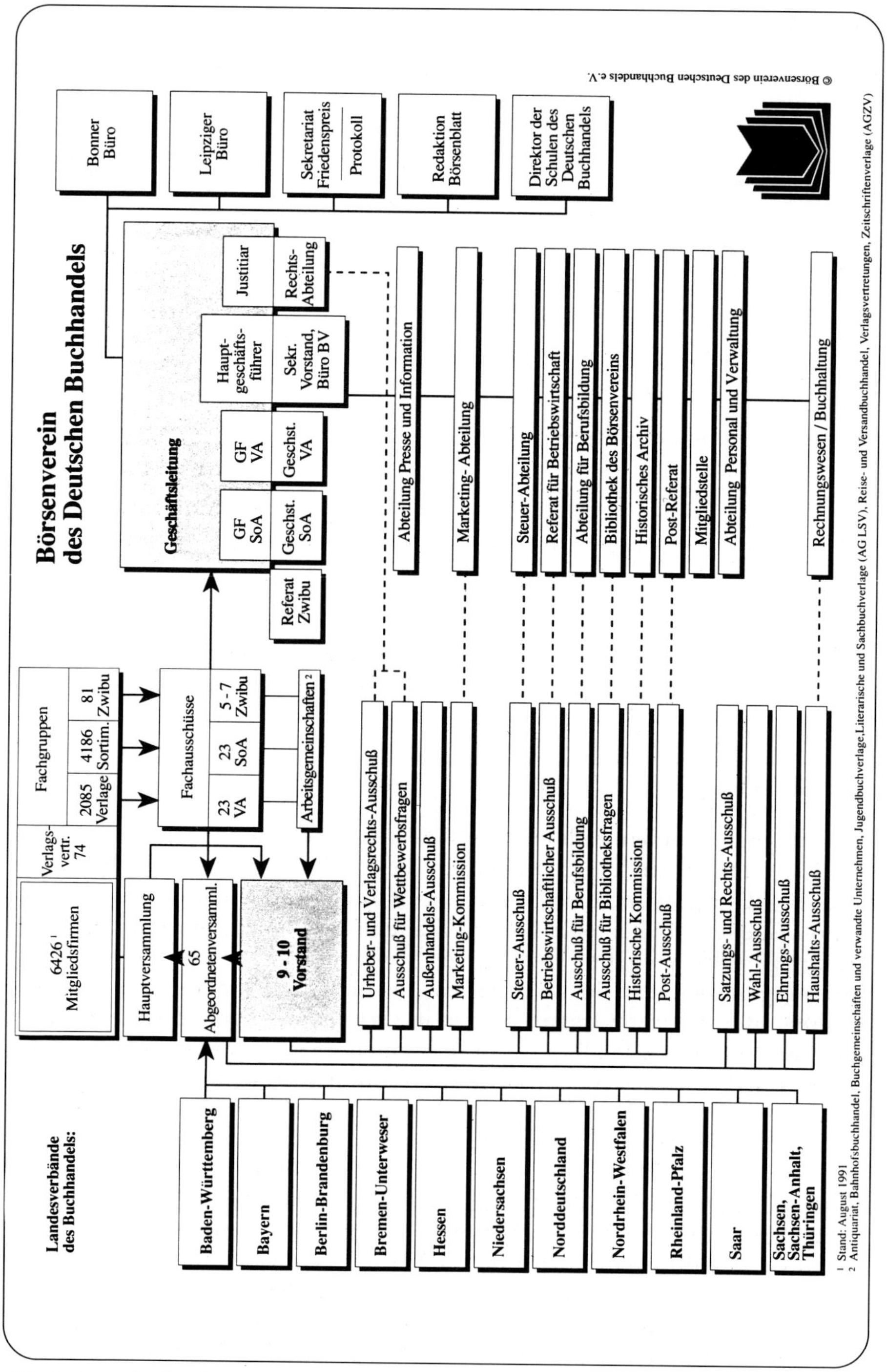

Abb. 2: Organisation des Börsenvereins des Deutschen Buchhandels (Quelle: Börsenverein)

Friedenspreis

Der *Friedenspreis des Deutschen Buchhandels* wird ebenfalls jährlich zur Buchmesse in der Frankfurter Paulskirche vergeben. Das Statut der Stiftung *Friedenspreis des Deutschen Buchhandels* legt die Richtlinien fest, nach denen dieser auch international renommierte Preis vergeben werden soll.

> Die Stiftung dient dem Frieden, der Menschlichkeit und der Verständigung der Völker. Dies geschieht durch die Verleihung des Friedenspreises an eine Persönlichkeit, die in hervorragendem Maße vornehmlich durch ihre Tätigkeit auf den Gebieten der Literatur, Wissenschaft und Kunst zur Verwirklichung des Friedensgedankens beigetragen hat. Der Preisträger wird ohne Unterschied der Nation, der Rasse und des Bekenntnisses gewählt. Der Preis wird in der Regel jährlich verliehen, er kann auch posthum vergeben werden.
>
> Der Friedenspreis kann unter gleichen Voraussetzungen einer Institution oder Organisation verliehen werden. Auch ist im besonderen Falle die Umwandlung des Preises in einen Auftrag oder ein Stipendium zur Förderung des Friedensgedankens möglich.

Im folgenden werden die Preisträger aufgelistet, die aus nahezu allen Bereichen des öffentlichen Lebens (Politik, Philosophie, Soziologie, Kunst etc.) stamm(t)en:

1950 Max Tau
1951 Albert Schweitzer
1952 Romano Guardini
1953 Martin Buber
1954 Carl J. Burckhardt
1955 Hermann Hesse
1956 Reinhold Schneider
1957 Thornton Wilder
1958 Karl Jaspers
1959 Theodor Heuss
1960 Victor Gollancz
1961 Sarvepalli Radhakrishnan
1962 Paul Tillich
1963 Carl Friedrich von Weizsäcker
1964 Gabriel Marcel
1965 Nelly Sachs
1966 Augustin Kardinal Bea/Willem A. Visser't Hooft
1967 Ernst Bloch
1968 Léopold Sédar Senghor
1969 Alexander Mitscherlich
1970 Alva und Gunnar Myrdal
1971 Marion Gräfin Dönhoff

1972 Janusz Korczak
1973 The Club of Rome
1974 Frère Roger
1975 Alfred Grosser
1976 Max Frisch
1977 Leszek Kolakowski
1978 Astrid Lindgren
1979 Yehudi Menuhin
1980 Ernesto Cardenal
1981 Lew Kopelew
1982 George F. Kennan
1983 Manès Sperber
1984 Octavio Paz
1985 Teddy Kollek
1986 Wladyslaw Bartoszewski
1987 Hans Jonas
1988 Siegfried Lenz
1989 Václav Havel
1990 Karl Dedecius
1991 György Konrad
1992 Amos Oz
1993 Friedrich Schorlemmer
1994 Jorge Semprún
1995 Annemarie Schimmel

Alfred-Kerr-Preis

Alfred Kerr (1867–1948) war einer der einflußreichsten Literaturkritiker in Berlin, bis zu seiner Emigration nach London im Jahr 1933. Bereits frühzeitig trat er für Autoren ein, wie *H. Ibsen* und *G. Hauptmann*. Seine durch einen persönlichen Stil gekennzeichneten Ausführungen veröffentlichte er u.a. in der ‚Neuen Rundschau' und im ‚Berliner Tageblatt'.

Mit dem *Alfred-Kerr-Preis für Literaturkritik* wird seit 1977 einmal jährlich im Rahmen der Hauptversammlung die Redaktion eines bemerkenswerten Literaturteils einer deutschsprachigen Zeitung oder Zeitschrift oder auch eines deutschsprachigen Hörfunk- bzw. Fernsehprogrammes ausgezeichnet. Die in ihrer Meinungsbildung unabhängige Jury wird für jeweils drei Jahre vom Vorsteher des Börsenvereins berufen. Prämiert wurden u.a. die Literaturredaktionen des ‚Deutschen Allgemeinen Sonntagsblattes', der ‚Frankfurter Allgemeinen Zeitung' und der ‚Neuen Zürcher Zeitung'.

Bonner Büro

Seit 1978 ist der Börsenverein mit einem ständigen Büro in unmittelbarer Nähe der Regierung präsent. Die Aufgabe dieses Büros besteht darin, regelmäßige Kontakte zu maßgeblichen Kreisen im Bereich der Legislative und Exekutive sowie zu relevanten Organisationen und Institutionen zu pflegen. Dadurch kann der Buchhandel respektive sein Verband in wirtschaftlicher und wirtschaftspolitischer Hinsicht seine speziellen Bedürfnisse besser zum Ausdruck bringen, als dies aufgrund der Entfernung zum Buchhändlerhaus in Frankfurt möglich ist. Seit Ende 1990 ist das Bonner Büro des Börsenvereins innerhalb des Verantwortungsbereiches des Hauptgeschäftsführers in die Abteilung ‚Presse und Information' eingebunden.

Stiftung Buchkunst

Der Börsenverein, die Deutsche Bibliothek und der Magistrat der Stadt Frankfurt am Main tragen seit 1978 gemeinsam die *Stiftung Buchkunst*, die bereits im Jahre 1965 gegründet worden ist. Aufgabe und Zweck der Stiftung ist es, „alle Bestrebungen zu fördern, die auf sachgemäße und künstlerische Buchgestaltung gerichtet sind" (Satzung Art. II, Abs. 2). Dies geschieht durch Ausstellungen, Veröffentlichungen, Dokumentationen, Vorträge und vor allem durch Wettbewerbe. Der bekannteste Wettbewerb trägt (ab 1990) den Titel *Die schönsten deutschen Bücher.* Zwei bedeutende internationale Ausstellungen finden in Frankfurt und Leipzig statt. Obwohl sie von den ausgestellten Stücken her nahezu identisch sind, variieren die Titel und die Ordnungsprinzipien. Während in Leipzig unter dem Titel *Die schönsten Bücher aus aller Welt* nach dem Länderprinzip ausgestellt wird, ist die Frankfurter Ausstellung *Buchkunst international* thematisch gegliedert.

2.3 Bildungs- und Sozialeinrichtungen

Aus dem Angebot der Bildungs- und Sozialeinrichtungen des Börsenvereins sollen zwei Bereiche vorgestellt werden: die *Schulen des Deutschen Buchhandels* sowie das *Sozialwerk des Deutschen Buchhandels.*

Schulen des Deutschen Buchhandels

Bereits im Jahre 1852 rief der Börsenverein in Leipzig eine Buchhändler-Lehranstalt ins Leben, um den Nachwuchs adäquat und berufsbezogen ausbilden zu können. Nach dem 2. Weltkrieg gründete 1946 der ehemalige Rheinisch-Westfälische Verleger- und Buchhändlerverband in Köln eine ähnlich konzipierte Buchhändlerschule, die dann sechs Jahre später vom Börsenverein übernommen wurde. 1963 verlegte man den Sitz der Schule nach Frankfurt am Main – Seckbach, wo sie sich immer noch befindet. Ihr wirtschaftlicher Träger ist die Buchhändler-Vereinigung. Kein anderer ‚kleiner' Berufsstand unterhält in der Bundesrepublik Deutschland eine vergleichbare Berufsbildungsinstitution mit einem derartig breitgefächerten Ausbildungs- und Fortbildungsprogramm.

Die Leitung der Schule liegt in Händen des Direktors, dem zur Zeit zwei Stellvertreter, einige hauptamtliche und viele nebenamtliche Dozenten zur Seite stehen. Die pädagogischen und organisatorischen Konzepte bestehen nach Absprache und mit Billigung eines Kuratoriums, das vom Vorstand des Börsenvereins ernannt wird. Auf die unterschiedlichen Seminare, die an der

Schule stattfinden, wird im Kapitel Berufsausbildung/Berufsfortbildung (= Kapitel 8 dieses Buches) näher eingegangen. Nur soviel sei hier bereits schon erwähnt, daß das Gebäude in Seckbach seit den 70er Jahren die *Schulen des Deutschen Buchhandels* beherbergt, die als Zentrum buchhändlerischer Aus- und Fortbildung vier Leistungsbereiche umfassen. Als Ort der Ausbildung organisiert die *Deutsche Buchhändlerschule GmbH* Ersatzberufsschullehrgänge sowie die *Buchhändlerschule* Lehrgänge, die den Fachklassenunterricht an staatlichen Berufsschulen ergänzen sollen. Die *Fachschule des Deutschen Buchhandels*, die seit 1995 mit dem Titel Buchhandelsfachwirt abschließt, ist eine der wichtigsten Institutionen beruflicher Fortbildung. Des weiteren werden hier *Seminare zur beruflichen Bildung* abgehalten, die zum großen Teil auf dem – ‚Campus' genannten – Schulgelände stattfinden (z.B. EDV-Seminare an Computer-Arbeitsplätzen oder Seminare zur Schaufenstergestaltung in der auf dem Gelände befindlichen Lehrbuchhandlung), die aber auch – aus Platzgründen – auswärts durchgeführt werden müssen.

Sozialwerk

Das *Sozialwerk des Deutschen Buchhandels e.V.* ist ein privates Förderungswerk, dem im Jahre 1990 rund 420 Firmen und Personen als Mitglieder angehörten. Das Sozialwerk agiert vornehmlich in zwei Bereichen. Einmal kümmert es sich um ältere, bedürftige und unverschuldet in Not geratene Kollegen und Kolleginnen und zum anderen unterstützt es den in der Ausbildung befindlichen buchhändlerischen Nachwuchs, der – Bedürftigkeit vorausgesetzt – Zuschüsse zu den Lehrgangsgebühren der Deutschen Buchhändlerschule erhalten kann. Die finanziellen Mittel zu diesen Hilfsmaßnahmen stammen aus so unterschiedlichen Quellen, beispielsweise aus Mitgliedsbeiträgen, aus (Neujahrs-)Spenden und aus Bußgeldern, die wegen Preisbindungsverstößen bezahlt werden mußten.

2.4 Messen und Ausstellungen

Selbstverständlich liegt es im Interesse buchhändlerischer Verbände, organisatorische Rahmenbedingungen für Buchausstellungen zu schaffen bzw. sie selbst zu realisieren.

Regionale Ausstellungen

Jährlich finden in zahlreichen Städten und Regionen diverse Buchausstellungen oder Bücherschauen statt. Nicht nur das Echo in den Medien, sondern auch die hohen Besucherzahlen signalisieren die Notwendigkeit und die Akzeptanz derartiger Veranstaltungen.

Die traditionellen Wanderausstellungen des Börsenvereins werden seit 1993 von der *Stiftung Lesen* angeboten.

Frankfurter Buchmesse

Die Ausrichtung der *Frankfurter Buchmesse* würde den organisatorischen Rahmen des *Börsenvereins* sprengen. Deshalb wird sie, die bedeutendste ihrer Art in der ganzen Welt, von einer Tochtergesellschaft geplant und organisiert: der *Ausstellungs- und Messe-GmbH* (AuM). Ein paar Zahlen aus dem Jahr 1994 sollen die Bedeutung der Frankfurter Buchmesse unterstreichen: 8.600 Aussteller aus 105 Ländern stellten ca. 80.000 Neuerscheinungen vor. Rund 250.000 Besucher kamen zur Messe, zu den Ständen der Verlage oder zu den zahlreichen Rahmenveranstaltungen auf dem Messegelände und im Großraum Frankfurt. Fachbesucher, die sich aus allen Berufssparten rund um das Buch (Verleger, Buchhändler, literarische Agenturen, Bibliothekare, Journalisten etc.) zusammensetzen, nutzen die Messe zu Gesprächen, Kontaktaufnahmen oder zu Vertragsabschlüssen.

Jedes Jahr gibt es auf der Frankfurter Buchmesse eine Sonderausstellung, die vom Sortimenter-Ausschuß des Börsenvereins mit dem programmatischen Titel *Forum Management für Sortiment und Verlag* durchgeführt wird. Hier findet der interessierte Buchhändler alles, was er zum Unternehmenserfolg braucht: angefangen bei Formularen und Verpackungsmaterialien bis hin zu Geschäftsausstattungen und EDV-Anlagen. In einer gleichnamigen Broschüre erscheinen neben Beiträgen einzelner Aussteller auch betriebswirtschaftliche Ausführungen.

Abschließend sei auf eine Ausstellung hingewiesen, die zwar auch auf der Frankfurter Messe, die aber auch auf anderen Messen realisiert wird: eine Ausstellung von Fachzeitschriften. Sie wird organisiert vom *Zeitschriften-Informations-Service (ZIS)*, einer Einrichtung der Arbeitsgemeinschaft der Zeitschriftenverlage (AGVZ) und der Fachgruppe Fachzeitschriften im Verband deutscher Zeitschriftenverlage (VDZ).

Die in Leipzig alljährlich im Frühjahr stattfindende Messe wird von der Leipziger Messe GmbH in Zusammenarbeit mit dem Börsenverein durchgeführt. Sie hat nicht nur eine wichtige Ost-West-Brückenfunktion (Vergabe des Leipziger Buchpreises zur Europäischen Verständigung), sondern sie profiliert sich auch durch ein attraktives Rahmenprogramm (Leipzig liest). Ab 1995 soll eine Antiquariatsmesse integriert werden.

Ausländische Buchausstellungen

Die *Ausstellungs- und Messe-GmbH* des Börsenvereins hat neben der Organisation der Frankfurter Buchmesse die Aufgabe, Ausstellungen deutscher Bücher und Verlagsobjekte auch im Ausland durchzuführen. Im Jahre 1994 war die AuM auf 30 ausländischen Buch- und Handelsmessen rund um die Erde vertreten. Das kulturpolitische Engagement, das aus diesen Bemühungen spricht, wird von der Kulturabteilung des Auswärtigen Amtes der Bundesrepublik Deutschland mit finanzieller und organisatorischer Unterstützung honoriert.

2.5 Buchhändler-Vereinigung

Die *Buchhändler-Vereinigung GmbH* ist eines der Wirtschaftsunternehmen des Börsenvereins. Anders aber als die BAG Buchhändler-Abrechnungs-Gesellschaft oder die Ausstellungs- und Messe-GmbH, die im Rahmen klar definierter Tätigkeitsbereiche arbeiten, kann die Buchhändler-Vereinigung durch eine gewisse Breite des Leistungsspektrums charakterisiert werden. Sie wird immer dort aktiv, wo es um Interessen des gesamten Berufsstandes geht. Das zeigt sich nicht nur darin, daß die Buchhändler-Vereinigung der wirtschaftliche Träger der Schulen des Deutschen Buchhandels ist, sondern auch darin, daß sie als der Branchenverlag schlechthin angesehen werden muß. Hier wird nahezu alles verlegt, was den Verband und seinen kulturellen Aktivitäten Öffentlichkeit verschafft und was seinen Mitgliedern Rationalisierungsmöglichkeiten eröffnet – beginnend bei den Friedenspreisreden bis hin zu Werbemittelangeboten.

Bevor einzelne größere Verlagsobjekte vorgestellt werden, sei ein kurzer Hinweis auf die wirtschaftliche Struktur der Buchhändler-Vereinigung erlaubt. Die das Stammkapital haltenden Gesellschafter sind die Landesverbände. Der Vorstand des Börsenvereins fungiert als Beirat. Die Buchhändler-Vereinigung ihrerseits ist beteiligt am Rechenzentrum Buchhandel (RZB), an der Buchhändler-Abrechnungs-Gesellschaft (BAG) sowie an der Buchhändler Kredit-Garantiegemeinschaft (BKG). Deshalb läßt sich am Beispiel der Buchhändler-Vereinigung die enge Verzahnung von buchhändlerischen Gremien und Verbänden mit merkantilen Wirtschaftsbereichen besonders deutlich aufzeigen.

Börsenblatt

Das *Börsenblatt für den Deutschen Buchhandel* erschien nach der Zusammenführung der Börsenvereine zu Leipzig und Frankfurt 1991 im 158. Jahrgang. Somit begleitet es seit den Anfängen des Börsenvereins die Berufsstände der Verleger und Buchhändler. Als offizielles Verbandsorgan des deutschen Buchhandels besitzt es eine wichtige Funktion: Alle in ihm veröffentlichten Anzeigen und Bekanntmachungen gelten als der Gesamtbranche mitgeteilt.

Im Laufe seiner wechselvollen Geschichte ist das Börsenblatt nie zu einem reinen Verbandsblatt degeneriert. Das liegt daran, daß neben dem – getrennt paginierten – *Anzeigenteil* ein auch von nationalen und internationalen Fachkreisen beachteter *redaktioneller Teil* erscheint. Dort erscheinen Artikel zu Branchen- und Verbandsfragen, zur Kultur- und Bildungspolitik sowie zu allen Bereichen, die zum Thema Buch und zum Handel mit Büchern von Interesse sind. Mehrmals jährlich erscheinen im Rahmen der fortlaufenden Börsenblattnummern sogenannte *Schwerpunkthefte*, die sich intensiver mit einzelnen Warengruppen (Jugendbuch, Nachschlagewerke) oder mit speziellen Thematiken (Osteuropa o.ä.) auseinandersetzen.

Neben dem Anzeigen- und dem redaktionellen Textteil weist das Börsenblatt eine Anzahl von *Beilagen* auf, die ebenfalls jede für sich getrennt paginiert sind. Da ist zunächst einmal das unregelmäßig unter der Federführung der Marketing-Abteilung des Börsenvereins erscheinende *Archiv für Soziologie und Wirtschaftsfragen* zu nennen. Hier werden Fachbeiträge veröffentlicht, deren Ergebnisse in die Praxis umzusetzen sind. Vierteljährlich erscheint die von der Historischen Kommission des Börsenvereins betreute Beilage *Buchhandelsgeschichte*, die neuere Erkenntnisse zur Geschichte des Buchwesens sowie kürzere Beiträge zu Tagungen, fachspezifischer Literatur u.a. beinhaltet. Die Reihe *Aus dem Antiquariat* berichtet monatlich über Ausstellungen, Auktionen und spezielle Themenstellungen aus dem Bereich des bibliophilen Antiquariats. Neben diesen drei redaktionell betreuten Beilagen erscheinen regelmäßig zwei weitere, die rein anzeigenden Charakter haben: einerseits in jedem Börsenblatt die Beilage *Preisänderungen*, die für die praktische Arbeit im Sortiment unerläßlich ist, andererseits die Beilage *Angebotene und gesuchte Bücher*, über die in- und ausländische Buchhandlungen, Bibliotheken und Institute nicht mehr lieferbare Titel suchen können.

Als Ergänzung zum Anzeigenteil sind die jährlich regelmäßig erscheinenden sieben *Sondernummern* zu sehen, die mit stets gleichbleibenden Titeln erscheinen. Es handelt sich um die Publikationen:

Fachbuch
Kalender
Zeitschriften
Urlaub und Hobby
Frühjahrsnovitäten
Herbstnovitäten
Messe

Deutsche Nationalbibliographie und das Verzeichnis lieferbarer Bücher (VlB)

Für die tägliche Praxis braucht der Buchhändler, der Bibliothekar und der Wissenschaftler bibliographische Nachschlagewerke. Zwei der wichtigsten erscheinen im Verlag der Buchhändler-Vereinigung. Dabei handelt es sich um die *Deutsche Nationalbibliographie*, die aufgrund der eingegangenen Pflichtstücke von der Deutschen Bibliothek erstellt wird, sowie um das *Verzeichnis lieferbarer Bücher (VlB)*, in dem seit 1971 recherchiert werden kann. Beide Publikationen werden im Kapitel Bibliographie (vgl. Kap. 7.5 und 7.6) näher vorgestellt.

Adreßbuch für den deutschsprachigen Buchhandel

Das *Adreßbuch für den deutschsprachigen Buchhandel* ist in erster Linie als Mitgliederverzeichnis des Börsenvereins zu sehen. Dies erklärt beispielsweise die Aufteilung bundesrepublikanischer Verlage in Verlage mit und ohne Verkehrsnummer. Daß aber mehr als Verbandsfirmen notiert sind, zeigt das Inhaltsverzeichnis der drei Bände Verlage, Buchhandel und Organisationen.

In den ersten beiden Bänden wird eine Vielzahl buchhändlerischer Firmen getrennt nach Ländern (Bundesrepublik Deutschland, Österreich, Schweiz sowie weitere Staaten) aufgeführt. Hinzu kommen entsprechende Verkehrsnummernverzeichnisse. Auskünfte über ISBN-Verlagsnummern, Verlagsvertreter, literarische Agenturen runden die Informationen des 1. Bandes ab. Die Unternehmen des verbreitenden Buchhandels werden in Band 2 nach Städten aufgelistet. Band 3 beinhaltet Anschriften buchhändlerischer Organisationen, internationaler Vereinigungen, ausländischer Goethe-Institute u.a.m.

Verbandsdienstleistungen

Neben den bisher genannten Publikationen, die dem buchhändlerischen Know how dienen, werden vom Verlag der Buchhändler-Vereinigung auch Objekte verfolgt, die eher unter absatzstrategischen Gesichtspunkten zu sehen sind. So bietet z.B. der *WAS Werbe-Anschriften-Service* branchenbezogene Adressen von Buchhandlungen, Verlagen und Bibliotheken für firmenindividuelle Werbezwecke an. Speziell für die Sortimentsbuchhändler gibt es umfangreiche Werbemittelangebote, die von Tragetaschen bis hin zu Plakaten reichen. Ebenfalls für die Sortimenter ist der *BuchSchenkService* entwickelt worden, der – analog zum Fleurop-Dienst der Blumenfachgeschäfte – die Möglichkeit des Schenkens eröffnet, ohne an bestimmte Firmen gebunden zu sein. Mehr als 2.500 Firmen nutzen diese Geschenkidee für kaufunentschlossene Kunden. Als letztes sei erwähnt, daß auch die Kundenzeitschrift *Buch Journal* im Verlag der Buchhändler-Vereinigung erscheint (vgl. auch Kap. 6.4).

2.6 BAG Buchhändler-Abrechnungs-Gesellschaft

Die BAG ist die zentrale Verrechnungsstelle für den Buchhandel. Bereits 1922 wurde sie in Leipzig als Genossenschaft gegründet. 1953 wurde sie während der Frankfurter Buchmesse wieder institutionalisiert und firmiert seit 1956 als *BAG Buchhändler-Abrechnungs-Gesellschaft mbH*. Die ehemaligen Genossen wurden Mitglieder des *Vereins für buchhändlerischen Abrechnungsverkehr e.V.*. Die Mitgliedschaft ist auch heute noch verpflichtend für die Teilnahme am BAG-Abrechnungsverfahren. Als BAG-Abrechnungsnummer dient die buchhändlerische Verkehrsnummer (vgl. Kap. 3.8). Das Stammkapital der Gesellschaft hält zu 90% der Verein und zu 10% die Buchhändler-Vereinigung.

In der Einleitung zu den Geschäftsbedingungen der BAG sind ihre Aufgaben definiert:

> Die BAG Buchhändler-Abrechnungs-Gesellschaft mbH ist eine Gemeinschaftseinrichtung des Buchhandels und dient der Förderung der Wirtschaftlichkeit im Buchhandel. Der Zweck der Gesellschaft ist insbesondere die Zahlungsabrechnung (Clearing) im Buchhandel sowie die Übernahme von sonstigen Dienstleistungen für den Buchhandel.

Als entscheidender Vorzug der BAG hat ihre Neutralität zu gelten. Denn sie ist nur für die technische Abwicklung des Zahlungsverkehrs zuständig. In Paragraph 1, Abs. 1 der Geschäftsbedingungen steht:

> Die BAG handelt bei der Abwicklung des Zahlungsverkehrs ausschließlich im Auftrag und für Rechnung der teilnehmenden Verlage (Kreditoren) und Sortimenter (Debitoren). Sie erwirbt kein Eigentum an abzurechnenden bzw. abgerechneten Forderungen und übernimmt für diese kein Obligo [d.h. keine Zahlungsverpflichtung, Anm. des Verfassers]. Die Rechtsbeziehungen der Teilnehmer untereinander werden durch das Abrechnungsverfahren nicht unterbrochen.

Auch Rückbelastungen strittiger Forderungen, Selbstbelastungen des Sortimenters sowie die Abrechnung von Remittenden werden von der BAG neutral vermittelt.

Abb. 3: Das Signet der Buchhändler-Abrechnungs-Gesellschaft

Die Oberfinanzdirektion Frankfurt, u.a. zuständig für die Belange des Buchhandels, hat die BAG-Abrechnung als Sammelabrechnung im Sinne des Steuerrechts anerkannt; sie erfüllt Grundbuchfunktion. Die einzelnen Verlagsrechnungen müssen demnach nicht mehr einzeln gebucht werden, sondern die Gesamtsumme eines BAG-Kontoauszuges zum Abrechnungsstichtag (jeweils der 2. und 17. eines Monats) wird einer Stelle – eben der BAG – überwiesen, die die einzelnen Beträge auf die diversen Verlage verteilt. Desgleichen erhält ein Verlag einen Zahlungseingang für alle zum Abrechnungsstichtag zu begleichenden Rechnungen. Etwaige besondere Zahlungsbedingungen, die zwischen Geschäftspartnern vereinbart worden sind, bleiben vom BAG-Abrechnungsverfahren unberührt; allerdings verlängert sich durch den BAG-Einzug manches Zahlungsziel und manche Skontofrist zugunsten der Debitoren (vgl. Kap. 6.2.2 Stichwort Zahlungsbedingungen). Auf diese Weise rechneten im Jahre 1993 etwa 1.100 Verlage mit 4.300 Sortimentern ab – ein klarer Beweis für die Akzeptanz des Rationalisierungseffektes, der sowohl auf der Seite der Kreditoren als auch auf der der Debitoren Zeit- und Kostenaufwand für Buchungsarbeiten, das Ausfüllen von Formularen, Bankgebühren etc. minimiert. Seit 1989 werden auch Forderungen und Verbindlichkeiten mit ausländischen Verlagen in ausländischer Währung abgerechnet.

Die Kosten für die Zahlungsabwicklung werden überwiegend von den Verlagen bestritten. Während der Sortimenter pro Jahr nur eine geringfügige Gebühr entrichtet, wird den abrechnenden Verlagen eine Gebühr für jeden abgerechneten Posten sowie eine prozentuale Provision vom Rechnungsbetrag belastet. Allerdings erstattet die BAG nach Ablauf eines Geschäftsjahres Provisionsüberschüsse an die beteiligten Verlage zurück, so daß sich deren Gebühren in Grenzen halten und immer noch geringfügiger anzusehen sind als die im letzten Absatz angesprochenen Aufwendungen an Zeit und Geld.

Zu den Dienstleistungen der BAG zählen u.a.:

Abrechnung für Lernmittel
Beitragsabrechnungen buchhändlerischer Fachverbände
Zeitschriftenfakturierung
Anzeigenfakturierung
Verlagsfakturierung
Buchhaltungsdienst
Mikroverfilmung

Informationsverbund Buchhandel (IBU)

Das jüngste Dienstleistungsangebot der BAG, der *Informationsverbund Buchhandel (IBU)*, ermöglicht einen elektronischen Datenaustausch beliebigen Inhalts (Bestellungen, Mitteilungen) zwischen Geschäftspartnern. Wegen seiner grundsätzlichen Bedeutung für die Bestellübermittlung wird der IBU an anderer Stelle (vgl. Kap. 6.2.3) ausführlicher dargestellt.

Buchhändlerische Kredit-Garantiegemeinschaft (BKG)

Die BAG darf weder den Verlagen noch den Sortimentern Kredite einräumen. Deshalb wurde die *BKG Buchhändlerische Kredit-Garantiegemeinschaft* gegründet. Sie besteht seit 1971. Ihre Aufgabe ist es, den Buchhändlern befristete Kredite für die Erfüllung ihrer Verbindlichkeiten aus dem BAG-Abrechnungsverfahren zu verbürgen und zu vermitteln. Dieselbe Funktion erfüllt sie auch für die Verleger, denen Vorschüsse auf erst später fällig werdende BAG-Beträge verbürgt und vermittelt werden. Derartige Bürgschaften werden allerdings erst dann eingeräumt, wenn die BAG-Mitgliedschaft ein Jahr lang besteht und wenn sich die Firma am Bürgschaftskapital der BKG beteiligt hat. Bürgschaften für Investitionskredite werden auf keinen Fall gewährt.

2.7 Rechenzentrum Buchhandel (RZB)

Das *Rechenzentrum Buchhandel GmbH* (RZB) besteht seit 1972. Es hat die Aufgabe, buchhändlerische Rechen- und Informationszentren unter Einsatz der EDV zu errichten und zu betreiben. Seine Gesellschafter sind bereits vorgestellt worden. Es handelt sich – zu gleichen Teilen – um den Börsenverein, die Buchhändler-Vereinigung und die BAG.

Das Rechenzentrum Buchhandel leistet für die Buchhändler-Vereinigung die datentechnische Verarbeitung für das Verzeichnis lieferbarer Bücher (VlB), das Adreßbuch sowie das Verkehrsnummernsystem. Für die BAG übernimmt das RZB vierzehntägig die technische Abwicklung des Abrechnungsgeschäftes. Auch der Informationsverbund Buchhandel wird mit Hilfe der Technik des RZB abgewickelt.

Das Rechenzentrum erfüllt aber nicht nur bracheninterne Datenbankdienste, sondern es steht auch einzelnen Firmen zur Verfügung, und zwar unabhängig von der Frage, ob sie der Buchbranche zugehören oder nicht. So werden z.B. neben den Daten des VlB auch Verlagsartikel und Produktlisten der Pharmaindustrie gespeichert und verwaltet.

3 Rechtsgrundlagen und Vereinbarungen im Buchhandel

Der Buchhandel findet nicht in irgendeinem rechtsfreien Raum statt, in dem jedes Unternehmen tun und lassen kann, was es will. Er unterliegt – wie der gesamte Handel – gesetzlichen (Rahmen-) Bestimmungen. In diesem Kapitel werden die wichtigsten Rechtsgrundlagen vermittelt. Dabei geht es zunächst um die Darstellung der ‚Privilegien', die der Staat dem Buchhandel einräumt, wie Preisbindung, ermäßigter Mehrwertsteuersatz und besondere Beförderungsgebühren für Büchersendungen. Darüber hinaus werden die Sonderbestimmungen des buchhändlerischen Geschäftsverkehrs in Bezug auf lauteren Wettbewerb und Handelsbräuche konkretisiert. Abschließend erfolgt eine kurze Vorstellung des buchhändlerischen Verkehrsnummernsystems.

3.1 Preisbindung – books are different

1888 trat unter dem Vorsteher *Adolf Kröner* eine neue Satzung des Börsenvereins in Kraft, nach der die Mitglieder verpflichtet wurden, die von den Verlagen festgesetzten Ladenpreise einzuhalten und das Anbieten von Rabatten zu unterlassen. Bei Verstößen drohte den jeweiligen Unternehmen Vereinsausschluß.

Krönersche Reform

So etablierte die buchhändlerische Standesorganisation im vorigen Jahrhundert das System des gebundenen Ladenpreises. Die Reform ging unter dem Namen des damaligen Vorstehers als Krönersche Reform in die Buchhandelsgeschichte ein. Vorausgegangen war ein langwieriger Kampf der sogenannten Provinzbuchhändler, die sich in zahlreichen Regionalvereinen zusammengeschlossen hatten, gegen die „Fernschleuderer" aus den Buchhandelsmetropolen Leipzig und Berlin. Von dort wurde nämlich ein intensiver Versandbuchhandel betrieben. Dabei waren Rabattofferten für Buchkäufer bis zu 40% keine Seltenheit. So entstand die Situation, daß die Buchhändler fernab der großen Städte Bücher zur Ansicht für ihre Kunden besorgten, die jene Kunden jedoch nicht bei ihnen, sondern mit hohem Nachlaß bei den großen Versandbuchhändlern kauften. Ein derart ruinöser Wettbewerb mußte die kleineren Sortimente zwangsläufig in wirtschaftliche Schwierigkeiten führen. Häufig konnten die ‚Kleinen' nur mit Hilfe des Verkaufs anderer Objekte (z.B. Lederwaren) oder durch das Anbieten diverser Dienstleistungen (z.B. Schuhreparatur, Rahmung von Bildern) überleben.

1884 gab *Adolf Kröner* auf der Hauptversammlung des Börsenvereins den Verbandsmitgliedern eindringlich zu verstehen, warum die ,Schleuderey' keiner Buchhandelssparte etwas nütze:

> „Die Schleuderei im Buchhandel, d.h. der Verkauf neuer Bücher an das Publicum zu Preisen, bei welchen nach dem Urtheil unparteiischer Sachverständiger ein solider, über das ganze deutsche Sprachgebiet verbreiteter Sortimentsbuchhandel nicht mehr bestehen kann, ist in ihren Consequenzen gleich nachtheilig für Schriftsteller, Bücherkäufer und Verleger.
> Der Verleger erhält zwar größere Bestellungen von den Schleuderern; aber naturgemäß verringern sich dadurch nicht nur die Bestellungen der übrigen Sortimenter, sondern eine weitere unausbleibliche Folge ist die Schädigung und Vernichtung der dem Verleger zur gleichmäßigen Verbreitung seines Verlages, insbesondere der Novitäten, nothwendigen Organisation des Sortimentsbuchhandels.
> Der Bücherverkäufer enthält zwar einzelne Bücher zu billigeren Preisen, wird aber mit der Zeit auf den Hauptvortheil, welchen ihm die gegenwärtige Organisation des deutschen Buchhandels gewährt, verzichten müssen: auf den Bestand von Bücherlagern auch in kleineren Städten, auf die Möglichkeit, jedes neu erscheinende Buch überall rasch und kostenlos zur Einsicht zu erhalten.
> Die Schriftstellerwelt endlich wird, da die Schleuderer in der Hauptsache nur die Werke bereits accreditirter Autoren vertreiben können, die mühevolle und wenig lohnende Einführung der Werke wenig bekannter oder unbekannter Autoren aber den übrigen Sortimentern überlassen müssen, nach der durch die Schleuderer erfolgten Verdrängung der Letzteren mit weit größeren Schwierigkeiten bei der Publication ihrer Werke zu kämpfen haben, und manchem aufstrebenden Talent wird so zum Schaden unserer Literatur der Weg zur Öffentlichkeit versperrt werden."

Zitiert nach: D. Wallenfels. Das Büchlein der Bücher (...), Frankfurt: Eichborn 1982, S. 66–69

Preisbindung im 20. Jahrhundert

Die Argumente, die *A. Kröner* für die Preisbindung anführte, gelten auch heute unverändert. Negativ formuliert, würde ein Fortfall der Preisbindung zu einem Verlust des Literaturangebots und zu einer quantitativen Reduzierung der Sortimentsbuchhandlungen führen. Positiv formuliert, ermöglicht das Preisbindungssystem zunächst einmal aufgrund einer verlagsinternen Mischkalkulation ein breit gefächertes Literaturangebot (mehr als 550.000 lieferbare Titel in deutscher Sprache). Aber auch die Sortimenter werden aufgrund einer Mischkalkulation in die Lage gesetzt, ein umfangreiches Lager zu halten, da sie ihr Sortiment nicht auf gängige Titel begrenzen müssen. Darüber hinaus bietet das System des festen Ladenpreises dem Zwischenbuchhandel eine kalkulierbare Gewinnspanne, so daß ein fast beispiellos zu nennendes Besorgungssystem in Deutschland bestehen kann.

Es besteht kaum ein System ohne Gegnerschaft. Bereits um die Jahrhundertwende war die gerade etablierte Preisbindung Gegenstand heftiger Auseinandersetzungen. Die weitgehende Abschaffung der Nachlässe auch für Bibliotheksbezüge hatte den Widerstand der Hochschulen hervorgerufen. Der Leipziger Nationalökonom *Karl Bücher* kritisierte in seiner Schrift ‚Der deutsche Buchhandel und die Wissenschaft' (1903) die Organisation des Buchhandels und das Kartell des Börsenvereins in aller Schärfe. Die Preisbindung – so legte er dar – führe zu einer Verteuerung der Literatur, der Verleger verschaffe sich satte Gewinnspannen, und der verbreitende Buchhandel lebe ein ‚Parasitendasein'. Die geführte Kontroverse gehört als sogenannter ‚Bücher-Streit' in die Buchhandelsgeschichte. Sie endete übrigens mit einem Kompromiß: Bibliotheken wurden – je nach ihrem Vermehrungsetat – mit festgelegten Nachlässen beliefert.

Natürlich bedeutet das System der Preisbindung eine Einschränkung des Wettbewerbs. Bis 1945 unterlag die Kontrolle über die Preisbindung dem Börsenverein. In der Besatzungszeit war zunächst jede Form der Preisbindung verboten. Nachdem einzelne Preisbindungsbestimmungen 1952 wieder ermöglicht wurden, fand die Diskussion um das Preisbindungssystem 1957 seinen vorläufigen Abschluß. Die Möglichkeit zur Preisbindung wurde im Rahmen des Kartellgesetzes (Gesetz gegen Wettbewerbsbeschränkungen, kurz GWB) gesetzlich verankert. Sie ist demnach – im Unterschied zu ihren Anfängen – keine reine verbandspolitische Angelegenheit mehr, sondern unterliegt staatlicher wirtschaftspolitischer Kontrolle.

Was kann aber eine soziale *Markt*wirtschaft dazu veranlassen, den Wettbewerb einzudämmen bzw. auszuschalten? Die Argumente führen wiederum zu Kröner. In den Protokollen des Deutschen Bundestages ist zu lesen, daß ohne Preisbindung Schäden für Autoren, Verleger und Sortimenter entstehen würden. Die Preisbindung wurde demnach aus kulturpolitischen Gründen (Literaturvielfalt und dichtes Vertriebsnetz) gewünscht. An dieser Einschätzung hat sich auch im Laufe der Zeit nichts geändert. Immer wieder sprachen sich Parteien und Ausschüsse für den Erhalt der Preisbindung aus – auch in einem wirtschaftlich zusammenwachsenden Europa. Der Innenausschuß des Bundestages hat am 13. April 1994 diese Position in einer Stellungnahme noch einmal ausdrücklich bestätigt.

> Der Innenausschuß bekräftigt seine grundsätzliche Position zur kulturpolitischen Bedeutung der Buchpreisbindung. Er erwartet, daß die Bundesregierung den Börsenverein bei seinen Verhandlungen über die künftige Gestaltung der Buchpreisbindung im grenzüberschreitenden deutschen Sprachraum unterstützt und keiner Lösung zustimmt, die die traditionell bewährten Preisbindungssysteme gefährdet und die mit der Buchpreisbindung verfolgten kulturpolitischen Ziele unterläuft.

Bücher sind zwar eine Ware, aber eben eine andere, eine „geistige Ware" (books are different), für die die Gesetze des Marktes nur eingeschränkte Gültigkeit haben sollen. Was bleibt, ist ein Wettbewerb der Verlage untereinander um den literarischen und wirtschaftlichen Erfolg und ein Wettbewerb der Sortimenter, die hinsichtlich Sortimentsbreite und -tiefe, Service und Leistungsfähigkeit miteinander in Konkurrenz stehen. So ist auch leicht zu erklären, daß – trotz Preisbindung – der Buchhandel Strukturveränderungen ausgesetzt war, ist und bleiben wird.

Gesetz gegen Wettbewerbsbeschränkungen (GWB) und der Sammelrevers

Im Gesetz gegen Wettbewerbsbeschränkungen (GWB) werden in den Paragraphen fünfzehn bis einundzwanzig vertikalvertragliche Beschränkungen, d.h. Verträge zwischen Unternehmen verschiedener Wirtschaftsstufen, behandelt. §15 verbietet Unternehmen, ihre Abnehmer bei Weiterveräußerung ihrer Erzeugnisse auf bestimmte Preise zu verpflichten:

> § 15 gilt nicht, soweit ein Unternehmen die Abnehmer seiner Verlagserzeugnisse rechtlich oder wirtschaftlich bindet, bei der Weiterveräußerung bestimmte Preise zu vereinbaren oder ihren Abnehmern die gleiche Bindung bis zur Weiterveräußerung an den letzten Verbraucher aufzuerlegen.

§ 16 regelt die Ausnahme für Verlagserzeugnisse:

> Verträge zwischen Unternehmen über Waren oder gewerbliche Leistungen, die sich auf Märkte innerhalb des Geltungsbereichs dieses Gesetzes beziehen, sind nichtig, soweit sie einen Vertragsbeteiligten in der Freiheit der Gestaltung von Preisen oder Geschäftsbedingungen bei solchen Verträgen beschränken, die er mit Dritten über die gelieferten Waren, über andere Waren oder über gewerbliche Leistungen schließt.

Die Preisbindung ist demnach als vertikale individuelle Bindung einzelner Unternehmen erlaubt. In der Bundesrepublik Deutschland machten im Jahr 1995 mehr als 1.700 Verlage von dieser Möglichkeit Gebrauch. Als Verlagserzeugnisse im Sinne des Kartellgesetzes gelten Werke der Literatur, Tonkunst, Kunst und Fotographie, die aufgrund verlegerischer Tätigkeit hergestellt und vervielfältigt sind, insbesondere graphisch, fotographisch oder fotomechanisch. Hierzu gehören neben Büchern, Zeitungen und Zeitschriften auch Musikalien, Kunstblätter, Kalender, Atlanten, Landkarten und Globen, aber nicht z.B. Schallplatten, Ton- und Bildkassetten, Lehr- und Lernmittel sowie Videobänder.

Wenn Verlage ihre Produktion ganz oder teilweise binden wollen, müssen sie bestimmte Auflagen erfüllen. §34 GWB bestimmt, daß die Preisbindungsvereinbarungen der Schriftform bedürfen.

Man stelle sich vor: Rund 1.700 Verlage binden rund 5.000 Buchhandlungen. Dann müssen neue Verlagsunternehmen 5.000 Vertriebspartner binden, und neu gegründete Buchhandlungen müssen sich gegenüber 1.700 Verlagen zur Einhaltung der vorgeschriebenen Preise verpflichten. Da der Aufwand

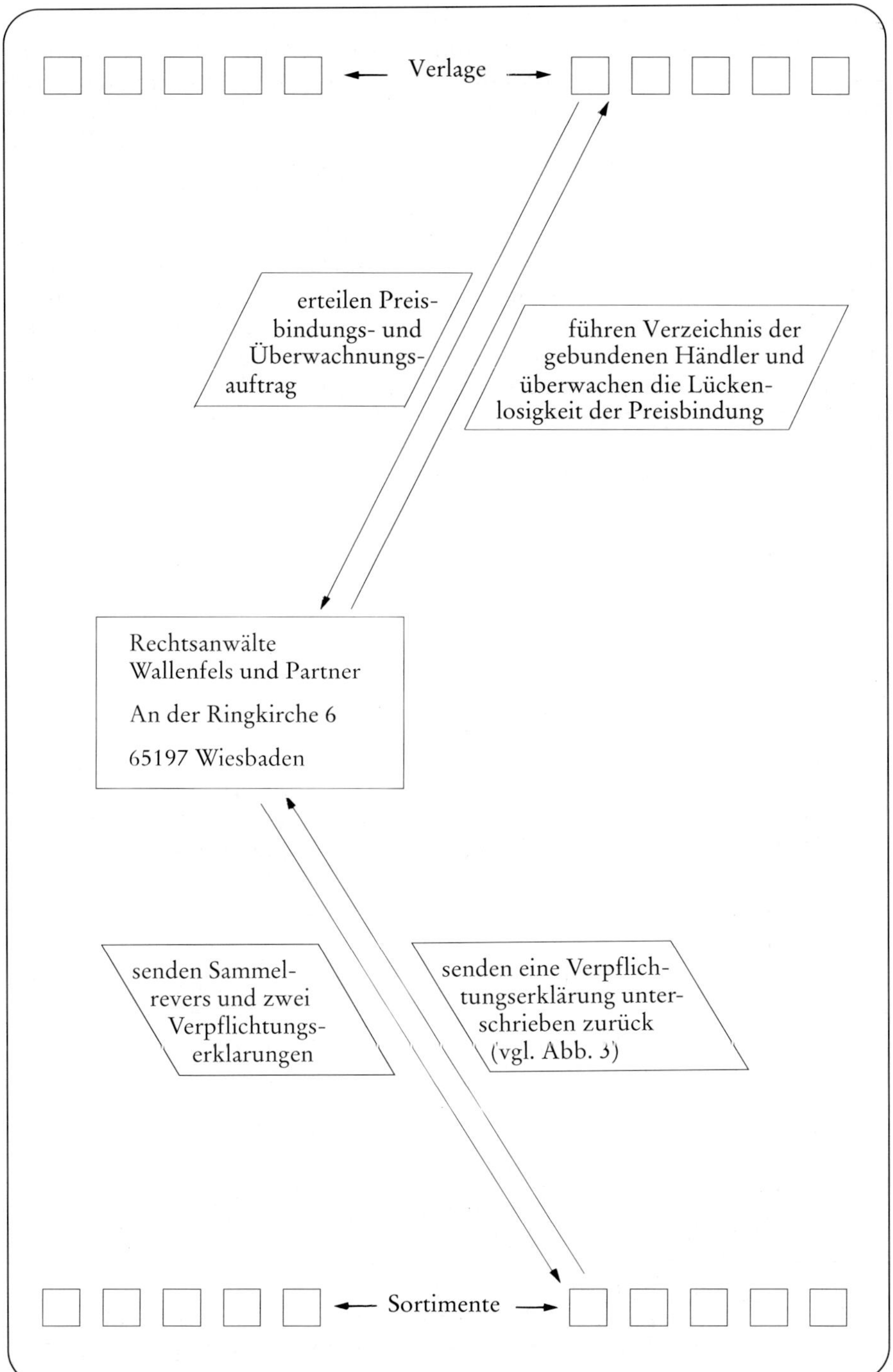

Abb. 1: So funktioniert die Preisbindung.

einer solchen Bindung zu groß ist, haben sich die preisbindenden Verlage einem sogenannten Sammelrevers angeschlossen. Dies ist ein Vertragsformular, in dem die Bestimmungen der Preisbindungsverträge samt einem Verzeichnis der bindenden Verlage enthalten sind. Die Rechtswirksamkeit eines solchen Sammelrevers ist sowohl vom Bundeskartellamt als auch vom Bundesgerichtshof (höchstes Bundesgericht für privatrechtliche Angelegenheiten) anerkannt worden.

Wie das Preisbindungsprocedere, das seit 1993 mit Österreich und der Schweiz grenzüberschreitend organisiert ist, funktioniert, entnehme man der Abb. 1 auf der Vorseite. Allerdings hat die Kommission der Europäischen Union eine Auflockerung des Sammelrevers insofern verlangt, als die sieben größten Verlagsgruppen aus dem Sammelrevers ausscheiden und ihre Preisbindung selbst regeln müssen. Da aber die neu zu schließenden Preisbindungsverträge den gleichen Inhalt wie die bisherigen haben können und da für die Reverse der sieben Verlagsgruppen nur eine Verpflichtungserklärung eingefordert wird, ist die Auflage der EU-Kommission – auch wenn sie nicht ganz einsichtig ist – relativ leicht zu erfüllen.

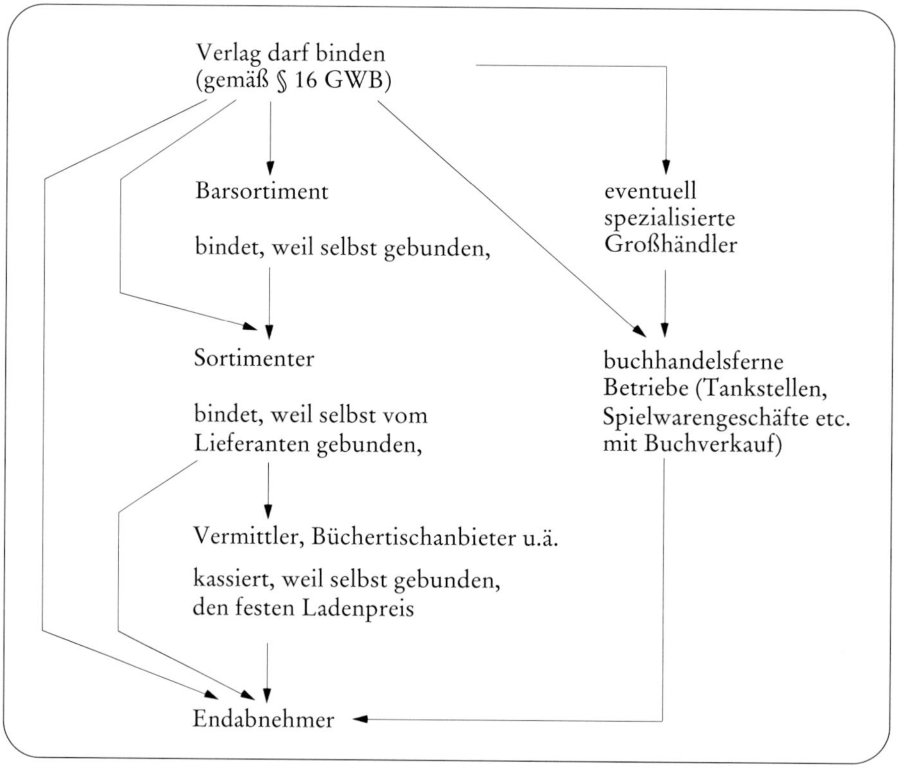

Abb. 2: Schematischer Abriß des vertikalen Preiskartells.

Verpflichtungserklärung zur Preisbindung für Verlagserzeugnisse

Buchhandlung ______________________ ______________________
(Name und Anschrift) (Datum)

Verkehrsnummer: ______________________
(bei Verlagen Debitorennummer)

Herrn
Rechtsanwalt und Notar
Dieter Wallenfels
Postfach 2509
65015 Wiesbaden

Sie haben mir ein Verzeichnis der ihre Preisbindung für Deutschland, Österreich und die Schweiz neu regelnden Verlage sowie drei Preisbindungsreverse für die genannten Länder zugesandt. Auf diese Unterlagen nehme ich Bezug. Soweit ich preisgebundene Verlagserzeugnisse der in vorstehend erwähntem Verzeichnis aufgeführten Verlage in den eingangs genannten Ländern verkaufe, verpflichte ich mich, die von den Verlagen festgesetzten Endabnehmerpreise (Ladenpreise) allen Endabnehmer-Kunden zu berechnen. Im einzelnen gelten die Regelungen der mir als Anlage zu diesem Preisbindungsvertrag übersandten Reverse für Deutschland, Österreich und die Schweiz, deren Inhalt ich hiermit ausdrücklich als für mich verbindlich anerkenne, insbesondere auch die Regelungen bei Verstößen gegen die Preisbindung.

Dieser Vertrag ist gemäß § 34 GWB beiderseits handschriftlich zu unterzeichnen. Damit Sie Ihrerseits nicht Tausende von Unterschriften leisten müssen erkläre ich mich damit einverstanden, daß das von Ihnen als Verlegerbevollmächtigtem unterzeichnete Exemplar dieses Reversvertrages nur einmal für alle Gebundenen unterzeichnet wird und bei Ihnen zu treuen Händen verbleibt. Sie handeln insoweit auch in meinem Namen. Sie sind verpflichtet, mir eine unterzeichnete Ausfertigung zu übersenden, wenn ich Sie aus irgendeinem besonderen Anlaß darum bitte.

Firmenstempel

____
(Unterschrift des/der Zeichnungsberechtigten)

Bitte die Firma sowie die Verkehrsnummer (Debitorennummer) und das Datum auf dem Briefkopf einsetzen.

Abb. 3: Verpflichtungserklärung des Sortimenters

Sammelrevers 1993 für den Verkauf preisgebundener Verlagserzeugnisse in Deutschland

A. Allgemeine Bedingungen

1. Ich werde die Endabnehmerpreise („**Ladenpreise**" = Barzahlungspreise) allen Kunden in Deutschland in DM berechnen. Sie werden von den einzelnen Verlagen durch ihre jeweils gültigen (gegenwärtigen und künftigen) Preislisten oder Preismitteilungen für ihre Verlagserzeugnisse festgesetzt. Sie enthalten die Mehrwertsteuer.

Ich werde die Preisbindung auch nicht **indirekt** verletzen, etwa durch Zugaben, Freiexemplare, Boni und Nachlässe für angeblich antiquarische Exemplare; auch nicht durch sonstige Umgehungsformen, wie z. B. Umsatzprämien oder Gewinnbeteiligungen, soweit diese von den von mir mit dem Kunden getätigten Umsätzen für preisgebundene Verlagserzeugnisse abhängen. Dies gilt auch im Rahmen gesellschaftsrechtlicher Vertragsverhältnisse, wenn deren Zweck darauf gerichtet ist, Endabnehmern preisgebundene Verlagserzeugnisse im Ergebnis billiger zukommen zu lassen. Auch werde ich Abzüge seitens der Käufer nicht dulden.

Ich werde die Preise auch nicht **überschreiten,** darf aber außergewöhnliche Auslagen, z. B. bei Eilbestellungen oder Versand an den Kunden, berechnen.

Dieser Revers gilt nicht für Musiknoten.

2. Sofern der Verlag „**Sonderpreise**" festsetzt, bin ich auch an diese gebunden. Ihre Auftraggeber werden insbesondere die folgenden herkömmlichen Begriffe verwenden:

a) **Serienpreise** für den geschlossenen Verkauf einer Reihe zusammengehöriger Werke ein- und desselben Verlages. Sie gelten nicht für einzelne Werke der Reihe.

b) **Mengenpreise** (Staffelpreise) für den Verkauf einer größeren Anzahl desselben Werkes an denselben Endabnehmer. (Hat der Verlag Mengenpreise nicht durch Preislisten festgesetzt, kann er sie in Sonderfällen festsetzen, wenn die Gleichbehandlung der Wiederverkäufer sichergestellt ist. Dies gilt auch für Sonder- und Teilauflagen.)

c) **Subskriptionspreise** bis zum vollständigen Erscheinen; bei einbändigen und bei mehrbändigen Werken, die gleichzeitig erscheinen, ausnahmsweise bis drei Monate danach, dann allerdings nur mit einer Preisermäßigung von höchstens 20%. Der Subskriptionszeitraum ist anzugeben.

d) **Ermäßigte Preise für Zeitschriften,** die zur Ausbildung oder zur Ausübung der beruflichen oder gewerblichen Tätigkeit benötigt werden, und zwar, wenn der Bezieher sich in der Ausbildung befindet oder noch kein volles Gehalt bezieht oder Mitglied eines Fachvereins ist. Der Nachlaß und der Kreis der Berechtigten werden in der Zeitschrift bekanntgegeben.

e) Vorzugspreise für ausdrücklich so bezeichnete „**Sonderveröffentlichungen**" einer Zeitschrift (Sonderhefte, Ergänzungshefte) für deren Abonnenten.

f) **Umtauschpreise** für den Fall der Rückgabe einer älteren Ausgabe, die vor Erscheinen des Werkes bekanntgegeben werden.

g) **Sonderpreise für Körperschaften** (Behörden, Organisationen oder Unternehmungen anderer Art), die bei der Herausgabe einzelner bestimmter Verlagswerke vertraglich in einer für das Zustandekommen des Werkes ausschlaggebenden Weise mitgewirkt haben.

h) **Teilzahlungspreise und -zuschläge.**

3. Ebenfalls gebunden bin ich an **Schulbuch-Nachlässe,** die die Verlage festgesetzt haben für Sammelbestellungen von öffentlichen oder solchen Auftraggebern, deren Ausgaben überwiegend von der öffentlichen Hand getragen werden, sofern die Bestellung im Rahmen gesetzlicher Lernmittelfreiheit und zur unmittelbaren Verwendung im Unterricht erfolgt. Vorbehaltlich einer abweichenden Festsetzung in den Preislisten oder Preismitteilungen der Verlage, auf die hiermit Bezug genommen wird, sind die folgenden Nachlässe zu gewähren:

a) Bei einem Auftrag mit Gesamtwert bis zu DM 50 000,– für Titel mit
mehr als 10 Stück 8% Nachlaß
mehr als 25 Stück 10% Nachlaß
mehr als 100 Stück 12% Nachlaß
mehr als 500 Stück 13% Nachlaß

b) Bei einem Auftrag mit Gesamtwert von mehr als
DM 50 000,– 10–13% Nachlaß
DM 75 000,– 11–14% Nachlaß
DM 100 000,– 12–15% Nachlaß

jeweils entsprechend den unterschiedlichen Verhältnissen bei den einzelnen Aufträgen.

Barzahlungsnachlässe (Skonti) sind unzulässig, Ausnahmen nur lt. Sonderbedingungen einzelner Verlage (siehe B 2).

Bei der Berechnung des Gesamtwertes ist von den gebundenen Ladenpreisen auszugehen. Soweit die Aufträge auch nicht preisgebundene Schulbücher umfassen, sind auch deren Preise ohne Nachlässe in den Gesamtwert einzubeziehen. Titel- und Stückzahlen können auch nach Auftragserteilung festgelegt werden, wenn dem Auftragnehmer Gelegenheit gegeben wird, alle Bücher eines Auftrages zu einem Zeitpunkt zu liefern. Bei den Rahmenverträgen über die fortlaufende Lieferung von Büchern sind die Gesamtwerte der einzelnen Lieferungen maßgebend.

Die bisherigen, wegen der besonderen Lieferverhältnisse bestehenden Regelungen in Hamburg sowie die in Hessen, Niedersachsen, Rheinland-Pfalz und in den neuen Bundesländern bleiben hiervon unberührt.

4. **Von der Preisbindung ausgenommen** ist die Lieferung zum Eigenbedarf an:

a) selbständige herstellende und verbreitende Buchhändler.

b) Angestellte und feste Mitarbeiter von buchhändlerischen Betrieben.

c) Angestellte von buchhändlerischen Abteilungen gemischter Betriebe.

d) Buchautoren (nur von Werken ihres Verlages).

e) Lehrer, und zwar nur von Prüfungsstücken von Büchern, die im Schulunterricht Verwendung finden sollen,

Abb. 4: Sammelrevers 1993 für den Verkauf preisgebundener Verlagserzeugnisse in Deutschland. (Die Reverstexte für Österreich und die Schweiz sind nur geringfügig modifiziert.)

zu a), sofern sie reversgebunden sind, zu b) bis d), sofern der Abnehmer schriftlich oder durch Betriebsordnung verpflichtet wird, diese Verlagserzeugnisse nicht (auch nicht gefälligkeitshalber) weiter zu veräußern; zu e), sofern Verlage nicht für ihre Produktion von dieser Ausnahme ganz absehen und auch nicht Höchstnachlässe festsetzen.

5. Die Verpflichtungen dieses Vertrages gelten auch dann, wenn ich die preisgebundenen Werke von dritter Seite, z. B. vom **Zwischenbuchhandel** oder von einem anderen Händler, beziehe.

Sofern ich meinerseits, z. B. als Zwischenbuchhändler, preisgebundene Verlagserzeugnisse an Wiederverkäufer weiter veräußere, bin ich verpflichtet, zuvor zu prüfen, ob der betreffende Händler bereits gebunden ist. Ist er nicht gebunden, so muß ich dies dem Preisbindungstreuhänder mitteilen, damit dieser den Händler binden kann; oder ich muß ihn meinerseits entsprechend diesem Vertrag durch den Revers binden.

Ebenso habe ich Wiederverkäufer, die ich außerhalb von Deutschland beliefere, zur Verhinderung der Umgehung einer lückenlosen Preisbindung schriftlich für den Fall zu binden, daß sie nach Deutschland reimportieren (ich habe sie außerdem zu verpflichten, beim Weiterverkauf an Händler diese ebenfalls zu binden).

Bei Gewährung von **Vermittlungsprovisionen** werde ich sicherstellen, daß diese nicht, auch nicht teilweise, an Endabnehmer weitergegeben werden. Nichtgewerbsmäßige Vermittler dürfen keine Vermittlungsprovision erhalten.

Bei einer Veräußerung meines Betriebes werde ich den Geschäftsnachfolger schriftlich verpflichten, die von mir übernommenen Verpflichtungen aus diesem Revers ebenfalls einzuhalten.

6. Ich verpflichte mich zur Zahlung einer **Konventionalstrafe** für jeden Fall des vorsätzlichen oder fahrlässigen Anbietens oder Gewährens unzulässiger Nachlässe. Sie hat die Höhe des Rechnungsbetrages des angestrebten oder vollzogenen Geschäfts. Sie beträgt mindestens DM 3 000,– für den ersten Verstoß, DM 5 000,– für jeden weiteren Verstoß und DM 10 000,– für unzulässige Nachlaßangebote an eine Mehrzahl von Abnehmern. Gleiches gilt bei Überschreitung des Ladenpreises. Der Betrag ist (sofern die Verlage nicht ausnahmsweise Zahlung an sich selbst wünschen) an das Sozialwerk des Deutschen Buchhandels zu zahlen.

Der Verlag ist berechtigt, neben oder anstelle der Geltendmachung der Vertragsstrafe seine sonstigen Rechte geltend zu machen, insbesondere **Lieferungen** – auch aus laufenden Bestellungen – **einzustellen;** dies auch dann, wenn ich meine Verpflichtungen gem. 7. verletze.

Der **Verlag** verpflichtet sich mir gegenüber zur Zahlung einer Konventionalstrafe für den Fall, daß er seine gebundenen Preise (einschließlich der Sonderpreise) selbst unterbietet oder die Unterbietung durch Dritte veranlaßt. Absatz 1 gilt entsprechend. Die Konventionalstrafe kann für alle Betroffenen als Gesamtgläubiger (§ 428 BGB) nur einmal und nur von dem in A 11 genannten Bevollmächtigten zur Zahlung an das Sozialwerk des Deutschen Buchhandels geltend gemacht werden.

7. Ich verpflichte mich, einem von Ihnen zu bestimmenden vereidigten Buchprüfer **Einblick in meine Bücher** einschließlich Geschäftsunterlagen zu geben, wenn die begründete Vermutung besteht, daß ich gegen die Preisbindung verstoße. Als Zwischenbuchhändler bin ich auch ohne Anlaß bereit, einem Buchprüfer offenzulegen, daß ich nur reversgebundene Firmen mit Händlerrabatt beliefere. Der Buchprüfer hat sich mir in diesem Fall bei Beginn der Prüfung zu verpflichten, über alle ihm durch die Prüfung bekannt werdenden Vorgänge, die nicht Preisbindungsverstöße betreffen, Stillschweigen zu bewahren.

Ich trage die **Kosten** einer Bucheinsicht, wenn die Zweifel an meiner Preisbindungstreue von mir verschuldet oder schuldhaft nicht ausgeräumt worden sind oder wenn Verstöße festgestellt werden.

Habe ich die Prüfung von Preisbindungsverstößen (etwa durch nicht ordnungsgemäße Buchführung) ganz oder teilweise **vereitelt**, verpflichte ich mich über die Verpflichtung gemäß A 6 Abs. 1 hinaus zur Zahlung einer Vertragsstrafe in Höhe von DM 10 000,–.

8. Der **Verlag verpflichtet sich** mir gegenüber zur lückenlosen Preisbindung, zur Gleichbehandlung seiner Abnehmer in Preisbindungsfragen und zu der Bekanntgabe seiner Ladenpreise und Sonderpreise in einer Form, die die Gleichbehandlung aller Abnehmer sicherstellt. Die Verlag verpflichtet sich, die Preise bei Direktverkäufen selbst einzuhalten, eine etwaige Aufhebung der Preisbindung für alle oder einzelne Werke des Verlages bekanntzugeben und die Preisbindung zu überwachen.

9. Dieser Preisbindungsvertrag tritt mit Unterzeichnung, frühestens zum 1. Oktober 1993, **in Kraft.** Der Vertrag wird auf unbestimmte Zeit abgeschlossen. Er kann von beiden Seiten jederzeit gekündigt werden. Für die bei Wirksamwerden der Kündigung bereits gelieferten Werke bleibt er bestehen.

Sollte wider Erwarten ein Punkt dieser Vereinbarung rechtlich unwirksam sein, bleibt die Vereinbarung im übrigen wirksam.

Sofern die Preisbindung für einzelne Verlagserzeugnisse unwirksam wird, bleibt sie im übrigen unberührt.

Gleichzeitig treten die Preisbindungsverträge, die die Verlage dieses Sammelreverses zuvor mit mir geschlossen haben, außer Kraft.

10. Für alle aus diesem Preisbindungsvertrag sich ergebenden Streitigkeiten werden wahlweise als **Gerichtsstände** vereinbart: Wiesbaden oder die Hauptstadt des Bundeslandes, in dem der Verlag seine Niederlassung hat, oder die Hauptstadt des Bundeslandes, in dem der gebundene Händler seine Niederlassung hat, oder der Ort der Niederlassung des Verlages.

11. Weitere, insbesondere **neue Verlage** werden die Endabnehmerpreise ebenfalls binden wollen. Die Einholung neuer Reverse (von ihren Kunden und denen des Zwischenbuchhandels) für sie allein würde einen untragbaren Kostenaufwand verursachen. Um zu ermöglichen, daß sie dem Sammelrevers **beitreten,** erteile ich Herrn Rechtsanwalt Dr. Giessen, Kassel, **Vollmacht,** für mich dabei zu unterzeichnen. Außerdem bevollmächtigte ich ihn, in meinem Namen mitzuwirken, wenn Sie in Vollmacht der bindenden Verlage den Sammelrevers veränderten tatsächlich und rechtlichen Verhältnissen anpassen müssen. Herr Dr. Giessen kann die Vollmacht, insbesondere auch für den Fall seines Ablebens, weiter erteilen.

Erklärungen des Bevollmächtigten in meinem Namen – gleich welcher Art – werden erst wirksam, wenn sie der Bevollmächtigte in zwei aufeinanderfolgenden Nummern des Börsenblattes an auffälliger Stelle

Abb. 4: Sammelrevers 1993/Fortsetzung

bekannt gemacht hat und ich die Vollmacht nicht inzwischen allgemein oder aber für den Einzelfall binnen Monatsfrist nach der zweiten Bekanntmachung schriftlich widerrufen habe.

Neu hinzukommende Verlage müssen in ihren Preislisten, Preismitteilungen und Geschäftsbedingungen deutlich auf den Beitritt zum Sammelrevers und auf Sonderbedingungen hinweisen.

B. Erlaubte Nachlässe und Sonderbedingungen

1. Für die folgenden Geschäfte werden die nachstehenden herkömmlichen Nachlässe gestattet, wobei es dem Verlag freisteht, andere Nachlässe zu gestatten:

W: 5% auf Bezüge für **wissenschaftliche Bibliotheken** öffentlich-rechtlicher Träger, die jedem wissenschaftlich Arbeitenden zugänglich sind und einen jährlichen Vermehrungsetat von mindestens DM 30 000,– haben. Die Bezüge müssen für die Bibliothek selbst bestimmt sein. Der Vermehrungsetat ist für die einzelne Bibliothek als räumliche und sachliche Einheit ohne Rücksicht auf eine etwaige verwaltungstechnische oder haushaltsrechtliche Zusammenfassung zu berechnen. Die „Bibliotheken der Wehrbereichsverwaltung" sind gleichgestellt.

V: 10% auf Bezüge für jedermann zugängliche **Volksbüchereien** öffentlich-rechtlicher Träger. Dazu gehören auch Büchereien des DVEB (Deutscher Verband Evangelischer Büchereien) und des Borromäus-Vereins, des weiteren Truppenbüchereien der Bundeswehr und des Bundesgrenzschutzes, die die Merkmale von Volksbüchereien haben.

Zu W und V: Von den Vergünstigungen sind Zeitschriften und Lose-Blatt-Werke ausgenommen.

Barzahlungsnachlässe dürfen nicht gewährt werden.

2. Abweichungen bei einzelnen Verlagen gegenüber den vorstehenden Prozentsätzen sind in der Gesamtliste der beteiligten Verlage vermerkt.

Die in der Spalte **„Sonderbedingungen"** verwendeten Stichwörter in Anführungszeichen haben folgende Bedeutung:

„W ab DM 50 000,–" usw.: ein von 30 000,– DM abweichender Mindestvermehrungsetat,

„kein W-Nachlaß": wissenschaftlichen Bibliotheken darf ein Nachlaß nicht gewährt werden,

„kein V-Nachlaß": Volksbüchereien darf ein Nachlaß nicht gewährt werden,

„V 5%": An Volksbüchereien darf ein Nachlaß nur bis 5% gewährt werden,

„H": 20% auf Bezüge der Hörer eines Dozenten auf dessen Bücher zum Eigenbedarf gegen Vorlage eines von ihm unterschriebenen Hörerscheins, der vom Verlag in gedruckter Form mit Eindruck des Verlages (nicht notwendigerweise auch des Verfassers und des Titels) dem Dozenten zur Verfügung gestellt wird. Der Dozent muß in den Hörerschein den Namen des bezugsberechtigten Hörers eintragen oder eintragen lassen,

„nur Bücher geb.": preisgebunden sind Bücher (auch broschierte), nicht sog. Kleinschrifttum, Kunstkarten, Kalender und dgl.,

„Lose-Bl.-W. auch %": Nachlässe gelten auch für Lose-Blatt-Werke, nicht aber für Ergänzungslieferungen,

„Zeitschr. auch %": Nachlässe gelten auch für Zeitschriften,

„B 3%": Barzahlungsnachlaß bis 3% erlaubt,

„kK": keine Konventionalstrafe. Die so bezeichneten Verlage haben sich zur Zahlung einer Vertragsstrafe gemäß A 6 des Sammelreverses nicht verpflichtet.

Sonstige Sonderbedingungen einzelner Verlage sind von Fall zu Fall so knapp wie möglich formuliert **(ohne Anführungszeichen).**

Abb. 4: Sammelrevers 1993/Fortsetzung

A 16568	Ullstein Taschenbuchverlag, Berlin	
A 16571	Ullstein Verlag GmbH, Berlin	„V 5%"
A 16572	Ulmer, Eugen, Verlag, Stuttgart	„H"
A 16574	Umschau Verlag, Frankfurt	
A 13318	Unabhängige Verlagsbuchhandlung Ackerstraße GmbH, Berlin	
A 16589	Uni-Taschenbücher GmbH, Stuttgart	„H" gilt nur für die UTB GROSSE REIHE
A 16594	Union Verlag, Fellbach	
A 16622	Universelles Leben e.V., Würzburg	
A 11553	Universitätsverlag Konstanz GmbH, Konstanz	
A 10051	Universitätsverlag Ulm GmbH, Ulm	
A 13477	Unterwegsverlag Manfred Klemann, Singen	
A 16630	Urachhaus Verlag, Stuttgart	„H"
A 13277	Urania-Verlagsgesellschaft mbH, Leipzig	„H"
A 16632	Urban & Schwarzenberg, München	„V 5%"; „Lose-Bl.-W. und Erg. Lfg. auch %"
A 16650	Vahlen Verlag GmbH, München	„H"; „Lose-Bl.-W. auch %"; „V 5%"
A 16651	Vandenhoeck & Ruprecht, Göttingen	„H"; „V 5%"
A 16758	VBU-Verlag Beste Unternehmensführung, Bonn	„nur einzelne Titel geb."
A 16713	VCH Verlagsgesellschaft, Weinheim	„H"; „Lose-Bl.-W. auch %"; „V 5%"
A 16652	VDE-Verlag GmbH, Berlin	„kein W- und V-Nachlaß"
A 16653	VDI-Verlag GmbH, Düsseldorf	„V 5%"; „H"; 10% f. Mitgl. d. VDI

Abb. 5: Auszug aus der Liste der Verlage, die an den drei Sammelreversen 1993 für Deutschland, Österreich und die Schweiz beteiligt sind.

Ein solches Verfahren ist flexibel und bedeutet für alle Unternehmen – auch und besonders für neu gegründete – einen verwaltungstechnisch problemlosen Eintritt in die Welt der Preisbindung. Periodisch erscheinen im Börsenblatt Ergänzungen zum Sammelrevers, etwa wenn Verlage neu hinzutreten oder aber wenn bereits preisbindende Verlage neue Sonderbedingungen festlegen.

Eine weitere Forderung von seiten des Kartellamts besteht darin, daß die Preisbindung ‚der letzten Hand' (d.h. die Preisbindung des Buchkäufers als Endabnehmer, der die Ware nicht weiter verkauft) lückenlos praktiziert wird. Wo, wie und bei wem auch immer ein Endabnehmer ein Buch kauft: Er muß den vom Verlag festgesetzten Preis bezahlen – auch beim Verlagsdirektbezug. Folglich ist es nicht ausreichend, daß Verlage alle Vertriebspartner binden, vielmehr müssen diese wiederum etwaige Weiterverkäufer gleichfalls binden. Dies gilt selbstverständlich nicht nur für die ‚normalen' Ladenpreise, sondern auch für etwaige Sonderpreise (Subskriptionspreise etc.) (vgl. Abb. 2).

Das Bundeskartellamt fordert neben der Schriftform und der Lückenlosigkeit von den preisbindenden Verlagen, daß jedem einzelnen Verlag die Möglichkeit gegeben werden muß, individuelle Bestimmungen festlegen zu können. Solche Bestimmungen betreffen beispielsweise die sogenannten Mengenpreise (Sammelrevers 2b). Wenn ein Kunde eine größere Anzahl eines Titels für den eigenen Bedarf kauft (z.B. als Geschenk), dürfen die Verlage Mengenpreise festsetzen. Die Art dieser Mengenpreise (prozentualer Nachlaß, Freistück-Gewährung oder festgesetzter Mengenpreis) sowie das Ausmaß ihrer Gewährung (z.B. 10% Nachlaß ab 50 oder ab 100 Exemplare eines Titels) müssen jedoch ganz im Ermessen der jeweiligen Verlage stehen. Das Sortiment muß die Mengenpreise, sofern der Verlag sie nicht allgemein bekanntgegeben hat, im einzelnen erfragen. Auch Nachlaßregelungen können individuell festgesetzt werden. Ob es sich dabei um 5% oder 10% Nachlaß für Volksbüchereien, um Gewährung von Hörerscheinnachlaß für Studenten oder aber um Skontoerlaubnis für Privatkunden handelt, ist in dieser Hinsicht zweitrangig. Die Verlage kennzeichnen in derartigen Fällen ihre Sonderbedingungen im Teil B des Sammelrevers.

Nähere Ausführungen zu einzelnen Punkten des Sammelrevers würden den Rahmen dieses Kapitels sprengen. Deshalb sei an dieser Stelle auf zwei Schriften hingewiesen, die sich intensiver mit Detailfragen auseinandersetzen. Sehr praxisbezogen ist die Schrift von *W. Grimpe* ‚Der feste Ladenpreis im Buchhandel. Ein Leitfaden für die Praxis'. Ausführlicher und mit steten Hinweisen auf die Rechtslage geht *H. Franzen* (vor *D. Wallenfels* verantwortlicher Preisbindungstreuhänder in Wiesbaden) auf erklärungsbedürftige Stellen des Revers ein. Der Titel seiner Publikation: ‚Die Preisbindung im Buchhandel'. Jede Buchhandlung sollte diese Schriften zur Hand haben.

Die Möglichkeit zur Preisbindung besteht für einen Verlag, solange er sie nicht mißbräuchlich handhabt (bzw. Mißbrauch wissentlich duldet) und solange sie keine verteuernde Wirkung der Preise nach sich zieht. Dazu anschließend § 17 des Kartellgesetzes.

(1) Die Kartellbehörde kann von Amts wegen und soll auf Antrag eines nach § 16 gebundenen Abnehmers die Preisbindung mit sofortiger Wirkung oder zu einem von ihr zu bestimmenden künftigen Zeitpunkt für unwirksam erklären und die Anwendung einer neuen, gleichartigen Preisbindung verbieten, wenn sie feststellt, daß

1. die Preisbindung mißbräuchlich gehandhabt wird oder
2. die Preisbindung oder ihre Verbindung mit anderen Wettbewerbsbeschränkungen geeignet ist, in einer durch die gesamtwirtschaftlichen Verhältnisse nicht gerechtfertigten Weise die gebundenen Waren zu verteuern oder ein Sinken ihrer Preise zu verhindern oder ihre Erzeugung oder ihren Absatz zu beschränken.

(2) Vor einer Verfügung nach Absatz 1 soll die Kartellbehörde das preisbindende Unternehmen auffordern, den beanstandeten Mißbrauch abzustellen.

3.2 Wettbewerbsrecht im Buchhandel

Aufgrund der Preisbindung gibt es – bis auf die nicht gebundenen Verlagserzeugnisse – keinen Preiswettbewerb im Buchhandel. Dennoch existiert ein Ringen um die Gunst der Kunden. Das Wettbewerbsrecht setzt Schranken in diesem Konkurrenzkampf.

Gesetz gegen den unlauteren Wettbewerb (UWG)

Im Mittelpunkt zahlreicher Regeln für einen fairen Wettbewerb steht das Gesetz gegen den unlauteren Wettbewerb (UWG). Es hat den Anspruch, die Grundsätze kaufmännischer Fairneß für sämtliche Branchen zu kodifizieren. Die Generalklausel des § 1 besagt:

Wer im geschäftlichen Verkehr zu Zwecken des Wettbewerbs Handlungen vornimmt, die gegen die guten Sitten verstoßen, kann auf Unterlassung und Schadensersatz in Anspruch genommen werden.

Das Wettbewerbsrecht wird ergänzt bzw. vervollständigt durch die Zugabeverordnung, das Rabattgesetz, die Preisauszeichnungsverordnung und das Ladenschlußgesetz.

Wettbewerbsregeln des Börsenvereins

Das Gesetz gegen den unlauteren Wettbewerb enthält keine Sondervorschriften für den Buchhandel. Es ist das Verdienst des Börsenvereins, nach langwierigen

Präambel

Leistungsorientierter Wettbewerb im Rahmen der sozialen Marktwirtschaft ist die Basis des geschäftlichen Verkehrs im Buchhandel. Die Grundsätze lauteren Wettbewerbs sind einzuhalten. Zu unterlassen sind Handlungen, die den guten kaufmännischen Sitten zuwiderlaufen. Den Maßstab für den Begriff der kaufmännischen Sitten bildet die allgemeine Verkehrsauffassung in Verbindung mit den Handelsbräuchen und der Berufsauffassung des deutschen Buchhandels.

I. Vertrieb von preisgebundenen Verlagserzeugnissen

Beim Vertrieb preisgebundener Verlagserzeugnisse verstößt ein Verlag gegen die Grundsätze eines lauteren Wettbewerbs:

1. wenn er buchhändlerische Abnehmer oder eine Abnehmergruppe ohne sachlich gerechtfertigten Grund dadurch benachteiligt, daß er diese erst zu einem späteren Zeitpunkt über seine Neuerscheinungen unterrichtet und/oder beliefert als andere Abnehmer;
2. wenn er Verlagserzeugnisse an Endabnehmer im Direktverkehr zu anderen Preisen anbietet oder verkauft, als er sie für den Verkauf an Endabnehmer durch den Verbreitenden Buchhandel festgesetzt hat;
3. wenn er es unterläßt, dem Verbreitenden Buchhandel etwaige Mengenpreise (die für Endabnehmer gelten) generell oder auf Anfrage bekanntzugeben.

II. Mitteilungspflicht bei Parallelausgaben

Erscheint neben der preisgebundenen Originalausgabe eines Werks eine inhaltlich identische oder geringfügig veränderte Parallelausgabe unter demselben oder einem anderen Titel als Sonderausgabe, bibliophile Ausgabe, Taschenbuchausgabe, Buchgemeinschaftsausgabe oder dergleichen, so ist der Verlag der Originalausgabe verpflichtet, darüber den Verbreitenden Buchhandel rechtzeitig zu unterrichten. Soweit die Parallelausgabe über den Buchhandel vertrieben wird, hat der Verlag seine Mitteilungspflicht erfüllt, wenn der die Parallelausgabe veranstaltende Verlag in seinen Programmankündigungen oder auf andere geeignete Weise darauf hinweist. Sofern die Rechte zur Herausgabe einer Buchgemeinschaftsausgabe einer Buchgemeinschaft eingeräumt werden, hat der Verlag seiner Mitteilungspflicht genügt, wenn die Buchgemeinschaft die Redaktion des Börsenblatts für den Deutschen Buchhandel über das Erscheinen von Lizenztiteln durch Übersendung der ersten Exemplare der Programmzeitschrift, in denen diese Neuerscheinungen angekündigt werden, unterrichtet.

III. Werbung mit dem niedrigeren Preis

Wird ein bereits erschienenes Werk auch von einer Buchgemeinschaft herausgegeben, so darf mit dem niedrigeren Preis der Buchgemeinschaftsausgabe nicht geworben werden – insbesondere nicht durch Gegenüberstellung des Preises der Originalausgabe mit dem der Buchgemeinschaft, wenn nicht klargestellt ist, daß der Erwerb der Buchgemeinschaftsausgabe im Rahmen einer Mitgliedschaft erfolgt.

IV. Änderung oder Aufhebung von Ladenpreisen

Die Bekanntgabe von Änderungen und der Aufhebung von gebundenen Ladenpreisen muß im Börsenblatt für den Deutschen Buchhandel mindestens 14 Tage vor Inkrafttreten der Änderung oder der Aufhebung des Ladenpreises erfolgen.

Abb. 6: Wettbewerbsregeln des Börsenvereins. Textfassung von 1995

V. Werbung für nicht mehr preisgebundene Verlagserzeugnisse (Modernes Antiquariat, Mängelexemplare, Sonderausgaben)

1. Verlagserzeugnisse, für die der Verleger die Preisbindung aufgehoben hat, oder preisgebundene Verlagserzeugnisse, die wegen materieller Mängel nicht mehr zum gebundenen Preis verkäuflich sind (Mängelexemplare), dürfen nur so angeboten werden, daß beim Publikum nicht der Eindruck entsteht, es würden gebundene Preise unterschritten. In den Schaufenstern, Prospekten, Katalogen, Anzeigen und anderen Werbemitteln für solche Verlagserzeugnisse muß deshalb deutlich auf den jeweils zutreffenden Grund für die Herabsetzung des Preises hingewiesen werden (zum Beispiel "Modernes Antiquariat", "antiquarisch", "Ladenpreis aufgehoben", "Auflagenrest", vorletzte Auflage" einerseits oder "Mängelexemplare" andererseits).
2. In Schaufenstern und Werbemitteln, durch die ausschließlich Werke gemäß Abs. 1 angeboten werden, genügt ein genereller Hinweis auf den Grund der Preisherabsetzung an deutlich sichtbarer Stelle. Werden dagegen sowohl preisgebundene als auch nicht mehr preisgebundene Werke in einem Schaufenster oder Werbemittel angeboten, so muß bei jedem einzelnen preisermäßigten Titel der Grund für die Herabsetzung deutlich vermerkt sein.
3. Die Preise von Nach- und Neudrucken ehemals preisgebundener Verlagserzeugnisse dürfen dem früher gebundenen Ladenpreis der Originalausgabe nur gegenübergestellt werden, wenn sie nach Inhalt, Ausstattung und Qualität mit der Originalausgabe absolut identisch sind, bei fehlender Identität in Text, Inhalt, Qualität oder Ausstattung nur dann, wenn die wesentlichen Unterschiede genannt werden.
4. Remittierte preisgebundene Verlagserzeugnisse dürfen nur verbilligt abgegeben werden, wenn sie Mängel im Sinne von Abs. 1 aufweisen.

VI. Abonnenten-, Direktkunden-, Adressenschutz

Unlauter handelt, wer

1. die von einem buchhändlerischen Unternehmen selbst oder von Dritten geworbenen Abonnenten dazu veranlaßt, bei ihrem bisherigen Vertragspartner abzubestellen, um die Belieferung selbst direkt oder indirekt zu übernehmen, indem er vervielfältigte Vollmachten oder Kündigungsschreiben zur Verfügung stellt oder die Kündigungsformalitäten für die Abonnenten durchführt;
2. als Verlag die ihm von einer Buchhandlung zur Direktbelieferung bzw. -einweisung anvertrauten Kundenadressen ohne deren Zustimmung verwendet, z. B. an Dritte weitergibt.

VII. Schaufenster-, Schaukasten- und Regalmiete, Anzapfen

1. Wer Verlagserzeugnisse in Schaufenstern, Schaukästen, Regalen usw. zur Schau stellt, darf dafür von Lieferanten keine Sonderleistungen verlangen oder annehmen.

2. Eine Buchhandlung handelt unlauter, wenn sie unter Zufügung oder Androhung von Nachteilen bare oder unbare Zuschüsse oder Geschenke, beispielsweise für Geschäftseröffnungen, zum Umbau oder zu Jubiläen oder für die Aufnahme von Verlagserzeugnissen in einen Werbekatalog oder Werbeprospekt, Werbekostenbeiträge in Bargeld, Belegstücken, Inseraten usw. verlangt.

VIII. Schaufensteraktionen

Schaufensteraktionen zur Werbung für Verlagserzeugnisse verstoßen gegen die Grundsätze des lauteren Wettbewerbs, wenn übermäßig hohe und/oder viele Preise, Prämien oder sonstige unangemessen hohe Gegenleistungen gewährt werden oder wenn die erhöhte Gefahr einer Behinderung, Verdrängung oder eines Ausschlusses der Verlagserzeugnisse anderer Mitbewerber besteht, beispielsweise durch die Reservierung von Schaufenstern für einen unangemessen langen Zeitraum. Unlauter handelt daher:

Abb. 6: Wettbewerbsregeln des Börsenvereins/Fortsetzung

1. wer Schaufensteraktionen veranstaltet, bei denen die Belegdauer der Schaufenster 14 Tage übersteigt, bei denen der erste Preis einen höheren Marktwert als 2000 Mark hat oder bei dem die Gesamtheit der Preise einen Marktwert von 10.000 Mark übersteigt oder bei dem Mitmachpräsente oder Display-Artikel mit Zweitnutzen mit einem höheren Marktwert als 150 Mark für alle Teilnehmer abgegeben werden;
2. wer sich als Verbreitender Buchhändler an solchen unlauteren Schaufensteraktionen beteiligt.

IX. Veranstaltungen der Verlage für ihre Handelspartner und deren Mitarbeiter

Verlage verstoßen gegen den lauteren Wettbewerb, wenn sie für ihre Handelspartner oder deren Mitarbeiter Gewinnspiele, Preisausschreiben, Reisen oder ähnliche Veranstaltungen mit unangemessen hohen Preisen oder unangemessen hohem Wert durchführen, um Bestellungen oder eine besondere Behandlung ihrer Verlagserzeugnisse herbeizuführen oder den Verkauf von Verlagserzeugnissen anderer Lieferanten zu unterbinden oder zu beeinträchtigen.

X. Mindestbestellgrößen

Sind preisgebundene Verlagserzeugnisse generell oder im Einzelfall nur beim Verlag oder bei der Verlagsauslieferung direkt beziehbar, so dürfen keine Mindestbestellgrößen gefordert werden.

Abb. 6: Wettbewerbsregeln des Börsenvereins/Fortsetzung

Beratungen und Verhandlungen, die bereits auf das Jahr 1959 zurückgehen, Tatbestände und Handlungen benannt zu haben, die guten kaufmännischen Sitten zuwiderlaufen. Die 1985 von der Abgeordnetenversammlung verabschiedeten und ein Jahr später vom Bundeskartellamt anerkannten ‚Wettbewerbsregeln', die für alle Wirtschaftsstufen des Buchhandels gelten, haben folgende rechtliche Bedeutung: Ihre Einhaltung gehört nach § 10, Abs. 3 der Satzung des Börsenvereins zu den Mitgliederpflichten. Verstöße gegen die Regeln können nach § 15 der Satzung durch Verwarnung, Geldbuße oder Ausschließung geahndet werden.

Wichtiger ist vielleicht noch die Bedeutung der Regeln für zivilrechtliche Auseinandersetzungen. Die Gerichte sind zwar formell nicht an die Regeln gebunden, doch dürften sie sie als Konkretisierungen des Gesetzes gegen den unlauteren Wettbewerb ansehen.

Wo die wichtigsten Gesetze und Verordnungen in ihrer vollständigen und jeweils aktuellen Fassung leicht einzusehen sind:

Gesetz gegen den unlauteren Wettbewerb Zugabeverordnung Gesetz über Preisnachlässe (Rabattgesetz) Gesetz gegen Wettbewerbsbeschränkungen (Kartellgesetz) Verordnung zur Regelung der Preisangaben	In: Wettbewerbsrecht und Kartellrecht (dtv Beck-Texte Bd. 5009)
Gesetz über den Ladenschluß Preisangabenverordnung Gesetz über die Entsorgung und Vermeidung von Abfällen (Abfallgesetz) Verordnung über die Vermeidung von Verpackungsabfällen (Verpackungsverordnung)	In: Gewerbeordnung (dtv Beck-Texte Bd. 5004)
Gesetz über die Verbreitung jugendgefährdender Schriften	In: Jugendrecht (dtv Beck-Texte Bd. 5008)

Zugabeverordnung

Die Zugabeverordnung gilt nicht nur im Geschäftsverkehr mit Endabnehmern, sondern auch im Verkehr der Unternehmen untereinander. § 1, Abs. 1 besagt:

> (1) Es ist verboten, im geschäftlichen Verkehr neben einer Ware oder einer Leistung eine Zugabe (Ware oder Leistung) anzubieten, anzukündigen oder zu gewähren. Eine Zugabe liegt auch dann vor, wenn die Zuwendung nur gegen ein geringfügiges, offenbar bloß zum Schein verlangtes Entgelt gewährt wird. Das gleiche gilt, wenn zur Verschleierung der Zugabe eine Ware oder Leistung mit einer anderen Ware oder Leistung zu einem Gesamtpreis angeboten, angekündigt oder gewährt wird.

Das grundsätzliche Verbot für die Gewährung von Zugaben wird begründet durch die Gefahr einer Wettbewerbsverfälschung und einer unsachlichen Kundenbeeinflussung. Durchbrochen werden kann es nur im Falle ‚geringwertiger Kleinigkeiten' oder bei ‚Reklamegegenständen von geringem Wert', sofern der Werbecharakter ausreichend zum Ausdruck kommt (§ 1, Abs. 2a).

Zugaben sind von Werbegeschenken zu unterscheiden. Während die ersteren an den (Ver-)kauf einer Ware oder Dienstleistung gekoppelt sind, darf dies bei Werbegeschenken in keiner Weise der Fall sein. Werbegeschenke fallen somit nicht unter die Zugabeverordnung, sondern sind nach dem Gesetz gegen den unlauteren Wettbewerb zu beurteilen; sie sind vor allem bei wertmäßiger Übersteigerung unzulässig.

Rabattgesetz

Das Gesetz über Preisnachlässe – kurz Rabattgesetz genannt – bezieht sich im Gegensatz zur Zugabeverordnung nur auf Rechtsgeschäfte mit dem Endabnehmer. Die wichtigsten Bestimmungen betreffen den Barzahlungsnachlaß (von maximal 3% an Endabnehmer) sowie die Mengennachlässe.

Das Rabattgesetz verliert allerdings seine Wirkung, wenn es mit dem Kartellrecht kollidiert, d.h., preisgebundene Verlagserzeugnisse können aufgrund des Rabattgesetzes nicht ermäßigt an Endabnehmer vertrieben werden. Die Entscheidung darüber, ob dem Käufer doch ein Barzahlungsnachlaß (Skonto) oder doch Mengenpreise gewährt werden, steht allein im Ermessen der jeweiligen preisbindenden Verlage. Allerdings sind die Mengenpreise als Sonderpreise – gemäß Punkt 2b des Sammelrevers – wiederum gebunden, während die Sonderbedingung B 3% (Barzahlungsnachlaß bis 3% erlaubt) im Absatz B des Revers keine verpflichtende Funktion hat. Vergleiche dazu auch die Ausführungen im Kapitel 3.1.

Preisangabenverordnung

Die Preisangabenverordnung dient in erster Linie dem Verbraucherschutz. Nach §2, Abs. 1 wird vom Handel verlangt:

> Waren, die in Schaufenstern, Schaukästen, innerhalb oder außerhalb des Verkaufsraumes auf Verkaufsständen oder in sonstiger Weise sichtbar ausgestellt werden, und Waren, die vom Verbraucher unmittelbar entnommen werden können, sind durch Preisschilder oder Beschriftung der Ware auszuzeichnen.

Übrigens unterliegen auch irrtümlicherweise falsch ausgezeichnete Bücher im Schaufenster und Verkaufsraum weiterhin der Preisbindung. Nicht nur in diesen Fällen, sondern auch bei Preisangaben im Rahmen einer Bestellaufnahme gilt: Maßgeblich ist der vom Verlag festgesetzte gebundene Ladenpreis am Tag des Verkaufs.

Ladenschlußgesetz

Das Ladenschlußgesetz regelt die Öffnungszeiten für Ladengeschäfte und Verkaufsstellen aller Art. Entscheidend für den Sortimentsbuchhandel ist der Paragraph 3, der im Jahr 1989 um einen zweiten Absatz, um die Bestimmungen zum Dienstleistungsabend, erweitert worden ist.

> §3. Allgemeine Ladenschlußzeiten
> (1) Verkaufsstellen müssen zu folgenden Zeiten für den geschäftlichen Verkehr mit den Kunden geschlossen sein:
> 1. an Sonn- und Feiertagen,
> 2. montags bis freitags bis 7 Uhr, […]

3. samstags bis 7 Uhr [...] und ab 14 Uhr, am ersten Samstag im Monat oder, wenn dieser Tag auf einen Feiertag fällt, am zweiten Samstag im Monat sowie an den vier aufeinanderfolgenden Samstagen vor dem 24. Dezember ab 18 Uhr, in den Monaten April bis September ab 16 Uhr,
4. am 24. Dezember, wenn dieser Tag auf einen Werktag fällt, ab 14 Uhr.

Die beim Ladenschluß anwesenden Kunden dürfen noch bedient werden.

(2) Abweichend von Abs. 1 Nr. 2 dürfen Verkaufsstellen donnerstags bis 20.30 Uhr geöffnet sein, [...]. Dies gilt nicht für den Gründonnerstag.

In weiteren Paragraphen werden abweichende Sonderbestimmungen festgelegt. Sie betreffen u.a. den Bahnhofsbuchhandel (§ 8), die Verkaufsstellen auf Flugplätzen und Fährhafen (§ 9) sowie Kioske, die Zeitungen und Zeitschriften verkaufen (§ 5).

3.3 Umsatzsteuergesetz

Gemäß § 12, Abs. 2, Satz 1 des Umsatzsteuergesetzes unterliegen Bücher, Broschüren, Musiknoten und kartographische Erzeugnisse dem ermäßigten Umsatzsteuersatz (7 % statt 15 %, Stand 1995).

Begründet wird der ermäßigte Steuersatz durch eine kulturpolitische Argumentation, die bereits im Rahmen des Abschnitts über die Preisbindung (Kap. 3.1) behandelt worden ist. ‚Books are different', und der Staat räumt dem Buchhandel als Kulturvermittler eine derartige Vergünstigung ein. Denn wenn der Staat – worauf der Buchhandel stolz ist und auch stolz sein kann – das ‚Kulturgut Buch' nicht subventioniert, will er es wenigstens protegieren.

Nach dieser Begründung ist es nur konsequent, daß der ermäßigte Steuersatz nicht für die Publikationen gilt, die auf der Liste der jugendgefährdenden Schriften stehen (vgl. Kap. 3.5). Der ermäßigte Steuersatz gilt im übrigen nicht für Briefmarkenkataloge, Abreißkalender, Poster, Postkarten, Spiele sowie für Schallplatten, Musik- und Videokassetten.

3.4 Postordnung

Neben dem Preisbindungsrecht und dem Steuerprivileg erhält der Buchhandel in einer weiteren Form Unterstützung vom Staat. In diesem Fall geht es um Beförderungsgebühren, also um das Entgelt für den materiellen Transport von Büchern – zumindest sofern er über die Deutsche Bundespost POSTDIENST abgewickelt wird.

Auf den folgenden Seiten stehen die wichtigsten Bestimmungen für Büchersendungen und Streifbandzeitungen, wobei darauf hingewiesen werden muß, daß Zeitschriften im Postzeitungsdienst den Zeitungen gleichgestellt sind.

Wichtige Bestimmungen für Büchersendungen
(Stand 1995)

1. Als Büchersendung können Bücher, Broschüren, Notenblätter und Landkarten versandt werden, die in einem Hochdruckverfahren oder gleichwertig in einem Flach- oder Tiefdruckverfahren hergestellt sind.

- ☐ Bücher und Broschüren müssen einen Einband oder Umschlag aufweisen.
- ☐ Die Blätter müssen an der Seite fest zusammengehalten werden durch
  - Heftung (Drahtung) durch den Rücken
  - seitliche Heftung (Drahtung)
  - Klebeverfahren
  - Spiralen, Ring- Steck- oder Schraubmechanik.
- ☐ Sammlungen loser Blätter in Schnellheftern oder durch Heftklammern zusammengehalten, gelten nicht als Bücher oder Broschüren.
- ☐ Die Blätter der Ergänzungslieferungen zu Loseblattwerken brauchen nicht zusammengehalten zu sein.

2. Büchersendungen dürfen weder direkt noch indirekt geschäftlichen Zwecken dienen.

- ☐ Warenverzeichnisse, Preislisten, Prospekte, lose beigelegtes gedrucktes Inhaltsverzeichnis, Kataloge und Werbeschriften sind unzulässig, auch wenn sie einem Buch etc. beigefügt sind.
- ☐ Bücher, die von gewerblichen Unternehmen kostenfrei oder gegen eine Schutzgebühr abgegeben werden, dienen geschäftlichen Zwecken.
- ☐ Bereits die Angabe von Preisen (z. B. bei Buchbesprechungen - ausgenommen bei sogenannten Rezensionen) oder Gebühren (z.B. bei Lehrgangsprogrammheften) ist unzulässig.
- ☐ Bücher dürfen keine Firmenbezeichnung oder den Namen eines Produktes im Titel enthalten (sie dürfen z.B. nicht von einem gewerblichen Unternehmen herausgegeben werden, dessen Hauptzweck nicht die Verlegertätigkeit ist).
- ☐ In Büchern etc. darf nicht immer wieder auf die Erzeugnisse einer bestimmten Firma oder einzelner bestimmter Firmen hingewiesen werden.
- ☐ Geschäftsberichte gewerblicher Unternehmen sind keine Büchersendungen.
- ☐ Anpreisungen sind nur auf dem Umschlag und auf je zwei aufeinanderfolgenden Seiten am Anfang und am Ende des Werkes zugelassen.

Abb. 7: Bestimmungen für Büchersendungen (Quelle: Postdirektion Hamburg)

- ☐ Veröffentlichungen nichtgewerblicher Einrichtungen, in denen für angeschlossene Unternehmen geworben wird, sind nicht zugelassen.

3. Den Büchersendungen dürfen ausschließlich beigefügt werden:

- ☐ die Rechung in einem beliebigen Herstellungsverfahren (keine Einladungsschreiben oder Auftragsbestätigungen) mit inhaltsgleichen Durchschriften
- ☐ ein Lieferschein
- ☐ ein Zahlungsverkehrsvordruck (kann ausgefüllt sein)
- ☐ eine Umhüllung mit der Anschrift des Absenders für die Rücksendung
- ☐ eine Leihkarte
- ☐ eine Buchlaufkarte.
- ☐ Die zugelassenen Druckwerke können mit einer kurzen Widmung versehen sein, der kurze Zitate o.ä. zugesetzt sein können. Die Widmung kann auch auf einem lose beigelegten Blatt oder einer Karte angebracht werden.

4. Büchersendungen müssen offen versandt werden (Umhüllung, Streifband).

- ☐ Der Inhalt muß leicht geprüft werden können. Dabei darf die innere Verpackung verschlosen sein, wenn es sich um die Herstellerverpackung handelt (z.B. Einschweißfolie) und diese den Vermerk 'Darf zu Prüfzwecken durch die Post geöffnet werden' trägt.
- ☐ Ausnahme: Sie dürfen dann verschlossen sein, wenn gleichzeitig mindestens 100 gleichartige Büchersendungen eingeliefert werden, der Absender mit der Öffnung durch die Post zu deren Inhaltsprüfung einverstanden ist und sie die Bezeichnung 'Büchersendung/Entgelt geprüft' tragen.

5. Büchersendungen haben bestimmte Höchstgewichtsgrenzen.

☐	Büchersendung-Standard	bis 20 g
☐	Büchersendung-Kompakt	bis 50 g
☐	Büchersendung-Groß	bis 500 g
☐	Büchersendung-Maxi	bis 1.000 g

Abb. 7: Bestimmungen für Büchersendungen/Fortsetzung

Merkblatt für Streifbandzeitungen - Auszug aus den AGB Postzeitungsdienst

1. Versender von Streifbandzeitungen

- ☐ Als Streifbandzeitungen können Verleger ihre Presseerzeugnisse an Einzelempfänger versenden. Dies setzt den Abschluß eines Teilnahmevertrages aufgrund der AGB Postzeitungsdienst oder der AGB Pressepost voraus.

- ☐ Es werden drei Sendungsarten unterschieden:
  Postvertriebsstück - Sendungen für Einzelempfänger, wobei die einzelnen Exemplare vom Verleger zum Versand an die Bestimmungspostämter nach Leiteinheiten zu Zeitungsbunden (Höchstgewicht 15 kg.) zusammenzufassen sind.
  Postzeitungsgut - Sendungen an Sammelempfänger zur Weitervermittlung
  Streifbandzeitung - Sendungen für Einzelempfänger

- ☐ Auch Buchhandlungen und andere Zeitungsvertriebsstellen, die Presseerzeugnisse gewerbsmäßig vertreiben, können Streifbandzeitungen an ihre Kunden versenden.

2. Einlieferung

- ☐ Streifbandzeitungen sind an einer für die Erreichung der Laufzeit geeigneten Stelle einzuliefern. Die vom Verleger gewünschte Einlieferungsstelle ist dem zuständigen Pressepostamt mitzuteilen.

- ☐ Streifbandzeitungen sollen leitgerecht eingeliefert werden, wenn von einer Nummer mehr als 500 Sendungen zur Einlieferung gelangen.

3. Freimachung

- ☐ Der Verleger ist verpflichtet, jede Sendung vor der Einlieferung bei der Deutschen Bundespost POSTDIENST mit Freistempeleindrucken oder mit Postwertzeichen freizumachen.

4. Versandbedingungen

- ☐ Streifbandzeitungen müssen mit einer Umhüllung versehen sein, die den Inhalt vor dem Herausfallen sichert. Als Umhüllung gelten Umschläge sowie Papierbogen, die um das Exemplar gelegt und befestigt sind.

- ☐ Die Sendungen müssen ein für die rationelle Bearbeitung im Postbetrieb geeignetes Format aufweisen.

- ☐ Das Höchstgewicht beträgt 1.000 g.

- ☐ Die Aufschrift muß die Bezeichnung der Sendungsart, die Absenderangabe sowie das Vertriebskennzeichen (Buchstabe für das Verlagspostamt sowie die Postvertriebsnummer, z.B. F 8455 für die Zeitschrift *buchhändler heute*) enthalten. Aus der Absenderangabe muß die Eigenschaft des Absenders als Verleger oder als Zeitungsvertriebsstelle hervorgehen.

- ☐ In einer Streifbandzeitung dürfen Exemplare verschiedener Objekte/Titel eines Verlegers enthalten sein. Für diese Titel muß ein Teilnahmevertrag aufgrund der AGB des Geschäftsfeldes Pressepost vorliegen.

Abb. 8: Bestimmungen für Streifbandzeitungen (Quelle: Allgemeine Geschäftsbedingungen des Postzeitungsdienstes. Stand 1995)

Abschließend sei darauf hingewiesen, daß seit dem 1. April 1993 Bücherzettel nicht mehr als spezielle Form der Büchersendung zugelassen sind. Der klassische Bücherzettel hatte seine früher exponierte Bedeutung durch die Einführung neuer Büro- und Kommunikationstechniken (Fax, Terminals o.ä.) ohnehin weitgehend verloren.

3.5 Beschränkungen im Vertrieb jugendgefährdender Schriften

In Artikel 5 des Grundgesetzes ist das Grundrecht der Pressefreiheit verankert. Allerdings kann dieses Grundrecht einschließlich der Verbreitungsfreiheit zum Schutz der Kinder und Jugendlichen eingeschränkt werden (§ 5, Abs. 2). Dies geschieht durch das Gesetz über die Verbreitung jugendgefährdender Schriften (GjS). Der Name des Gesetzes ist leicht irreführend; denn nicht nur Schriften, sondern auch Ton- und Bildträger jeder Art werden durch die inhaltlichen Bestimmungen betroffen. Die Bezeichnung ‚Jugendmedienschutz' ist demnach treffender. Ziel des Jugendmedienschutzes ist der präventive Schutz von Kindern und Jugendlichen vor Medien, die geeignet sind, die Heranwachsenden sozial-ethisch zu desorientieren. Es sind dies Medien,

- die verrohend wirken, zu Gewalttätigkeiten oder Verbrechen anreizen
- die zum Rassenhaß aufstacheln oder das Toleranzgebot verletzen
- die die NS-Gewaltherrschaft, Krieg oder den Drogenkonsum verherrlichen oder verharmlosen
- die sexualethisch desorientierend wirken.

Für solche jugendgefährdende Medien gibt es das sogenannte Listen- oder Indexverfahren. Auf Antrag kann die *Bundesprüfstelle für jugendgefährdende Schriften* darüber befinden, ob ein Medium als sozial-ethisch desorientierend einzustufen ist. Wenn die Bundesprüfstelle dieser Ansicht ist, dann wird das Medium indiziert, d.h. in eine Liste aufgenommen, und unterliegt ab Bekanntgabe im Bundesanzeiger bestimmten Vertriebsbeschränkungen. Ambulante Händler, Bahnhofsbuchhändler, Kioske oder andere Verkaufsstellen, die der Kunde nicht zu betreten pflegt, Versandhändler, gewerbliche Leihbüchereien und Lesezirkel dürfen indizierte Medien nicht vertreiben, verbreiten, verleihen oder zu diesen Zwecken vorrätig halten. Hersteller und Zwischen(buch)händler dürfen diese Medien nicht mehr an die genannten Vertriebsformen liefern. Des weiteren gilt ein Werbeverbot.

Buchhandlungen und Videotheken, die auch von Jugendlichen betreten werden können, dürfen indizierte Medien nur ‚unter der Theke' oder in einem gesonderten, für Jugendliche nicht zugänglichen Raum vorrätig halten und nur an Erwachsene verkaufen, verleihen oder vermieten. Jeder Hersteller und Verbreiter muß sicherstellen, daß er von der Indizierung Kenntnis erhält. Unterläßt er dies, kann er wegen fahrlässigen Verstoßes gegen das Gesetz gegen die jugendgefährdenden Schriften bestraft werden.

Was hier für indizierte Schriften ausgeführt worden ist, gilt gleichermaßen – auch *ohne* Aufnahme in eine Liste – für ‚offensichtlich sittlich schwer jugendgefährdende Medien'. GjS, §6, Abs. 1–3 definiert sie:

1. Schriften, die Gewalttätigkeiten gegen Menschen in grausamer oder sonst unmenschlicher Weise schildern und dadurch eine Verherrlichung oder Verharmlosung solcher Gewalttätigkeiten ausdrücken oder die zum Rassenhaß aufstacheln (§ 131 des Strafgesetzbuches),
2. pornographische Schriften (§ 184 des Strafgesetzbuches),
3. sonstige Schriften, die offensichtlich geeignet sind, Kinder oder Jugendliche sittlich schwer zu gefährden.

3.6 Verkehrsordnung für den Buchhandel

Der Einfluß des Kartellrechts auf den Buchhandel erstreckt sich nicht nur auf den Bereich der Preisbindung, sondern auch auf Bereiche von Konditionenvereinbarungen. Erst im Jahre 1989 konnte eine *Verkehrsordnung für den gesamten Buchhandel* in Kraft treten. Als erste Verkehrsordnung formuliert sie Bedingungen, welche die drei buchhändlerischen Sparten – Verlage, Sortimentsbuchhandel und Zwischenbuchhandel – beim Geschäftsverkehr untereinander möglichst zu Grunde legen sollen. Sie tritt an Stelle der bislang geltenden Verkehrsordnung (1962 verabschiedet), in der lediglich die im ‚Verein für Verkehrsordnung im Buchhandel e.V.' zusammengeschlossenen Verlage ihre Geschäftsbedingungen gegenüber dem verbreitenden Buchhandel festgelegt hatten.

Rechtlich ist die Verkehrsordnung eine an die Mitglieder des Börsenvereins gerichtete unverbindliche Konditionenempfehlung gem. §38, Abs. 2, Nr. 3 GWB, die beim Bundeskartellamt angemeldet und im Bundesanzeiger veröffentlicht worden ist. Bei Rechtsstreitigkeiten zwischen Mitgliedern der drei Fachsparten wurde in Einzelfällen schon in der Vergangenheit die alte Verkehrsordnung zur Ermittlung buchhändlerischer Handelsbräuche herangezogen. Dies dürfte in Zukunft noch häufiger der Fall sein, da die neue Verkehrsordnung nicht nur eine einseitige Empfehlung von Verlagen, sondern eine Konditionenempfehlung des Gesamtverbandes ist.

Die den Handelsbrauch (HGB §464) definierende Verkehrsordnung sei nunmehr im Wortlaut abgedruckt. Einzelne Punkte (Bezugsbedingungen, Remission etc.) werden im Laufe der Ausführungen über den verbreitenden Buchhandel wieder aufgegriffen.

Präambel

Der Börsenverein des Deutschen Buchhandels e. V. empfiehlt seinen Mitgliedern unverbindlich, ihren Geschäftsbeziehungen die nachstehende Verkehrsordnung zu Grunde zu legen. Es bleibt daher den Vereinsmitgliedern und ihren Vertragspartnern unbenommen, im Einzelfall abweichende Geschäftsbedingungen zu verwenden.
Soweit eigene Geschäftsbedingungen oder im Einzelfall festgelegte Bedingungen bestimmte Geschäftsvorfälle nicht regeln, gehen die Mitglieder des Börsenvereins davon aus, daß die Regelungen dieser Verkehrsordnung in Verbindung mit den Bestimmungen der Preisbindung, den Wettbewerbsregeln und den Verhaltensgrundsätzen (Spartenpapier) als Handelsbräuche im Buchhandel anzusehen sind.

§ 1

Begriffsbestimmungen

1. Die Begriffsbestimmungen für den herstellenden Buchhandel, im folgenden kurz »Verlag« genannt, den verbreitenden Buchhandel, im folgenden kurz »Sortiment« genannt, sowie den Zwischenbuchhandel ergeben sich aus der Satzung des Börsenvereins. »Abnehmer« sind Buchhandlungen und Buchgroßhandlungen.
2. Für den Zwischenbuchhandel finden folgende Begriffsbestimmungen Anwendung:
   a) Barsortimente und andere Buchgroßhandlungen sind Unternehmen, die im eigenen Namen und auf eigene Rechnung Gegenstände des Buchhandels von den Verlagen kaufen, ein eigenes Lager unterhalten und an Sortimente verkaufen sowie Dienstleistungen erbringen.
   b) Der buchhändlerische Kommissionär handelt im Auftrag, im Namen und für Rechnung des Verlages, des Sortiments oder beider. Buchhändlerischer Kommissionär einer Firma ist der im Buchhandels-Adreßbuch oder im BÖRSENBLATT bekanntgegebene Kommissionär, solange ein Kommissionswechsel oder die Kommissionsaufgabe nicht gem. § 2 angezeigt worden ist. Die Festlegung eines Kommissionsverhältnisses kann auch im Auftrag des Verlages oder des Sortiments über den Kommissionär durch gesonderte Mitteilung erfolgen.
   c) Der Sortiments-Kommissionär faßt Dienstleistungen im Rahmen des buchhändlerischen Bestell- und Lieferverkehrs zusammen. Als Bücherwagen-Dienst. übernimmt der Sortiments-Kommmissionär im Auftrag des Sortiments-Kommittenten die Übernahme und die Zustellung von Gegenständen des Buchhandels von Verlagen bzw. deren Auslieferungen (Beischlüsse) und faßt sie ggf. mit Sendungen der Barsortimente gleichrangig zusammen. Er übernimmt die Abholung von Remittenden bei den Sortiments-Kommittenten und deren Zustellung an die Verlage bzw. deren Auslieferungen entsprechend der Versandanweisung des Sortiments-Kommittenten. Ein buchhändlerisches Kommissionsverhältnis wird allein durch die Übernahme von Beförderungsaufträgen als Frachtführer oder Spediteur nicht begründet.
   Als Bestellanstalt leitet er im Auftrag des Sortiments-Kommittenten dessen Bestellungen an die Verlage bzw. deren Auslieferungen weiter.
   d) Der Verlags-Kommissionär liefert aus dem von ihm verwalteten Auslieferungslager im Auftrag, für Rechnung und nach Weisungen der Verlags-Kommittenten aus (Verlagsauslieferung).

5

Abb. 9: Verkehrsordnung

e) Barsortimente und andere Buchgroßhandlungen, Sortiments-Kommissionäre und Verlags-Kommissionäre erfüllen, ungeachtet der Zusammenfassung von Dienstleistungen, in sich selbständige und voneinander klar abgegrenzte Funktionen.

3. »Werke« sind alle Gegenstände des Buchhandels sowie des Zeitschriften- und Kunsthandels, die der Verlag herstellt oder verbreitet. »Gegenstände des Buchhandels« sind alle Werke der Literatur, Tonkunst, Kunst und Fotografie, die durch ein grafisches, phonografisches, fotografisches, fotomechanisches oder magnetisches Verfahren (auch im Wege der Fotokopie, Xerografie, Mikrokopie oder dgl.) vervielfältigt sind, wie z. B. Bücher, Zeitschriften, Musikalien, Tonträger, Datenträger, Bildträger, Kunstblätter, Kalender, Diapositive, Atlanten, Landkarten, Globen, Schulwandbilder und andere diesen Begriffsbestimmungen entsprechende Lehr- und Lernmittel.
4. »Ladenpreis« ist der vom Verlag für den Verkauf an den Endabnehmer festgesetzte Verkaufspreis, »unverbindlich empfohlener Preis« ist der Preis, den der Verlag für den Verkauf an Endabnehmer empfiehlt, »Nettopreis« ist der dem Abnehmer berechnete Preis. Alle diese Preise enthalten die gesetzliche Mehrwertsteuer. Rabatte und Skonti beziehen sich auf Preisangaben einschließlich der gesetzlichen Mehrwertsteuer.
5. Als »Erscheinungstermin« eines Werkes gilt der Tag, an dem der Verlag mit der Auslieferung beginnt.
6. Als »Erstverkaufstag« gilt der vom Verlag festgesetzte Tag, an dem ein Werk erstmals ausgestellt und/oder an Endabnehmer verkauft werden darf.

§ 2

Bekanntmachungen

Die in dieser Verkehrsordnung aufgeführten buchhändlerischen Anzeigen und Mitteilungen über geschäftliche Vorgänge, Veränderungen und dergleichen gelten als ordnungsgemäß erfolgt, wenn sie im »BÖRSENBLATT für den Deutschen Buchhandel«, Frankfurter Ausgabe, veröffentlicht worden sind. Solange eine anzuzeigende Tatsache nicht in dieser Weise bekanntgemacht ist, kann sie vom Anzeigepflichtigen einem Dritten nicht entgegengehalten werden, es sei denn, daß sie diesem nachweislich bekannt ist.

§ 3

Bezugsbedingungen

1. Der Verlag setzt die Bezugsbedingungen fest. Sofern der Verlag nicht allgemein oder im Einzelfall besondere Bedingungen vorgeschrieben hat, gelten die in den nachstehenden Bestimmungen enthaltenen Regeln als Bezugsbedingungen. Änderungen seiner Bezugsbedingungen muß der Verlag den Abnehmern so frühzeitig mitteilen, daß die Abnehmer darauf reagieren können. Einzelvertragliche Bezugsbedingungen bleiben hiervon unberührt.
2. Bindet der Verlag die Ladenpreise, gelten die Bestimmungen des Sammelreverses. Änderungen, auch der Sonderpreise und der Sonderbedingungen, hat er mit der festgelegten Vorlauffrist im BÖRSENBLATT oder seinen Abnehmern direkt anzuzeigen.
3. Die Vergünstigungen bei Partiebezügen gelten nur, wenn die dafür vorgesehene Stückzahl auf einmal bestellt wird. Gestattet der Verlag eine Partieergänzung, so ist diese nur innerhalb eines Zeitraumes bis

6

Abb. 9: Verkehrsordnung/Fortsetzung

zu sechs Monaten zulässig. Der Erstbezug ist bei Bestellung anzugeben.

4. Sofern ein Verlag den gebundenen Ladenpreis eindruckt, auf Buchlaufkarte vermerkt oder etikettiert, ist er verpflichtet, jeweils nur Exemplare mit Angabe des gültigen Ladenpreises auszuliefern.
5. Erhöht der Verlag die Preise, sind alle bis zum Stichtag aufgegebenen Bestellungen zum alten Preis auszuführen. Bei Preissenkungen sind die Bestellungen ab Stichtag zum neuen Preis auszuführen.
6. Hebt der Verlag gebundene Ladenpreise auf oder setzt er Ladenpreise herab oder trifft er Maßnahmen, die einer Aufhebung des Ladenpreises gleichkommen, so ist er verpflichtet, innerhalb der letzten zwölf Monate vom Abnehmer bezogene und dort vorrätige Exemplare zurückzunehmen. Bei Lieferungen über Buchgroßhandlungen erfolgt die Remission über diese. Maßgebend für die Frist ist der Zeitpunkt der ordnungsgemäßen Bekanntgabe der Preisherabsetzung.
7. Bei Preisherabsetzungen kann der Verlag statt der Rücknahme dem Abnehmer auch den Unterschied der Nettopreise vergüten, wobei diese nach dem ursprünglich gewährten Rabattsatz zu berechnen sind.
8. Der Anspruch des Abnehmers auf Rücknahme muß beim Verlag innerhalb von sechs Wochen ab Bekanntgabe der Preisaufhebung oder -herabsetzung geltend gemacht werden. Für Buchgroßhandlungen gilt eine Frist von drei Monaten. Auf Verlangen des Verlages muß der Abnehmer die Voraussetzungen für die Remission gem. Abs. 6 durch Angabe der Bezugsdaten nachweisen.
9. Der Übergang von Verlagsrechten an Werken von einem Verlag auf einen anderen sowie die damit etwa vorgenommenen Änderungen der gebundenen Preise sind vom erwerbenden Verlag unverzüglich im BÖRSENBLATT zu veröffentlichen oder seinen Abnehmern direkt mitzuteilen. Der erwerbende Verlag ist gehalten, die zwischen dem veräußernden Verlag und dem Abnehmer vereinbarten Bezugsbedingungen zu übernehmen, soweit es sich um Rechtsfolgen aus bereits geschlossenen Verträgen handelt.
10. Subskriptionspreise gelten für den Abnehmer bis zu sieben Werktage nach Ablauf der für den Endabnehmer verbindlichen Subskriptionsfrist.

§ 4

Änderungen der Bezugsbedingungen

1. Eine Bestellung kann zu veränderten Bezugsbedingungen nur ausgeführt werden, wenn diese rechtzeitig im BÖRSENBLATT oder dem Abnehmer direkt mitgeteilt worden sind. Aufhebung oder Einschränkung der offenen Rechnung gilt in diesem Fall nicht als Änderung der Bezugsbedingungen.
2. Bei Lieferung von Fortsetzungswerken ist der Verlag gegenüber dem Abnehmer der früheren Teile des Werkes zur Änderung seiner Bezugsbedingungen für das Werk nicht berechtigt. Das gleiche gilt auch für in Subskription bestellte Werke ohne Rücksicht darauf, ob es sich um Fortsetzungswerke handelt. Der neue Jahrgang, Band usw. eines periodisch erscheinenden Werkes gilt nicht als Fortsetzung im Sinne vorstehender Bestimmung.

7

Abb. 9: Verkehrsordnung/Fortsetzung

3. Bei Zeitschriften ist eine Änderung der Bezugsbedingungen nur zum Ablauf des Bezugszeitraums mit mindestens zweimonatiger Vorankündigung möglich.
4. Der Verlag ist jedoch berechtigt, die Bezugsbedingungen jederzeit zu ändern, wenn der Abnehmer die ihm gegenüber eingegangenen Verpflichtungen aus Lieferungsverträgen im allgemeinen geschäftlichen Verkehr nicht erfüllt hat.

§ 5

Bestellungen

1. Für die Rechtsgültigkeit einer Bestellung genügt die Verwendung von Bestellformularen (Bestellzettel), welche die Firma des Abnehmers aufgedruckt oder aufgestempelt tragen. Entsprechendes gilt für elektronische Absenderangaben.
2. Kann eine Bestellung nicht in einer dem Charakter der Bestellung angemessenen Frist ausgeführt werden, so hat der Verlag dem Abnehmer die Lieferungszeit unverzüglich mitzuteilen. Ist er dazu außerstande, so hat er vor Ausführung der Bestellung beim Abnehmer unmittelbar anzufragen, ob die Bestellung noch ausgeführt werden soll. Nichtbeantwortung dieser Anfrage innerhalb von zwei Wochen gilt als Zustimmung. Hat der Verlag eine wesentliche Lieferungsverzögerung nicht mitgeteilt, so hat er die verspätete Lieferung auf Verlangen und eigene Kosten zurückzunehmen.
3. Angemahnte Bestellungen müssen den deutlich erkennbaren Zusatz »wiederholt« enthalten sowie das Datum, den Inhalt und den Bestellweg der ersten Bestellung.
4. Der Bezug des ersten Teiles eines Werkes (Band, Lieferung, Nummer) verpflichtet zur Abnahme der später erscheinenden Teile, falls der Verlag dies in seinen Ankündigungen unmißverständlich zum Ausdruck gebracht hat und diese Verpflichtung auf den beigefügten Rechnungen oder Lieferscheinen auffällig und zweifelsfrei ausgedruckt oder sonst auf andere Weise vermerkt ist (Ausnahme: §§ 7 und 8).
5. Der Verlag hat das Bestelldatum und das Bestellzeichen auf Lieferschein und Rechnung anzugeben. Bei Unklarheiten hat der Verlag unverzüglich den Nachweis der ordnungsgemäßen Bestellung zu führen.
6. Bestellungen gelten grundsätzlich als fest, wenn sie nicht zweifelsfrei anders bezeichnet sind.
7. Fest gelieferte Werke bleiben bis zur vollständigen Bezahlung Eigentum des liefernden Verlages. Solange der Eigentumsvorbehalt besteht, darf der Abnehmer die Werke nur im ordnungsgemäßen Geschäftsbetrieb veräußern und ohne Zustimmung des Verlages weder verpfänden noch zur Sicherheit übereignen.
8. Beim Verlag direkt eingehende Bestellungen von Endabnehmern, die einem Abnehmer durch Lieferung zur Ausführung überwiesen werden, gelten als Bestellung dieses Abnehmers, falls er dieser Regelung grundsätzlich zugestimmt hat.
9. Die Kosten der traditionellen Bestellübermittlung trägt der Abnehmer.*
10. Ist ein Werk in verschiedenen Einbandarten (Ausstattungen) lieferbar, ist bei Fehlen detaillierter Bestellangaben, z. B. ISBN, grundsätzlich die preisniedrigste gebundene Ausgabe zu liefern.

* Die Kostenregelung bei Datenfernübertragung bleibt einem späteren Zeitpunkt vorbehalten.

8

Abb. 9: Verkehrsordnung/Fortsetzung

§ 6

Remission

1. Liefert der Verlag entsprechend einer Bestellung Werke mit Remissionsrecht (RR), so hat er auf der Rechnung den Termin anzugeben, bis zu welchem er die Rücksendung gestattet; diese Frist soll in der Regel nicht weniger als zwei Monate betragen. Der vereinbarte Termin ist einzuhalten. Entscheidend ist das Absendedatum. Mit Umtauschrecht anstelle von RR darf der Verlag nur nach vorheriger Zustimmung des Abnehmers liefern. Die Gutschrift für die Rücksendung ist in voller Höhe zu erteilen.
2. Bei Rücksendung aus Festbezügen gilt folgendes:
   a) Rücksendungen aus Festbezügen sind nur nach vorheriger Genehmigung oder im Rahmen von Sondervereinbarungen zulässig.
   b) Genehmigte Remittenden sind im verlagsneuen Zustand innerhalb von vier Wochen abzusenden. Gefahr und Transportkosten gehen zu Lasten des Abnehmers. Bearbeitungsgebühren oder Rabattkürzungen seitens des Verlages sind nur nach ausdrücklicher vorheriger Vereinbarung zulässig.
   c) Beanstandungen müssen unverzüglich, spätestens jedoch innerhalb von vier Wochen, gegenüber dem Abnehmer geltend gemacht werden.
3. Das Fehlen der Originalverpackung berechtigt den Verlag nicht, Rücksendungen zurückzuweisen, wenn ihr sonstiger Zustand einwandfrei ist. Er kann aber in solchem Fall die Selbstkosten für die fehlende Originalverpackung fordern.
4. Der Verlag ist zur Rücknahme fest bestellter Werke nur in den in diesem Paragraphen und in den §§ 5, 8, 9, 11, 12 und 13 aufgeführten Fällen verpflichtet. Bei genehmigter Rücknahme oder genehmigtem Umtausch infolge irrtümlicher Bestellung trägt der Abnehmer die Kosten für Hin- und Rücksendung. Der Verlag ist berechtigt, zum Ausgleich seiner innerbetrieblichen Kosten eine angemessene Bearbeitungsgebühr zu verlangen.
5. Der Verlag ist verpflichtet, das Gelieferte innerhalb von zwei Monaten vom Tag der Lieferung an zurückzunehmen und die Kosten für Hin- und Rücksendung zu tragen, wenn er entweder:
   a) irrtümlich fest ein anderes als das bestellte Werk geliefert hat oder
   b) die Absendung schuldhaft verzögert hat oder
   c) eine ausdrücklich gestellte Lieferfrist nicht eingehalten oder sonstige Vorbehalte, z. B. Preisgrenzen, nicht berücksichtigt hat oder
   d) zu einem neuen, wesentlich erhöhten Ladenpreis geliefert und die Preiserhöhung nicht ordnungsgemäß zuvor bekanntgegeben hat.
   In den Fällen a) – d) kann der Abnehmer binnen vier Wochen nach Eingang der Sendung Rücknahme verlangen. Er hat nur Anspruch auf Aufhebung der Bestellung und Rücknahme der Lieferung, kann jedoch zum Ausgleich seiner innerbetrieblichen Kosten eine angemessene Bearbeitungsgebühr verlangen.

§ 7

Zeitschriften

1. Zeitschriften sind periodisch erscheinende Druckwerke mit mindestens zwei Ausgaben jährlich in gleicher Form und Aufmachung. Das Redaktionskonzept mit einer kontinuierlichen und universellen Stoffdarbietung ist auf bestimmte Zielgruppen ausgerichtet, vom breiten

9

Abb. 9: Verkehrsordnung/Fortsetzung

Publikum bis hin zu Spezialisten. Zeitschriften enthalten Beiträge mehrerer Autoren, sind für eine unbegrenzte Erscheinungsdauer konzipiert und können im voraus für einen längeren Zeitraum abonniert werden. Sie haben üblicherweise sowohl einen Einzelbezugspreis als auch einen Abonnementpreis.

2. Bei der Lieferung von Zeitschriften an den Abnehmer darf der Verlag diesen gegenüber den direkten Beziehern zeitlich nicht benachteiligen.
3. Zur Fortsetzung ohne bestimmte Zeitangabe bestellte Zeitschriften werden bis zur Abbestellung geliefert. Verlage, die zu jedem Berechnungsabschnitt Neubestellungen wünschen, haben rechtzeitig hierzu aufzufordern.
4. Bei Zeitschriften sind grundsätzlich der Bezugszeitraum und die vom Verlag im Impressum oder auf andere Weise mitgeteilten Kündigungsfristen bindend. Abonnentenaufträge, die ohne zeitliche Begrenzung erteilt werden, verlängern sich automatisch um den jeweils nächsten Bezugszeitraum. Soweit Kunden des Abnehmers erst in den letzten 14 Tagen vor dem festgelegten Kündigungstermin das Abonnement bei diesem kündigen, so verlängern sich die Kündigungsfristen bis zu sieben Werktagen.
5. Der Abnehmer kann das Abonnement aus wichtigem Grund kündigen, wenn der Kunde verstorben ist, Zahlungsunfähigkeit vorliegt oder eine Zustellung nachweisbar nicht erfolgen kann. Für die bis zum Zugang einer solchen Kündigung beim Verlag bereits durchgeführten Lieferungen erfolgen keine Gutschriften oder Rückerstattungen, wohl aber für später erscheinende, vorausbezahlte Exemplare.

§ 8

Fortsetzungswerke

1. Fortsetzungswerke im Sinne dieser Bestimmung sind Publikationen, die in mehreren Teilen, in mehr oder weniger regelmäßigen Abständen und nicht mit auf einen Zeitraum festgelegten Laden- oder Subskriptionspreis erscheinen. Dabei ist es unerheblich, ob Teile des Fortsetzungswerkes auch einzeln erhältlich sind.
2. Ist dem Abnehmer der weitere Absatz eines zur Fortsetzung auch in Subskription erhaltenen Werkes an den bisherigen Kunden infolge höherer Gewalt oder deshalb unmöglich geworden, weil dieser gestorben, zahlungsunfähig geworden oder unbekannten Aufenthaltes ist, so muß der Verlag den nicht mehr absetzbaren Teil zurücknehmen, wenn ihm die Unmöglichkeit des Absatzes innerhalb von 3 Monaten nach Eingang der letzten Lieferung mitgeteilt und auf Verlangen die letzte Anschrift des Kunden bekanntgegeben worden ist. Die vom Kunden nicht abgenommene Lieferung ist innerhalb der gleichen Frist an den Verlag zurückzusenden.
3. Die Abnahmepflicht erlischt, falls der Kunde die weitere Abnahme verweigert, weil das Fortsetzungswerk in angemessener Frist nicht abgeschlossen und/oder der in Aussicht gestellte Umfang der weiteren Lieferungen so erheblich überschritten wird, daß dem Kunden die Abnahme billigerweise nicht zugemutet werden kann.

§ 9

Neuerscheinungen und unverlangte Sendungen

1. Als Neuerscheinungen gelten Werke, die zum ersten Mal oder in neuer

10

Abb. 9: Verkehrsordnung/Fortsetzung

Auflage (§ 13) veröffentlicht werden.
2. Neuerscheinungen dürfen unverlangt nur an Abnehmer versandt werden, die solche Sendungen grundsätzlich erbeten haben.
3. Verlagswerke, die keine Neuerscheinungen sind, dürfen unverlangt nicht zugesandt werden.
4. Für unverlangte Sendungen trägt der Verlag Gefahr und Kosten der Hin- und Rücksendung sowie weitere angemessene, beim Abnehmer entstandene Kosten.

§ 10

Inhalt und Gewicht der Sendung

1. Der Inhalt einer Sendung gilt als mit der Rechnung übereinstimmend, falls der Abnehmer dem Absender nicht spätestens innerhalb von 14 Tagen nach Eingang der Sendung die Abweichung anzeigt.
2. Die einzelnen Packstücke sollen ein Gewicht von 15 kg nicht überschreiten.

§ 11

Beschädigte und fehlerhafte Werke

1. Ist ein Werk offensichtlich vor der Versendung durch den Verlag schadhaft geworden (z. B. angestoßene Einbände, Flecken und dgl.), so hat der Verlag dieses Mängelexemplar auf seine Kosten umzutauschen oder zurückzunehmen, sofern der Abnehmer dem Verlag die Beschädigung unverzüglich nach Eingang des Werkes anzeigt.
2. Defekte Exemplare (Exemplare mit Herstellungsfehlern) sind auf Verlangen kostenlos zurückzunehmen, umzutauschen oder bei vom Kunden gewünschter Minderung anteilig gutzuschreiben, ggf. nach den Vorschriften der »Vereinfachten Remission«. Ist der Verlag zum Umtausch oder zur Ersatzlieferung außerstande, so hat er das Werk auf seine Kosten zurückzunehmen, auch wenn es bereits gebraucht oder vom Käufer individuell bearbeitet wurde.
3. Die ausdrückliche und deutlich hervorgehobene Bemerkung »Vor Absendung verglichen« auf der Rechnung für eine Sendung, die Seltenheiten des Antiquariats, Luxusdrucke, Tafeldrucke u. a. enthält, verpflichtet den Abnehmer zur unverzüglichen Prüfung des Inhalts der Sendung auf offensichtliche und heimliche Mängel. Unterläßt er die Mängelanzeige, so verliert er das Recht, das gelieferte Werk wegen später entdeckter Mängel zu beanstanden.

§ 12

Sendungen unter Vorbehalt

1. Werden bestellte Werke unter einem Vorbehalt (z. B. Abnahmeverpflichtung für noch nicht erschienene Bände) geliefert und ist dies auf der Rechnung auffällig und unzweideutig vermerkt, so gilt die Sendung als angenommen und der Vorbehalt als genehmigt, wenn der Abnehmer nicht unverzüglich nach Empfang der Sendung widerspricht. Im Falle des Widerspruchs hat der Verlag die Sendung zurückzunehmen; der Abnehmer hat sie dem Verlag nach Aufforderung unverzüglich zuzustellen. Der Verlag trägt Gefahr und Kosten der Hin- und Rücksendung.
2. Die Bemerkung auf der Rechnung, daß das Werk nur in Originalverpackung zurückgenommen wird, gilt nicht als Vorbehalt im Sinne dieser Bestimmung, vielmehr ist in einem solchen Fall § 6 Ziff. 3 sinngemäß anzuwenden.

11

Abb. 9: Verkehrsordnung/Fortsetzung

§ 13

Lieferung neuester Auflagen

1. Bestellte Werke sind in neuester Auflage und in vollständigen und unbeschädigten Exemplaren zu liefern.
2. Steht das Erscheinen einer in Inhalt oder Ausstattung wesentlich veränderten neuen Auflage binnen 8 Wochen ab Eingang der Bestellung bevor, so ist der Abnehmer hierauf hinzuweisen und die Bestellung nur bei ausdrücklicher Aufrechterhaltung auszuführen. Wird ohne vorherige Ankündigung geliefert, so ist der Abnehmer zur Rückgabe binnen 14 Tagen nach Erscheinen der veränderten Auflage berechtigt.

§ 14

Versandwege

1. Der Abnehmer schreibt Art und Wege der Versendung generell oder für den Einzelfall vor. Fehlt eine Vorschrift hierüber, muß der Verlag eingehende Bestellungen auf Kosten des Abnehmers auf dem nach seinem Wissen günstigsten Wege ausführen. Berechnet werden die reinen Porto- bzw. Frachtkosten. Verpackung wird grundsätzlich nicht berechnet. Lieferrückstände einzelner Exemplare sind frei nachzuliefern.
2. Wenn nichts anderes vereinbart ist, werden Sendungen über den Sortiments-Kommissionär geliefert. Nach Vereinbarungen zwischen Verlag und Sortiments-Kommissionär können die Sendungen den Sortiments-Kommissionären kostenfrei zugestellt oder von diesen an einem Auslieferungsplatz des Verlages gegen Entgelt abgeholt werden.
3. Will oder kann der Verlag den vorgeschriebenen Versandweg nicht einhalten, ist der Abnehmer sofort zu verständigen, um eine Vereinbarung zu erzielen.
4. Erfolgt die Sendung ausnahmsweise als Postnachnahme, sind Bestellnummer, Bestelldaten und Inhalt der Sendung außen anzugeben. Auf der Faktur ist deutlich zu vermerken: »Durch Nachnahme erhoben«.

§ 15

Versandkosten

1. Die Kosten für Zusendung und Rücksendung trägt der Abnehmer, wenn der Versand nach seiner Vorschrift erfolgt ist; andernfalls hat der Verlag nachweisbare Mehrkosten zu tragen.
2. Für Rücksendungen infolge irrtümlicher oder vorschriftswidriger Versendung trägt der schuldige Teil die Kosten einschließlich angemessener Bearbeitungskosten gem. § 6 Ziff. 4.

§ 16

Haftung für Sendungen

1. Für Sendungen oder Rücksendungen, die auf Verlangen des Empfängers erfolgen, haftet dieser vom Augenblick der Übergabe an den Transportführer.
2. Wird entgegen dem ausdrücklichen Auftrag ohne wichtigen Grund anders versandt, haftet der Absender für den dadurch entstandenen Schaden.

§ 17

Haftung des Sortiments-Kommissionärs

1. Die Haftung des Sortiments für zugehende Sendungen beginnt mit der Übergabe an seinen Kommissionär und endet für Rücksendun-

12

Abb. 9: Verkehrsordnung/Fortsetzung

gen mit der Übergabe an den Kommissionär des Verlages oder an den Verlag selbst.

2. a) Der Kommissionär haftet für die nachweislich durch sein Verschulden in Verlust geratenen oder beschädigten Sendungen.
   b) Ist eine Schuld nicht festzustellen (insbesondere bei Abgabe der Pakete ohne Quittung des Bücherwagendienstes oder zum Zeitpunkt der Übergabe erstellter Avise), so haben der Abnehmer (als Absender oder Empfänger) und die beteiligten Kommissionäre dem Verlag die Hälfte des Rechnungsbetrages der in Verlust geratenen oder beschädigten Sendung in gleichen Teilen zu ersetzen.
3. Die Haftung erlischt in allen Fällen und für alle Beteiligten nach Ablauf von drei Monaten nach Sendungsübergabe.
4. Der Abnehmer haftet nicht, wenn der Verlag den von ihm bestimmten Versandweg nicht eingehalten hat.

§ 18

Beschlagnahme von Werken

1. Werden gelieferte Werke des Inhalts oder der Ausstattung wegen beim Abnehmer beschlagnahmt, so fällt der Schaden dem Verlag zur Last.
2. Die Tatsache der Beschlagnahme hat der Abnehmer, der Schadensersatzansprüche geltend machen will, dem Verlag unverzüglich unter Bekanntgabe der Gründe und der Beschlagnahmeverfügung mitzuteilen.
3. Die Schadensersatzleistung des Verlages erstreckt sich auf die Erstattung des bei der Lieferung berechneten Nettopreises und der entstandenen Versandkosten, nicht dagegen auf die Vergütung eines entgangenen Gewinnes.

§ 19

Rechnungsstellung

1. Der Verlag liefert fest verlangte Werke je nach Vereinbarung mit dem Abnehmer:
   a) in Rechnung mit periodischem Zahlungsziel (z. B. Monatskonto),
   b) mit im einzelnen bestimmtem Zahlungsziel,
   c) zahlbar nach Empfang,
   d) zahlbar durch BAG.
   Das Rechnungsdatum darf nicht vor dem Versanddatum liegen. In begründeten Ausnahmefällen liefert er durch Nachnahme oder gegen Vorfaktur.
2. Bei Lieferung in Rechnung versendet der Verlag in der Regel Kontoauszüge über die in der Rechnungsperiode bewirkten Lieferungen, welche bis zum 20. Tag nach Ablauf der betreffenden Rechnungsperiode zu begleichen sind. Bei Unstimmigkeiten, die unverzüglich mitzuteilen sind, hat der Abnehmer zunächst den nach seinen Buchungen fälligen unstrittigen Teil des Gesamtbetrages zu zahlen. Der strittige Differenzbetrag darf vom Verlag bis zur Klärung nicht eingezogen werden. Der Verkehr in offener Rechnung begründet keinen Anspruch auf unbeschränkten Kredit.
3. Einzellieferungen mit bestimmten Zahlungszielen hat der Abnehmer zum Fälligkeitstermin auch ohne besondere Erinnerung durch den Verlag zu begleichen.
4. Zahlbar nach Empfang bedeutet Zahlung innerhalb von 30 Tagen nach Rechnungsdatum. Bei Zahlung innerhalb von acht Tagen kann Skonto gewährt werden.

13

Abb. 9: Verkehrsordnung/Fortsetzung

§ 20

Verrechnung von Hörerscheinen

Hörerscheine werden auf Veranlassung von Verlagen ausgegeben. Der Nachlaß wird je zur Hälfte vom Verlag und vom Sortiment getragen. Dies gilt auch für die über die Buchgroßhandlungen bezogenen und mit Hörerschein verkauften Exemplare. Soweit der Verlag Hörerscheine zuläßt, sind diese, gesammelt, mindestens halbjährlich, zur Gutschrift einzureichen. Eine Nachbezugspflicht besteht nicht, deshalb kann der Verlag eine Verrechnung auch nicht von einer Neubestellung abhängig machen.

Abb. 9: Verkehrsordnung/Fortsetzung

3.7 Spartenpapier: Verhaltensgrundsätze für den Buchhandel

Bei dem Spartenpapier des Buchhandels geht es nicht um die Handelsbräuche (die regelt die Verkehrsordnung), auch nicht um die kaufmännischen Sitten (die sind in den Wettbewerbsregeln festgelegt), sondern es handelt sich um die Verhaltensgrundsätze des Buchhandels. Es ist eine gemeinsame Verlautbarung der drei verschiedenen Wirtschaftsstufen. In ihm manifestiert sich das Selbstverständnis des Buchhandels in einer sich verändernden Medienlandschaft.

SPARTENPAPIER

Verhaltensgrundsätze des Buchhandels

In der vom Vorstand des Börsenvereins in seiner Sitzung am 16. Januar 1985 beschlossenen Fassung

Orientierungshilfe für das Verhalten gegenüber den Partnern der jeweils anderen Sparten

Präambel

Verlag, Sortiment und Zwischenbuchhandel betrachten das breitgefächerte Angebot von Literatur an jedermann und an möglichst vielen Orten als ihre gemeinsame Aufgabe. Erfüllbar wird diese Aufgabe durch die Leistungen des Sortimentsbuchhandels in Gestalt von Lagerhaltung, Besorgung und Beratung sowie durch die Leistungen aller anderen Zweige des Verbreitenden Buchhandels. Unerläßliche Voraussetzung hierfür ist die Bereitschaft der Verlage und der Barsortimente zu nachfragegerechter Lieferung, ergänzt durch zweckdienliche Informationen und andere Dienstleistungen.

Alle Sparten des Buchhandels sollen ihre Tätigkeit so gestalten, daß Wettbewerb möglich ist, erhalten und gefördert wird, nicht nur in der eigenen, sondern auch in den anderen Sparten.

Statt eines die Rationalität des Vertriebs störenden Verdrängungswettbewerbs innerhalb der und unter den Sparten soll ein ausgewogenes System beschriebener Aufgaben gelten, das insbesondere auch im Einklang mit den Grundsätzen der Preisbindung steht. Diese ist unabdingbar für die Erfüllung des buchhändlerischen Auftrags.

Angesichts der engen Verflechtung der Sparten muß Kooperation vor kurzfristigen Ertragsverbesserungen durch einseitige Maßnahmen stehen. Erhaltung der Lebensfähigkeit einer Vielzahl von Firmen auf allen Stufen soll Gesichtspunkt bei allen marktpolitischen Maßnahmen, insbesondere auch bei der Festlegung von Konditionen sein.

Die Zukunft der gedruckten Medien und damit auch des Buchhandels hängt entscheidend davon ab, daß Buch und Zeitschrift als konkurrenzlos vielfältige Quelle von Information und Unterhaltung in der Öffentlichkeit präsent sind. Alle Sparten des Buchhandels sind aufgerufen, sich untereinander umfassend zu informieren und das Bewußtsein für das breite Angebot des Buchhandels in der Öffentlichkeit wachzuhalten und zu fördern.

I. Verlage

1. Die Verlage werden bei ihrer Konditionengestaltung darauf achten, daß auch kleinere Sortimente und Barsortimente wettbewerbsfähig bleiben.
   - ○ So werden die Verlage im Interesse eines wirtschaftlichen Bezugs durch das Sortiment darauf achten, daß das Barsortiment möglichst viele ihrer Titel führt.

Abb. 10: Spartenpapier

○ Die Verlage werden weiter bei ihrer Konditionengestaltung dafür sorgen, daß der Einzelbezug von nur beim Verlag geführten Titeln erleichtert wird. Sie sind jederzeit bereit, solche Einzelbestellungen auszuführen.

○ Barsortimente werden von den Verlagen ohne sachlich gerechtfertigten Grund nicht zu ungünstigeren Bedingungen beliefert, als sie maximal Firmen oder Gruppierungen des Einzelhandels oder branchenfremden Unternehmen, insbesondere Großhändlern, eingeräumt werden.

2. Die Verlage werden einen möglichst stetigen Konditionenrahmen anstreben, auch unter Berücksichtigung des Redaktionsschlusses des VLB und der Barsortimentskataloge, damit die Handelspartner Sortiment und Barsortiment eine langfristige Entscheidungsbasis haben.
3. Das Sortiment ist der Hauptvertriebspartner der Verlage, die Verlage beachten das bei ihren Vertriebs- und Werbemaßnahmen.
4. Die Verlage werden den Buchhandel frühzeitig und fortlaufend über ihre Produktion informieren, insbesondere durch VLB, Börsenblatt-Anzeigen, Rundschreiben und Vertreter.
5. Die Verlage werden ihre Mengennachlässe entweder generell oder auf Anfrage bekanntgeben, wobei sie sicherstellen werden, daß keine unterschiedlichen Bekanntgaben erfolgen.

II. Zwischenbuchhandel

1. Das Barsortiment versteht sich nicht als Konkurrent der Verlage, sondern als zweiseitiges Dienstleistungsunternehmen für Sortiment und Verlag.
2. Die Barsortimente werden bedenken, daß durch eine zu starke Differenzierung ihrer Konditionen die kleinen und mittleren Kunden im Wettbewerb benachteiligt werden könnten.
3. Soweit Barsortiment und Verlagsauslieferung in einer Hand liegen, werden sie streng getrennt geführt; der Datenschutz wird gewährleistet. Es wird keine bevorzugte Belieferung des eigenen Barsortiments erfolgen. Selbstausliefernde Verlage werden durch das Barsortiment und das Kommissionsgeschäft nicht benachteiligt.
4. Die Barsortimente werden ihre Lagerhaltung aufgrund einer angemessenen Mischkalkulation, orientiert an den Bedürfnissen des Sortiments, gestalten.
5. Ohne sachliche Gründe wird keine unterschiedliche Behandlung von Verlagen bei der Lagerhaltung erfolgen.
6. Die Barsortimente sind bereit, mit den Verlagen einen ständigen Informationsaustausch über ihre Lagerpolitik und deren Veränderung zu führen.
7. Die Barsortimente werden ihr Bestellverhalten an den gewährten Großhandelskonditionen orientieren.
8. Der Zwischenbuchhandel wird sich an einem integrierten Informations- und Bestellsystem beteiligen.
9. Der Zwischenbuchhandel wird die Teilnahme neuer Verlage und Buchhandlungen am Geschäftsverkehr erleichtern.

III. Sortiment

1. Als Voraussetzung für die Erhaltung der Preisbindung wird das Sortiment breite Lagerhaltung – unter Berücksichtigung der Backlist – pflegen und das Besorgungsgeschäft in vollem Umfang aufrechterhalten.

Abb. 10: Spartenpapier/Fortsetzung

2. Das Sortiment wird durch kundenorientierte, aktive Vertriebs- und Dienstleistungen die Literaturverbreitung fördern.
3. Im Interesse der Literaturvielfalt wird das Sortiment bei seinem Einkaufsverhalten insbesondere auch kleineren Verlagen eine Chance einräumen.
4. Durch rationelles Bestellverhalten, insbesondere Auftragsbündelung, wird das Sortiment zur Reduzierung der Bestell- und Vertriebskosten beitragen. Hierzu gehört auch eine vernünftige Aufteilung der Aufträge auf Verlag und Barsortiment.
5. Das Sortiment wird Remissionen nur im Einvernehmen mit dem Verlag vornehmen.
6. Das Sortiment arbeitet bei seiner Information über Programme und Neuerscheinungen aktiv mit den Verlagen und deren Vertretern zusammen.

Abb. 10: Spartenpapier/Fortsetzung

3.8 Verkehrsnummern

Das einheitliche Verkehrsnummernsystem im deutschen Buchhandel wurde in den 60er Jahren entwickelt. Es ist Ausdruck eines Rationalisierungswillens in einer Branche von z.Zt. mehr als 6.000 Firmen. Ein solches System kann nur funktionieren, wenn die Vergabe nach einheitlichen Gesichtspunkten und die Verwaltung an zentraler Stelle erfolgt. Diese Aufgaben übernimmt die Verkehrsnummernabteilung der Buchhändler-Vereinigung.

Die Verkehrsnummern werden nur an diejenigen Unternehmen vergeben, die einem der buchhändlerischen Fachverbände (Börsenverein, Landesverbände, Fachverbände etc.) angehören. Sie wird innerbetrieblich vor allem in der Buchhaltung und der Registratur verwendet und für den Geschäftsverkehr in aller Regel auf Briefbögen, Bestell-, Rechnungs- und Zahlungsformularen eingedruckt. Für die Teilnahme am BAG-Abrechnungsverfahren (vgl. Kap. 2.6) stellt die Verkehrsnummer eine unabdingbare Voraussetzung dar.

Je nachdem, ob die Firma als Lieferant oder als Besteller auftritt, erhält sie eine Kreditoren- bzw. eine Debitorennummer. Die Verkehrsnummern 10.000–17.499 (Kreditorennummern) stehen den Verlagen und Zwischenbuchhandelsunternehmen für ihre Lieferungen zur Verfügung, während die Zahlen 20.000–59.999 (Debitorennummern) für den Verkehr des verbreitenden Buchhandels mit seinen unterschiedlichen Lieferanten bestimmt sind.

Zu beachten ist, daß die Zuteilung einer Verkehrsnummer nicht gleichbedeutend mit der Bindung durch den Sammelrevers ist. So haben zwar einzelne (in der Regel neu gegründete) Firmen ihre Verkehrsnummer erhalten, doch ist ihre Unterschrift im Wiesbadener Treuhandbüro noch nicht eingetroffen. Für solche – meist zeitlich begrenzten Unstimmigkeiten – erscheinen in jeder 10. Nummer des Börsenblatts Nachträge.

4 Verlagswesen

4.1 Bedeutung des Verlagswesens

Verlage sind Unternehmen innerhalb des gesamten Buchhandels, die dafür sorgen, daß die geistigen Produkte eines Urhebers vervielfältigt und einem größeren Publikum zugänglich gemacht werden. Da sich ein Verlag im weitesten Sinne mit der technischen Herstellung eines Werkes beschäftigt, bezeichnet man ihn als herstellenden Buchhandel.

Die Begriffe *Verlag* und *Verleger* gehen zurück auf das spätmittelhochdeutsche Wort *verlegen* im Sinne „von Geld auslegen, etwas auf seine Rechnung nehmen“ (Kluge: Etymologisches Wörterbuch). Ein Verleger war also ein Unternehmer, der auf Grund seiner Marktkenntnisse und seiner finanziellen Möglichkeiten Geld vorlegen konnte, um andere Handwerker mit der Herstellung von Waren beauftragen zu können. Zwar bezeichnete man bereits seit dem 17. Jahrhundert einen „Buchhändler, der Bücher verlegt“, als Verleger, doch kennt das 18. und 19. Jahrhundert auch den Verleger beim Tuchmacherhandwerk und den Bierverleger (Kluge: Etymologisches Wörterbuch).

Ein Verleger wird natürlich nur dann Geld investieren, wenn er sich aus den Verkaufserlösen der Waren neben der Deckung der verauslagten Kosten auch einen Gewinn verspricht. Beim Buchverlag kommt jedoch neben dieser rein wirtschaftlichen Komponente noch eine weitere wichtige Funktion hinzu, bedingt durch die Besonderheit der Ware Buch. *Helmut Hiller* spricht in diesem Zusammenhang von drei sehr wesensverschiedenen Aufgabenkreisen: „einen geistig fördernden und betreuenden im Hinblick auf den Autor und Leser, einen ästhetisch und technisch gestaltenden im Hinblick auf das Buch sowie einen wirtschaftlichen und öffentlichen im Hinblick auf Autor, Leser und Buch.“ (Der deutsche Buchhandel. Wesen, Gestalt, Aufgabe)

Um dieser Mittlerstellung zwischen Autor und Leser gerecht zu werden, braucht es eine Persönlichkeit mit großer Erfahrung und zahlreichen Kenntnissen aus den unterschiedlichsten Gebieten (vgl. Kap. 4.4 Verlagsleitung).

Die Abbildung 1 zeigt eine vereinfachte Darstellung der Beziehungen zwischen den einzelnen an der Herstellung und dem Vetrieb eines Buches beteiligten Institutionen auf. In der Praxis gibt es natürlich noch eine Reihe von Querverbindungen, die um der Übersicht willen bewußt vernachlässigt worden sind.

Am Anfang steht eine Idee, die entweder vom Autor stammen kann oder auf eine Anregung des Verlags zurückgeht. Der Autor führt diese Idee aus und liefert dem Verlag ein Manuskript, das nach der Annahme durch den Verlag in Buchform erscheint und direkt oder über Zwischen- und Sortimentsbuchhandel dem Leser zugänglich gemacht wird.

In der Bundesrepublik Deutschland bestehen gegenwärtig laut Statistik des Börsenvereins 5538 Buch-, Zeitschriften- und Zeitungsverlage (Quelle: Buch und Buchhandel in Zahlen. 1994). In der ehemaligen DDR existierten bis zur

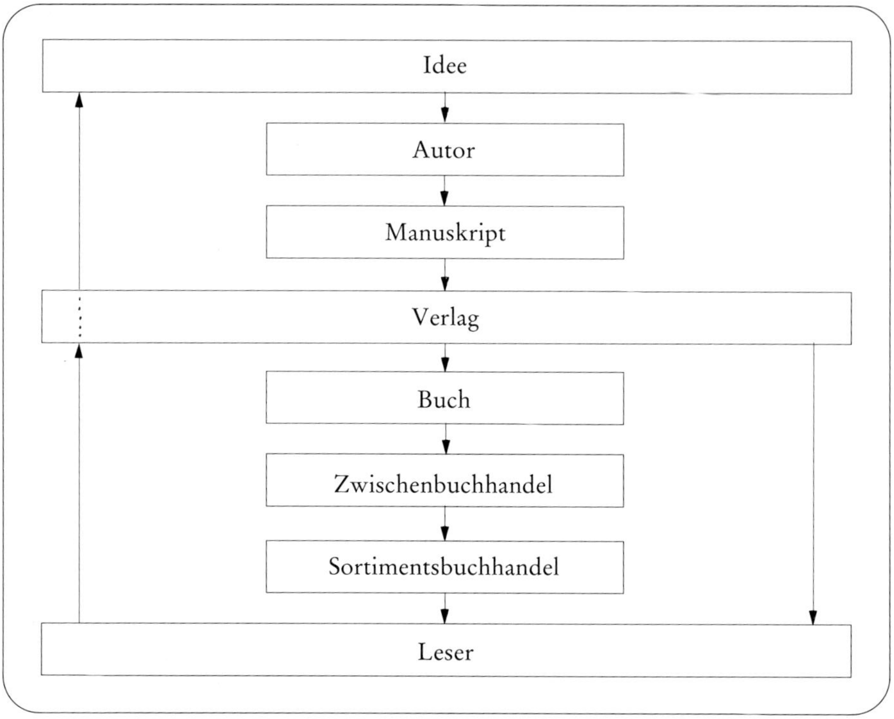

Abb. 1: Vom Autor zum Leser

Wende vom 9. November 1989 insgesamt 78 (!) Buchverlage (Quelle: Buchland DDR. Fakten, Daten, Zahlen, Namen. o.O. o.J.). Die 1878 steuerpflichtigen Buchverlage der Bundesrepublik erzielten 1990 einen Gesamtumsatz (ohne Umsatzsteuer) von ca. 9,6 Mrd. DM. Die amtliche Statistik weist für die Zeitschriftenverlage einen Gesamtumsatz von 14,7 Mrd. DM aus. Davon erreichten die Verlage von Fachzeitschriften 2,3 Mrd. DM, die Verlage von Pu-

	Unternehmen	Umsatz in Mrd. DM
Buchverlage	1878	9,6
Zeitungsverlage	321	18,6
Zeitschriftenverlage	1980	14,7
Sonstige Verlage	421	6,6
gesamt	4600	49,5

Abb. 2: Verlagsunternehmen und ihre Umsätze
(Quelle: Buch und Buchhandel in Zahlen. 1994)

blikumszeitschriften 7,6 Mrd. DM und die Verlage von wissenschaftlichen Zeitschriften 1,5 Mrd. DM steuerbaren Umsatz. Die Zeitungsverlage erwirtschafteten 1991 einen Gesamtumsatz von 18,6 Mrd. DM.

Insgesamt belief sich der steuerbare Umsatz der Verlagsbranche in der Bundesrepublik Deutschland 1991 auf 49,5 Mrd. DM. Im gesamtwirtschaftlichen Vergleich belegt die Verlagsbranche mit diesen relativ niedrigen Zahlen einen der unteren Plätze. Allein der Chemie-Konzern Hoechst hatte im Jahre 1992 einen Umsatz von 45,8 Mrd. DM (Quelle: DIE ZEIT. Nr. 40 vom 1. Oktober 1993).

Doch ist die Leistungsfähigkeit der deutschen Verlage nicht allein an den volkswirtschaftlichen Erfolgen zu messen. Im internationalen Vergleich nimmt nämlich das deutsche Verlagswesen nach der Zahl seiner Publikationen einen sehr bedeutenden Rang ein. In den vergleichbaren europäischen Nachbarländern Spanien, Frankreich und Italien sind sowohl die Anzahl der Verlage als auch die Titelproduktion geringer. Weltweit stehen die bundesdeutschen Verlage an dritter Stelle der internationalen Buchproduktion, hinter Großbritannien und China.

Die Titelproduktion in den Jahren 1984 bis 1993 der Bundesrepublik Deutschland zeigt die Abbildung 4.

Im Zeitraum von 1951 bis 1993 erschienen rund 1,8 Millionen Titel, wobei das Verhältnis von Erstauflage zur Neuauflage durchschnittlich 80:20 betrug. Der Anteil von belletristischen Titeln an der Gesamtproduktion belief sich 1993 auf 13,8%.

Die wichtigsten Verlagsorte der Bundesrepublik Deutschland sind: München (312 Verlage), Berlin (227 Verlage), Hamburg (136 Verlage), Stuttgart (133 Verlage) Frankfurt (132 Verlage) und Köln (87 Verlage).

Man wird dem Wesen der Verlagsbranche nur ungenügend ge-

Land*	1989	1990	1991
Afghanistan	.	2.795	.
Australien	10.723	.	.
Belgien	6.822	12.157	13.913
BR Deutschland	65.980	61.015	67.890
Bulgarien	4.543	3.412	3.260
Chile	2.350	.	1.966
China	74.973	73.923	.
Dänemark	10.762	11.082	10.198
DDR	6.018	.	.
Finnland	10.097	10.153	11.208
Frankreich	40.115	41.720	43.682
Griechenland	.	3.255	4.066
Indien	11.851	13.937	.
Iran	6.289	.	5.018
Italien	22.647	25.068	27.751
Jugoslawien	11.339	9.797	**4.049
Kuba	2.199	1.858	.
Malaysia	3.348	4.578	3.748
Mexiko	3.490	2.608	.
Niederlande	15.392	13.691	.
Norwegen	5.331	3.712	3.884
Österreich	3.202	3.740	3.786
Polen	10.286	10.242	10.688
Portugal	6.527	6.150	6.430
Rumänien	3.867	2.178	.
Schweden	11.197	12.034	11.866
Schweiz	13.270	13.839	14.886
Sowjetunion	***76.711	.	.
Spanien	38.353	36.239	39.082
Sri Lanka	2.188	2.455	2.535
Südafrika	0.098	4.950	4.836
Südkorea	39.267	39.330	29.432
Thailand	11.217	7.783	7.676
Tschechoslowakei	9.294	8.585	9.362
Türkei	.	6.291	6.365
Ukraine	.	7.046	5.857
Ungarn	8.631	8.322	8.133
Venezuela	3.166	3.175	3.461
Weißrußland	.	2.823	2.432

* Länder mit mindestens 2.000 Titeln in einem der genannten Jahre — Quelle: Statistical Yearbook 1993

** Ohne Kroatien, Slowenien, Bosnien-Herzegowina und Mazedonien

*** Ohne Weißrußland und Ukraine

Abb. 3: Internationale Titelproduktion 1989–1991 (Quelle: Buch und Buchhandel in Zahlen. 1994)

recht, ohne auf die gesellschaftliche und kulturelle Bedeutung des Verlagswesens einzugehen. Im Gegensatz zur gesamtwirtschaftlichen Bedeutung läßt sich dieser gesellschaftlich-kulturelle Bedeutungskomplex nicht mit exakten Zahlen belegen.

Titelproduktion 1984-1993

Jahr	Titel insgesamt	Erstauflage	Neuauflage	Erstauflage: Neuauflage
1984	51.733	39.978	11.755	77:23
1985	57.623	45.000	12.623	78:22
1986	63.679	50.219	13.460	79:21
1987	65.680	48.366	17.314	74:26
1988	68.611	50.786	17.825	74:26
1989	65.980	48.370	17.610	73:27
1990	61.015	44.779	16.236	73:27
1991*	67.890	48.879	19.011	72:28
1992*	67.277	48.836	18.441	73:27
1993*	67.206	49.096	18.110	73:27

* Inklusive neue Bundesländer.

Quelle: Wöchentliches Verzeichnis der Deutschen Nationalbibliographie

Abb. 4: Titelproduktion der Bundesrepublik Deutschland
(Quelle: Wöchentliches Verzeichnis der Deutschen Nationalbibliographie)

Da Bücher und andere Verlagsprodukte auf Grund einer geistigen Schöpfung entstehen und häufig auch ein Kulturgut darstellen, wird dem Verleger in diesem Zusammenhang die Rolle eines Kulturvermittlers neben seiner kaufmännischen Funktion zugesprochen. Kulturelle Bedeutung hat in der Regel ein literarischer Verleger, weil er z.B. mit Gespür ein herausragendes Werk eines Urhebers erkennt und mit großem finanziellem Risiko die Inverlagnahme betreibt, obwohl möglicherweise die Kosten nicht erwirtschaftet werden können. Der Verleger wird sich also in diesen Fällen im Interesse der hohen geistigen Leistung des Autors einsetzen wollen, ohne vordergründig die betriebswirtschaftliche Seite des Vorhabens zu sehen. Dabei spielt es für viele Verleger gar keine entscheidende Rolle, ob sie auch persönlich hinter den Gedanken des Autors stehen, sondern sie sehen sich allein einem Mandat verpflichtet, als herausragend erkannte geistige Leistungen als solche zu publizieren. So zeichnet auch ein gewisser Pluralismus in den Gedanken die Werke von diesen Verlagen aus.

Kulturvermittlung und kaufmännisches Vorgehen sind nicht zwingend zwei sich widersprechende Rollen des Verlegers. Ein als Kulturgut empfundenes Buch kann sehr wohl für den Verlag einen kaufmännischen Erfolg darstellen. Ferner ist es auch denkbar, daß durch die pionierhafte Inverlagnahme eines verlustbringenden, aber geistig hervorragenden Werkes ein Verlagsimage geschaffen wird, dessen Vorteile höher zu bewerten sind als der ursprüngliche Verlust. Diese Vorteile könnten z.B. darin bestehen, daß der Verlag neue renommierte Autoren leichter an sich binden kann, der Verlagsname beim Publikum positiv im Gespräch bleibt.

Ein Verleger wird diese Pionierfunktion aber nur dann übernehmen können, wenn sie sich langfristig für ihn auszahlt. Denn der Verlag ist ein Unternehmen, das an marktwirtschaftliche Gesetzmäßigkeiten gebunden ist. Eine dauerhafte verlegerische Tätigkeit ohne Gewinnerzielung vernichtet die Existenzgrundlage eines Verlages und somit auch die Möglichkeit der Wahrnehmung einer kulturellen Vermittlungstätigkeit.

Aus diesen Überlegungen einer kulturell-gesellschaftlichen Sonderstellung der Verlage (aber auch des verbreitenden Buchhandels) hat der Gesetzgeber ein Urheberrecht und Verlagsrecht geschaffen, das von dem Gedanken der Förderung der geistigen Leistung geprägt ist. Auch die Preisbindung für Verlagserzeugnisse und die Anwendung eines ermäßigten Umsatzsteuersatzes für Verlagswerke sind gleichfalls auf Grund einer kulturpolitischen Begründung eingeführt worden.

Die gesellschaftliche Bedeutung der Verlage erfährt ihre besondere Erwähnung dadurch, daß eine Gesellschaft, die ja durch das Zusammenleben und -handeln der Individuen beschrieben werden kann, ohne irgendeine Kommunikation undenkbar ist. Die Gesellschaft lebt vom Informationsaustausch. Im Bücher-, Zeitschriften- und Zeitungsmarkt übernimmt der Verlag die Rolle des Vermittlers von Information zwischen dem Autor und dem Publikum. Aus dieser Vermittlungsfunktion heraus resultiert eine besondere Stellung der Verlage im gesellschaftlichen Kommunikationsfeld. Autor wie auch Publikum sind in ihren Bemühungen, miteinander in Kontakt zu kommen, nur soweit erfolgreich, wie die verlegerischen Voraussetzungen es zulassen.

Doch muß man die gesellschaftliche Bedeutung der Verlage in zweifacher Hinsicht relativieren. Erstens stehen die Verlage miteinander im Wettbewerb. Der Marktmechanismus führt dazu, daß beispielsweise die Verlagsrechte an einem sehr interessanten Manuskript oder die Lizenzrechte für eine Übersetzung, Verfilmung oder eine Taschenbuchausgabe eines Bestsellers von den Verlagen sehr hart erkämpft werden. Solche erfolgreichen Manuskripte oder Werke finden daher sehr leicht eine Publikations- bzw. Verwertungsmöglichkeit. Aber der Autor hat auch die Möglichkeit, einen Selbstverlag zu betreiben und auf diesem Wege mit dem Publikum in Verbindung zu treten. Insofern ist die Stellung des einzelnen Verlages im gesellschaftlichen Kommunikationsfeld schwach.

Zweitens ist auch zu berücksichtigen, daß die Informationsvermittlung durch andere Medien (z.B. Film, Fernsehen, Radio) gleichfalls erfolgt. Das Verlagswesen steht in starker Konkurrenz zu diesen Non-print-Medien. Diese Medien gewinnen zwar zunehmend an gesellschaftlicher Bedeutung, doch das „Ende der Gutenberg-Galaxis", wie es Marshall McLuhan in seiner programmatischen Schrift bereits 1962 postulierte, ist noch längst nicht erreicht.

4.2 Struktur des Verlagswesens

Einen Einblick in die Struktur des Verlagswesens gibt die Erhebung zur amtlichen Umsatzsteuerstatistik, die im zweijährigen Turnus durchgeführt wird. Die Abbildung 5 zeigt die Branchenentwicklung im bundesdeutschen Verlagsgewerbe (Buchverlage – ohne, seit 1988 mit Adreßbüchern – und Verlage von Fachzeitschriften) an Hand der Zahl der umsatzsteuerpflichtigen Betriebe:

Ein Vergleich der in den einzelnen Umsatzgrößenklassen befindlichen Verlage in der Zeitreihe 1962, 1972, 1982 und 1990 ist auf Grund der Preissteigerungsraten in diesen achtundzwanzig Jahren nur bedingt möglich. Da aber alle Verlage in ähnlichem Umfang von den Preissteigerungen betroffen sind, schiebt sich das Umsatzniveau etwa gleichmäßig nach oben.

Umsatzgrößen von ... bis unter ... DM	1962	1972	1982	1990
20 000 – 50 000	251	213	231	237
50 000 – 100 000	244	232	259	336
100 000 – 250 000	234	341	378	456
250 000 – 500 000	255	249	302	328
500 000 – 1 Mio.	212	218	250	312
1 Mio. – 2 Mio.	137	178	212	281
2 Mio. – 5 Mio.	128	162	214	258
5 Mio. – 10 Mio.	34	77	101	126
10 Mio. – 25 Mio.	25	47	82	106
25 Mio. – 50 Mio.	} 9	16	37	65
50 Mio. – 100 Mio.		10	11	31
100 Mio. und mehr	–	4	6	20
Insgesamt	1713	1813	2095	2556

Abb. 5: Umsatzsteuerpflichtige Betriebe. Entwicklung 1962–1990.
(Quelle: Buch und Buchhandel in Zahlen. Verschiedene Jahrgänge.)

In den betreffenden Jahren ist die Anzahl der Verlage stetig gestiegen. Im Umsatzbereich von 20.000 DM bis 250.000 DM befanden sich konstant im Zeitablauf etwa zwei Fünftel der Verlage. Über 50% aller Verlage erreichten einen Umsatz der unter der 500.000 DM-Marke liegt. Schon bei einer Begrenzung auf eine Million DM Jahresumsatz sind etwa zwei Drittel der Verlage erfaßt.

Interessant ist das starke Anwachsen der Verlage in den höheren Umsatzgrößenklassen. Zwischen einer Mio. DM und zehn Mio. DM Umsatz tätigten 1962 = 299 Verlage, 1972 = 417 Verlage, 1982 = 527 Verlage und 1990 = 665 Verlage. Noch stärker ist die Konzentration im Umsatzbereich über 10 Mio. DM zu erkennen. Hier waren 1962 = 34 Verlage zu finden, 1972 = 77 Verlage, 1982 = 147 Verlage und 1990 = 222 Verlage.

Auch die Abbildung 6 ist ein Indiz für die Konzentration im Verlagsgewerbe an Hand der Angabe von steuerbaren Umsätzen (ohne Umsatzsteuer) in Relation zu den Umsatzgrößenklassen.

Steuerpflichtige und steuerbarer Umsatz** 1990 nach Umsatzgrößenklassen in Buchverlagen (inkl. Adreßbücher) und in Verlagen von Fachzeitschriften*

	Buchverlage (inkl. Adreßbücher)		Verlage von Fachzeitschriften	
Umsatzgrößenklasse von ... bis unter ... DM	Steuerpflichtige	Umsatz in 1000 DM	Steuerpflichtige	Umsatz in 1000 DM
25 000 – 50 000	184	6 764	53	1 899
50 000 – 100 000	254	18 190	82	6 026
100 000 – 250 000	339	55 741	117	18 580
250 000 – 500 000	237	85 474	91	32 603
500 000 – 1 Mio.	213	149 144	99	70 998
1 Mio. – 2 Mio.	195	281 343	86	123 788
2 Mio. – 5 Mio.	183	596 081	75	237 762
5 Mio. – 10 Mio.	96	681 094	30	218 570
10 Mio. – 25 Mio.	87	1 327 490	19	276 824
25 Mio. – 50 Mio.	53	1 830 351	12	422 431
50 Mio. – 100 Mio.	22	1 639 296	9	563 321
100 Mio. und mehr	15	2 998 143	5	2 392 476
Insgesamt	1878	9 669 110	678	4 365 278

* Ohne Kleinunternehmen mit Umsätzen bis unter 20 000 DM
** Ohne Umsatzsteuer
Abweichungen in den Summen ergeben sich durch Rundungen.

Abb. 6: Steuerpflichtige und Umsatz nach Umsatzgrößenklassen. (Quelle: Buch und Buchhandel in Zahlen. 1994.)

Vom Umsatz her haben nur wenige große Verlage Bedeutung. Die überwiegende Zahl der Verlage (53%) erwirtschafteten einen Umsatz (von unter 500.000 DM), der möglicherweise nur eine knappe Existenzgrundlage für den Verleger bieten kann. Diese Kleinverlage sind aber nicht vom Aussterben bedroht, sondern konnten in den letzten zwanzig Jahren ihren Platz behaupten. Insbesondere in jüngster Zeit ist die Zahl dieser Kleinverlage wieder gestiegen.

	Verlags-/Mediengruppe Firmensitz	Konsolidierter Außenumsatz in Mio DM 1993	 Vorjahr	Basis	Umsatz nach Geschäftsfeldern	in Mio. DM	in Prozent	Auswahl Aktivitäten und Beteiligungen (in Prozent)	Mitarbeiter 1993	 Vorjahr
1.	**Bertelsmann AG,** Gütersloh	17 170	15 955	Geschäftsbericht für 1992/93 bis zum 30. 6.	Bertelsmanns Buchclubs u. Buchverlage Druck- und Industriebetriebe Entertainment (Musik + Radio + TV) Presse/Gruner + Jahr (Ausland	6 082 2 987 6 191 3 755 10 563	35,4 17,4 36,1 21,9 61,5)	Gruner + Jahr (74,9); Buchclubs, Buchverlage, Musikverlage und Druckereien weltweit; u. a. Verlag Heinrich Vogel, Gabler Verlag, Westdeutscher Verlag (alle 100), Deutscher Supplement Verlag, Maul-Belser (je 75); Ufa Film- und Fernseh-GmbH (50 direkt, 50 über G + J); Ufa hält u. a. folgende Beteiligungen: RTL Deutschland (38,9), RTL 2 (7,8), Vox (24,9), Antenne Bayern (16), Radio NRW (16,1), Radio Hamburg (29,2)	50 437	48 781
1a.	**Gruner + Jahr AG,** Hamburg	3 755	3 603	Geschäftsbericht für 1992/93.	Vertriebserlöse Anzeigenerlöse Druckerlöse Handelswarenerlöse Sonstige (Ausland (Zeitungen	1 180 1 310 891 270 104 1 457 493	31,4 34,9 23,7 7,2 2,8 38,8) 13,1)	Zeitschriften in Deutschland, England, Frankreich, Italien, Polen, Spanien, USA; Zeitungen in Deutschland und Ungarn; Druckereien in Deutschland und USA; Beteiligungen u.a.: Spiegel Verlag (24,75); Manager Magazin (24,9); Vereinigte Motor-Verlage (15); Ufa Film- und Fernsehgesellschaft (50); Max Verlag (25); Dresdner Druck- und Verlagshaus (60); IPV Inland Presse Vertrieb (74,9); Marie Claire Verlag (50); Morgenpost Anzeigenblatt Verlag (90); Morgenpost Sachsen Verlag (60)	12 044	12 838
2.	**Axel Springer Verlag AG,** Berlin	3 444,6	3 479,4	Geschäftsbericht	Zeitungen Zeitschriften Druck Sonstiges (Ausland E.-Medien nicht konsolidiert	2 332,5 724,8 246,2 141,4 237,4	68 21 7 4 7)	Ullstein Verlag (100); Leipziger Verlags- u. Druckerei GmbH (50); Lübecker Nachr. (49); Kieler Zeitung (24,5); WBV Wochenblatt Verlag (100); Berliner Wochenbl. (100); Ostsee-Zeitung (50); Medical Tribune (100); Top special Verlag (100); Cora Verlag (100); Axel Springer Budapest (79); Madrid (100); Oscar Bronner GmbH, Wien (50); Tiroler Tageszeitung (65); News Verlag, Wien (50); APF (35); Sat 1 (20); Dt. Sport-Fernsehen (24,9); ISPR (50); CompuTel Telefonservice (80); Overbruck Spedition (100); Hörfunk- u. Grossogesellschaften	12 187	12 390
3.	**Heinrich Bauer Verlag,** Hamburg	2 850	2 880	Vorläufiger Konzernabschluß 1993	Zeitungen Zeitschriften Sonstiges (Ausland	160 2 605 82 472	5,6 91,5 2,9 16,6)	Heinrich Bauer Spezialzeitschriften Verlag (100); Bauer Druck Köln (100); Magdeburger Verlags- und Druckhaus (100); Pabel-Moewig (100); Bauer Ediciones Madrid (100); Bauer Publishing London (100); Pressevertrieb Nord (100); Condor Verlag (100); Klaus Helbert Verlag (50); Radio Hamburg (25); RTL 2 (33,1)	7 857	8 899
4.	**Zeitungsgruppe WAZ, Verlagsgesellschaft E. Brost & J. Funke GmbH,** Essen	2 500	2 400	Verlagsangaben	keine Angaben			Zeitungsverlag Ruhrgebiet (100); Zeitungsverlag Niederrhein (89,4); Zeitungsverlag Westfalen (86,9); Westfalenpost (100); Kurier AG, Wien (49); Krone-Verlag, Wien (50); Ostthür. Zeitung (60); Thür. Allgemeine Verlag (100); Druckhaus WAZ (100); Verlag Welt am Sonnabend (100); SZV Spezialzeitschriften (100); Westdeutsche Zeitschriften (100); tag & nacht Verlag (100); WVW (100); MZV (67); Westfunk (100); Westfilm (100); RTL (10); zahlr. Radio-Beteiligungen	10 500	10 500
5.	**Georg von Holtzbrinck GmbH,** Stuttgart	2 434,9	2 255,0	Verlagsangaben, Beteiligungen nach Anteilen konsolidiert	Verlagsgruppe Handelsblatt keine weiteren Angaben	481	20	Verlagsgr. Handelsbl. (100); Saarbr. Zeitung (52,3); Trier. Volksfreund (52,3); Südkurier, Konstanz (96); Lausitzer Rundschau (52,3); Mainpresse Würzburg (100); Tagessp. Berlin (51); Prognos AG, Basel (75); Wirtschaftswoche, Wien (100); Bilanz, Zürich (50); VDI-Verlag (40); Scientific American (100); Lebensmittelpr.-Verlag (100); VWD (33,3); Eurexp. Brüssel (50); Börsen-Zeitung (24,9); Buchverlage: S. Fischer, Rowohlt, Kindler, Droemer Knaur, Schroedel, Henry Holt New York (alle 100); Sat 1 (15 über AV Euromedia); div. Hörfunkbet.	7 600	7 300
6.	**Medien Union GmbH,** Ludwigshafen	rund 1 750	rund 1 700	geschätzt	Rheinpfalz Verlag und Druckerei Freie Presse, Chemnitz Druckereien und Buchverlage Beteiligungen	rd. 625 rd. 325 rd. 400 rd. 400	35,7 19,5 22,9 22,9	Rheinpfalz Verlag (100); Pfälzische Verlagsanstalt (100); Verlagsgruppe Westermann (100); Stuttgarter Zeitungsverlags GmbH Holding (44,36); Freie Presse, Chemnitz (100); Magazinpresse GmbH (100); Radio RPR (16)	rund 7 000	rund 7 000
7.	**Burda Holding GmbH & Co. KG,** Offenburg, München	1 378	1 353	Verlagsangaben	Zeitschriften/Zeitungen Druck Sonstige Erlöse E.-Medien nicht konsolidiert (Ausland	914 454 10 130,9	66,3 33,0 0,7 9,5)	Burda GmbH (100); Focus Magazin-Verlag (100); Opal Verlag (100); Landesverlags- und Druck, Mecklenburg (100); Norddeutsche Neueste Nachrichten, Rostock (100); Elle Verlag (50); MVB Magazin Verlag (100); TZV Thüringer Zeitschriften Verlag (50); Globus Verlag (50); Imprimerie et Editions Braun, Thann (100); Antenne Bayern (16); Bayern Tele (7,7); RTL (2); RTL 2 (1)	4 840	5 103
8.	**Verlagsgruppe Süddeutscher Verlag GmbH,** München	1 048	937	Vorläufiger Konzernabschluß 1993	keine Angaben			Verlag Moderne Industrie (100); Frankenpost, Hof (70); Suhler Verlag/Freies Wort, Suhl (70); Karl Wenschow Druck GmbH (100); Neue Presse, Coburg (70); Münchener Wochenblatt (100); Europa-Fachpresse-Verlag (100); Radio Gong 2000 (26,4)	5 022	4 494
9.	**Sebaldus Gruppe,** Nürnberg	977,3	969,3	Verlagsangaben	Verlage Druck und Fertigung Elektronische Medien (Ausland	349,7 624,2 3,4 118,8	35,8 63,9 0,3 12,2)	Gong Verlag (100); Sailer Verlag (100); Giradet Verlag (100); Stabil Verlag (100); Verlag für die Frau (100); TZV Thüringer Zeitschriften Verlag (50); U. E. Sebald (100); Meiller (100); Meiller Comcard (100); U. E. Sebald Verpackungen (100); Sebald Sachsendruck (100); diverse Lokalradios und landesweite Hörfunk-Beteiligungen	4 331	4 293
10.	**F.A.Z.-Gruppe,** Frankfurt	891	932	Verlagsangaben	Zeitungen Zeitschriften, Fachzeitschriften Buch Fernsehen Druck Sonstiges (Infodienste, Seminare usw.)	687 74 48 11 45 26	77,1 8,3 5,4 1,2 5,1 2,9	Frankfurter Societäts-Druckerei (z.T. über FAZIT-Stiftung, insgesamt 73); Märkische Verlags- und Druck-GmbH (100); Deutscher Zeitungsverlag (100); Union Verwaltungs GmbH (100); Deutsche Verlagsanstalt (66,7); Keysersche Verlagsbuchhandlung (100); RTL (1); RTL 2 (1); Radio FFH (9,3); FSP (100); Berliner Rundfunk (10)	4 400	4 900

Quelle: HORIZONT nach Verlagsangaben, Schätzungen nach Eigenrecherche

Abb. 7: Die 26 größten deutschen Verlage (Quelle: HORIZONT Zeitung für Marketing, Werbung und Medien Nr. 30/94)

	Verlags-/Mediengruppe Firmensitz	Konsolidierter Außenumsatz in Mio DM 1993	 Vorjahr	Basis	Umsatz nach Geschäftsfeldern	in Mio. DM	in Prozent	Auswahl Aktivitäten und Beteiligungen (in Prozent)	Mitarbeiter 1993	 Vorjahr
11.	**Verlag M. DuMont Schauberg GmbH,** Köln	810	778	Verlagsangaben	keine Angaben			Mitteldeutsche Zeitung/Express (100); Express Düsseldorf (50); Kölnische Rundschau (20); diverse Anzeigenblätter (50); Sat 1 (über APF 1,98); Neuer Berliner Rundfunk (25); Tele West (9,6); Radio NRW (5,3); Prisma Verlag (11); Adressenverlag Merkur (33)	4 011	3 928
12.	**Verlagsgesellschaft Madsack GmbH,** Hannover	736,3	673,4	Verlagsangaben	Zeitungen Anzeigenblätter Fernsehen Druck Sonstiges (EDV etc.)	514,7 54,8 10,8 122,1 33,9	69,9 7,4 1,5 16,6 4,6	Leipziger Verlags- und Druckerei GmbH (50); TNV Television Programm- und Nachrichten GmbH (70); Verlag Blitz-Tip (29,7); Funk & Fernsehen Nordwestdeutschland (13 7); KMG Kabel-Fernsehen Hannover (30)	3 330	3 377
13.	**Verlagsgruppe Stuttgarter Zeitung,** Stuttgart	rund 1 705	rund 705	geschätzt	keine Angaben			Stuttgarter Zeitungsverlag (80); Märkisches Verlags- und Druckhaus, Frankfurt/Oder (51); Südwest Presse (25)	rund 2 000	rund 2 000
14.	**Unternehmensgruppe Deutscher Sparkassenverlag GmbH,** Stuttgart	645	663	Verlagsangaben	Kunden- u. Mitarbeiterzeitschr., Bücher, Loseblattsamml., Computerspiele Werbemittel wie Plakate, Broschüren Sonstiges (EC-Karten, Kundenkarten)	277 220 148	43 34 23	Deutsche Sparkassen-Datendienste (100); AM-Werbegesellschaft (100); Deutscher Bausparkassenverlag (100)	922	885
15.	**Verlag Das Beste GmbH,** Stuttgart	620*	514	Verlagsangaben	Zeitschriften Bücher Musikprodukte Video (Ausland	97 378 108 37 56,2	15,6 61,0 17,4 6,0 9,1)	Pegasus Buch- und Zeitschriften Vertriebs GmbH (100); Optimal Direktwerbeservice (100)	459	447
16.	**Verlagsgruppe Passau,** Passau	554	501	Verlagsangaben	Inland Ausland	182 372	32,8 67,2	Neue Presse Verlags-GmbH Passau (100); Landesverlag Linz (51); Vlatava, Prag (100); Eurodruck (100); Dt. Landwirtschaftsverlag (100)1 Olkos, Warschau (75); Ehrenwirth (100)	4 000	3 050
17.	**WEKA Firmengruppe GmbH & Co. KG,** Kissing	552	514	Geschäftsbericht	Fachzeitschriften Loseblattwerke Infobrosch., Bücher, Kartog., Formulare, Software, Seminare Ausland	105 243 188 105	19,0 44,0 34,0 20,0	u. a. DMV Daten- und Medien-Verlag (100); Perimend-Spitta (100); Franzis-Verlag (100); Spitta-Verlag (100); Dentso-Spitta (100); Miba-Verlag (100); Hohenstein Seminare (100); Resch-Media Mail (100); Frech-Verlag (100); Graf + Neuhaus, Zürich (100)	2 500	2 500
18.	**Spiegel-Verlag Rudolf Augustein GmbH & Co.,** Hamburg	527	546	Verlagsangaben	Zeitschriften Fernsehen	500 27	94,9 5,1	Manager Magazin Verlag (75,1); Spiegel TV GmbH (100)	894	962
19.	**Springer-Gruppe,** Berlin/Heidelberg/New York	506	503	Verlagsangaben	Fachzeitschriften (nur Deutschland) Bücher (nur Deutschland) Elektronische Medien (nur Deutschland) Ausland	175,4 142,1 5,5 183,0	54,3 44,0 1,7 36,2	Birkhäuser Verlag, Basel/Boston (100); Steinkopff Verlag (100); Physica Verlag (100); Sala Druck (100); PWN/Springer, Warschau (50); Druckerei Stürtz (75); Tochter- oder Schwestergesellschaften in New York, Tokyo, Hongkong, London, Paris, Barcelona, Budapest, Wien, Warschau und Mailand	1 444	1 499
20.	**Motor-Presse Stuttgart,** Stuttgart	450,2	450,6	Verlagsangaben	Zeitschriften Tonträger Ausland	442 8 119,3	98,2 1,8 26,5	T & M Verlag (100); Eurotransportmedia (50); Powerslide AG, Zürich (100); SETTF, Paris (100); weitere Tochtergesellschaften in Spanien, Portugal, Italien, Tschechien, Ungarn, Polen und Großbritannien	751	679
21.	**Verlagsgruppe Mittelrhein,** Koblenz	448	382	Verlagsangaben	keine Angaben			Rhein-Zeitung (100); Zeitungen in Tschechien; Special-Interest-Zeitschriften; Anzeigenblätter, Druckereien, Satzbetrieb; Software; Reisebüro; RPR (22,7)	1 705	1 580
22.	**Vogel Medien Gruppe,** Würzburg	443,3	452,2	Verlagsangabe inkl. wichtiger Beteiligungen im Ausland	Zeitschriften/Fachzeitschriften Buch Druck Sonstige	342,6 6,3 77,3 17,1	77,3 1,4 17,4 3,9	Vereinigte Motor Verlage (40); Urban + Vogel GmbH (32); Verlag Berliner Bauvorhaben (100); Fachpresse Goldach (100); Technische Akademie des Kfz-Gewerbes (48); Vogel CD-Publishing (51); ECO Hongkong (50); Gruppo Editoriale (35)	1 170	1 230
23.	**Verlag Nürnberger Presse Druckhaus Nürnberg GmbH,** Nürnberg	rd. 425	rd. 405	geschätzt	keine Angaben			Olympia Verlag; Radio F; Nordbayerische Anzeigenverwaltung	1 720	1 700
24.	**Druck- u. Verlagshaus Frankfurt/M. GmbH,** Frankfurt/Main	398	407	Verlagsangaben	Zeitungen Druck	194 204	49,0 51,0	J + F Medien Vertriebs GmbH (51); Allmedia Nest Verlag (91); Radio FFH (9,8); Wichtiges Objekt: Frankfurter Rundschau	1 720	1 750
25.	**Dr. Haas GmbH,** Mannheim	328	264	Verlagsangaben, 1993 vorläufig	Zeitungen Fachzeitschriften/Zeitschriften Fernsehen Druck	147 60 9 112	45,0 18,0 3,0 34,0	Mannheimer Morgen (100); Bergsträßer Anzeiger (100); Fränkische Nachrichten (unter 50); VOD Vereinigte Offsetdruckereien (100); Jüngling Verlag (100); SVA (100); Radio Regenbogen (15,2); gbb-ORG Verlag (100); Res Druck GmbH (100); Walcher Druck GmbH (100)	1 696	1 320
26.	**Verlagsgruppe Rhein Main GmbH & Co. KG,** Mainz	320	315	Verlagsangaben	Zeitungen Rest (Anzeigenblätter, Fachzeitschriften, Akzidenzdruck, Beteiligungen)	281,6 38,4	88 12	Allgemeine Zeitung, Mainz (100); Wiesbadener Kurier (100); Wiesbadener Tagblatt (100); Rhein Main Wochenblattverlag (100); Ostthüringer Zeitung, Gera (40); Radio RPR (rund 20); Radio FFH (rund 7); Sat 1-Regionalfenster TV IIIa (25,1)	1 536	1 607

Quelle: HORIZONT nach Verlagsangaben, Schätzungen nach Eigenrecherche

Abb. 7: Die 26 größten deutschen Verlage (Quelle: HORIZONT Zeitung für Marketing, Werbung und Medien) / Fortsetzung

Dagegen erzielten 1990 die 222 größten Verlage (über 10 Millionen steuerbarer Umsatz), die nur 8,7% aller Verlage darstellen, einen Umsatz von 11,5 Mrd. DM, der aber 82% des gesamten Umsatzes der Buch- und Zeitschriftenverlage ausmacht.

Die Struktur des deutschen Verlagswesens ist also durch viele kleine und wenige große Verlage mit wirtschaftlicher Bedeutung gekennzeichnet. Die Konzentration in dieser Branche begann im Zeitungsbereich sowie bei den Buchgemeinschaften und ist mit den großen Verlagskonzernen Bertelsmann, Springer, Holtzbrinck und Burda verbunden.

Verlagskonzentration

Es vergeht kein Tag, an dem in der Fachpresse nicht über Verlagskäufe großer Konzerne, Verlagsfusionen, ja neuerdings sogar über spektakuläre Übernahmen, in denen ein Konzern den anderen aufkauft, berichtet wird. Man könnte den Eindruck gewinnen, die Verlags- und Medienlandschaft befinde sich in der Hand weniger großer Firmen, die mit ihrer Monopolstellung den Markt beherrschen. Betrachtet man die Entwicklung anhand der Statistiken des Börsenvereins des Deutschen Buchhandels (veröffentlicht in „Buch und Buchhandel in Zahlen“ 1952–1994), zeigt sich – ergänzend zu den Angaben des vorausgegangenen Kapitels – folgendes Bild:

Anhand der Umsatzsteuerstatistik, die alljährlich von der Abteilung Wirtschaft und Statistik des Börsenvereins erstellt wird, läßt sich bei Buchverlagen mit einem Umsatz unter DM 100 000 ein Rückgang von etwa 45% (1952) auf 23% (1990) feststellen.

Im gleichen Zeitraum erhöhte sich der Anteil bei Verlagen mit Umsätzen zwischen DM 10 bis 100 Millionen von ca. 1% (1960) auf 8,6% (1990). In den letzten Jahren pendelte sich die Zahl der Buchverlage, die über DM 100 Millionen Umsatz erwirtschafteten, bei fünfzehn Verlagen ein, die zusammen fast 31% des gesamten Umsatzes erzielten. (Laut Buchreport Nr. 14/1994 sind es mittlerweile 21 Buchverlage, die einen solch hohen Umsatz zu verzeichnen haben: Bertelsmann Buch AG, Weka Firmengruppe, Springer, Klett, Cornelsen, BI/Brockhaus, Mairs Geographischer Verlag, Haufe, Fink-Kümmerly & Frey, C.H. Beck, Thieme, Langenscheidt, Weltbild, Heyne, Ullstein/Langen Müller, verlag moderne industrie, Rowohlt, Westermann, Kohlhammer, Schroedel, BLV).

Eine Befragung der Fachzeitschrift „Horizont. Zeitung für Marketing, Werbung und Medien in Kooperation mit Advertising Age“ (Nr. 30/94) ergab, daß mindestens fünfzig deutsche Verlagshäuser (darunter natürlich auch Zeitungs- und Zeitschriftenverlage) mehr als DM 100 Millionen Umsatz erzielten! Angefangen von der Bertelsmann AG (17,1 Millarden Umsatz) bis zum Darmstädter Echo (mit 122,8 Millionen Umsatz) bietet diese Aufstellung einen guten Überblick zur bundesdeutschen Verlagslandschaft.

Ein Blick auf die Entwicklung der Titelproduktion zwischen 1951 und 1983 ergänzt die Umsatzsteuerstatistik. Produzierten 1951 fast 84% der Verlage etwa $^{1}/_{3}$ (31,5%) aller Titel, zeigt das Jahr 1983 einen starken Rückgang. 75% der Verlage brachten lediglich noch 13% aller Titel auf den Markt. Für die großen

Verlage sieht die Bilanz besser aus. Waren es 1951 etwa 0,5% der Verlage, die etwa 1/10 der gesamten Titelproduktion veröffentlichten, lieferten 1983 rund 2,8% der Verlage bereits fast die Hälfte (49,4%) aller Titel.

Diese Zahlen sagen natürlich nichts über Auflagenhöhe, Qualität und Erfolg der verlegten Titel aus.

Trotz dieser eindeutigen Tendenz zur Konzentration im Verlagsbereich, gelingt es vielen kleinen Verlagen (70% aller Verlage produzieren jährlich 1–10 Titel) auch weiterhin, selbständig ihr Programm fortzuführen und ohne fremde finanzielle Hilfe ihre Geschäfte auszuüben. Sogar Neugründungen von Verlagen bot und bietet der Markt Entwicklungschancen, auch wenn nach guten Ansätzen einige ihren selbst gestellten Qualitätsanspruch aus betriebswirtschaftlicher Sicht nicht durchhalten konnten. Doch sollten die verantwortlichen Gremien aufpassen, daß diese Konzentrationsbewegung nicht außer Kontrolle gerät und die große und bunte Verlagslandschaft dadurch zur wüsten Einöde mit nur wenigen Oasen verkümmert.

Für diese Konzentrationstendenz im Verlagsbereich können verschiedene Punkte als mögliche Ursachen angeführt werden:

- Finanzierungsschwierigkeiten und/oder organisatorische Probleme zwingen Verlage, sich in ein größeres Unternehmen integrieren zu lassen
- durch Rationalisierungsmaßnahmen können sich bei einem Zusammenschluß Kostenvorteile ergeben
- Möglichkeiten der Angebotsergänzung und -erweiterung sowie Umsatzsicherung und -ausweitung
- Verbreiterung der wirtschaftlichen Basis durch die unterschiedlichen Diversifikationsmöglichkeiten und somit Risikominderung
- Notwendigkeit der Erweiterung in Richtung „Neue Medien“

Konzernbildung

Wie entstehen nun solche großen Verlagsimperien bzw. -konzerne? Die Theorie der Konzernbildung unterscheidet drei Möglichkeiten.

Unternehmen vergrößern sich, indem sie sich entweder horizontal, vertikal oder diagonal ausweiten, d.h. bereits bestehende Firmen aufkaufen oder neue Betriebe gründen. Diese drei Möglichkeiten kann man stichwortartig folgendermaßen beschreiben:

horizontal: Betriebe gleicher Art werden dem Unternehmen angegliedert (Neugründung oder Ankauf) z.B. übernimmt ein Verlag einen anderen Verlag, wobei das Verlagsprofil des gekauften Unternehmens durchaus verschieden sein kann

Verlag A ⟵ VERLAG ⟶ Verlag B

vertikal: Vor- und nachgelagerte Betriebe werden dem Unternehmen angegliedert, z.B. ein Verlag kauft eine Papierfabrik, eine Setzerei, eine Buchbinderei o.ä.

diagonal: Branchenfremde Firmen werden dem Unternehmen angegliedert, z.B. ein Verlagskonzern beteiligt sich an einem Reiseunternehmen, übernimmt eine Brauerei o.ä. Hier spricht man auch von Diversifikation.

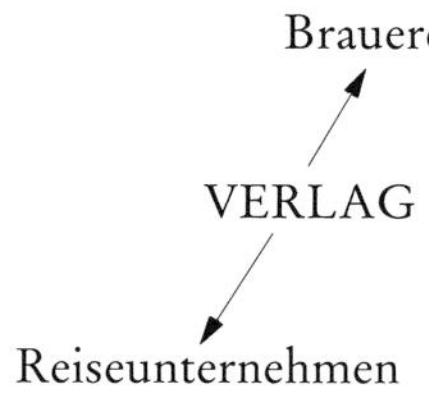

Die folgenden Profile großer deutscher Verlagshäuser und -konzerne können nur ein augenblickliches Bild des Marktes vermitteln, denn die Verhältnisse in diesem Bereich können sich tagtäglich ändern. Nachfolgend einige Kurzportraits bundesdeutscher Verlags- und Medienkonzerne.

Bertelsmann AG, Gütersloh:
Mit Abstand das größte Unternehmen in der Bundesrepublik Deutschland mit etwa 17,2 Mrd. DM Umsatz (Stand 1993) weltweit und über 50.000 Mitarbeitern. Der Verlagsgruppe Bertelsmann GmbH innerhalb des Konzerns gehören unter anderem folgende Verlage an: C. Bertelsmann, Albrecht Knaus, Siedler, Goldmann, RV Reise- und Verkehrsverlag, Mosaik, Vieweg, Gabler. Mit ihren Buch- und Schallplattengemeinschaften steht die Bertelsmann AG international gesehen hinter Time Warner auf dem zweiten Platz.

Axel Springer Verlag AG, Berlin:
Auf dem zweiten Platz der Rangliste befindet sich mit einem geschätzten Umsatz von 3,4 Mrd. DM (Stand 1993) die Axel Springer AG. Allein die Hälfte des Gesamtumsatzes wurde durch das Anzeigengeschäft erwirtschaftet. Neben den zahlreichen Zeitungen und Zeitschriften befinden sich auch Buchverlage im Springer-Konzern: Ullstein, Cora, Koralle, Weltkunst, Hirmer. Nach dem Tod von Axel Springer begann ein zähes Ringen um die Machtverhältnisse innerhalb des Konzerns, an dem neben den Springer-Erben sowohl die Burda-Brüder als auch der Filmhändler Leo Kirch beteiligt sind.

Georg von Holtzbrinck GmbH, Stuttgart:
Der Holtzbrinck-Konzern vereint unter seinem Dach so traditionsreiche Verlage wie S. Fischer, Rowohlt, Coron, Droemer Knaur, Kindler, Schroedel, Gehlen. Mit einem Umsatz von etwa 2,4 Mrd. DM (Stand 1993) steht das Unternehmen auf Platz 5 in Deutschland. Ende 1989 überraschte Holtzbrinck die Branche mit dem Verkauf des Deutschen Bücherbundes an den oben erwähnten Leo Kirch, der aus dem Bücherklub einen neuartigen Verbund formen wollte, der den Mitgliedern zum Buch auch Video und Film sowie Pay-TV nahebringen sollte. Mittlerweile gehört der Deutsche Bücherbund dem Bertelsmann Konzern.

Durch Zukäufe erreichte die Unternehmensgruppe Holtzbrinck im Jahr 1995 einen Konzernumsatz von ca. 2,9 Mrd. DM.

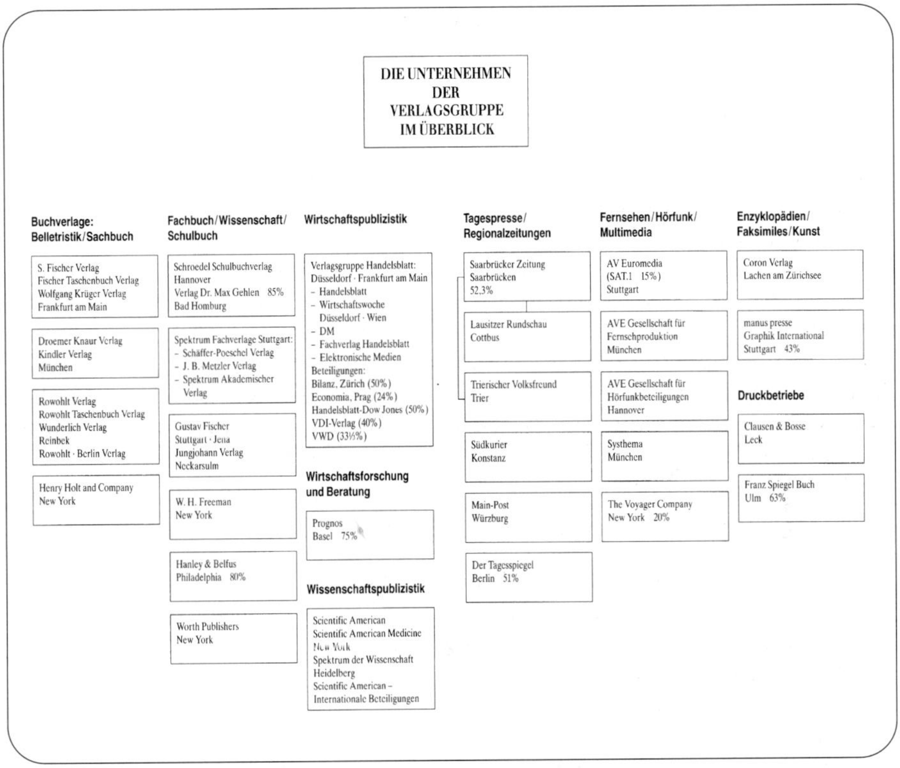

Abb. 8: Organogramm der Verlagsgruppe Holtzbrinck GmbH

Verlagsgruppe Bauer, Hamburg:
Europas größtes Zeitschriftenhaus erwirtschaftete 1993 mit insgesamt 7.800 Mitarbeitern einen Gesamtumsatz von 2,8 Mrd. DM. Neben den zahlreichen Publikumszeitschriften (TV Hören und Sehen, Neue Post, Bravo, Quick, Playboy) gehört auch die Verlagsunion Pabel-Moewig zum Bauer-Konzern.

Burda Holding GmbH & Co.KG, Offenburg, München:
Mit 1,3 Mrd. DM Umsatz (Stand 1993) steht der Burda-Konzern mit insgesamt 4800 Beschäftigten auf dem siebten Platz. Allein zwei Drittel des Gesamtumsatzes verteilte sich auf den Bereich Zeitschriften/Zeitungen. Neben diesem Verlagsbereich gliedert sich das Unternehmen in die beiden Bereiche Druck und Neue Medien, in dem sich Burda seit 1987 verstärkt engagiert.

4.3 Profilierung und Spezialisierung von Verlagen

Aus den oben erwähnten Aspekten zur Entwicklung der Verlagsbranche folgt eine Notwendigkeit zur Profilierung und Spezialisierung von Verlagen. Aber auch ganz allgemein läßt sich für eine Volkwirtschaft feststellen, daß sie bei einer arbeitsteiligen Organisation (Spezialisierung) ökonomisch effizienter ist. Diese Wirkung der Arbeitsteilung gilt natürlich auch für das Verlagsgewerbe.

Bereits im 16. und 17. Jahrhundert gab es zwar vereinzelt eine erste Arbeitsteilung zwischen Druckereien und Verlagen, doch blieb noch lange der Drukkerverleger, der beide Arbeitsgebiete betreute, die Regel. Erst ab dem 19. Jahrhundert setzte sich allmählich die Arbeitsteilung zwischen Verlagen, Druckereien und Sortimentsbuchhandlungen durch. Dank dieser Trennung der verschiedenen Aufgabengebiete konnten sich die Verleger mehr auf die Manuskriptgewinnung und den Vertrieb konzentrieren, die Druckereien hingegen konnten sich durch technische Spezialisierung mehr den druckgraphischen Aufgaben widmen. Alle drei Bereiche haben sich bis heute immer stärker spezialisiert. Wie bei den Druckereien (Satzbetriebe, Reproanstalten, Buchbindereien etc.) und dem Sortimentsbuchhandel (Fach-, Bahnhofs-, Antiquariatsbuchhandlungen etc.) gibt es auch im Verlagswesen eine tiefgehende Spezialisierung.

Schon zu Beginn des vorigen Jahrhunderts existierten neben den Universalverlagen einige rein wissenschaftliche Verlage sowie Schulbuchverlage. Mitte des 19. Jahrhunderts kamen Fachverlage aller Art hinzu, und Ende des Jahrhunderts wurde eine neue Gruppe von literarischen Verlagen gegründet (z.B. 1886 *S. Fischer* in Berlin).

Heute finden wir eine bunte Verlagslandschaft vor, die man nur schwer in einer Verlagstypologie darstellen kann, da sie sich so vielfältig präsentiert und zudem in einem schnellen Wandel befindet. Vor allem die neuen Technologien des 20. Jahrhunderts haben das traditionelle Bild des Buchverlages entscheidend geprägt und verändert. Da es keine verbindliche Verlagstypologie gibt – weder von staatlicher noch von berufsständischer Seite – sollen in den folgenden Abschnitten lediglich einige Möglichkeiten der Einteilung vorgestellt werden.

Versuch einer Verlagstypologie

Angelehnt an das Lehr- und Nachschlagewerk „Der Verlagsbuchhändler" von *Ulrich Stiehl* könnte man zwischen Buchverlagen und Nichtbuchverlagen unterscheiden und sie hinsichtlich der von ihnen hergestellten Produkte klassifizieren. Unter Nichtbuchverlagen werden Firmen verstanden, „deren Produkte einige Eigenschaften mit dem Buch gemeinsam haben, die aber trotzdem meist nicht als Buchverlage bezeichnet werden können". Wie problematisch diese Abgrenzung in einer Zeit werden kann, in der ständig neue Medien – Bildschirmtext, Kabel- und Satellitenfernsehen, CD-ROM etc. – entwickelt werden und selbst zahlreiche Buchverlage diese neuen oder anderen Medien im Programm führen, demonstriert die folgende, alphabetisch geordnete Aufstellung von Nichtbuchverlagen:

Adreßbuchverlage (Adreßbücher, Bezugsquellennachweise und Telefonbücher);
Bühnenverlage oder Theaterverlage (Vergabe von Aufführungsrechten von Theaterstücken);
Formularverlage (Vordrucke, Etiketten, Aufkleber);
Karthographische Verlage (Karten, Globen, Atlanten);
Kunstdruckverlage (Kunstdrucke, Grafiken, Bilderrahmen und verwandte Produkte);
Lehrmittelverlage (Tonbandkassetten, Wandbilder, Dias);
Musikverlage (Vergabe von Aufführungsrechten von Musikstücken);
Non-Print-Medienverlage (Videokassetten, Bildplatten, Mikrofiche, Software);
Postkartenverlage (Foto-, Kunst- und Schriftpostkarten);
Schallplattenverlage (Schallplatten, Musikkassetten, CDs);
Spielwarenhersteller (Spiele, Experimentierkästen);
Zeitschriftenverlage (Illustrierte, Magazine, Programmzeitschriften, also vor allem Publikumszeitschriften);
Zeitungsverlage (Tageszeitungen, Wochenzeitungen, Sonntagszeitungen);

Dahingegen werden Buchverlage als diejenigen Firmen definiert, „die Bücher und verwandte Medien verlegen, soweit sie nicht in die Kategorie der obengenannten Nichtbuchverlage fallen".

Ist der Begriff des Nichtbuchverlages schon problematisch, so ist es der des Buchverlages noch mehr, da selbst der Begriff Buch immer wieder unterschiedlich definiert wurde bzw. wird. An dieser Stelle soll keine wissenschaftliche Diskussion des Buchbegriffs begonnen werden, doch mag man sich nur einmal die Antwortmöglichkeiten eines Druckers, eines Bibliothekars und eines bibliophilen Sammlers auf die Frage, was ein Buch ist, vorstellen.

Es böte sich daher vielleicht der Begriff des Medienverlages an. Eine sich hieraus entwickelnde Systematik könnte beispielweise so aussehen:

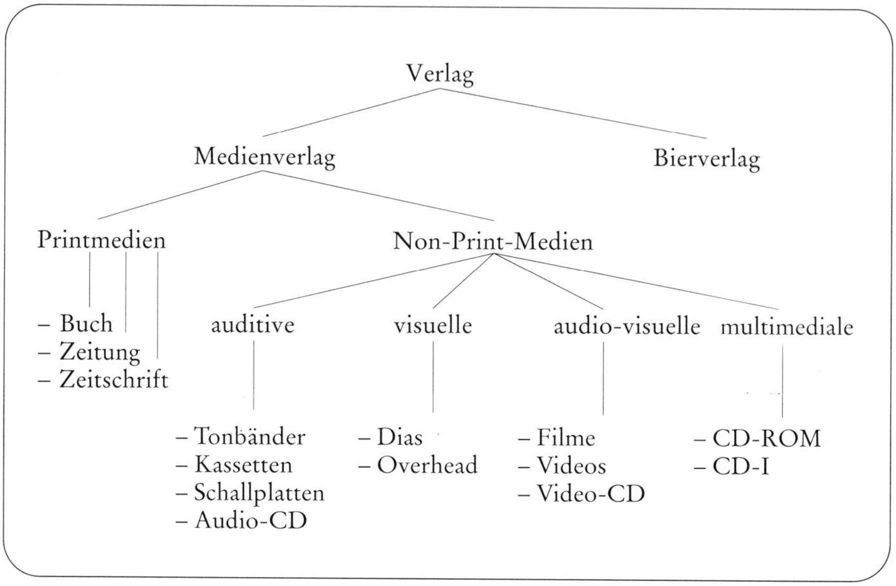

Abb. 9: Versuch einer Verlagsklassifizierung

Hieraus ableitend könnte man nun Verlage, die sich primär mit Printmedien beschäftigen, nach verschiedenen Kriterien unterteilen. So ergäbe sich eine Typologie dieser Verlage, bei der man nach folgenden Punkten differenzieren könnte:

Eine Unterscheidung der Verlage

1. nach dem Inhalt des Printmediums
2. nach der Form des Printmediums
3. nach der Größe des Verlages
4. nach der Erscheinungsweise des Printmediums
5. nach der Zielgruppe
6. nach urheberrechtlichen Erwägungen
7. nach der buchbinderischen Verarbeitung des Printmediums
8. nach der Trägerschaft
9. nach der Rechtsform
10. nach der Urheber-Verleger-Beziehung
11. nach der wirtschaftlichen und rechtlichen Abhängigkeit
12. nach Absatzwegen
13. nach geographischer Bedeutung
14. nach der Zugehörigkeit zu einem Verband, Arbeitskreis, Verein etc.

1. nach dem Inhalt des Printmediums

a. Schöngeistiger, belletristischer, Fiction-Verlag
b. Sachbuchverlag oder Non-Fiction-Verlag (oft zusammen mit belletristischem Verlag als Publikumsverlag bezeichnet)
c. Fachbuchverlag
d. Wissenschaftlicher Verlag

2. nach der Form des Printmediums

a. Buchverlag
b. Zeitungsverlag
c. Zeitschriftenverlag
d. Musikalienverlag
e. Kalenderverlag
f. Landkartenverlag
g. Atlantenverlag
h. Globenverlag

3. nach der Größe des Verlages
(Größenvergleich nach Umsatz, Gewinn, Mitarbeiterzahl)

a. großer Verlag
b. mittlerer Verlag
c. kleiner Verlag
d. Kleinverlag

4. nach der Erscheinungsweise des Printmediums

a. Jahrbuchverlage
b. Verlage von Fortsetzungswerken
c. Verlage von Fachzeitschriften
d. Verlage ohne fest vorgeschriebene Erscheinungsweise

5. nach der Zielgruppe

a. Kinder- und Jugendbuchverlage
b. Blindenbuchverlage
c. Schulbuchverlage
d. Bibliophile Verlage

6. nach urheberrechtlichen Erwägungen

a. Originalverlage
b. Lizenzverlage
c. Reprintverlage
d. Raubdruckverlage

7. nach der buchbinderischen Verarbeitung des Printmediums

a. Hardcover-Verlage
b. Paperback-Verlage
c. Taschenbuchverlage
d. Loseblattwerke-Verlage

8. nach der Trägerschaft

a. Staatsverlage
b. Gewerkschaftsverlage
c. Parteiverlage
d. Universitätsverlage

9. nach der Rechtsform

a. Verlags-GmbH
b. Verlags-KG
c. Verlags-AG

10. nach der Urheber-Verleger-Beziehung

a. Selbstverlag
b. Kommissionsverlag
c. Verlag im Sinne des Verlagsrechts

11. nach der wirtschaftlichen und rechtlichen Abhängigkeit

a. selbständiger Verlag (mit Verleger oder Verlagsleiter)
b. abhängiger Verlag (im Konzern)

12. nach Absatzwegen

a. traditioneller Verlag (Vertrieb der Publikationen über den Buchhandel)
b. Buchgemeinschaftsverlag (Produktion nur für die Mitglieder der Buchgemeinschaft)
c. Mail-Order-Verlag (Lieferung nur direkt an Endabnehmer)
d. Buchsonderverlag (Absatz über Sondervertriebswege wie beispielsweise Kioske, Warenhäuser, Tankstellen)

13. nach geographischer Bedeutung

a. regionaler Verlag
b. nationaler Verlag
c. internationaler Verlag

14. nach der Verbandszugehörigkeit

a. Verlag organisiert im Börsenverein
b. Verlag organisiert in einem der Landesverbände
c. Verlag organisiert in Arbeitsgemeinschaften, Verein, Vereinigung etc.
d. Verlag nicht organisiert

Ausgehend vom letzten Unterscheidungskriterium nach einer eventuellen Verbandzugehörigkeit ist es interessant, sich einmal die Gliederung der Branche nach Fachverbänden anzuschauen. Hieraus könnten sich vielleicht auch einige Merkmale für eine Verlagstypologie ableiten lassen, denn wenn Verlage sich in einem Verein, Verband oder in einer Arbeitsgemeinschaft zusammenschließen, haben sie gemeinsame Interessen und Strukturen.

Innerhalb des Börsenvereins der deutschen Buchhändler nimmt der Verleger-Ausschuß die Interessen der Verleger wahr. Darüber hinaus führt das „Adreßbuch für den deutschsprachigen Buchhandel 1994/95, Band 3, Organisationen" folgende verlegerische Arbeitsgemeinschaften auf:

- Arbeitsgemeinschaft Literarische und Sachbuchverlage (AG LSV)
- Arbeitsgemeinschaft Zeitschriftenverlage (AGZV)
- Arbeitsgemeinschaft Jugendbuchverlage

Des weiteren sind noch zahlreiche verlegerische Gruppen unter der Rubrik „Fachverwandte Institutionen" verzeichnet:

- Arbeitsgemeinschaft Baufachverlage (ABV)
- Arbeitsgemeinschaft der Verleger, Buchhändler und Bibliothekare in der Friedrich-Ebert-Stiftung
- Arbeitsgemeinschaft rechts- und staatswissenschaftlicher Verleger (ARSV)
- Arbeitsgemeinschaft Technischer Verlage
- Arbeitsgemeinschaft von Jugendbuchverlegern in der Bundesrepublik Deutschland e.V.
- Bundesverband Deutscher Kunstverleger e.V.
- Bundesverband Deutscher Zeitungsverleger e.V.
- Deutscher Musikverleger-Verband e.V.
- Verband der kartographischen Verlage und Institute
- Verband Deutscher Zeitschriftenverleger e.V.
- Verband katholischer Verleger und Buchhändler e.V.
- Verband der Schulbuchverlage e.V.
- Verband Deutscher Adreßbuchverleger e.V.
- Verband Deutscher Bühnenverleger e.V.
- Vereinigung Evangelischer Buchhändler e.V.
- Verlegervereinigung Rechtsinformatik e.V.

Darüber hinaus existieren noch weitere verlegerische Arbeitsgemeinschaften, die im Buchhandelsadreßbuch jedoch nicht aufgeführt sind: der Verband wissenschaftlicher Verleger und innerhalb des Börsenvereins der Arbeitskreis für Kleinverlage (AKV).

Betrachtet man sich nun diese – nach Publikationsgattungen geordneten – Fachverbände, stellt man fest, daß zahlreiche Verlagstypen überhaupt nicht mit einer eigenen Organisation vertreten sind. So fehlt beispielsweise eine Vereinigung der Taschenbuchverlage, der Lexikonverlage, der Reiseführerverlage etc.

So bietet diese Möglichkeit der Einteilung ebenfalls nur eine unvollständige Grundlage für eine Verlagstypologie, da viele Verlage durch ihre große Anzahl von unterschiedlichen Produkten in mehreren Kategorien aufgeführt werden müßten.

Nach diesem Versuch, aus der branchenspezifischen Zugehörigkeit eine Verlagstypologie zu erarbeiten, soll abschließend eine staatliche Gliederungsvariante vorgestellt werden. Das Statistische Bundesamt teilt in seiner offiziellen Statistik das deutsche Verlagswesen folgendermaßen ein:

- Buchverlag
  - Buchverlag (ohne Adreßbuchverlag)
  - Adreßbuchverlag
- Musikverlag
- Zeitschriftenverlag
  - Verlag von Fachzeitschriften
  - Verlag von allgemeinen Zeitschriften
  - Verlag von sonstigen Zeitschriften
- Zeitungsverlag
  - Tageszeitungsverlag
  - Wochen- und Sonntagszeitungsverlag
- Sonstiges Verlagsgewerbe
  - Verlag von Bildern/Gravuren/Postkarten
  - anderswo nicht genannt

Die oben beschriebenen Möglichkeiten dürften gezeigt haben, wie schwierig es ist, eine allgemeingültige Verlagstypologie zu erstellen. Doch Sinn und Zweck dieser Zusammenstellung war es auch nicht, eine derartige Typologie zu präsentieren. Vielmehr sollte gerade die große Bandbreite dargestellt werden und die zahlreichen Varianten zum Nachdenken anregen. Die deutsche Verlagslandschaft ist nun mal so bunt und vielfältig, daß es weder der staatlicher Seite noch der Branche selbst gelungen ist, eine verbindliche und allseits anerkannte Typologie vorzulegen. Wieso sollte es daher gerade einem Fachbuchautor gelingen?

Verlagsprofil

Die nachfolgende Grafik zeigt, wie sich die Buchproduktion in der Bundesrepublik Deutschland nach dem Wöchentlichen Verzeichnis der Deutschen Nationalbibliographie im Jahr 1993 auf die wesentlichen Sachgebiete prozentual verteilt. Die Prozentzahlen geben den Anteil eines Sachgebiets an der Gesamttitelzahl an.

Die Abbildung 10 sowie die obengenannten vielfältigen Unterscheidungsmöglichkeiten der Verlagstypen lassen eine fortgeschrittene Spezialisierung der Verlage, oft sogar ausschließlich auf ein verhältnismäßig kleines Sachgebiet konzentriert, erkennen. So gibt es beispielsweise Verlage, deren Programme sich nur auf pharmazeutische Literatur, ausschließlich auf sprachwissenschaftliche Publikationen, auf Standesamtsliteratur etc. beschränken. Durch diese sehr weitgehende Spezialisierung kann die verlegerische Betreuung und auch die ökonomische Situation der Verlage verbessert werden.

Der Autor, insbesondere der wissenschaftlich publizierende Autor, kennt viel eher die dann überschaubare Zahl der Verlage, die er für ein Publikationsvorhaben ansprechen kann. Ebenso kann er sich ein besseres Bild von der Leistungsfähigkeit des Verlages machen. Der Verleger mit spezialisiertem Programm weiß auf Grund einer intensiven Marktkenntnis die Buchabsatzchancen genauer abzuschätzen. Die nachhaltige Verlagstätigkeit mit immer ähnlichen Buchprojekten erzeugt betriebswirtschaftliche Vorteile (z.B. entfällt die wiederkehrende Einarbeitung in ein neues Sachgebiet).

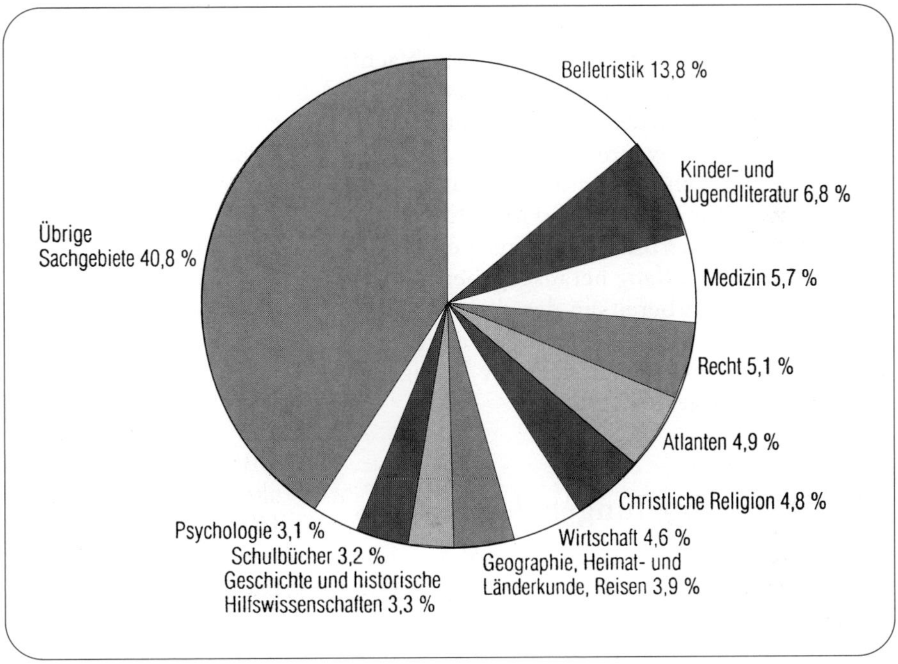

Abb. 10: Titelproduktion nach Sachgruppen 1993 (Quelle: Wöchentliches Verzeichnis der Deutschen Nationalbibliographie)

Der Einfluß des Verlegers auf die Ausrichtung des Verlagsprogramms ist in der Regel sehr stark. Der Verleger verbindet das Verlagsgesicht im literarischen wie auch im wissenschaftlichen Bereich häufig mit seinen persönlichen Vorstellungen. Oft entspringt auch die Spezialisierung den persönlichen Ambitionen des Verlegers. Eine Identifikation zwischen dem Verleger, den Verlagsmitarbeitern und den Autoren ist in diesen Fällen nicht selten festzustellen.

Diese Verlage gewinnen recht schnell ein Verlagsgesicht (Verlagsprofil) bei einem entsprechenden Verlagsprogramm. Mit der Bezeichnung Verlagsgesicht ist auch eine Unverwechselbarkeit – analog dem menschlichen Gesicht – verbunden. Sowohl Inhalte als auch das äußere Erscheinungsbild der Bücher prägen ein Verlagsgesicht. Ähnlich einem Markenartikel in der Konsumgüterbranche können die potentiellen Autoren und die potentiellen Buchkäufer davon ausgehen, daß die Publikationen eines derart profilierten Verlages eine gleichbleibende Qualität besitzen und/oder eine Meinungsrichtung vertreten. Ein positives Verlagsimage ist auf Dauer nur durch die Gewährleistung eines bestimmten Niveaus – so schwer dies auch bei Buchinhalten im Einzelfall festzustellen sein mag – zu erreichen.

Ein Nachteil der Spezialisierung von Verlagen ist nicht zu vernachlässigen. Das unternehmerische Risiko läßt sich durch Verlagerung auf unterschiedliche Verlagsbereiche prinzipiell reduzieren. Wenn beispielsweise die Nachfrage nach wissenschaftlicher Literatur (z.B. auf Grund von Etatkürzungen der Universitätsbibliotheken) erheblich nachläßt, kann es durchaus sein, daß auf anderen Verlagsgebieten eine verstärkte Nachfrage herrscht. Verlage, die ihr Programm entsprechend gestreut (diversifiziert) haben, können mit einem Programmbereich (Sachbuch) einen anderen Programmbereich (Belletristik) innerbetrieblich subventionieren. Auch können die Verlage mit unterschiedlichen Programmschwerpunkten flexibler auf Marktveränderungen reagieren, da sie ja über eine relativ breite Marktinformation verfügen.

Einen guten Überblick zur deutschen Verlagslandschaft bietet die von *Curt Vinz* und *Günter Olzog* herausgegebene „Dokumentation deutschsprachiger Verlage“, die 1992 bereits in der elften Auflage erschienen ist. Neben den genauen Adressen und den sonstigen allgemeinen Angaben zu den einzelnen Verlagen werden vor allem auch die Verlagsprofile mit allen notwendigen Informationen vorgestellt.

4.4 Hauptabteilungen des Verlages

Bevor die einzelnen Abteilungen eines Verlages vorgestellt werden können, bedarf es einiger Vorbemerkungen. Es gibt nämlich auch in diesem Bereich keine allgemeingültigen Normen, wie beispielsweise ein Verlag strukturell aufgebaut sein muß oder welche verschiedenen Abteilungen und Unterabteilungen existieren. Wie aus den vorangegangenen Abschnitten ersichtlich geworden, bietet das deutsche Verlagswesen ein sehr vielgestaltiges Bild. Die Palette reicht von den Kleinverlagen über mittlere Verlage bis hin zu den großen Verlags- und Medienkonzernen. Die sogenannten Ein-Mann/Frau-Verlage können natürlich mit keiner Verlagsstruktur, bestehend aus unterschiedlichen Abteilungen, aufwarten. Bei den Verlagskonzernen hingegen sind die hierarchisch aufgebauten Instanzen oft so spezialisiert, daß man selbst einzelne Hauptabteilungen nur schwer in Form von Organogrammen darstellen kann. Darüber hinaus ist es auch für den Organisationsaufbau eines Verlages sehr wesentlich, um welchen Verlagstyp es sich handelt. Aus diesen Gründen können in den folgenden Ausführungen nur einige Hauptabteilungen, die häufig in mittleren und größeren Verlagen anzutreffen sind, vorgestellt werden. Da die verschiedenen Abteilungen sehr eng zusammenarbeiten müssen, ergeben sich des öfteren Überschneidungen in den Aufgabenbereichen der einzelnen Kollegen. Neben einigen Aussagen zu Ausbildungsvoraussetzungen werden die Haupttätigkeiten der Mitarbeiter aufgeführt, ohne jedoch Anspruch auf Vollständigkeit zu erheben.

In den meisten Fällen sind Verlage hierarchisch aufgebaut. An der obersten Führungsspitze steht die Verlagsleitung, die durch Fachleute aus den verschiedenen Abteilungen in ihrer Arbeit unterstützt und von Routinetätigkeiten entlastet wird. Neben der Verlagsleitung existieren meist folgende Abteilungen: Lektorat/Redaktion, Herstellung, Vertrieb und Verwaltung.

Verlagsleitung

An der Spitze eines Verlages steht die Verlagsleitung, die entweder aus dem Besitzer (dem Verleger) oder aus einem bzw. mehreren Geschäftsführern bestehen kann. Die Funktion eines Verlegers zu beschreiben, ist eine schwierige Aufgabe, da es selbst innerhalb der Branche keinerlei verbindliche Tätigkeitsbeschreibung, geschweige denn einen vorgeschriebenen Ausbildungsweg gibt. Eine gute Darstellung über den Berufsstand des Verlegers gab *Ernst Rowohlt*, der Ende der 20er Jahre in seinem Aufsatz „Fingerzeige über Umgang mit Autoren“ schrieb:

„Kein Autor wird dich selbst im Wesen richtig erkennen. Entweder bist du für ihn ein pfiffiger Kaufmann oder ein freundlicher Mäzen; du bist aber keins von beiden. Du hast den blödesten Beruf der Welt ergriffen. Der Handel mit Häuten und Fellen ist eine klare Sache, der Handel mit Geistesprodukten wird immer ein Mittelding zwischen deinem persönlichen Geschmack und deiner Leidenschaft einerseits und deinem Gefühl für eine gute Konjunktur andererseits sein.“

Heutzutage muß ein Verleger bzw. Verlagsleiter eine Mischung aus Kulturverleger und Manager sein, um seinem Unternehmen sowohl ein Gesicht als auch eine gute finanzielle Grundlage zu geben.

Unterstützt wird die Verlagsleitung meist von einem Sekretariat sowie verschiedenen Stabsstellen, die ohne Weisungsbefugnis der Verlagsleitung zugeordnet sind. So beispielweise die Rechtsabteilung (für beratende Tätigkeit und Durchführung von Rechtsgeschäften), die Unternehmensplanung (für die Konzeption, Koordination und Kontrolle der mittel- und langfristigen Planung und Entwicklung des Verlages) und die Revision (zur Prüfung aller Unternehmensaktivitäten).

Obwohl einige Entscheidungen an andere Abteilungen delegiert werden können, behält sich der Verleger das Recht vor, wichtige Entscheidungen, die das ökonomische Ziel der „langfristigen Gewinnmaximierung“ betreffen, selbst zu fällen. Bei allen Unterschieden in den Verlagen und deren Organisationsformen geben in der Regel die führenden Persönlichkeiten die konkreten betrieblichen Zielsetzungen vor und legen die hierfür jeweils notwendige Verlagspolitik fest. So wird sich der Verleger in diesem Zusammenhang auch die endgültige Entscheidung über die Annahme oder Ablehnung eines Manuskripts vorbehalten, da das finanzielle Risiko der Inverlagnahme eines Autors oft erheblich ist und ferner das Verlagsgesicht durch jeden Autor und jedes neue Werk eine Konkretisierung erfährt. Die in einigen Verlagen erarbeiteten Verlags- und Redaktionsstatute, die die Beziehungen zwischen Verlagsmitarbeitern und der Verlagsleitung regeln, bestätigen dies auch. Zwar erhält der Verleger von den verschiedenen Abteilungen die für eine Entscheidungsfindung notwendigen Materialien, doch bleibt die Festsetzung der Auflagenhöhe, des Ladenpreises und der grundsätzlichen Gestaltung eine originäre Aufgabe der Verlagsleitung. Besonders bei den alten renommierten Verlagen formte der Verleger durch die persönliche Auswahl der Bücher das Gesicht des Verlages. In diesem Zusammenhang spielt die sogenannte Autorenpflege eine wichtige Rolle. Ein Autor arbeitet zwar sehr eng mit dem zuständigen Lektor zusammen, doch gerade das Verhältnis zwischen Autor und Verleger war bzw. ist für die Entwicklung und das Renommee eines Verlages oft von existentieller Bedeutung. Was wäre ein Cotta-Verlag ohne *Schiller* und *Goethe*, ein S. Fischer-Verlag ohne *Thomas Mann* oder der Verlag de Gruyter ohne *Willibald Pschyrembel* gewesen? Aber auch die Auswahl der Verlagsmitarbeiter prägt das Profil eines Verlages. Bei wichtigen Stellenbesetzungen entscheidet letztlich die Verlagsleitung über die Einstellung eines Bewerbers.

Einen Großteil der Arbeitszeit eines Verlegers bzw. Verlagsleiters nimmt die Präsentation des Unternehmens in der Öffentlichkeit, bei Messen, Buchpremieren, Autorengesprächen etc. in Anspruch.

Über die „optimale" Autorenpflege sei abschließend nochmals *Ernst Rowohlt* zitiert, der vor allem bei finanziellen Verhandlungen seinen eigenen Stil hatte:

„Setz deinen Autor in einen bequemen Sessel, der niedriger ist als dein Stuhl, dann wirst du am besten mit ihm verhandeln können. Reiche ihm etwas zu rauchen hinunter. Setz deine leichtgefärbte Brille auf, damit er das Spiel deiner Augen nicht beobachten kann. Setz dich selbst möglichst in den Schatten und ihn in möglichst helles Licht. [...] Sei von vornherein ebenso wie er selbst überzeugt von der Möglichkeit eines Erfolges seines Buches, denn du mußt dir sagen, daß du ihn von dem Mißerfolg, bevor er da ist, nicht überzeugen kannst. Fasse nicht irgendwelche Entschlüsse bei der ersten Unterhaltung, sondern denke über die Physiognomie des neuen Autors ein paar Tage nach. [...] Laß durchblicken, daß du im Grunde ein Idealist bist, aber laß ihn nicht den Eindruck haben, daß du vom Kaufmännischen nichts verstehst. [...] Oberster Leitsatz: Laß dem Autor die Überzeugung, daß ihr beide Kulturfaktoren seid, aber sei dir selber darüber klar, daß auch der Lumpenhändler, den du ja in Form von Makulatur reich belieferst, die gleiche Daseinsberechtigung hat wie du und dein Autor."

Lektorat/Redaktion

Der Aufgabenbereich des Lektorats bzw. einer Redaktion (im Fach- und Schulbuchverlag) besitzt für den Verlag heute eine zentrale Stellung. Da es aber immer auf die Struktur und das Programm des Verlages ankommt, gibt es keine verbindlichen Stellenbeschreibungen und keine genau definierten Ausbildungsvoraussetzungen. Im Regelfall wird von einem Lektor heute jedoch ein abgeschlossenes Hochschulstudium und eine breite Allgemeinbildung verlangt. Darüber hinaus werden Fremdsprachenkenntnisse als eine Selbstverständlichkeit vorausgesetzt. Die im Berufsleben geforderten Kenntnisse und Fähigkeiten sind dann auch sehr stark von der jeweiligen Struktur des Verlages abhängig. Im großen und ganzen ist insbesondere der Redakteur vergleichbar mit dem „Produktmanager" eines Konsumgüter produzierenden Betriebes. Denn die Ware „Buch" ist auch ein Konsumgut. Die zentrale Stellung des Lektors, der intern zwischen den einzelnen Abteilungen vermittelt und den Kontakt mit den Autoren aufrechterhält, soll das folgende Schaubild vermitteln.

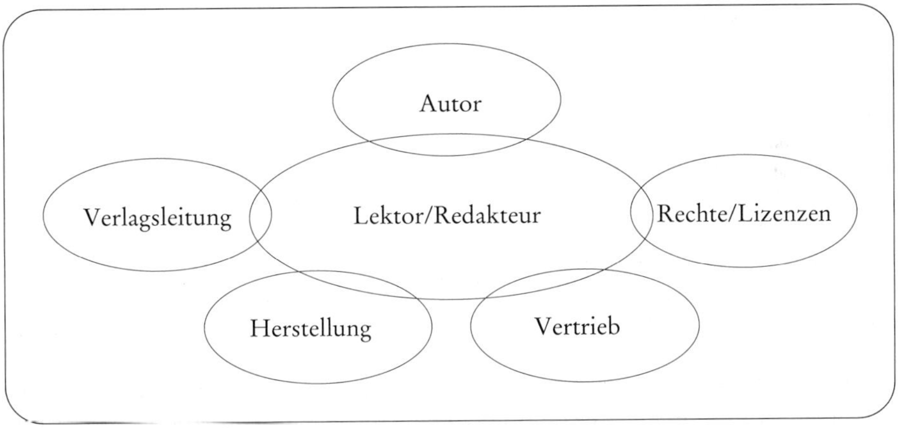

Die Hauptaufgaben eines Lektors umfassen die folgenden Arbeitsbereiche: Beratung des Verlegers bei der Programmpolitik und bei Einzelentscheidungen, die Bearbeitung des Manuskripts und die Betreuung des Autors sowie die Überwachung des Buchprojekts vom Layout bis hin zum gedruckten und gebundenen Buch.

Nach der Prüfung eines Manuskripts auf Inhalt und Stil wird der Lektor entweder das Werk begründet ablehnen und zurückschicken, oder – was bei unverlangt eingesandten Manuskripten sehr selten geschieht – dem Cheflektor bzw. dem Verleger zur weiteren Beurteilung und Entscheidung vorlegen. Auch müssen fremdsprachige Bücher oder Exposés auf ihre Verwendbarkeit für den Verlag überprüft werden. In diesem Zusammenhang sind häufig Verhandlungen und Gespräche mit literarischen Agenturen oder Scouts zu führen, die neue Texte und/oder Autoren vorstellen bzw. vermitteln wollen (Lizenzgeschäfte). Durch intensive Beobachtung des Buchmarktes, Besuche von Tagungen, Konferenzen und Messen sowie durch Lektüre der einschlägigen Fachpublikationen hält sich ein Lektor auf dem laufenden. Er kann daher oft auch gezielt Autoren ansprechen und Buchprojekte in Auftrag geben. Hat sich die Verlagsleitung nun für das vorgeschlagene Projekt entschieden, handelt der Lektor einen Verlagsvertrag mit dem Autor aus und beginnt danach mit der sehr aufwendigen Manuskriptbearbeitung. In belletristischen Verlagen darf ein Lektor – im Regelfall – ohne Zustimmung des Autors Fehler aus den Bereichen Orthographie, Grammatik und Interpunktion verbessern, bei Fach- und wissenschaftlichen Werken hat er auch auf grobe sachliche Fehler zu achten. Alle inhaltlichen Änderungen müssen mit dem Autor abgesprochen werden, da der Verfasser einen urheberrechtlichen Schutz vor Entstellung seines Werkes genießt. Die enge Zusammenarbeit zwischen Lektor und Autor führt nicht selten zu Freundschaften, die eine optimale Autorenpflege erleichtern. Bei fremdsprachigen Texten sucht der Lektor auch einen geeigneten Übersetzer, der den Sprachstil des Originalautors am besten trifft. Wenn es sich um schwierige wissenschaftliche Werke handelt, übergibt der Lektor das Werk häufig einem sogenannten Außenlektor, der als Fachmann für das betreffende Gebiet im Werkvertragsverhältnis das Manuskript bearbeitet. Oft kümmert sich der Lektor auch um die Bildbeschaffung und die Beurteilung von Vorlagen auf deren Reprofähigkeit.

In einigen Verlagen wird heutzutage der Lektor auch als Planer, Projekt-Manager oder Produkt-Manager bezeichnet. Diese Benennungen nehmen Bezug auf eine weitere Haupttätigkeit, nämlich die Betreuung des Buchprojekts innerhalb des Verlags und nach außen. Hierbei muß man sehr eng mit den anderen Abteilungen, vor allem mit der Herstellung, zusammenarbeiten. Die Werbe- und Presseabteilung wird mit Informationstexten beliefert, mit dem Vertrieb diskutiert der Lektor neue Strategien, und für die PR-Arbeit wird er ebenso eingespannt. Er repräsentiert entweder mit dem Verleger oder an dessen Stelle den Verlag bei Buchpremieren, Messen, Autorenlesungen und Pressekonferenzen in der Öffentlichkeit. Die zahlreichen Aufgaben des Lektors sind so vielfältig, daß man sie an dieser Stelle nicht alle aufführen kann. Abschließend sei daher noch ein Zitat aus der „Einführung in den modernen Buchverlag" von *Hans-Helmut Röhring*, eines ehemaligen Lektors, angeführt: „Der Beruf des Verlagslektors ist vielschichtig und schwierig; aber für die, die ihn mit Talent und mit Engagement ausüben, ist er weit mehr als ein Job – er ist eher eine Lebensaufgabe."

Herstellung

In früheren Zeiten übergab der Verleger den Setzereien und Druckereien das Manuskript und erhielt nach der Herstellung das fertige Buch. Mit den technischen Einzelheiten kannten sich aber die wenigsten Verleger gut genug aus, um beispielsweise eine detaillierte Qualitätskontrolle durchführen zu können. Aus diesem Grund engagierten sie häufig Fachkräfte aus der druckgraphischen Industrie, die nun für den Verlag die Verhandlungen mit den einzelnen Firmen des graphischen Gewerbes führten. Hieraus entwickelte sich der Beruf des Herstellers, für den heutzutage neben den rein technischen Kenntnissen auch große Erfahrung im kaufmännischen Bereich mitgebracht werden muß. Wie so oft im Verlagswesen, gibt es auch für diese Berufsgruppe keinen vorgeschriebenen Ausbildungsweg. Zwar haben die meisten Mitarbeiter der Herstellungsabteilung eine Lehre als Setzer, Drucker, Buchbinder etc. abgeschlossen und vielleicht darüber hinaus noch an einer Fachhochschule für Drucktechnik studiert, doch gibt es natürlich auch eine Reihe von Kollegen, die als Seiteneinsteiger aus anderen Bereichen den Weg in die Verlage gefunden haben. Neben diesen technisch-kaufmännischen Fähigkeiten sollten die Hersteller auch typographische Kenntnisse mitbringen. Für die geistige Schöpfung des Autors muß der Hersteller – in Zusammenarbeit mit den anderen Verlagsabteilungen – die adäquate Form finden, dabei aber nie den Kostenfaktor aus dem Auge verlieren. In den folgenden Abschnitten werden die typischen Aufgaben des Herstellers aufgeführt.

Wenn der Lektor und/oder der Verleger ein Manuskript in die engere Wahl gezogen haben, beginnt der Hersteller mit der sogenannten Projektprüfung, die den verantwortlichen Kollegen später als Entscheidungshilfe dienen soll, ob das Buchprojekt auch unter technischen und kaufmännischen Gesichtspunkten durchführbar ist.

Hierfür sind vielfältige Vorarbeiten erforderlich. Nachdem die Abteilungen Lektorat, Verkauf, Werbung und Öffentlichkeitsarbeit ihre abteilungsspezifische Beurteilung abgegeben haben, beginnt der Hersteller mit der Kostenermittlung, die als Grundlage einer Vorkalkulation herangezogen wird. Bei standardisierten Buchformen kann der Hersteller auf seine Grundsatzpreislisten zurückgreifen, die er mit den ständigen Lieferanten und Firmen des graphischen Gewerbes ausgehandelt hat. Ist dies beim konkreten Buchprojekt jedoch nicht möglich, läßt er sich von den in Frage kommenden Firmen Angebote erstellen. Für die Ausschreibung benötigt er den Manuskriptumfang, den er vorab errechnen muß. In der Praxis zieht man jedoch einer zeitaufwendigen Berechnung häufig eine Umfangsschätzung vor. Der Hersteller legt dann den Satzspiegel fest, bestimmt die Schrift, die Schriftgröße und den Zeilenabstand, um schließlich den Manuskriptumfang auf das Buchformat umzurechnen. Diese Arbeitsschritte führen zu einer Buchform, die – für eine spätere Produktion – absolut verbindlich ist.

Wird das Manuskript als publikationswürdig anerkannt und soll daher im Verlag erscheinen, beginnt die Projektrealisierung. Der Hersteller wandelt die Angaben des Lektors im redigierten Text in Auszeichnungen um. Hierbei sind typographische Kenntnisse und gestalterisches Einfühlungsvermögen unabdingbare Voraussetzung. Danach vergibt er die Aufträge an Setzereien, Reproanstalten, Druckereien etc., überwacht die einzelnen Arbeitsschritte, prüft und vergleicht die Druckfahnen, beurteilt die Qualität der abgelieferten Probedrucke, führt den Umbruch aus u.v.m. Bei diesen Arbeiten hat der Hersteller natürlich auch immer seinen Terminplan vor Augen, denn das Buch soll vielleicht pünktlich zur Buchmesse erscheinen.

Weitere Fragen zur Gestaltung, Technik und Kalkulation von Büchern werden in Band 5 der Reihe „Grundwissen, Buchhandel-Verlage", Die Herstellung, erörtert.

Vertrieb

Die Vertriebsabteilung ist für alle Maßnahmen des Marketing, der Werbung und des Verkaufs sämtlicher Verlagsartikel zuständig. Da sie also primär für den Absatz der Buchproduktion verantwortlich ist, wird sie auch häufig als Hauptabteilung Absatz bezeichnet.

In dieser Abteilung wird die Programm- und Vertriebsplanung vorbereitet, durchgeführt und kontrolliert.

Verlage haben ihre Erzeugnisse auf dem Markt abzusetzen. Neben der Manuskriptgewinnung durch das Lektorat, der technischen Produktion durch die Herstellungsabteilung ist der Absatz eine notwendige, auf die Nachfrage des Publikums ausgerichtete Hauptfunktion der Verlagstätigkeit.

Die Vertriebsabteilung plant und führt den Verkauf aller Verlagsprodukte durch. In der Auslieferung werden die eingehenden Bestellungen bearbeitet, die Versandpapiere vorbereitet und die Ware versandfertig gemacht. Der Ausliefere muß dazu die Versandwege und die Versandvorschriften kennen. Lagerhaltung, Fakturierung, Betreuung von Messen und Ausstellungen sind weitere Aufgaben des Vertriebs. Ferner sind ihr die Verlagsvertreter zugeordnet, die intensiv zu informieren und zu motivieren sind. Erfahrungen der Verlagsvertreter im Sortiment werden über den Vertrieb – oft in Vertreterkonferenzen – an die entsprechenden Stellen im Verlag weitergeleitet. Für die Planung des Vertriebs ist die Kenntnis von Vertriebssparten, Zielgruppen, Konkurrenzsituation der Verlagsprodukte, Lieferungs- und Zahlungsbedingungen, Auflagenstruktur u.v.m. notwendig.

Weitergehende Informationen, vor allem auch über die Frage, ob der Verlag Selbst- oder Fremdauslieferung durchführen soll, bietet Kapitel 4.6.3 Teil 2, Distributionspolitik.

Die Marketingabteilung befaßt sich mit der Planung, Gestaltung, Durchführung und Kontrolle von absatzfördernden Maßnahmen. Daher wird sie auch oft als Werbeabteilung bezeichnet. Sie schaltet Anzeigen in der Fachpresse, bietet Verkaufshilfen (Plakate, Prospekte, Display-Materialien) an, verschickt Leseexemplare und organisiert Lesereisen der Autoren. Die Gestaltung von Werbemitteln übernehmen meist Grafiker und Texter.

Die häufig dem Vertrieb angegliederte Öffentlichkeits- oder Presseabteilung ist für die Profilierung des Verlags zuständig. Um das Image des Unternehmens zu pflegen und auszubauen, werden Pressemitteilungen verschickt, Veranstaltungen zu Autorengeburtstagen und Jubiläen durchgeführt, Pressekonferenzen, Signierstunden, Buchpremieren etc. organisiert. Zur Öffentlichkeitsarbeit (Public Relation) gehört auch die intensive Bemühung, Rezensionen in wichtigen Zeitungen, Zeitschriften oder Funkhäusern zu erhalten.

Verwaltung

Wie jedes Wirtschaftsunternehmen besitzt auch der Verlag eine Verwaltung, die aus der Personalabteilung, der Abteilung Rechnungswesen und der EDV-Abteilung besteht.

Aufgabe der Personalabteilung ist die Personalplanung, -beschaffung und -organisation, die Berufsbildung, die Personalverwaltung und die Betreuung von Sozialangelegenheiten.

Die Abteilung Rechnungswesen besteht aus der Finanzbuchhaltung, der Debitoren- und Kreditorenbuchhaltung, des Controlling, der statitischen Abteilung und einer allgemeinen Verwaltung.

Mit der Systemanalyse, der Programmierung, dem Operating und der Datenerfassung befaßt sich die EDV-Abteilung.

4.5 Rechtliche Regelungen im Verlag

Historische Einleitung

Unser modernes Urheberrecht ist sehr eng mit der Lehre vom geistigen Eigentum verbunden. Doch es gab auch schon in der Antike Menschen, die sich mit der Problematik des Schutzes von geistigem Eigentum beschäftigten. In diesem Zusammenhang wird häufig der römische Dichter *Valerius Marcus Martial* (um 40–104 n. Chr.) zitiert. Martial verglich seine Epigramme mit freigelassenen Sklaven und bezeichnete daher alle, die seine Werke ohne seine Zustimmung vortrugen, als Menschenräuber (plagiarii). Daher stammt übrigens auch unser Wort *Plagiat*.

Im Mittelalter war man zwar von der Zugehörigkeit eines Werkes zu seinem Schöpfer überzeugt, doch hatte diese Anschauung keinerlei praktische Bedeutung. Für die Anfertigung von Handschriften waren zum größten Teil Mönche verantwortlich, die nur für Gotteslohn arbeiteten. Erst mit der Erfindung des Buchdrucksystems durch *Johannes Gutenberg* (um 1450) kommt eine finanzielle Komponente hinzu. Durch diese neuartige Technik konnten nun fast beliebig viele Abzüge eines Werkes hergestellt und verkauft werden. Um dem Nachdruckwesen entgegenzuwirken, entstand bereits im ausgehenden 15. Jahrhundert ein Gewerbeschutz. So konnten Drucker, später auch Verleger, ihre Rechte mit Hilfe von Privilegien – zeitlich befristet – absichern. Die Erteilung von Privilegien durch die jeweiligen Landesherrn bot aber bis ins 19. Jahrhundert hinein nur einen regional begrenzten Schutz vor Nachdruck. Darüber hinaus war seit der Mitte des 16. Jahrhunderts die Zahlung von Autorenhonoraren üblich geworden. Dadurch entstand bei den Druckern und Verlegern eine Art Eigentumsgedanken, die man häufig als Lehre vom Verlagseigentum bezeichnete. Eine Lehre vom geistigen Eigentum, nach der das Geisteswerk ein selbständiges Rechtsgut ist, entwickelte sich erst langsam im Zuge der Naturrechtslehre. Vor allem der Philosoph *John Locke* stellte die Verbindung zwischen dem Urheber und seinem Werk sehr deutlich her, denn der Mensch lege mit seiner Arbeit immer auch etwas von sich in ein Ding hinein. In diesem Sinne gilt der 1709 in England erlassene *Act 8 Anna, cap. 9* als erstes modernes Urheberrechtsgesetz. Es sicherte nämlich nicht dem Verleger, sondern dem Urheber das ausschließliche Vervielfältigungsrecht für 14 Jahre nach der Veröffentlichung – mit der Möglichkeit einer Verlängerung um weitere 14 Jahre – zu.

Nationale Entwicklung des Urheberrechts

Eine erste gesetzliche Verankerung eines Urheberrechts ging auf das Engagement der deutschen Buchhändler beim Wiener Kongreß 1815 zurück. Sie erreichten die Aufnahme des Artikels 18d in die Deutsche Bundesakte, der die Sicherstellung der Rechte von Schriftstellern und Verlegern forderte. Nach langen ergebnislosen Beratungen der Bundesversammlung ergriff Preußen die Initiative und erließ 1837 das Gesetz zum Schutz des Eigentums an Werken der Wissenschaft und Kunst. Das preußische Gesetz, das ab 1845 auch für den deutschen Bund galt, bestimmte eine Schutzfrist von dreißig Jahren nach dem Tode des Urhebers. Somit durften ab 1867 alle Werke von Autoren, die vor 1837 verstorben waren, nachgedruckt werden. Dieses Jahr ging als Klassikerjahr in die Buchhandelsgeschichte ein, da ab diesem Zeitpunkt Nachdrucke der großen Dichter – vor allem der deutschen Klassiker – erlaubt waren. Die wohl bekannteste Gründung einer neuen Buchreihe dürfte *Anton Philipp Reclam* mit seiner Universal Bibliothek geschaffen haben.

Es folgte am 11. Juni 1870 das Urheberrecht an Schriftwerken, Abbildungen, musikalischen Kompositionen und dramatischen Werken, das 1871 zum Reichsgesetz erklärt wurde.

Zu Beginn unseres Jahrhunderts entstanden in Deutschland drei Gesetze zum Schutz des geistigen Eigentums. Am 19. Juni 1901 wurde das „Gesetz betreffend das Urheberrecht an Werken der Literatur und Tonkunst" (LUG) und das „Gesetz über das Verlagsrecht" (VerlG) geschaffen. Einige Jahre später entstand „das Gesetz betreffend das Urheberrecht an Werken der bildenden Künste und der Photographie" (KUG) vom 6. Januar 1907. Sowohl beim LUG als auch beim KUG galt eine Schutzfrist von dreißig Jahren p.m.a. (post mortem auctoris), die ab 1934 auf fünfzig Jahre erhöht worden ist.

Nach dem Zweiten Weltkrieg galten in der neu gegründeten Bundesrepublik Deutschland noch immer diese beiden Urheberrechtsgesetze. Doch schon bald dachte man über eine neue Gesetzgebung nach, die den veränderten gesellschaftlichen, wirtschaftlichen und technischen Gegebenheiten angepaßt sein mußte. Ergebnis dieser Überlegungen war das „Gesetz über Urheberrecht und verwandte Schutzrechte" (Urheberrechtsgesetz, im folgenden als UrhG abgekürzt) vom 9. September 1965, zuletzt geändert durch Gesetz vom 07.03.1990. Das UrhG brachte auch eine weitere Ausdehnung der Schutzfrist auf nunmehr siebzig Jahre nach dem Tode des Urhebers.

VerlG	1901		
LUG	1901	30 Jahre p.m.a.	ab 1934 verlängert auf 50 Jahre p.m.a.
KUG	1907	30 Jahre p.m.a.	ab 1934 verlängert auf 50 Jahre p.m.a.
UrhG	1965	70 Jahre p.m.a.	

Abb. 11: Überblick zum Urheber- und Verlagsrecht seit 1901

Mitgliedsstaaten der Berner Übereinkunft zum Schutz von Werken der Literatur und Kunst

Berner Konvention von 1886, revidiert in Berlin 1908,
in Rom 1928, in Brüssel 1948, in Stockholm 1967 und in Paris 1971

Ägypten
Albanien
Argentinien
Australien
Bahamas
Barbados
Belgien
Benin
Bolivien
Bosnien und Herzegowina
Brasilien
Bulgarien
Burkina Faso
Chile
China (VR)
Costa Rica
Dänemark
Deutschland
Ecuador
Elfenbeinküste
El Salvador
Estland
Fidschi
Finnland
Frankreich
Gabun
Gambia
Georgien
Ghana
Griechenland
Großbritannien
Guinea
Guinea-Bissau
Guyana
Honduras
Indien
Irland
Island
Israel
Italien
Jamaika
Japan
Jugoslawien (Rest-)
Kamerun
Kanada
Kenia
Kolumbien
Kongo
Kroatien
Lesotho
Libanon
Liberia
Libyen
Liechtenstein
Litauen
Luxemburg
Madagaskar
Malawi
Malaysia
Mali
Malta
Marokko
Mauretanien
Mauritius
Mazedonien
Mexiko

Abb. 12: Mitgliedsstaaten der RBÜ

Mitgliedsstaaten der Berner Übereinkunft zum Schutz von Werken der Literatur und Kunst

Berner Konvention von 1886, revidiert in Berlin 1908,
in Rom 1928, in Brüssel 1948, in Stockholm 1967 und in Paris 1971

Monaco
Namibia
Neuseeland
Niederlande
Niger
Nigeria
Norwegen
Österreich
Pakistan
Paraguay
Peru
Philippinen
Polen
Portugal
Ruanda
Rumänien
Rußland
Sambia
Saint Kitts und Nevis
Saint Lucia
Schweden
Schweiz
Senegal
Simbabwe
Slowakei
Slowenien
Spanien
Sri Lanka
Südafrika
Surinam
Tansania
Thailand
Togo
Trinidad und Tobago
Tschad
Tschechien
Türkei
Tunesien
Ungarn
Uruguay
U.S.A.
Vatikan
Venezuela
Zaire
Zentralafrikanische Republik
Zypern

(Gesamt: 112 Staaten)

Abb. 12: Mitgliedsstaaten der RBÜ / Fortsetzung

Internationales Urheberrecht

Die ersten internationalen Abkommen zum Schutz von Werken der Literatur hatten bereits um die Mitte des 19. Jahrhunderts einzelne deutsche Staaten mit England und Frankreich vereinbart. Ende des vorigen Jahrhunderts schloß zwar auch das Deutsche Reich sogenannte Literaturverträge mit anderen europäischen Staaten ab, doch diese bilateralen Verträge hatten den entscheidenden Nachteil, daß sie einen Urheberschutz jeweils nur zwischen den vertragsschließenden Staaten garantierten.

Um diesem Mangel entgegenzuwirken, schlossen sich in Bern zunächst zehn Staaten am 9. September 1886 in einem völkerrechtlichen Vertrag zum internationalen Schutz von Werken der Literatur und Kunst zusammen. Mittlerweile gehören dieser „Berner Übereinkunft (BÜ) zum Schutze von Werken der Literatur und Kunst" über achtzig Staaten an. Die BÜ wurde seitdem mehrfach durch Zusätze und Änderungen revidiert. Seit der zweiten Revisionskonferenz von 1908 in Berlin spricht man daher auch von der Revidierten Berner Übereinkunft (RBÜ). Die bislang letzte Revisionskonferenz fand am 24. Juli 1971 in Paris statt. Die RBÜ bildet die wichtigste Grundlage für den internationalen Urheberrechtsverkehr. Grundlegendes Schutzprinzip ist die Inländerbehandlung, die Urheber eines fremden Mitgliedslandes im eigenen Land (Inland) wie einen eigenen Staatsangehörigen, jedoch nie besser als im Ursprungsland des Urhebers, schützt. Darüber hinaus sind Mindestrechte vorgesehen, die vor allem dann zum Tragen kommen, wenn die jeweilige nationale Gesetzgebung keine entsprechende Schutzvorschrift enthält. Bei der RBÜ beträgt beispielweise die Mindestschutzfrist fünfzig Jahre p.m.a.

Doch gerade wegen der Mindestschutzfrist weigerten sich einige amerikanische Staaten – vor allem die USA – der RBÜ beizutreten, da diese Länder eine von der europäischen Konzeption des Urheberrechts abweichende Gesetzgebung hatten. Aus diesem Grund schlossen das Deutsche Reich und die Vereinigten Staaten von Amerika am 15. Januar 1892 ein Übereinkommen über den gegenseitigen Schutz der Urheberrechte ab. Außerdem trat Deutschland im Jahre 1927 der von amerikanischen Staaten 1889 gegründeten Übereinkunft von Montevideo bei.

Nach dem Zweiten Weltkrieg bemühte sich die Unesco, diesen unbefriedigenden Zustand im Sinne eines multilateralen Abkommens zu ändern, um somit eine wirklich internationale urheberrechtliche Kooperation zu ermöglichen. Aus diesen Überlegungen heraus entstand am 6. September 1952 in Genf das „Welturheberrechtsabkommen" (WUA), zuletzt revidiert in Paris am 24. Juli 1971. Daneben gilt auch weiterhin die RBÜ. Sind beispielweise Länder gleichzeitig Verbandsstaaten der RBÜ und des WUA, so gelten die Vorschriften der RBÜ.

Für das WUA wurde das Prinzip der Inländerbehandlung beibehalten, lediglich in der Frage der Mindestschutzfristen ging man einen Kompromiß ein, um vor allem den USA – später auch der UdSSR – den Beitritt zu ermöglichen. So setzte man die Mindestschutzdauer auf 25 Jahre p.m.a. fest und ließ auch Ausnahmen von dieser Regelung zu. Darüber hinaus machte man beim WUA

Mitgliedsstaaten des Welturheberrechtsabkommen

von 1952, revidiert in Paris 1971

Algerien
Andorra
Argentinien
Australien
Bahamas
Bangladesh
Barbados
Belgien
Belize
Bolivien
Bosnien und Herzegowina
Brasilien
Bulgarien
Chile
China (VR)
Costa Rica
Dänemark
Deutschland
Dominikanische Republik
Ecuador
El Salvador
Fidschi
Finnland
Frankreich
Ghana
Griechenland
Großbritannien
Guatemala
Guinea
Haiti
Indien
Irland
Island
Israel
Italien
Japan
Jugoslawien (Rest-)
Kambodscha
Kamerun
Kanada
Kasachstan
Kenia
Kolumbien
Korea (Süd-)
Kroatien
Kuba
Laos
Libanon
Liberia
Liechtenstein
Luxemburg
Malawi
Malta
Marokko
Mauritius
Mexiko
Monaco
Neuseeland
Nicaragua
Niederlande
Niger
Nigeria
Norwegen
Österreich
Pakistan
Panama
Paraguay
Peru
Philippinen
Polen
Portugal
Ruanda
Rußland
Sambia
Saint Vicent und die Grenadinen
Saudi-Arabien
Schweden
Schweiz
Senegal
Slowakei
Slowenien
Spanien
Sri Lanka
Tadschikistan
Trinidad und Tobago
Tschechien
Tunesien
Ukraine
Ungarn
Uruguay
U.S.A.
Vatikan
Venezuela
Weissrußland
Zypern

(Gesamt: 95 Staaten)

Abb. 13: Mitgliedsstaaten des WUA

die Gewährung eines Rechtsschutzes – im Gegensatz zur RBÜ – von bestimmten formellen Schutzvoraussetzungen abhängig. In Anlehnung an das amerikanische Copyright-Verfahren verlangt das WUA auf allen Exemplaren die Anbringung eines Kennzeichens, damit die Werke in den Staaten, die in ihrer internen Gesetzgebung eine solche Formalität verlangen (z.B. die USA), geschützt sind.

Dieser Schutzvermerk besteht aus dem Zeichen © in Verbindung mit dem Namen des Inhabers des Urheberrechts und der Jahreszahl der ersten Veröffentlichung.

Beispiel: © by Miller, 1991

Seit dem 1. Januar 1989 bedarf es dieser Formalität nicht mehr, da die USA der RBÜ beigetreten sind und – wie oben bereits erwähnt – die RBÜ keinerlei Formvorschriften kennt.

BÜ (seit 1908 auch als RBÜ bezeichnet)	1886	Bern	Inländerbehandlung mind. 50 Jahre p.m.a.
WUA	1952	Genf	Inländerbehandlung mind. 25 Jahre p.m.a.

Abb. 14: Die internationalen Urheberrechtsvereinbarungen im Überblick

Urheberrechtliche Bestimmungen des Auslands

Europa

In Österreich gilt das Urheberrechtsgesetz von 1936 in der Fassung vom 14. Juli 1949 mit Novellen von 1953 und 1972. Seit dieser letzten Novelle beträgt die Schutzfrist in Österreich ebenfalls siebzig Jahre p.m.a.

In der Schweiz ist noch immer das Bundesgesetz betreffend das Urheberrecht an Werken der Literatur und Kunst von 1922 in Kraft, das den Urhebern bisher einen Schutz von fünfzig Jahren p.m.a. gewährte. Seit 1994 gilt auch in der Schweiz die 70jährige Schutzfrist.

Ab 1. Juli 1995 wird im Bereich der EU einheitlich eine Schutzfrist von siebzig Jahren p.m.a. gelten.

In der ehemaligen DDR sah das Urheberrecht vom 13. September 1965 lediglich eine 50jährige Schutzdauer vor. Da für die Bundesrepublik Deutschland die Bewohner der ehemaligen DDR deutsche Staatsangehörige waren, erhielten sie in der Bundesrepublik schon immer den urheberrechtlichen Schutz nach dem UrhG.

USA

Eine Sonderstellung nimmt das Urheberrecht (Copyright) der USA ein. Die Staatsangehörigen oder die dort ansässigen Urheber konnten es nur erwerben, wenn sie ihr Werk beim Copyright Office an der Library of Congress gebührenpflichtig registrieren ließen, zwei Pflichtexemplare hinterlegten und in jedes Exemplar den oben erwähnten Copyright-Schutzvermerk druckten. Waren diese Formalitäten erfüllt, galt eine Schutzfrist von 28 (!) Jahren nach der ersten Veröffentlichung eines Werkes. Die Frist konnte auf Antrag des Rechtsinhabers um weitere 28 Jahre verlängert werden.

Mit der Einführung eines neuen Copyright-Act (seit 1. Januar 1978 in Kraft) verlängerte sich für alle bestehenden Werke die zweite Schutzperiode auf 47 Jahre, also insgesamt 75 Jahre seit der Veröffentlichung. Für alle nach diesem Zeitpunkt geschaffenen Werke wurden die Formalitäten erleichtert und die Schutzfrist – nach europäischem Muster – auf fünfzig Jahre p.m.a. geändert. Somit waren seit 1978 die Weichen für einen Beitritt der USA zur RBÜ gestellt, der aber erst am 1. Januar 1989 erfolgte.

GUS

Als die Sowjetunion 1973 dem WUA beitrat, verlängerten die Gesetzgeber die Schutzfrist von 15 auf 25 Jahre nach dem Tode des Autors. Obwohl die Urheberpersönlichkeitsrechte prinzipiell anerkannt sind, lassen sich insbesondere im Bereich der Verwertung und des Vergütungsanspruchs für Autoren erhebliche Abweichungen gegenüber westlichen Konzeptionen feststellen. International bedeutsam ist, daß für die Wahrnehmung der Rechte sowohl der in- als auch der ausländischen Autoren die sogenannte „Allunionsagentur" (VAAP) mit Monopolstellung zuständig ist. Im Zeichen von Glasnost und Perestroika wird zur Zeit über eine Modifikation des bestehenden Urheberrechts nachgedacht, um den Schutz des Urhebers deutlich zu verbessern. Gegenwärtig wird das Problem des Beitritts der GUS zur RBÜ überprüft.

4.5.1 Urheberrechtsgesetz

Es gliedert sich in folgende fünf Teile:

Teil 1 Urheberrecht
Teil 2 Verwandte Schutzrechte
Teil 3 Besondere Bestimmungen für Filme
Teil 4 Gemeinsame Bestimmungen für Urheberrecht und verwandte Schutzrechte
Teil 5 Anwendungsbereich. Übergangs- und Schlußbestimmungen

Im folgenden werden hauptsächlich die beiden ersten Teile, die wiederum in einzelne Abschnitte eingeteilt sind, näher beleuchtet, da hier die grundlegenden Bestimmungen des Gesetzes aufgezählt sind. Vorab muß jedoch darauf hingewiesen werden, daß im Rahmen der vorliegenden Publikation auf eingehende Interpretationen, Kommentare, Ausnahmefälle etc. nicht eingegangen werden kann. Weiterführende juristische Werke sind im Literaturverzeichnis aufgeführt.

Teil 1 Urheberrecht

Im einleitenden Abschnitt „Allgemeines" wird darauf hingewiesen, daß die Urheber von Werken der Literatur, Wissenschaft und Kunst für ihre Werke Schutz nach Maßgabe dieses Gesetzes genießen. In diesem Satz befinden sich die beiden wichtigen Begriffe Urheber und Werk, die der Gesetzgeber in den folgenden Abschnitten definiert.

Werk

Geschützte Werke im Sinne des UrhG sind nur persönliche geistige Schöpfungen, insbesondere:
1. Sprachwerke, wie Schriftwerke und Reden, sowie Programme für die Datenverarbeitung;
2. Werke der Musik;
3. pantomimische Werke einschließlich der Werke der Tanzkunst;
4. Werke der bildenden Künste einschließlich der Werke der Baukunst und der angewandten Kunst und Entwürfe solcher Werke;
5. Lichtbildwerke einschließlich der Werke, die ähnlich wie Lichtbildwerke geschaffen werden;
6. Filmwerke einschließlich der Werke, die ähnlich wie Filmwerke geschaffen werden;
7. Darstellungen wissenschaftlicher oder technischer Art, wie Zeichnungen, Pläne, Karten, Skizzen, Tabellen und plastische Darstellungen.

Diese Aufzählung ist natürlich nicht abschließend, sondern nennt lediglich einige Beispiele für Werkarten. In der Praxis kommt es häufig zu Diskussionen, ob nun ein konkretes Werk schutzwürdig ist oder nicht. Sind originelle Werbeslogans, Fahrpläne, Fernsprechbücher und ähnliches tatsächlich persönliche geistige Schöpfungen und dadurch auch geschützt? Im Zweifelsfall müssen solche Fragen von Sachverständigen vor Gericht geklärt werden. Ganz allgemein kann man jedoch dann von einem geschützten Werk sprechen, wenn ein Inhalt als Ergebnis individuellen geistigen Schaffens in einer bestimmten Form zum Ausdruck gebracht wird. Ideen und Einfälle sind daher nicht geschützt.

Alle Bearbeitungen und Umgestaltungen von persönlich geistigen Schöpfungen – Übersetzungen, Verfilmungen, Vertonungen etc. – sind ihrerseits wieder selbständige Werke, die den Schutz des UrhG genießen. Vorausgesetzt, der Urheber des Originals hatte seine Erlaubnis zur Bearbeitung – in Form einer Lizenz – gegeben.

Ebenso werden Sammelwerke behandelt, wenn sie durch Auslese oder Anordnung eine persönliche geistige Schöpfung sind (unbeschadet des Urheberrechts an den aufgenommenen Werken).

Nach der Aufzählung von so vielen geschützten Werken stellt sich natürlich die Frage, ob es auch nicht geschützte Werke gibt. Amtliche Werke z.B. Gesetze, Verordnungen, amtliche Erlasse und Bekanntmachungen u.ä. genießen keinen urheberrechtlichen Schutz.

Der Gesetzgeber unterscheidet des weiteren zwischen den Begriffen veröffentlicht und erschienen. Wird ein Werk mit Zustimmung des Urhebers der Öffentlichkeit zugänglich gemacht – z.B. durch einen Vortrag, eine Aufführung oder eine Sendung –, spricht man von einem veröffentlichten Werk. Erschienen jedoch ist ein Werk erst dann, wenn es in genügender Anzahl (im Regelfall sind 50 Exemplare eine genügende Anzahl) der Öffentlichkeit angeboten oder in Verkehr gebracht worden ist. Bei Kunstwerken genügt bereits ein Exemplar, wenn es bleibend der Öffentlichkeit zugänglich ist.

Urheber

Urheber ist der Schöpfer des Werkes. So kurz und bündig definiert es das UrhG. Doch hinter dieser lapidaren Feststellung verbirgt sich die Tatsache, daß juristische Personen keine Urheber sein können. Ebensowenig kann man das Urheberrecht auf andere Personen übertragen. Dieses Urheberschaftsprinzip gilt selbst für Urheber, die im Rahmen eines Arbeits- oder Dienstverhältnisses ein Werk schaffen. Die Arbeitgeber lassen sich jedoch die Nutzungsrechte vertraglich einräumen.

Häufig sind auch mehrere Urheber an einem Werk beteiligt. In diesem Fall unterscheidet das UrhG zwischen Miturhebern und Urhebern verbundener Werke.

Wird ein Werk von mehreren Urhebern gemeinsam geschaffen, ohne daß sich deren Beiträge gesondert verwerten lassen, spricht man von Miturhebern. Das Recht zur Veröffentlichung und zur Verwertung steht dann den Miturhebern zur gesamten Hand zu, d.h. Änderungen können nur nach Einwilligung aller Beteiligten durchgeführt werden, und die einzelnen Miturheber erhalten Honorarzahlungen je nach Umfang ihrer Mitwirkung.

Verbinden dahingegen mehrere Urheber ihre einzelnen Werke – die durchaus auch selbständig verwertbar wären – zur gemeinsamen Verwertung, so spricht man von Urhebern verbundener Werke. Ein Beispiel hierfür wäre eine Oper, bei der ein Werk der Tonkunst mit einem Schriftwerk verbunden wird.

Inhalt des Urheberrechts

Nachdem in den vorangegangenen Abschnitten die grundlegenden Begriffe definiert worden sind, geht der Gesetzgeber nun auf den eigentlichen Inhalt des Urheberrechts ein. Das UrhG schützt die Urheber in ihren geistigen und persönlichen Beziehungen zum Werk sowie in der Nutzung des Werkes. Dementsprechend unterteilt man diesen Abschnitt in Urheberpersönlichkeitsrechte und Verwertungsrechte. Eine dritte Gruppe führt noch die sonstigen Rechte – Zugangsrecht, Folgerecht und Anspruch auf die Vermiet- und Verleihtantieme – an, die jedoch nicht näher behandelt werden.

Urheberpersönlichkeitsrechte

Im Urheberpersönlichkeitsrecht werden die ideellen Belange des Urhebers geschützt. Allein der Urheber darf bestimmen, ob und wie sein Werk veröffentlicht wird. Möchte ein Autor beispielsweise seinen gerade fertig gestellten Roman doch lieber in der Schreibtischschublade lassen, kann er von niemandem zur Veröffentlichung gezwungen werden. Auch über die Form der sogenannten ersten Inhaltsmitteilung bestimmt nur der Urheber selbst oder eine von ihm ermächtigte Person. Diese Inhaltsmitteilung muß nicht unbedingt das ganze Werk umfassen, es kann sich auch auf Teile, das Wesentliche oder lediglich auf eine Beschreibung erstrecken. Ist das Werk jedoch einmal als Ganzes veröffentlicht, dürfen andere Nutzer ebenfalls den Inhalt bekanntgeben, kritisieren, kommentieren, zitieren etc. Eine wortgetreue Wiedergabe des Werks – z.B. in Form eines Nachdrucks – ist natürlich nicht erlaubt.

Das Recht auf Anerkennung der Urheberschaft bietet dem Urheber eine weiteren Schutz. Er kann sich auf dieses Recht berufend gegen jede Bestreitung und Anmaßung (Plagiat) seiner Urheberschaft wehren. Darüber hinaus hat er das Recht zu bestimmen, ob und in welcher Form eine Urheberbenennung angebracht werden soll. Selbst wenn er sein Werk zunächst anonym oder unter einem Pseudonym veröffentlichen läßt, kann er jederzeit die Nennung seines wahren Namens verlangen.

Gegen jede Änderung, Kürzung, Verstümmelung seines Werkes wird der Urheber durch das Recht vor Entstellung des Werkes geschützt. So darf ein Lektor niemals ohne Zustimmung des Autors am Inhalt des Werkes Veränderungen durchführen. Bei dieser Bestimmung ist daran gedacht worden, die Ehre und das Ansehen des Urhebers bestmöglich zu schützen.

Verwertungsrechte

Die Verwertungsrechte betreffen die materiellen Interessen des Urhebers und stehen ihm zur Wahrung seiner wirtschaftlichen Belange zu. Im Gegensatz zu den Urheberpersönlichkeitsrechten kann der Urheber seine Verwertungsrechte anderen zur Nutzung übertragen. Das UrhG unterscheidet zwischen körperlichen und unkörperlichen Verwertungsrechten.

Körperliche Verwertungsrechte

Der Schöpfer eines Werkes hat das ausschließliche Recht, es in körperlicher Form zu verwerten.(Hier geht es also um die Möglichkeiten, wie der Urheber aus seinen Geistesfrüchten möglichst viel Kapital schlagen kann.) Nach dieser einleitenden eher allgemein gehaltenen Formulierung führt der Gesetzgeber die folgenden drei körperlichen Verwertungsrechte auf:

Vervielfältigungsrecht
Verbreitungsrecht
Ausstellungsrecht

Unter Vervielfältigung versteht der Gesetzgeber jede körperliche Fixierung eines Werkes, unabhängig vom gewählten Verfahren und der tatsächlich hergestellten Anzahl. Diese Formulierung deckt sowohl alle bereits bekannten Vervielfältigungsmöglichkeiten (Fotokopie, Fotografie, elektronische Speicherung etc.) ab als auch die zukünftig auftretenden.

Das Verbreitungsrecht – zusammen mit dem Vervielfältigungsrecht oft als Verlags- bzw. Hauptrecht bezeichnet – umfaßt alle Möglichkeiten, das Originalwerk oder Kopien davon der Öffentlichkeit anzubieten oder in Verkehr zu bringen. Unter Verbreitung versteht das UrhG nicht die Wiedergabe des Inhalts, sondern lediglich die Verbreitung von körperlichen Werkexemplaren.

Das Ausstellungrecht bezieht sich nur auf Werke der bildenden Kunst und auf Lichtbildwerke, die jedoch noch nicht veröffentlicht sein dürfen. Für diesen Fall steht dem Künstler oder Fotografen das Recht zu, sein Original oder eine Kopie öffentlich zur Schau zu stellen. Nach der Veröffentlichung erlischt natürlich das Ausstellungsrecht.

Unkörperliche Verwertungsrechte

Des weiteren besitzt der Urheber das Recht, an einer Verwertung seines Werkes in unkörperlicher Form zu partizipieren. Hierzu gehören:
Vortrags-, Aufführungs- und Vorführungsrecht
Senderecht
Recht der Wiedergabe durch Bild- oder Tonträger
Recht der Wiedergabe von Funksendungen

Die unkörperlichen Verwertungsrechte erfassen alle Arten der öffentlichen Wiedergabe, für die dem Urheber ebenfalls eine Entschädigung zu zahlen ist.

Beim Vortragsrecht, das der Gesetzgeber als Recht, ein Sprachwerk durch persönliche Darbietung öffentlich zu Gehör zu bringen, definiert, liegt eine solche unkörperliche Wiedergabe vor. Beispiele hierfür sind die Lesung aus einem fremden Werk oder das Rezitieren eines Gedichts.

Will man ein Musikwerk durch persönliche Darbietung konzertmäßig aufführen oder ein Werk öffentlich bühnenmäßig darstellen, so bedarf es ebenfalls der Zustimmung des Urhebers. Die Unterscheidung zwischen konzertmäßigem und bühnenmäßigem Aufführungsrecht ist in der Praxis für die Urheber wichtig, da man das erste der GEMA (vgl. Kap. 4.5.3) zur Wahrnehmung, das zweite jedoch einem Bühnenverlag überträgt.

Nebenbei umfassen Vortrags- und Aufführungsrecht auch die Möglichkeit, die Darbietung durch Bildschirm, Lautsprecher u.ä. auch außerhalb des Raumes öffentlich wahrnehmbar zu machen.

Das Vorführungsrecht schließlich bezieht sich auf Werke der bildenden Künste, Lichtbildwerke, Filmwerke und Darstellungen wissenschaftlich-technischer Art. Wer dieses Recht erlangt, darf die genannten Werke mit Hilfe technischer Einrichtungen öffentlich wiedergeben. Eine Vorführung in diesem Sinne ist beispielsweise das Präsentieren einer Diaschau oder das Zeigen eines Films.

Wird ein Werk mittels Funk, Drahtfunk o.ä. öffentlich zugänglich gemacht, spricht man vom Senderecht. Eine Sendeanstalt wie beispielsweise das ZDF benötigt vom Urheber die Erlaubnis, das Programm auszustrahlen.

Die bisher genannten unkörperlichen Verwertungsrechte werden auch als sogenannte Erstverwertungsrechte bezeichnet, obwohl dieser Begriff im UrhG nicht auftaucht.

Von Zweitverwertungsrechten – denen bereits eine Verwertung vorangegangen sein muß – spricht man beim Recht der Wiedergabe durch Bild- oder Tonträger und beim Recht der Wiedergabe von Funksendungen. Diese Rechte werden von den Verwertungsgesellschaften wahrgenommen.

Bei der Wiedergabe von Bild- und Tonträgern ist z.B. an ein öffentliches Abspielen von Schallplatten, Musikkassetten – den sogenannten Konserven-Konzerten – gedacht. Auch das Übertragen durch Bildschirme und Lautsprecher in einen anderen Raum fällt darunter.

Läßt ein Kneipenbesitzer im Gastraum ein Fernseh- oder Radiogerät laufen, so muß er für diese öffentliche Wiedergabe von Funksendungen eine Gebühr bezahlen. Hingegen stellt der private Rundfunkempfang keinen urheberrechtlichen Verwertungsakt dar, jedoch müssen für das Empfangsgerät Rundfunkgebühren bezahlt werden.

Ebenfalls noch zum Inhalt des Urheberrechts gehört die Unterscheidung zwischen Bearbeitungen und Umgestaltungen auf der einen Seite und der freien Benutzung auf der anderen Seite.

Jegliche Bearbeitungen und Umgestaltungen von geschützten Werken bedürfen der Einwilligung des Urhebers, sofern eine Veröffentlichung oder Verwertung beabsichtigt ist. Übersetzt beispielsweise ein Student zu Übungszwecken einen Text in eine andere Sprache, so ist dies natürlich erlaubt. Möchte er diese Übersetzung jedoch in Buchform erscheinen lassen, müßte er die Rechte beim Urheber erwerben. Bei Filmwerken, Werken der bildenden Kunst und Werken der Baukunst bedarf es bereits für die Herstellung einer Bearbeitung oder Umgestaltung die Erlaubnis des Urhebers. Nachfolgend eine exemplarische – nicht vollständige – Aufzählung von Bearbeitungsrechten:

- Übersetzungsrecht
- Dramatisierungsrecht
- Verfilmungsrecht
- Vertonungsrecht
- Instrumentations- und Adaptionsrecht bei Musikwerken
- Nachbildungsrecht bei Werken der bildenden Kunst

Der Bearbeiter erwirbt nun seinerseits ein Urheberrecht an dem neu geschaffenen Werk. Abschließend sei noch angemerkt, daß sich der Originalurheber natürlich die Einwilligung zur Bearbeitung (im Verlagsrecht spricht man hier von Lizenzen oder Nebenrechten) vergüten läßt.

Keine Einwilligung und keine Vergütung muß bezahlt werden, wenn man ein Werk frei benutzt. Der Begriff „freie Benutzung“ führt in der Praxis häufig zu Meinungsverschiedenheiten, die oft erst nach gerichtlichen Auseinandersetzungen beigelegt werden. In Kommentaren zum Urheberrecht wird die freie Benutzung folgendermaßen umschrieben: Es erfolgt eine neue selbständige Schöpfung, wobei die Individualität des benutzten Werkes in den Hintergrund treten muß. Das ursprüngliche Werk darf also nur als Anregung dienen. Der neue Urheber hat sich beispielsweise von einem Roman inspirieren lassen und danach, ohne die wesentlichen Inhalte, Formen und Ausdrücke erkennbar übernommen zu haben, ein neues Buch geschrieben.

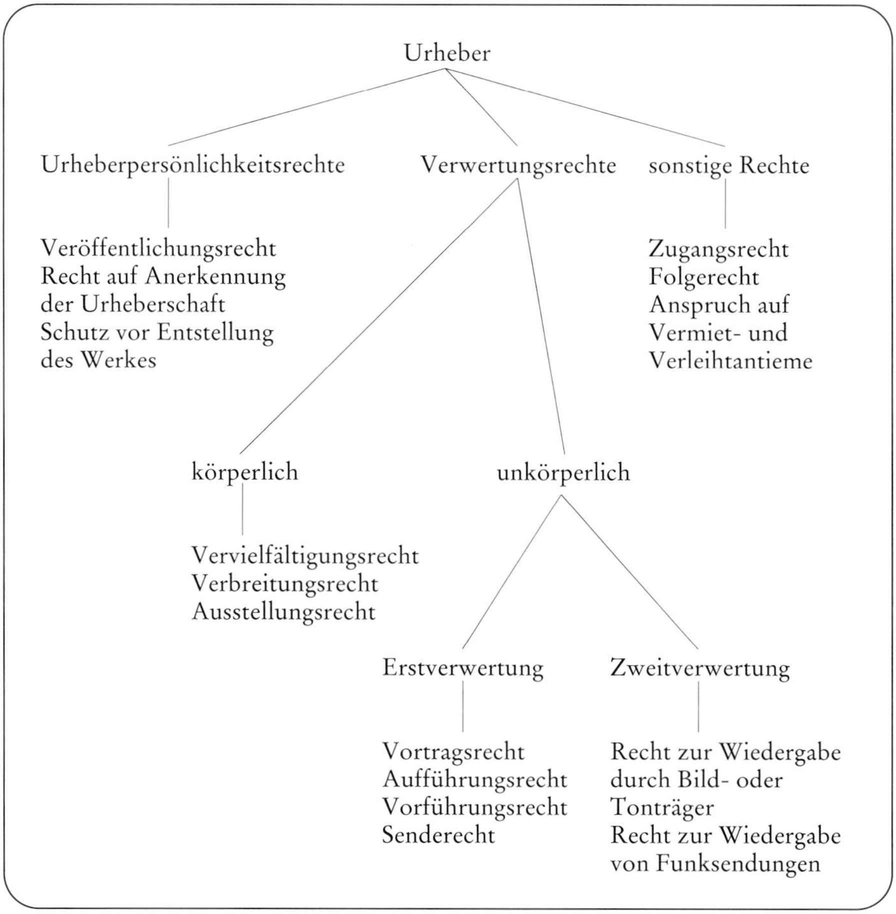

Abb. 15: Inhalt des Urheberrechts im Überblick

Rechtsverkehr im Urheberrecht

In diesem Abschnitt werden die Probleme, die mit der Rechtsnachfolge und den Nutzungsrechten zusammenhängen, angesprochen.

Rechtsnachfolge in das Urheberrecht

Die Hauptaussage lautet: Das Urheberrecht ist vererblich. Die Nachkommen oder die testamentarisch eingesetzten Erben verfügen damit über die volle

Rechtsstellung des verstorbenen Urhebers, d.h., ihnen fallen sowohl die Urheberpersönlichkeitsrechte als auch die Verwertungsrechte zu. Im Falle seines Todes kann der Urheber besondere Bestimmungen über das Schicksal seines Werkes treffen, die er zur Ausübung und Kontrolle einem Testamentsvollstrecker übertragen kann. Grundsätzlich aber ist das Urheberrecht unübertragbar. Der Urheber kann anderen Personen lediglich Nutzungsrechte einräumen, wie es der Vertrag zwischen Autor und Verleger vorsieht.

Nutzungsrechte

Damit wären wir beim Stichwort Nutzungsrecht angelangt. In der Regel ist ein Urheber nicht in der Lage, sein Werk selbst zu verwerten, sondern überträgt anderen die Nutzungsrechte.

Entweder beauftragt er Dritte mit der Wahrnehmung seiner Rechte, so beispielsweise Verwertungsgesellschaften, die interessierten Personen lediglich die Erlaubnis zur Nutzung erteilen, oder er räumt direkt jemandem die Nutzungsrechte ein, z.B. einem Verleger, der für den Autor das Buch druckt und verbreitet.

Der Urheber kann nun einzelne oder alle Nutzungsarten vergeben und darüber hinaus bestimmen, ob als einfaches oder als ausschließliches Recht.

Ein einfaches Nutzungsrecht berechtigt den Inhaber, das Werk neben dem Urheber oder anderen Berechtigten auf die ihm erlaubte Art zu nutzen. Ein Beispiel soll dies verdeutlichen:

Ein Autor schreibt einen Artikel über eine Ausstellung und schickt seinen Bericht zahlreichen Zeitschriftenredaktionen, die jeweils nur das einfache Nutzungsrecht erhalten. Der Artikel erscheint daher in den verschiedenen Zeitschriften, und der Autor erhält von allen Redaktionen ein Honorar.

Dagegen beim ausschließlichen Nutzungsrecht wird dem Inhaber erlaubt, das Werk unter Ausschluß aller anderen Personen einschließlich des Urhebers auf die ihm erlaubte Art zu nutzen und einfache Nutzungsrechte einzuräumen.

Die Übertragung eines ausschließlichen Nutzungsrechts ist der Regelfall beim Verlagsvertrag. Ein Verlag läßt sich nämlich immer das ausschließliche Recht zur Vervielfältigung und Verbreitung (Verlagsrecht) vom Autor übertragen. Dadurch ist alleine der Verlag berechtigt, das Buch zu drucken und zu verbreiten. Darüber hinaus darf er einfache Nutzungsrechte in Form von Lizenzen (Nebenrechten) vergeben.

Der Urheber kann die Vergabe von Nutzungsrechten – ob einfach oder ausschließlich eingeräumt – auch beschränken, und zwar räumlich, zeitlich und inhaltlich.

Räumliche Beschränkung ist für bestimmte Länder oder Orte möglich, so erhält beispielsweise ein deutscher Verleger das Vervielfältigungs- und Verbreitungsrecht nur für Deutschland; einem Theater wird das Aufführungsrecht nur für eine bestimmte Stadt gewährt.

Bei einer zeitlichen Beschränkung erlischt die Rechtseinräumung mit Ablauf einer Frist. Eine Bühne erhält nur für eine Spielsaison das Recht, ein Musical aufzuführen; die Vorführung eines Filmwerks kann auf die Matinee-Vorstellung sonntags um 11.00 Uhr beschränkt werden.

Inhaltlich kann das Nutzungsrecht sehr vielfältig beschränkt werden. Ein Urheber vergibt die einzelnen Verwertungsrechte getrennt. Ein Dramenautor überträgt beispielsweise das Vervielfältigungs- und Verbreitungsrecht einem Buchverlag, das Aufführungsrecht hingegen einem Bühnenverlag. Ein Künstler vergibt einem Verlag das Recht, sein Werk in Form einer Postkarte zu verbreiten, ein anderer Verlag darf es vielleicht als Poster vervielfältigen und verkaufen.

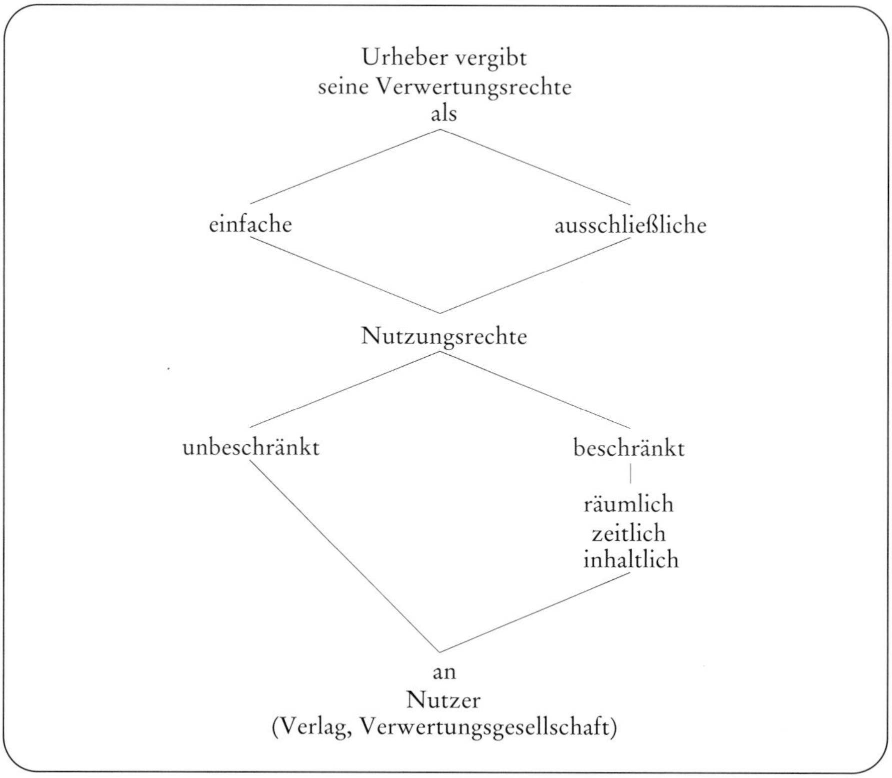

Abb. 16: Rechtsverkehr im Urheberrecht im Überblick

Zum Rechtsverkehr des UrhG gehören noch weitere Bestimmungen, von denen im folgenden einige wichtige noch genannt werden.

Beteiligung des Urhebers

Dieser Paragraph regelt eine nachträgliche Vertragsänderung für den Fall, daß die vereinbarte Gegenleistung, zu der ein Urheber sein Nutzungsrecht einem anderen eingräumt hat, in einem groben Mißverhältnis zu den Erträgen aus der Werknutzung steht.

Ein Autor erhält für sein neues Buch ein vertraglich festgelegtes Pauschalhonorar vom Verlag. Nun wird das Werk überraschend zum Bestseller, und der Verlag verdient gut daran. Für diesen Fall kann der Autor vom Verlag eine Änderung des Vertrags fordern, die ihm eine angemessene Beteiligung ermöglicht. Daher wird diese Regelung oft als Bestseller-Paragraph bezeichnet. Dieser Anspruch kann rückwirkend geltend gemacht werden, verjährt in zwei Jahren von Kenntnis der Umstände an, spätestens aber nach zehn Jahren.

Änderungen des Werkes

Es ist grundsätzlich nur dem Urheber gestattet, Änderungen am Werk vorzunehmen. Der Inhaber eines Nutzungsrechts muß daher immer die Zustimmung des Urhebers einholen, wenn er das Werk verändern will. Von dieser Regelung ausgenommen sind Änderungen, zu denen der Urheber seine Einwilligung nach Treu und Glauben nicht versagen kann. Beispielsweise darf ein Lektor ohne Zustimmung des Autors Orthographie-, Interpunktions- und Grammatikfehler verbessern, ein Redakteur Beiträge für Zeitungen oder Zeitschriften kürzen.

Verträge über künftige Werke

Bei diesen sogenannten Optionsverträgen verpflichtet sich der Urheber, seine künftigen Werke, die überhaupt nicht näher bestimmt sein müssen, einem Verlag anzubieten. Natürlich erhält er hierfür eine angemessene Vergütung. Das bedeutet jedoch nicht automatisch, daß der Verlag auch diese Werke annehmen muß. Bei diesen Verträgen ist zu beachten, daß sie in schriftlicher Form abgeschlossen sein müssen und erst nach Ablauf von fünf Jahren (mit sechsmonatiger Kündigungsfrist) von beiden Vertragsteilen gekündigt werden können.

Rückrufsrechte

Der Urheber kann zur Wahrung seiner persönlichen Rechte bereits vergebene Nutzungsrechte unter Umständen wieder zurückrufen.

Rückrufsrecht wegen Nichtausübung

Wenn der Inhaber eines ausschließlichen Nutzungsrechts das Recht nicht oder ungenügend ausübt, darf der Urheber sein Werk zurückrufen. Dieses Rückrufsrecht kann er jedoch nicht vor Ablauf von zwei Jahren geltend machen.

Rückrufsrecht wegen gewandelter Überzeugung

Der Urheber kann sowohl ein einfaches als auch ein ausschließliches Nutzungsrecht zurückrufen, wenn das Werk seiner Überzeugung nicht mehr entspricht und ihm deshalb die Verwertung nicht zugemutet werden kann. Diesen Überzeugungswandel, der aus unterschiedlichen Gründen denkbar ist, muß der Urheber nicht rechtfertigen. So können beispielsweise politische, moralische oder religiöse Meinungsänderungen einen solchen Rückruf des Werkes für den Urheber zwingend erforderlich machen. Jedoch hat der Urheber den Inhaber des Nutzungsrechts angemessen zu entschädigen. Nach dem Rückruf erlischt das Nutzungsrecht. Dadurch wird verhindert, daß sich ein Urheber, z.B. ein Autor, nur um bessere Konditionen zu erzielen, unter Berufung auf sein Rückrufsrecht einen anderen Verlag sucht. Will er nämlich sein Werk später doch wieder verwenden, muß er es dem ursprünglichen Nutzungsrechtsinhaber zu angemessenen Bedingungen nochmals anbieten.

Schranken des Urheberrechts

Bisher wurden lediglich die Rechte der Urheber und die zahlreichen Möglichkeiten zur Verwertung der Werke aufgeführt. Als sozialgebundenes Recht wird auch das Urheberrecht – wie viele andere Rechte – inhaltlich etwas eingeschränkt. Diese Schranken sind zugunsten der Allgemeinheit, der Medien, bestimmter Branchen sowie zugunsten von Gerichten, Behörden, Kirchen und Schulen getroffen worden. Im folgenden werden aus der Vielzahl der möglichen Schranken nur einige vorgestellt.

Schranken zugunsten der Allgemeinheit

Zitate

Zur Erläuterung des Inhalts dürfen in selbständigen wissenschaftlichen Werken einzelne Werke nach dem Erscheinen aufgenommen werden, jedoch nur in einem durch den Zweck gebotenen Umfang. Als selbständig bezeichnet der Gesetzgeber ein Werk, das auch ohne die darin enthaltenen Zitate Bestand hat. In den Kommentaren zum UrhG wird hier vom Großzitat gesprochen.

Bei selbständigen Sprachwerken ist nur das Anführen von Stellen eines veröffentlichten Werkes gestattet. Deswegen spricht man hier vom Kleinzitat. Das Musikzitat wird als Sonderfall des Kleinzitats angesehen. Das Bildzitat, das in der Praxis häufig Anlaß von Meinungsverschiedenheiten ist, wird im UrhG nicht gesondert geregelt.

Bei sämtlichen Zitaten muß immer die Quelle genau angegeben werden (dies geschieht meist in Form von Anmerkungen oder Fußnoten), und das Änderungsverbot ist zu beachten.

Öffentliche Wiedergabe

Das UrhG gestattet die öffentliche Wiedergabe eines erschienenen Werkes, wenn die Wiedergabe keinem Erwerbszweck des Veranstalters dient, die Teilnehmer keinen Eintritt bezahlen und keiner der mitwirkenden Künstler eine besondere Vergütung erhält. Mit diesen Einschränkungen darf also ein erschienenes Werk ohne die Zustimmung des Urhebers öffentlich wiedergegeben werden. Es besteht somit eine Erlaubnisfreiheit, jedoch keine Vergütungsfreiheit. Der Gesetzgeber läßt aber einige Ausnahmen zu. So entfällt z.B. eine Vergütungspflicht für Veranstaltungen der Jugendhilfe, der Sozialhilfe, der Alten- und Wohlfahrtspflege, der Gefangenenbetreuung sowie für Schulveranstaltungen.

Ausgenommen von dieser Regelung sind allerdings öffentliche bühnenmäßige Aufführungen, Funksendungen und Vorführungen eines Filmwerks.

Vervielfältigung zum privaten und sonstigen eigenen Gebrauch

Um das Kopierwesen – oder sollte man besser Kopierunwesen sagen – etwas besser in den Griff zu kriegen, hat die Urheberrechtsnovelle vom 1. Juli 1985 vor allem in diesem Bereich einige Änderungen eingeführt. Einige wichtige Teile sollen im folgenden telegrammstilartig vorgestellt werden:

Für den privaten und sonstigen eigenen Gebrauch ist es gestattet

- einzelne Vervielfältigungsstücke (max. bis zu sieben Exemplaren) herzustellen oder herstellen zu lassen;
- Vervielfältigungsstücke von Werken, dessen Eigentümer man ist, anzufertigen;
- kleine Teile eines erschienenen Werkes zu vervielfältigen;
- Vervielfältigungsstücke eines seit mindestens zwei Jahren vergriffenen Werkes herzustellen;
- für Unterrichtszwecke auch mehr als nur einzelne (also mehr als sieben) Kopien von Schriftwerken anzufertigen (in Klassenstärke).

Hingegen verboten ist es

- Computerprogramme oder wesentliche Teile davon zu vervielfältigen;
- Musiknoten, ganze Bücher und ganze Zeitschriften zu vervielfältigen, es sei denn, man schreibt sie ab.

Die so hergestellten Vervielfältigungsstücke dürfen jedoch nicht verbreitet oder zu öffentlichen Wiedergaben benutzt werden. Hier besteht ebenfalls nur eine Erlaubnisfreiheit, aber keine Vergütungsfreiheit. Auch wenn der einzelne Benutzer es oftmals nicht weiß, daß eine pauschale Vergütung erhoben wird, bezahlt er sie, ohne etwas davon zu merken. Die aktuellen Vergütungssätze sind im folgenden Schaubild angeführt.

Schranken zugunsten der Medien

Öffentliche Reden über Tagesfragen in Zeitungen, Zeitschriften und anderen Informationsblättern dürfen vervielfältigt und verbreitet werden, wenn sie im wesentlichen den Tagesinteressen Rechnung tragen. Dies gilt auch für Reden, die bei öffentlichen Versammlungen und im Rundfunk gehalten wurden. Ausgenommen hiervon sind Reden eines Urhebers, die in einer Sammlung zusammengefaßt sind. Hierfür bedarf es immer der Zustimmung des Urhebers.

Diese Schranke wird sinngemäß auch für Bild- und Tonberichterstattung sowie für Zeitungsartikel und Rundfunkkommentare angewendet. Bei den beiden letzteren ist jedoch die Vervielfältigung, Verbreitung und öffentliche Wiedergabe vergütungspflichtig und wird durch eine Verwertungsgesellschaft geltend gemacht.

Anlage
(zu § 54 Abs. 4 des Urheberrechtsgesetzes)

Vergütungssätze

I. Vergütung nach § 54 Abs. 1:

Die Vergütung aller Berechtigten beträgt

1. für jedes Tonaufzeichnungsgerät	2,50 DM
2. für jedes Bildaufzeichnungsgerät mit oder ohne Tonteil	18,00 DM
3. bei Tonträgern für jede Stunde Spieldauer bei üblicher Nutzung	0,12 DM
4. bei Bildträgern für jede Stunde Spieldauer bei üblicher Nutzung	0,17 DM

5. für jedes Ton- und Bildaufzeichnungsgerät, für dessen Betrieb nach seiner Bauart gesonderte Träger (Nummern 3 und 4) nicht erforderlich sind, das Doppelte der Vergütungssätze nach den Nummern 1 und 2.

II. Vergütung nach § 54 Abs. 2:

1. Die Vergütung aller Berechtigten nach § 54 Abs. 2 Satz 1 beträgt für jedes Vervielfältigungsgerät mit einer Leistung

von 2 bis 12 Vervielfältigungen je Minute	75,– DM
von 13 bis 35 Vervielfältigungen je Minute	100,– DM
von 36 bis 70 Vervielfältigungen je Minute	150,– DM
über 70 Vervielfältigungen je Minute	600,– DM

2. Die Vergütung aller Berechtigten nach § 54 Abs. 2 Satz 2 beträgt für jede DIN-A 4-Seite der Ablichtung

a) bei Ablichtungen, die aus ausschließlich für den Schulgebrauch bestimmten, von einer Landesbehörde als Schulbuch zugelassenen Büchern hergestellt werden,	0,05 DM
b) bei allen übrigen Ablichtungen	0,02 DM

3. Bei Vervielfältigungsgeräten, mit denen mehrfarbige Ablichtungen hergestellt werden können, und bei mehrfarbigen Ablichtungen ist der doppelte Vergütungssatz anzuwenden.
4. Bei Vervielfältigungsverfahren vergleichbarer Wirkung sind diese Vergütungssätze entsprechend anzuwenden.

Abb. 17: Vergütungssätze
(Quelle: Urheber- und Verlagsrecht. 5. Aufl. dtv 1990.)

Schranken zugunsten von Gerichten, Behörden, Kirchen und Schulen

Rechtspflege und öffentliche Sicherheit

Gerichte, Schiedsgerichte und Behörden dürfen Vervielfältigungsstücke zur Verwendung in Verfahren herstellen. Für die Rechtspflege und die öffentliche Sicherheit ist es darüber hinaus auch zulässig, Bildnisse (z.B. Steckbriefe) zu vervielfältigen, zu verbreiten und öffentlich auszustellen.

Sammlungen für Kirchen-, Schul- und Unterrichtsgebrauch

Das UrhG läßt für Sammlungen, die den obengenannten Zwecken dienen, eine größere Entlehnungsfreiheit zu. Es dürfen kleinere Teile von bereits erschienenen Werken in diesen Sammlungen, die als solche deutlich gekennzeichnet sein müssen, aufgenommen werden. Man muß jedoch den Urheber benachrichtigen und darf erst nach einer zweiwöchigen Wartezeit mit der Herstellung beginnen. Dem Urheber ist für die Vervielfältigung und Verbreitung eine angemessene Vergütung zu zahlen.

Zulässig ist es auch, im Rahmen von Schulfunksendungen gesendete Werke aufzuzeichnen und für den Unterricht zu verwenden. Wird dem Urheber hierfür keine angemessene Vergütung bezahlt, muß der Bild- oder Tonträger am Ende des folgenden Schuljahres gelöscht werden.

Dauer des Urheberrechts

Eine weitere Beschränkung erfährt das Urheberrecht in Form einer zeitlich begrenzten Schutzfrist. Ein Werk ist bis siebzig Jahre nach dem Tode des Urhebers geschützt. Danach wird es gemeinfrei, d.h. man darf das Werk, ohne eine Erlaubnis einholen zu müssen, benutzen, nachdrucken etc. und braucht darüber hinaus keinerlei Lizenzgebühren zu bezahlen.

Ergänzend hierzu billigt das UrhG allen nachgelassenen Werken, die nach Ablauf von sechzig, aber vor Ablauf von siebzig Jahren nach dem Tode des Urhebers veröffentlicht werden, noch eine zehnjährige Ergänzungsschutzfrist zu.

Bei einem Werk, das von mehreren Miturhebern gemeinsam geschaffen wurde, berechnet man die 70jährige Schutzfrist nach dem Tode des längstlebenden Miturhebers.

Bei anonymen und pseudonymen Werken erlischt das Urheberrecht siebzig Jahre nach der Veröffentlichung des Werkes. Wird innerhalb dieser Frist der wahre Name oder der bekannte Deckname des Urhebers angegeben, verfährt man wie oben, d.h. siebzig Jahre nach dem Tode des Urhebers.

Bei Lieferungswerken wird der Zeitpunkt der Veröffentlichung der letzten Lieferung für die Berechnung herangezogen.

Die Fristen beginnen jeweils mit dem Ablauf des Kalenderjahres, in dem das für den Beginn der Frist maßgebende Ereignis eingetreten ist. Für eine Schutzfristenberechnung ist daher der genaue Todestag oder Veröffentlichungstag unerheblich, lediglich das Jahr, in dem das Ereignis eingetreten ist.

Beispiel: Thomas Mann starb am 12. August 1955. Seine Werke sind geschützt bis 31.12.2025 bzw. gemeinfrei ab 01.01.2026

Teil 2 Verwandte Schutzrechte

Ging es im ersten Teil um persönliche geistige Schöpfungen, stehen jetzt geistig-künstlerische Leistungen im Mittelpunkt der Betrachtung, weshalb man die verwandten Schutzrechte auch als Leistungsschutzrechte bezeichnet.

Schutz bestimmter Ausgaben

Unter bestimmten Ausgaben versteht das UrhG wissenschaftliche Ausgaben und Ausgaben nachgelassener Werke.

Wissenschaftliche Ausgaben

Als wissenschaftliche Ausgabe bezeichnet der Gesetzgeber Ausgaben urheberrechtlich nicht geschützter Werke oder Texte, wenn sie das Ergebnis wissenschaftlich sichtender Tätigkeit darstellen. Für diese Ausgaben steht dem Verfasser eine Schutzfrist von 25 Jahren nach dem Erscheinen der Ausgabe zu. Wenn die wissenschaftliche Ausgabe nicht innerhalb dieser Frist erschienen ist, erlischt der Schutz bereits 25 Jahre nach der Herstellung.

Unter einer wissenschaftlich sichtenden Tätigkeit versteht der Gesetzgeber z.B. eine Auswertung vorhandener Quellen oder eine Rekonstruktion von Texten in Form einer historisch-kritischen Ausgabe. Die so entstandene Ausgabe muß sich jedoch wesentlich von den bisher bekannten Ausgaben unterscheiden, um den Schutz zu erhalten.

Ausgaben nachgelassener Werke

Wer ein nicht erschienenes Werk nach Erlöschen des Urheberrechts erscheinen läßt, darf für seine Leistung einen Schutz von 25 Jahren nach dem Erscheinen in Anspruch nehmen. Dieses Recht soll also die Leistung des Herausgebers belohnen und steht daher nicht den Erben des Urhebers zu. Dem Herausgeber steht jedoch nur das ausschließliche Vervielfältigungs- und Verbreitungsrecht zu sowie das Recht, Vervielfältigungsstücke des Werkes zur öffentlichen Wiedergabe zu benutzen.

Schutz der Lichtbilder

Das UrhG unterscheidet zwischen Lichtbildwerken und Lichtbildern. Lichtbildwerke, die als persönliche geistige Schöpfungen einen Schutz von 70 Jahren nach dem Tode des Urhebers genießen, wurden bereits im Abschnitt Geschützte Werke aufgeführt. In diesem Abschnitt nun geht es um Lichtbilder, die in ihrem Schutzumfang unterschiedlich behandelt werden. So gewährt das UrhG Lichtbildern, die Dokumente der Zeitgeschichte sind, lediglich einen Schutz von 50 Jahren nach dem Erscheinen bzw. nach der Herstellung. Für alle anderen Lichtbilder – die sogenannten einfachen Lichtbilder oder Knipsfotos – gilt nur eine Frist von fünfundzwanzig Jahren nach der Herstellung.

Problematisch kann diese Differenzierung natürlich in der Praxis werden, wenn sich beispielsweise Pressefotografen später zu künstlerischen Fotografen entwickeln und dann sämtliche Fotografien als Lichtbildwerke deklarieren.

Schutz des ausübenden Künstlers

Einleitend definiert der Gesetzgeber den ausübenden Künstler als Person, die ein Werk vorträgt, aufführt oder beim Vortrag oder der Aufführung eines Werkes künstlerisch mitwirkt. Da der Künstler keine eigene Schöpfung hervorbringt, sondern durch seine persönliche Darbietung lediglich dem Werk einen besonderen Ausdruck gibt, gewährt ihm das UrhG nur einen verminderten Schutz. Für Bildschirm- und Lautsprecherübertragungen, Funksendungen sowie Aufnahmen seiner Darbietung auf Bild- oder Tonträger bedarf es immer der Zustimmung des ausübenden Künstlers. Hierfür muß ihm eine angemessene Vergütung bezahlt werden. Wird darüber hinaus die Darbietung von einem Unternehmen veranstaltet, bedarf es auch der Einwilligung des Veranstalters. Das Recht erlischt fünfzig Jahre nach dem Erscheinen des Bild- oder Tonträgers bzw. fünfzig Jahre nach der Darbietung, wenn der Bild- oder Tonträger innerhalb dieser Frist nicht erschienen ist.

4.5.2 Verlagsrecht

Das Gesetz über das Verlagsrecht vom 19. Juni 1901 (im folgenden als VerlG abgekürzt), zuletzt geändert durch Gesetz vom 9. September 1965, regelt die Rechte und Pflichten der Verleger und Autoren.

In § 1 VerlG wird der Inhalt eines Verlagsvetrags definiert: Durch den Verlagsvertrag über ein Werk der Literatur und Tonkunst wird der Verfasser verpflichtet, dem Verleger das Werk zur Vervielfältigung und Verbreitung für eigene Rechnung zu überlassen. Der Verleger ist verpflichtet, das Werk zu vervielfältigen und zu verbreiten.

Wie jedes andere Vertragsverhältnis hat auch ein Verlagsvertrag ein Gegenüberstehen zweier nicht miteinander identischer Vertragsteile zur Voraussetzung. Auf der einen Seite steht der Verleger, der die Vervielfältigung und Verbreitung des Werkes auf eigene Rechnung übernimmt, auf der anderen Seite der Verfasser. Daher kann man beim Selbstverlag, bei dem Autor und Verleger eine Personalunion bilden, nicht von einem Verlagsverhältnis im Sinne des VerlG sprechen. Beim Kommissionsverlag arbeitet der Verleger zwar im eigenen Namen, aber für fremde Rechnung (für die des Autors). Daher sind hier ebenfalls nicht die Vorschriften des Verlagsgesetzes, sondern die des Handelsgesetzbuches (HGB) über das Kommissionsgeschäft (§§ 383–406) maßgebend. Denn die Forderung des § 1 VerlG, daß die Vervielfältigung und Verbreitung des Werkes auf eigene Rechnung des Verlegers erfolgen muß, ist nicht erfüllt. Aus diesen Gründen liegt ferner auch kein Verlagsgeschäft bei einem Verlag auf gemeinsame Rechnung von Verfasser und Verleger vor. In diesem Fall besteht ein Gesellschaftsverhältnis, das nach den §§ 705 ff. des Bürgerlichen Gesetzbuches (BGB) zu beurteilen ist.

Die Vervielfältigungs- und Verbreitungspflicht des Verlegers entfällt beim sogenannten Bestellvertrag. Es finden nicht die Regeln des VerlG, sondern die des BGB über den Werkvertrag Anwendung. Ein Bestellvertrag liegt vor:

- wenn der Verleger (Besteller) dem Urheber genau vorschreibt, wie er das Werk herzustellen hat,
- bei einer Mitarbeiterschaft an einem enzyklopädischen Unternehmen,
- bei Hilfs- oder Nebenarbeiten für ein fremdes Werk oder Sammelwerk.

Das Verlagsrecht ist kein neues, das Urheberrecht belastendes Recht, sondern stellt einen dem Verleger zur wirtschaftlichen Nutzung übertragenen Ausschnitt des Urheberrechts dar. Juristisch gesprochen ist der Verlagsvertrag ein schuldrechtlicher Vertrag, durch den sich der Verlaggeber (Verfasser) verpflichtet, dem Verlagnehmer (Verleger) das Werk zur Vervielfältigung und Verbreitung zu überlassen, und der Verleger übernimmt die Verpflichtung, die Vervielfältigung und Verbreitung auf eigene Rechnung auszuführen. Gegenstand eines Verlagsvertrages sind gemäß § 1 VerlG die Werke der Literatur und Tonkunst. Für Werke der bildenden Kunst gelten die Regeln des Verlagsgesetzes hingegen nicht.

Für den Abschluß eines Verlagsvertrages besteht keine bestimmte Formvorschrift, er kann entweder ausdrücklich (d.h. in schriftlicher oder mündlicher Form) oder stillschweigend (durch schlüssiges Verhalten der Vertragsparteien) geschlossen werden. In der Praxis werden die Verlagsverträge jedoch weitgehend in Schriftform abgeschlossen. Hierfür haben viele Verlage ihre eigenen Vertragsformulare – unter Beachtung des Verlagsgesetzes und den Erfahrungen der Verleger – ausgearbeitet.

Um vor allem unerfahrenen Autoren einen ersten Einblick in diese juristische Seite des literarischen Arbeitens zu verschaffen, haben einzelne Verbände verschiedene Vertragsmuster herausgegeben.

So existiert ein Rahmenvertrag, der zwischen dem Verband deutscher Schriftsteller (VS) in der IG Druck und Papier und dem Börsenverein des Deutschen Buchhandels e.V. geschlossen worden ist. Dieser Rahmenvertrag vom 1. Januar 1984 enthält den Normvertrag für den Abschluß von Verlagsverträgen, der als eine Art Mustervertrag angesehen werden darf. In der Praxis arbeiten aber fast alle Verlage mit ihren eigenen Vertragsformularen, die teilweise recht unterschiedlich die einzelnen Punkte und Formulierungen übernommen haben.

Darüber hinaus gibt es noch weitere Vertragsmuster:

- Normvertrag für den Abschluß von Übersetzungsverträgen, vereinbart zwischen dem Verband deutscher Schriftsteller (VS) in der IG Druck und Papier und dem Börsenverein des Deutschen Buchhandels e.V./Verleger-Ausschuß vom 4. und 13. Mai 1982.
- Vereinbarung zwischen dem Hochschulverband und dem Börsenverein des deutschen Buchhandels e.V. über Vertragsnormen bei wissenschaftlichen Verlagswerken vom 22. Dezember 1980.

Weiterhin ist das Gesetz zur Regelung des Rechts der Allgemeinen Geschäftsbedingungen (AGB-Gesetz) vom 9. Dezember 1976 (geändert durch Gesetz vom 29. März 1983) für die von den Verlagen verwendeten Vertragsformulare und Standardverträge zu beachten.

In der Verlagspraxis treten folgende Haupttypen von Verträgen auf:

Standard-Verlagsvertrag

Hierunter ist der Regelfall zu verstehen, bei dem der Verfasser sein Werk der Literatur oder Tonkunst dem Verleger zur Vervielfältigung und Verbreitung überträgt.

Die von der Rechtssprechung entwickelte Zweckübertragungstheorie bestimmt auch das Verlagsvertragsrecht. Die Zweckübertragungstheorie erklärt für den Umfang eines eingeräumten Nutzungsrechts den von den Vertragsparteien angestrebten Vertragszweck für ausschlaggebend. Das heißt, soweit nicht die Übertragung bestimmter Rechte im Vertrag vereinbart wird, gelten nur die Rechte als übertragen, die für die Erreichung des Vertragszieles notwendig sind. Auf die Verlagspraxis bezogen bedeutet dies, daß beispielsweise die Übertragung von Verfilmungsrechten an einem Romanwerk gesondert vereinbart werden muß, da das Vertragsziel der Vervielfältigung und Verbreitung nicht mit dem Verfilmungsrecht gekoppelt ist. So führt auch der Normvertrag des Börsenvereins unter §2,2 (buchnahe Nebenrechte) und §2,3 (buchferne Nebenrechte) die verschiedenen Möglichkeiten der Rechtseinräumungen auf.

Herausgebervertrag

Durch Herausgeber werden mehrere Beiträge von anderen Mitverfassern zu einem Sammelwerk redaktionell zusammengefaßt. Ein Urheberrecht kann der Herausgeber dann beanspruchen, wenn er durch seine Herausgeberschaft selbst eine geistige Schöpfung geschaffen hat. Er gilt als selbständiger geistiger Schöpfer, wenn er dazu eine vollständige Planung aufgestellt, die hierfür notwendigen Mitarbeiter gewonnen und für die Durchführung einen geeigneten Verlag gefunden hat. Das Sammelwerk im ganzen ist dann gemäß UrhG als persönlich geistige Schöpfung des Herausgebers anzusehen. In diesem Fall spricht man auch von einem echten Herausgebervertrag. Im Gegensatz dazu würde ein unechter Herausgebervertrag vorliegen, wenn ein Verlag für ein Sammelwerk, bei dem bereits das Programm und der Mitarbeiterkreis feststeht, einen geeigneten Herausgeber sucht.

Mitarbeitervertrag

Im Zusammenhang mit einem Sammelwerk ist auch der Mitarbeitervertrag zu erwähnen. Wie der Name schon sagt, werden mit Hilfe dieses Vertrages Mitarbeiter für selbständige oder unselbständige Verfassertätigkeiten an einem periodischen oder nichtperiodischen Sammelwerk verpflichtet. Für eine selbständige Mitarbeit, z.B. an einem Lexikon, werden im Rahmen eines Werkvertrages (oder auch bei einer länger währenden Mitarbeit bei bestimmten Verlagswerken als Dienstvertrag) mit den Verfassern sogenannte Mitarbeiterverträge abgeschlossen.

Optionsvertrag

Vor allem im belletristischen Verlagsbereich wird der Verleger, der einen neuen erfolgversprechenden Autor entdeckt hat, diesen verpflichten wollen, künftige Werke zuerst ihm anzubieten. Dahinter steht die Überlegung, daß mit der Verbreitung des Erstlingswerkes dieses Autors die Aufwendungen des Verlags möglicherweise nicht gedeckt, aber durch die Inverlagnahme künftiger Werke ökonomische Vorteile erreicht werden können.

Darüber hinaus haben Verleger auch oft ein Interesse daran, nach Möglichkeit das gesamte Werk eines Autors zu betreuen. Auch in diesem Fall sichert der Optionsvertrag dem Verleger eine Art Vorkaufsrecht auf alle künftigen Werke des Autors. Als Gegenleistung erhält der Verfasser hierfür eine angemessene finanzielle Unterstützung, meist in Form einer Pauschalvergütung.

Lizenzvertrag

Bei Lizenzverträgen erteilt der Urheber bzw. der Nutzungsberechtigte (in der Regel der Verlag) einem anderen Werknutzer die Erlaubnis zu einer bestimmten Art der Werknutzung. Man kennt diese Verträge in Form von einfachen oder ausschließlichen Lizenzen, analog den Bestimmungen des UrhG (einfache und ausschließliche Nutzungsrechte). Hauptsächliche Anwendung finden diese Verträge bei der Erteilung von Buchgemeinschafts-, Taschenbuch- und Übersetzungslizenzen.

Übersetzungsvertrag/ Bearbeitervertrag

Ein Übersetzungsvertrag wird dann abgeschlossen, wenn im Auftrag des Verlegers ein fremdsprachiges Werk eines anderen Urhebers in eine gewünschte Sprache (oder Mundart) übersetzt werden soll. Ein Bearbeitervertrag wird für die Aufgabe, ein bereits vorliegendes Werk neu zu bearbeiten, abgeschlossen. Beiden Vertragsarten ist gemeinsam, daß sie von einem Originalwerk ausgehend ein neues Werk schöpfen. Deswegen spricht man in diesem Zusammenhang auch von einer abhängigen Schöpfung. Ist das Originalwerk noch nicht gemeinfrei, muß für die geplante Bearbeitung bzw. Übersetzung immer die Einwilligung des Urhebers eingeholt werden. Die so angefertigten Bearbeitungen und Übersetzungen werden, sofern sie persönliche geistige Schöpfungen des Bearbeiters sind, gemäß UrhG wie selbständige Werke geschützt.

Inhalt des Verlagsgesetzes

Vorausschickend ist zu bemerken, daß die beiden Begriffe Recht und Pflicht austauschbar sind, denn was für die eine Vertragsseite Pflicht, ist für die andere Seite Recht und umgekehrt. Trotzdem sollen im folgenden – um der Übersicht willen – in Form einer kleinen Checkliste die Rechte und die Pflichten von Verlegern und Autoren gegenübergestellt werden:

Rechte und Pflichten der Autoren

Der Autor hat das Recht, daß sein Werk in angemessener Zeit vom Verlag vervielfältigt und verbreitet wird. Er muß sich jedoch während der Dauer des Vertragsverhältnisses einer eigenen Verwertung des Werkes enthalten. Dem Verfasser verbleibt jedoch die Befugnis zur Vervielfältigung und Verbreitung:

1. für die Übersetzung in eine andere Sprache oder in eine andere Mundart;
2. für die Wiedergabe einer Erzählung in dramatischer Form oder eines Bühnenwerkes in der Form einer Erzählung:
3. für die Bearbeitung eines Werkes der Tonkunst, soweit sie nicht bloß ein Auszug oder eine Übertragung in eine andere Tonart oder Stimmlage ist;
4. für die Benutzung des Werkes zum Zwecke der mechanischen Wiedergabe für das Gehör;
5. für die Benutzung eines Schriftwerkes oder einer Abbildung zu einer bildlichen Darstellung, welche das Originalwerk seinem Inhalt nach im Wege der Kinematographie oder eines ihr ähnlichen Verfahrens wiedergibt.

Das Werk muß in einem für die Vervielfältigung geeigneten Zustand abgegeben werden, damit es auch für den Setzer lesbar ist. Aus diesem Grund legen die meisten Verlage Wert auf ein mit neuem Farbband sauber getipptes Manuskript. Zukünftig werden wohl häufiger auch Manuskripte in Diskettenform erwünscht sein. Des weiteren ist der Autor verpflichtet, sein Werk vollständig und fristgerecht abzuliefern.

Der Verfasser überträgt das ausschließliche Recht zur Vervielfältigung und Verbreitung – der Gesetzgeber spricht hier vom Verlagsrecht – dem Verlag. Das Verlagsrecht entsteht mit der Ablieferung des Werkes und erlischt mit der Beendigung des Vertragsverhältnisses.

Der Autor erhält auf je hundert Abzüge ein Freiexemplar, jedoch im ganzen nicht weniger als fünf und nicht mehr als fünfzehn. Des weiteren ist der Verleger verpflichtet, dem Autor – wenn gewünscht – weitere Exemplare seines Werkes zum Vorzugspreis zu überlassen sowie ihm nach der Vervielfältigung sein Manuskript zurückzugeben.

Einige Verlage bieten darüber hinaus ihren Autoren die gesamten Verlagserzeugnisse zu einem ermäßigten Preis an. Diese Möglichkeit führt das Verlagsgesetz jedoch nicht auf.

Bis zur Fertigstellung darf der Autor Änderungen, welche das übliche Maß nicht übersteigen sollen, an seinem Werk vornehmen. Beginnt beispielweise ein Verfasser bei Durchsicht der Korrekturabzüge große Teile seines Werkes umzuschreiben, kann der Verlag die dadurch entstehenden Mehrkosten dem Autor in Rechnung stellen.

Vor jeder geplanten Neuauflage darf er ebenfalls ändern, sofern nicht ein berechtigtes Interesse des Verlegers verletzt wird.

Rechte und Pflichten der Verleger

Der Verlag hat die Pflicht, das Werk auf eigene Rechnung in der zweckentsprechenden und üblichen Form zu vervielfältigen, zu verbreiten und angemessen dafür zu werben. Sobald ihm das vollständige Werk zugegangen ist, hat er mit der Herstellung zu beginnen. Wenn nichts anderes vereinbart ist, hat er nur das Recht zu einer Auflage. Ist deren Auflagenhöhe nicht bestimmt, darf er 1000 Abzüge herstellen. Wurde ihm jedoch gestattet, eine neue Auflage zu veranstalten, ist er nicht verpflichtet, von diesem Recht Gebrauch zu machen. In einem solchen Fall ist der Autor berechtigt, nach Ablauf einer angemessenen Frist vom Vertrag zurückzutreten. Im Regelfall ist der Verleger nicht berechtigt, ein Einzelwerk für eine Gesamt-, Sammel- oder Sonderausgabe zu verwerten.

Am Werk selbst darf der Verlag nichts ändern, es sei denn, der Lektor entdeckt orthographische, grammatikalische Fehler, grobe sachliche Fehler etc. Diese dürfen grundsätzlich ohne Zustimmung des Autors verbessert werden. Für die Korrektur hat der Verleger zu sorgen. Er muß dem Autor rechtzeitig einen Korrekturabzug zur Durchsicht vorlegen.

Der Ladenpreis wird vom Verlag bestimmt. Der Verfasser wird über eine Ermäßigung bzw. Erhöhung, für die es stets seiner Zustimmung bedarf, informiert.

Zusätzlich zur vereinbarten Auflagenhöhe ist der Verleger berechtigt, Zuschußexemplare (z.B. Rezensions-, Werbeexemplare etc.) herzustellen, sowie am Lager unbrauchbar gewordene Exemplare nachzudrucken.

Der Verleger hat die Pflicht, dem Autor die vereinbarte Vergütung zu zahlen. Das Verlagsgesetz geht prinzipiell immer davon aus, daß die Überlassung eines Werkes den Umständen nach nur gegen eine angemessene Vergütung zu erwarten ist. Über die Höhe des Honorars, deren Fälligkeit und die Honorart macht das Verlagsgesetz keine eindeutigen Aussagen. In der Praxis werden diese Punkte zwischen Autoren und Verlegern individuell ausgehandelt. Auf jeden Fall hat der Verlag dem Verfasser gegenüber die Rechenschaftspflicht, d.h. er muß ihm Einsicht in die Geschäftsbücher gestatten.

Honorararten

Pauschalhonorar

Beim Pauschalhonorar erhält der Autor eine fest vereinbarte Summe gezahlt, unabhängig vom Verkaufserfolg des Werkes. Diese Honorarart kommt häufig bei Publikationen vor, bei denen der Autor einen genau festgelegten Beitrag zu erarbeiten hat. Ein Pauschalhonorar erhält beispielsweise der Verfasser eines Vorwortes oder der Bearbeiter eines Registers.

Auf der einen Seite bietet diese Honorarregelung dem Verfasser den Vorteil, meist schon bei Veröffentlichung seines Beitrages das Pauschalhonorar zu kassieren, auf der anderen Seite verfügt der Verleger über eine feste Kalkulationsbasis.

Bogen-, Seiten- und Zeilenhonorar

Eine Variante des Pauschalhonorars stellt die ebenfalls erfolgsunabhängige Bogen-, Seiten- oder Zeilenhonorierung dar. Der Verleger bezahlt den Verfasser pauschal nach einer vorher genau festgelegten Einheit (z.B. Druckbogen à 16 Seiten, Manuskriptseite von 30 Zeilen à 60 Anschläge, eine Zeile à 48 Anschläge). Vor allem Beiträge zu lexikalischen Werken, Zeitungs- und Zeitschriftenartikel werden nach dieser Weise honoriert.

Absatzhonorar

Der Autor erhält vom Verlag eine Umsatzbeteiligung an den Verkäufen seines Werkes. In der Praxis kann dies als Festbetrag pro verkauftem Exemplar oder als direkte proportionale Umsatzbeteiligung erfolgen. Diese zweite Variante eines absatzabhängigen Honorars ist eine häufig anzutreffende Möglichkeit. Dem Verfasser wird für jedes verkaufte und bezahlte Exemplar ein Honorar auf der Basis des um die darin enthaltenen Mehrwertsteuer verminderten Ladenverkaufspreises (Nettoladenverkaufspreis) gezahlt. Man könnte den Autor aber auch prozentual am Nettoverlagsabgabepreis beteiligen oder an der Nettoumsatzbeteiligung. Diese Möglichkeiten führt beispielweise der Normvertrag auf. Die Prozentsätze können sich auch ab einer bestimmten verkauften Auflage erhöhen. Beispielsweise erhält ein Autor bis zu einer Auflage von 10.000 Exemplaren 7% vom Nettoladenverkaufspreis, 8% beim Erreichen von 20.000 und über einer Auflage von 20.000 vielleicht 10%. Ebenfalls möglich sind natürlich Mischformen der verschiedenen Honorararten.

Beendigung des Verlagsvertrages

Ein Verlagsvertrag, der auf eine bestimmte Auflagenzahl oder -höhe begrenzt ist, endet, wenn die Auflagen oder Abzüge vergriffen sind. Bei einer zeitlichen Begrenzung ist es dem Verleger nicht gestattet, nach Ablauf der Vertragsdauer die noch vorhandenen Exemplare zu verkaufen. Auf jeden Fall endet das Vertragsverhältnis mit Ablauf der urheberrechtlichen Schutzfrist, also siebzig Jahre nach dem Tode des Urhebers. Dann ist nämlich das Werk gemeinfrei und darf von jedermann benutzt werden.

Darüber hinaus gibt es noch verschiedene Möglichkeiten, vom Verlagsvertrag zurückzutreten. Beispielsweise das Rücktrittsrecht des Verlegers wegen nicht rechtzeitiger Ablieferung des Werkes oder wegen nicht vertragsmäßiger Beschaffenheit des Werkes.

Dem Autor stehen ebenfalls einige Rücktrittsrechte zu, wenn etwa der Verleger das Werk nicht vertragsgemäß vervielfältigt oder verbreitet. Bis zum Beginn der Vervielfältigung kann der Autor noch vom Vertrag zurücktreten, wenn sich Umstände ergeben, die beim Abschluß des Vertrags nicht vorauszusehen waren und den Verfasser bei Kenntnis der Sachlage und verständiger Würdigung des Falles von der Herausgabe abgehalten hätten. Eine solche Situation kann entstehen, wenn neue wissenschaftliche Erkenntnisse das Werk als überholt erscheinen lassen und dem Autor dadurch eine Herausgabe nicht mehr zugemutet werden kann.

Neben diesen Rücktrittsrechten führt das Verlagsgesetz noch einige Möglichkeiten der Kündigung auf. So darf z.B. ein Verleger das Vertragsverhältnis kündigen, wenn der Zweck, welchem das Werk dienen sollte, wegfällt. Das gleiche gilt, wenn ein Beitrag zu einem Sammelwerk Gegenstand des Verlagsvertrags ist und die Herausgabe des Sammelwerks unterbleibt. Aus diesem Grund kann natürlich auch der Autor kündigen, wenn beispielsweise ein Jahr nach Ablieferung der Verleger einen Beitrag zu einem periodischen Sammelwerk nicht veröffentlicht hat. Der Anspruch des Autors auf die Vergütung bleibt aber in beiden Fällen erhalten.

Ergänzend zum Verlagsgesetz sollte man sich den im folgenden abgedruckten Normvertrag anschauen, da dort einige ergänzende Punkte aufgeführt sind. Es empfiehlt sich, diesen Vertrag einmal gründlich durchzuarbeiten.

4.5.3 Sonstige gesetzliche Bestimmungen

Urheberrolle

In Deutschland entsteht der Urheberschutz kraft Gesetzes, es bedarf daher keinerlei zusätzlicher Registrierung oder sonstiger Förmlichkeiten. Trotzdem gibt es eine „Verordnung über die Urheberrolle" vom 18. Dezember 1965. Diese im Patentamt befindliche Urheberrolle dient jedoch lediglich der Eintragung des wirklichen Namens bei anonym oder pseudonym erschienenen Werken. Bei dieser Art von Werken endet der Urheberschutz bereits 70 Jahre nach der Veröffentlichung, es sei denn, der wahre Name des Urhebers wird bekannt. Die Eintragung in die Urheberrolle ermöglicht es nun dem Urheber, weiterhin anonym zu bleiben und dennoch den normalen Schutz von 70 Jahren nach dem Tode in Anspruch zu nehmen.

Recht am eigenen Bilde

Zu den sonstigen gesetzlichen Bestimmungen gehört auch das bereits eingangs erwähnte KUG. Dieses 1907 geschaffene „Gesetz betreffend das Urheberrecht an Werken der bildenden Künste und der Photographie" wurde 1966 aufgehoben, soweit es nicht den Schutz von Bildnissen betrifft. Unter Bildnissen sind alle Abbildungen (Fotos, Zeichnungen, Gemälde usw.) einer Person zu verstehen. Nach § 22 KUG – Recht am eigenen Bilde – dürfen Bildnisse nur mit Einwilligung der Abgebildeten verbreitet und öffentlich zur Schau gestellt werden. Im Zweifelsfall gilt die Einwilligung als erteilt, wenn der Abgebildete eine Entlohnung erhielt. Dieser Schutz endet erst zehn Jahre nach Tod des Abgebildeten. Wer entgegen § 22 KUG ein Bildnis verbreitet oder öffentlich zur Schau stellt, dem droht eine Freiheitsstrafe bis zu einem Jahr oder – wie es in der Praxis üblich ist – eine Geldstrafe. Doch gibt es hier auch einige Ausnahmen. Ohne die erforderliche Einwilligung dürfen verbreitet und zur Schau gestellt werden:

1. Bildnisse aus dem Bereich der Zeitgeschichte
2. Bilder, auf denen die Personen nur als Beiwerk neben einer Landschaft oder sonstigen Örtlichkeit erscheinen

Neue Fassung, gültig ab 1. 1. 1984

NORMVERTRAG FÜR DEN ABSCHLUSS VON VERLAGSVERTRÄGEN

Rahmenvertrag

(vom 19. Oktober 1978 in der ab 1. Januar 1984 gültigen Fassung)

Zwischen dem Verband deutscher Schriftsteller (VS) in der IG Druck und Papier und dem Börsenverein des Deutschen Buchhandels e.V. – Verleger-Ausschuß – ist folgendes vereinbart:

1. Die Vertragschließenden haben den diesem Rahmenvertrag beiliegenden **Normvertrag für den Abschluß von Verlagsverträgen** vereinbart. Die Vertragschließenden verpflichten sich, darauf hinzuwirken, daß Ihre Mitglieder nicht ohne triftigen Grund zu Lasten des Autors von diesem Normvertrag abweichen.

2. Die Vertragschließenden sind sich darüber einig, daß einige Probleme sich einer generellen Regelung im Sinne eines Normenvertrags entziehen. Dies gilt insbesondere für Options- und Konkurrenzausschlußklauseln, bei deren individueller Vereinbarung die schwierigen rechtlichen Zulässigkeitsvoraussetzungen besonders sorgfältig zu prüfen sind.

3. Dieser Vertrag wird in der Regel für folgende Werke und Bücher **nicht** gelten:
a) Fach- und wissenschaftliche Werke im engeren Sinn, **wohl aber** für Sachbücher;
b. Werke, deren Charakter wesentlich durch Illustrationen bestimmt wird; Briefausgaben und Buchausgaben nicht original für das Buch geschriebener Werke;
c) Werke mit mehreren Rechtsinhabern wie z. B. Anthologien, Bearbeitungen;
d) Werke, bei denen der Autor nur Herausgeber ist;
e) Werke im Sinne des § 47 Verlagsgesetz, für welche eine Publikationspflicht des Verlages nicht besteht sowie Werke, für die üblicherweise ein Pauschalhonorar vereinbart wird.

4. Soweit es sich um Werke nach Ziffer 3 b) bis e) handelt, sollen die Verträge unter Berücksichtigung der besonderen Gegebenheiten des Einzelfalles so gestaltet werden, daß sie den Intentionen des Normvertrags entsprechen.

5. Die Vertragschließenden haben eine »Schlichtungs- und Schiedsstelle Buch« eingerichtet, die im Rahmen der vereinbarten Statuten über die vertragschließenden Verbände von jedem ihrer Mitglieder angerufen werden kann.

6. Die Vertragschließenden nehmen nunmehr Verhandlungen über die Vereinbarung von Regelhonoraren auf.

7. Dieser Vertrag tritt am 1. 1. 1984 in Kraft. Er ist auf unbestimmte Zeit geschlossen und kann – mit einer Frist von sechs Monaten zum Jahresende – erstmals zum 31. 12. 1985 gekündigt werden. Die Vertragschließenden erklären sich bereit, auch ohne Kündigung auf Verlangen einer Seite in Verhandlungen über Änderungen des Vertrages einzutreten.

Stuttgart und Frankfurt am Main,
den 14. Dezember 1983

Industriegewerkschaft Druck und Papier – Verband deutscher Schriftsteller –	Börsenverein des Deutschen Buchhandels e. V. – Verleger-Ausschuß –

Verlagsvertrag

zwischen

....

(nachstehend: Autor)
und

....

(nachstehend: Verlag)

§ 1
Vertragsgegenstand

1.
Gegenstand dieses Vertrages ist das vorliegende/noch zu verfassende Werk des Autors unter dem Titel/Arbeitstitel:

....
....
....
....
....

2.
Der endgültige Titel wird in Abstimmung zwischen Autor und Verlag festgelegt, wobei der Autor dem Stichentscheid des Verlages zu widersprechen berechtigt ist, soweit sein Persönlichkeitsrecht verletzt würde.

3.
Der Autor versichert, daß er allein berechtigt ist, über das Urheberrecht an seinem Werk zu verfügen und daß er bisher keine den Rechtseinräumungen dieses Vertrages entgegenstehende Verfügung getroffen hat. Das gilt auch für die vom Autor gelieferten Bildvorlagen, deren Nutzungsrechte bei ihm liegen. Bietet er dem Verlag Bildvorlagen an, für die dies nicht zutrifft oder nicht sicher ist, so hat er den Verlag darüber und über alle ihm bekannten oder erkennbaren rechtlich relevanten Fakten zu informieren.

4.
Der Autor ist verpflichtet, den Verlag schriftlich auf im Werk enthaltene Darstellungen von Personen oder Ereignissen hinzuweisen, mit denen das Risiko einer Persönlichkeitsrechtsverletzung verbunden ist. Wird der Autor wegen solcher Verletzungen in Anspruch genommen, sichert ihm der Verlag seine Unterstützung zu, wie auch der Autor bei der Abwehr solcher Ansprüche gegen den Verlag mitwirkt.

§ 2
Rechtseinräumungen

1.
Der Autor überträgt dem Verlag räumlich unbeschränkt für die Dauer des gesetzlichen Urheberrechts das ausschließliche Recht zur Vervielfältigung und Verbreitung (Verlagsrecht) des Werkes für alle Ausgaben und Auflagen ohne Stückzahlbegrenzung, und zwar

für alle Sprachen
oder:
für die deutsche Sprache.

Abb. 18: Normvertrag

2.
Der Autor räumt dem Verlag für die Dauer des Hauptrechts gemäß Absatz 1 außerdem folgende ausschließliche Nebenrechte – insgesamt oder einzeln – ein:
a) Das Recht des ganzen oder teilweisen Vorabdrucks und Nachdrucks auch in Zeitungen und Zeitschriften;
b) das Recht der Übersetzung in eine andere Sprache oder Mundart;
c) das Recht zur Vergabe von Lizenzen für deutschsprachige Ausgaben in anderen Ländern sowie für Taschenbuch-, Volks-, Sonder-, Reprint-, Schul- oder Buchgemeinschaftsausgaben;
d) das Recht der Herausgabe von Mikrokopieausgaben;
e) das Recht zu sonstiger Vervielfältigung, insbesondere durch fotomechanische oder ähnliche Verfahren (z. B. Fotokopie);
f) das Recht zur Aufnahme auf Vorrichtungen zur wiederholbaren Wiedergabe mittels Bild- oder Tonträger, sowie das Recht zu deren Vervielfältigung, Verbreitung und Wiedergabe;
g) das Recht zum Vortrag des Werks durch Dritte;
h) die am Werk oder seiner Bild- oder Tonträgerfixierung oder durch Lautsprecherübertragung oder Sendung entstehenden Wiedergabe- und Überspielungsrechte;
i) das Recht zur Vergabe von Lizenzen zur Ausübung der Nebenrechte a)–h).

3.
Darüber hinaus räumt der Autor dem Verlag für die Dauer des Hauptrechts gemäß Absatz 1 weitere ausschließliche Nebenrechte – insgesamt oder einzeln – ein:
a) Das Recht zur Bearbeitung als Bühnenstück sowie das Recht der Aufführung des so bearbeiteten Werkes;
b) das Recht zur Verfilmung einschließlich der Rechte zur Bearbeitung als Drehbuch und zur Vorführung des so hergestellten Films;
c) das Recht zur Bearbeitung und Verwertung des Werks im Fernsehfunkt (Television) einschließlich Wiedergaberecht;
d) das Recht zur Bearbeitung und Verwertung des Werks im Rundfunkt, z. B. als Hörspiel einschließlich Wiedergaberecht;
e) das Recht zur Vertonung des Werks;
f) das Recht zur Vergabe von Lizenzen zur Ausübung der Nebenrechte a)–e).

4.
Der Autor räumt dem Verlag schließlich für die Dauer des Hauptrechts gemäß Absatz 1 alle durch die Verwertungsgesellschaft Wort wahrgenommenen Rechte nach deren Satzung, Wahrnehmungsvertrag und Verteilungsplan zur gemeinsamen Einbringung ein. Bereits abgeschlossene Wahrnehmungsverträge bleiben davon unberührt.

5.
Für die Rechtseinräumungen der Absätze 2 bis 4 gelten folgende Beschränkungen:
a) Der Verlag darf das ihm nach Absatz 2 bis 4 eingeräumte Vergaberecht nicht ohne Zustimmung des Autors abtreten.
Dies gilt nicht gegenüber ausländischen Lizenznehmern für die Einräumung von Sublizenzen in ihrem Sprachgebiet sowie für die branchenübliche Sicherungsabtretung von Verfilmungsrechten zur Produktionsfinanzierung.
b) Das Recht zur Vergabe von Nebenrechten nach Absatz 2 bis 4 endet mit der Beendigung des Hauptrechts gemäß Absatz 1; der Bestand bereits abgeschlossener Lizenzverträge bleibt hiervon unberührt.
c) Ist der Verlag berechtigt, das Werk zu bearbeiten oder bearbeiten zu lassen, so hat er Beeinträchtigungen des Werkes zu unterlassen, die geistige und persönliche Rechte des Autors am Werk zu gefährden geeignet sind.
d) Bei Beiträgen zu Sammelwerken gilt die Ausschließlichkeit der Rechtseinräumungen nur auf die Dauer von .... Jahr(en)/Monat(en) seit Erscheinen des Sammelwerkes und/oder bis zu einer maximalen Stückzahl von .... Exemplaren.

§ 3

Verlagspflicht

1.
Der Verlag ist verpflichtet, das Werk zu vervielfältigen, zu verbreiten und dafür angemessen zu werben.

2.
Ausstattung, Buchumschlag, Auflagenhöhe, Auslieferungstermin, Ladenpreis und Werbemaßnahmen werden vom Verlag nach pflichtgemäßem Ermessen unter Berücksichtigung des Vertragszwecks sowie der im Verlagsbuchhandel für Ausgaben dieser Art herrschenden Übung bestimmt.
Das Recht des Verlags zur Bestimmung des Ladenpreises nach pflichtgemäßem Ermessen schließt auch dessen spätere Herauf- oder Herabsetzung ein. Bei Herabsetzung des Ladenpreises wird der Autor vorher benachrichtigt.

3.
Als Erscheinungstermin ist vorgesehen: ....

4.
Das Werk soll zunächst als .... -Ausgabe (z. B.: Hardcover, Paperback, Taschenbuch) erscheinen; nachträgliche Änderungen der Form der Erstausgabe bedürfen des Einvernehmens mit dem Autor.

§ 4

Absatzhonorar für Verlagsausgaben

1.
Der Autor erhält für jedes verkaufte und bezahlte Exemplar ein Honorar auf der Basis des um die darin enthaltene Mehrwertsteuer verminderten Ladenverkaufspreises (Nettoladenverkaufspreis).
oder:
Der Autor erhält für jedes verkaufte und bezahlte Exemplar ein Honorar auf der Basis des um die darin enthaltene Mehrwertsteuer verminderten Verlagsabgabenpreises (Nettoverlagsabgabepreis).
oder:
Der Autor erhält ein Honorar auf der Basis des mit der Verlagsausgabe des Werkes erzielten, um die Mehrwertsteuer verminderten Umsatzes (Nettoumsatzbeteiligung). Dabei hat der Autor Anspruch auf Ausweis der verkauften Exemplare einschließlich der Partie- und Portoersatzstücke, für die dann Absatz 5 nicht gilt.

2.
Das Honorar für die verschiedenen Arten von Ausgaben beträgt für
a) .... -Ausgaben ...... % vom Preis gemäß Absatz 1.
Es erhöht sich nach dem Absatz des Werkes
von .... bis .... Exemplaren auf ...... %;
von .... bis .... Exemplaren auf ...... %;
ab .... Exemplaren auf ...... %.
b) .... -Ausgaben ...... % vom Preis gemäß Absatz 1.
Es erhöht sich nach dem Absatz des Werkes
von .... bis .... Exemplaren auf ...... %;
von .... bis .... Exemplaren auf ...... %;
ab .... Exemplaren auf ...... %.
c) .... -Ausgaben ...... % vom Preis gemäß Absatz 1.
Es erhöht sich nach dem Absatz des Werkes
von .... bis .... Exemplaren auf ...... %;
von .... bis .... Exemplaren auf ...... %;
ab .... Exemplaren auf ...... %.
d) Beim Verkauf von Rohbogen der Originalausgabe außerhalb von Nebenrechtseinräumungen gilt ein Honorarsatz von ...... % vom Verlagsabgabepreis.

3.
Auf seine Honoraransprüche – einschließlich der Ansprüche aus § 5 – erhält der Autor einen Vorschuß in Höhe von DM ....
Dieser Vorschuß ist fällig
zu ...... % bei Abschluß des Vertrages,
zu ...... % bei Ablieferung des druckfertigen Manuskripts,
zu ...... % bei Erscheinen des Werkes.

4.
Der Vorschuß gemäß Absatz 3 stellt ein garantierte Mindesthonorar dar.
oder:
Vom Vorschuß nach Absatz 3 stellen DM .... ein garantiertes Mindesthonorar für dieses Werk dar.
oder:
Der Vorschuß nach Absatz 3 ist nicht zurückzuzahlen, aber mit allen Ansprüchen des Autors gegen den Verlag verrechenbar.

Abb. 18: Normvertrag / Fortsetzung

oder:
Der Vorschuß ist mit allen Ansprüchen des Autors aus diesem Vertrag verrechenbar.
oder:
Der Vorschuß nach Absatz 3 stellt kein garantiertes Mindesthonorar dar.

5.

Pflicht-, Prüf-, Werbe- und Besprechungsexemplare sind honorarfrei; darunter fallen nicht Partie- und Portoersatzstücke sowie solche Exemplare, die für Werbezwecke des Verlages, nicht aber des Buches abgegeben werden.

6.

Ist der Autor mehrwertsteuerpflichtig, zahlt der Verlag die auf die Honorarbeträge anfallende gesetzliche Mehrwertsteuer zusätzlich.

7.

Honorarabrechnung und Zahlung erfolgen halbjährlich zum 30. Juni und zum 31. Dezember innerhalb der auf den Stichtag folgenden 3 Monate.
oder:
Honorarabrechnung und Zahlung erfolgen zum 31. Dezember jedes Jahres innerhalb der auf den Stichtag folgenden drei Monate. Der Verlag leistet dem Autor entsprechende Abschlagszahlungen, sobald er Guthaben von mehr als DM .... feststellt.

8.

Der Verlag ist verpflichtet, einem vom Autor beauftragten Wirtschaftsprüfer, Steuerberater oder vereidigten Buchsachverständigen zur Überprüfung der Honorarabrechnungen Einsicht in die Bücher und Unterlagen zu gewähren.
Die hierdurch anfallenden Kosten trägt der Verlag, wenn sich die Abrechnungen als fehlerhaft erweisen.

9.

Nach dem Tode des Autors bestehen die Verpflichtungen des Verlags nach Absatz 1 bis 8 gegenüber den durch Erbschein ausgewiesenen Erben, die bei einer Mehrzahl von Erben einen gemeinsamen Bevollmächtigten zu benennen haben.

§ 5
Nebenrechtsverwertung

1.

Der Verlag ist verpflichtet, sich intensiv um die Verwertung der ihm eingeräumten Nebenrechte innerhalb der für das jeweilige Nebenrecht unter Berücksichtigung von Art und Absatz der Originalausgabe angemessenen Frist zu bemühen und den Autor auf Verlangen zu informieren. Bei mehreren sich untereinander ausschließenden Verwertungsmöglichkeiten wird er die für den Autor materiell und ideell günstige wählen, auch wenn er selbst bei dieser Nebenrechtsverwertung konkurriert.

2.

Verletzt der Verlag seine Verpflichtungen gemäß Absatz 1, so kann der Autor die hiervon betroffenen Nebenrechte – auch einzeln – nach den Regeln des § 41 UrhG zurückrufen; der Bestand des Vertrages im übrigen wird hiervon nicht berührt. DerAutor hat die an ihn zurückgefallenen Nebenrechte, über deren Nutzung innerhalb von ...... Monaten ab Rückgabe ein Abschluß nicht zustandekommt, dem Verlag wieder anzubieten, bevor er sie einem Dritten zur Nutzung oder Lizenzvergabe einräumt.

3.

Der aus der Verwertung der Nebenrechte erzielte Erlös wird zwischen Autor und Verlag geteilt, und zwar erhält der Autor
...... % bei den Nebenrechten des § 2 Absatz 2:
...... % bei den Nebenrechten des § 2 Absatz 3:

(Bei der Berechnung des Erlöses wird davon ausgegangen, daß in der Regel etwaige aus der Inlandsverwertung anfallende Agenturprovisionen und ähnliche Nebenkosten allein auf den Verlagsanteil zu verrechnen, für Auslandsverwertung anfallende Nebenkosten vom Gesamterlös vor Aufteilung abzuziehen sind.)

Soweit Nebenrechte durch Verwertungsgesellschaften wahrgenommen werden, richten sich die Anteile von Verlag und Autor nach deren satzungsgemäßen Bestimmungen.

4.

Für Abrechnung und Fälligkeit gelten die Bestimmungen von § 4 Absatz 7, 8 und 9 entsprechend.

§ 6
Manuskriptablieferung

1.

Der Autor verpflichtet sich, dem Verlag das vollständige und vervielfältigungsfähige (nicht: maschinenlesbare) Manuskript mit Maschine geschrieben einschließlich etwa vorgesehener und vom Autor zu beschaffender Bildvorlagen bis spätestens .... /binnen .... zu übergeben.
Wird diese(r) Termin/Frist nicht eingehalten, gilt als angemessene Nachfrist im Sinne des § 30 Verlagsgesetz ein Zeitraum von .... Monaten.
Der Autor behält eine Kopie des Manuskripts bei sich.

2.

Das Manuskript bleibt Eigentum des Autors und ist ihm vom Verlag nach Erscheinen des Werkes auf Verlangen zurückzugeben.

§ 7
Freiexemplare

1.

Der Autor erhält für seinen eigenen Bedarf .... Freiexemplare. Bei der Herstellung von mehr als .... Exemplaren erhält der Autor .... weitere Freiexemplare und bei der Herstellung von mehr als .... Exemplaren ...... weitere Freiexemplare.

2.

Darüber hinaus kann der Autor Exemplare seines Werkes zu einem Höchstrabatt von ...... % vom Ladenpreis vom Verlag beziehen.

3.

Sämtliche gemäß Absatz 1 oder 2 übernommenen Exemplare dürfen nicht weiterverkauft werden.

§ 8
Satz, Korrektur

1.

Die erste Korrektur des Satzes wird vom Verlag oder von der Druckerei vorgenommen. Der Verlag ist sodann verpflichtet, dem Autor in allen Teilen gut lesbare Abzüge zu übersenden, die der Autor unverzüglich honorarfrei korrigiert und mit dem Vermerk »druckfertig« versieht; durch diesen Vermerk werden auch etwaige Abweichungen vom Manuskript genehmigt.
Abzüge gelten auch dann als »druckfertig«, wenn sich der Autor nicht innerhalb angemessener Frist nach Erhalt zu ihnen erklärt hat.

2.

Nimmt der Autor Änderungen im fertigen Satz vor, so hat er die dadurch entstehenden Mehrkosten – berechnet nach dem Selbstkostenpreis des Verlages – insoweit zu tragen, als sie 10% der Satzkosten übersteigen. Dies gilt nicht für Änderungen bei Sachbüchern, die durch Entwicklungen der Fakten nach Ablieferung des Manuskripts erforderlich geworden sind.

§ 9
Lieferbarkeit, veränderte Neuauflagen

1.

Wenn die Verlagsausgabe des Werkes vergriffen ist und nicht mehr angeboten und ausgeliefert wird, ist der Autor zu benachrichtigen.

Abb. 18: Normvertrag / Fortsetzung

Der Autor ist dann berechtigt, den Verlag schriftlich aufzufordern, sich spätestens innerhalb von 3 Monaten nach Eingang der Aufforderung zu verpflichten, innerhalb einer Frist von .... Monat(en)/Jahr(en) nach Ablauf der Dreimonatsfrist eine ausreichende Anzahl weiterer Exemplare des Werkes herzustellen und zu verbreiten.
Geht der Verlag eine solche Verpflichtung nicht fristgerecht ein oder wird die Neuherstellungsfrist nicht gewahrt, ist der Autor berechtigt, durch schriftliche Erklärung von diesem Verlagsvertrag zurückzutreten. Bei Verschulden des Verlages kann er stattdessen Schadensersatz wegen Nichterfüllung verlangen.
Der Verlag bleibt im Falle des Rückrufs zum Verkauf ihm danach (z. B. aus Remissionen) noch zufließender Restexemplare innerhalb einer Frist von .... berechtigt; er ist verpflichtet, dem Autor die Anzahl dieser Exemplare anzugeben und ihm die Übernahme anzubieten.

2.
Der Autor ist berechtigt und, wenn es der Charakter des Werkes erfordert, auch verpflichtet, das Werk für weitere Auflagen zu überarbeiten; wesentliche Veränderungen von Art und Umfang des Werkes bedürfen der Zustimmung des Verlages. Ist der Autor zu der Bearbeitung nicht bereit oder nicht in der Lage oder liefert er die Überarbeitung nicht innerhalb einer angemessenen Frist nach Aufforderung durch den Verlag ab, so ist der Verlag zur Bestellung eines anderen Bearbeiters berechtigt. Wesentliche Änderungen des Charakters des Werkes bedürfen dann der Zustimmung des Autors.

§ 10
Verramschung, Makulierung

1.
Der Verlag kann das Werk verramschen, wenn der Verkauf in zwei aufeinanderfolgenden Kalenderjahren unter ...... Exemplaren pro Jahr gelegen hat. Am Erlös ist der Autor in Höhe seines sich aus § 4 Absatz 2 ergebenden Grundhonorarprozentsatzes beteiligt.

2.
Erweist sich auch ein Absatz zum Ramschpreis als nicht durchführbar, kann der Verlag die Restauflage makulieren.

3.
Der Verlag ist verpflichtet, den Autor von einer beabsichtigten Verramschung bzw. Makulierung vorher zu informieren. Der Autor hat das Recht, durch einseitige Erklärung die noch vorhandene Restauflage bei beabsichtigter Verramschung zum Ramschpreis abzüglich des Prozentsatzes seiner Beteiligung und bei beabsichtigter Makulierung unentgeltlich – ganz oder teilweise – ab Lager zu übernehmen. Bei beabsichtigter Verramschung kann das Übernehmerecht nur bezüglich der gesamten noch vorhandenen Restauflage ausgeübt werden.

4.
Das Recht des Autors, im Falle der Verramschung oder Makulierung vom Vertrag zurückzutreten, richtet sich nach den §§ 32, 30 Verlagsgesetz.

§ 11
Rezensionen

Der Verlag wird bei ihm eingehende Rezensionen des Werkes innerhalb des ersten Jahres nach Ersterscheinen umgehend, danach in angemessenen Zeitabständen dem Autor zur Kenntnis bringen.

§ 12
Urheberbenennung, Copyright-Vermerk

1.
Der Verlag ist verpflichtet, den Autor auch ohne dessen ausdrückliche Anweisung in angemessener Weise als Urheber des Werkes auszuweisen.

2.
Der Verlag ist verpflichtet, bei der Veröffentlichung des Werkes den Copyright-Vermerk im Sinne des Welturheberrechtsabkommens anzubringen. Er hat das Recht, das amerikanische Copyright zu erwerben.

§ 13
Änderungen der Eigentums- und Programmstrukturen des Verlages

1.
Der Verlag ist verpflichtet, dem Autor anzuzeigen, wenn sich in seinen Eigentums- oder Beteiligungsverhältnissen eine wesentliche Veränderung ergibt.
Eine Veränderung ist wesentlich, wenn
a) der Verlag oder Verlagsteile veräußert werden;
b) sich in den Beteiligungsverhältnissen einer den Verlag betreibenden Gesellschaft gegenüber den Verhältnissen zum Zeitpunkt dieses Vertragsabschlusses Veränderungen um mindestens 25% der Kapital- oder Stimmrechtsanteile ergeben haben.
Wird eine Beteiligung an der den Verlag betreibenden Gesellschaft von einer anderen Gesellschaft gehalten, gelten Veränderungen in deren Kapital- oder Stimmrechtsverhältnissen als solche des Verlages, wobei der Prozentsatz der Veränderungen entsprechend der Beteiligung dieser Gesellschaft an der Verlagsgesellschaft umzurechnen ist.

2.
Der Autor ist berechtigt, durch schriftliche Erklärung gegenüber dem Verlag von etwa bestehenden Optionen oder von Verlagsverträgen über Werke, deren Herstellung der Verlag noch nicht begonnen hat, zurückzutreten, wenn sich durch eine Veränderung gemäß Absatz 1 oder durch Änderung der über das Verlagsprogramm entscheidenden Verlagsleitung eine so grundsätzliche Veränderung des Verlagsprogramms in seiner Struktur und Tendenz ergibt, daß dem Autor nach der Art seines Werkes und unter Berücksichtigung des bei Abschluß dieses Vertrages bestehenden Verlagsprogramms ein Festhalten am Vertrag nicht zugemutet werden kann.

3.
Das Rücktrittsrecht kann nur innerhalb eines Jahres nach Zugang der Anzeige des Verlages gemäß Absatz 1 ausgeübt werden.

§ 14
Schlußbestimmungen

1.
Soweit dieser Vertrag keine Regelungen enthält, gelten die allgemeinen gesetzlichen Bestimmungen des Rechts der Bundesrepublik Deutschland.
Die Nichtigkeit oder Unwirksamkeit einzelner Bestimmungen dieses Vertrages berührt die Gültigkeit der übrigen Bestimmungen nicht. Die Parteien sind alsdann verpflichtet, die mangelhafte Bestimmung durch eine solche zu ersetzen, deren wirtschaftlicher und juristischer Sinn dem der mangelhaften Bestimmung möglichst nahekommt.

2.
Die Parteien erklären, Mitglieder bzw. Wahrnehmungsberechtigte folgender Verwertungsgesellschaften zu sein:

Der Autor:

Der Verlag:

.... , den ....

....
(Autor) (Verlag)

900114

Abb. 18: Normvertrag / Fortsetzung

3. Bilder von Versammlungen, Demonstrationen, Festumzügen und ähnlichen Vorgängen, an denen die dargestellten Personen teilgenommen haben
4. Bildnisse, die nicht auf Bestellung angefertigt sind, sofern deren Verbreitung oder Schaustellung einem höheren Interesse der Kunst dient.

Zusätzlich gelten die üblichen Ausnahmen für Zwecke der Rechtspflege und der öffentlichen Sicherheit (z.B. bei Steckbriefen).

Titelschutz

Seit 1. Januar 1995 regelt nicht mehr § 16 UWG (Gesetz gegen den unlauteren Wettbewerb), sondern §§ 5, 15 MarkenG (Markengesetz) den Schutz geschäftlicher Bezeichnungen. Hierunter fallen nicht nur Firmennamen, besondere Bezeichnungen eines Erwerbsgeschäfts oder eines gewerblichen Unternehmens, sondern auch Titel von Druckschriften. Wer im geschäftlichen Verkehr die besondere Bezeichnung einer Druckschrift in einer Weise benutzt, welche geeignet ist, Verwechslungen mit einem anderen bereits geschützten Titel hervorzurufen, kann auf Unterlassung der Benutzung verklagt werden.

Geschützt sind jedoch nur die sogenannten starken Titel, die kennzeichnungskräftig sind. Schwache Titel, die lediglich beschreibende Angaben wie „Rechtswörterbuch" oder „Deutsche Literaturgeschichte" enthalten, sind im allgemeinen nicht schutzfähig.

Der Schutz beginnt mit der Ingebrauchnahme des Titels, ohne zusätzliche Registrierung oder Formalitäten. Diese Ingebrauchnahme erfolgt nicht erst durch das Erscheinenlassen des Werkes, sondern bereits bei der Ankündigung der Druckschrift (z.B. im Börsenblatt unter der Rubrik „Titelschutzanzeigen"). Das Werk muß jedoch innerhalb einer angemessenen Frist (ca. 6 Monate) nach Erscheinen der Titelschutzanzeige auf den Markt kommen, damit der Titelschutz nach §§ 5, 15 MarkenG auch tatsächlich wirksam wird. Diese Regelung ist insofern von Bedeutung, als das Kennzeichnungsrecht, zu dem auch der Titelschutz gehört, vom Prioritätsanspruch bestimmt wird. Wer als erster den Titel angekündigt und danach auch wirklich in Gebrauch genommen hat, dem steht dieser Schutz zu.

Verwertungsgesellschaften

Im „Gesetz über die Wahrnehmung von Urheberrechten und verwandten Schutzrechten" vom 9. September 1965 werden die Rechte und Pflichten der urheberrechtlichen Verwertungsgesellschaft aufgeführt.

Da es den einzelnen Urhebern in bestimmten Bereichen nicht (mehr) möglich ist, die ihnen zustehenden Rechte selbst wahrzunehmen, wurden in der ganzen Welt Verwertungsgesellschaften gegründet, die eng zusammenarbeiten. Die Hauptaufgabe der Verwertungsgesellschaften – allein in Deutschland existieren zehn – besteht darin, die Rechte der bei ihnen organisierten Urheber gegenüber Dritten wirksam wahrzunehmen.

Die erste Verwertungsgesellschaft, die Societé des Auteurs, Compositeurs et Editeurs de Musique, die SACEM, wurde bereits im Jahre 1851 in Frankreich gegründet und besteht noch heute.

In Deutschland übernimmt die Verwertung von musikalischen Werken die GEMA, die Gesellschaft für musikalische Aufführungs- und mechanische Vervielfältigungsrechte. Überall dort, wo mit Musik Geld verdient wird, tritt die GEMA in Aktion und nimmt die Rechte der ihr angeschlossenen Komponisten, Textdichter und Musikverleger wahr. Die GEMA registriert und berechnet im wesentlichen die sogenannen kleinen Aufführungsrechte, zieht die anfallenden Gebühren ein und schüttet am Ende eines Abrechnungsjahres nach einem komplizierten Verteilungsschlüssel die Tantiemen an die Wahrnehmungsberechtigten aus. Ein Teil der Einnahmen wird für soziale und kulturelle Zwecke verwandt. Dies trifft ebenso für die VG Wort und die VG Bild/Kunst zu.

Hauptsitz der GEMA: Bayreuther Straße 37-38, 10787 Berlin.

Die VG Wort (seit 1978 mit der VG Wissenschaft vereinigt) nimmt die Rechte der belletristischen und wissenschaftlichen Autoren, Übersetzer, Journalisten und deren Verlegern wahr. Die Einnahmen der VG Wort kommen aus verschiedenen Bereichen (z.B. Bibliothekstantiemen, Kopien- und Kopiergeräteabgaben, Vortrags- und Senderechte etc.) Besonders im Hinblick auf das immer stärkere Anwachsen von unberechtigt hergestellten Kopien geschützter Werke, gewinnt die Tätigkeit der VG Wort für viele Urheber an Bedeutung. Die Tantiemenausschüttung erfolgt ebenfalls nach einem bestimmten Verteilungsplan, der jedem Berechtigten seine anteilmäßige Vergütung zukommen läßt.

Anschrift der VG Wort: Goethestr. 49, 80336 München.

Die Wahrnehmungsberechtigten der VG Bild/Kunst sind in den drei Berufsgruppen, „Bildende Künstler“, „Fotografen und Graphikdesigner“ sowie „Filmemacher“ zusammengefaßt. Sowohl die Wahrnehmung von Rechten als auch die Tantiemenverteilung ist ähnlich organisiert wie bei den bereits genannten Verwertungsgesellschaften.

Anschrift der VG Bild/Kunst: Poppelsdorfer Allee 43, 53115 Bonn.

Die übrigen deutschen Verwertungsgesellschaften sind:
- GVL / Gesellschaft zur Verwertung von Leistungsschutzrechten
- VG Musikeditionen / Verwertungsgesellschaft zur Wahrnehmung von Nutzungsrechten an Editionen von Musikwerken
- GÜFA / Gesellschaft zur Übernahme und Wahrnehmung von Filmaufführungsrechten
- VFF / Verwertungsgesellschaft der Film- und Fernsehproduzenten
- VGF / Verwertungsgesellschaft für Nutzungsrechte an Filmwerken
- GWFF / Gesellschaft zur Wahrnehmung von Film- und Fernsehrechten
- ZPÜ / Zentralstelle für private Überspielungsrechte

Pressegesetze

Vor allem den Verlegern von Zeitungen und Zeitschriften sollten die Bestimmungen des Presserechts bekannt sein. Der Begriff „Presserecht“ bezeichnet die Gesamtheit der Vorschriften, die die Rechtsverhältnisse der Presse regeln. Bisweilen unterscheidet man zwischen Presserecht im weiteren Sinne und Presserecht im engeren Sinne.

Unter dem zuerst genannten Begriff versteht man alle für die Presse geltenden Rechtsgrundsätze wie z.B. wichtige Bestimmungen des Arbeitsrechts, des Urheber- und Verlagsrechts, des Wettbewerbs- und Kartellrechts, des Zivil- und Strafrechts und des Postrechts.

Das Presserecht im engeren Sinne hingegen vereint nur die speziellen Regeln, die für die rechtlichen Verhältnisse der Presse, entsprechend ihrer kulturellen und politischen Bedeutung, wichtig sind.

Diese Bestimmungen sind in den Landespressegesetzen aufgeführt, die wohl als wichtigste Quellen des Presserechts angesehen werden dürfen. Die Landespressegesetze regeln unter anderem:

- Öffentliche Aufgabe und Informationspflicht der Presse (§§ 3 und 4 LPG)
- Sorgfaltspflicht, d.h. alle Nachrichten, vor ihrer Verbreitung mit der nach den Umständen gebotenen Sorgfalt auf Inhalt, Herkunft und Wahrheit zu prüfen (§ 6 LPG)
- Impressum, d.h. die Pflicht zur Angabe von Name, Firma, Anschrift des Druckers und Verlegers bei periodischen Druckwerken, ferner der Name und die Anschrift des verantwortlichen Redakteurs (§ 8 LPG)
- Kennzeichung entgeltlicher Veröffentlichungen mit dem Wort „Anzeige" (§ 10 LPG)
- Gegendarstellungsanspruch (§ 11 LPG)
- Zeugnisverweigerungsrecht, Beschlagnahme- und Durchsuchungsverbot (§ 24 LPG).

Pflichtexemplarrecht

Auf Grund gesetzlicher Vorschriften ist jeder Verleger verpflichtet, jeweils ein Exemplar (oder mehrere) von allen seinen im Inland hergestellten Druckwerken (z.B. Bücher, aber auch Zeitungen und Zeitschriften) den vom Gesetzgeber bestimmten öffentlichen Bibliotheken (in der Regel sind dies die zentralen Landesbibliotheken) anzubieten und auf Verlangen abzuliefern. Damit soll erreicht werden, daß das in Deutschland verlegte Schrifttum vollständig gesammelt, verzeichnet und zur Benutzung bereitgestellt werden kann. Dadurch bleibt der Nachwelt ein (fast) komplettes Bild des literarischen Schaffens unserer Gesellschaft erhalten.

Sowohl die einzelnen Bundesländer als auch der Bund haben die Ablieferungspflicht entsprechend ihren Bedürfnissen geregelt, d.h., ein Verleger muß sich über die in seinem Bundesland bestehenden Bestimmungen informieren. Weder die Anzahl der abzuliefernden Pflichtexemplare noch die Frage einer Entschädigung sind einheitlich geregelt. So gewähren die vier Länder Baden-Württemberg, Berlin, Rheinland-Pfalz und das Saarland in jedem Fall eine gesetzlich vorgesehene Entschädigung, die beiden Stadtstaaten Bremen und Hamburg, Bayern und Schleswig-Holstein kennen keine Vergütungspflicht, die übrigen Länder sowie die Deutsche Bibliothek in Frankfurt machen eine Entschädigung vom konkreten Fall abhängig.

Ganz abgesehen von diesen recht unterschiedlichen Bestimmungen der einzelnen Bundesländer sind jedoch alle Verleger durch das „Gesetz über die

Deutsche Bibliothek“ vom 31.3.1969 verpflichtet, jeweils ein Exemplar ihrer Verlagswerke (Druckerzeugnisse, aber auch Musiknoten und Musiktonträger) an die Deutsche Bibliothek in Frankfurt abzugeben. Darüber hinaus schickten auch viele Verleger freiwillig ein kostenloses Belegexemplar der – 1912 vom Deutschen Buchhandel gegründeten – Deutschen Bücherei in Leipzig. Im Zuge der Wiedervereinigung wird sich wohl auch auf diesem Gebiet demnächst etwas ändern.

4.6 Marketing im Verlag

Unter *Marketing* versteht man eine Unternehmensphilosophie, die die betrieblichen Entscheidungen vom Konsumverhalten der möglichen Kunden abhängig macht. „Ein Unternehmen vom Markt her führen“ – heißt das Schlagwort.

Marketing-Konzepte stehen somit im Widerspruch zu solchen, die allein darauf vertrauen, daß sich eine (technologische) Idee, ein Produkt – ein Buch – schon ‚von selber‘ verkaufen werde, wenn es dem potentiellen Käufer denn nur genügend Nutzen verspricht. Eine solche Strategie, wenn es überhaupt eine ist, vertraut im wesentlichen dem Produkt und eine ihm eigene Kraft, die sich letztlich allein am Markt durchsetzt. So bedeutend diese Sichtweise für die qualitativen Anforderungen an das Produkt ist, für das Marketing ist sie nur eine unter mehreren. Ein gutes Buch herzustellen, bedeutet aber noch lange nicht, es auch in genügender Menge verkaufen zu können. Die Verkäuflichkeit ihrerseits wird aber ganz bestimmte Ansprüche an ein Buch stellen, die unter Umständen ursprünglich weder inhaltlich (?!) noch formal intendiert waren. Um hierüber zuverlässige Informationen zu erhalten, bedarf es der ständigen Kommunikation zwischen dem Unternehmen und seinem Markt.

Insoweit sich Marketing mit der Erkundung von Nachfragepräferenzen, Konkurrenzforschung, Produktbeurteilungen, Konsumtrends etc. beschäftigt, betreibt man *Marktforschung bzw. Marketingforschung.*

Insoweit Marketing die optimale Einzelausrichtung aller absatzorientierten Aktivitäten eines Unternehmens bezeichnet, spricht man vom *Marketing-Mix* oder der optimalen Kombination der *Marketing-Instrumente* bzw. des absatzpolitischen Instrumentariums.

4.6.1 Unternehmensleitlinien und Marketingstrategien

Unter Strategie versteht man die mittel- bis langfristige Festlegung von operativen Konzeptionen zur Erreichung eines Zieles. Bezogen auf das Marketing heißt dies die Frage zu stellen, an welchen übergeordneten absatzpolitischen Überlegungen ein Unternehmen seine Einzelmaßnahmen ausrichtet.

Marketing-Strategien sind nicht zu verwechseln mit Unternehmensleitlinien. Diese umfassen generelle, alle Bereiche eines Verlages betreffende, visionäre Aussagen.

Unternehmensleitlinien

Typische Unternehmensleitlinien eines Verlages sind z. B.:
- Wir wollen langfristig eine angemessene Rendite erzielen.
- Das Wohl unserer Autoren ist unser größtes Kapital.
- Wir verlegen nur Bücher, die von ... (Toleranz, christlicher Moral, Völker-Rassenverständigung, der politischen Richtung x, y, z, keiner, etc.) geprägt sind.
- Wir fangen kein Projekt an, dessen Scheitern die Existenz des Unternehmens aufs Spiel setzt.
- Wir bieten jedem Mitarbeiter die gleichen Aufstiegschancen und berücksichtigen gleichermaßen Autorenwünsche.

Wie man sieht, geben die Unternehmensleitlinien einen gewissen Rahmen vor, der einerseits zur *Corporate Identity* (CI) eines Verlages unerläßlich ist, andererseits aber auch schon Vorgaben enthält, die marktrelevant sind.

Absatz- oder Marketingstrategien haben sich an den Unternehmensleitlinien zu orientieren oder dürfen ihnen zumindest nicht widersprechen. Als grundsätzliche strategische Ansätze lassen sich, neben vielen anderen, die folgenden drei Typen kennzeichnen:

Verdrängungspolitik

Diese Strategie zielt auf die Erreichung eines möglichst hohen Marktanteils ab. Im Falle der Monopolstellung ist sie zu 100 % erreicht, in der Praxis jedoch auch schon mit der Erlangung der eindeutigen Marktführerschaft. Hierzu ist es nötig, die Preis- und Kostenführerschaft zu erlangen (Unterziel). Ist diese erreicht, wird ihre Beibehaltung zur Unternehmensleitlinie.

Für einen Verlag bedeutet dies im operativen Bereich:
- Akquirierung der auflagenstärksten Autoren
- Aufkauf (eleganter: ‚Übernahme') von Konkurrenten, insbesondere im Zeitschriftensektor (horizontale Diversifikation)
- Preis- und Kostenführerschaft in der Herstellung durch Auflagenoptimierung sowie Kontrolle über Papierhersteller, Satz- und Lithoanstalten, Druckereien, andere Medienbereiche (laterale Diversifikation)
- weitgehendste Einflußnahme auf Vertriebswege und -formen sowie Konditionenpolitik (vertikale Diversifikation)
- Verfolgung von Konfliktstrategien zur Zielerreichung.

Differenzierungspolitik

Hier wird auf die Erreichung eines bestimmten Marktanteils hingearbeitet, wobei den Hauptkonkurrenten durch qualitative Unterscheidung ausgewichen wird.

Unterziele können sein:
- Akquirierung von starken Autoren innerhalb eines Programmschwerpunktes

- Kooperation mit Konkurrenten
- Nutzung optimaler Herstellungsmethoden
- mäßige Einflußnahme auf Vertriebsformen und Konditionen
- weitgehende Vermeidung von Konflikten

Nischenpolitik

Dieser strategische Ansatz ist von besonderer Bedeutung für kleinere Verlage, wenngleich Verlage aller Größen ständig nach Nischen Ausschau halten. ‚Nische' bezeichnet sowohl ein Produkt (Buch, Bild-, Tonträger etc.) als auch eine sonstige Leistung oder einen Autor, der in qualitativer Hinsicht bislang nicht am Marktgeschehen teilnimmt. Meist handelt es sich um Innovationen und Spezialbedürfnisse kleiner Zielgruppen. Die Herstellungskosten sind relativ hoch, die Chancen jedoch auch, da zumindest anfänglich kaum die Gefahr besteht, in eine unmittelbare Konkurrenz mit starken Mitanbietern zu treten. Für kleinere Verlage ist die Erreichung eines unternehmensnotwendigen Marktanteils hinreichend, eine Forderung, der allerdings auch die Größe der in Angriff genommenen Nische entsprechen muß.

Darüber hinaus können sich auch Nischen außerhalb des Produktes auftun, z.B. Nischen im Vertriebsweg, der Preispolitik, der Werbung, d.h. Nischen in der Handhabung des absatzpolitischen Instrumentariums insgesamt.

Die Unterziele der Nischenpolitik:
- Suche nach innovativen Autoren, Produkt- oder Programmlücken
- entweder völlig autarkes Vertriebskonzept (auch direkt) oder Nutzung aller Kooperationsmöglichkeiten
- völlige Konfliktvermeidung

4.6.2 Marktforschung

Unter Marktforschung versteht man die systematische Erforschung aller Daten und sonstiger Informationen über einen konkreten Markt. Insbesondere wird danach gefragt, unter welchen Voraussetzungen eine Nachfrage nach bestimmten Gütern und Dienstleistungen in welcher Höhe besteht (spezifisches Kaufkraftvolumen) und inwieweit diese momentan befriedigt wird.

Ist auch die Erforschung der Wirkung des Einsatzes einzelner Absatzpolitischer Instrumente mitgemeint, wird auch von Marketingforschung gesprochen.

Ein Verlag wird von der Markt- bzw. Marketingforschung u.a. die Beantwortung folgender Fragen erwarten:
- Wie hoch ist das Marktpotential – regional gegliedert – für bestimmte Titel, Reihen, Programmschwerpunkte? (Eine Frage, die nur für bestimmte Sach- und Fachbücher ansatzweise zu beantworten ist)
- Wie wird sich das Leseverhalten entwickeln, welche Medien werden in Zukunft welchen Stellenwert haben?
- Welche alternative Buchgestaltung, Werbe- oder Verkaufsförderungsmaßnahme, Preisschwelle etc. zeitigt welche Wirkung?

Prinzipiell können zwei Typen von Marktforschung unterschieden werden:
- die quantitative, numerische oder auch ökoskopische Marktforschung befaßt sich mit der Erhebung objektiver Daten wie Umsätze, Anbieter- und Nachfragerstruktur, Preise, Marktanteile etc.
- die qualitative oder auch demoskopische Marktforschung, die sich der Ermittlung von Meinungen, Motiven, Einstellungen und Erwartungen annimmt.

Wird hierzu vorhandenes Material ausgewertet, spricht man von Sekundärforschung. Für sie spricht die schnelle und kostengünstige Verfügbarkeit der betriebsinternen wie auch -externen Unterlagen. Sie ist der Regelfall in der ökoskopischen Marktforschung.

Die demoskopische Marktforschung erfordert hingegen üblicherweise die Primärforschung. Hierbei werden drei Erhebungsmethoden unterschieden:

<u>Befragung</u>:

Sie kann persönlich, schriftlich oder telefonisch erfolgen. Die Fragen können
  - direkt oder indirekt (verschlüsselt)
  - geschlossen oder offen
  - standardisiert oder frei gestellt werden.

Besondere Beachtung kommt der repräsentativen Auswahl der Stichprobe zu, von der erwartet wird, daß sie die gleichen Merkmale aufweist wie die Grundgesamtheit.

Befragt man die gleiche Stichprobe zum gleichen Sachverhalt über einen längeren Zeitraum, spricht man von einer Panel-Befragung.

<u>Beobachtung</u>:

Sie ist im Gegensatz zur Befragung unabhängig von der Auskunftsbereitschaft der Probanden. Als Beispiele seien genannt:
- objektbezogen:
  - Plazierung, laufende Regalmeter des Verlagsprogramms in verschiedenen Betriebsformen des Buchhandels
  - Verwendung von Displaymaterial
  - Anzahl der Titel eines Verlags im Schaufenster
- personenbezogen:
  - Anzahl und Verweildauer von Kunden
  - Reaktionen von Lesern beim Betrachten des Einbandes
  - Beobachten des Ausdrucks, Kaufverhaltens, Leseverhaltens, Blickregistrierung sowie Methoden der physiologischen Messung, wie Herzfrequenz, Pupillenweite, Transpiration etc.

<u>Experiment:</u>

Es besteht im allgemeinen aus einem Test, bei dem die Wirkung der Veränderung einer Größe als ausschließlich durch sie verursacht interpretiert werden kann.
Beispiele: Nur die Schrifttype wird geändert, Inhalt und Umbruch bleiben gleich;
Nur die Plazierung (eines Titels) im Verkaufsregal wird verändert, das Umfeld bleibt gleich;
Nur die Grundfarbe eines Einbandes wird gewechselt bei sonst gleichem Layout.

Experimentelle Situationen lassen sich sowohl für Befragungen als auch für Beobachtungen realisieren. Bleiben die Umweltbedingungen unverändert, d.h. spielt sich der Test im normalen Alltagsbereich ab, spricht man von einem Feldexperiment. Werden dagegen eigens für den Test isolierte Bedingungen geschaffen, handelt es sich um ein Laborexperiment.

Sind die Daten derart erhoben, müssen diese geordnet, skaliert und analysiert werden. Beispielhaft für eine Einstellungs-Wertschätzung sei als Skalierungsmethode das Semantische Differential genannt. Hierbei werden gegensätzliche Begriffspaare gebildet und die Probanden aufgefordert, anzugeben, inwieweit der vorgegebene Sachverhalt auf das – Buch – zutrifft. Die Verbindungslinie aller Beurteilungen ergibt ein Polaritätenprofil, welches nun entweder produkt- oder personengruppenbezogen mehrfach erstellt und miteinander verglichen wird.

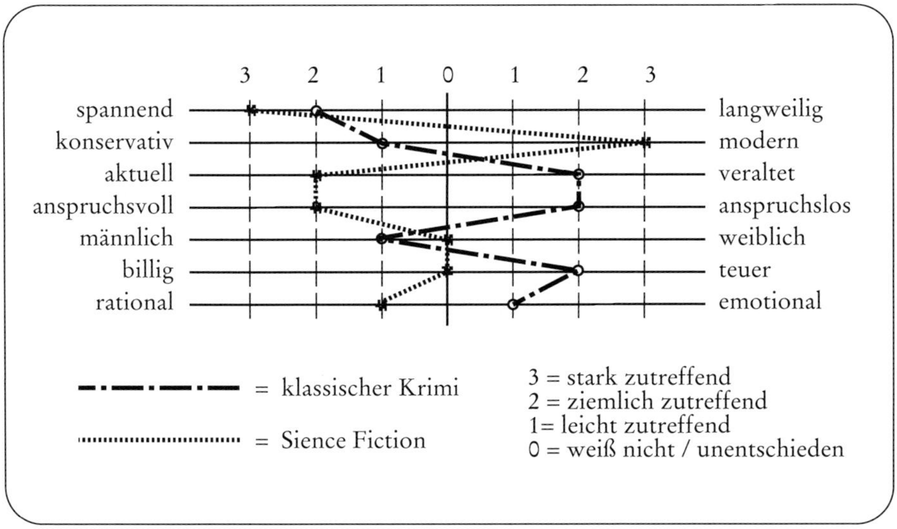

Abb. 19: Semantisches Differential mit Polaritätenprofilen (Beispiele)

Fragt man nun, in welchem Umfang Verlage Marktforschung betreiben, so fällt die Einschätzung sehr negativ aus. Mögliche Gründe hierfür sind:
- Verleger versprechen sich in der Regel sehr wenig von Ergebnissen allgemeiner Marktforschung speziell für ihr Programm
- der Aufwand übersteigt die Möglichkeiten fast aller Verlage
- insbesondere für belletristische Bücher versagen alle bekannten Methoden der Umsatz- und Trendanalyse (mit Ausnahme der Subskription)

So bleibt es im wesentlichen wenigen Großbetrieben (Bertelsmann), Stiftungen (Lesen) und dem Börsenverein (zusammen mit dem Allensbacher Institut) überlassen, mit Hilfe großer Marktforschungsinstitute (z.B. Emnid, Wickert, BBE) Einstellungen und Konsumverhalten zu folgenden Gebieten zuerforschen:

- Leseförderung
  - Leseerziehung
  - Lesetechnik
- Leserforschung
  - Lesertypologie
  - Medienkonkurrenz
  - Rezeptionsforschung
- Medienforschung
- Buchmarktforschung
- Bestsellerforschung

Im Bereich der Marketingforschung verfügt dagegen der Verlag über ein hervorragendes Instrument der Marktbeobachtung: sein Außendienst! Die gezielte – wenn auch nicht zu offene – Befragung des Sortimentsbuchhandels stellt eine kostengünstige, komprimierte, extrem zeitnahe, kompetente und zuverlässige Quelle für alle Informationen dar, die die aktuelle Programm- und Auflagenpolitik eines Verlages bestimmen.

4.6.3 *Marketinginstrumente*

Mit Hilfe der marketingpolitischen Instrumente will ein Unternehmen direkten Einfluß auf das Verhalten seiner Marktpartner nehmen. Im Verlagswesen ist hierbei einer Tatsache besondere Aufmerksamkeit zu schenken: ‚Marktteilnehmer' sind keineswegs nur die absatzseitigen Kontrahenten wie Sortiment, sonstige Buchverkaufsstellen etc. und – ach ja – der Leser, sondern im gleichen Maße auch die Autoren. Daher ist im Verlag die Marketingstrategie und -taktik auch auf die ‚Beschaffungs'-Seite auszurichten. (Eine ähnliche Konstellation findet sich bei Maklern und Banken.)

Man unterscheidet vier Instrumente:

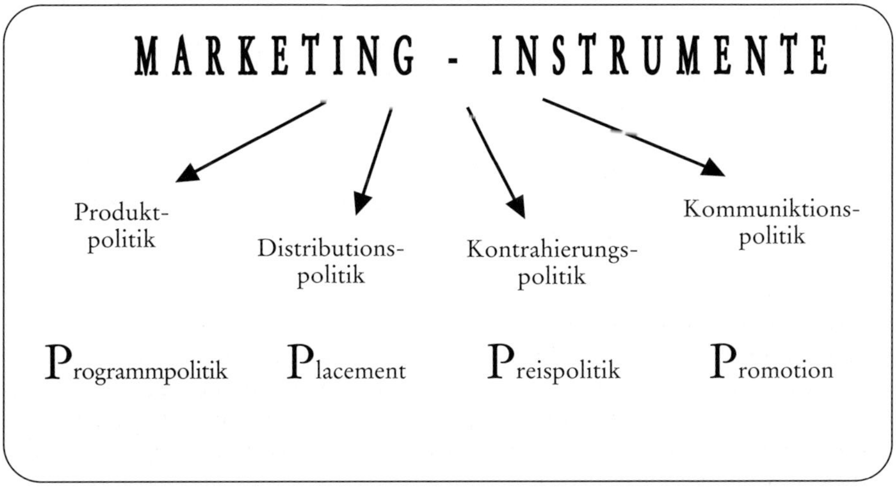

Abb. 20: Marketing-Instrumente

Teil 1 Programm- und Produktpolitik

Hierunter begreift man alle Aktivitäten, die sich auf die Konzeption, Gestaltung und Herstellung der Güter und Dienstleistungen beziehen, mit denen ein Verlag am Markt präsent sein möchte. Sie zeichnen sich gegenüber den anderen Marketing-Instrumenten dadurch aus, daß sich die übrigen Instrumente an ihnen orientieren. Jedoch können auch z. B. preispolitische Prioritäten Forderungen an die Produktpolitik stellen oder verschiedene Vertriebskanäle eine unterschiedliche Buchgestaltung nahelegen etc.

Im einzelnen umfaßt die Produktpolitik als übergeordnetes Marketinginstrument folgende Elemente, deren Summe in ihrer taktischen Umsetzung Produktmix genannt wird:

Festlegung des Programms

Hierbei stehen neben dem (kultur-)politischen Selbstverständnis des Verlages die Verbundwirkungen eines Sortiments im Vordergrund. Programmatische Schwerpunkte lassen sich, insbesondere bei der Akquisition interessanter Autoren, einprägsamer darstellen (‚Beschaffungswerbung') als der vorübergehende Erfolg eines Titels. Gleiche Wirkungen gilt es auf den Sortimentsbuchhandel und – wesentlich schwieriger – auf den Leser zu übertragen. Als Möglichkeit hierzu bietet sich die Reihenbildung und ihre optische Hervorhebung (Markierung) an. Seine Grenzen sollte die Festlegung eines Programmes dort finden, wo die Aufnahme neuer Titel unnötig erschwert wird, weil ein Verlag sich seine Kompetenz zu eng geschneidert hat. Mithin handelt es sich um Entscheidungen über die Programmbreite, -tiefe und Spezialisierung.

Ein sehr gut geeignetes Instrument, um die betriebswirtschaftlich sinnvolle Struktur eines Programms darzustellen, ist die sogenannte Portfolio-Methode. Der Begriff wurde in Anlehnung an seine Bedeutung im Finanzanlagenbereich in das Marketingdenken übernommen. Es wird die Frage erörtert, welchen Beitrag zur Zielerreichung und Finanzierung eines Verlages die einzelnen Werke oder Reihen leisten. Hierzu listet man in einem Portfolio mit vier (oder neun) Feldern alle Produkte oder Produktlinien des Verlages auf, entsprechend ihrem aktuellen Status bezüglich Wachstum und Marktanteil (oder Anteil am Gesamtumsatz des Verlages).

Die vier Felder im einzelnen:
Question mark: In diesem Feld erscheint ein Werk in erster Auflage bzw. eine Reihe, wenn sie neu auf den Markt kommt. Das Wachstum ist relativ hoch, der Markt- oder Umsatzanteil noch gering; die Kosten sind hoch, Gewinne werden dementsprechend noch nicht erwirtschaftet; es ist noch fraglich, ob das Projekt erfolgreich wird.
Star: Das Buch (die Reihe) hat sich am Markt durchgesetzt, geht in die zweite

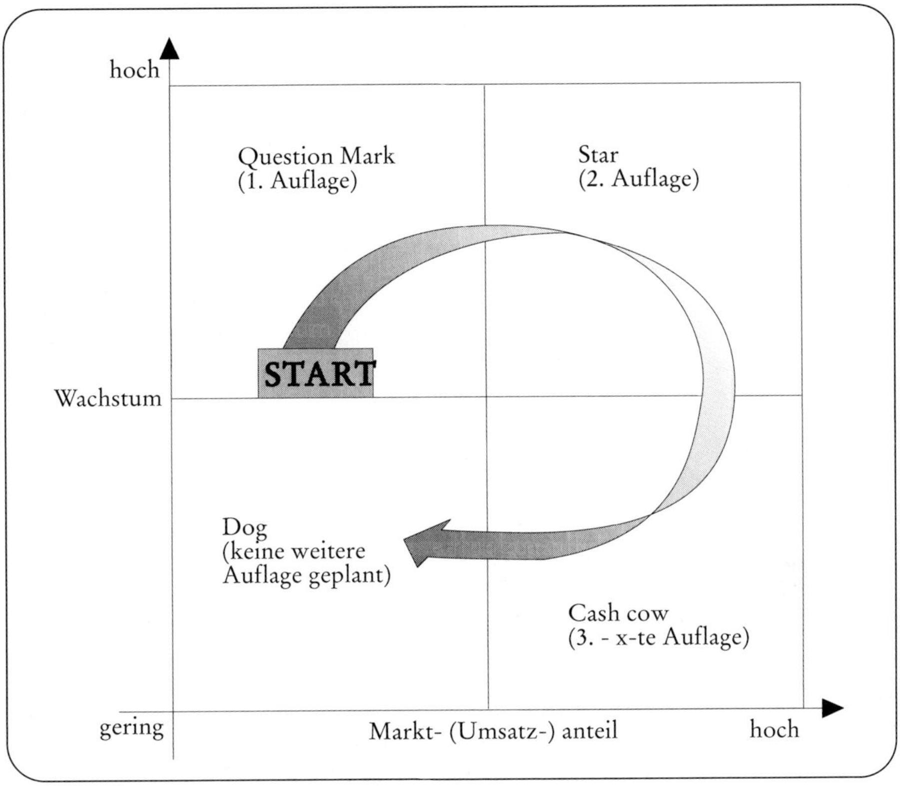

Abb. 21: Portfolio-Modell

Auflage, das Wachstum (bezogen auf die Höhe der ersten Auflage) stagniert zwar, jedoch steigt der Markt-(Umsatz-)anteil. Erste Gewinne fallen an.
Cash-Cow: Es geht in die 3. bis x-te Auflage, ‚die Kuh wird gemolken'. Mag auch die Höhe der einzelnen Auflagen zurückgehen (Wachstum), so ist der Marktanteil sehr hoch, die Kosten gering und der Gewinn fließt reichlich.
Dog: Weitere Auflagen sind nicht mehr geplant. Das Buch, die Reihe kommt auf den Hund. Wachstum und Marktanteil gehen gegen null. Gewinne sind nicht mehr zu erwirtschaften, im Gegenteil, es drohen Verluste aus einer möglichen Verramschung.

Jeder Verlag sollte nun genauestens darüber informiert sein, wie sich sein Programm auf die einzelnen Felder verteilt. Eine optimale Programmstruktur hält ca. 20–30% der Titel im Bereich der Question mark, 20% im Star-, 40–60% im Cash cow-Bereich und hat möglichst keinen Hund in der Hütte.

Auf der nächsten Seite ist eine denkbare Programmstruktur, die aus 5 Reihen besteht, beispielhaft wiedergegeben:

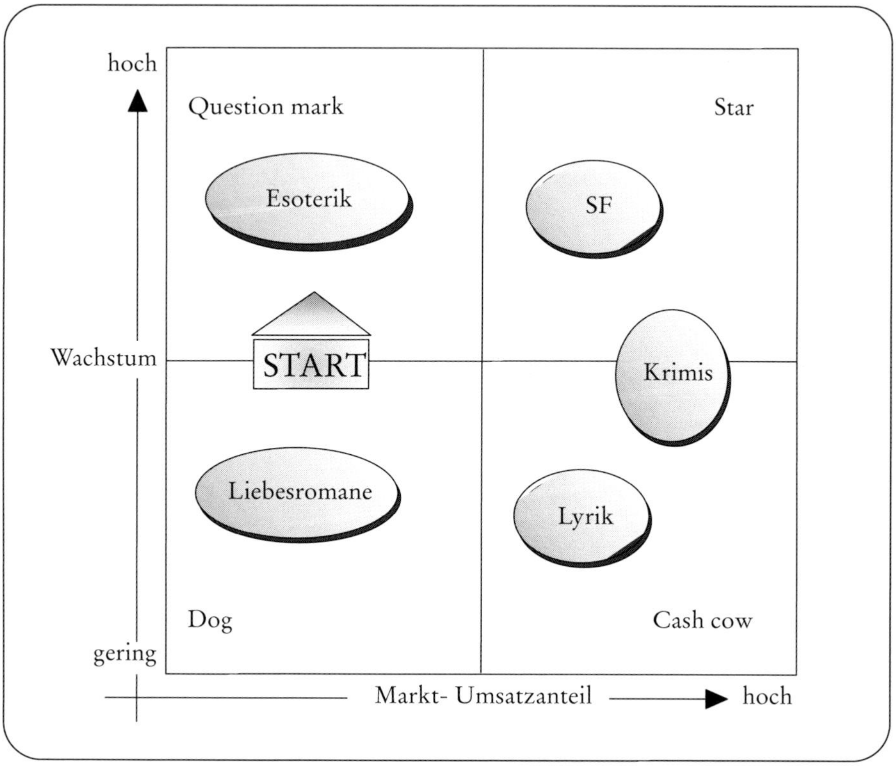

Abb. 22: Beispiel für das Reihen-Portfolio eines belletristischen Verlags

Die Folgerungen:
Recht gute Verteilung und daher gesunde Struktur. Lediglich die Reihe „Liebesromane" bedarf einer genaueren Betrachtung.
Hierzu ziehen wir das Titel-Portfolio der Reihe „Liebesromane" heran (siehe nächste Seite).

Die Folgerungen:
Irgendwann wurde die Programmpflege mehr oder weniger eingestellt. Tatsächlich muß sich dieser Verlag fragen, ob er seine Reihe ‚Liebesromane' einstellt, zumal aus den Bereichen Question mark und Star kurzfristig wenn überhaupt, dann wenig nachkommt und sich zur Melkkuh entwickeln kann.

Die Erstellung eines Autoren-Portfolios erfolgt in gleicher Weise.

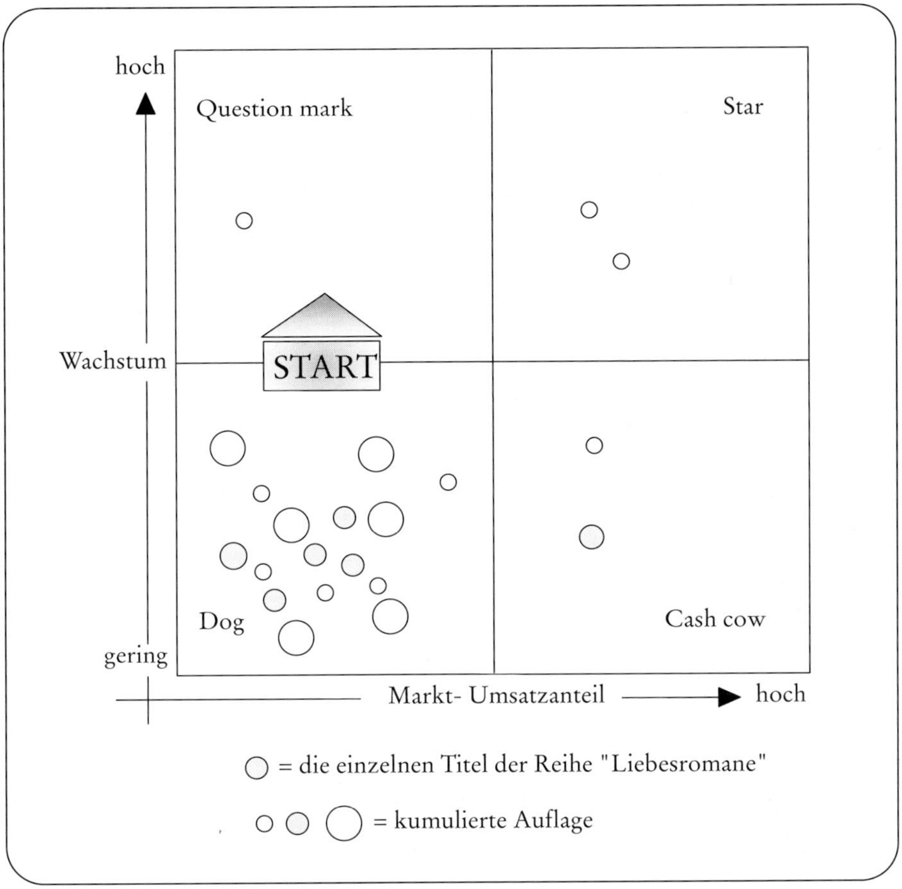

Abb. 23: Beispiel für das Titel-Portfolio der Reihe ‚Liebesromane'

Produktpolitik

Sie beschäftigt sich mit der Aufnahme, Pflege und Eliminierung eines Titels. Hierzu sind bei Sach- und Fachbüchern ständig der Inhalt und bei allen Titeln die formale Gestaltung laufend zu aktualisieren (vgl. zur Technik des Herstellers auch Band 5 dieser Reihe, ‚Herstellung'). Dies gilt u.a. für den Einband, die Bindungsart, Typen, Umbruch, Papier, Design, Layout etc.

Im Gegensatz zum rein technischen Problem der (Buch-) Herstellung stehen bei der Produktpolitik als Marketinginstrument jedoch die marktorientierten Aspekte im Vordergrund. Verantwortlich für die Produktpolitik im Verlag ist der Lektor (in der übrigen Wirtschaft der ‚Produktmanager').

Für die Pflege des Programms (der ‚Backlist') sowie die Aufgabe einzelner Titel (auch: Autoren) wird meistens deren Lebenszyklus herangezogen, wobei bestimmte Typen von Büchern (siehe nächste Seite; hier: Modebücher und Longseller) ganz andere Verläufe haben können.

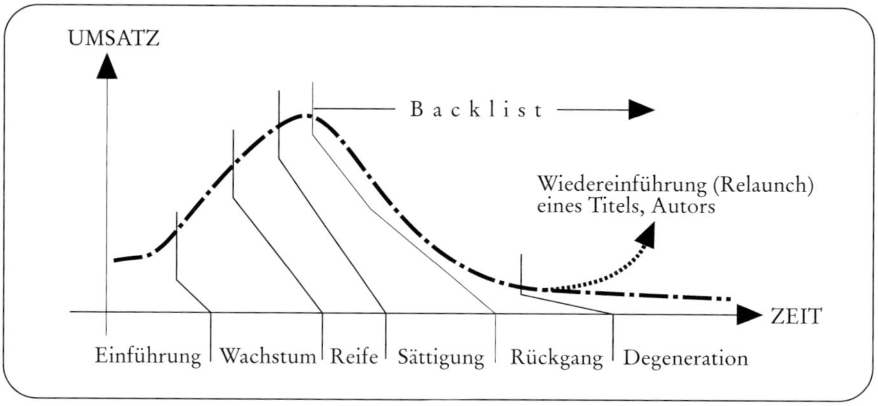

Abb. 24: Lebenszyklus (Modell)

Die Lebenszyklen bestimmter Typen von Büchern können jedoch auch ganz andere Verläufe haben:

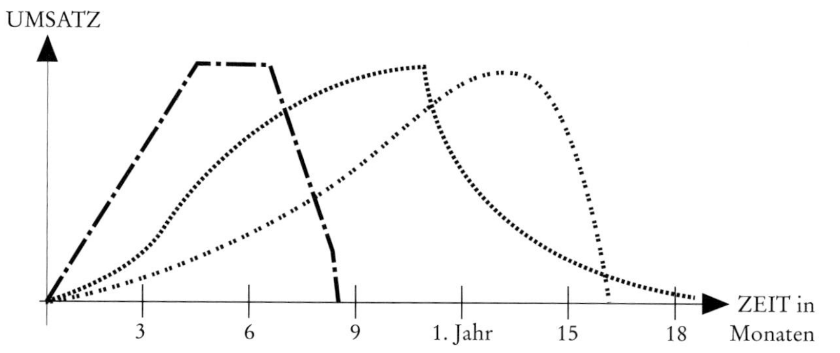

Abb. 25: Lebenszyklus. Beispiele Modebücher

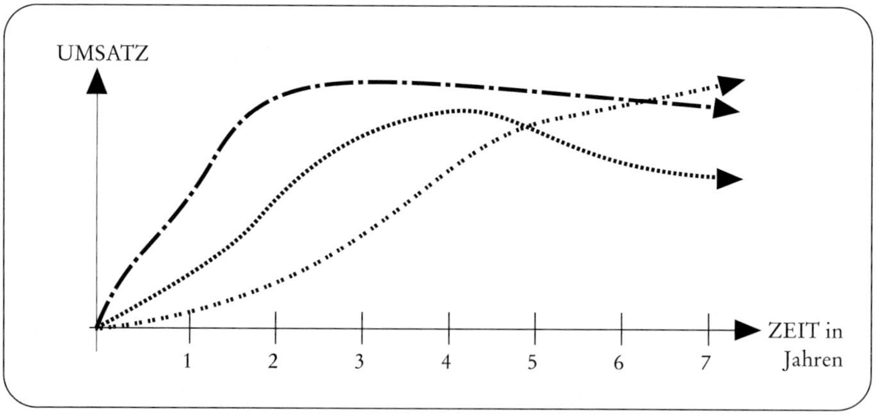

Abb. 26: Lebenszyklus. Beispiele Longseller

Kundendienst

Schließlich wird der Produktpolitik auch der technische und kaufmännische Kundendienst zugeordnet. Die Bezeichnung ‚Kundendienst' ist teilweise irreführend, da mit Ausnahme des Services und gewisser Remissionsrechte die übrigen Leistungen entweder zwingende Notwendigkeit oder darüber hinaus sogar gesetzlich vorgeschrieben sind. Insofern ließe sich auch zwischen freiwilligen und unfreiwilligen Kundendienstleistungen unterscheiden. Folgende Bereiche werden angesprochen, die ausführlich in Kap. 6.3.4 erläutert sind:

- Remissionen
- Preisänderungen
- Rückrufe. Entsprechend dem Anlaß werden Rückrufe unterschieden wegen:
  technischer Fehler in der Herstellung
  Lektoratsfehlern
  gewandelter Überzeugung des Autors (entsprechend § 42 UrhG)
  Neuauflage

  Aufhebung der Preisbindung, Verramschung
  Erlaß einer einstweiligen Verfügung, die dem Verlag die Verbreitung eines Werkes (vorläufig) untersagt

Einen völlig anderen Aspekt des Kundendienstes stellen die Marketing-Services Aktivitäten dar. Die Betreuung des (End-)Kunden nach dem Verkauf (*After sales Service*) gewinnt mehr und mehr an Bedeutung. Beispiele sind:
- Hot-line Dienste, besonders im EDV-Bereich
- Leser-Club Konzepte, die dem Endverbraucher weitere Leistungen offerieren (Reisen, Informationen, Incentives, Kommunikation mit Gleichgesinnten)
- Beratungs- und Schulungsleistungen

Teil 2 Distributionspolitik

Sie umfaßt alle Entscheidungen, die sich mit dem Weg eines Buches vom Verlag zum Leser beschäftigen. In größeren Verlagen wird sie von der Hauptabteilung Vertrieb getroffen. Gleichzeitig sind die wesentlichen Entscheidungen über die Wahl des optimalen Vertriebsweges und die damit unmittelbar zusammenhängende Plazierung an den gewünschten Verkaufspunkten (*Point of sales*) ein wichtiger Aspekt der Marketingkonzeption insgesamt. Daher wird ‚Vertrieb' zumindest im strategischen Bereich der Absatzplanung als Marketinginstrument begriffen.

Selbst- und Fremdauslieferung

Vor der Wahl eines konkreten Vertriebsweges ist zunächst zu entscheiden, wer die Auslieferung vornimmt. Dies kann zum einen der Verlag selbst sein – durch eine verlagseigene Auslieferung – oder aber ein selbständiges Unternehmen, welches die Auslieferung für mehrere Verlage besorgt. Auch sind Mischformen anzutreffen, indem sich mehrere Verlage einer gemeinsamen Auslieferung bedienen (= Mit- oder Gemeinschaftsauslieferung).

Auf die Vielfältigkeit der von einem Verlag gewünschten Vertriebswege hat diese Entscheidung nur sekundären Einfluß, d.h., es ist zu fragen, inwieweit eine Fremdauslieferung auch im Bereich des Informationsflusses, der Schnelligkeit und der Kosten dem jeweiligen Vertriebsweg optimal gerecht wird.

Die Entscheidung eines Verlages, die Auslieferung auszugliedern, also einem Fremdauslieferer zu überlassen, will wohl erwogen sein. Hierzu muß zunächst die Leistungspalette des Fremdauslieferers mit den Bedürfnissen des Verlages verglichen werden. Die derzeit knapp 40 Verlagsauslieferungen in der Bundesrepublik Deutschland spiegeln in ihrem jeweiligen Leistungsumfang die deutsche Verlagsszene wider. Trotzdem ergibt sich hieraus nicht zwangsläufig für jeden Verlag die Notwendigkeit einer Ausgliederung der Auslieferung. Vielmehr wird er folgende Kriterien zur Grundlage seiner Entscheidung machen (vgl. auch Kap. 5.5):

- Vorteile für den Verlag:
  - Keine eigene Lagerhaltung, deren Kapazität sich nach, oft nur wenige Wochen im Jahr erreichten, Spitzen ausrichten muß. Dies gilt sowohl für Raum-, als auch für Personalkosten. Ein Verlagsauslieferer, der Verlage mit unterschiedlichen Programm-Schwerpunkten vertritt, kann hier saisonale Schwankungen zumindest ansatzweise ausgleichen.
  - Insbesondere kleinere Verlage können zusätzliche Leistungen im Bereich der EDV nicht wirtschaftlich einsetzen. Hierzu gehören u.a.:
    Fakturierung, Inventur, Auftragsbearbeitung, Buchhaltung, Remittendenbearbeitung, Verwaltung von Periodika, statistische Auswertungen von Umsätzen – unterschieden nach Regionen, Titeln, Vertreter (-provisionen)-, Deckungsbeitragsrechnung etc.
  - Die Übernahme des Zahlungsrisikos (Delcredere) im Zuge einer Zentralregulierung des Zahlungseingangs; damit verbunden die Bonitätsüberprüfung neuer Kunden.
  - Kostenvorteile und sonstige Synergieeffekte insbesondere hinsichtlich der Schnelligkeit bei der physischen Distribution (z.B. Büchersammelverkehr) in Zusammenarbeit mit dem Sortiment
- Nachteile für den Verlag:
  - Der direkte Kontakt zu den Verlagskunden ist nicht mehr gegeben. Dieses Argument verliert zwar im Zeitalter der Datenverarbeitung zunehmend an Gewicht, da alle relevanten Daten, insbesondere welche Verlagsprodukte wann wohin geliefert werden, unverzüglich und aufbereitet zur Verfügung stehen. Dennoch darf das persönliche Moment nicht unterschätzt werden, welches der unmittelbare Vertriebskontakt mit dem Kunden mit sich bringt.
  - Stark eingeschränkt, wenn nicht gar ausgeschlossen, sind eine individuelle Konditionenpolitik und somit ein feinfühliger, eigenständiger Ausbau neuer Vertriebswege.

- Schließlich zeitigt die Konzentration auf zwei große Unternehmen des Zwischenbuchhandels eine Marktmacht, die zur gefährlichen Gratwanderung autonomer Entscheidung, insbesondere im Kampf um Rabattanteile, geworden ist.

Generell ist festzustellen, daß sich eine verlagseigene Auslieferung in der Regel nur sehr große Verlage wirtschaftlich sinnvoll leisten können. Der kleine und mittlere Verlag hingegen wird, sofern er ein breites Publikum erreichen will, einer Fremdauslieferung den Vorzug geben. Will er aber eine relativ kleine und definier- sowie erfaßbare Zielgruppe ansprechen, wird auch der Kleinverlag seine Auslieferung selbst vornehmen.

Absatzkanäle

An wen ein Verlag seine Produkte zu welchen Konditionen verkauft, steht ihm prinzipiell frei. Ein *Kontrahierungszwang* (Belieferungszwang) kann sich allerdings aus einer eventuell marktbeherrschenden Stellung ergeben; auch wird ein Verlag gegenüber seinen Autoren die Diskriminierung bestimmter Abnehmer bzw. Handelsformen zu vertreten haben. Unabhängig davon bleibt die Frage, wer die Verlagsprodukte wohin bringen soll.

Zur vollständigen Abwicklung eines Verkaufes bedarf es der Organisation dreier Funktionen:
- dem Informationsfluß,
- dem Warenfluß und
- dem Zahlungsfluß.

Hierbei können, jedoch nicht müssen, zwei oder alle drei Funktionen von unterschiedlichen Personen oder Institutionen wahrgenommen werden. Der Zahlungsfluß sei hier ausgeklammert und auf die entsprechenden Ausführungen, z.B. zur BAG (vgl. Kap. 2.6), verwiesen. Der Informationsfluß ist eng verknüpft mit der Handhabung der übrigen Marketing-Instrumente, insbesondere der Kommunikationspolitik, so daß wir uns hier vornehmlich mit dem Warenfluß befassen wollen, ohne allerdings die vorab oder zusammen mit ihr transportierte Information hinsichtlich eines möglichen Verkaufsabschlusses zu vergessen.

Folgende Absatzkanäle (Vertriebswege) eröffnen sich – in grober Übersicht – einem Verlag:

Direktvertrieb

Einen Sonderfall in der Wahl der Absatzkanäle stellt der Direktvertrieb dar. Hierbei wird der Kaufvertrag unmittelbar zwischen Verlag und Endverbraucher geschlossen. Es ist kein Absatzmittler zwischengeschaltet.

Ca. 11% des Gesamtumsatzes aller Verlage wird direkt an den Endverbraucher/Endabnehmer vertrieben. Dies erfolgt in erster Linie durch das sogenannte Direkt-Marketing (z.B. Mailing oder Anzeigen in zieladäquaten Medien, Telefonverkauf oder Vertreterbesuche) und durch Sonderverkäufe bei Veranstaltungen wie Messen und Ausstellungen. Letzteres ist nur noch bedingt als Direktverkauf anzusehen, da der Übergang zu verlagseigenen Ein-

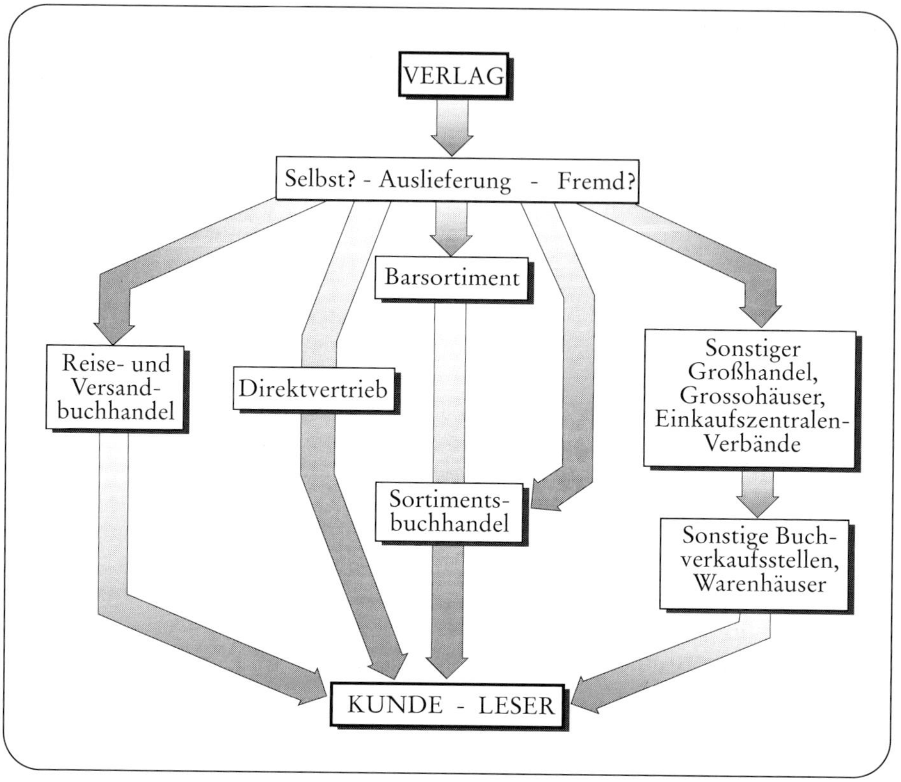

Abb. 27: Absatzkanäle eines Verlages

zelhandelsformen fließend ist und in der Regel auch eine sortimentsbildende Funktion wahrgenommen wird (d.h. auch Produkte anderer Verlage werden mit angeboten).

Die Entscheidung eines Verlages, in den Direktvertrieb einzusteigen, will wohl überlegt sein. In der Regel wird er nämlich mit erheblichen Widerständen auf seiten der Sortimenter und sonstigen Betriebsformen des Einzelhandels rechnen müssen, falls er mehrgleisig, d.h. sowohl direkt als auch indirekt, also über Absatzmittler, vertreiben will. Daher ist ein Direktvertrieb an den Endverbraucher in erster Linie dann sinnvoll, wenn mit einem Verlagsprodukt die überwiegende Mehrzahl aller möglichen Kunden kostengünstig (d.h. mit nur geringen Streuverlusten in der Werbung) erreicht werden kann, also eine relativ kleine, genau bestimmbare Zielgruppe vorliegt. Beispiele hierfür sind wissenschaftliche Literatur oder Fachliteratur für eine hochspezialisierte Berufs- oder Interessenten-Liebhabergruppe, deren Mitglieder problemlos zu ermitteln sind.

Natürlich reizt die Rabatteinsparung auch bei Massenpublikationen zum Direktvertrieb. Da diese Entscheidung jedoch auf das (Vertriebs-)Image des gesamten Verlages wirkt, und nicht etwa nur auf den Absatz der Titel, die er momentan als direktversandtauglich hält, ist sie nur schwer revidierbar.

Ein Verlag steht daher meistens vor der Alternative, ausschließlich direktvertreibend zu sein oder aber prinzipiell Absatzmittler einzuschalten.

Absatzmittler

Hat sich ein Verlag entschieden, keinen Direktvertrieb durchzuführen, ist er auf die Hilfe von *Absatzmittlern* angewiesen. Dies hat seine guten Gründe. Sie liegen im wesentlichen in der sortimentsbildenden Funktion des Handels begründet. Daß die Handhabung dieser Funktion sehr unterschiedlich ausfallen kann, zeigt eine Übersicht aller möglichen Absatzmittler (zur eingehenden Beschreibung der Absatzmittler im einzelnen siehe Kapitel 6.1 dieses Buches):

- Barsortiment (= Großhandel)
- Sortimentsbuchhandel
  - Fachbuchhandlung
  - Allgemeines Sortiment
  - Modernes Antiquariat
  - Buchkaufhäuser
  - Filialunternehmen
- Warenhausbuchhandel
- Bahnhofsbuchhandel
- Sonstiger Großhandel
  - Grossohandel
  - Einkaufsverbände von Fachgeschäften
  - Einkaufszentralen der Warenhäuser und sonstiger Filialunternehmen
- Fachgeschäfte (Für den Verlag generell: = Nebenmärkte, für manche Verlage, z.B. EDV, Musik, Spielwaren jedoch der Hauptmarkt)
  Typische Branchen:
  - EDV
  - Musik (bzw. = Fachbuchhandlung)
  - Spielwaren (Kinderbuchhandlung/-abteilung)
  - Foto
  - Schreibwaren (PBS = Papier, Büro, Schreibwaren)
  - Sportartikel
  - Unterhaltungselektronik (HiFi, Videotheken)
  - Drogerien, Drugstores
  - Tankstellen u.a.
- Reise- und Versandbuchhandel
- Buchgemeinschaften
- Außenhandel (Export)
  - Großhandel (Importeure)
  - Einzelhandel
  - Verlage (Lizenzen)

Für Fach- und Sachbuchverlage sind die ‚Sonstigen Großhändler' von besonderem Interesse, weil sie häufig die Funktion einer nachgelagerten Verlagsauslieferung übernehmen. Allerdings ist zu prüfen, ob der so erreichte Absatzmittler auf der Einzelhandelsstufe auch das Besorgungsgeschäft wahrnimmt, so der Verlag dies für notwendig hält.

Nicht zu unterschätzen sind auch die Lizenzgeschäfte mit bestimmten Absatzmittlern (Buchgemeinschaften, Einkaufsverbände), insbesondere im Außenhandel.

Absatzhelfer

Eine anders gelagerte, da nicht mit dem physischen Warenfluß befaßte, Entscheidung betrifft die Gestaltung des Außendienstes (vgl. auch Kapitel 6.2.1). Auch hier gilt es, ähnlich der Problematik der Selbst-Fremdauslieferung, zu entscheiden, ob der Außendienst als unternehmenseigenes Absatzorgan installiert wird oder extern – rechtlich selbständig – fungiert.

Hiernach wird die pauschale Kennzeichnung des ,Verlagsvertreters' rechtlich korrekt unterschieden in:

Reisende:

Sie sind arbeitsrechtlich Angestellte des Verlages und verfügen über eine Abschlußvollmacht für ihr Unternehmen. Sie beziehen ein festes Gehalt, rechnen ihre PKW- und sonstigen Spesen mit dem Verlag ab und erhalten je nach vertraglicher Vereinbarung ab Erreichen eines bestimmten Umsatzes zusätzliche Prämien und Provisionen. Ihr Status ist durch die §§ 59–83 des Handelsgesetzbuches (HGB) geregelt.

Freie Handelsvertreter:

Sie sind selbständige Kaufleute und schließen Geschäfte im Namen des Verlages ab. Ihre gesamten Spesen tragen sie selbst, erhalten jedoch gegenüber dem Reisenden eine höhere Provision (je nach Verkäuflichkeit des Programms 5–10% vom Umsatz und mehr). Ihre Rechte und Pflichten behandeln die §§ 84–92 HGB. Wird das Vertragsverhältnis mit ihnen gelöst, steht ihnen ein sogenannter ,Ausgleichsanspruch' zu als Entgelt für die Fortwirkung der von ihnen angebahnten Kundenkontakte.

In der Praxis erkennt man den Reisenden daran, daß er nur einen Verlag vertritt. Der Freie Handelsvertreter ist hingegen im Verlagswesen üblicherweise ein Mehrfirmenvertreter (Gegensatz: Exklusivvertreter.) Die Entscheidung, welche der beiden Möglichkeiten ein Verlag wählt, hängt in erster Linie von seiner Größe ab. Da ein flächendeckender, jährlich zweimaliger Besuch aller oder zumindest der wichtigsten Kunden im Sortiment in der Bundesrepublik Deutschland erst ab vier bis fünf Reisenden sicherzustellen ist, wird sich der kleine und mittlere Verlag (bis ca. 10 Mio DM Umsatz) überwiegend für den freien Handelsvertreter entscheiden.

Unabhängig davon wird ein Verlag seine Schlüssel-, Großkunden (Key accounts) immer direkt betreuen.

Versandwege

Die bislang aufgezeigten Vertriebswege verdeutlichten in erster Linie den Informationsfluß, zeichneten darüber hinaus jedoch auch den üblichen Warenfluß auf. Nunmehr ist allerdings noch zu fragen, wer den Versand der Ware tatsächlich vornimmt.

Für alle Beteiligten stellt sich wiederum die Frage nach dem ,selbst – oder – fremd?' Die Entscheidung hierüber ist jedoch, verglichen mit der der Auslieferung, wesentlich einfacher, da ausschließlich Gründe der Logistik und der damit verbundenen Kosten relevant sind.

Einen eigenen Fuhrpark wird sich ein Verlag mit eigener Auslieferung – ebenso wie eine Verlagsauslieferung – erst dann erlauben können, wenn eine optimale Nutzung der einzelnen LKW-Kapazitäten über das ganze Jahr gesichert ist. In allen anderen Fällen und zur Bewältigung von Spitzenaufkommen wird man entweder

selbständigen Spediteuren,
den Versand durch Post und/oder Bahn
oder Gemeinschaftseinrichtungen

den Vorzug geben.

Eine Besonderheit spielt in diesem Zusammenhang der sogenannte ,Büchersammelverkehr'. Er wird sowohl von den großen Barsortimentern als auch von selbständigen Speditionsfirmen betrieben. Nach einem ausgeklügelten System werden hierbei alle großen Verlage mit Selbstauslieferung sowie alle Verlagsauslieferungen angefahren und die Bücher im sogenannten ,Beischluß' zu den Buchhandlungen gebracht (vgl. Kap. 5.6).

Abschließend die einzelnen Elemente des Distributionsmix im Überblick:
- Wahl der Auslieferungsform
- Wahl der Absatzkanäle
- Wahl der Absatzmittler
- Direktvertrieb
- Wahl der Absatzhelfer
- Wahl der Versandwege

Teil 3 Kontrahierungspolitik

Inhaltlich verkürzend oft als *Preispolitik* bezeichnet, wird hierunter die Gesamtheit aller Entscheidungen verstanden, die sich mit den vertraglichen Bestimmungen über das Leistungsangebot befassen. Im Buchhandel sind der Kontrahierungspolitik aufgrund der Sammelreverse und der vertikalen Preisbindung der 2. Hand engere Grenzen gesetzt als der übrigen Wirtschaft. Dennoch eröffnen sich auch dem Verlag einige Aktionsparameter, die es im Rahmen des Kontrahierungsmix zu bestimmen gilt.

Ladenpreis

Dieser ergibt sich nicht ausschließlich als bloßes Ergebnis kalkulatorischer Überlegungen. Vielmehr können optische oder marktbestimmte Preisobergrenzen Vorgaben für seine Festlegung oder die Qualität der Buchgestaltung und -herstellung sein (einschließlich der Problematik Hard-cover versus Taschenbuch). Auch das Problem der Überschreitung von Preisschwellen (z.B. 10,– DM, 40,– DM, 100,– DM etc.) gehört hierher, wenngleich heute konkurrenzorientierte Aspekte den Vortritt gegenüber allgemeinen Preisschwellendiskussionen haben.

Rabattpolitik

Sie kann unmittelbaren Einfluß auf die Wahl der Absatzkanäle und ihre mengenmäßige Bedeutung nehmen, bis hin zur rabattpolitischen Diskriminierung einzelner Absatzmittler. Die Palette reicht vom Funktions- über Mengen- hin zu Zeit- und Treuerabatten.

Lieferungs- und Zahlungsbedingungen

Auch alle Fragen und Steuerungsmöglichkeiten, die mit der Gestaltung der Lieferungsbedingungen (ab Werk, frei Haus etc.), Transportversicherung sowie Zahlungsbedingungen (Ziele, Valuten, Skonti), hier insbesondere auch Konzepte der Ratenzahlung gegenüber dem Endverbraucher, zusammenhängen, stellen Einzelinstrumente der Kontrahierungspolitik dar.

Teil 4 Kommunikationspolitik

Kommunizieren heißt, Informationen auszutauschen. Wenngleich der Prozeß der Marktkommunikation – auf den Leser bezogen – in der Regel nur durch den Kaufakt ein Feedback erfährt, so handelt es sich doch generell um einen Meinungsaustausch, in welchem festgelegt wird, wer was wem wie mit welcher Wirkung mitteilt. Vier Einzelelemente werden unterschieden und ergeben zusammen das Kommunikationsmix: Werbung, PR, Verkaufsförderung und persönlicher Verkauf.

Werbung

Eine durchgeplante Werbung umfaßt mehrere Entscheidungsphasen:

- Die Werbeanalyse:
  Sie erfolgt aufgrund der von der Marktforschung ermittelten Primärdaten oder durch Auswertung betriebsinterner Umsatz- und Remittendenstatistiken sowie sonstiger Sekundärdaten. Festgelegt wird in erster Linie das *Werbeobjekt*, insbesondere die Möglichkeiten der Darstellung des besonderen, einzigartigen Verkaufsversprechens (= unique selling proposition, USP) gerade für diesen Titel, diesen Autor, dieses Programm zum jetzigen Zeitpunkt.
- Die Festlegung der Werbeziele:
  Solche Ziele können sowohl konkret ökonomischer Natur sein – wie z. B. Umsatz, Deckungsbeiträge, Marktanteile – als auch außerökonomischer, wie Image und Bekanntheitsgrad eines Titels, Autors, Programms, Verlages.
  Bei der Umsetzung der Werbeziele werden Wirkungsphasen unterschieden. Das einprägsamste Modell hierzu ist das sogenannte AIDA-Schema:
  A ttention – Aufmerksamkeit
  I nterest – Interesse
  D esire – Wunsch
  A ction – (Kauf-)Handlung

- Die Bestimmung des Werbebudgets:
  Je Planungsperiode sind auf der Basis der bisherigen Werbeausgaben oder entsprechend den gesetzten Werbezielen die gesamten Kosten für die Gestaltung und den Einsatz der Werbemittel, aber auch die damit zusammenhängenden Personal-, Raum- und sonstigen Kosten anzusetzen. Sie betragen durchschnittlich 6–8% vom Verlagsabgabepreis.
  Des weiteren kann nach dem zeitlichen Einsatz bzw. der Verteilung des Werbebudgets unterschieden werden in:

  - antizyklische Werbung = intensiver werben in umsatzschwachen Perioden
  - prozyklische Werbung = bewerben saisonaler Umsatzhöhepunkte, um sich an ihnen einen möglichst großen Anteil zu sichern
  - konstante Werbung = keine Berücksichtigung von Umsatzschwankungen beim Einsatz von Werbemitteln
- Die Bestimmung der Zielpersonen:
  Hierzu muß man wissen, wie welche Werbebotschaften von verschiedenen Konsumentengruppen aufgenommen werden. Dies ist Aufgabe der Marktforschung. Solche Informationen bilden die Voraussetzung für eine Typologisierung der Werbezielgruppen = Umworbenen:

  absatzseitig:

  - Leser –
    entsprechend ihrem Kaufverhalten:
    - Der extensiv sich entscheidende Leser hat einen hohen Informationsbedarf. Er ist unsicher in seiner Entscheidung; diese ist mit einem überdurchschnittlichen finanziellen Risiko behaftet (z.B. Nachschlagewerke, Raritäten).
    - Eine limitierte Kaufentscheidung liegt vor, wenn ein Leser nur so lange ein Buch sucht, bis seine grundsätzlichen Ansprüche erfüllt sind. Er will kurze, prägnante Informationen.
    - Habitualisierte (zur Gewohnheit werdende) Kaufentscheidungen prägen den Vielleser.
    - Der impulsive Buchkäufer – der spontane Kunde – der insbesondere auf Verkaufsförderungsmaßnahmen reagiert;

    entsprechend ihrer sozio-demographischen Zugehörigkeit:
    - Alter, Geschlecht, regionale Herkunft
    - Einkommen, Beruf

  - Absatzmittler –
    Barsortimente, sonstiger Großhandel
    Sortiment und sonstiger Einzelhandel

  - Meinungsführer (opinion leaders) –
    Kritiker, Multiplikatoren
    Pionierkunden, Innovatoren
    Verlagsvertreter;

beschaffungsseitig:
- Autoren (im Verlag vertretene / noch zu gewinnende)
- Übersetzer, Herausgeber, sonstige Bearbeiter
- Agenturen, sonstige Rechtsinhaber, Erben

- Die Gestaltung der Werbebotschaft:
  erfolgt nach den Erkenntnissen der Wahrnehmungspsychologie. Sie untersucht nicht nur die Wirkung einzelner Elemente wie Größe, Form, Farbe, Plazierung sondern im Rahmen der Gestalt- und Ganzheitspsychologie auch ihre strukturierte Wahrnehmung. Im Vordergrund steht hierbei das Prägnanzgesetz, demzufolge Werbemittel einfach, einheitlich und kontrastreich gestaltet sein sollten.
  Ein zentraler Aspekt ist die Entscheidung darüber, ob die Werbegemeinten eher emotional oder aber rational angesprochen werden sollen bzw. sein wollen. Hieraus ergeben sich unmittelbar Konsequenzen für die Mediaselektion (siehe unten), da emotionale Aussagen tendenziell besser von audiovisuellen Medien übertragen werden, rationale Informationen hingegen von den Print-Medien.
  Ein weiteres Problem besteht in der Beachtung von sogenannten Irradiationseffekten. Hierunter versteht man die positive oder negative Assoziation von Einzelkomponenten der Wahrnehmung auf die ganzheitliche Wertschätzung eines Produktes, einer Person, eines Unternehmens.
  Beispiele: Ein bestimmter Schrifttyp erzeugt inhaltliche Vorstellungen (z.B. Fraktur).
  Die Wahrnehmung der Papierqualität wird auf das inhaltliche Niveau eines Buches übertragen. Das gleiche gilt für alle gestalterischen Möglichkeiten des Einbandes, Schutzumschlages etc.
  Aber auch: Die Länge der Schaufensterfront erzeugt Vorstellungen über die Größe, diese wiederum über die Leistungsfähigkeit einer Buchhandlung; Ähnliches gilt für die Beziehung Messestand-Verlag.
  Ziel ist es schließlich, beim Umworbenen einen einheitlichen Werbestil zu prägen, der in einem positiven, mit allen Meinungsträgern abgestimmten Gesamt-Image münden sollte (Corporate Identity), Beispiel: Einheitliche Verwendung des Logos des Börsenvereins.
  Dies waren einige grundsätzliche Überlegungen, die bei der Gestaltung der Werbebotschaft und somit auch der Werbemittel beachtet werden müssen (ausführlicher hierzu vgl. Band 4 dieser Reihe, „Marketing und Werbung der Sortimentsbuchhandlung“).

- die Mediaselektion
  Die Festlegung der Werbebotschaft findet ihren Niederschlag in der Gestaltung der Werbemittel. Sie stellen also die Botschaften dar. Der nächste Schritt ist nun die Mediaselektion. Hierunter versteht man die Bestimmung der Werbeträger, mit deren Hilfe die Werbemittel gestreut werden sollen sowie den zeitlichen und regionalen Einsatz der Medien (= Streuplan). Eine optimale Media-Streuplanung erreicht möglichst viele Angehörige einer Zielgruppe mit geringstem Aufwand = geringsten Streuverlusten. Hierzu

müssen den einzelnen Medien die mit ihnen erreichbaren Zielpersonen, ihrer Reichweite und Kontakthäufigkeit zugeordnet werden (= Mediaanalyse mit Hilfe von Mediadaten).
Die Abbildung nennt die für einen Verlag wichtigsten Werbemittel und gibt Möglichkeiten ihrer Streuung durch Werbeträger an. Hierbei kann je nach Verwendungszusammenhang ein Werbemittel auch zum Werbeträger werden. Beispiel: Ein Prospekt nimmt als Werbeträger ein Werbegeschenk (Poster) auf, ist aber seinerseits als Zeitungsbeilage Werbemittel. Oder: Ein Buch ist Werbemittel im Schaufenster und Werbeträger für einen Prospekt.

WERBEMITTEL / WERBETRÄGER	Zeitung	(Fach-) Zeitschrift	Prospekt	Kino (-Leinwand)	Radio	Fernsehen	Neue Medien = Btx, Videotext, Kabeltext	Plakatwand, Verkehrsmittel (Außenwerbeung)	Produkt (Buch)	Schaufenster	Messestand	Display - Material	Direkt - Werbung / Mailing
Anzeige, Klappentext	●	●	●	●			●		●				
Prospekt	●	●							●	●	●	●	●
Audiospot				●	●		●					●	
Videospot				●		●	●					●	
Katalog	●	●	●						●	●	●	●	●
Plakat								●		●	●	●	
Produkt (Buch)										●	●	●	
Werbebrief	●	●	●						●		●	●	●

Abb. 28: Werbemittel – Werbeträger – Matrix

– Die Werbeerfolgskontrolle
Die Messung des Erfolges von Werbemaßnahmen bereitet einige grundlegende Schwierigkeiten. Einmal läßt sich nur schwer ein exakter zeitlicher Zusammenhang zwischen Werbeaktivitäten und ihrer Wirkung abgrenzen, zum anderen kann nur selten – selbst wenn ein Erfolg meßbar ist – dieser ausschließlich auf den Einsatz eines bestimmten Werbemittels in einem bestimmten Werbeträger zurückgeführt werden.
Am überzeugendsten gelingt dies noch, wenn ein direktes Feedback der Werbegemeinten möglich ist, wie z.B. bei Preisausschreiben, Info- und Bestellcoupons, Verkaufsmessen und -präsentationen, Aktionen am Verkaufspunkt.

Ansonsten wird man den Werbeerfolg an den vorher definierten Zielen messen müssen. Hierbei können wiederum ökonomische und außerökonomische Werbeerfolge unterschieden werden:
- Der wirtschaftliche Erfolg stellt sich als ein Gewinnbeitrag für den Verlag dar, der sich aus einem positiven Effekt von zusätzlichem Umsatz und Werbeaufwand ergibt. Wie gesagt: schwierig bis oft unmöglich ist es hierbei, den Erfolg auf nur einen Titel, eine Werbemaßnahme etc. zurückzuführen.
- Erfolge, die sich zunächst nicht wirtschaftlich auswirken, werden durch Tests vor und nach einer Werbemaßnahme zu erfassen versucht. Insbesondere wird durch Befragungen der unterschiedliche Bekanntheitsgrad und die Einschätzung von Titeln, Autoren, Reihen und Verlagsprogrammen festgestellt.

Public Relations (PR)

Als zweites Einzelinstrument des Kommunikationsmixes hat die Öffentlichkeitsarbeit eines Verlages im Gegensatz zur Werbung nicht die konkrete Absatzförderung einzelner Produkte zum Ziel, sondern versucht vielmehr, die Kontakte zu allen öffentlichen Meinungsträgern (wie z.B. Großkunden, Autoren, Kritikern, Medien, Parteien, Kirche, Gewerkschaften, literarische Stiftungen und Institutionen, Verbände etc.) zu pflegen und ein generelles Vertrauen in die Programmpolitik des Verlages zu schaffen.

Dies geschieht durch Informationen über den Verlag und sein Programm mittels Pressemeldungen, Veranstaltungen und Aktionen. Im Gegensatz zur Werbung erfolgt die Streuung von PR-Informationen kostenlos. Eine (bezahlte) PR-Anzeige wäre demnach der Werbung zuzuordnen.

Den für den Verlag wichtigsten Beitrag zur PR-Arbeit leistet die Presseabteilung mit Publicity, insbesondere durch:
- Bemusterung der Medien mit Rezensionsexemplaren
  Verlag und Autor haben ein vitales Interesse daran, im richtigen Medium besprochen zu werden. Je nach Bekanntheitsgrad des Autors verschickt der Verlag ca. 100–300 Besprechungsexemplare, wovon ca. 20–200 rezensiert werden. Dieser Rezensionserfolg ist nicht nur von der Qualität der Bücher, sondern insbesondere auch vom generellen Kontakt zu den Rezensenten abhängig. Durch die Besprechung wird der Kritiker nicht nur zum Meinungsführer, sondern auch zum indirekten Marketing-Mitarbeiter. Seine Formulierungen, Vergleiche, Wertungen und Einordnung in die Literaturgeschichte liefern häufig die besseren Werbetexte, als die aus eigenem Haus.
- Presseinformationen über
  - Biographien von Autoren
  - Jubiläen von Autoren, Verlegern, Lektoren
  - programmpolitische Vorhaben
  - Veranstaltungen, Aktionen, personelle Veränderungen
  - unternehmenspolitische Entscheidungen des Verlages

Verkaufsförderung (VKF)

Kommunikation durch Verkaufsförderungsmaßnahmen erfolgt am Ort des Verkaufs. (Point of Sale – POS –; = Point of Purchase – POP –)
Hierunter fallen insbesondere:
- Gestaltung, Herstellung und Streuung von Display-Material, Warenträgern, Werbegeschenken und sonstigen (erlaubten) Zugaben.
- Die persönliche Beratung, Verkauf, Schulung
- Leseproben, Leseexemplare
- Sonderveranstaltungen des Verkaufs, wie
  - Autorenlesung
  - Sonstige Aktionen wie Preisausschreiben, Sonderangebote
  - Ausstellungen
  - Messen einschließlich Messebau

    Die Präsenz eines Verlages auf einer Messe, in der Regel lediglich der Frankfurter Buchmesse, verschlingt einen Großteil des gesamten Marketing-Budgets (bis zu einem Drittel). Andererseits bietet eine Messe immer noch die beste Möglichkeit, ohne Streuverluste Werbemittel einzusetzen, das gesamte Verlagsprogramm darzustellen, neue Kontakte zu knüpfen insbesondere auch mit Agenturen. Außer der Frankfurter Buchmesse wird selbst ein mittelgroßer Verlag andere Messeveranstaltungen nur mit einem Gemeinschaftsstand belegen können. Neben der Internationalen Fachbuchmesse in Essen und der Frankfurter Musikmesse seien an ausländischen Messen genannt:

    Internationale Buchmesse Leipzig
    Internationale Kinderbuchmesse Bologna/Italien
    Salon du Livre Paris
    London Book Fair
    Salon International Del Libros Madrid/Barcelona u. v. a. m.

Die Verkaufsförderungsmaßnahmen richten sich keinesfalls ausschließlich und direkt an den Leser (‚Endverbraucher'), sondern an alle Absatzmittler und -helfer.
Daher werden unterschieden:
- Verkaufspromotion für den Außendienst (z.B. in der zweimal jährlich stattfindenden Vertreterkonferenz durch den Lektor und Marketingleiter)
- Sortimenter-Promotion
- Verbraucher-(Leser)Promotion

Persönlicher Verkauf

Hierunter fallen alle direkten, persönlichen Kontakte mit Kunden zum Zwekke des Verkaufs. Aus der Sicht des Verlages – so er nicht direkt vertreibt – ist mit ‚Kunden' nicht der Endverbraucher gemeint, sondern die Absatzmittler. Näheres hierzu im Abschnitt Distributionspolitik.

Als einzelne Mix-Elemente des persönlichen Verkaufs gelten:
- die Wahl des Verkäufers

  - Reisender
  - freier Handelsvertreter
  - Direktverkäufer
- die Besuchshäufigkeit
- die Besuchsintensität (Dauer, Umfang der angebotenen Leistungen).

4.6.4 Marketing-Mix

Bislang wurden die einzelnen Marketinginstrumente isoliert mit ihrem jeweiligen Sub-Mix betrachtet. Um seine Ziele zu erreichen, muß ein Verlag jedoch die Intensität des Einsatzes aller Instrumente bestimmen. Diese Marketing-Planung soll zu einer optimalen Kombination aller Instrumente führen.

Im Verlagswesen kommt dabei dem Buch (Produkt) eine überragende Stellung zu. Hierdurch unterscheidet sich ein Verlag bzw. seine Marketing-Planung deutlich von den Kombinationsmöglichkeiten der Marketinginstrumente in anderen Branchen. So können viele Branchen Preispolitik und Werbung in den Vordergrund stellen und ihre Produktpolitik den sich hieraus ergebenden Konsequenzen unterordnen. Im Verlag wird dies in aller Regel umgekehrt sein. Am Produkt haben sich die übrigen Instrumente zu orientieren, weshalb ihr Gestaltungsspielraum begrenzt ist. Ein Verlag plant also ein produktbezogenes Marketing-Mix (im Gegensatz zu einem instrumentenbezogenen Mix, bei dem auch die Produktpolitik mehr oder weniger völlig zur Disposition steht).

Für den Einsatz der verbleibenden Marketinginstrumente Kontrahierungs-, Kommunikations- und Distributionspolitik können drei Arten der gegenseitigen Beziehung der Instrumente unterschieden werden:

- Der verminderte Einsatz eines Instruments kann durch den erhöhten Einsatz eines anderen kompensiert, ersetzt werden. Die Instrumente sind substituierbar.
  Beispiel: Wenige Vertriebswege mit geringen Kosten erfordern einen erhöhten Werbeaufwand; oder: geringer Werbeaufwand bei Wahrnehmung fast aller Distributionskanäle.
- Der Einsatz mehrerer Instrumente ist nur in einem bestimmten Verhältnis untereinander möglich, da sie sich gegenseitig ergänzen. Die Instrumente sind komplementär.
  Beispiel: Ein bestimmter Werbeeinsatz erfordert eine bestimmte Lagerhaltung, einen bestimmten Vertriebsweg.
- Mischformen des substituierenden und komplementären Einsatzes.

Diese strategische Verhaltensweise des produktorientierten Marketingmixes hat im Verlagswesen Vorrang. Sie widerspricht damit doch erheblich den Vorstellungen über ein modernes Marketingmix-Denken in anderen Branchen. Absatzorientiertes Marketing fragt ausschließlich, was der (End-)Kunde will, nicht was ein Autor, ein Verlag, also der Produzent mit seinem Produkt bewirken will. Wenn ‚Bücher' mit trivialstem Inhalt, jedoch unter 10,– DM in schockfarbenem Einband, passend zur aktuellen Modefarbe von einer bestimmten Betriebsform im Einzelhandel in genügend großer Menge verlangt werden, wird jeder Marketingleiter sein Instrumentenmix an dieser Kundenforderung ausrichten.

Aber da sind ja noch Lektoren, Verleger und ihre Unternehmensleitlinien! Und diese legen in aller Regel *inhaltliche* Positionen fest. Insofern wird das Marketingmix eines seriösen Verlages nicht ausschließlich absatzorientiert sein, sondern durchaus autoren-, verlags- und damit meinungsbezogenen Grundsätzen folgen, so man sich diese leisten kann.

4.6.5 Marktsegmentierung

Legt ein Verlag nur eine bestimmte Kombination der absatzpolitischen Instrumente fest, so konfrontiert er die Gesamtzahl seiner Kunden mit eben diesem einem Marketing-Mix. Dies bedeutet, die unterschiedliche Struktur von Konsumentengruppen weitgehend zu vernachlässigen.

Nur selten werden jedoch die Kunden so homogen zusammengesetzt sein, daß dieses eine Marketing-Mix den Vorstellungen aller Leser oder Absatzmittler entspricht (= undifferenziertes Marketing-Mix). Je härter der Wettbewerb, desto eher wird man daher versucht sein, mit einem bestimmten Marketing-Mix nur eine ausgewählte Zielgruppe anzusprechen, das aber um so effizienter.

Voraussetzung hierzu ist die Möglichkeit, Zielpersonen so als Gruppe abzugrenzen, daß ihr Kaufverhalten sich deutlich von dem anderer unterscheidet.

Dies kann nach folgenden Kriterien geschehen:

- entsprechend dem Kaufverhalten:
  - Leser – Nichtleser (bislang!)
  - Sonstige Gruppen in Analogie zu den Lesertypologien
  - Leser entsprechend der bevorzugten Einkaufsstätte bzw. Bezugsart für Bücher
  - Leser entsprechend der bevorzugten Medianutzung
- nach sozio-demographischen/ökonomischen Kriterien:
  - Alter, Geschlecht, Familienstand
  - Beruf, Einkommen, sozialer Status
  - regionale Herkunft und Ortsgröße

Die Marktsegmentierung wird nun (gilt im wesentlichen nur für Sachbücher) entsprechend dem Konkurrenzangebot bereits besetzte Kundensegmente ausschließen und für die gewählte(n) Kundengruppe(n) (= Marktsegment) ein spezielles Marketing-Mix entwickeln.

Bezüglich des Produktes (Buch) spricht man dann von ‚Positionierung' (... eines Buches in einem Marktsegment)

Beispiel: Ein Verlag will ein Anleitungs- und Übungsbuch zur musikalischen Früherziehung herausgeben.

Es bilden sich u.a. drei große Marktsegmente/Kundengruppen heraus:
1. Pädagogen, Studenten, Wissenschaftler
2. Eltern
3. Kinder nach Altersgruppen und Geschlecht

Das spezielle Marketing-Mix für die drei Marktsegmente und somit die Positionierung könnte vereinfacht zusammengefaßt beispielsweise so aussehen:

zu 1. Sachliche Aufmachung mit ausführlicher Einleitung, Zwischentexte, Anmerkungen / relativ großer preispolitischer Spielraum / Werbung über Fachzeitschriften / eventuell Direktvertrieb.

zu 2. Populäre bis popular-wissenschaftliche Begleittexte / mittleres Preisniveau / Werbung über Publikumszeitschriften / Vertrieb über Sortiment und Musikalienfachhandel.

zu 3. Bunt-verspielte Aufmachung / niedriger Preis / Werbung durch Display-Material und Werbegeschenke am Verkaufsort / Vertrieb über den Spielwarenfachhandel.

Nun wird zu überprüfen sein, ob vergleichbare Bücher schon auf dem Markt sind und welche Segmente diese besetzen. Entsprechend dem Ergebnis dieser Konkurrenzanalyse wird der Verlag das neue Buch in einem freien Marktsegment positionieren. Ergibt die erste Marktsegmentierung nur besetzte Felder, wird man jedes Segment in neue Untersegmente zu zerlegen versuchen.

Zum Beispiel zu 3:
1. Kindergartenkinder
2. Grundschulkinder
3. Behinderte Kinder, a) körperlich b) geistig

Ziel all dieser Überlegungen wird es sein, dem Kunden ein ‚einzigartiges Verkaufsversprechen' zu verheißen (*U*nique *S*elling *P*roposition, USP). Freilich sollte angebbar sein, worin die Einzigartigkeit besteht. Bei Büchern eigentlich keine Frage: in einem einzigartigen Lesevergnügen.

5 Zwischenbuchhandel

Der Zwischenbuchhandel gehört, da er keine Bücher verlegt, zum Bereich des verbreitenden Buchhandels. Er ist eine Wirtschaftsstufe, die mit mehr als 100 Unternehmen eine vermittelnde Tätigkeit zwischen Verlagen und dem Bucheinzelhandel ausübt. Die Aufgabenbereiche des Zwischenbuchhandels sind sehr vielschichtig. Sie reichen von klassischen Großhandelsfunktionen (Barsortiment, Importeur etc.) bis hin zu reinen Dienstleistungsbereichen (Verlagsauslieferung, Kommissionsgeschäft), wobei eine Firma auch unterschiedliche Funktionen wahrnehmen kann. Die Verkehrsordnung unterscheidet im § 1, Abs. 2e zwischen Barsortimentern und Buchgroßhandlungen auf der einen und buchhändlerischen Kommissionären auf der anderen Seite. Barsortimenter und Buchgroßhandlungen handeln jeweils *in eigenem Namen und auf eigene Rechnung*; es sind Wirtschaftsunternehmen, die mit eigenem

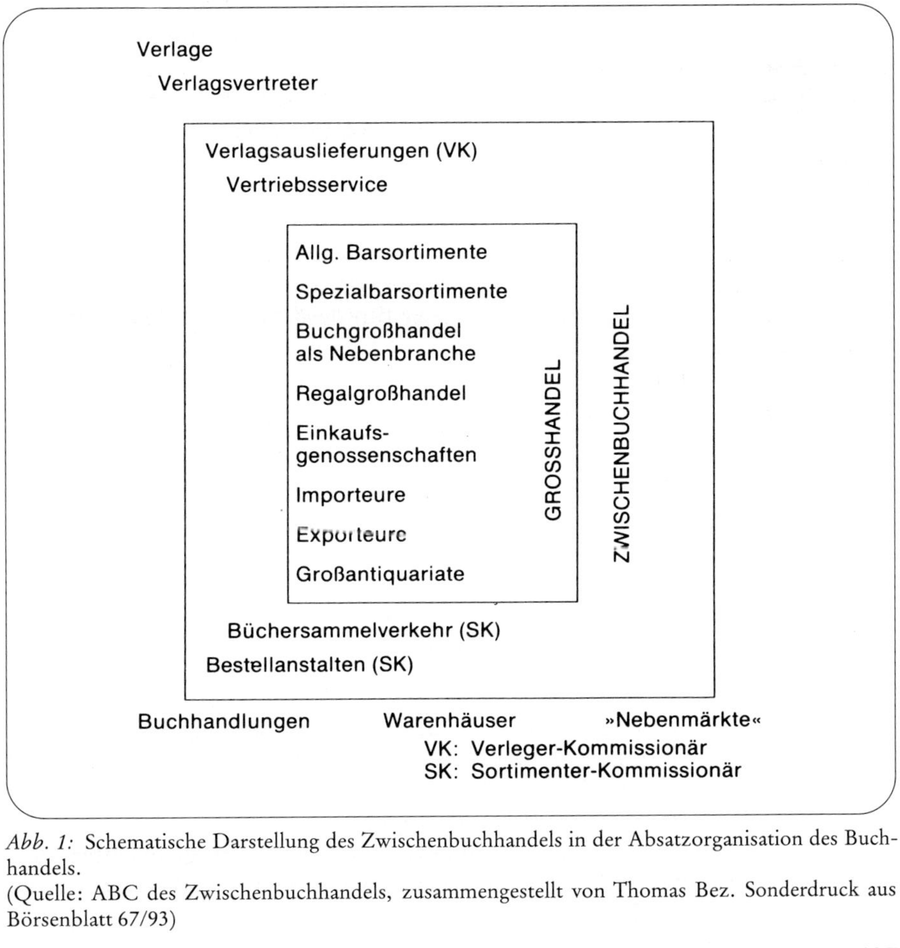

Abb. 1: Schematische Darstellung des Zwischenbuchhandels in der Absatzorganisation des Buchhandels.
(Quelle: ABC des Zwischenbuchhandels, zusammengestellt von Thomas Bez. Sonderdruck aus Börsenblatt 67/93)

Verkaufrisiko Ware erwerben und weiterverkaufen. Buchhändlerische Kommissionäre hingegen handeln *im Auftrag, im Namen und für Rechnung des Verlags, des Sortiments oder beider*; sie sind Unternehmensformen, die verschiedenartige Dienstleistungen für ihre Kommittenten (= Auftraggeber, Kunden) gegen Gebühr ausführen.

Im folgenden werden nur die Unternehmenszweige vorgestellt, mit denen der Buchfachhandel zusammenarbeitet; die auf Nebenmärkte spezialisierten Großhändler werden nicht näher thematisiert. Auch auf das Phänomen der Einkaufsgenossenschaften, die z.Zt. nur im Bereich des schweizerischen Buchhandels erfolgreich agieren (Schweizer Buchzentrum), sei an dieser Stelle nur hingewiesen.

5.1 Barsortiment

Das Barsortiment ist definiert als (Fach-) Großhandel der Buchbranche. Die ersten Barsortimente entstanden in der Mitte des 19. Jahrhunderts aus der Tätigkeit der Kommissionäre, die in Leipzig Buchbestände der Verlage verwalteten. Der Grundgedanke der ersten Barsortimente (Firmen *L. Zander* und *F. Volckmar*) war es, Bücher nicht mehr in Kommission zu halten, sondern als Eigentum fest zu erwerben und in fester Rechnung weiterzuverkaufen, und zwar nicht nur Titel eines oder weniger Verlage, sondern „sortiert" durch alle Verlage. Die Bücher wurden nicht mehr im Rahmen einer (halb-) jährlichen Abrechnung bezahlt, sondern ‚bar' (d.h. sofort); und dies galt gleichermaßen für den Einzelhandel, der Bücher vom Barsortiment bezog. Heute beherrschen die Barsortimentsszene in der Bundesrepublik Deutschland wenige große Betriebe:

Koch/Neff/Oetinger (KNO)	in Stuttgart	
Koehler & Volckmar (K&V)	in Köln	Unternehmensgruppe KNO
Grossohaus Wegner (GW)	in Hamburg	
Lingenbrink (Libri)	in Hamburg	
Lingenbrink (Libri)	in Frankfurt	
Umbreit	in Bietigheim-Bissingen	
Könemann	in Hagen	
Wehling	in Bielefeld	

Die am Lager gehaltene Titelzahl bzw. die Titel laut Katalogangabe belaufen sich auf Größenordnungen, die zwischen 200.000 und 250.000 liegen (Stand 1995), d.h., die großen Unternehmen führen ca. 30% aller lieferbaren deutschsprachigen Bücher in der Bundesrepublik.

Neben den allgemeinen Barsortimenten, die ein breit gemischtes Programmangebot halten, gibt es auch Spezialbarsortimente (z.B. für Esoterik, Theologie), die in der Tiefe besser sortiert sind.

Die wichtigsten Gründe, die ein Sortiment dazu bewegen, Kunde eines Barsortiments zu sein, seien im folgenden kurz zusammengefaßt:

Lieferung zum Originalverlagsgrundrabatt
Mit weniger Aufwand in der Bestellabteilung erhält der Sortimenter bei Einzelbestellungen in der Regel den gleichen Rabatt wie bei Verlagseinzelbestellungen. (Es sei denn, daß besondere Vereinbarungen zwischen Verlag und Sortiment bestünden.) Darüber hinaus gewähren Barsortimente auch Staffelrabatte. Sie sind in den Katalogwerken vermerkt und den entsprechenden Listen zu entnehmen.

Bezug vieler Titel aus einer Hand (Bündelung)
Rund 200.000 Titel bilden das potentielle Hintergrundlager für den Buchhandel. Diese Tatsache ermöglicht dem Buchhändler die Minderung des Lagerrisikos, hat er doch ein Unternehmen an der Hand, das kurzfristig einen Großteil aller lieferbaren Bücher besorgt. So kann die Kapitalbindung im eigenen Warenlager reduziert werden (vgl. auch Kap. 5.7).

Vereinfachte Buchhaltung
Die Sendungen kommen täglich mit Lieferschein. Abgerechnet und bezahlt wird zu bestimmten Terminen (Festkontenführung). Die Kunden erhalten – je nach Vereinbarung – Dekaden- (10-Tages-Perioden), Halbmonats- und z.T. auch Monatsrechnungen.

Schnelle Zustellung
„Heute bestellt, morgen zugestellt" könnte man den Service der schnellen Zustellung bezeichnen. Bis in den späten Nachmittag hinein nimmt das Barsortiment – zum größten Teil über Terminals (vgl. Kap. 6.2.3) – Bestellungen an und schickt die fertigen Sendungen bereits in der Nacht zu Umverteilungsplätzen, damit die Buchhandlungen am nächsten Tag – zu vereinbarten Wareneingangsterminen – ihre Bücher erhalten.

Kostengünstige Zustellung
Die Zustellung von Barsortimentsware berechnet sich traditionell auf der Grundlage des Umsatzes, den die Buchhandlung mit dem Barsortiment tätigt. Je höher der Umsatz, desto niedriger die prozentuale Zustellungsgebühr. Sie ist viel günstiger als die für Verlagsbestellungen über den Büchersammelverkehr oder über andere Transportunternehmen. Seit 1993 belastet Libri ausschließlich nach dem Gewicht.

Remissionsquote
Die Remissionsquote für vom Barsortiment bezogene, aber nicht verkaufte Bücher beläuft sich z.Zt. auf ca. 3% vom Umsatz. Von der Remission ausgeschlossen sind Taschenbücher (z.T. auch andere niedrigpreisige Titel), sofern sie nicht herstellungsbedingte Mängel aufweisen.

Katalogwerke
Ca. 90% des täglich anfallenden bibliographischen Nachschlagebedarfs läßt sich mit Hilfe der Barsortimentskataloge und der elektronischen Datenbanken erledigen (vgl. Kapitel 7.2 und 7.5).

Zusammenfassend könnte man sagen, daß das Barsortiment dem Buchhandel hilft, seinem Besorgungsauftrag im Rahmen der Preisbindung nachzukommen: Der Sortimenter kann Bücher, die nicht vorrätig sind, gebündelt, schnell, kostengünstig und mit eingeschränktem Risiko bestellen.

Die ‚Überall-Erhältlichkeit' dient letztendlich auch den Verlagen, die ihr – jedenfalls teilweise – breitgefächertes Programm nur in großen Buchhandlungen, Buchkaufhäusern oder Depotbuchhandlungen komplett anbieten können. Für die Verlage gibt es aber noch zwei weitere Vorteile. Einmal werden sie durch die Barsortimente von kostenintensiven und organisatorisch aufwendigen Einzelbestellungen durch die Sortimenter entlastet, zum anderen ist das Barsortiment ein lukrativer Handelspartner infolge der Abnahme von größeren Bestellmengen.

Die Leistungen des Barsortiments entgilt der Verlag mit dem sogenannten Funktionsrabatt. Der Funktionsrabatt des Barsortiments ergibt zusammen mit dem handelsüblichen Einzelhändler-Grundrabatt den Rabattsatz, den das Barsortiment in der Regel vom Verlag erhält. Rund 55% des Ladenpreises benötigt der Verlag zur Deckung seiner Kosten und zur Erwirtschaftung seines Gewinns. Mit ca. 45% vom Ladenpreis wird der Großhändler beliefert, der seinerseits jedoch die bestellten Bücher mit dem Originalverlagsgrundrabatt (ca. 30% vom Ladenpreis) an die Sortimenter weitergibt. Dem Barsortiment verbleiben somit rund 15% vom Ladenpreis (= Funktionsrabatt). Selbstverständlich variieren die Rabattzahlen von Verlag zu Verlag und von Verlagsart zu Verlagsart. So entsprechen die Rabatte der Schulbuchverlage nicht denen der Publikumsverlage etc.

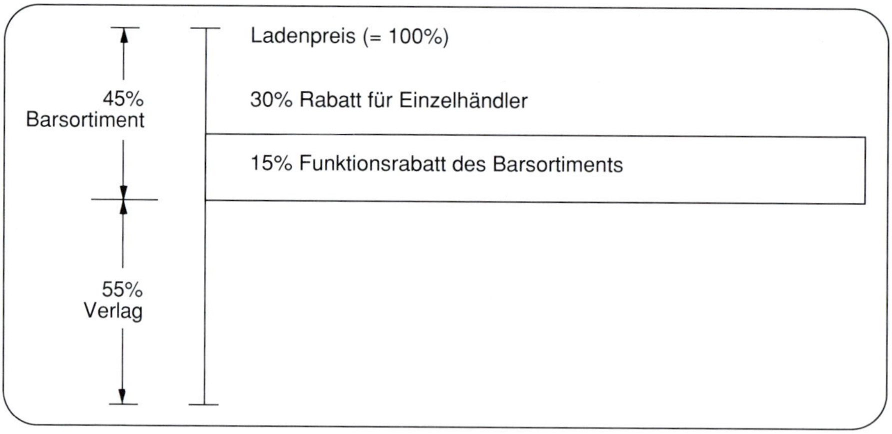

Abb. 2: So ermittelt sich der Funktionsrabatt eines Barsortiments.

Barsortimente sind Wirtschaftsunternehmen, die ihr Sortiment nach Kriterien der Verkäuflichkeit und Wirtschaftlichkeit festlegen; nur gängige und rentable Titel finden Aufnahme in dem Katalog- und Lagerbestand. Ein Titel wird für das Barsortiment um so lukrativer, je höher der Funktionsrabatt, je höher der Ladenpreis und je größer die Bündelung (Anzahl der bestellten Exemplare pro Bestellzeile) ist.

Im Jahre 1984 errechnete ein großes Barsortiment, daß von etwa 120.000 Titeln 30.000 Titel (d.h. 1/4 der gesamten Titelzahl) weniger als zehnmal im Jahr verkauft wurden. Dieses Zahlenverhältnis, an dem sich auch bei gesteigerter Titelzahl prozentual nichts geändert haben dürfte, erklärt u.a. den notwendigen immensen EDV-Einsatz der Unternehmen. Ein komplettes Warenbewirtschaftungsprogramm liegt den Arbeitsabläufen zugrunde: angefangen bei der Bestellannahme über die Lagerarbeiten und Lagerkontrolle bis hin zum Verkauf. Selbst das Verpacken der Sendungen sowie das Sortieren der Packstücke auf die jeweiligen Tourenwagen (Fahrzeuge, die nach festgelegten Routen Ware zum Sortimenter bringen) erfolgt mit Hilfe EDV-unterstützter Großanlagen.

5.2 Gross(o)buchhandel

Der Gross(o)buchhandel ist ein Unternehmensbereich des Zwischenbuchhandels, der sich um die Jahrhundertwende aus der Vereinigung von Buchgroßhandel und Pressegroßhandel entwickelte. Die Kunden der Gross(o)buchhändler erhielten somit alle gedruckten Medien aus einer Hand. Beliefert wurden überwiegend die kleineren Sortimenter „in der Provinz“ sowie die Auch-Buchhändler (heute Buchverkaufsstellen genannt), für die sogar Bücher besorgt wurden, die nicht im Programm der Großhändler waren.

Die Unterscheidung zwischen Barsortiment und Gross(o)buchhandel hat heute nur noch historische Bedeutung: Sie sollte die zwei unterschiedlichen Vertriebsmodelle (Verlag – Barsortiment – Buchfachhandel einerseits sowie Verlag – Gross(o)buchhandel – Auch-Buchhandel andererseits) signalisieren und einen Rabattunterschied von 5% begründen.

Mit Bestehen der Bundesrepublik Deutschland trennten sich die Bereiche Buchgroßhandel und Pressegroßhandel wieder. Während der Pressegroßhandel (vgl. Kapitel 5.3) sich eigenständig entwickelte, wurden aus den ehemaligen Großbuchhändlern Barsortimente. Diese Barsortimente beliefern auch heute noch – neben dem Buchfachhandel – kleinere (Sortiments-)Buchhandlungen, Buchverkaufsstellen und sonstige Nebenmärkte. Darüber hinaus werden für die kleineren Buchhandlungen, die häufig keine ausreichenden bibliographischen Hilfsmittel besitzen, Bücher besorgt – sogar solche, die nicht im Katalog geführt werden. Damit üben sie – neben der Belieferung des Buchfachhandels – die Funktionen aus, die früher den Gross(o)buchhandel kennzeichneten, nun jedoch unter dem Namen Barsortiment.

Bezeichnend in diesem Zusammenhang ist die Umfirmierung des traditionsreichen Stuttgarter Unternehmens *Umbreit* (jetzt mit Firmensitz in

Bietigheim). Das frühere Gross(o)buchhandelsunternehmen hat heute zwei selbständige, voneinander getrennte Firmenbereiche: das Barsortiment auf der einen und das Presse-Grosso-Geschäft auf der anderen Seite.

5.3 Presse-Grosso

Die im Grundgesetz garantierte Presse- und Informationsfreiheit wäre ohne ein funktionierendes Pressevertriebssystem ein formales Recht. Was nützen hohe Auflagen, wenn die Druckerzeugnisse nicht in kürzester Zeit flächendeckend verbreitet werden können? Wie will sich der Bürger frei informieren, wenn an den Zeitungsverkaufsstellen nur die örtliche Tageszeitung zu erhalten ist?

Der Pressevertrieb in der Bundesrepublik Deutschland zeichnet sich deshalb durch einige Besonderheiten aus. Die Zeitungs- und Zeitschriftenverlage setzen – wie die meisten Buchverlage – die Ladenpreise und die Erstverkaufstage fest, um Wettbewerbsverzerrungen auszuschließen. Da Zeitungen und Zeitschriften schnell an Aktualität verlieren, muß die jeweils neue Ausgabe überall erhältlich sein, wo potentielle Leser sie zu kaufen wünschen. Dieses Problem wird dadurch gelöst, daß – mit Genehmigung des Bundeskartellamtes – rund 100 *Presse-Vertriebs-Gesellschaften* (PVG) Alleinauslieferungsgebiete zugeteilt werden. Diese Presse-Vertriebs-Grossisten übernehmen täglich die Versorgung von ca. 100.000 Angebotsstellen in der Bundesrepublik Deutschland. Aufgrund ihres Gebietsmonopols gewährleisten sie die lückenlose und rationelle Versorgung der gesamten Bevölkerung mit Presseerzeugnissen. Nur der Bahnhofsbuchhandel wird direkt von den Verlagen beliefert. Als Gebietsmonopolisten sind die Presse- Vertriebs-Gesellschaften zur strikten Neutralität verpflichtet. Dies gilt sowohl gegenüber den Verlagen (sie dürfen den Vertrieb der Druckerzeugnisse nicht verhindern) als auch gegenüber den Händlern (sie dürfen Großkunden gegenüber kleinen Kunden insbesondere durch Sonderleistungen nicht bevorzugen).

Die Presse-Vertriebs-Grossisten führen in ihrem Programmangebot:

- Überregionale und regionale aktuelle Tages- und Wochenzeitungen
- Publikumszeitschriften (in Ausnahmefällen auch Fachzeitschriften)
- „Romane“ (Groschenhefte)
- Comics
- Sonderhefte
- Taschenbücher

Der Vertrieb der Taschenbücher, mitunter auch der Vertrieb der Handelsobjekte Comics, Groschen- und Sonderhefte wird häufig mit einem aus den Vereinigten Staaten importierten Verfahren organisiert: dem *rack-jobbing* (Regalgroßhandel). Ausreichende Absatzmöglichkeiten vorausgesetzt, stellt der Großhändler auf Wunsch des Einzelhändlers Verkaufsständer in dessen Verkaufsraum auf, bestückt sie mit Titeln, überprüft in kurzfristigen Abständen das Titelangebot, ergänzt, tauscht um und remittiert. Der Großhändler übernimmt somit im Regalgroßhandel die Sortimentsfunktion für den Einzelhandel, der seinerseits am Verkaufserlös beteiligt ist und kaum ein Verkaufsrisiko eingeht.

Der klassische Buchfachhandel wird mit den Presse-Vertriebs-Gesellschaften zusammenarbeiten, wenn er in seinem Sortiment Zeitungen und/oder Zeitschriften für den freien Verkauf führt. Selbstverständlich könnten diese Buchhandlungen Zeitschriftenabonnements bei den diversen Zeitschriftenverlagen aufgeben, aber erstens entfällt dann der Bündelungseffekt durch die PVG (alle Zeitschriften aus einer Hand), und zweitens bedeutet ein Verlagsabonnement in der Regel ein Fest-Abo, während Presse-Vertriebs-Gesellschaften volles Remissionsrecht gewähren. Vereinzelt beziehen Buchhandlungen auch Taschenbücher über ihre Presse- Vertriebs-Grossisten, da diese einzelne Reihen vollständig führen und mitunter – wie bei Zeitschriften – mit Remissionsrecht liefern.

5.4 Importeure/Exporteure

Der Importgrossist ist ein Händler im Bereich des Zwischenbuchhandels, der ein Lager von ausländischen Büchern unterhält und weitere Titel für den Bucheinzelhandel besorgt. Er wird immer dann eine Bezugsquelle für den Sortimenter sein, wenn eine Direktbestellung im Ausland z.B. bei geringem Auftragsvolumen nicht lohnend erscheint, d.h., wenn der Arbeitsaufwand auf der einen und der Ertrag auf der anderen Seite in keinem angemessenen Verhältnis zueinander stehen.

Die Importgrossisten haben sich in der Regel weitgehend spezialisiert. Für den angelsächsischen Sprachraum stehen Namen wie:

Tradis
Petersen
Minerva

Bücher aus dem romanischen Raum werden angeboten von:

Dokumente Verlag
Tradis
Zambon

Der Kulturraum Spanien/Portugal/Lateinamerika wird abgedeckt von:

A. Böhringer
Libros y Revistas Alberto Lenz

Diese Namen stellen selbstverständlich nur eine Auswahl dar. Auf der dritten Umschlagseite des *Bangers* (vgl. Kap. 7.8) finden sich weitere Angaben zu Sprachräumen und Importeuren.

Auf die Möglichkeit, ausländische Titel über KNO und Libri zu bestellen, wird im Kap. 5.7 näher eingegangen.

Ausländische Bücher und Zeitschriften liefern aus:

Afrika

Pan African International Press, Postf. 30 10 67, D-50780 **Köln,** ☎ (02 21) 40 48 51, Vertrieb : 7 12 55 52, **Fax:** (02 21) 7 12 54 52

Arabische u. iran. Bücher u. Zeitschr.

Das Arabische Buch GmbH, Horstweg 2, D-14059 **Berlin,** Postfach 19 16 28, D-14006 **Berlin,** ☎ (030) 3 13 80 21, Vertrieb: 3 22 85 23, **Fax:** (030) 3 22 51 83

Mittelost-Buchvertrieb, Im Paradies 25, D-35041 **Marburg,** Postfach 1747, D-35007 **Marburg,** ☎ (069) 7 07 34 34, (0 64 21) 8 59 99 (Iran, Indien, Ägypten u. Marokko)

Tabbara, Sami, Verlag für arabische Sprachbücher, Tonträger und Vertrieb arabischer Literatur, Wöstefeld 10, D-49090 **Osnabrück,** Postfach 4067, D-49030 **Osnabrück,** ☎ (05 41) 12 83 34, **Fax:** (05 41) 12 83 34

Asien

Asien-Ost (China, Japan, Korea, Mongolei):

Arlt & Schiller, Postfach 65 06 48, D-13306 **Berlin,** ☎ (030) 4 62 20 08, **Fax** (030) 4 62 20 08, 4 62 49 36

Asien-Süd (Bangladesch, Indien, Pakistan):

VVB-Laufersweiler, Verlagsauslieferung, International Publications Service, Krofdorfer Str. 36, D-35435 **Wettenberg,** ☎ (0 64 06) 44 13, **Fax: (0 64 06)** 7 27 57, (auch Bhutan, Malediven, Sri Lanka; **Asien-Süd-Ost:** Indonesien, Malaysia, Singapur, Thailand; nur schriftliche Bestellungen)

Australien/Neuseeland

Schenk, Renate, Diekampstr. 24, D-44787 **Bochum,** ☎ (02 34) 68 30 06, **Fax:** (02 34) 1 39 72 (Barsortiment-Katalog anfordern, kein Ordergeschäft)

China, Volksrepublik

Arlt & Schiller, Postfach 65 06 48, D-13306 **Berlin,** ☎ (030) 4 62 20 08, **Fax:** (030) 4 62 20 08, 4 62 49 36

CBT China Book Trading GmbH, Max-Planck-Str. 6A, D-63322 **Rödermark,** ☎ (0 60 74) 9 55 64, **Fax:** (0 60 74) 9 52 71

Ming, Fan, Kulturladen, Stresemannstr. 19, D-40210 **Düsseldorf,** ☎ (02 11) 32 46 65 (China, Hongkong)

Frankreich

Centre d'Exportation du Livre Français (CELF), 9, rue de Toul, F-75012 **Paris,** ☎ (00 33/1) 44 67 83 83 , **Fax:** (00 33/1) 43 47 59 43

Dokumente-Verlag, Hildastr. 4, D-77654 **Offenburg,** Postfach 13 40, D-77603 **Offenburg,** ☎ (07 81) 3 91 42, 3 70 67, **Fax:** (07 81) 44 04 14 (gesamter französischer Sprachraum)

Ginneken, A. van, International Booksellers and Distributors, B.P. 1 Saint-Sulpice, F- 31410 **Noé,** ☎ (00 33) 61 87 24 00, **Fax:** (00 33) 61 87 06 30

Petersen, H.H., Buchimport, Rugenbarg 256, D-22549 **Hamburg,** ☎ (040) 8 33 88-01, **Fax:** (040) 8 33 88-1 30 (Taschenbücher s.: HHP-Lagerkatalog)

Tradis Verlag, Neue Eiler Str. 50, D-51145 **Köln,** Postf. 90 03 69, D-51113 **Köln,** ☎ (0 22 03) 3 10 59, **Fax:** (0 22 03) 3 93 40

Griechenland

Stylianakis, Ath., Gärtnerstr. 58, D-25335 **Elmshorn,** ☎ (0 41 21) 33 87

Zambon, Giuseppe, Dr., Fremdsprachen-Vertrieb, Leipziger Str. 24, D-60487 **Frankfurt,** ☎ (069) 77 92 23, **Fax:** (069) 77 30 54

Großbritannien - Irland - USA

European Press Service GmbH, Hermann-Seeger-Str. 43-47, D-50226 **Frechen,** ☎ (0 22 34) 1 59 37, **Fax:** (0 22 34) 2 38 05; und: Tasveld 14, NL-3417 XS **Montfoort,** ☎ (00 31/34 84) 51 55, **Fax:** (00 31/34 84) 51 11

Höfer, Josef, GmbH, Importabt., Hahnenstr. 2-4, D-50667 **Köln,** ☎ (02 21) 25 56 66, **Fax:** (02 21) 25 62 02

Janssen Books Import GmbH, Ottensener Str. 131, D-22525 **Hamburg,** ☎ (040) 54 34 41, **Fax:** (040) 54 20 43

LIBRI Barsortiment in Kooperation mit INGRAM INTERNATIONAL INC., Nashville, LIBRI Hamburg, Stresemannstraße 300, D-22761 **Hamburg,** ☎ (040) 8 53 98-0, Vertrieb: 8 53 98-220, **Fax:** (040) 853 98-299, LIBRI Frankfurt, August-Schanz-Straße 33, D-60433 **Frankfurt,** ☎ (069) 9 54 22-0, Vertrieb: (069) 9 54 22-240, **Fax:** (069) 9 54 22-207

Minerva GmbH, Buch- und Zeitschriftenimport, Morgensternstraße 37, D-60596 **Frankfurt,** ☎ (069) 62 30 21, **Fax:** (069) 6 03 11 56

Missing Link Versandbuchhandlung, Westerstr. 118, D-28199 **Bremen,** ☎ (04 21) 50 43 48, **Fax:** (04 21) 50 43 16

Petersen, H.H., Buchimport, Rugenbarg 256, D-22549 **Hamburg,** ☎ (040) 8 33 88-01, **Fax:** (040) 8 33 88-1 30 (Taschenbücher s.: HHP-Lagerkatalog)

Rohn, Burkhard, Habelschwerdter Allee 4, D-14195 **Berlin,** ☎ (030) 8 32 81 86

Tradis Verlag, Neue Eiler Str. 50, D-51145 **Köln,** Postf. 90 03 69, D-51113 **Köln,** ☎ (0 22 03) 3 10 59, **Fax:** (0 22 03) 3 93 40 (Taschenbücher)

Ullstein ip, Lindenstr. 76, D-10969 Berlin, ☎ (030) 25 91-35 51, **Fax:** (030) 25 91-35 23

Vlachou, C., Buchhandlung, Import-Großhandel und Einzelhandel f. englische Lehrbücher, Gertrudenstraße 24/28, D-50667 **Köln,** ☎ (02 21) 2 57 82 74/75, **Fax:** (02 21) 25 54 50

Israel

Mayer, Ludwig, Postf. 11 74, Jerusalem 91010, ☎ (0 09 72/2) 25 26 28, Fax: (0 09 72/2) 29 07 74

Italien

ars. lit. Verlagsauslieferung, Buchvertrieb, Byfangweg 7, CH-4051 **Basel,** ☎ (00 41/61) 2 71 18 82, **Fax:** (00 41/61) 2 71 18 82

Herder Editrice e Libreria, Piazza Montecitorio 117-120, I-00186 **Roma,** ☎ (00 39/6) 6 79 46 28, 6 79 53 04, **Fax:** (00 39/6) 6 78 47 51

It' Art - Bücher aus Italien, Giovanni di Fiore, Niebuhrstr. 64, D-10629 **Berlin,** ☎ (030) 3 24 53 18, **Fax:** (030) 3 24 14 05

Petersen, H.H., Buchimport, Rugenbarg 256, D-22549 **Hamburg,** ☎ (040) 8 33 88-01, **Fax:** (040) 8 33 88-1 30, (Taschenbücher s.: HHP-Lagerkatalog)

Zambon, Giuseppe, Dr., Fremdsprachen-Vertrieb, Leipziger Str. 24, D-60487 **Frankfurt,** ☎ (069) 77 92 23, **Fax:** (069) 77 30 54

Japan

k. press, Pestalozzistr. 40, D-80469 **München,** ☎ (089) 26 36 17, **Fax:** (089) 2 60 55 13

Niederlande

Minerva GmbH, Buch- und Zeitschriftenimport, Morgensternstraße 37, D-60596 **Frankfurt,** ☎ (069) 62 30 21, **Fax:** (069) 6 03 11 56

Rußland - Baltikum - Albanien - Armenien - Bulgarien - Kroatien - Serbien - Herzegowina - Polen - Rumänien

Armedia Editions, Route de Divonne 46, CH-1260 **Nyon,** ☎ (00 41/22) 3 61 58 33

Böhringer Verlags-Auslieferung, Marktplatz 2, D-95632 **Wunsiedel,** ☎ (0 92 32) 21 17, **Fax:** (0 92 31) 17 74

Deutsch-Alban. Freundschaftsges. e.V., Bilser Str. 9, D-22297 **Hamburg,** ☎ (040) 5 11 13 20, **Fax:** (040) 5 11 13 20 (nur Albanien)

DZS d. d. Export-Import, Smartinska 152, Hala XII, 61000 **Ljubljana/Slowenien,** ☎ (00 38/61) 1 85 17 21, **Fax:** (00 38/61) 44 58 96

Hemus, ul. Benkovsky 14, **Sofia,** ☎ (0 03 59/2) 87 03 65, **Fax:** (0 03 59/2) 80 13 41 (Bulgarien)

Herget, Zvonimir J., Freiligrathstr. 47, D-60385 **Frankfurt,** ☎ (069) 4 97 04 34 (alle kroatischen, slowenischen u. mazedonischen Verlage)

Kniga Verlagsbuchhandlung, Josephskirchstr. 58, D-51103 **Köln,** ☎ (02 21) 85 41 68, 85 53 30, **Fax:** (02 21) 85 18 40 (Rußland, Baltikum, GUS)

Kubon & Sagner, Heßstr. 39/41, D-80798 **München,** ☎ (089) 54 21 80, **Fax:** (089) 54 21 82 18 (Albanien, Bulgarien, Serbien, Kroatien, Bosnien, Rumänien, Ungarn, Tschechei, Slowakei, Polen, Rußland, Mongolei)

Münchberg, Harry, Hahnenkleer Straße 14, D-38685 **Langelsheim,** ☎ (0 53 25) 42 04, **Fax:** (0 53 25) 69 26 (Polen, Ungarn)

Polnische Buchhandlung J. Latka, Stephanstr. 11, D-50676 **Köln,** Postfach 29 02 54, D-50524 **Köln,** ☎ (02 21) 24 61 60, **Fax:** (02 21) 24 61 60

Slavica Verlag Dr. Anton Kovac, Elisabethstr. 18, D-80796 München, ☎ (089) 2 72 56 12, **Fax:** (089) 2 71 65 94 (Slowenien, Kroatien)

Skandinavien

Dansk Boghandel Flensborg - Import dänischer Bücher, Norderstr. 74, D-24939 **Flensburg,** Postfach 14 54, D-24904 **Flensburg,** ☎ (04 61) 1 75 71/72, **Fax:** (04 61) 1 70 31 (alle Verlage aus den nordischen Ländern)

Die Fähre, Import-Bhdlg. u. Verlag, A. Haardiek, Vornholtstr. 7, D-49586 **Neuenkirchen,** ☎ (0 54 65) 476, **Fax:** (0 54 65) 8 34

ILH - Internat. Landkartenhaus GmbH/GeoCenter, Topografische und thematische Karten aus aller Welt, Globetrotter - Reiseführer, Schockenriedstr. 44, D-70565 **Stuttgart,** Postfach 80 08 30, D-70508 **Stuttgart,** ☎ (07 11) 7 88 93 40, Vertrieb: 7 88 93 42, **Fax:** (07 11) 7 88 93 54 (amtl. skandinav. Karten)

Meysenburg-Verlag, Ulrich F., Rombergweg 34, D-45138 **Essen,** ☎ (02 01) 28 32 43, **Fax:** (02 01) 28 32 43 (Bücher u. amtliche Karten)

Nordis Buch- und Landkartenhandel, Postfach 10 03 43, D-40767 **Mohnheim,** ☎ (0 21 73) 5 00 95, **Fax:** (0 21 73) 5 42 78

Spanien - Portugal - Lateinamerika

Andenbuch - Romanische Buchhandlung + Vertrieb, Knesebeckstr. 18-19, D-10623 **Berlin,** ☎ (030) 3 12 70 61, **Fax:** (030) 3 12 70 62 (auch Brasilien)

Baires Buchvertrieb, Rembertistr. 57/59, D-28195 **Bremen,** Postfach 10 74 23, D-28074 **Bremen,** ☎ (04 21) 32 60 28, **Fax:** (04 21) 3 37 85 49 (Spanien - Lateinamerika)

Böhringer Verlags-Auslieferung, Marktplatz 2, D-95632 **Wunsiedel,** ☎ (0 92 32) 21 17, **Fax:** (0 92 31) 17 74

CELESA, Centro de Exportación de Libros Españoles, Calle Justiniano 9, E-28004 **Madrid,** ☎ (00 34/1) 3 10 11 01, 3 10 17 36, **Fax:** (00 34/1) 3 19 53 08

Ediciones Arriba, B. Hochmuth, Löhrenstr. 31, D-35683 **Dillenburg,** ☎ (0 27 71) 3 28 87, **Fax:** (0 27 71) 3 28 87 (Bücher in spanischer Sprache)

Libros y Revistas Alberto Lenz, Gotenring 57, D-50679 **Köln,** ☎ (02 21) 88 58 12, **Fax:** (02 21) 88 56 36 (alle Verlage aus Spanien u. Lateinamerika)

Petersen, H.H., Buchimport, Rugenbarg 256, D-22549 **Hamburg,** ☎ (040) 8 33 88-01, **Fax:** (040) 8 33 88-130 (Taschenbücher s.: HHP-Lagerkatalog)

Spanish Book Service, Mascaró 35, E-08032 **Barcelona,** ☎ (00 34/3) 4 56 95 07, 3 47 25 11, **Fax:** (00 34/3) 4 56 95 06

TFM-Teo Ferrer de Mesquita, Heiligkreuzgasse 9a, D-60313 **Frankfurt,** Postfach 10 08 39, D-60008 **Frankfurt,** ☎ (069) 28 26 47, **Fax:** (069) 28 73 63 (Portugal u. portug. Sprachraum: Brasilien, Angola, Guinea-Bissau, Kapverden, Moçambique, São Tomé und Principe)

Vervuert-Verlagsges., Wielandstraße 40, D-60318 **Frankfurt,** ☎ (069) 5 97 46 17, Vertrieb: 59 96 15, **Fax:** (069) 5 97 87 43

Zambon, Giuseppe, Dr., Fremdsprachen-Vertrieb, Leipziger Str. 24, D-60487 **Frankfurt,** ☎ (069) 77 92 23, **Fax:** (069) 77 30 54

Tschechei - Slowakei - Ungarn

Böhringer Verlags-Auslieferung, Marktplatz 2, D-95632 **Wunsiedel,** ☎ (0 92 32) 21 17, **Fax:** (0 92 31) 17 74

Bohemia - Pastrnák, Lindengasse 5, A-1070 **Wien,** ☎ (00 43/1) 5 26 37 79, **Fax:** (00 43/1) 5 26 37 79 (Tschechei, Slowakei)

Kubon & Sagner, Heßstr. 39/41, D-80798 **München,** ☎ (089) 54 21 82 18, **Fax:** (089) 54 21 82 18 (Alleinauslieferung Tschechei + Slowakei, für Belletristik und Geisteswissenschaft)

Münchberg, Harry, Hahnenkleer Straße 14, D-38685 **Langelsheim,** ☎ (0 53 25) 42 04, **Fax:** (0 53 25) 69 26 (Polen, Ungarn)

Röth, Erich, Corvinaverlag, Thurmayerstr. 4, D-93049 **Regensburg,** ☎ (09 41) 27 01 45, **Fax:** (09 41) 27 01 46 (Ungarn, Tschechei)

Türkei, Türkische Schulbücher

Anadolu-Schulbuchverlag u. Versandbuchh., Rheinstr. 102, D-41836 **Hückelhoven,** ☎ (0 24 33) 40 91, **Fax:** (0 24 33) 4 16 08

Önel, Türk. Schulbuchverlag u. Versandbuchh., Aachener Str. 1061, D-50858 **Köln,** ☎ (02 21) 48 80 91/92, **Fax:** (02 21) 48 80 93

Ortadogu Verlag Hüseyin Cölgecen, Weidenstr. 1a, D-46149 **Oberhausen,** ☎ (02 08) 63 19 34, **Fax:** (02 08) 66 48 84

Türkei-Verlag, Eigelstein 48, D-50668 **Köln,** ☎ (02 21) 12 31 39, **Fax:** (02 21) 13 51 48

Auslandszeitungshandel

ip - Internationale Presse Distribution & Marketing GmbH, Waldstr. 70, D-63128 **Dietzenbach,** ☎ (0 60 74) 493-0, Vertrieb: (0 60 74) 493-133, **Fax:** (0 60 74) 493-101

Kubon & Sagner, Heßstr. 39/41, D-80798 **München,** ☎ (089) 54 21 80, **Fax:** (089) 54 21 82 18

Petermann, Gebr., Kurfürstenstr. 111, D-10787 **Berlin,** ☎ (030) 2 19 99 2-0, **Fax:** (030) 2 13 86 92

Saarbach, W.E., Internationaler Pressevertrieb und Zeitungshandel, Hans-Böckler-Str. 19, D-50354 **Hürth,** ☎ (0 22 33) 79 96-0, **Fax:** (0 22 33) 79 96-10/20/80

Translibris Zeitschriften- und Buchvertrieb GmbH, Weinsbergstr. 190, D-50825 **Köln,** ☎ (02 21) 54 20 85/86, **Fax:** (02 21) 5 46 25 65

Abb. 3: Übersicht über Importfirmen.
(Quelle: Deutschsprachige Verlage. Ausgabe 1994/95. 44. Jahrgang. Verlag der Schillerbuchhandlung Hans Banger OHG · Köln)

Die Gründe, die einen Sortimenter dazu bewegen, den Importgrossisten einem ausländischen Verlag vorzuziehen, sind kurz zusammengefaßt:
- Bündelungseffekt (viele Titel aus einer Hand)
- schnelle Lieferung, wenn die Bücher vorrätig sind
- Schriftverkehr in Deutsch
- kein Währungsrechnen, da Rechnungsbeträge in DM ausgestellt werden
- geringe Zustellkosten (i.d.R. Zustellung über den Büchersammelverkehr)
- wenig Buchhaltungsaufwand (i.d.R. Abrechnung über BAG)
- keine Zollbearbeitungsgebühren etc.
- Bibliographierdienst
- Literaturzusammenstellungen zu bestimmten Anlässen.

Neben den Importgroßhändlern gibt es Großhändler, die sich auf den Export spezialisiert haben. Sie organisieren den Buchvertrieb in die gesamte Welt, sind auf allen wichtigen Messen präsent oder beliefern Großkunden im Ausland. In der Bundesrepublik sind zwei große Unternehmen mit Auslandsabteilungen zu nennen: *Koch/Neff/Oetinger* (Stuttgart)/*Grossohaus Wegner* (Hamburg) und *Lingenbrink* (Hamburg). Diese Unternehmen sind Barsortimente und Exporteure, wobei festzuhalten ist, daß sie als Exporteure Lieferant aller deutschsprachigen Titel sind.

5.5 Verlagsauslieferung

Die Verlagsauslieferung (VA) ist im klassischen Sinn ein *Verlegerkommissionär*: ein Serviceunternehmen, das im Namen der Verlage Dienstleistungen gegen Gebühren ausführt.

Die Arbeitsbereiche eines Verlages sind vielgestaltig; sie reichen von Marktanalyse über Lektorat, Lizenzgeschäfte, Herstellung, Werbung, Buchhaltung bis hin zum Vertrieb. Eine Verlagsauslieferung setzt am letztgenannten Punkt an. Sie entlastet die Verlage nicht nur von dem Problem der Lagerhaltung ihrer Titel, sondern sie kümmert sich auch um das manuelle Verpacken von Sendungen bis zum Versand. Der Verlag wird dadurch in die Lage gesetzt, sich ganz seinen eigentlichen verlegerischen Aufgaben zu widmen. So wird in einem Verlagsunternehmen, das mit einer Auslieferung zusammenarbeitet, bestenfalls eine Hausbibliothek stehen: die aktuelle Produktion lagert außer Haus.

Die derzeit in der Bundesrepublik Deutschland arbeitenden Verlagsauslieferungen kann man grob in vier Gruppen unterteilen. (Beispiele: Stand 1991)

Die „reinen Dienstleister" stellen ihre Lagerkapazität und ihr Know-how allen Verlagen zur Verfügung. So führt z.B. die *KNO-Verlagsauslieferung* das lieferbare Programm von Suhrkamp, Thieme und dtv oder die *Libri-Verlagsauslieferung* Titel von Moewig, McGrawhill.

Darüber hinaus existieren Verlagsauslieferungen, die – in der Regel – eine Vielzahl kleinerer Verlage mit ähnlichem Profil führen, z.B. die *prolit buch-*

vertrieb gmbh mit den Verlagen Germinal, Pendragon, Buntbuch oder die *Sozialistische Verlagsauslieferung (SoVa)* mit dem Stroemfeld Verlag, dem Verlag Frauenoffensive, dem Verlag Neue Kritik etc.

Aus der Vertriebsarbeit der Verlage ergab sich ein drittes Modell: So schlossen sich beispielsweise die vier Münchener Verlage Carl Hanser, Urban & Schwarzenberg, Gräfe und Unzer sowie R. Oldenbourg zusammen, um ihre Auslieferung gemeinsam zu organisieren. Daraus entstand der *Verlegerdienst München* (VM), der mittlerweile die Produktion von rund 20 Verlagen betreut (u.a. Prestel, Residenz und Schneekluth). Auch die rund 300 Verlage ausliefernde *Bertelsmann distribution* (früher: Vereinigte Verlagsauslieferung (VVA)) betreut neben den Bertelsmann Verlagen (Blanvalet, Knaus, Reise- und Verkehrsverlag, Siedler etc.) rund 270 Fremdverlage.

Eine weitere Verlagsauslieferungsform ist die Selbstauslieferung eines Verlages in Kombination mit Fremdauslieferung. Dieser Fall ist bei der Unternehmensgruppe Ernst Klett Verlage anzutreffen, die über ihr Tochterunternehmen *Stuttgarter Verlagskontor (SVK)* weitere Verlage (z.B. K.G. Saur Verlag) ausliefern.

Die Gründe, die einen Verlag dazu bewegen, Dienstleistungen einer Verlagsauslieferung in Anspruch zu nehmen, können zwar im Einzelfall variieren, dürften jedoch letztendlich auf ein Phänomen zurückzuführen sein: das Problem der Spitzen. Die Produktion eines jeden Verlages fließt nicht gleichmäßig über das Jahr verteilt ab, sondern ist durch ein saisonal bedingtes und damit auch kalkulierbares Ansteigen und Absinken gekennzeichnet. Damit stellt sich die Frage nach der Raumkapazität und dem Personaleinsatz. Eine Verlagsauslieferung kann das Problem der Spitzen dadurch entschärfen, daß sie in einer Lagerhalle verschiedenartige Verlagsarten mit unterschiedlichen Spitzen (z.B. Publikumsverlage und Schulbuchverlage) gemeinsam lagert.

So unterschiedlich die verschiedenen Verlagsauslieferungen auch arbeiten mögen, die Dienstleistungen können folgende Bereiche umfassen:

<u>Lagerhaltung</u>
Die Paletten kommen von der Druckerei direkt in die Lagerhallen und werden dort – je nach Logistik der entsprechenden Verlagsauslieferungen – gelagert.

<u>Bestellannahme</u>
Die Bestellungen des verbreitenden Buchhandels (Bucheinzelhandel und Barsortiment) werden entgegengenommen und bearbeitet, unabhängig davon, auf welchem Weg die Bestellung eingeht.

<u>Fakturieren</u>
Die ausgehenden Sendungen werden mit einer von der Verlagsauslieferung erstellten Rechnung bzw. Lieferschein dem Kunden zugestellt.

<u>Versandfertigmachen der Packstücke</u>
Die Sendungen werden am Lager zusammengestellt und nach einer Inhalts- bzw. Gewichtskontrolle verpackt. Die Verlagsauslieferung übernimmt nicht den Transport (d.h. die Zustellung zum Besteller), sondern übergibt die versandfertigen Packstücke den Transportunternehmen, die die Zustellung – nach Vorgabe des Bestellers – übernehmen sollen.

Remittendenannahme
Wenn der Verlag keinen eigenen Lagerraum besitzt, wird er auch die Remission der Verlagsauslieferung überantworten. Hier erfolgt dann eine Sondierung: Gemäß dem Prinzip „die guten ins Töpfchen – die schlechten ins Kröpfchen" werden verlagsneue Bücher wieder in den regulären Lagerbestand übernommen, während die angestaubten und angestoßenen Mängelexemplare auf den Weg zum Modernen Antiquariat gebracht werden.

EDV-Service
Die Verlage müssen nicht in kostenintensive technische EDV-Anlagen investieren, sondern erhalten von den Verlagsauslieferungen differenziert aufgearbeitetes Zahlenmaterial über Lagerbestand und Buchabsatz. Auf diese Weise können etwaige Liquiditätsprobleme schnell erkannt und neue Vertriebsstrategien leichter diskutiert werden.

Debitorenbuchhaltung
Der EDV-Service erstreckt sich bei manchen Verlagsauslieferungen bis hin zur Debitorenbuchhaltung. Dort werden die anfallenden Routinearbeiten mit den ‚Schuldnern', d.h. mit den einzelnen Kunden der Verlage, abgewickelt. Die Arbeiten umfassen Aufgabenbereiche wie Kontenpflege, BAG oder Mahnwesen.

Factoring und delcredere
Factoring (= Forderungskauf) bedeutet: Eine Verlagsauslieferung kauft den Verlagen die Forderungen ab, die sie an ihre Kunden haben und überweist ihnen die offenen Rechnungsbeträge bei Fälligkeit (bzw. vorab gegen Zinsen), unabhängig davon, wann die Kunden bezahlen. Ein derartiges Vorfinanzierungsmodell bedeutet für die Verlage größere Liquidität. Die Dienstleistungen im pekuniären Bereich gehen bei einigen Verlagsauslieferungen sogar bis zum delcredere. In einem solchen Fall haftet die VA für den Eingang der offenstehenden Forderungen.

Es dürfte klar sein, daß sich die Höhe der Gebühren, die ein Verlag einer Verlagsauslieferung entrichten muß, nach der Quantität und Qualität der Dienstleistungen richtet. Für die Inanspruchnahme aller Dienstleistungen bis hin zum delcredere wird ein Verlag mehr als 10% vom Nettoumsatz zahlen müssen. Die Entwicklung der letzten Jahre zeigt, daß immer mehr Verlage die Dienstleistungen der Serviceunternehmen im Bereich des Zwischenbuchhandels wahrzunehmen gewillt sind.

5.6 Kommissionsgeschäft

Das Kommissionsgeschäft ist der zweite große Dienstleistungsbereich des Zwischenbuchhandels. Während eine Verlagsauslieferung im Auftrage der Verlage agiert, handelt das Kommissionsgeschäft im Auftrag der Sortimenter. Es ist demnach ein *Sortimenterkommissionär* (früherer Begriff für das Kommissionsgeschäft). Das Kommissionsgeschäft organisiert den Bestell- und

Warenverkehr zwischen Sortiment und Verlag und ist demnach ein integrierter Faktor im Gesamtbereich des Buchvertriebs der Bundesrepublik Deutschland.

Bestellanstalten

Das Kommissionsgeschäft übermittelt unter dem Namen *Bestellanstalt* die Verlagsbestellungen der Buchhandlungen an die Verlage. Jahrzehntelang (seit den 30er Jahren des 19. Jahrhunderts) war dies die originäre Dienstleistung des Sortimenterkommissionärs. Die Bücherzettel wurden gesammelt und den Verlagen gebündelt übergeben. Die einzige Voraussetzung für die kostenfreie Weiterleitung in einem sich differenziert entwickelnden Verlagswesen der Nachkriegszeit war die Notierung im buchhändlerischen Adreßbuch.

Die Terminals der großen Barsortimente revolutionierten die Möglichkeiten des Bestelltransfers. Mit der numerischen Eingabe der ISBN war der Weg frei für eine schnellere, rationellere und kostengünstigere Bestellübermittlung. Diese Entwicklung führte im Jahre 1987 dazu, daß das größte Unternehmen des Zwischenbuchhandels nicht mehr handgeschriebene Bücherzettel, sondern nur noch terminalaufbereitete numerische Daten weiterleitete.

Diese Weiterleitung erfolgt in der Regel elektronisch über Datenfernübertragung (DFÜ). Nur wenn Verlage bzw. deren Auslieferungen keinen elektronischen Anschluß haben, wird von der Bestellanstalt ein Bücherzettel ausgedruckt und per Post zugestellt.

Zur Zeit existieren unterschiedliche Gebührenmodelle für die Dienstleistung des Bestelltransfers, die von kostenloser Weiterleitung vom Sortiment zum Verlag bis zu einer gestaffelten Gebührenbelastung für Sortiment und Verlag reichen.

Die Weiterleitung von Bestellungen durch den Informationsverbund Buchhandel (IBU) wird in Kapitel 6.2.3 dargestellt.

Büchersammelverkehr

Nachdem die Bestellungen bei den Verlagen eingegangen sind, müssen die fertigen Packstücke dem Sortiment zugestellt werden, wobei die Zustellung nach Anweisung des Bestellers erfolgt. Wenn der Buchhändler die Spedition, die Bahn oder die Post als Lieferanten will, so läßt der Verlag die Sendungen entsprechend anliefern. Ein großer Teil der Verlagsbestellungen wird jedoch über den *Büchersammelverkehr* (BSV) zugestellt. Der Büchersammelverkehr ist ein Transportunternehmen des Kommissionsgeschäftes, das die Anlieferung von Verlagssendungen übernimmt. Die Gebühren des Büchersammelverkehrs staffeln sich nach monatlichem Gewichtsaufkommen und gelten entfernungsunabhängig.

Die Zwischenbuchhändler geben Verzeichnisse heraus, in denen die Verlage alphabetisch aufgelistet sind, die von den Bücherwagen des Kommissionsgeschäftes angefahren werden, um den Transport der Packstücke zu übernehmen. Das Abholen der Sendungen vom Verlag ist für den Verlag mit einer Gebührenbelastung verbunden. Deshalb stellen einzelne Verlage ihre Sendungen dem Bücherwagendienstunternehmen kostenfrei zu (VeO § 14, Abs. 2; vgl. Kap. 3.6).

Die Packstücke werden beim Kommissionsgeschäft gewogen und am nächsten Tag dem Sortiment mit einem ordnungsgemäßen Avis (Begleitpapier, auf dem Paketanzahl und Gewichte der einzelnen Verlagssendungen aufgeführt sind) zugestellt. Diese Packstücke nennt man im Buchhandel *Verlegerbeischlüsse*, weil sie der gleichfalls zugestellten Barsortimentsware ,beigeschlossen' werden. Kleinbeischlüsse nennt man die Packstücke mit geringem Gewichtsaufkommen (bis zu zwei, drei oder fünf Kg – je nach Kommissionsgeschäft); ihre Zustellgebühr wird nach einem festen Kilopreis bzw. Packstückpreis berechnet. Das Gewicht der Kleinbeischlüsse fließt nur bei Libri in die monatliche Gewichtsstaffel ein.

Der Büchersammelverkehr stellt jedoch nicht nur Sendungen zu, sondern er organisiert auch den Rückfluß nicht verkaufter Bücher zum Verlag bzw. zu den Verlagsauslieferungen. Auch hier ist für den Sortimenter zu beachten, daß der Transport nur an die Firmen ausgeführt wird, die im bereits erwähnten Verzeichnis des Kommissionsgeschäftes stehen, und zwar gegen eine feste Gebühr für jedes angefangene Kilo.

Obwohl ein und dieselbe Firma Barsortiment und Kommissionsgeschäft sein kann, sind beide Funktionsbereiche des Zwischenbuchhandels rechtlich und wirtschaftlich streng voneinander zu trennen. Am besten verdeutlicht man diesen Tatbestand an den beiden Berührungspunkten von Barsortiment und Kommissionsgeschäft anhand der Firma KNO.

In das Terminal der Barsortimente werden sowohl Barsortimentsbestellungen als auch Verlagsbestellungen eingegeben. Im ersten Fall ist die Bezugsquelle das Barsortiment, das die Bestellung seiner Kunden kostenfrei abruft. Im zweiten Fall ist das Kommissionsgeschäft Dienstleister, der die neutrale (!) Weiterleitung der Daten – gemäß diverser Gebührenmodelle – durchführt.

Über die Bücherwagen werden sowohl Barsortiments- als auch Verlagssendungen zugestellt. Im ersten Fall stellt das Barsortiment seine eigene an das Sortiment verkaufte Ware zu und berechnet die Zustellgebühr prozentual vom Umsatz. Im zweiten Fall liefert das Kommissionsgeschäft als Dienstleister beliebige – von diversen Verlagen verpackte – Packstücke zu, die nach Gewicht berechnet werden.

Anzumerken ist noch, daß manchmal terminologisch unterschieden wird zwischen dem Bücherwagendienst (Zustellung von Barsortimentsware) und dem Büchersammelverkehr (gemeinsame Zustellung von Barsortiments- und Verlagsware).

5.7 Entwicklungen in den 90er Jahren

In der ersten Hälfte der 90er Jahre sind zahlreiche wichtige Neuerungen auf dem Gebiet des Zwischenbuchhandels eingetreten, die fast alle im Zusammenhang mit kostenintensiven Kleinbestellungen zu sehen sind.

Die Diskussion um die zahlreichen Kleinbeischlüsse in der Buchbranche führte auf Barsortimentsebene zu verschiedenen Lösungsansätzen. Die Unternehmensgruppe KNO reagierte mit einer bis dato unvorstellbar gehaltenen Aufstockung auf über 250.000 Titel im Barsortimentslager. Lingenbrink hingegen erhöhte die Barsortimentstitel nur in geringerem Maße, führte jedoch einen „Libri-Besorgungs-Dienst" (LBD) ein, der dem Sortiment weit mehr als 100.000 Titel kostengünstig und ohne viel Aufwand verfügbar macht. Diese höhere Lieferbereitschaft bedeutet gleichzeitig eine Verringerung des Verpackungsmaterials und damit auch der Entsorgungskosten, da die Transportwannen besser ausgelastet werden können.

Kleinbeischlüsse versucht man auch bei Verlagen und Verlagsauslieferungen weitgehend zu reduzieren. Vielversprechende Ansätze bieten sogenannte 'Parkmodelle', nach denen Lieferungen in den Lagern für eine gewisse Zeit zurückgehalten werden. Der Sortimenter entscheidet über die maximale Parkdauer, die auch an Rechnungswerte gekoppelt sein kann. Ebenso muß die – mitunter praktizierte – Zusammenlegung von Sendungen verschiedener Verlage in einem Packstück als Alternative für unrentable Kleinbeischlüsse angesehen werden.

Die wohl revolutionärste Neuerung jedoch eröffnete die Entwicklung der CD-ROM-Technik. Seit 1994/95 bieten die beiden größten Barsortimente jeweils ihre eigene CD an, auf der an die 1 Millionen Titel – darunter auch beim Barsortiment vergriffene – abgespeichert sind. Die Printkataloge verlieren damit tendenziell an Bedeutung. So ist beispielsweise die Ermittlung von Büchern des Libri-Besorgungs-Dienstes an die CD-ROM-Recherche gebunden. Auch der Bezug von mehr als 300.000 englischsprachigen Titeln ist mit speziellen Datenbanken amerikanischer und britischer Großhändler auf der CD verknüpft. Die Firma Lingenbrink machte bereits 1992 den Vorstoß, als sie die Titel des amerikanischen Unternehmens Ingram besorgte und in eigenem Namen, auf eigene Rechnung über die Barsortiments-Sammelabrechnungen in DM (amerikanischer Inlandspreis x Umrechnungskurs) an ihre Kunden verkaufte. Auf der aktuellen CD (Stand 1995) umfaßt die Datenbank englischer Titel auch Bücher des englischen Händlers Heathcote. KNO bietet einen anderen Weg, denn auf seiner CD werden die Daten von Baker & Taylor (USA) und Gardener (GB) nur zur Verfügung gestellt. Bei einem etwaigen Kauf belastet KNO nur die Gebühren als Kommissionsgeschäft (Bestellweiterleitung und Zustellgebühr). Die Überweisung des Rechnungswertes erfolgt an die ausländischen Firmen per Kontoüberweisung, Kreditkarte oder BAG.

Auch in Zukunft werden alle Funktionsbereiche des Zwischenbuchhandels als Rationalisierungsfaktoren für Verlage und Buchhandlungen eine zentrale Rolle spielen.

6 Bucheinzelhandel

Mit dem Begriff Bucheinzelhandel werden die unterschiedlichen buchhändlerischen Betriebe bezeichnet, die die dritte Wirtschaftsstufe der Branche bilden. Hier wird nicht verlegt (1. Wirtschaftsstufe = Verlag) und nicht an Händler weiterverkauft (2. Wirtschaftsstufe = Großhandel), sondern es steht der Verkauf an den Endabnehmer im Mittelpunkt. Diese klare Grenzziehung schließt nicht aus, daß es mitunter auch Überschneidungen der drei Stufen gibt. So geschieht beispielsweise der Verkauf von über 10% des gesamten Buchhandelsumsatzes durch die Verlage im Direktvertrieb. Es ist aber auch daran zu denken, daß manche Bucheinzelhändler ihrerseits Bücher verlegen – sei es im großen Stil (z.B. ,Warenhausausgaben' der Kaufhäuser) oder in bescheidenem Umfang (z.B. im Bereich der Regionalliteratur).

Im folgenden werden zunächst die Betriebsformen des Bucheinzelhandels in ihrer Vielfalt und ihren unterschiedlichen Vertriebs- und Sortimentskonzepten vorgestellt. Im Anschluß daran wird in umfangreicheren Abschnitten

	1989		1990		1991		1992		1993	
	Mio. DM	Anteil in %	Mio. DM	Anteil in %	Mio. DM	Anteil in %	Mio. DM	Anteil in %	Mio. DM	Anteil in %
Vertriebsweg:										
Sortimentsbuchhandel	7.190	63,3	*7.666	60,2	8.088	59,8	9.078	61,2	9.378	60,8
Sonstige Verkaufsstellen	1.065	9,4	*1.189	9,3	1.260	9,3	1.397	9,4	1.460	9,5
Warenhäuser	595	5,2	*630	4,9	660	4,9	733	5,0	792	5,1
Reise- und Versandbuchhandel	665	5,9	**989	7,8	1.088	8,1	949	6,4	994	6,4
Verlage direkt	1.334	11,8	**1.758	13,8	1.881	13,9	2.009	13,5	2.119	13,7
Buchgemeinschaften	500	4,4	*510	4,0	540	4,0	662	4,5	690	4,5
Zwischensumme	11.349	100,0	12.742	100,0	13.517	100,0	14,828	100,0	15.433	100,0
Sonstige (insb. unbek. Umsätze in den neuen Bundesländern)					741					
Insgesamt	11.349		12.742		14.258		14.828		15.433	
Warengruppe:										
Fachbuch/Wissenschaft	3.977	35,0	**4.540	35,6	5.320	37,3	5.474	36,9	5.474	35,5
Allgemeine Literatur	8.185	54,6	**6.935	54,4	7.574	53,1	7.899	53,3	8.439	54,7
davon: Taschenbuch	1.072	9,5	**1.206	9,5	1.314	9,2	1.339	9,0	1.446	9,4
Belletristik/Sachbuch/ Jugendbuch/Lexika/ Kartographie/ Sonstiges	4.363	38,4	**4.899	38,4	5.410	37,9	5.670	38,2	6.058	39,3
Restauflagen	750	6,6	**830	6,5	850	6,0	890	6,0	935	6,1
Bücher insgesamt	10.162	89,5	11.475	90,1	12.894	90,4	13.373	90,2	13.913	90,2
Vertriebserlöse Fach- und wissenschaftliche Zeitschriften	1.187	10,5	1.267	9,9	1.365	9,6	1.455	9,8	1.520	9,8
Insgesamt	11.349	100,0	12.742	100,0	14.258	100,0	14.828	100,0	15.433	100,0

* Nur alte Bundesländer.
** Umsätze der Betriebe aus den alten Bundesländern einschließlich der in den neuen Bundesländern erwirtschafteten Umsätze.

Quelle: Dr. Benzing, Verlagsgruppe Bertelsmann

Abb. 1: Geschätzte Umsätze buchhändlerischer Betriebe zu Endverbraucherpreisen 1989–1993. (Quelle: Buch und Buchhandel in Zahlen 1994. Tab. 6)

die Problematik der Warenbeschaffung und des Verkaufslagers erörtert. Die Bereiche Marketing und Werbung runden die Ausführungen ab.

6.1 Betriebsformen des Bucheinzelhandels

Der Bereich des Bucheinzelhandels unterliegt einer ständigen Wandlung, die u.a. durch ein geändertes Konsumentenverhalten in den letzten zwanzig Jahren zu erklären ist. Man kann heute von einer sich aufdifferenzierenden Betriebstypen- und Vertriebsformenvielfalt sprechen. Während sich auf der einen Seite traditionelle Bereiche überlagern (z.B. im Buchkaufhaus das allgemeine Sortiment und die Fachbuchhandlung), zeichnet sich auf der anderen Seite eine Tendenz zur Spezialisierung und Angebotssegmentierung ab. Trotzdem sind die folgenden Ausführungen eher traditionell gehalten: Sie gehen vom stationären Buchhandel über den ambulanten Buchhandel bis hin zu den Buchgemeinschaften, deren Besonderheit darin zu sehen ist, daß das Verlegen von Büchern mit deren Verkauf im Abonnement verbunden ist.

6.1.1 Sortimentsbuchhandel

Obwohl der Buchhandel älter als 500 Jahre ist, spricht man von einem sich ausbildenden Sortimentsbuchhandel als selbständige Betriebsform erst seit rund 200 Jahren. Rund 300 Jahre lang kümmerten sich fast ausschließlich die Verleger um den Vertrieb ihrer Verlagsobjekte, sei es durch direkten Verkauf an Kunden oder durch den Bogentausch untereinander. Das Jahrhundert der Aufklärung führte auch in Deutschland zu einem rapiden Anwachsen von deutschsprachiger Literatur. Die jährliche Produktion vervielfältigte sich im Laufe des Jahrhunderts, und die ‚schöngeistige Literatur' bekam den Stellenwert, den sie noch heute beansprucht. Ein sich derart differenziert entwikkelndes Buchwesen verlangte eine neue Form des Vertriebs: den Sortimentsbuchhandel. *F. C. Perthes* gilt als Begründer des neuen Berufsstandes. Sein Sortiment, das er seit 1796 in Hamburg anbot, bestand aus einem ausgewählten, aber breitgefächerten Angebot unterschiedlicher Verlage.

	1740	1800
jährliche Buchproduktion	755	2569
Anteil der schöngeistigen Literatur in %	5,8	21,5

Abb. 2: Entwicklung der literarischen Produktion im 18. Jahrhundert (Quelle: Deutsche Literaturgeschichte, Metzler, 2. Aufl. 1984, S. 119)

Auch heute noch spielt der Gesichtspunkt des ‚Sortierens', d.h. des ‚Auswählens', eine entscheidende Rolle im Bucheinzelhandel. Dies gilt für die kleinen Sortimenter (mit ca. 4.000 Titeln und mehr am Lager) wie für die großen (mit 100.000 Titeln und mehr). Der traditionelle Buchfachhandel führt seit 1977 das ‚dreibogige B' als Branchensignet. Zusammen mit dem Slogan ‚Bücher beim Buchhändler' weist es auf Mitgliedsbuchhandlungen des Börsenvereins hin. Die eigentliche Bedeutung des ‚dreibogigen B' ist jedoch im traditionellen Vertriebskonzept des Buchfachhandels zu sehen. Der Buchhändler verkauft(e) durch

- Bereithaltung der Bücher im Verkaufsraum
- Beratung durch fachkundiges Personal
- Besorgung nicht vorrätiger, aber gewünschter Titel.

Abb. 3a–c: Aus dem ehemaligen Werbemittelangebot mit dem B-Signet

In den 90er Jahren wird das ‚dreibogige B', das nie unumstritten war und auf Kundenseite nie die Akzeptanz wie beispielsweise das Apotheker-Erkennungszeichen (Fraktur-A mit Äskulapstab) erreicht hat, durch das corporate design des Börsenvereins ersetzt werden (vgl. Kap. 2.1).

Den Anspruch, einzige Vertriebsform für Bücher mit voller Beratungs- und Besorgungsfunktion zu sein, kann der Sortimentsbuchhandel heute nur noch bedingt erfüllen. Vor allem die Warenhauskonzerne, aber auch branchenfremde Firmen drängen verstärkt in Bereiche des Buchfachhandels.

Eine Untergliederung des Sortimentsbuchhandels kann vorgenommen werden in bezug auf die Zielsetzung der Unternehmen, der damit Hand in Hand gehenden Auswahl der Warengruppen sowie in bezug auf die Größe des Sortiments. Die traditionelle Einteilung läuft auf die Unterscheidung von allgemeinen Sortimentsbuchhandlungen einerseits und Fachbuchhandlungen andererseits hinaus.

Fachbuchhandlung

Fachbuchhandlungen sind dadurch gekennzeichnet, daß zu ausgewählten Themenbereichen (Jura, Medizin o.ä.) nahezu alle lieferbaren Titel geführt werden. Maßgeblich ist demnach nicht die Sortimentsbreite, sondern die Sortiments*tiefe*. Seit Jahrzehnten gibt es derartige Fachbuchhandlungen im wissenschaftlichen Buchbereich. Im Zusammenhang mit Fachbuchhandlungen spricht man des öfteren von *Depotbuchhandlungen*. In solchen Fällen führt die Buchhandlung bzw. die Fachabteilung des Unternehmens das komplette lieferbare Programm (oder auch ausgewählte umfangreiche Programmbereiche) einzelner Verlage. Die Verlage ,deponieren' also ihre Produktion im Buchhandel und räumen dafür dem Buchhändler günstige Konditionen (RR, àc, Vorzugsrabatt etc.) ein.

Das Prinzip ,Tiefe vor Breite' ist aber auch für eine Vielzahl von überwiegend kleineren Buchhandlungen bestimmend, die sich auf bestimmte Inhalte spezialisiert haben. Vielleicht sollte man die Unternehmen verallgemeinernd *Tendenzbuchhandlungen* nennen. Ihr Sortiment ist einseitig kirchlich, politisch, esoterisch oder ökologisch ausgerichtet; die Mitarbeiter in diesen Läden identifizieren sich in der Regel mit der Angebotsstruktur. Auch Frauenbuchläden gehören in diese Kategorie.

Allgemeine Sortimentsbuchhandlung

Die allgemeine Sortimentsbuchhandlung ist durch eine gewisse Sortimentsbreite gekennzeichnet. Sie führt die Abteilungen, die überwiegend mit Produkten der Publikumsverlage bestückt werden können: Belletristik, Geschichte, Kunst, Reise, Hobby, Ratgeber, Kinder- und Jugendbuch. Obwohl je nach Größe der einzelnen Abteilungen bzw. je nach Zielsetzung des Unternehmens in einigen Bereichen eine gewisse Tiefe erreicht wird, kann man pauschalisierend sagen: In der allgemeinen Sortimentsbuchhandlung rangiert die Sortimentsbreite vor der Sortimentstiefe. Je nach Schwerpunkt wird sich ein Allgemeines Sortiment auch um Diversifikation bemühen, d.h. um die Erschließung von Verkaufsobjekten im Non-Book-Bereich (z.B. Spielzeug in der Kinder- oder Poster in der Kunstabteilung).

Seit den 70er Jahren rücken im allgemeinen Sortimentsbuchhandel verstärkt zwei Warengruppen in den Vordergrund: als spezielle Produktgattung das Taschenbuch sowie das Moderne Antiquariat. Beide Bereiche haben sich bereits als Betriebsformen verselbständigt und werden auch schon in separaten Läden angeboten und verkauft.

Ein *Taschenbuchladen* – häufig im Bahnhofsbereich anzutreffen – führt im Extremfall das komplette Angebot (ca. 40.000 Titel) der niedrigpreisigen Paperbacks. Häufig sind jedoch modifizierte Modelle anzutreffen, z.B. wenn Bestseller aus dem Hardcover-Bereich mit angeboten werden. Mitunter führen Taschenbuchläden nur publikumsträchtige Reihen und verzichten auf den quantitativ nicht unerheblichen Anteil an wissenschaftlichen Fach-Taschenbüchern.

Modernes Antiquariat

Im Modernen Antiquariat herrscht die Kategorie ‚Preis'. Hier wird mit Büchern gehandelt, für die der feste Ladenpreis nicht mehr gilt (Restauflagen und Mängelexemplare), aber auch mit preislich gebundenen Sonderausgaben. „Hauptsache preiswert" – deshalb ist nicht selten eine Warenanordnung nach Preisgruppen festzustellen. Sofern Verlage den Vertrieb der Restauflagen oder Sonderausgaben nicht selbst in die Hand nehmen, wird er von den Großantiquariaten (z.B. *Gondrom*) übernommen. Sie kaufen die Restauflagen in großen Stückzahlen, z.T. palettenweise, und kalkulieren eine neue unverbindliche Preisempfehlung, auf die der Bucheinzelhändler dann einen Rabatt erhält, oder die Buchhändler zahlen einen festen Nettopreis und können selbst ihre Gewinnspanne kalkulieren. Seit geraumer Zeit ist eine neue Aktivität der Großantiquariate festzustellen: Sie (besorgen sich Lizenzen und) verlegen selbst. Für diese Publikationen dürfen – sofern die Unternehmen es wollen – die Verkaufspreise gebunden werden. Der Vertrieb der Bücher durch die Großantiquariate wird u.a. durch Vertreter organisiert, die in größeren Städten in angemieteten Räumen Verkaufsausstellungen veranstalten bzw. große Buchhandlungen besuchen.

Hinsichtlich der Werbung für nicht mehr preisgebundene Verlagserzeugnisse sei an dieser Stelle auf Punkt 5 der Wettbewerbsregeln hingewiesen (vgl. Kap. 3.2).

Umsatzstruktur

Wenn man den Blick auf die Umsatzstruktur des Sortimentsbuchhandels wirft, fällt auf, daß rund 80% aller Buchhandlungen nur rund 23% des Gesamtumsatzes tätigen. Etwa 3% aller Unternehmen machen aber ungefähr 46% des Gesamtumsatzes. Nicht aus der Tabelle (auf Seite 206) zu ersehen ist der Tatbestand, daß diese 170 Großen überdurchschnittliche Umsatzzuwächse erzielen und daß ihr prozentualer Anteil am Gesamtumsatz des Sortimentsbuchhandels steigt.

Buchkaufhäuser

‚Die Großen' oder besser gesagt ‚die Größten' haben den Weg gefunden, wie über mehr Quadratmeter Verkaufsfläche noch mehr Umsatz zu erreichen ist: durch Buchkaufhäuser. Das Unternehmen *H. Hugendubel* errichtete 1979 in

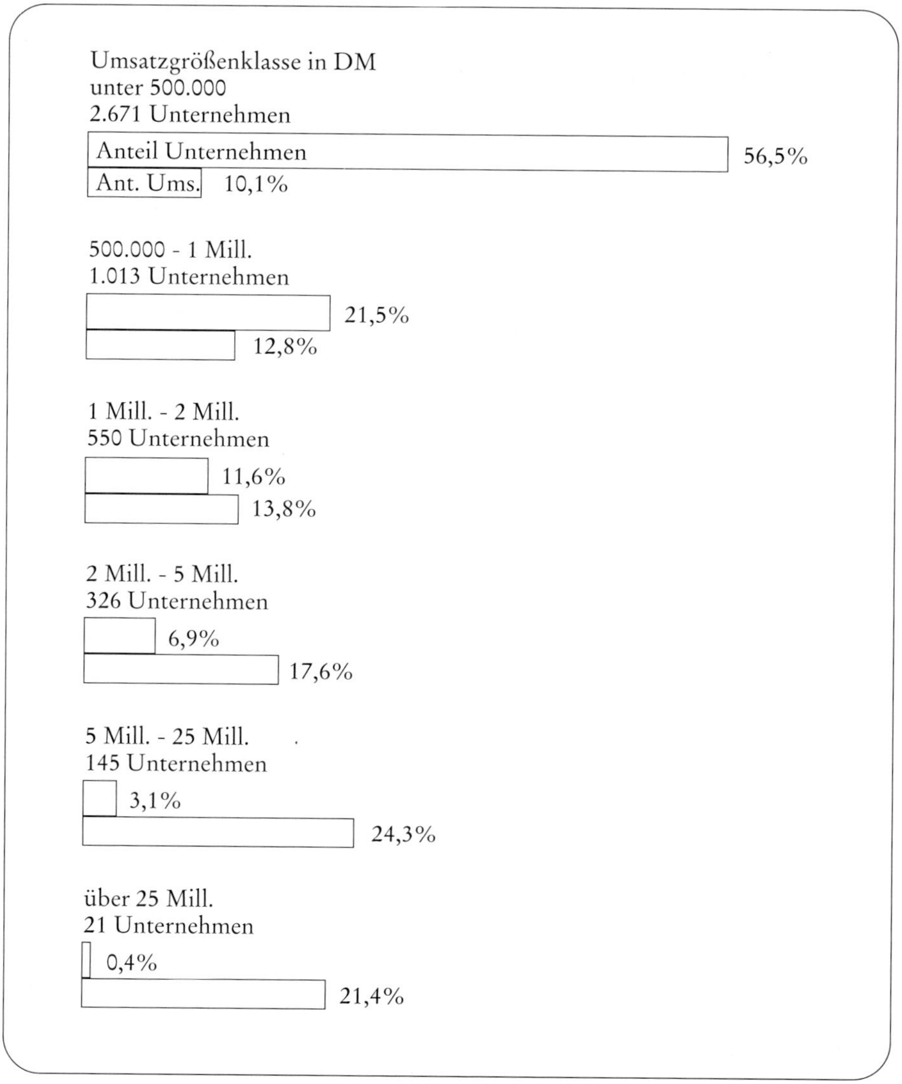

Abb. 4: Größenstruktur des Sortimentsbuchhandels
(Quelle: Buch und Buchhandel in Zahlen 1994, hrsg. vom Börsenverein des Deutschen Buchhandels, Frankfurt 1994, Tab. 5 und 10)

München am Marienplatz ein derartiges Kaufhaus mit 2.400 qm Verkaufsfläche. Sein Pilotprojekt machte ab Mitte der 80er Jahre Schule. Seitdem hält der Trend zu Großflächen unvermindert an.

Die Buchkaufhäuser sind aus unterschiedlichen Gründen die rentablen Betriebsformen der Zukunft.

- Die Sortimentsbreite wie auch die Sortimentstiefe und die Ia-Lage ziehen viele Kunden in das Buchkaufhaus.

Größte Einzelflächen im Sortiment

Buchhandlung			Ort	qm
1.	(1.)	Hugendubel	Frankfurt	4000
2.	(1.)	Stern-Verlag	Düsseldorf	4000
3.	(3.)	Gonski	Köln	3300
4.	(4.)	Kiepert	Berlin	3237
5.	(5.)	Mayersche	Aachen	3000
6.	(9.)	Wittwer	Stuttgart	2700
7.	(6.)	Bouvier/Röhrscheid	Bonn	2500
7.	(6.)	Schmorl & v.Seefeld	Hannover	2500
9.	(8.)	Hugendubel	M-Marienplatz	2400
10.	(9.)	Thalia	HH-Spitalerstr.	2200
11.	(11.)	Ferber'sche	Gießen	2100
11.	(11.)	Prinz	Mannheim	2100[1)]
13.	(13.)	Stauffacher	Bern	2013
14.	(13.)	Amadeus	Linz	2000[1)]
14.	(13.)	Baedeker	Essen	2000
14.	(13.)	Herder	Berlin	2000
14.	(13.)	Hugendubel	M-Stachus	2000
14.	(-)	Mayersche	Duisburg	2000
14.	(13.)	Orell Füssli	Zürich	2000
14.	(21.)	Rombach	Freiburg	2000
14.	(13.)	Thalia	HH-Große Bleichen	2000
22.	(22.)	Gemini	Wiesbaden	1800[1)]
22.	(22.)	Mayersche	Mönchengladbach	1800
24.	(24.)	Pustet	Augsburg	1700
25.	(25.)	Fabulus	Kiel	1650

Abb. 5: Größte Einzelflächen im Sortiment
(Quelle: Buchreport 39/40 (Jg. 1994), S. 70)

- Das Titelangebot von 100.000 bis 150.000 erreicht Barsortimentsdimensionen. Das unrentable Besorgungsgeschäft kann auf ein Minimum reduziert werden.
- Die Bücher werden in großen Stückzahlen mit günstigen Konditionen eingekauft und binnen kurzer Zeit verkauft.
- Die Lagerhaltung wird in zunehmendem Maße mit Hilfe der EDV gesteuert. Sogenannte Warenwirtschaftssysteme sorgen für größtmögliche betriebliche Effizienz.
- Die großen Verkaufsräume ermöglichen neue und interessante Präsentationsformen für das Buch und führen in verstärktem Maße zu Zusatzverkäufen.
- Die Gestaltung der Verkaufsfläche mit großzügiger Warenanordnung und Ruhezonen führt zu einer Verkaufsatmosphäre, die einem geänderten Einkaufsverhalten der Kunden Rechnung trägt: dem erlebnisorientierten Einkauf.

- Die unterschiedlichen Kundenbedürfnisse (nach Unterhaltung/Entspannung, Information/Bildung, Geselligkeit/Erlebnis etc.) können in einem großen Haus mit vielen Möglichkeiten am ehesten befriedigt werden.
- Randsortimente, vor allem solche, die die ,Neuen Medien' betreffen, werden von Anfang an in das Programmangebot integriert. Das betrifft den Verkauf von Compact Discs (CD) in gleichem Maße wie das Angebot von Computer-Softwarepaketen oder die Präsentation von Videos.

Mitte der 90er Jahre kann man sagen, daß die Buchkaufhäuser auf absehbare Zeit nicht mehr aus der Buchhandelslandschaft verschwinden werden. Auch wenn man darüber diskutiert, bis zu welcher Quadratmeterzahl größtmögliche betriebliche Rentabilität zu erwirtschaften ist – das Phänomen und die Akzeptanz der Großflächen wird dadurch prinzipiell überhaupt nicht berührt. In der Regel waren es die Marktführer am Ort, die sich durch Umbauten, Vergrößerungen oder neue Mietobjekte ihre Standortvorteile sichern wollten und damit einen Strukturwandel im Bucheinzelhandel hervorriefen. Hugendubel (München) und Thalia (Hamburg) unterhalten mittlerweile in ihren ursprünglichen Städten bereits zwei Buchkaufhäuser.

15 Jahre nach Eröffnung des Zeitalters der Buchkaufhäuser besitzt wiederum die Firma Hugendubel die größte, flächenmäßig zusammenhängende Verkaufsfläche: in der ,Filiale' im Steinweg in Frankfurt finden Kunden auf ca. 4.000 qm Verkaufsfläche weit mehr als 100.000 Titel.

Filialunternehmen

Filialbetriebe gibt es im Sortimentsbuchhandel bzw. im Bucheinzelhandel in unterschiedlichen Dimensionen. So spricht man von Filialen, wenn Sortimentsbuchhändler in Vororten, Einkaufszentren oder sogar in anderen Städten neue Ladengeschäfte eröffnen. Diese (zumeist kleineren) Filialen dienen zur Standortsicherung und zur Erschließung neuer Einzugsbereiche. Die Organisation und Verwaltung der Filialen wird unterschiedlich gehandhabt: Zwischen den Extremen von weitestgehender Autonomie der Filialen auf der einen Seite bis hin zur straffen Leitung und Sortimentsbestückung vom Hauptgeschäft aus auf der anderen Seite dürfte es eine Vielzahl von Varianten geben.

Neben derartigen Filialbetrieben gibt es die sogenannten Filialisten. Ihr Vertriebskonzept ist darauf angelegt, in besten Zonen der Innenstädte gleichartige Buchläden mit einem sich schnell umschlagenden Sortiment zu installieren. Diese Buchhandelsketten sind auf eine Multiplizierung der von der Zentrale einmalig kreierten Geschäftsidee und des einmalig erarbeiteten und EDV-unterstützten Warenbewirtschaftungskonzepts hin angelegt. Alles ist multiplizierbar: das äußere Erscheinungsbild, das Firmensignet, die Ladeneinrichtung, die Sortimentsauswahl etc. Der bekannteste Filialbetrieb dieser Art dürfte *Montanus aktuell* sein: Über 40 Filialen in der gesamten Bundesrepublik bieten Presseerzeugnisse, Taschenbücher, Modernes Antiquariat, Bestseller und moderne Tonträger an. Aus dem Bereich der Versandbuchhändler wurde *Wohlthat's Buchladen* ein Filialist mit diversen Einzelgeschäften. Der Versuch, auch ein breiter und tiefer gefächertes Buchhandelssortiment über großflächige Filialläden zu vertreiben, wurde Ende der 80er Jahre von der Firma *Gondrom* im süddeutschen Raum (Bayreuth, Augsburg, Ulm u.a.) in Angriff genommen.

Wenn man den Begriff Filialunternehmen weit faßt, müssen natürlich auch andere Bucheinzelhandelssparten genannt werden: die Bahnhofsbuchhändler, die Buchclubs und die Warenhäuser.

6.1.2 *Warenhausbuchhandel*

Die Idee, Bücher im Warenhaus zu verkaufen, ist so alt wie die Idee Warenhaus. Bereits Ende des 19. Jahrhunderts bot das Unternehmen *Wertheim* in Berlin ein Buchsortiment an. Auch nachdem das klassisch zu nennende Konzept der Warenhäuser ‚tausendfach unter einem Dach' (jahrelanger Slogan der Kaufhof AG) heute nicht mehr zutrifft, sondern sich statt dessen der Trend zu spezialisierten Fachabteilungen bzw. Fachetagen/Fachhäusern durchzusetzen scheint, zählen Bücher immer noch zum festen Bestandteil des Programmangebots. Schließlich entfallen derzeit rund 5% des gesamten Buchumsatzes zu Verkaufspreisen auf den Warenhausbuchhandel. Anstehende Fusionen von Karstadt/Hertie und Kaufhof/Horten dürften verstärkt Bewegung in die Handelsstruktur bringen und verändern natürlich auch die Spitzenpositionen der umsatzstärksten Buchhandlungen (vgl. Abb. 6).

Das Buchsortiment der Kaufhäuser entspricht nicht nur ihrem Kundenkreis, sondern wird auch den innerbetrieblichen Ansprüchen gerecht. Da sich die Buchabteilung im Warenhaus in Konkurrenz zu den anderen Abteilungen umsatzmäßig behaupten muß, ist die Sortimentsauswahl auf schnellen Umschlag angelegt. Im Klartext heißt dies: eine breit, nicht tief gefächerte Angebotspalette nach Gängigkeit, wobei niedrigpreisigen Artikeln ein großer Stellenwert eingeräumt wird. 1986 brachte eine großangelegte Verbraucherbefragung (‚Marktbericht Buchhandel' der BBE-Unternehmensberatung in Köln) zutage, daß auf die Frage „Wo sind Bücher besonders preisgünstig?" der Kauf-/Warenhausbuchhandel an erster Stelle genannt wurde. Nicht zuletzt die bunte und interessante Mischung von preislich gebundenen und nicht gebundenen Verlagserzeugnissen (darunter auch eigens von Warenhäusern verlegte und vertriebene Sonderausgaben) läßt viele Kunden das Phänomen Preisbindung vergessen.

Obwohl der Warenhausbuchhandel aufgrund einer Marketingüberlegung in Sachen Preispolitik einen Billig-Bücher-Markt inszeniert, erfüllt er bei preislich gebundenen Titeln – wie jeder andere buchhändlerische Fachbetrieb – seine Preisbindungspflicht. Schließlich sind die Warenhausunternehmen Mitglieder in den buchhändlerischen Verbänden bis hin zum Börsenverein. Auch die einzelnen Abteilungen sind bzw. werden wie Fachbetriebe organi-

Firmenname/Firmensitz	Anzahl der Betriebe/Filialen/ Verkaufsstellen	Geschätzter Umsatz in Mio. DM
1. Hugendubel/München	12	195
2. Karstadt/Essen	150	185
3. Phönix/Montanus/Hagen	44	152
4. Kaufhof/Köln	81	112
5. Herder/Freiburg	11	95
5. Bouvier/Bonn	8	95
7. Schweitzer Sortiment/München	9	90
8. J.F. Lehmanns/Heidelberg	29	86
9. Librodisk/Wiener Neudorf	170	86
10. Thalia/Hamburg	12	80
11. Hertie/Frankfurt a.M.	70	75
12. Mayersche/Aachen	o.A.	75
13. Stern-Verlag/Düsseldorf	3	70
14. Gondrom/Bindlach	20	70
15. Schmorl & von Seefeld	1	65
15. Weiland/Lübeck	12	65
17. Kiepert/Berlin	6	61
18. Horton/Düsseldorf	64	53
18. Pustet/Regensburg	10	53
20. Buch und Kunst/Dresden	25	50

Abb. 6: Die 20 umsatzstärksten deutschen Unternehmen im Bucheinzelhandel (Quelle: Buchreport Nr. 15 vom 13. April 1995)

siert. Nicht ‚normale' Einzelhandelskaufleute präsentieren und verkaufen die Ware, sondern in verstärktem Maße ausgebildete Buchhändler. Darüber hinaus übernehmen manche Buchabteilungen in Warenhäusern die Besorgungsfunktion – der Barsortimentskatalog gehört zum täglichen Hilfsmittel, manchmal sogar das *Verzeichnis lieferbarer Bücher.* Bereithaltung/Beratung/Besorgung – das traditionelle Vertriebskonzept des Sortimentsbuchhandels wird – wenn auch mit geringen Abstrichen – mittlerweile auch vom Warenhausbuchhandel verfolgt.

Aus verschiedenen Gründen ist der Warenhausbuchhandel ein wirtschaftlich lukratives und profitables Buchunternehmen.

- Ein – in großen Zügen – zentral eingekauftes, sich schnell umschlagendes Warenlager ermöglicht auf der Einkaufsseite bestmögliche Konditionen.
- Die ‚Buchabteilungen ohne Schwellenangst' führen auf der Verkaufsseite zur ständigen Erschließung neuer Käuferkreise und zu erhöhten Umsätzen.

- Die Werbung kann – wie bei allen Filialunternehmen – kostengünstig und rentabel über die Zentrale abgewickelt werden.
- Preislich gebundene Bücher garantieren eine feste, kalkulierbare Gewinnspanne, die den Vergleich zu anderen Warenhausabteilungen nicht scheuen muß.

Wen wundert es, daß sich die Warenhäuser verstärkt dem Verkaufsobjekt Buch zuwenden und sogenannte ‚Medien-Etagen' mit großem Buchanteil einrichten.

6.1.3 *Bahnhofsbuchhandel*

Der Bahnhofsbuchhandel ist eine Begleit- und Folgeerscheinung der im 19. Jahrhundert stattgefundenen verkehrstechnischen Revolution. Die ‚Buchhändler mit Gleisanschluß' etablieren sich bereits in der zweiten Hälfte des vorigen Jahrhunderts und stellen auch heute noch einen wichtigen Faktor im Vertrieb der Printmedien dar. Ihr Profil entsteht in ständiger Wechselwirkung zum Image der Bahn und ihrer Servicebetriebe.

Die Rechtsstellung des Bahnhofsbuchhandels als Servicebetrieb der Deutschen Bundesbahn war bisher im Bundesbahngesetz geregelt. Durch die Umwandlung der Deutschen Bundesbahn in die Deutsche Bahn AG und den Wegfall des Bundesbahngesetzes ergab sich die Notwendigkeit, eine neue gesetzliche Grundlage für die Ausnahmestellung des Bahnhofsbuchhandels zu schaffen. Sie wurde durch eine Novellierung des Ladenschlußgesetzes erreicht. In § 8.1 Ladenschlußgesetz erfolgte die entsprechende Regelung für die Ausnahmestellung des Bahnhofsbuchhandels. Seit neuestem bedient sich die Deutsche Bahn AG bei der Vermietung und Vermarktung ihrer Bahnhöfe externer Dienstleister. An der unmittelbaren Rechtsbeziehung zwischen Pächter und Deutscher Bahn AG ändert sich jedoch dadurch nichts.

Am 01. Januar 1995 gab es in Deutschland auf 330 Bahnhöfen 420 Verkaufsstellen des Bahnhofsbuchhandels. Dabei werden nur solche Verkaufsstellen als „Bahnhofsbuchhandlungen" anerkannt, welche von den Verlagen direkt beliefert werden. Voraussetzung für die Direktbelieferung mit Presseerzeugnissen ist die Erfüllung leistungsbezogener Kriterien, welche zwischen den Zeitschriftenverlagen und dem Verband Deutscher Bahnhofsbuchhandler 1994 vereinbart und dem Bundeskartellamt zur Genehmigung vorgelegt wurden.

In den letzten Jahren hat der Bahnhofsbuchhandel den Sprung vom Pressekiosk zur großen begehbaren Presse-Fachverkaufsstelle mit umfangreichem buchhändlerischem Zusatzsortiment geschafft. Im Verband Deutscher Bahnhofsbuchhändler sind von den 120 Bahnhofsbuchhändlern 100 als Mitglied organisiert. Zu den großen Firmen im Bahnhofsbuchhandel zählen beispielsweise die Stilke GmbH mit ca. 60 Filialen im Norden Deutschlands, die Firma Karl Schmitt & Co. in Baden und Thüringen, oder etwa Sussmann's Presse und Buch, die im Münchner Hauptbahnhof mehrere Filialen unterhält und Presse und Buch Ludwig im Kölner Hauptbahnhof.

Ein Blick auf das vom Bahnhofsbuchhandel angebotene Sortiment zeigt die eindeutige Dominanz der Presseerzeugnisse. In größeren Bahnhöfen gibt es bereits Fachgeschäfte zu einzelnen Themen, wie z.B. der Fachpresseladen für Mode im Münchner Hauptbahnhof und der Fachpresseladen für Elektronik im Kölner Hauptbahnhof. Für ausländische Zeitungen und Zeitschriften stellt der Bahnhofsbuchhandel die mit Abstand wichtigste Absatzstelle dar. Anders als der stationäre örtliche Presse-Einzelhandel, wird der Bahnhofsbuchhandel direkt von den Verlagen mit allen Presseerzeugnissen beliefert. Die Funktion des Presse-Grossos für Remission und Abrechnung mit den Verlagen wird somit direkt vom einzelnen Bahnhofsbuchhändler übernommen. Neben den Presseerzeugnissen beherrschen Taschenbücher das Angebot. Historisch gesehen war es der Bahnhofsbuchhandel, der in den 50er Jahren das Taschenbuch als Vertriebsobjekt buchhandelsfähig machte; auch die ersten Taschenbuchläden – Ludwig (Köln), Vaternahm (Kassel) – entstanden unter der Regie der Bahnhofsbuchhändler.

6.1.4 Nebenmärkte

Bereits bei der Besprechung des Zwischenbuchhandels wurde auf den Unterschied zwischen Buchfachhandel und Auch-Buchhandel hingewiesen. Mehr als 9% des gesamten Buchumsatzes werden über sogenannte Nebenmärkte abgewickelt. Obwohl es unterschiedliche Konzeptionen gibt, sind Nebenmärkte im allgemeinen dadurch zu charakterisieren, daß nicht Buchfachhändler das Sortiment auswählen und prägen, sondern daß Bücher im Rahmen eines Nebensortiments – auch in branchenfremden Einzelhandlungen – plaziert und verkauft werden. Häufig erfolgt die Warenbeschaffung über das *rack-jobbing*-Verfahren (vgl. Kap. 5.3), das von Verlagen bzw. Großhändlern organisiert wird.

P/B/S-Geschäfte

Bücher werden gemeinsam mit Papier-, Büro- und Schreibwaren *(P/B/S-Bereich)* angeboten. Dies läßt sich aufgrund einer gewissen warenkundlichen Verwandtschaft erklären, denn diese Warenbereiche stehen im Zusammenhang mit den primären Kulturtechniken unserer Gesellschaft: mit Lesen und Schreiben.

Fachgeschäfte

Das Konzept *Fachgeschäft und Buch* ist nicht minder einsichtig. Bücher stehen dort zur Verfügung, wo der Kunde sich für ein bestimmtes Thema interessiert. Zum Wellensittichkauf gehört ein Tierhaltungsbuch, zur Anschaffung eines Computers gehören Bücher über Betriebssysteme und Programmiersprachen, zu einem differenzierten Glassortiment werden Bücher über Getränke angeboten etc.

Filialunternehmen

Zu den Nebenmärkten zählen auch große Filialunternehmen, die nur zeitweise Bücher (mitunter auch nur einen einzigen Titel) anbieten. Die Kaffeeröster gehören dazu, aber auch Billig-Markt-Ketten, wie beispielsweise Aldi. Binnen kurzer Zeit werden Bücher ohne Fachberatung stapelweise verkauft. Die hohe Druckauflage und der relativ geringe Vertriebsaufwand ermöglichen dabei Preise, die weit unter denen vergleichbarer (preisgebundener) Titel liegen. Ein derartiges Vertriebsmodell wird in der Buchbranche selbstverständlich konträr bewertet. Die einen behaupten, es erschließt neue Käuferschichten und berührt den Buchhandel – wenn überhaupt – nur am Rande. Die anderen sind der Überzeugung, es bringe aufgrund der günstigen Preise das System der Ladenpreisbindung für große Teile der Bevölkerung in Mißkredit und ziehe nicht nur kurzfristig Umsatz vom Facheinzelhandel weg, sondern zerstöre auch langfristig die traditionellen Vertriebsstrukturen des Buchhandels.

Des weiteren zählen auch *Supermärkte* und *Lebensmittelmärkte* zu den Buchanbietern. In der Regel handelt es sich um ein kleines Sortiment gutgehender Taschenbücher, das (phasenweise) durch Beststeller und Modernes Antiquariat ergänzt wird.

6.1.5 Reise- und Versandbuchhandel

Dem Vertriebsmodell der Reise- und Versandbuchhändler nähert man sich am besten, wenn der grundlegende Unterschied zu den anderen Betriebsformen des Bucheinzelhandels aufgezeigt wird. Während die bereits besprochenen Betriebsformen dadurch gekennzeichnet sind, daß in einem Ladengeschäft Bücher für jedermann zugänglich zum Verkauf ausliegen (Bereithaltung im Verkaufsraum), benötigen Reise- und Versandbuchhändler nur Büro- und Lagerräume. Denn der Käufer kommt nicht in ihre Geschäfte, sondern die Unternehmen gewinnen den Kunden außerhalb ihrer Geschäftsräume. Diese Unterscheidung hat man mit dem Begriffspaar *stationärer Buchhandel* (Buchhandel mit Ladengeschäft) und *ambulanter Buchhandel* (Buchhandel ohne Ladengeschäft) zu fassen versucht. Seit Beginn des Buchvertriebs gibt es solche ambulanten Händler, sei es, wenn Verleger selbst reisten, oder wenn sie Vertreter mit Verkaufsreisen beauftragten. Ihnen kommt eine nicht zu unterschätzende Markterschließungsfunktion im Verlauf der Buchhandelsgeschichte zu. Ähnlich wie der Sortimentsbuchhandel verselbständigte sich auch der Reise- und Versandbuchhandel im 19. Jahrhundert.

Reisebuchhandel

Der *Reisebuchhandel* setzt auf das Konzept des persönlichen Kundenbesuchs. Vor Ort, bei Betrieben, Behörden und Schulen, bei diversen Berufszweigen, wie Ärzten, Juristen etc., werden Vertreter vorstellig, die für ihre Unternehmen Produkte verkaufen. In erster Linie handelt es sich dabei um mehrbändige allgemeine und spezielle Nachschlagewerke, manchmal auch um spezifische Fachbücher. Mit großem Verkaufsgeschick werden die Objekte inhaltlich vorgestellt. Kommt es zu einem Kaufabschluß, übernimmt die weitere Käuferbetreuung die Zentrale: Sie verpackt die Bücher, schreibt die Rechnung und überprüft den Zahlungseingang. Häufig wird bei umfangreichen Verlagsobjekten (Enzyklopädien, Lexika, mehrbändige Monographien) ein bestimmter Zahlungsmodus vereinbart, der dem finanziellen Spielraum des Käufers gerecht wird. Die Teilzahlungspreise, die laut Sammelrevers (Teil A, Punkt 2h; vgl. Kap. 3.1) erlaubte Sonderpreise darstellen, dienen somit dem Kaufanreiz.

Versandbuchhandel

Der *Versandbuchhandel* unterscheidet sich vom Reisebuchhandel durch die Form der Werbung. Sein Vertriebskonzept besteht im *Mail-Order*-Geschäft: Die Bestellungen gehen über die Post ein, nachdem zuvor der Kaufwunsch durch Prospekte, Inserate oder Kataloge geweckt worden ist. Auch der Versandbuchhandel macht – wie der Reisebuchhandel – traditionsgemäß einen Großteil seines Umsatzes mit mehrbändigen Lexika und Fortsetzungswerken.

Heute gibt es eine Vielzahl von Unternehmen, die den unterschiedlichen Marktbedürfnissen gerecht werden. Da gibt es die Versandbuchhändler, die – wie die Fachbuchhändler – auf bestimmte Sortimentsbereiche spezialisiert sind. Diese Bereiche können eng gefaßt sein (z.B. Taucherliteratur), können aber auch Tausende von Titeln umfassen (z.B. Theologie, Medizin). Daneben existieren Unternehmen, die sich mit einem breitgefächerten Angebot – darunter ein Großteil Modernes Antiquariat – an das Lese- bzw. Kaufpublikum wenden. Hier unterscheiden sich die diversen Firmen aufgrund ihrer Zielgruppen und ihres Programmangebots (Printmedien, Schallplatten, Videos etc.).

Einen Sonderfall stellt das Unternehmen *Mail Order Kaiser* dar; neben einem wechselnden Stammsortiment bietet es den Besorgungsservice für alle lieferbaren Titel an. In ihren Anzeigen wirbt die Firma um neue Kunden: „Holen Sie sich ‚Ihre Buchhandlung ins Haus'! Zuhause in Ruhe auswählen, Ihre Bestellung nimmt der nächste Briefkasten entgegen." Danach kann man *Mail Order Kaiser* einen ‚Sortiments-Versandbuchhändler' nennen. Etwaige Nachteile des stationären Sortimentsbuchhändlers erklären die Marktakzeptanz eines solchen Vertriebsmodells. Ladenschlußgesetz und Schwellenangst gibt es nicht; der Kunde stellt, wann er will, in seiner ihm vertrauten Umgebung seine Bestellung zusammen, die ihm in kurzer Zeit – ab einem bestimmten Auftragsvolumen sogar kostenfrei – zugestellt wird.

Das Vertriebsmodell des Versandbuchhandels ist auch auf andere Sparten des Bucheinzelhandels übertragbar. Dies gilt sowohl für den Warenhausbuchhandel, der in seinen Prospekten die Möglichkeit einer elektronischen Bestellung über Bildschirmtext (Btx) anbietet, als auch für den Antiquariatsbuchhändler bzw. den traditionellen Sortiments(fach)buchhändler, der Bücherlisten o.ä. an seine Kunden schickt. Die zu Beginn des Kapitels Bucheinzelhandel erwähnte heutige Betriebs- und Vertriebsformenvielfalt gilt somit auch im Bereich des ambulanten Buchhandels.

6.1.6 *Buchgemeinschaften*

Die Buchgemeinschaften stellen in verschiedener Hinsicht ein interessantes und bemerkenswertes Vertriebsmodell des Buchhandels dar. Auf der Produktionsseite sind sie als Verlage Lizenznehmer und Lizenzgeber, auf der Verkaufsseite gehen sie den Weg des ambulanten und des stationären Vertriebs. Alles wird eingebettet in eine Idee, die der traditionelle Buchhandel nur von der Zeitschriften- und Fortsetzungsabteilung her kennt: in die Idee des Abonnements oder der Pflichtfortsetzung.

Verplante Kaufkraft

Der Grundgedanke der Buchgemeinschaften besteht darin, einen festen Kundenstamm im Rahmen einer langfristigen Mitgliedschaft an sich zu binden. In den Mitgliedsbedingungen wird festgelegt, daß der Erwerb preisgünstiger Bücher an einen regelmäßigen Kauf für eine bestimmte Zeit (1-Jahres- bzw. 2-Jahres-Periode) gebunden ist. Durch diese Verpflichtung wird die Kaufkraft des Mitglieds verplant, und die Umsatz- bzw. Absatzgarantie mindert einmal das verlegerische Risiko und erleichtert zum anderen die Preiskalkulation. Im Laufe der noch nicht langen Geschichte der Buchgemeinschaften sind unterschiedliche Modifikationen dieses Grundkonzepts festzustellen. So bestand in den Anfängen die Pflicht zur Abnahme des gesamten Jahresprogramms. Später wurde der Jahresgedanke durch den Quartal- oder Tertialkauf abgelöst, wobei bestimmte Pflichtbände automatisch zugestellt wurden. Heute bevorzugen die Buchgemeinschaften in der Regel das Modell der Hauptvorschlagsbände, die dann zugesandt werden, wenn bis zu einem bestimmten Termin keine Bestellung erfolgt (bei Nicht-Gefallen können die Hauptvorschlagsbände umgetauscht werden).

Das Programmangebot der Buchgemeinschaften richtet sich einerseits nach der Kapitalkraft der Unternehmen und andererseits nach der Struktur und Anzahl der Mitglieder. In den Anfängen war die Buchgemeinschaftsidee eingebettet in den Volksbildungsgedanken. Mit Schlagworten wie ‚Das Buch dem Volk' oder ‚Wissen ist Macht' sollte jedermann – auch der Arbeiter – an das Kulturgut herangeführt werden. Im Laufe der Geschichte entstanden dann Buchgemeinschaften, die sich mit anderen Zielsetzungen an andere Zielgruppen wandten. Aus der großen Zahl der Buchgemeinschaften seien einige mit geschätzten Mitgliederzahlen aufgeführt (Quelle: COPY 18/1988. Übernommen aus: E. Heinold, Bücher und Büchermacher. 3. Aufl., S. 133):

Bertelsmann Lesering	2.500.000
Deutscher Bücherbund	1.500.000
Europäische Bildungsgemeinschaft	1.200.000
Deutsche Buch-Gemeinschaft	550.000
Büchergilde Gutenberg	183.000
Wissenschaftliche Buchgesellschaft	150.000
Herder Buchgemeinde	75.000

Vertriebsmodelle

Interessant sind die unterschiedlichen Vertriebsmodelle, die heute parallel benutzt werden, in historischer Hinsicht jedoch nacheinander entstanden sind. Das erste Modell ist durch den direkten Kontakt zwischen Buchgemeinschaftsunternehmen und Mitglied gekennzeichnet (einstufiges Modell). Aufgrund eines zugesandten Katalogs erfolgt die schriftliche Bestellung, die i.d.R. über Post zugestellt wird. Es handelt sich somit um das Modell des Versandbuchhandels auf Abo-Basis. (Nur teilweise und nicht bei allen Buchgemeinschaften erfolgte die Betreuung des Mitglieds durch Vertrauensleute.) Das Unternehmen *Bertelsmann Lesering* nahm 1950 das zweite Vertriebsmodell in Angriff, wonach Kunden über bereits bestehende Betriebsformen des Einzelhandels gewonnen werden sollten. Auf der einen Seite versuchte man über den werbenden Zeitschriftenhandel (der wie der Reisebuchhandel organisiert ist, nur andere Verlagsobjekte, eben Zeitschriften im Abo verbreitet), an Mitglieder zu gelangen; auf diese Weise wurden völlig neue Käuferschichten an das Buch herangeführt. Auf der anderen Seite wurde der stationäre Sortimentsbuchhandel in das Vertriebskonzept mit einbezogen (zweistufiges Modell). Das Buchgemeinschaftsprogramm wurde in den Bucheinzelhandel – sofern die Unternehmen es wollten – ausgelagert, und die Mitglieder konnten die Titel dort einsehen und erwerben. 1964 kam es zur Eröffnung der ersten Ladengeschäfte exclusiv für Mitglieder der jeweiligen Buchgemeinschaften (drittes Vertriebsmodell). Auch hier übernahm *Bertelsmann* mit seinen *Club Center* die Vorreiterfunktion.

Programmbeschaffung

Werfen wir abschließend noch einen Blick auf die Programmbeschaffung. Sofern Buchgemeinschaften Lizenzen von ausländischen und inländischen Hardcover- oder Taschenbuchverlagen erwerben, gehören sie zum nach-produzierenden Gewerbe. Die Originalverlage schließen im Rahmen ihrer Nebenrechteverwertung Verträge mit den Buchgemeinschaften. Diese Verträge werden individuell gestaltet und können inhaltlich voneinander abweichen; so gibt es beispielsweise Lizenzverträge für eine bestimmte Zeit bzw. für eine festgelegte Auflagenhöhe, die Verfasser bekommen entweder Pauschal- oder Stückhonorar. Die Ausgabe der Buchgemeinschaft muß sich – sofern die deutsche Originalausgabe preisgebunden ist – nach Vorgabe des Bundeskartellamtes von der Originalausgabe unterscheiden, zumindest durch Einband, Titelblatt und Impressum. Fernerhin muß sichergestellt sein, daß ein gewisser zeitlicher Abstand zur Originalausgabe (i.d.R. zwischen 1–3 Jahre) und die Abnahmeverpflichtung eingehalten wird. Außerdem darf der Preisunterschied zur Originalausgabe nur bis zu 40% zum Preis der Originalausgabe betragen. Andernfalls ist die Originalausgabe vom Originalverlag überteuert angeboten worden und der Verlag hat die Preisbindung mißbräuchlich gehandhabt. Deshalb machte das Bundeskartellamt die Parallelausgaben der Buchgemeinschaften abhängig von dem Zusammenspiel der vier Faktoren Wertunterschied, Zeitabstand, Preisunterschied und Grad der Abnahmeverpflichtung. Sofern die Buchgemeinschaften selber als Originalverlag auftreten, entfallen selbstverständlich die aufgeführten Bestimmungen. Trotzdem ist eines zu beachten: Sollten die Buchgemeinschaften ihre Originalausgaben auch für den freien Verkauf an Nicht-Mitglieder anbieten, ist sicherzustellen, daß die Nicht-Mitglieder einen erhöhten Preis bezahlen müssen – Bücher darf es eben nur im Abonnement preisgünstiger geben.

6.2 Warenbeschaffung im Bucheinzelhandel

Der Sortimenter ist ein Kaufmann und lebt als solcher von dem Einkauf und Verkauf von Waren. Die für die Branche so wichtige Preisbindung legt dem Kaufmann jedoch gravierende Einschränkungen auf. Denn die von den Verlagen gebundenen Erzeugnisse besitzen Höchstpreisfunktion. Somit bleibt die eigentliche kaufmännische Kalkulation auf bestimmte Warenbereiche, wie nicht gebundene Verlagserzeugnisse und Non-Book-Artikel (Spielwaren, Videos etc.), beschränkt. Für den Buchhändler sind diese Bereiche jedoch in aller Regel Randsortimente.

Wenn demnach der Buchhändler eine Maximierung seiner Gewinnspanne nicht über den Verkaufspreis seiner Ware erzielen kann, muß er seine kaufmännischen Überlegungen verstärkt auf die Einkaufsseite richten. Dabei stellen sich ihm folgende Fragen:

Wo soll er bestellen?
Wie soll er bestellen?
Mit welchen Konditionen wird er bei seinen Lieferanten einkaufen?
Wie ist die Warenbeschaffung in unterschiedlichen Sortimentsbereichen zu organisieren?

6.2.1 Bezugsgründe und Bezugsquellen

Im Buchhandel unterscheidet man drei mögliche Bezugsgründe:

- Aufnahme von Neuerscheinungen (Novitäten) in das Sortiment
- Lagerergänzung aufgrund der Backlist der Verlage (lieferbare Titel ohne Novitäten)
- Besorgung konkreter Kundenwünsche.

Lagergeschäft

Die ersten beiden Punkte hängen unmittelbar mit der Sortimentsgestaltung zusammen. Je nach Größe, Einzugsgebiet und Zielrichtung der Buchhandlung ergibt sich ihre spezifische Sortimentsstruktur. Die unternehmerische Aufgabe der Warenbeschaffung ist, das anzubietende Sortiment zur richtigen Zeit, in der richtigen Menge möglichst kostengünstig, schnell und rationell vorrätig zu haben. Um dieser Anforderung gerecht zu werden, bedarf es für ein Sortiment einer guten Zusammenarbeit mit den Lieferanten, vor allem den Verlagen, mit denen zwischen 65% und 90% des Einkaufs realisiert wird.

Leistungen der Verlage

Verlage gewähren aufgrund der Tatsache, daß ihre Produktion ganz oder teilweise in den Buchhandlungen geführt wird, nicht nur im Bereich der Konditionen ein Höchstmaß an Vergünstigungen. So beraten sie den Buchhändler in bezug auf sein Sortiment durch ihre Vertreter bzw. Reisenden oder sogar durch Verkaufsschulungen. Ferner unterstützen sie ihre Vertriebspartner durch eine Vielzahl von Werbeaktivitäten und verkaufsfördernden Maßnahmen, angefangen bei der kostenlosen Bereitstellung von Prospekten und Deko-Materialien bis hin zur Organisation bei Lesungen. Dem Sortimenter wird also viel daran gelegen sein, mit den Verlagen, die in seinem Sortiment stark vertreten sind, gute Geschäftsbeziehungen zu unterhalten. Dazu gehört u.a. der regelmäßige Empfang der Außendienstmitarbeiter des Verlages.

Funktion der Verlagsvertreter

Der Vertreter ist das Bindeglied zwischen dem herstellenden und dem verbreitenden Buchhandel. Auf der einen Seite ist er in den Vertrieb der Verlage eingebunden und besitzt Informationen über das lieferbare und geplante Titelangebot. Auf der anderen Seite muß er auf die Besonderheiten der einzelnen Buchhandlungen eingehen können und – vor allem bei kleineren Buchhandlungen – bei der Auswahl ihres Sortiments behilflich sein. Das Gespräch mit den Buchhändlern ist ein wichtiges Instrument des Feedback vom Sortiment zum Verlag. Es ist eine Form von Rückkopplung, die die rein formalen Verkaufsstatistiken mit inhaltlicher Aussagekraft füllen.

Der Vertreter gewährleistet aber nicht nur den Informationsfluß zwischen Verlag und Sortiment; seine eigentliche Aufgabe besteht in dem Verkauf der Ware. Gerade an diesem Punkt zeigt sich, wie intensiv er sich mit den unterschiedlichen Kunden in seinem Reisegebiet beschäftigen muß. Verkauft er ihnen zu wenig, so entgeht ihm möglicher Gewinn, da der Kunde vielleicht über das Barsortiment nachbestellt. Wenn er jedoch mehr verkauft, als der Markt verkraftet, so muß er sich mit dem leidigen Problem der Remittenden auseinandersetzen, die seinen Erlös schmälern. Demnach liegt das Selbstverständnis eines Vertreters in der Kombination von optimaler Information und maßgeschneidertem Verkauf.

Grundsätzlich unterscheidet man im Buchhandel zwischen dem *Verlagsvertreter* (Verlagsangestellter im Außendienst) und dem freien *Handelsvertreter*. Der Verlagsvertreter ist mit festem Gehalt bei den Verlagen angestellt und hat als deren Arbeitnehmer Anspruch auf gesetzliche und betriebliche Sozialleistungen. Dieser Vertreter (jur. ‚Reisender') ist unmittelbar weisungsgebunden und erhält i.d.R. einen Provisionserlös bei verstärkten Verkaufsaktivitäten. Der Handelsvertreter hingegen ist als selbständiger Kaufmann weniger weisungsgebunden und bestreitet seinen Lebensunterhalt ausschließlich vom Provisionserlös. Er reist fast immer für mehrere Verlage, deren Programme sich nicht überschneiden (z.B. Ratgeberverlag und belletristischer Verlag), um so jede Buchhandlung besuchen zu können. Teilweise haben sich die sogenannten ‚Freien' aber auch auf bestimmte Bereiche (z.B. alternative Reiseführer) spezialisiert.

Effektives Vertretergespräch

Damit ein Vertretergespräch für beide Seiten zufriedenstellend verläuft, sollten folgende Leistungen erbracht werden.

Der Vertreter

... informiert über Neuerscheinungen und den Werbeeinsatz für einzelne Titel
... verkauft Neuerscheinungen und Backlisttitel unter Gewährung bestimmter Konditionen
... entscheidet über die Remissionsberechtigung nicht verkäuflicher Titel
... regt verkaufsfördernde Maßnahmen an und bespricht geplante Aktionen (Schaufensterwettbewerb etc.)

Der Buchhändler

... informiert sich vorab über die Novitäten anhand von Leseexemplaren und Verlagsvorschauen
... notiert evtl. schon vorläufige Bestellzahlen
... führt vorab eine Lageraufnahme zur Ermittlung der Nachbestellmenge der Backlisttitel sowie zur Erfassung der Remissionsexemplare durch
... erfaßt Exemplare, für die neue Schutzumschläge bestellt werden müssen
... legt sein Einkaufslimit fest und rechnet das Auftragsvolumen der Reisebestellung in Gegenwart des Vertreters aus
... handelt Konditionen aus und hält sie auf einer Konditionenkartei fest
... spricht über geplante Werbeaktivitäten und fordert den Gesprächspartner zu kooperativer Werbung auf
... bestellt Werbematerialien (Prospekte etc.)
... legt den Liefertermin fest (Lieferung sofort oder Terminkauf zum ...)
... spricht etwaige Beschwerden (lange Lieferzeiten, Unstimmigkeiten mit dem vorherigen Auftrag etc.) an

Im Anschluß an das Gespräch wird der nächste Termin vereinbart, der sich nach den Reisezeiten des Vertreters richtet. Während die Reisezeiten bei einigen Verlagen anläßlich der Vorstellung der Frühjahrs- und Herbstnovitäten noch traditionell erfolgen, reisen manche Vertreter bereits dreimal: zu Beginn des Jahres für die Frühjahrsneuerscheinungen, in den Sommermonaten für die Herbstnovitäten und im November noch einmal für das Weihnachtsgeschäft.

Vertreterbörse

Viele Sortimenter führen das Vertretergespräch nicht mehr in ihren eigenen Geschäftsräumen, sondern besuchen sogenannte Vertreterbörsen. Auf solchen regional durchgeführten Veranstaltungen finden sich zahlreiche (im günstigsten Fall alle) Vertreter der bedeutenden Publikumsverlage an einem Wochenende zusammen. Die Vorteile solcher Börsen liegen auf der Hand. Der Sortimenter muß nicht mehr viele Stunden während seiner Ladenöffnungszeit mit den Vertretern verhandeln, und die Vertreter können ihre Reiseroute straffen. Allerdings verliert der Vertreter den unmittelbaren Kontakt zum Ladengeschäft und dessen Gestaltungs- und Plazierungsmöglichkeiten.

Verlag oder Barsortiment?

Die Frage, ob der Sortimenter beim Verlag direkt bestellt oder ob er seine Bestellung über den Vertreter zum Verlag gelangen läßt, ist zweitrangig gegenüber einer grundsätzlicheren Frage: Heißt die Bezugsquelle Verlag oder Barsortiment?

Branchenüblich gilt folgende Regel: Da die Verlage bessere Konditionen gewähren, soll soviel wie möglich über den Verlag bestellt werden. Dies betrifft vor allem größere Bestellvolumina, wie den Novitäteneinkauf und umfangreiche Lagerergänzungen. Einzelbestellungen werden nur dann über den Verlag abgewickelt, wenn der Großhändler den entsprechenden Titel nicht führt oder wenn zwischen Verlag und Sortiment besondere (Konditionen-)Vereinbarungen bestehen. Das Barsortiment ist in der Regel bei Einzelbestellungen die Bezugsquelle für das Sortiment, da es zum Originalverlagsgrundrabatt liefert. Aufgrund seiner schnellen Zustellzeit dient es für das Sortiment aber auch als Lieferant für beim Verlag schlecht disponierte Bestseller oder für tagesaktuelle Titel.

Die Frage ‚Verlag oder Barsortiment?' läßt sich jedoch nicht nur mit dem Hinweis auf Konditionen und Schnelligkeit beantworten. Weitere Faktoren, wie Warenbezugskosten, Zins- und Lagerkosten, Buchhaltungsaufwand, Remissionsmöglichkeiten, Lagerauszeichnungshilfen, Bestellübermittlungskosten sowie Skonto- und/oder Bonusgewährung, müssen betriebsintern in die Bezugsquellenwahl einbezogen werden.

Besorgungsgeschäft

Keine Buchhandlung kann jeden lieferbaren Titel im Rahmen ihrer Sortimentsplanung berücksichtigen. Selbst das Buchkaufhaus wählt aus dem Angebot von mehr als 550.000 Titeln *nur* zwischen 100.000 und 150.000 Titel für *sein* Sortiment aus. So ist dem Sortimentsbuchhandel neben dem Lagergeschäft zwangsläufig ein mehr oder weniger aufwendig gestaltetes Besorgungsgeschäft zu eigen.

Auch bei speziellen Kundenbestellungen stellt sich die Frage nach den Bezugsquellen. Einzelbestellungen werden – wie beim Lagergeschäft – in der Regel über das Barsortiment abgewickelt. Verlagsbestellungen ergeben sich bei umfangreicheren Aufträgen, wenn der Großhändler den/die Titel nicht führt, wenn der Kunde größere Objekte (Fortsetzungswerke, mehrbändige Nachschlagewerke, Werkausgaben etc.) bezieht oder wenn die Kunden-Einzelbestellung gemeinsam mit einer Verlags-Lagerbestellung (z.B. im Rahmen einer Lagerergänzung) mit aufgegeben werden kann.

6.2.2 Einkaufskonditionen

Das Thema Konditionen existiert vermutlich so lange wie Handelsbereiche mit verschiedenen Wirtschaftsstufen. Denn unter Konditionen versteht man die Bedingungen (lat. conditio = Bedingung), unter denen man als (Buch-) Händler von den Lieferanten (Herstellern bzw. Großhändlern) einkauft. Diese Einkaufsbedingungen bestimmen aufgrund der Preisbindung und der damit fehlenden Möglichkeit zur Preiskalkulation in großem Maße die Rentabilität der buchhändlerischen Unternehmen. Es geht vor allem um drei Nutzeffekte für den Sortimenter:

- Verbesserung des Rohgewinns durch höhere Rabatte, geringe(re) Bezugskosten und Skontoausnutzung.
- Verbesserung der betrieblichen Liquidität durch längere Zahlungsziele.
- Minderung des Lagerrisikos durch spezielle Bezugsformen.

Rabattverbesserungen

Im Buchhandel gibt es verschiedene Möglichkeiten, den bei einer Einzelbestellung gewährten Originalverlagsgrundrabatt zu erhöhen. Generell gilt: je höher die Bestellmenge, desto höher der Rabattsatz.

Der *Reise- bzw. Vertreterrabatt* erhöht den Grundrabatt um ca. 5% im Fachbuchbereich und um ca. 10% bei den Publikumsverlagen (40% Reiserabatt). Der erhöhte Rabattsatz wird gewährt, weil die Verlage über die Vertreter ihre (neue) Produktion in das Sortiment einführen können.

Bestellungen können auch auf der Messe aufgegeben werden. Vor allem kleinere Sortimente nutzen diese Möglichkeit, da sie nur dort viele Verlage antreffen. Da aber die Messe in erster Linie nicht mehr als eine Einkaufsmesse, sondern in verstärktem Maße als Präsentations- und Lizenzmesse anzusehen ist, verliert der traditionelle *Messerabatt* seine frühere exponierte Stellung. Er gleicht sich zunehmend dem normalen Reiserabatt an.

Die *Partie* ist eine historisch überkommene Form des Naturalrabatts: Der Rabatt erhöht sich durch die Mitgabe von Freiexemplaren (Naturalien) eines Titels. Publikumsverlage bieten Partien über 11/10 an, d.h. 11 Exemplare werden geliefert, jedoch nur 10 berechnet. Wissenschaftliche Verlage gewähren unterschiedliche Partiebezüge. Gängig ist 7/6, aber auch 6/5 sind anzutreffen. Welche Auswirkungen dieses Freiexemplar auf den Effektivrabatt des bestellten Titels hat, verdeutlichen folgende Geschäftsfälle.

Fall 1 Ein Publikumsverlag bietet eine Partie 11/10 bei einem Vertreterrabatt von 40% an.

10 Expl. à 40%	= 400%
1 Expl. à 100%	= 100%
11 Expl.	= 500%
500% : 11 Expl.	= 45,5% Effektivrabatt

Fall 2 Ein wissenschaftlicher Verlag bietet eine Partie 7/6 bei einem Vertreterrabatt von 30% an.

6 Expl. à 30%	= 180%
1 Expl. à 100%	= 100%
7 Expl.	= 280%
280% : 7 Expl.	= 40% Effektivrabatt

Eine Partie sollte allerdings nur dann bestellt werden, wenn die Aussicht besteht, daß die Exemplare binnen kurzer Zeit verkauft werden können. Ansonsten sind die Lagerkosten größer als der zusätzliche Rabattgewinn. Um in Anbetracht dieser Situation dennoch einen verstärkten Kaufanreiz zu bieten, propagieren zahlreiche Verlage das Modell der Partieergänzung (VeO, § 3, Abs. 3). In diesem Fall bestellt der Buchhändler z.B. bei einem Publikumsverlag zuerst nur 5 Expl. eines Titels mit Reiserabatt. Wenn der Titel schnell verkauft wird, kann er binnen 6 Monaten eine zweite Bestellung über 6/5 Expl. aufgeben, d.h. die Partie (in diesem Fall 11/10) wird erst bei der zweiten Bestellung komplettiert. Das Datum des Erstbezugs muß bei der zweiten Bestellung mit angegeben werden.

Von einer *Reizpartie* spricht man, wenn bei größeren Bestellmengen zusätzliche Freiexemplare gewährt werden. Derartige Reizpartien sind vor allem bei großen Publikumsverlagen anzutreffen, die 23/20 (statt 22/20), 35/30 (statt 33/30), 58/50 (statt 55/50) o.ä. anbieten.

Eine *gemischte Partie* bedeutet, daß sich die Partie nicht nur auf einen Titel bezieht, sondern auf verschiedene Titel einer Verlagsproduktion. Häufig sind gemischte Partien bei Verlagsreihen und bei Kalenderverlagen anzutreffen.

Werden einzelne (Schriften-)Reihen oder ähnliche Verlagseinheiten komplett vom verbreitenden Buchhandel abgenommen, so bedeutet das für den Verlag einen garantierten Mindestabsatz. Aufgrund besserer Kalkulationsgrundlagen kann er einen höheren Rabatt anbieten: den *Fortsetzungsrabatt.*

Der Fortsetzungsrabatt kann je nach Höhe der Fortsetzung gestaffelt sein.

Fortsetzung	1 = 40%
Fortsetzung	2–3 = 42%
Fortsetzung	4–5 = 45%

Der Begriff Fortsetzung ist eng mit dem Begriff standing order verknüpft. *Standing order* besagt, daß der Buchhändler sich zur Abnahme bestimmter Verlagseinheiten (Programmbereiche oder Reihen) verpflichtet, ohne die Titel einzeln bestellen zu müssen. Auch in solchen Fällen wird die zugesagte Abnahme über den Rabatt honoriert. Während der Begriff standing order häufig im Fachbuchbereich bei Hardcover-Ausgaben anzutreffen ist, wird der Begriff Fortsetzung eher im allgemeinen Sortiment (vor allem bei Taschenbuchverlagen) verwendet. Er ist aber nicht zu verwechseln mit der ‚Fortsetzungsabteilung' einer Sortimentsbuchhandlung, die das Kunden-Abo-Geschäft abwickelt.

Der *Abschlußrabatt* setzt eine Abnahmeverpflichtung des Buchhändlers für einen bestimmten Zeitraum voraus. Für den Taschenbuchbereich hat sich der Begriff *Jahresabschluß* durchgesetzt.

In der Regel sind die Abschlußrabatte je nach Auftragsvolumen gestaffelt, z.B.

ab DM 5.000 netto jährlich = 40%
ab DM 8.000 netto jährlich = 42%
ab DM 10.000 netto jährlich = 44%

Erreicht der Buchhändler in dem vereinbarten Zeitraum das festgesetzte Einkaufsvolumen nicht, kann der Verlag nachträglich die Rabattdifferenz einfordern.

Bedeutet der Abschlußrabatt eine Vereinbarung im vorhinein, so stellt der *Bonus* eine Form der rückwirkenden Vergütung dar. Selbst wenn der Bonus zu Beginn eines Geschäftsjahres vereinbart worden sein sollte, so wird er doch erst nach Abschluß des Jahres gewährt.

Bei dem *Staffelrabatt* ist der Nachlaß für den Händler an die bestellte Menge eines Titels gekoppelt.

1 Expl. = 30%
ab 10 Expl. = 35%
ab 50 Expl. = 40%

Auch die Barsortimente bieten Staffelrabatte für einzelne Titel oder Verlage, teilweise bereits ab 2 bestellten Exemplaren. Daß die Staffelrabatte auch an bestimmte Umsatzgrößenordnungen geknüpft sein können, zeigt z.B. der Jahresabschluß.

Der *Einführungsrabatt* bezieht sich in der Regel auf einen neuen Produktionsbereich und gilt zeitlich beschränkt.

Ebenfalls zeitlich beschränkt ist der *Aktionsrabatt*. Er wird für jegliche Form von Veranstaltungen gewährt, die den Absatz der Bücher fördern (Lesungen, Signierstunden, Schaufensterwettbewerbe). Zweitrangig ist die Frage, ob der Verlag oder das Sortiment die jeweilige Aktion initiiert hat.

Als letzte Form der Rabattverbesserung sei an dieser Stelle auf den *Vorzugsrabatt* hingewiesen. Er wird nur den buchhändlerischen Unternehmen eingeräumt, die mit den Verlagen überproportional hohe Umsätze tätigen. Ähnlich wie beim Abschlußrabatt gilt er für alle Bestellungen, unabhängig vom jeweiligen Bestellvolumen.

Zahlungsbedingungen

Die Höhe des Rechnungsbetrages ergibt sich aufgrund von Ladenpreisen und Rabatten sowie von Bezugskosten. Doch wann ist die Ware zu bezahlen?

Zahlbar nach Empfang steht auf einigen Rechnungsformularen. Die Verbindlichkeiten sind in diesen Fällen innerhalb von 30 Tagen nach Rechnungsdatum zu begleichen (VeO § 19, Abs. 4). Aber auch im Rahmen der Zahlungsbedingungen gibt es sogenannte Vorzugskonditionen.

Von *Ziel* spricht man, wenn der Rechnungsbetrag nicht sofort, sondern erst zu einer vereinbarten Zeit bezahlt sein muß. ‚Ziel 60 Tage' besagt, daß der zu zahlende Betrag erst am 60. Tag nach Rechnungsdatum bei dem Verlag eingehen muß.

Damit der Buchhändler aber trotz verlängerter Zahlungsziele relativ schnell zahlt, räumen viele Verlage 2% oder 3% *Skonto* bei Zahlung binnen 10 oder 14 Tagen ein. Denn Skonto sichert den Verlagen Liquidität.

Bei einer Vereinbarung über ‚30 Tage Ziel oder 2% Skonto bei Zahlung binnen 10 Tagen' und bei einem Rechnungsbetrag über 500.– DM vom 12.2.91 gibt es für den Buchhändler zwei Zahlungstermine: Am 22.2.91 wird unter Einbehaltung von Skonto 490.– DM überwiesen, am 12.3.91 hingegen die volle Summe.

Bei den derzeit geltenden Zinssätzen lohnt es sich für den Buchhändler auf jeden Fall, Skonto auszunutzen. Denn 2% Ersparnis für 20 Tage (10. bis 30. Tag ab Rechnungsdatum) bedeutet einen effektiven Jahreszinssatz von 36%.

20 Tage = 2%
360 Tage = x%

das ergibt: $\frac{2 \times 360}{20} = 36\%$

Da die Überziehungskredite z.T. deutlich niedriger liegen, ist sogar eine kurzfristige Kreditaufnahme zu empfehlen, um sich über Skonto eine bessere betriebliche Rentabilität zu sichern.

Auch *Valuta* ist – wie Ziel – eine Form der Kreditierung erhaltener Ware. Auch hier besteht das Vertrauen eines Verlages in die Zahlungsfähigkeit und -willigkeit des Buchhändlers. Valuta bedeutet soviel wie Wertstellung und kann am besten mit der Umschreibung ‚gedankliche Verschiebung des Rechnungsdatums' erklärt werden.

Nach Ablauf des Valutazeitraumes beginnt die eigentliche Zahlungsabwicklung mit Skonto- oder Zieltermin. Während die Zahlung mit Ziel Skonto ausschließt, kann Skonto ohne weiteres zuzüglich Valuta vereinbart werden.

Bei einem Valutazeitraum von 60 Tagen ist die Wahrscheinlichkeit, daß die Bücher dem Verlag erst nach ihrem Verkauf an das Publikum bezahlt werden, nicht eben gering. Es versteht sich, daß Verlage fast ausschließlich bei großen Bestellmengen, bei Aktionen oder aber bei Vertreterbesuchen und Messen diese Vorzugskondition einräumen.

Der Schwerpunkt der Dienstleistungsaktivitäten der BAG (vgl. Kap. 2.6) liegt in der Abrechnung von Verbindlichkeiten zwischen Verlag und Sortiment. Alle anfallenden Verlagsrechnungen können – sofern die Verlage der BAG angeschlossen sind – mit *einer* Zahlung an die BAG beglichen werden. Für die Verrechnung der zahlreichen entstandenen Verbindlichkeiten im Wareneinkauf gibt es kein besseres Rationalisierungsinstrument. Der Buchhändler kann zwischen verschiedenen BAG-Einzugsmöglichkeiten wählen:

BAG bis DM 200.– (oder mehr)
BAG bis DM 200.– (bei Skonto in jeder Höhe)
BAG in jeder Höhe

Da nur zweimal im Monat (jeweils zum 2. und 17.) abgerechnet wird, verlängert sich so mancher Skonto-, Ziel- und Valutatermin zugunsten des Sortimenters.

Bezugsformen

Die im Buchhandel am häufigsten vorkommende Bezugsform ist der *Fest-Bezug*. Der Sortimenter verpflichtet sich damit zur Abnahme der bestellten Ware und zur rechtzeitigen Bezahlung der entstandenen Verbindlichkeiten. Mit der Festbestellung ist ein Kaufvertrag geschlossen, von dem der Besteller nicht mehr zurücktreten kann. Um sein Lagerrisiko zu mindern, ist der Buchhändler jedoch darum bemüht, mit anderen Bezugsformen zu bestellen.

Fest mit Remissionsrecht (RR) besagt, daß der Buchhändler nach einem vereinbarten Zeitraum Bücher, die er bezogen hat, zurückschicken darf. Häufig erfolgt eine RR-Bestellung im Zusammenhang mit Kunden-Ansichtsbestellungen. Wenn nun der Verlag mit RR liefert, so muß er auf der Rechnung den Rücksendungstermin angeben, der nicht unter 60 Tage nach Rechnungsdatum liegen sollte (VeO, §6, Abs. 1). Weichen Zahlungsziel (z.B. 30 Tage) und Remissionszeitpunkt (z.B. 60 Tage) voneinander ab, erhält der Buchhändler für die zwischenzeitlich geleistete Zahlung eine Gutschrift. Da Verlage für Lagerbestellungen selten (volles) RR einräumen, sollte der Buchhändler – zumindest bei Aktionen – ein prozentual angemessenes Remissionsrecht aushandeln.

Fest mit Umtauschrecht (UR) bedeutet, daß der Sortimenter die Ware gemäß den vereinbarten Zahlungsbedingungen bezahlt, sich aber vorbehält, Titel, die bei ihm – aus welchen Gründen auch immer – nicht verkäuflich sind, in andere Titel des Verlagsprogramms umzutauschen. Er remittiert bei gleichzeitiger Aufgabe einer Ersatzbestellung. Der Verlag erteilt für die Remission eine Gutschrift und liefert die Ersatzbestellung in fester Rechnung.

Die Vereinbarungen über RR und UR bieten dem Sortimenter einen nützlichen Nebeneffekt. Da eine etwaige Remission bereits bei der Bestellaufgabe vereinbart worden ist, handelt es sich nun nicht mehr um ‚nicht genehmigte Remittenden', d.h. der Verlag kann die Sendung nicht zurückweisen (VeO, §6, Abs. 2a).

Die Bezugsform *standing order* könnte man – ähnlich wie den *Fortsetzungsbezug* – eine Art Dauerauftrag nennen. Gemäß einer standing order-Vereinbarung schickt der Verlag sofort nach Erscheinen vereinbarte Teile seiner neuen Produktion – vor allem die Neuauflagen – an den Händler. Diese Bezugsform bietet vor allem für den wissenschaftlichen Buchhandel sowie für spezialisierte Abteilungen im Fachbuchbereich den Vorteil, daß die Aktualität des Lagers gewährleistet ist. Eine standing order-Lieferung kann, je nach Vereinbarung mit dem Verlag, fest, fest mit RR oder auch àc erfolgen.

Der *Bedingt-Bezug*, nach dem Bücher in Kommission gehalten werden, wird im deutschen Buchhandel seit rund 200 Jahren praktiziert. Das traditionelle

Kürzel für diese Bezugsform, nämlich *àc*, steht für ‚à condition qu'on le vend': Ein Buch wird übernommen (vom Lieferanten gekauft), unter der Bedingung, daß man es verkauft hat. Obwohl in der neuesten Fassung der Verkehrsordnung aus dem Jahre 1989 der àc-Verkehr nicht mehr thematisiert ist, sei er in gebotener Kürze erklärt.

Der *àc-Bezug* ist ein Mittel, das Lagerrisiko des Händlers zu mindern. Denn er übernimmt die Ware nicht fest, sondern nur in Kommission. In diesem Fall ist der Buchhändler Kommissionär nach dem HGB und handelt in eigenem Namen, aber auf fremde Rechnung. Die Bücher kommen mit Lieferschein und werden in einer Art Vor-Buchhaltung verwaltet. Am Ende einer vereinbarten Abrechnungsperiode – bei wissenschaftlichen Verlagen i.d.R. ein Kalenderjahr – rechnet der Buchhändler ab. Die verkaufte Ware wird dem Verlag gemäß seinen Lieferungs- und Zahlungsbedingungen bezahlt (man spricht von ‚fest übernehmen'). Die nicht verkaufte Ware wird entweder mit einfachem Remissionslieferschein dem Verlag zurückgeschickt, oder sie wird, wenn man ihr noch Verkaufschancen einräumt, ‚disponiert'. Disponierte Bücher bleiben unbezahlt (der Lieferschein hat weiterhin Gültigkeit) in den Beständen des Sortiments und werden bei der nächsten Abrechnung bezahlt, remittiert oder wiederum disponiert.

Wenn eine Neuauflage seitens des Verlages ansteht, ruft der Verlag seine Kommissionsbestände durch eine Anzeige im Börsenblatt zurück. Diese Rückrufe sind unbedingt zu beachten; denn nicht fristgerecht zurückgesandte Ware wird dem Sortimenter automatisch ‚fest' berechnet.

Zahlreiche Verlage haben das verwaltungstechnisch aufwendige und Vertrauen fordernde àc-Geschäft (manche Buchhändler disponierten trotz Verkauf der Ware) inzwischen aufgegeben. Um trotzdem ihre – teilweise sehr hochpreisige – Ware im Handel zu wissen, bieten sie dem Sortiment ein langes Zahlungsziel und großzügige Remissionsfristen an.

Bezugskosten

Die Kosten für die Zusendung der Ware trägt der Abnehmer (VeO, § 15, Abs. 1). Da aber die Bezugskosten den Rohgewinn des verbreitenden Buchhandels schmälern, versucht dieser, sie so gering wie eben möglich zu halten. Das geschieht einerseits durch die Wahl des kostengünstigsten Bezugsweges. Andererseits versucht er vor allem für größere Aufträge (z.B. Vertreterbestellungen), den Verlag zur teilweisen oder vollständigen Übernahme der Versandkosten zu bewegen. In diesem Sinn wird über Bezugskosten im Rahmen von Konditionenvereinbarungen verhandelt. Solche Vereinbarungen können in portofreier Lieferung gipfeln. Manche Verlage gewähren Portoersatz durch Freiexemplare (bestellter Titel) oder geben einen Versandkostenbonus in Prozent vom Rechnungswert.

Konditionenkartei

Jeder wirtschaftlich denkende Kaufmann wird bestrebt sein, vereinbarte Konditionen festzuhalten. Dies geschieht am sinnvollsten mit Hilfe einer Konditionenkartei, die für alle wichtigen Verlage eines Buchhändlers angelegt werden sollte. Die Konditionenkartei dient als Grundlage des Vertretergesprächs zur Feststellung der optimalen Konditionen und des günstigsten Lieferweges sowie als Kontrolle beim Wareneingang im Hinblick auf die Einhaltung vereinbarter Konditionen.

Verlag		Verk.-Nr.
Adresse	Tel.	BAG Ja Ⓙ Nein Ⓝ
Vertreter	Tel.	Preisbindung Ⓙ Ⓝ

Leitung	Verlag	Auslieferung	Kunden-Buchhaltung	Werbung	
Tel.					

Auslieferung	Tel.	Telex
Lieferweg	Remission	über:

	%	Rabatt	%	Porto-Freiheit Ⓙ Ⓝ		%
Grundrabatt		bei Vertreterbesuch		Porto-Ersatz durch Freist. Ⓙ Ⓝ	Skonto Tage	
Rabatt für Teilgebiete		bei Nachsendungen Ⓙ Ⓝ		Porto für Nachlieferungen Ⓙ Ⓝ	Ziel Tage	
Rabatt für Teilgebiete		bei Aufträgen ab DM		Rem.-Bearb.-Gebühr Ⓙ Ⓝ	Valuta Tage	
Staffel-Rabatt		bei innerhalb . . . Wochen		Vereinfachte Remission Ⓙ Ⓝ	Monats-Konto	
Staffel-Rabatt		bei innerhalb . . . Monaten			BAG bis DM	
Partie		RR Ⓙ Ⓝ			BAG bei Skonto DM	
Partie-Ergänz. in . . . Lief.		Standing Order Ⓙ Ⓝ			Abschluß DM	
Partie innerhalb . . . Mon.		AC Ⓙ Ⓝ			Abschluß Bonus DM	

Sondervereinbarungen ▼	Konditionen bei Zeitschriften und Fortsetzungen ▼	Jahresumsätze ▼

Sondervereinbarungen	Konditionen bei Zeitschriften und Fortsetzungen	Jahres-Umsatz	
		Jahr	DM (1000)

Abb. 7: Konditionenkartei aus dem Formularbuch (vgl. Kap. 6.2.5)

Da viele Buchhandlungen die Konditionenkartei an zentraler Stelle aufbewahren, gehen sie dazu über, dem Reiseauftragsformular des Verlages ein weiteres Formular zuzufügen, auf dem die Vereinbarungen zum Reiseauftrag noch einmal festgehalten sind (vgl. Abb. 8).

Konstante Jahreskonditionen

Seit Mitte der 80er Jahre spricht man im deutschen Buchhandel verstärkt von konstanten Jahreskonditionen. Darunter versteht man Konditionenabsprachen zwischen Verlagen und ihren Vertriebspartnern, die nicht mehr – wie bislang üblich – auf Vertreterbestellungen bzw. Nachträgen zu Vertreterbestel-

Vereinbarungen zum Reiseauftrag vom ....

Liefertermin:
Neuerscheinungen n. E. ☐
Ganze Sendung geschlossen ☐
(Kleine Nachlieferungen nur portofrei!)
Rabatt: %
für %
für %
Titel, die nicht mit üblichen Reiserabatt geliefert werden, sind unterstrichen, sonst mit Reiserabatt.
Partieergänzung möglich bis: ______________ in ___ Bezügen
Lieferweg:
über kg Bahnfracht / Selbstabholer / Spedition
von bis kg Post/Libri/KNOE/KV/HERA
von bis kg Post/Libri/KNOE/KV/HERA
Portokonditionen:

1. Portofreiheit:	Generelle Übernahme Teilübernahme:
2. Portoersatz in Ware:	Voller Ersatz Teilersatz:
3. Sonstiges:	Versandkostenbonus: Portobeteiligung je Exemplar

Doppel-Angebot durch Vertreter erfolgt nicht, falls doch, gilt volles RR.
Zahlungsbedingungen: Valuta:
Zahlung BAG mit Skonto %
Zahlung in Tagen mit Skonto %
Zahlung in Tagen rein netto

Auf bestellte Titel, die in gleicher oder ähnlicher Ausstattung auch auf anderen Wegen zu anderen Preisen vertrieben werden, wurde aufmerksam gemacht; diese Titel sind auf dem Auftragsformular gekennzeichnet.

Stempel Buchhandlung: Name Verlag:

Handzeichen ______________ Handzeichen Vertreter ______________

Vereinbarungen z. Reiseauftrag · Otto Kolb 8670 Hof/Bay. · Best.-Nr. 180

Abb. 8: Vereinbarungen zum Reiseauftrag (Alleinbezugsrecht: Formularverlag Otto Kolb, Pf 3346, 8670 Hof)

lungen beschränkt bleiben, sondern die bei jeder Bestellung und Lieferung im Laufe des Geschäftsjahres gelten sollen. Es handelt sich um ein Konditionenmix, das die Bereiche Rabatte, Bezugsformen, Bezugskosten und Zahlungsbedingungen berücksichtigt. Zwei solcher Modelle seien hier stellvertretend für andere aufgezeigt.

Konstante Jahreskonditionen. Modell 1

Pflichten des Verlages	40% Rabatt, Partie 11/10; Taschenbücher: Mindestrabatt 40%; Portobeteiligung 1%; Vorzugs-Zahlungsbedingungen; Remission nach einem Jahr ohne Genehmigung
Pflichten der Buchhandlung	Mindesumsatz pro Auftrag (je nach Betriebsgröße); Führen aller wichtigen Neuerscheinungen sowie eines Querschnitts der Backlist; Akzeptieren von Unverlangtsendungen; Remission nicht vor einem Jahr

Konstante Jahreskonditionen. Modell 2

Pflichten des Verlages	40% Rabatt, Partie 11/10; Abwicklung von Privatbestellungen über die ‚Vertrauensbuchhandlungen'; Firmeneindruck in Prospekte kostenlos (ab 500 Expl.); Remission ohne Angabe der Lieferdaten
Pflichten der Buchhandlung	Vertreter-Empfang zweimal jährlich; Pflege von Novitäten und Backlist; verkaufswirksame Präsentation; Beteiligung an Werbe- und Schaufensteraktionen; Remission nicht vor einem Jahr und nur mit Genehmigung; Direktbestellungen haben Vorrang vor Barsortimentsbestellungen.

6.2.3 Bestellwege

In den 90er Jahren gibt es eine Vielzahl von Möglichkeiten, Bestellungen an seine Lieferanten zu schicken. Da sich die modernen Kommunikationstechniken ständig weiterentwickeln, kann nur ein erster Einstieg in den modernen Bestelltransfer geboten werden.

Barsortimentsbestellungen

Seit Mitte der 70er Jahre bieten die großen Barsortimente dem Sortiment Bestellterminals an. Unter einem Terminal versteht man die Endstelle in einem Datenübertragungssystem. Die Bestellungen werden numerisch eingegeben. In der Regel ist dies die Barsortimentsnummer; aber auch die ISBN oder ein Reihenkürzel mit Bandnummer (vor allem im Taschenbuchbereich) gelten als Bestellunterlagen. Die Daten werden in den Geräten gespeichert und zu vereinbarten Terminen (1–3mal täglich) von den Zwischenbuchhändlern über das Telefon abgerufen. Die Übertragung ist für den Buchhändler kostenlos. Allerdings benötigt er ein von der Deutschen Bundespost zu installierendes Modem, das die Daten für das Telefonnetz übertragbar macht und für das monatliche Benutzungsgebühren anfallen. Die numerischen Daten werden direkt in die Großrechner der Barsortimente eingespeist; dadurch entfällt die früher noch notwendige manuelle Auftragserfassung. Die Weiterverarbeitung des Auftrags erfolgt mit Hilfe der EDV. Nur so – und im Zusammenspiel mit dem gut organisierten Bücherwagendienst – läßt sich die Dienstleistung der Barsortimente ‚Heute bestellt – morgen geliefert‘ erklären.

Abb. 9: Terminal Data Cap der Unternehmensgruppe KNO/K&V/GW

Mehr als 90% der Barsortimentsbestellungen gelangen mittlerweile über den elektronischen Bestelleingang (Terminals, Computer-Online-Verbindungen) in die Häuser der Großhändler. Der Rest wird über andere Bestellmedien (schriftlich Brief oder Fax, Telex, Telefon o.ä.) abgewickelt.

Schriftliche Verlagsbestellungen

Der traditionelle Bestellweg im Buchhandel war der *Bücherzettel.* In Anbetracht der kulturellen Dienstleistungsfunktion des Buchhandels hatte die

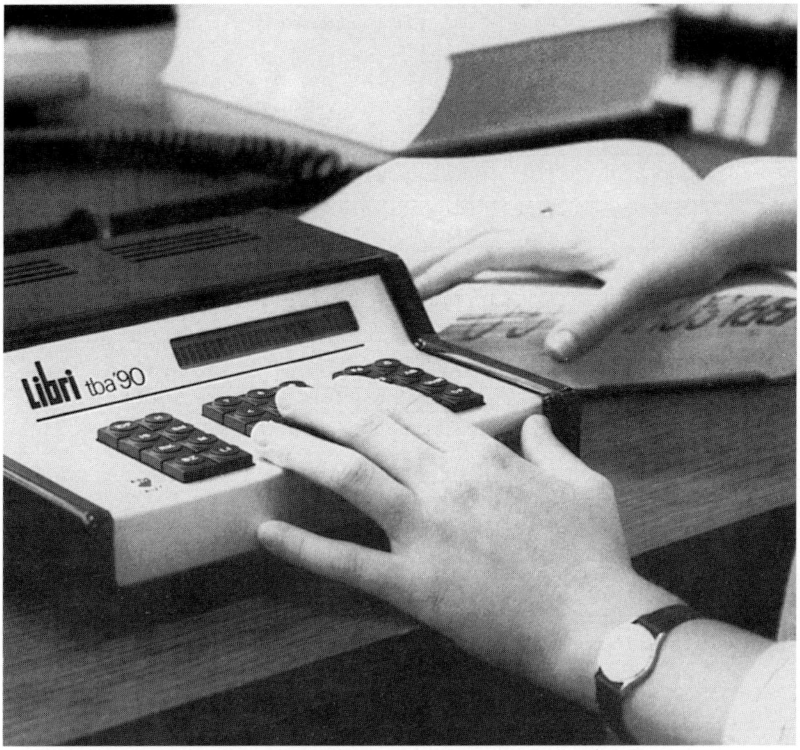

Abb. 10: Terminal ‚TBA' (Telefonischer Bestell-Abruf) der Firma Lingenbrink

Deutsche Bundespost für Bücherbestellungen über den Postweg verbilligte Beförderungsgebühren festgesetzt. Seit dem 01.04.1993 sind Bücherzettel als Form der Büchersendung nicht mehr zugelassen (vgl. Kap. 3.4). Trotzdem werden in den Abb. 11, 12, 13 und 28 noch Muster von Bücherzetteln abgebildet. Denn auch wenn die Postbestimmungen sich geändert haben, so sind doch die dem Verlag zu übermittelnden Angaben dieselben geblieben. Zur Organisation der Bestellverwaltung sei auf den Abschnitt 6.2.5 verwiesen.

Der Bücherzettel kann jedoch nicht nur auf dem postalischen Weg zum Verlag geschickt werden. Er gelangt teilweise auch über das Kommissionsgeschäft an den Verlag (vgl. Kap. 5.6). Diese Weiterleitung der Bücherzettel in sogenannten Kommissionärsbriefen wird allerdings vom größten Zwischenbuchhändler nicht mehr praktiziert.

Nicht nur über Bücherzettel, auch über *Reiseauftragsformulare* gelangen Bestellungen auf schriftlichem Weg zu den Verlagen. Sie werden durch die Ver-

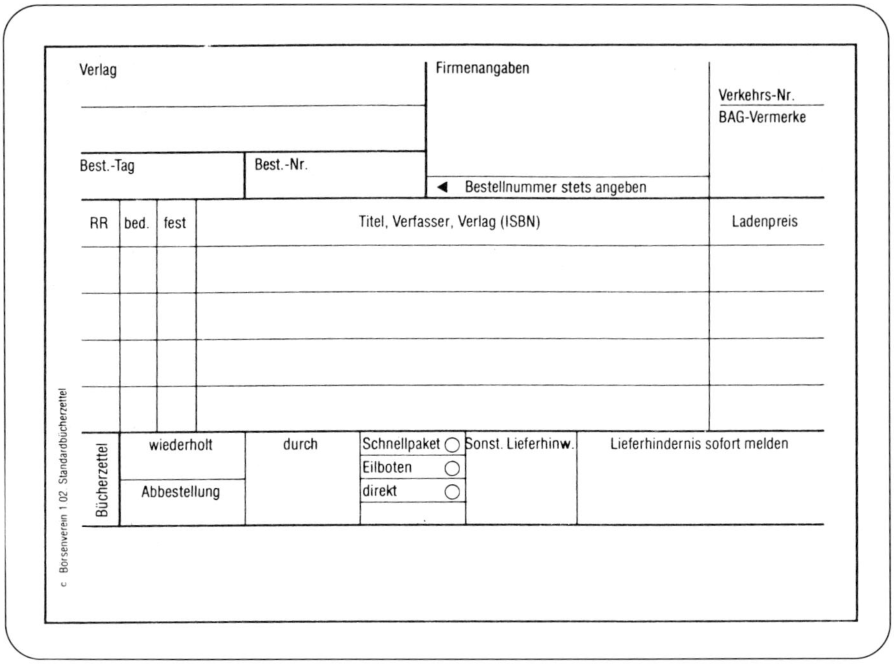

Verlag

Firmenangaben

Verkehrs-Nr.

BAG-Vermerke

Best.-Tag

Best.-Nr.

◄ Bestellnummer stets angeben

RR	bed.	fest	Titel, Verfasser, Verlag (ISBN)	Ladenpreis

Bücherzettel

wiederholt

Abbestellung

durch

Schnellpaket ○

Eilboten ○

direkt ○

Sonst. Lieferhinw.

Lieferhindernis sofort melden

c Borsenverein 1 02 Standardbücherzettel

Abb. 11: Standardbücherzettel aus dem Formularbuch

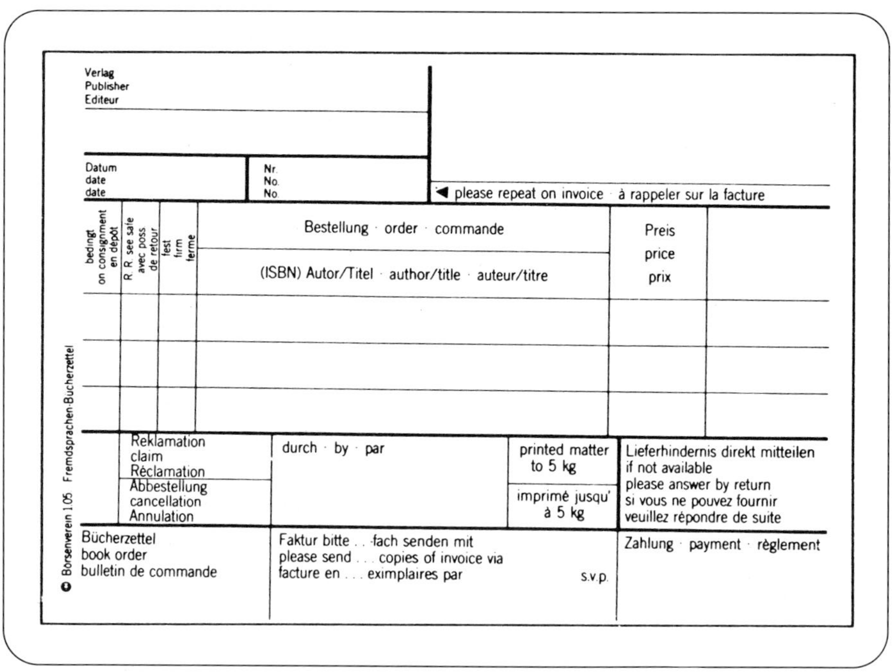

Verlag
Publisher
Editeur

Datum
date
date

Nr.
No.
No.

◄ please repeat on invoice · à rappeler sur la facture

bedingt on consignment en dépôt	R. R. see sale avec poss de retour	fest firm ferme	Bestellung · order · commande (ISBN) Autor/Titel · author/title · auteur/titre	Preis price prix	

Reklamation
claim
Réclamation

Abbestellung
cancellation
Annulation

durch · by · par

printed matter to 5 kg

imprimé jusqu' à 5 kg

Lieferhindernis direkt mitteilen
if not available
please answer by return
si vous ne pouvez fournir
veuillez répondre de suite

Bücherzettel
book order
bulletin de commande

Faktur bitte . . -fach senden mit
please send . . . copies of invoice via
facture en . . . exemplaires par s.v.p.

Zahlung · payment · règlement

© Börsenverein 1 05 Fremdsprachen-Bücherzettel

Abb. 12: Fremdsprachen-Bücherzettel aus dem Formularbuch

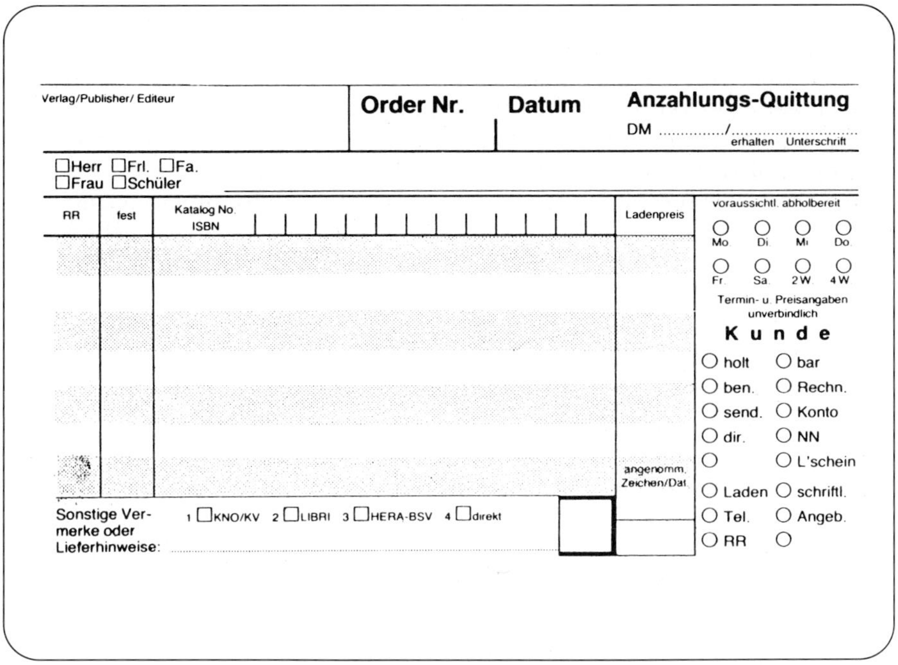
Verlag/Publisher/ Editeur

Order Nr. Datum

Anzahlungs-Quittung

DM ..../.............................
erhalten Unterschrift

☐Herr ☐Frl. ☐Fa.
☐Frau ☐Schüler

RR	fest	Katalog No. ISBN	Ladenpreis

angenomm. Zeichen/Dat.

voraussichtl. abholbereit

○ Mo. ○ Di. ○ Mi. ○ Do.
○ Fr. ○ Sa. ○ 2W. ○ 4W.

Termin- u. Preisangaben unverbindlich

Kunde

○ holt ○ bar
○ ben. ○ Rechn.
○ send. ○ Konto
○ dir. ○ NN
○ ○ L'schein
○ Laden ○ schriftl.
○ Tel. ○ Angeb.
○ RR ○

Sonstige Vermerke oder Lieferhinweise: 1 ☐KNO/KV 2 ☐LIBRI 3 ☐HERA-BSV 4 ☐direkt

Abb. 13: Zweitdurchschlag eines 4fach Bücherzettelsets (Alleinbezugsrecht: Formularverlag Otto Kolb, Pf 3346, 8670 Hof)

treter auf ihren Reisen bzw. auf Vertreterbörsen ausgefüllt. Auftragsformulare auf der Buchmesse haben dieselbe Funktion. Im Taschenbuchbereich bieten die Verlage dem Handel sogar monatliche Bestellformulare zur ständigen Lagerergänzung und -kontrolle an.

Moderne Übermittlungstechniken

Der Anteil der schriftlich ausgefüllten und per Briefpost zugestellten Verlagsbestellungen geht zunehmend zurück. Dafür sorgen nicht nur moderne Bürotechniken, die sich auch in anderen Handelsbereichen durchsetzen, wie z.B. die Möglichkeit des Fernkopierens über die Telefonleitung (Telefax).

Die Zwischenbuchhändler bieten seit Ende der 70er Jahre die Möglichkeit an, Verlagsbestellungen auf elektronischem Weg weiterzuleiten. Die *Terminals* werden somit für Barsortiments- und Verlagsbestellungen (per ISBN oder – bei Taschenbüchern – per Reihen- und Bandnummern) benutzt. Der Buchhändler gibt die numerischen Bestellungen unter Angabe der entsprechenden Bezugsquelle in das Terminal ein. Bei Verlagsbestellungen können auch Konditionen und Versandvorschriften gespeichert werden. Die Großrechner der Zwischenbuchhändler selektieren die abgerufenen Bestellungen. Die Barsortimentsbestellung wird hausintern weiterverarbeitet (Drucken der Lieferscheine), während die Verlagsbestellungen auf dem schnellsten Wege weitergeleitet werden. Die Bestellung gelangt entweder per Datenfernübertragung (DFÜ) oder aber per Telex (oder Telefax) bzw. über die normale Briefpost per Bücherzettel zum Verlag bzw. dessen Auslieferung. Da die Übertragungen auf elektronischem Weg (DFÜ) bereits im Laufe eines Tages zu den Verlagen gelangen können, verkürzen sich die Lieferzeiten vom Verlag zum Sortiment oftmals auf vier Tage.

Die Terminals bieten darüber hinaus sogenannte Optiminierungsmöglichkeiten. Durch Eingabe der ISBN und einer speziellen Bestelltaste geht die Bestellung zunächst zum Barsortiment. Wenn der Titel dort nicht geführt wird bzw. die gewünschte Anzahl nicht lieferbar ist, erfolgt automatisch – d.h. ohne neue Bestelleingabe – die Weiterleitung an den entsprechenden Verlag. Somit können unrentable Einzelbestellungen an die Verlage vermieden werden. Größere Aufträge treffen möglicherweise eher ein, sofern nicht schlechtere Konditionen gegen den Bezug über das Barsortiment sprechen. In bezug auf die Weiterleitung von Verlagsbestellungen und etwaige Rückmeldebestätigungen an das Sortiment gibt es unterschiedliche Gebührenmodelle. Sie sind von den Zwischenbuchhändlern jederzeit zu erfragen.

Die Terminals kann man mit Einbahnstraßen vergleichen; Informationen können nur in eine Richtung gehen. Die folgende naheliegende EDV-Errungenschaft bestand in der Entwicklung von Dialoggeräten, mit deren Hilfe man miteinander kommunizieren konnte. Die Bildschirm- und Computertechnik zog in den Buchhandel ein. Dabei sind zwei Modelle zu unterscheiden.

Das sogenannte *Online-Modell* ist dadurch gekennzeichnet, daß Buchhandlungen über spezielle Postleitungsverbindungen (Datex-P/Btx) mit den Rechenzentren der Zwischenbuchhändler verbunden sind. Die Vorteile eines solchen Systems sind schnell genannt. Das Sortiment hat den direkten Zugriff auf die aktuellen Datenbanken der Barsortimente und die des VlB, die gleichfalls abgespeichert sind. Darüber hinaus kann er – in Gegenwart des Kunden im Laden – Auskünfte über Lieferbarkeit geben und gegebenenfalls auch Reservierungsmöglichkeiten anbieten. Allerdings erfordert der ständige Online-Verkehr immens hohe Übertragungskosten.

Die technische Entwicklung auf dem Markt der Personal-Computer mit ihren enormen Speicherkapazitäten und Rechnergeschwindigkeiten hat zu einer neuen EDV-Lösung bei den Zwischenbuchhändlern geführt. Die Katalog-Datenbanken mit Stich- und Schlagworten sind auf einer PC-Festplatte gespeichert. Dadurch minimieren sich die Kosten, denn man recherchiert nunmehr im eigenen Haus (*Inhouse-Modell*). Übertragungsgebühren fallen nur noch bei Online-Kommunikation (Reservierungen etc.) an (Kap. 7.7).

Selbstverständlich muß jede Buchhandlung, die mit Computer-Technik arbeitet bzw. arbeiten will, die Kosten-Nutzen-Relation beachten. Die Anschaffung eines Computers nur für bibliographische Recherchen, Bestellübermittlung oder Lieferbarkeitsauskünfte wird den relativ hohen Preis für die Hardware und die monatliche Nutzungsgebühr für die Programme nicht rechtfertigen können. Eine Computerlösung kann nur dann für das Sortiment sinnvoll sein, wenn auch andere Bereiche über den PC abgewickelt werden, wie z.B. die Abo-, Adreß- oder Lagerverwaltung, um nur einige Bereiche zu nennen. Wenn aber eine Buchhandlung einen Bildschirm im Sortiment stehen hat, dann ist ein solcher Bildschirm – egal woher man die Information bezieht – ein nicht zu unterschätzender PR-Faktor auf einem Markt, der sich aufgrund der Preisbindung im Leistungswettbewerb abspielt.

Informationsverbund Buchhandel (IBU)

Die BAG hat im Auftrage ihrer Mitglieder Ende der 80er Jahre ein neues Dienstleistungsangebot entwickelt: den *Informationsverbund Buchhandel*, kurz IBU genannt. IBU ermöglicht über die Kommunikationsnetze der Post (Telefon, Btx, Datex) Daten- und Informationstransfer zwischen allen Buchhandelssparten und -partnern.

Jeder IBU-Teilnehmer kann sich im Zentralrechner der BAG eine Mailbox einrichten – einem Postfach vergleichbar –, aus dem seine Mitteilungen oder Bestellungen an die gewünschten Adressaten weitergeleitet werden. So erreicht der Buchhändler alle Verlage, die mit mindestens einem Titel im Verzeichnis lieferbarer Bücher (VlB) vertreten sind. Verlage erreichen ihre Vertriebspartner über deren Verkehrsnummern. Wenn der Ansprechpartner auch über eine Mailbox verfügt, so werden die für ihn bestimmten Daten in seinen ‚elektronischen Briefkasten' überspielt. Den Geschäftspartnern, die keine Mailbox besitzen, werden die Nachrichten – je Anschluß – über Telex, Telefax oder Briefpost übermittelt.

Abb. 14: Das Signet für den neuen Dienstleistungsbereich der BAG

Für den Bestellverkehr des Sortimenters bedeutet IBU eine wesentliche Erleichterung. Es können nicht nur numerische Bestelldaten aufgegeben werden, sondern, z.B. bei unbekannter oder unvollständiger ISBN, auch Bestellungen im Klartext mit Autor und/oder Titel. Ferner können Schutzumschläge bestellt und Termine vereinbart werden. Das aufwendige Ausfüllen von Bücherzetteln, das Heraussuchen von Anschriften, das Frankieren und der Gang zur Post werden hinfällig. Als Adresse des Verlags gilt dessen Verkehrsnummer bzw. sein Firmenpräfix aus der ISBN (2. Teil der ISBN).

Der *Informationsverbund Buchhandel* hat auch eine Basissoftware für ein Bestellbuch-Programm entwickelt. Hierzu benötigt der Sortimenter einen Personal-Computer mit einer gewissen Mindestausstattung. IBU-Basissoftware bietet einheitliche Voraussetzungen für geschäftliche Kommunikation. Die Verknüpfung mit dem *Verzeichnis lieferbarer Bücher* auf CD-ROM (vgl. Kap. 7.7) ermöglicht die sofortige Übernahme eines Titels in die Bestelldatei.

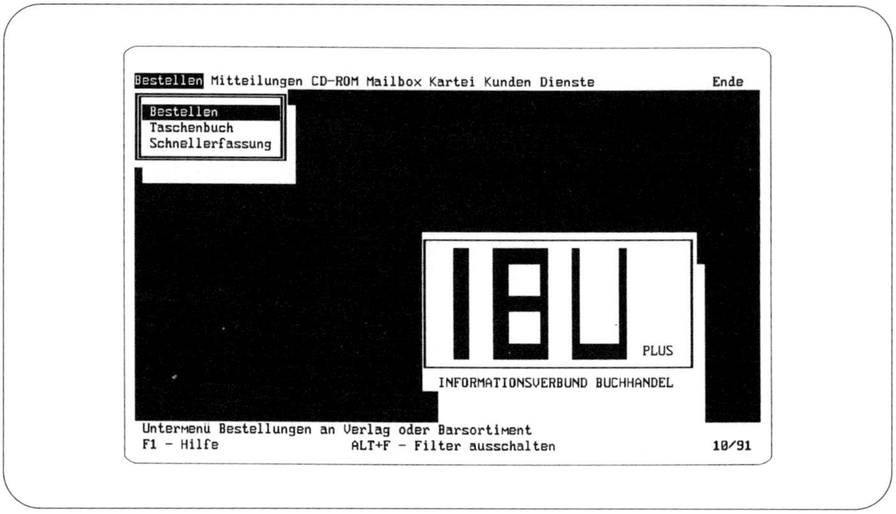

Abb. 15: Maske aus der IBU-Basissoftware Bestellbuch

6.2.4 Bezugswege und Bezugskosten

Laut VeO § 15, Abs. 1 bestimmt der Sortimenter den Weg für die Zustellung gekaufter Ware. Falls der Verlag trotz Sortimentervorgabe einen anderen Zustellweg wählt, hat er nachweisbare Mehrkosten zu übernehmen. Damit ist der Buchhändler als Kaufmann aufgefordert, sich über Kostenmodelle zu informieren.

Büchersammelverkehr

Auf die Leistungen und Gebührenmodelle des Büchersammelverkehrs ist bereits an anderer Stelle (Kap. 5.6) eingegangen worden. Die Bücherwagendienste sind die wichtigsten Zustellunternehmen der Branche.

Die Deutsche Bundespost POSTDIENST bietet für kleine Sendungen (bis 1.000 g) besondere Beförderungsgebühren an, sofern die Bestimmungen über die Büchersendung (vgl. Kap. 3.4) eingehalten sind. Die Päckchenbeförderung gilt derzeit bis 2 kg; Schalterpakete dürfen bis 20 kg aufgegeben werden, selbstgebuchte Pakete sowie Postgutpackstücke bis 31.5 kg (Stand 1995) – die anfallenden Gebühren gelten entfernungsunabhängig.

Neben der Deutschen Bundespost gibt es im Bereich der Paketzustellung auch Privatunternehmen (z.B. United Parcel Service (UPS), Deutscher Paketdienst (DPD)). Sie berechnen die Zustellgebühr nach Gewicht und Entfernung. Gerade für Großsendungen ist ein Gebührenvergleich zwischen den verschiedenen Transportunternehmen sinnvoll. Dabei sollte man allerdings beachten, daß sämtliche Gewichte, die nicht über den Büchersammelverkehr zugestellt werden, das monatliche Gewichtsaufkommen schmälern und dadurch insgesamt ein prozentual höherer Gebührensatz entsteht.

Für Sendungen, die sehr schwer sind und für die einkalkulierbare längere Zustellzeiten in Kauf genommen werden können (z.B. Schulbuchsendungen), müßte man auch den Transport mittels Speditionsunternehmen oder Frachtsendungen (Deutsche Bahn AG) in Erwägung ziehen.

Natürlich bleibt es einer jeden Buchhandlung unbenommen, gekaufte Ware selbst abzuholen. Je nach Vereinbarung wird ein Fahrzeug des Sortimenters den Verlag bzw. dessen Auslieferung oder sogar dessen Druckerei anfahren.

Die folgende Aufstellung verdeutlicht den Zusammenhang zwischen Bezugswegen und Bezugskosten. Einen Kostenvergleich muß jede Buchhandlung vor Ort mit den jeweils geltenden Gebührenmodellen selbst erstellen. Über Haftungsbestimmungen gibt die Verkehrsordnung in den Paragraphen 16 und 17 Auskunft.

Bezugswege	**Bezugskosten**
1. Direkte Zustellung ab Verlag bzw. VA über private Zustelldienste, Deutsche Bundespost POSTDIENST Vlg. → Sort.	Gebühren: nach Gewicht und Entfernung (Ausnahme: Deutsche Bundespost POSTDIENST)
2. ‚Indirekte' Zustellung über den Büchersammelverkehr Vlg. → BSV → Sort.	Gebühren: nach monatlichem Gewichtsaufkommen gestaffelt (Ausnahme: Kleinbeischlüsse) Differenzierte Modelle bei den großen Zwischenbuchhändlern berücksichtigen auf verschiedene Weise auch den Barsortimentsumsatz.
3. Bezug vom Barsortiment und Zustellung über den Büchersammelverkehr BS → Sort.	Gebühren: prozentual vom Umsatz (Seit 1993 bei Libri gewichtsabhängig)

Abb. 16: Gegenüberstellung von Bezugswegen und Bezugskosten

6.2.5 Organisation der Warenbeschaffung

Die Organisation der Warenbeschaffung hängt von einer Vielzahl von Faktoren ab: angefangen von der Größe der Buchhandlung, ihrem Bestellaufkommen und dem damit verbundenen Personaleinsatz über die Benutzung von verschiedenen Bestellformularen und Bestellübermittlungstechniken bis hin zu den jeweils zur Verfügung stehenden bibliographischen Hilfsmitteln. Es dürfte nicht übertrieben sein zu behaupten, daß kaum zwei Buchhandlungen denselben organisatorischen Weg der Warenbeschaffung gehen – von Buchhandelsketten und Filialbetrieben einmal abgesehen. Deshalb sind im folgenden nur einige grundlegende organisatorische Punkte angesprochen.

Im Laufe der Ausführungen wurde und wird noch häufig auf das *Formularbuch für den Sortimentsbuchhandel* verwiesen. Das Formularbuch ist ein Nachschlagewerk in Akterform, in dem Betriebsberater für den Buchhandel zweckmäßige Formulare für die tägliche Arbeit des Sortimenters zusammengefaßt haben. Es umfaßt alle Arbeitsfelder des Buchhändlers: Beschaffung, Werbung und Verkauf, Fakturierung, Buchhaltung und Zahlungsverkehr, Umsatz- und Kostenstatistik sowie Verwaltung.

Zentrale oder dezentrale Bestellorganisation

Eine *zentrale Bestellorganisation* übernimmt die Verwaltung sowohl des Lager- als auch des Besorgungsgeschäftes. Nur kleinere Buchhandlungen können sich eines solchen Systems bedienen.

Die *dezentrale Bestellorganisation* hat ihre Grundlage darin, daß ab einem gewissen Warengruppen- und Umsatzumfang die Einkaufsverantwortung den Sachbearbeiterinnen/Sachbearbeitern der jeweiligen Abteilungen übertragen wird. Sie entscheiden nun – in eigenem Ermessen, aber nach finanziellen Vorgaben – über die Lagergestaltung des Sortiments, über den Novitäteneinkauf und die Lagerergänzungen, auch über das Ausnutzen günstiger Konditionen. Nur die technische Durchführung der Lagerbestellungen (Eingabe ins Terminal) wird einer separaten Bestellbuchabteilung übertragen. Jene verwaltet und organisiert darüber hinaus den gesamten Bereich der Kundenbestellungen für den Barsortiments-, Verlags- und Auslandsbereich.

Bestellaufnahme

Während die Entscheidung über die Lagerbestellungen buchhandlungsintern abläuft, benötigt man für das Besorgungsgeschäft kundenbezogene Daten. Es ist darauf zu achten, daß diese bereits bei der Bestellaufnahme notiert werden, denn eine detaillierte Bestellaufnahme schließt späteren Ärger im Vorfeld aus. Zur vollständigen Erfassung der Daten benötigt man folgende Angaben:

1. Name (und Anschrift) des Kunden
2. Bezugsform
   - fest
   - zur Ansicht

3. Anzahl der gewünschten Exemplare. Wird der Titel auch für das Lager benötigt, sollte die erforderliche Stückzwahl notiert werden, um einen weiteren Bestellvorgang zu sparen.
4. Verfasser, Kurztitel und Verlag. Werden die Daten mit Hilfe von Katalogen/Bibliographien gewonnen, sollte man die Barsortimentsnummer bzw. die ISBN notieren.
5. Lieferung
   – Kunde holt ab
   – senden durch Boten/Post an Kunden bzw. im Auftrag des Kunden an Dritte.
6. Telefonische bzw. schriftliche Benachrichtigung. Dieser Service sollte nur in besonderen Fällen angeboten werden.
7. Anzahlung bzw. Höhe der Anzahlung. Bestellte Bilder werden häufig ohne Anzahlung nicht abgeholt.
8. Bezahlungsmodus
   – Zahlung nach Empfang in bar
   – Lieferschein
   – Rechnung (Anzahl der Rechnungsexemplare notieren)
   – Bankeinzug
   – Nachnahme
   – Monats(sammel)rechnung
9. Abweichungen von Bestell- und Rechnungsadresse festhalten
10. Abweichungen von Bestell- und Zustelladresse festhalten.
11. Vorbemerkungen notieren, falls der Titel nicht sofort lieferbar sein sollte.
12. Tag der Bestellung
13. Eventuell Warengruppen notieren, um das Ausmaß von Kundenbestellungen für einzelne Sortimentsbereiche besser registrieren zu können.
14. Namenskürzel des aufnehmenden Buchhändlers.

Auf den handelsüblichen Bestellformularen sind die Angaben einzutragen. Wenn mehrere Titel bestellt werden, empfiehlt es sich, verschiedene Aufnahmezettel auszufüllen. So entgeht man späterem ‚Zettelwirrwarr', falls einzelne Titel aus unterschiedlichen Gründen verschiedene Laufzeiten haben.

Bestellzeichen

Als Bestellzeichen dienen in der Regel die Anfangsbuchstaben des Bestellers. Aber auch fortlaufende Nummern bzw. Nummern aufgrund einer Alpha-Numerik können als solche fungieren.

Die Alpha-Numerik ist unter Anlehnung an das Leitz-Register-System erstellt worden. Entsprechend der Häufigkeit der Namen werden die Buchstaben des Alphabets in etwa gleich starke Klassen gefaßt. Folgende Gründe sprechen für ein Nummernsystem:

– Falsches Einsortieren der Bestellzettel reduziert sich faktisch auf Null, denn innerhalb der Nummern erfolgt keine alphabetische Feinsortierung. Auch das Abholfach könnte nach einer Alpha-Numerik eingerichtet sein.

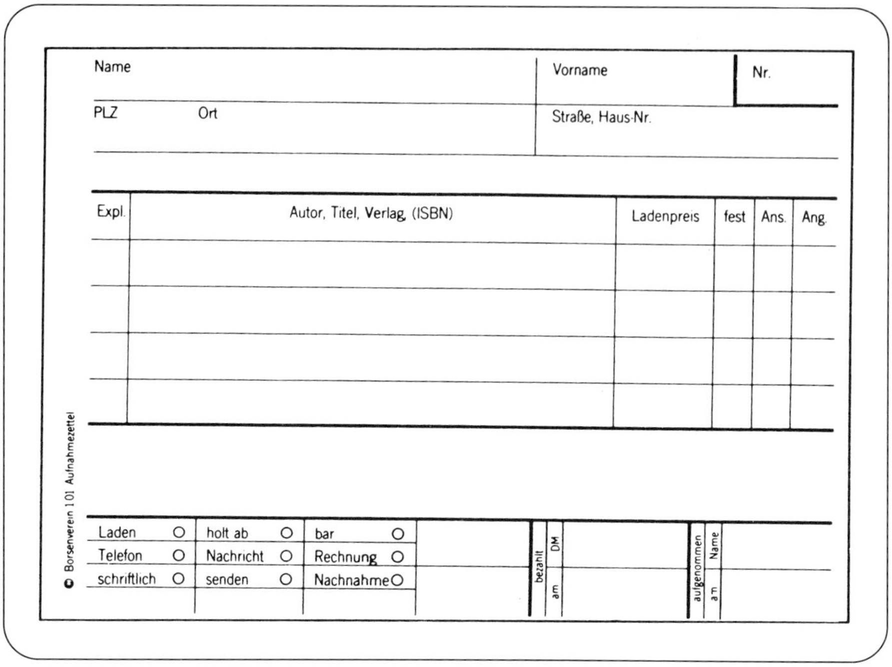

Name | Vorname | Nr.

PLZ | Ort | Straße, Haus-Nr.

Expl.	Autor, Titel, Verlag, (ISBN)	Ladenpreis	fest	Ans.	Ang.

Laden O	holt ab O	bar O
Telefon O	Nachricht O	Rechnung O
schriftlich O	senden O	Nachnahme O

bezahlt DM am

aufgenommen Name am

© Börsenverein 101 Aufnahmezettel

Abb. 17: Aufnahmezettel aus dem Formularbuch

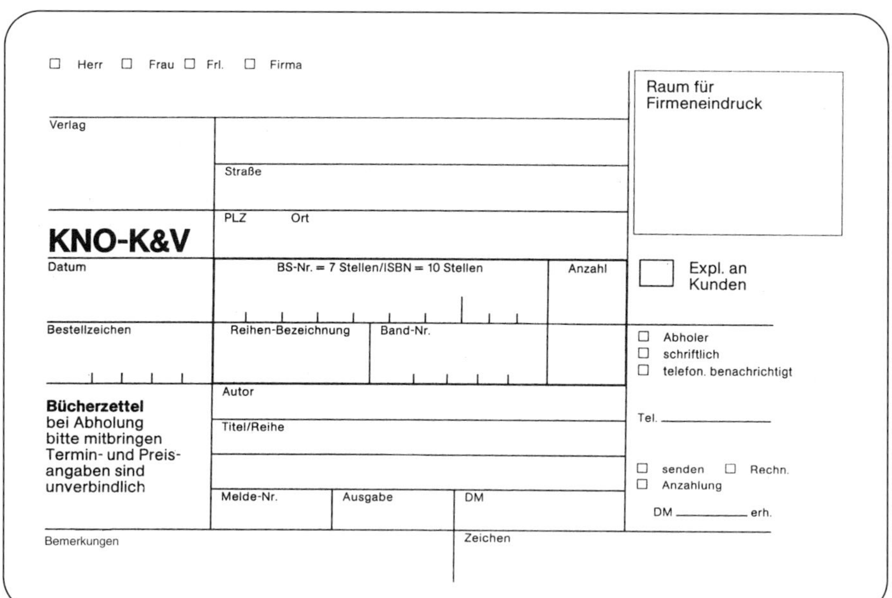

☐ Herr ☐ Frau ☐ Frl. ☐ Firma

Raum für Firmeneindruck

Verlag

Straße

PLZ Ort

KNO-K&V

Datum

BS-Nr. = 7 Stellen/ISBN = 10 Stellen

Anzahl

☐ Expl. an Kunden

Bestellzeichen

Reihen-Bezeichnung

Band-Nr.

☐ Abholer
☐ schriftlich
☐ telefon. benachrichtigt

Autor

Bücherzettel
bei Abholung bitte mitbringen
Termin- und Preisangaben sind unverbindlich

Titel/Reihe

Tel. ________

☐ senden ☐ Rechn.
☐ Anzahlung

Melde-Nr. | Ausgabe | DM

DM ________ erh.

Bemerkungen

Zeichen

Abb. 18: Bestellformular der Unternehmensgruppe KNO/K&V/GW

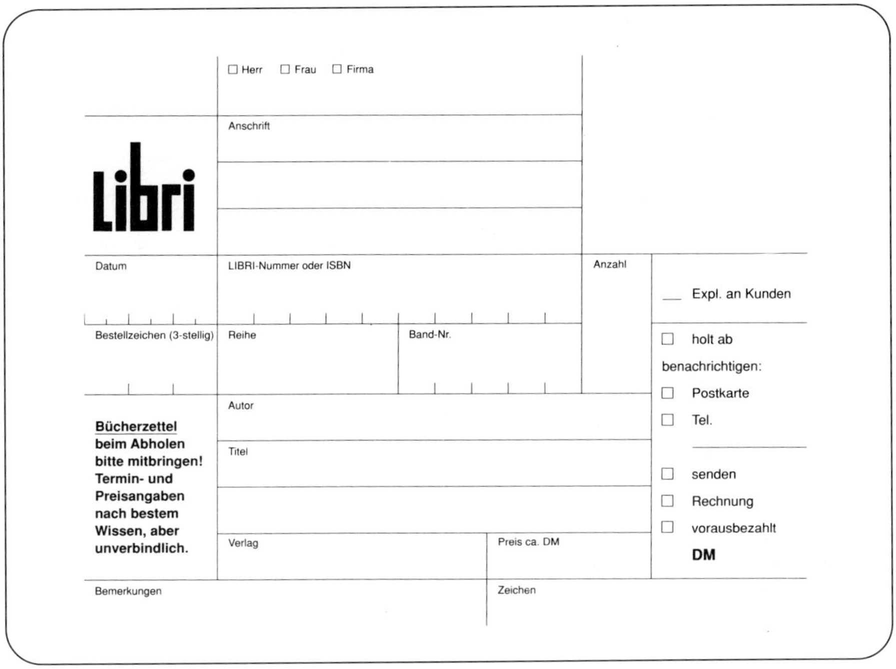
☐ Herr ☐ Frau ☐ Firma

Anschrift

Libri

Datum

LIBRI-Nummer oder ISBN

Anzahl

___ Expl. an Kunden

Bestellzeichen (3-stellig)

Reihe

Band-Nr.

☐ holt ab

benachrichtigen:

☐ Postkarte

☐ Tel.

Autor

Bücherzettel beim Abholen bitte mitbringen! Termin- und Preisangaben nach bestem Wissen, aber unverbindlich.

Titel

☐ senden

☐ Rechnung

☐ vorausbezahlt

DM

Verlag

Preis ca. DM

Bemerkungen

Zeichen

Abb. 19: Bestellformular der Firma Lingenbrink

- Vorzugskunden (Bibliotheken, Firmen, Behörden etc.) erhalten *ihre* unverwechselbare Bestellnummer
- Privatkunden, die ein großes Bestellvolumen haben, werden gesonderte Nummern eingeräumt
- Lagerbestellungen erhalten – je nach Differenzierung der Abteilungen – ihre eigenen Nummern.

Ein *Bestellnummernsystem* könnte wie folgt aussehen:

1 – 99	Privatkunden	
100 – 199	Chef bzw. Mitarbeiter	
200 – 499	Vorzugskunden	
	201	Stadtbücherei
	202	Universitätsbibliothek
	203 -- 250	Universitätsinstitute
	251 -- 260	Kindergärten
	261 -- 499	Firmen
	500 -- 599	Privatkunden mit hohem Bestellaufkommen
600 –	Lagerbestellungen	
	601	Belletristik
	602	Hobby
	630	Zeitschriften
	631	Fortsetzungen

01 — 50		51 — 99	
01 Aa	–Ai	51 Laa	–Lat
02 Ak	–Aq	52 Lau	–Len
03 Ar	–Az	53 Leo	–Ln
04 Baa	–Baq	54 Lo	–Lz
05 Bar	–Bd	55 Maa	–Maq
06 Bea	–Beq	56 Mar	–Md
07 Ber	–Bh	57 Mea	–Mex
08 Bi	–Bk	58 Mey	–Mog
09 Bl	–Boem	59 Moh	–Mz
10 Boen	–Bq	60 Mueller A	–Z
11 Bra	–Brh	61 Na	–Nh
12 Bri	–Bud	62 Ni	–Nz
13 Bue	–Bz	63 O	
14 C		64 Pa	–Pe
15 Da	–Dem	65 Pf	–Ph
16 Den	–Dig	66 Pi	–Pq
17 Dih	–Dq	67 Pr	–Q
18 Dr	–Dz	68 Ra	–Rd
19 Ea	–Eh	69 Re	–Rg
20 Ei	–Em	70 Rh	–Rn
21 En	–Ez	71 Ro	–Rt
22 Fa	–Fh	72 Ru	–Rz
23 Fi	–Fq	73 Sa	–See
24 Fra	–Fris	74 Sef	–Sie
25 Frit	–Fz	75 Sif	–So
26 Ga	–Gd	76 Sp	–Sz
27 Ge	–Gk	77 Scha	–Schd
28 Gl	–Gq	78 Sche	–Schk
29 Gra	–Grt	79 Schl	–Schm
30 Gru	–Gz	80 Schn	–Schoe
31 Haa	–Hae	81 Schof	–Scht
32 Haf	–Haq	82 Schu	–Schv
33 Har	–Hd	83 Schw	–Schz
34 Hea	–Hek	84 Sta	–Stei
35 Hel	–Herq	85 Stek	–Stq
36 Herr	–Hil	86 Str	–Stz
37 Him	–Hoe	87 Ta	–Tn
38 Hof	–Hoq	88 To	–Tz
39 Hor	–Hz	89 U	–Vh
40 I	–Jag	90 Vi	–Vz
41 Jah	–Jz	91 Waa	–Wals
42 Kaa	–Kas	92 Walt	–Weh
43 Kat	–Kh	93 Wei	
44 Ki	–Kk	94 Wek	–Wh
45 Kl	–Km	95 Wia	–Wim
46 Kn	–Kod	96 Win	–Wn
47 Koe	–Kok	97 Wo	–Wt
48 Kol	–Krd	98 Wu	–Ze
49 Kre	–Kt	99 Zf	–Zz
50 Ku	–Kz		

Börsenverein 1.13.2 Alphanumerik (99teilig)

Abb. 20: 99er Alpha-Numerik aus dem Formularbuch

Wenn man nach diesem System arbeitet, versteht es sich von selbst, daß die Alpha-Numerik an den entscheidenden Stellen in der Buchhandlung griffbereit zur Verfügung steht: also in der Bestellabteilung, beim Abholfach und evtl. auch dort, wo Bestellungen aufgenommen werden.

Datenverwaltung

Wenn heute einige Betriebe immer noch von ihrer Bestellbuchabteilung sprechen, dann hat das historische Gründe. Früher – heutzutage kaum noch praktiziert – wurden alle relevanten Bestelldaten in Querzeilen eines festen Buches bzw. einer Kladde eingetragen.

- Bestelldatum
- Nummer der laufenden Bestellung (= Bestellzeichen)
- Bezugsquelle
- Autor, Kurztitel
- Bezugsform
  Preis
- Besteller (oder entsprechendes Kürzel für einzelne Abteilungen)
- Bemerkungen über besondere Zustellformen, Anzahlungen etc.

Nach diesem Prinzip wurde jahrzehntelang im Buchhandel bestellt. Selbstverständlich gab und gibt es Abwandlungen: Trennung von Lager- und Kundenbestellungen, Trennung von Barsortiments-- und Verlagsbestellungen o.ä. Das Entscheidende bei dieser Datennotierung bleibt jedoch die chronologische Erfassung der Bestellvorgänge. Ohne größeren Arbeitsaufwand ist ersichtlich, welche Bestellungen angemahnt werden müssen.

Nachdem die Bestellunterlagen erfaßt sind, erfolgt die Übertragung der Bestelldaten auf den Bücherzettel, der an die jeweilige Bezugsquelle zu leiten ist. Der komplette Bestellvorgang umfaßt demnach drei Schreibvorgänge:

- Aufnahme in Gegenwart des Kunden,
- Abschreiben der Daten in das Bestellbuch,
- Ausfüllen der Bücherzettel.

Rationalisierungen im Bestellwesen (für Verlagsbestellungen) sind durch Karteikarten, Terminals und EDV-Lösungen eingetreten.

An die Stelle eines festen Bestellbuchs treten *Bestellkarteien.* Hier gibt es verschiedene Handhabungen.

In der Bestellabteilung wird ein Bestellformular mit zwei Durchschlägen ausgefüllt. Ein Zettel ist für die Kundenkartei (A–Z bzw. 01–99), ein weiterer für die alphabetische Verlagskartei. Ein dritter Zettel dient als Bestellunterlage für

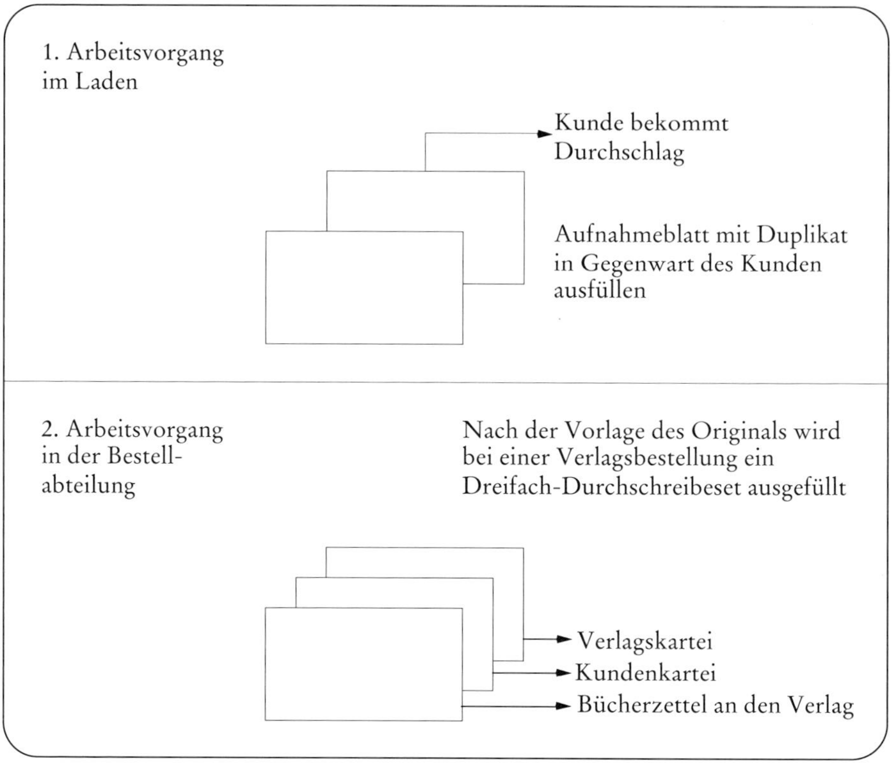

Abb. 21: Rationalisierung im Bestellwesen (Modell 1)

den Verlag (= klassischer Bücherzettel). Die Vorteile dieses Systems gegenüber dem Bestellbuch liegen auf der Hand:

- verminderter Schreibaufwand
- direkter Zugriff auf alle nicht erledigten Kundenbestellungen anhand der Kundenkartei
- bei fehlender Angabe des Bestellzeichens kann über die Verlagskartei die Bestellung im Wareneingang schnell identifiziert werden.

In der Praxis sieht es beim Eintreffen einer Bestellung wie folgt aus: Anhand des Bestellzeichens findet der Buchhändler den Kunden und sucht den entsprechenden Zettel in der Verlagskartei (oder er sucht zunächst den Verlagszettel und schließt von ihm auf die Kundenkartei). Der Zettel aus der Kundenkartei wird am Buch befestigt und wird entweder in das Abholfach eingestellt, oder er gelangt in die Expedition zum Rechnungschreiben. Der Verlagszettel kommt in eine abgelegte Verlagskartei, damit eine Unterlage über den Bestellvorgang – zumindest für eine angemessene Zeit – im Laden bleibt.

Aus dem Schema wird ersichtlich, daß der Bestellvorgang weiter vereinfacht werden kann, nämlich dann, wenn die Buchhandlung mit einem 4-fach-Aufnahmeset operiert.

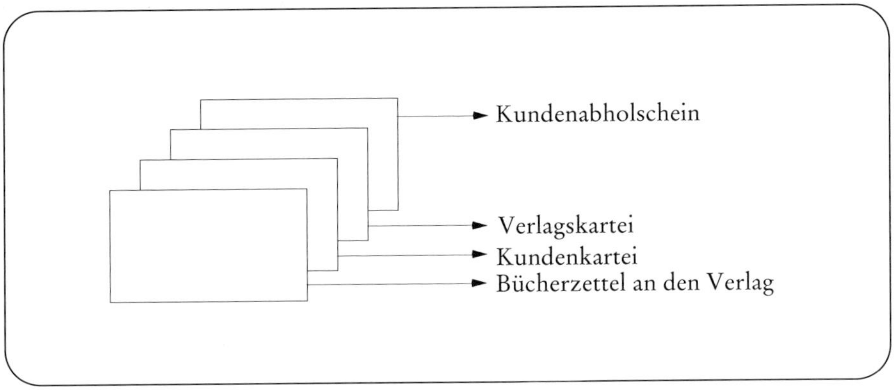

Abb. 22: Rationalisierung im Bestellwesen (Modell 2)

Verlagsbestellungen können jedoch auch per ISBN in das Terminal der Zwischenbuchhändler eingegeben werden. Damit entfällt die Briefpost und ein 3-fach-Aufnahmeset reicht für die Verwaltung der Daten.

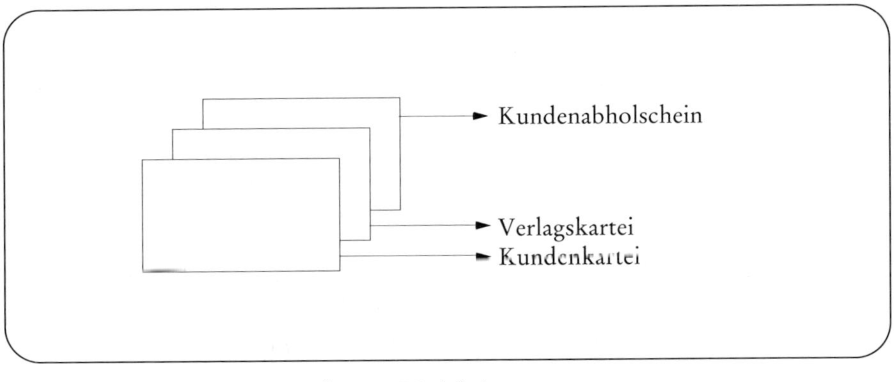

Abb. 23: Rationalisierung im Bestellwesen (Modell 3)

Die Zwischenbuchhändler stellen dem Sortimenter Rückmeldezettel als Bestätigung für die Weiterleitung ihrer Bestellung zur Verfügung. Dieser Rückmeldezettel kann als Unterlage in der Verlagskartei dienen.

Buchhandlungen, die ohne Kundenabholschein arbeiten, können somit – theoretisch und praktisch – mit einem einzigen Aufnahmeblatt (= Kundenschein) die Bestellung organisieren. Dies wäre ein fünftes Modell.

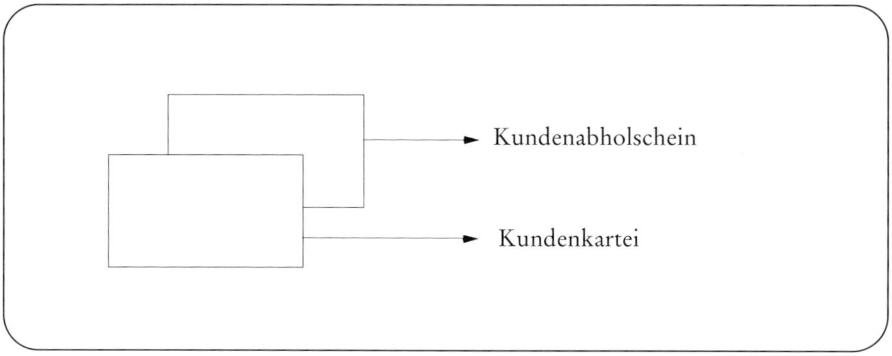

Abb. 24: Rationalisierung im Bestellwesen (Modell 4)

Wenn man sich die entwickelten Modelle anschaut, fällt auf, daß sich der Zettelaufwand nur für Verlagsbestellungen lohnt. Für Barsortimentsbestellungen, die am nächsten Tag in der Buchhandlung eintreffen, reicht eine Bestellunterlage.

In der Regel wird folgende Datenverwaltung praktiziert:

- Laufende Barsortimentsbestellungen (getrennt nach Kunden und Abteilungen des Ladens)
- Alphabetische Kundenkartei für sämtliche Verlagsbestellungen
- Alphabetische Verlagskartei (wobei je nach Umfang des Imports eine Trennung von inländischen und ausländischen Verlagen sinnvoll ist).

Mehrere Unternehmen haben spezielle *EDV-Bestell(buch)programme* entwickelt. Hier konkurrieren verschiedene Lösungen im Buchhandel, deren differenzierter Vergleich den Rahmen dieses Kapitels sprengen würde. Durch die Einführung der EDV erübrigt sich der Karteiaufwand; denn alle Angaben sind dateimäßig erfaßt. Wenn – allgemein gesprochen – die Leistungen der EDV darin bestehen, daß man auf Daten schnell zugreifen und sie (schnell) miteinander verknüpfen kann, dann liegen die Rationalisierungsmöglichkeiten auf der Hand. Ein paar Punkte seien aufgezeigt:

- Aufwendige Karteihaltung entfällt
- Bestellungen werden schneller abgewickelt (Briefpost entfällt)
- (Problematische) Wareneingänge können schnell zugeordnet werden
- Bibliographier- und Bestellvorgang kann miteinander verknüpft werden.

Reklamationen, Meldeschlüssel, Vormerkungen

Leider läuft – trotz guter Organisation – auch im Bestellwesen nicht alles so glatt, wie man es sich wünscht.

Da gibt es z.B. Verlage, die weder liefern noch eine Meldung über Lieferhindernisse dem Sortiment zukommen lassen. In diesem Fall muß der Buchhändler die Bestellung anmahnen. Diejenigen Buchhandlungen, die mit einer chronologischen Kartei oder Datei arbeiten, werden von sich aus nach einer angemessenen Frist (bei inländischen Verlagsbestellungen ca. 14–20 Tage) die Bestellung anmahnen. Die anderen Buchhandlungen müssen regelmäßig ihre Kartei ‚durchforsten' oder reagieren erst auf Kundenanfrage.

Oder die Rechnung fehlt bzw. ist fehlerhaft ausgestellt, ein falsches Buch wurde geliefert, vereinbarte Konditionen wurden nicht eingehalten o.ä. Auch in diesen Fällen muß der Sortimenter reklamieren.

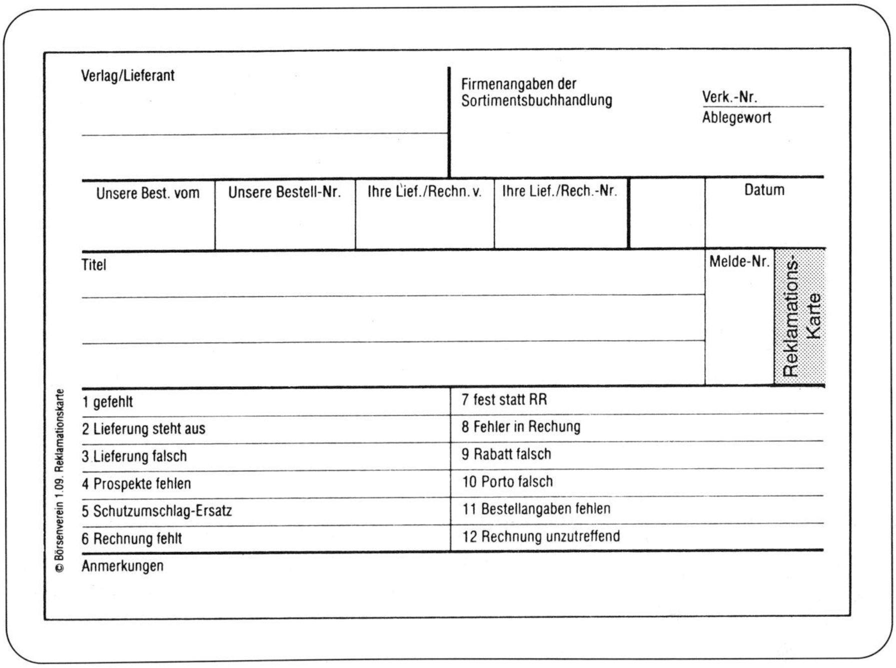

Verlag/Lieferant

Firmenangaben der Sortimentsbuchhandlung

Verk.-Nr.

Ablegewort

Unsere Best. vom	Unsere Bestell-Nr.	Ihre Lief./Rechn. v.	Ihre Lief./Rech.-Nr.		Datum

Titel

Melde-Nr.

Reklamations-Karte

1 gefehlt	7 fest statt RR
2 Lieferung steht aus	8 Fehler in Rechung
3 Lieferung falsch	9 Rabatt falsch
4 Prospekte fehlen	10 Porto falsch
5 Schutzumschlag-Ersatz	11 Bestellangaben fehlen
6 Rechnung fehlt	12 Rechnung unzutreffend

Anmerkungen

© Börsenverein 1.09. Reklamationskarte

Abb. 25: Reklamationskarte aus dem Formularbuch

Für den Fall, daß ein Titel nicht lieferbar ist, hat der Rationalisierungsausschuß des Börsenvereins ein einheitliches Meldenummernsystem entwickelt, das seit Beginn der 90er Jahre für den Buchhandel gelten soll.

Es steht im Ermessen des Buchhändlers, ob er seinen Kunden über Lieferhindernisse informiert oder nicht. Die meisten Buchhandlungen teilen ihren Stammkunden die jeweiligen Verzögerungsgründe mit.

Wenn Titel noch nicht erschienen bzw. zwischenzeitlich nicht lieferbar sind, wird sie der Sortimenter in der Regel vormerken. Die Barsortimente, aber auch Verlage bieten dem Sortiment einen Vormerkservice an. Damit schließen sie Doppellieferungen aus, und der Buchhändler muß ein und dieselbe Bestellung nicht ständig neu aufgeben.

00	Nicht bei uns – diesen Titel führen wir nicht
01	Lieferbar innerhalb 14 Tagen, Bestellung ist vorgemerkt
02	Lieferbar innerhalb 6 Wochen, Bestellung ist vorgemerkt
03	Lieferbar innerhalb 6 Monaten, Bestellung ist vorgemerkt
04	Noch nicht erschienen, Bestellung ist vorgemerkt
05	Erscheinen noch unbestimmt, Titel wird vor Erscheinen neu angeboten
06	Vergriffen, Termin der Neuauflage unbestimmt, Titel wird vor Erscheinen neu angeboten
07	Vergriffen, keine Neuauflage, Bestellung abgelegt
08	Nur fest lieferbar – bitte neu bestellen
09	Bestellung unklar, bitte mit neuen Angaben neu bestellen
10	Vorübergehend nicht lieferbar – Bestellung nicht vorgemerkt
*11	Erscheint laut Verlag in ... in neuer Auflage
*12	Nachdruck. Folgt laut Verlag ...
13	Teillieferung. Rest folgt nach Lagerergänzung
14	Bei diesem Titel keine Partie
15	Fehlt kurzfristig am Lager
16	Führen wir nicht mehr, da nur noch als Packeinheit
17	Führen wir nicht bzw. nicht mehr
*18	Wir besorgen...
19	Ladenpreis aufgehoben. Führen wir nicht mehr
20	Noch nicht erschienen. Bestellung nicht vorgemerkt
*21	Noch nicht erschienen. Erscheint laut Verlag ...
22	Vorgemerkt
23	
24	Erscheint nicht laut Verlag
25	Titel neu aufgenommen. Noch nicht am Lager – Bestellung vorgemerkt
26	Titel wird nicht mehr am Lager geführt. Wird nicht besorgt
27	Alte Vormerker gelöscht
28	Bestellung ungenau. Bitte mit Titelnummer neu bestellen
29	ISBN bzw. Reihen/Band-Nummer nicht zu ermitteln. Bitte mit Titelnummer oder Autor/Titel bestellen
30	
31	
32	Titel von Verlag nicht angekündigt
33	Titel nicht mehr im Verlagsprogramm
34	Erscheinen ungewiß – Bestellung wird vorgemerkt
35	Erscheinen ungewiß – Bestellung wird nicht vorgemerkt
36	
37	Nicht einzeln bestellen. Bitte mit Gesamtnummer neu bestellen
38	Nicht mehr einzeln – nur noch als Kassette lieferbar
39	Bei uns nicht mehr einzeln – bitte komplett bestellen
40	Bei uns nicht mehr komplett – bitte Einzelbände bestellen
41	Bei uns ausverkauft – bitte beim Verlag bestellen
42	Vergriffen – Neuauflage unbestimmt – Bestellung wird vorgemerkt
43	Vergriffen – Neuauflage unbestimmt – Bestellung wird nicht vorgemerkt
44	Vergriffen – Erscheinungstermin Neuauflage unbestimmt – Bestellung wird vorgemerkt
45	Vergriffen – Erscheinungstermin Neuauflage unbestimmt – Bestellung wird nicht vorgemerkt
46	Vergriffen – Neuauflage erscheint in einigen Wochen – Bestellung ist vorgemerkt
47	Vom Verlag für Export nicht zugelassen
48	Verlag erloschen
49	Bestellung beim Verlag reklamiert
50	

Abb. 26: Meldenummernsystem für den Buchhandel

51 Lieferbar innerhalb 14 Tagen – Bestellung wird nicht vorgemerkt
52 Lieferbar innerhalb 6 Wochen – Bestellung wird nicht vorgemerkt
53 Lieferbar innerhalb 6 Monaten – Bestellung wird nicht vorgemerkt
54 Nicht beim angegebenen Verlag zu erhalten
55 In einem ausländischen Verlag erschienen, führen wir nicht
56
57
58 Folgt direkt ab Verlag
*59 Bitte beachten Sie folgende Information: ...
60 Wegen Indizierung nicht lieferbar
61 Titel infolge Gerichtsbeschluß nicht lieferbar
62 Titel infolge rechtlicher Auseinandersetzung zur Zeit nicht lieferbar – Bestellung ist vorgemerkt
63
64
65 Verlag hat wegen Betriebsferien/Inventur geschlossen – Bestellung ist vorgemerkt
66 Verlag hat wegen Betriebsferien/Inventur geschlossen – Bestellung ist nicht vorgemerkt
67 Nicht als Einzelexemplar – nur in Verlagsbündelung – bitte neu bestellen
68 Nur noch als Taschenbuch lieferbar – bitte neu bestellen
69 Nur noch als Sonderausgabe lieferbar
70 Nur noch in Leinen bzw. gebunden lieferbar
71 Nur noch kartoniert lieferbar
72 Subskriptionspreis erloschen – ggf. nach Katalog neu bestellen
73 Fortsetzungswerk
74 Lieferung aus Fortsetzung
75 Ergänzungslieferung ist zur Fortsetzung notiert
76 Nächste Ergänzungslieferung folgt unberechnet
77
78 Bestellung bei Ihrem Presse-Grossisten
79 Im Buchhandel nicht erhältlich
80 Fehlt, da der Verlag derzeit nicht liefern kann
81 Lieferung kann nur gegen Schulstempel erfolgen – bitte bestellen Sie neu
82
83 Gewünschter Jahrgang vergriffen – Bestellung abgelegt
84 Titel erscheint jetzt in einem anderen Verlag
85 Vor Weihnachten nicht mehr lieferbar – ggf. neu bestellen
86 Kalender/Jahrbuch erscheint für das nächste Jahr nicht
87
88 Konditionsänderung durch den Verlag. Führen wir nicht mehr
89 Neuer Titel – noch nicht katalogisiert
90
91 Kein Lagertitel – wird besorgt – Lieferung innerhalb 1 Woche
92 Kein Lagertitel – wird besorgt – Lieferung innerhalb 3 Wochen
93 Wegen Rabatt/Mengenpreis beim Verlag bestellen
94 Wird zur Zeit nur ab Verlag geliefert – Bestellung nicht vorgemerkt
95 Zur Zeit nicht lieferbar wegen Auseinandersetzung mit Verlag – Bestellung nicht vorgemerkt
96 Nicht lieferbar wegen unzureichender Konditionen des Verlages – bitte bestellen Sie beim Verlag
97
98 Prüfziffer ergab falsche Titelnummer – bitte neu bestellen
99 Titel hat neue Libri-Nummer

* Erläuterung im Artikel

Abb. 26: Meldenummernsystem für den Buchhandel / Fortsetzung

Besonderheiten in der Verwaltung von Zeitschriften und Fortsetzungswerken

Im Bereich der Verwaltung von Zeitschriften und Fortsetzungswerken (Loseblattwerke mit Grundwerk und Ergänzungslieferungen, mehrbändige Nachschlagewerke, Gesamtausgaben, Schriftenreihen etc.) bietet sich eine anders strukturierte Datenverwaltung an: die *alphabetische Titelkartei.* Zeitschriften und Fortsetzungswerke werden zunächst mit ihren objektbezogenen Daten auf *Objekt-, Leit- oder Titelkarten* erfaßt. Zu diesen Daten gehören:

- vollständiger Titel
- Verlag bzw. Verlagsauslieferung
- Bezugsweg
- Preis (auch etwaige Sonderpreise)
- Rabatt
- Anzahl der bestellten Exemplare (ab wann wieviel Exemplare).

Bei Zeitschriften wird darüber hinaus die Erscheinungsweise sowie die ISSN, bei Fortsetzungen evtl. der geplante Umfang des Gesamtwerkes o.ä. notiert. Im Anschluß an die jeweiligen Leitkarten werden die einzelnen Kundenkarten alphabetisch einsortiert. Auf den *Kunden-* oder *Bezieherkarten* werden die individuellen kundenbezogenen Daten erfaßt:

- Name und Adresse
- Bestelldatum
- Art der Zustellung
- Berechnungsmodus
- Versandkostenberechnung
- Vermerk über ausgestellte Rechnungen.

Buchhandlungen mit einer kleinen Zeitschriften- und Fortsetzungskartei haben integrierte Leit- und Kundenkarten.

Die Abo-Verwaltung über EDV ist nach dem gleichen Verfahren organisiert. Der Leitkarte entspricht eine Stamm- oder Titelmaske, und die Kunden sind den Titeln zugeordnet.

Wie die Datenverwaltung ohne EDV sinnvoll organisiert sein kann, verdeutlicht Abb. 27. Beim Ausfüllen der Kundenkarte wird ein Duplikat angefertigt, das in eine alphabetische Kunden-Stamm-Kartei einsortiert wird. Damit erreicht der Buchhändler zweierlei: Erstens hat er einen direkten Zugriff auf alle laufenden Bestellungen eines Kunden, und zweitens kann er seine Kundenkartei für Werbezwecke verwenden.

Wenn ein Kunde sein Abo abbestellt oder wenn neue Kunden für Zeitschriften gewonnen werden, sollte man auf dem Bestellzettel stets die Höhe der nunmehr aktuell bestellten Exemplare angeben (vgl. Abb. 28).

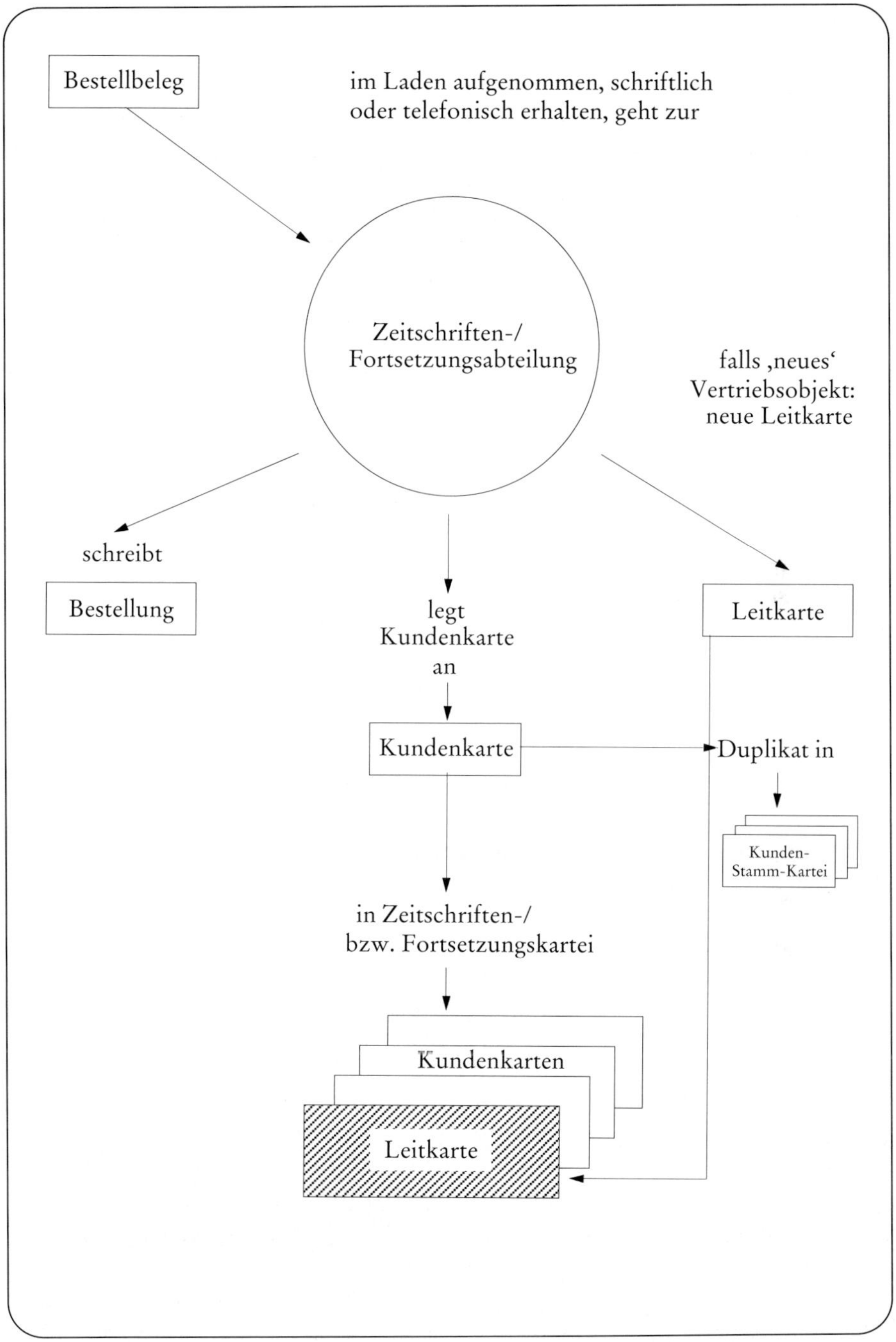

Abb. 27: Datenverwaltung von Zeitschriften- und Fortsetzungsbezügen
(Dieses Schema ist mit freundlicher Genehmigung seines Verfassers, Herrn H. W. Burges aus Köln, abgebildet.)

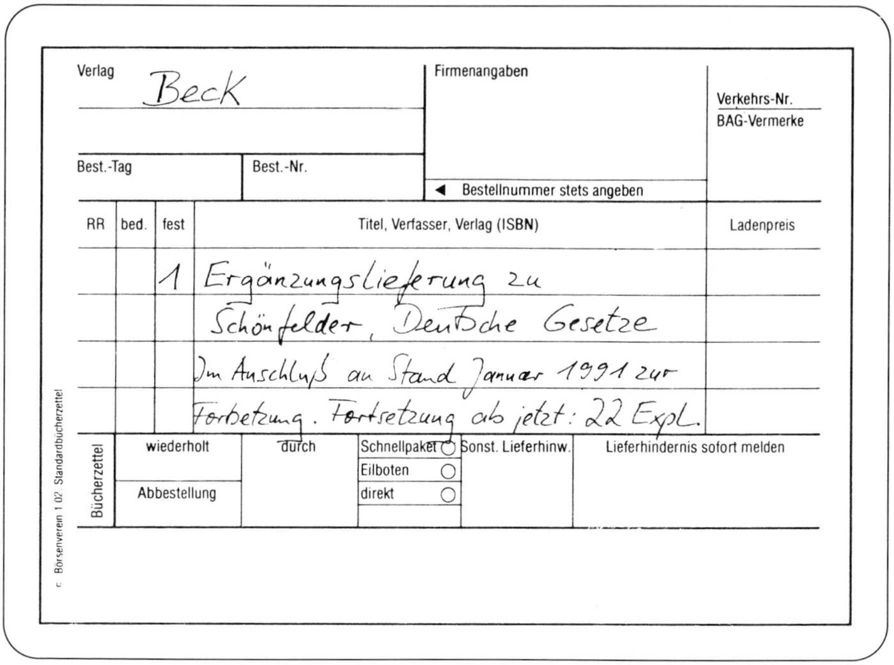

Verlag Beck

Firmenangaben

Verkehrs-Nr.

BAG-Vermerke

Best.-Tag

Best.-Nr.

◄ Bestellnummer stets angeben

RR	bed.	fest	Titel, Verfasser, Verlag (ISBN)	Ladenpreis
		1	Ergänzungslieferung zu	
			Schönfelder, Deutsche Gesetze	
			Im Anschluß an Stand Januar 1991 zur	
			Forbetzung. Fortsetzung ab jetzt: 22 Expl.	

Bücherzettel

wiederholt

durch

Schnellpaket ○

Eilboten ○

direkt ○

Sonst. Lieferhinw.

Lieferhindernis sofort melden

Abbestellung

© Börsenverein 1 02 Standardbücherzettel

Abb. 28: Bücherzettel für eine Fortsetzungsbestellung

Abholfach

Nachdem das bestellte Buch im Wareneingang ausgezeichnet und in der Bestellbuchabteilung dem entsprechenden Kunden zugeordnet ist, wird es in das Abholfach einsortiert – es sei denn, daß der Kunde das Buch zugeschickt haben möchte. In der Regel befindet sich das Abholfach im Kassenbereich.

Analog zur Verwaltung der Daten kann auch das Abholfach unterschiedlich strukturiert sein. Die Mehrzahl der Buchhandlungen dürfte ein nach dem Kundenalphabet geordnetes System praktizieren. Dieses System setzt voraus, daß die Kundennamen *deutlich* lesbar auf den Bestellformularen angegeben sind. Hier könnte eine Alpha-Numerik sinnvoll sein; denn die Einordnung nach Nummern erfolgt schneller als die nach Namen, falsche Einstellungen werden vermieden. Trotz seines häufigen Vorkommens weist das alphabetische Abholfach zwei Schwachstellen auf. Bei hohem Bestellaufkommen der Buchhandlung müssen die Bücher fast täglich von einem Regalboden auf die angrenzenden umgeräumt werden; denn das Alphabet muß strikt eingehalten werden. Der zweite Nachteil besteht darin, daß für den Sortimenter nicht ersichtlich ist, ob die bestellten Bücher auch tatsächlich abgeholt worden sind. Demnach muß ein Mitarbeiter in regelmäßigen Abständen das Abholfach auf nicht abgeholte Ware hin ‚durchforsten', um den Kunden dann zu benachrichtigen.

Die aufgeführten Nachteile werden umgangen, wenn man das Abholfach nach chronologischen Gesichtspunkten einrichtet. In diesen Fällen stehen die Bücher entweder in Reihenfolge der laufenden Bestellnummern oder aber nach Bestelldatum (Tag bzw. Woche der Bestellung).

Eine Mischform stellt folgende Variante dar: Im Wareneingang erhält das Buch eine Nummer, die auf dem Schein für das Abholfach wiederholt wird. Der in der Nähe des Abholfachs in einem Karteikasten alphabetisch einsortierte Kundenzettel wird beim Abholen der Bestellung gezogen und das numerisch einsortierte Buch dem Kunden zum Verkauf überreicht.

6.3 Lager

Bereits im vorigen Kapitel wurde auf die fundamentale Unterscheidung von Besorgungs- und Lagergeschäft hingewiesen. Nachdem die Warenbeschaffung, die beide Umsatzbereiche tangiert, dargelegt worden ist, fällt nun der Blick auf das Lagergeschäft – das Charakteristikum des stationären Buchhandels. Dabei sollen nicht nur die wichtigsten organisatorischen Arbeiten am Lager, wie die Handhabung von Remissionen und Preisänderungen sowie Lagerkontrollmöglichkeiten, zur Sprache kommen, sondern auch Überlegungen zum Thema Verkaufsraum. Die Ausführungen enden mit einer Beschreibung der betriebswirtschaftlichen Leistungszahlen: der Lagerkennziffern. Denn letzten Endes hängt von der Lagerleistung des eingekauften Sortiments die Rentabilität des Unternehmens ab.

6.3.1 Verkaufsraum

Kaum ein Verkaufsraum sieht aus wie ein anderer. Denn der Verkaufsraum des Einzelhandels ist eine betriebswirtschaftliche Größe, die von einer Vielzahl von unterschiedlichen Faktoren abhängig ist. Die wichtigsten seien im folgenden aufgeführt.

Ladengeschäft

Hinsichtlich des *Standortes* unterscheidet man im Einzelhandel nicht nur zwischen der Größe der Städte, sondern auch nach der Lage des Objekts in den Städten. Beste Lagen sind in der Regel verkehrsberuhigte Verkaufszonen in Städten bzw. Einkaufszentren. Derartige Ia-Lagen benötigen die Buchhandlungen, die ein allgemeines Sortiment führen, sowie alle die Betriebsformen, die neben ihrem Stammkundenpotential auch in verstärktem Maße Laufkunden ansprechen wollen. Je spezialisierter ein Sortiment ist, desto eher kann es in Randlagen wirtschaftlich überleben. In solchen Fällen gehen die Kunden auch ‚weite Wege'. Den Verlust an Laufkunden-Umsatz werden jene Buchhandlungen durch einen verstärkten Versand-Umsatz kompensieren.

Neben dem Standort ist die *Größe des Objekts* von entscheidender Bedeutung. Mit 1.500 qm Verkaufsfläche und mehr, wie sie die Buchkaufhäuser aufweisen, läßt sich natürlich der Verkaufsraum anders arrangieren als mit 60 qm in einer Kleinstadt. Aber nicht die Größe, sondern die *Konzeption* entscheidet letztendlich über den Erfolg eines Unternehmens. Auch kleinere Sortimente (rund 80% aller Buchhandlungen machen einen Jahresumsatz bis zu 1 Mill. und gehören damit in die Kategorie der kleineren Sortimente) können durch geschickte Rationalisierungs- und Marketingmaßnahmen ihr Marktpotential opitimal ausnutzen.

Ferner ist auch die *Gestaltung des Verkaufsraumes* von der Zielsetzung des Unternehmens abhängig. Eine Boulevard-Buchhandlung, die mit ihrem populären Programm in großem Maße auf Laufkundschaft setzt, wird zwangsläufig anders aussehen als ein wissenschaftliches Fachsortiment in der Nähe von Instituten und Universitäten.

Die Wahl der Betriebsform bzw. die Wahl eines Sortimentsschwerpunktes ergibt sich aus einer Marktanalyse, die sowohl den Einzugsbereich, dessen Bildungsstand und Kaufkraft als auch die buchhändlerische Konkurrenz unter die Lupe nimmt. Aufbauend auf einer soliden Marktanalyse wird das Unternehmen sein Sortiment bestimmen, auswählen, plazieren und verkaufen.

Verkäufermarkt oder Käufermarkt?

Ein Verkäufermarkt ist dadurch gekennzeichnet, daß der Anbieter festlegt, was verkauft wird. Der Verkäufermarkt setzt demnach eine Knappheit der angebotenen Ware voraus. In dem Maße, in dem nicht mehr der Verkäufer die Ware vorgibt, sondern der Käufer aus einem breiten Sortiment auswählen kann, findet der Übergang vom Verkäufermarkt zum Käufermarkt statt. Der Kunde entscheidet sich in einem Käufermarkt aber nicht nur für oder gegen bestimmte Produkte, sondern auch für oder gegen bestimmte Angebotsformen. Folglich muß sich ein Händler, der einem starken Konkurrenzkampf ausgesetzt ist, profilieren. Er tut dies, indem er unverwechselbar wird mittels bestimmter Waren- und Dienstleistungsangebote sowie ideenreicher PR- und Werbemaßnahmen. In verstärktem Maße wird auch die Verkaufsraumgestaltung als ein Instrumentarium der Absatzstrategie gesehen und anerkannt. Die Ware muß inszeniert, d.h. in Szene gesetzt werden. Das Angebot allein reicht nicht. Aufgrund eines geänderten Konsumverhaltens ‚verkauft‘ der Buchhändler in einem Käufermarkt nicht nur Ware, sondern auch Atmosphäre. Das vieldiskutierte Schlagwort *Erlebnisbuchhandel* kennzeichnet genau diesen Sachverhalt.

Verkaufsraumgestaltung

Die traditionelle Verkaufsraumgestaltung konzentriert sich auf die Präsentation der Ware. Die moderne Verkaufsraumgestaltung beschäftigt sich mit so getrennten Bereichen wie Personaleinsatzplanung, Serviceangebot und Sortimentsgestaltung. Nur das Zusammenspiel aller Faktoren, nur der Einklang von Personal und Sortiment, Ambiente und Funktionalität, Design und Wirtschaftlichkeit in einem umfassenden Konzept führt in einem Käufermarkt zu einem vermehrten Lagerumsatz.

Dabei ist es für das buchhändlerische Unternehmen wichtig, sich von der Konkurrenz abzugrenzen und sich durch ein klares Gestaltungskonzept für die Kunden möglichst unverwechselbar zu machen. Dies erreicht man beispielsweise durch ein einheitliches, an markanten Punkten immer wieder auftretendes (Firmen-)Signet, durch bestimmte Einrichtungsstile und Farbarrangements, durch signifikante Materialien oder durch geplante visuelle Stimulierungen im Laden (Regalblende, Aktionstische o.ä.). Das unverwechselbare *corporate identity* (CI) einer Buchhandlung liegt in der assoziativen Verquikkung von formalen Gestaltungsmerkmalen (wie z.B. das Firmensignet als corporate design – CD) mit der inhaltlichen Aussagekraft des Unternehmens (diese Buchhandlung leistet ..., diese Buchhandlung bürgt/steht für ...).

Abb. 29: Warengruppen werden durch Beschriftungen *und* Visualisierungen an der Regalblende hervorgehoben.
(Foto Herbert Paulerberg. Blendengestaltung in der Lehrbuchhandlung '90 auf dem Gelände der Schulen des Deutschen Buchhandels.)

Das einheitliche Konzept soll alle Laden- und Arbeitsbereiche umfassen: angefangen bei der Schaufenster- und Fassadengestaltung über die Wahl des Fußbodens und der Beleuchtungsquellen bis hin zur Gestaltung der Regale, der Mittenmöbel, der Arbeitsplätze und des Kassenbereichs. Eine wichtige Funktion übernimmt die Beschriftung – auch sie kann in allen Bereichen (Fassade, Regalblende, Regalboden, Übersichtstafeln etc.) in einer festgelegten Typographie für die Unverwechselbarkeit der Buchhandlung stehen.

Warenpräsentation

Neben dem Bedienungs(ver)kauf gibt es zwei weitere Verkaufsformen: die Selbstbedienung und das Vorwahlsystem. Die Vorwahl ist dadurch gekennzeichnet, daß der Kunde zunächst das Angebot alleine sichten und dann die Beratung des Personals in Anspruch nehmen will. Alle drei Verkaufsformen fordern ihre eigenen Präsentationsweisen. Während die Rücken-an-Rücken-Präsentation sich sehr gut mit dem Bedienungsverkauf kombinieren läßt, verlangt der Kunde, der sich (zunächst) frei umsehen und ohne Beratung aussuchen möchte, ein Höchstmaß an Frontalpräsentation; er möchte Buchcover statt Buchrücken.

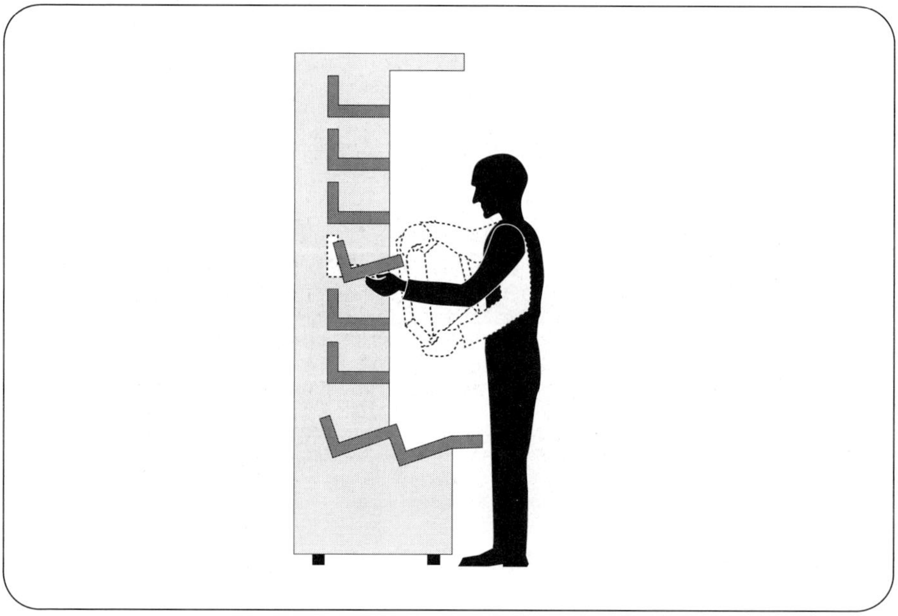

Abb. 30: Flexible Winkelbodentechnik für variable Präsentationsformen
(Quelle: Die Eule. 1. Kreft-Journal für Verkaufsraum-Marketing. 1981, S. 12. Abdruck mit freundlicher Genehmigung der Firma Wilhelm Kreft GmbH.)

Sofern die Frontalpräsentation nicht auf Mittenmöbel- und Auslagengestaltung beschränkt sein soll, ist eine flexible Regalwandtechnik gefordert. Die auf den Buchhandel spezialisierten Ladenbaufirmen stellen Winkelböden zur Verfügung, mit deren Hilfe jeder Sortimenter bei Bedarf den Abstand zwischen den Böden sowie den Neigungswinkel und die Tiefe der Böden individuell variieren kann. Die Regalböden sind demnach nicht mehr ausschließlich Warenträger, sondern übernehmen auch die Funktion der Hervorhebung des Angebots.

Boulevard-Buchhandlungen, Buchabteilungen der Warenhäuser, Bahnhofsbuchhandlungen und vergleichbare Betriebstypen bieten ihrer Kundschaft ein Höchstmaß an Frontalpräsentation in allen Sortimentsbereichen. Das allgemeine Sortiment und das wissenschaftliche Sortiment hingegen, die sich durch eine gewisse Breite des Angebots auszeichnen, müssen aus Platzgründen die Regalwand traditionell nutzen. Allerdings gibt es kein eindeutiges ‚Entweder-Oder', sondern es sind sehr wohl Mischformen der Präsentationsmöglichkeiten sinnvoll.

Abb. 31: Herausstellung im Regalbereich
(Foto Herbert Paulerberg; Regalsystem Heyser Ladenbau. Regalwandgestaltung in der Lehrbuchhandlung '90 auf dem Gelände der Schulen des Deutschen Buchhandels.)

Jedes allgemeine Sortiment kann durch drei unterschiedlich strukturierte Sortimentsbereiche gekennzeichnet werden:

- das allgemeine Sortiment, das die Bereithaltungsfunktion einer Buchhaltung übernimmt
- das inhaltliche Schwerpunktsortiment, auf das die Buchhandlung besonderes Gewicht legen möchte
- wechselnde Aktionssortimente, die i.d.R. zeitlich befristet angeboten werden.

Während dem erstgenannten Bereich überwiegend die Rücken-an-Rücken-Einstellung an der Regalwand zuzuordnen ist, kommt es bei den beiden letztgenannten im Mittenmöbel-, aber unter Umständen auch im Regalbereich darauf an, überschaubare und nicht überladene Einheiten zu schaffen, die den Kunden ansprechen sollen. Dabei sollte die Segmentierung des Angebots die Flexibilität der Regalsysteme ausnutzen. Derartige Herausstellungen dienen nicht nur zur Hervorhebung eigener ausgewählter Sortimentsbereiche und damit zur Profilierung am Markt, sondern fördern gleichzeitig den Spontankauf der Kunden und erhöhen somit die Lagerleistung der Buchhandlung.

6.3.2 Warengruppen

Warengruppen sind betriebswirtschaftliche Größen, die den Umsatz im Handel differenziert erfassen sollen. Eine Statistik des Kölner Betriebsvergleichs aus dem Jahr 1988 geht von 11 Warengruppen im Sortimentsbuchhandel aus. Die ermittelten Zahlen- und Prozentwerte stellen Durchschnittswerte dar. Sie differieren je nach Größe und Lage der Buchhandlungen. Differenzierte Statistiken geben auch hierüber Auskunft.

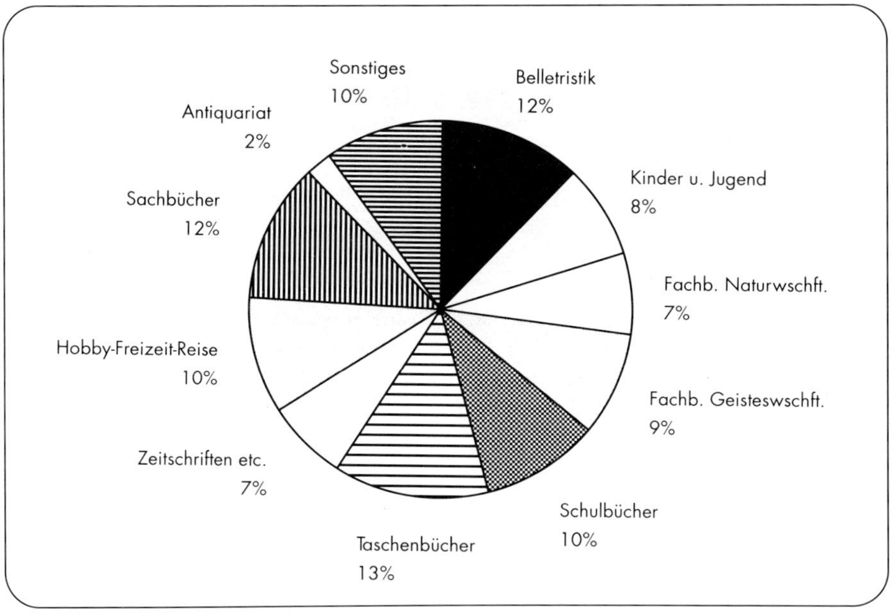

Abb. 32: Warenabsatz nach Warengruppen nach einer Analyse von 475 Buchhandlungen. Aus dem Kölner Betriebsvergleich 1988
(Quelle: Börsenverein/Jahrbuch '90, S. 23)

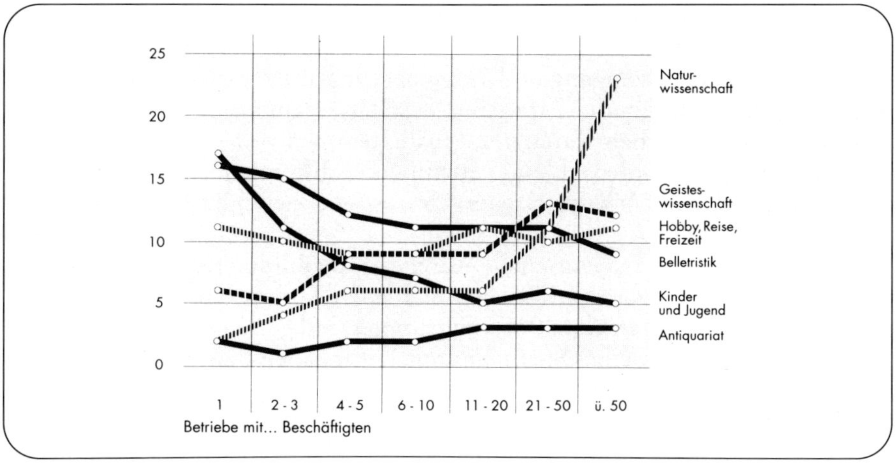

Abb. 33: Anteil ausgewählter Warengruppen am Gesamtabsatz in %. Aus dem Kölner Betriebsvergleich 1988
(Quelle: Börsenverein/Jahrbuch '90, S. 24)

	Betriebe in						
	Städten mit ausgebildeten Vororten					Orten ohne Vorortbildung	
	Innenstadt			Vorort oder Außenbezirk			
Auswertungsposition	Hauptverkehrslage	Mittlere Verkehrslage	Ruhige Verkehrslage	Hauptverkehrslage	Nebenverkehrslage	Hauptverkehrslage	Nebenverkehrslage
Zahl der Berichtsbetriebe	92	110	35	37	12	101	43
Sortiment (Warengruppen) in v.H. des Warenabsatzes							
Belletristik	13	10	12	12	6	12	13
Kinder- und Jugendbücher	8	6	6	7	11	9	10
Fachbücher Naturwissenschaften	6	9	7	8	20	4	3
Fachbücher Geisteswissenschaften	6	11	23	10	18	3	5
Schulbücher	10	11	7	8	4	11	12
Taschenbücher	14	13	9	15	15	14	14
Zeitschriften, Presseerzeugnisse, Fortsetzung	7	8	11	7	9	5	6
Hobby-, Freizeit-, Reise-Literatur	12	10	5	9	4	11	10
Sachbücher	13	11	11	10	7	12	15
Antiquariat/Modernes Antiquariat	3	3	2	2	1	2	2
Alle übrigen Waren	7	9	8	12	7	18	11

Abb. 34: Warenabsatz des Sortimentsbuchhandels in % je nach Geschäftslage. Aus dem Kölner Betriebsvergleich 1988
(Quelle: Buch und Buchhandel in Zahlen 1989/1990, Tab. 47)

Die Anzahl der vom Buchhändler gewählten Warengruppen ist aber weniger abhängig von seinem Sortiment als vielmehr von der Zahl der Erfassungsmöglichkeiten beim Wareneingang und Warenausgang. Eine kleine Buchhandlung wird sich vielleicht für die Erfassung des Barverkaufs mit einer Kasse begnügen, die nur zwischen Waren mit ermäßigtem und vollem Mehrwertsteuersatz unterscheidet. Andere (kleine) Sortimenter differenzieren eventuell zwischen verschiedenen Mehrwertsteuersätzen sowie zwischen Hardcover- und Taschenbuchumsatz.

Im folgenden seien zwei mögliche Warengruppenbildungen vorgestellt. Die zweite könnte in einem reinen Taschenbuchladen Anwendung finden; vorausgesetzt, die Bewegungen von 30 Warengruppen sind getrennt erfaßbar. Die erste wäre für ein Allgemeines Sortiment mit 12 Eingabemöglichkeiten. Für beide Modelle soll gelten, daß die Umsätze pro Warengruppe getrennt nach Bar- und Besorgungsgeschäft erfaßt werden. Damit ist eine betriebswirtschaftlich sinnvolle Ausgangsposition für unternehmerische Entscheidungen geschaffen: Nimmt das Besorgungsgeschäft einer Warengruppe überhand, bedarf es einer Lageraufstockung; verkauft man von einer Warengruppe nur vom Lager, so hat man bestenfalls ausgezeichnet disponiert, in der Regel jedoch zuviel Kapital ans Warenlager gebunden.

Modell 1
Warengruppenübersicht für ein allgemeines Sortiment.

1. Belletristik
2. Sachbuch
3. Hobby
4. Reisen
5. Sprachen
6. Kinder- und Jugendbuch
7. Taschenbücher – Belletristik
8. Taschenbücher – Sachbuch
9. Modernes Antiquariat
10. Bezahlte Rechnungen
11. Zeitschriften/Fortsetzungen
12. Artikel mit vollem Mehrwertsteuersatz

Modell 2
Warengruppenübersicht für einen Taschenbuchladen.

(Bereich Belletristik)

1. Romane, Dramen
2. Klassiker, Bibliophile Ausgaben
3. Biographien, Briefe, Autobiographien
4. Anthologien
5. Lyrik
6. Science Fiction/Fantasy
7. Krimi, Western, Horror
8. Humor, Cartoon, Satire
9. Frauenliteratur

(Bereich Geisteswissenschaften)

10. Kunst, Kultur
11. Philosophie, Theologie
12. Psychologie, Pädagogik
13. Literatur- und Sprachwissenschaft

(Bereich Sozialwissenschaften)

14. Soziologie
15. Wirtschaft, Recht
16. Politik, Zeitgeschehen
17. Geschichte, Kulturgeschichte

(Bereich Mathematik/Naturwissenschaften, Angewandte Wissenschaften)

18. Mathematik und Naturwissenschaften
19. EDV, Informatik
20. Technik

(Bereich Grenzwissenschaften)

21. Astrologie, Esoterik, Parapsychologie

(Bereich Reise und Geographie)

22. Reiseführer
23. Sprachführer

(Bereich Hobby/Ratgeber)

24. Gesundheit
25. Ehe, Familie, Kinder
26. Spiel, Sport, Foto, Film
27. Natur, Tiere, Umwelt
28. Kochbücher

(Bereich Kinder- und Jugendbuch)

29. Kinder- und Jugendbücher
30. Reserve (Aktion o.ä.)

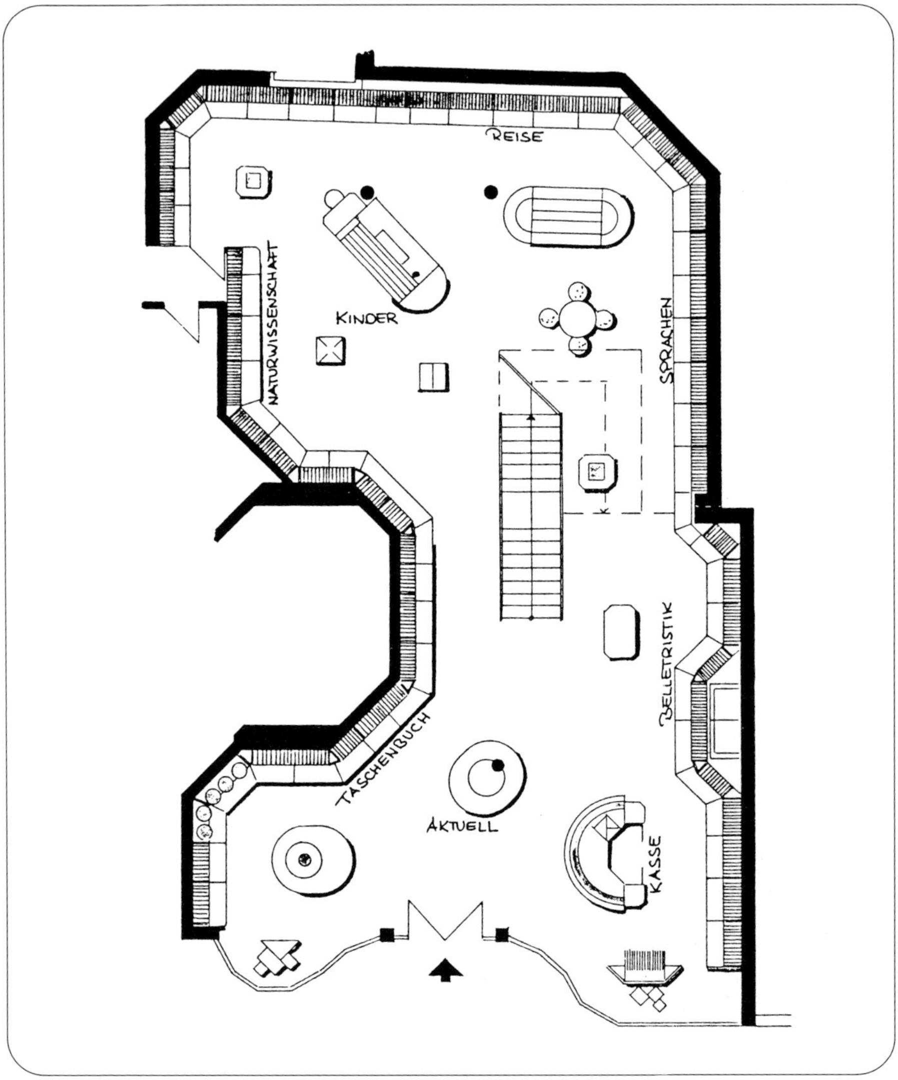

Abb. 35: Raumaufteilung und Warengruppenanordnung einer Sortimentsbuchhandlung (Erdgeschoß)
(Quelle: Die Eule. Kreft-Internationales Magazin für Merchandising-Architektur Nr. 7, S. 20. Abdruck mit freundlicher Genehmigung der Firma Wilhelm Kreft GmbH.)

Lagerordnungsprinzipien

Die Warengruppen im Sortiment sind auch mit dem Problem der Anordnung des Lagers im Verkaufsraum verbunden. In der Regel wird jeder Buchhändler darauf achten, daß – wenn eben möglich – ein inhaltlich bezogener Übergang von der einen zur anderen Warengruppe erfolgt. Die Warengruppenplanung gehört heutzutage zu jeder (Neu-)Konzeption einer Buchhandlung (Abb. 35).

Im Rahmen der vorgegebenen Abteilungen bzw. Warengruppen lassen unterschiedliche Lagerordnungsprinzipien das Lager transparent und übersichtlich erscheinen. Folgende Aufstellung gibt eine Übersicht über denkbare und praktizierte Ordnungsmöglichkeiten unter Zuordnung der entsprechenden (Fach-) Abteilungen.

Lagerordnungsprinzipien	Abteilungen im Sortiment
Größe/Format	Bildbände, Bilderbücher
Alter	Kinder- und Jugendbuch
Preis	Modernes Antiquariat
Nummern	Taschenbuch
Alphabet nach	
– Autoren	Belletristik
– Ländern	Reisen
– Sprachen	Wörterbuch
Chronologie	Historische Sachgebiete, z.B. (Kultur)-Geschichte, Philosophie
...	...

Abb. 36: Lagerordnungsprinzipien im Sortimentsbuchhandel

Die Lagerordnungsprinzipien sind nicht vollständig erfaßt und gehen z.T. ineinander über. Wie ein Unternehmen sie kombiniert und wie es sie unter Benutzung ladenbaulicher Hervorhebungsmöglichkeiten in dem Verkaufsraum zur Geltung kommen läßt – darin besteht u.a. die Individualität einer Buchhandlung.

Im Fachbuchbereich bietet sich die Gliederung der einzelnen Warengruppen analog zur Systematik einzelner Fachbibliographien an. So kann z.B. der *Führer durch die technische Literatur* den naturwissenschaftlichen Bereich gliedern oder *Schweitzer's Vademecum* die Bereiche Recht, Wirtschaft und Steuern (vgl. Kap. 7.5).

6.3.3 Wareneingang

So wie die Bestellorganisation, so wird auch der Wareneingang in vielen Buchhandlungen im Detail unterschiedlich gehandhabt. Deshalb erfolgt eine Beschränkung auf die wesentlichen Punkte.

Bearbeitung von Verlagssendungen

Da die Verlage gemäß den Anweisungen der Buchhandlungen zustellen müssen (Veo § 14, Abs. 1), gibt es im Buchhandel eine Vielzahl von Zustellunternehmen (vgl. Kap. 6.2.4):

- Die Post als Lieferant für Büchersendungen, Päckchen und Pakete. Die Zustellung erfolgt entweder an die Adresse der Buchhandlung oder postlagernd.
- Private Paketdienste als Lieferanten für größere Sendungen.
- Speditionsunternehmen oder die Bundesbahn als Lieferanten besonders schwerer Sendungen.
- Der Büchersammelverkehr, soweit das Zwischenbuchhandelsunternehmen Beischlüsse von den Verlagen abholt (vgl. Kap. 5.6).

Unabhängig von der Wahl des Zustellers muß eine Überprüfung des Wareneingangs stattfinden. Die folgenden Arbeitsschritte stellen einen idealtypischen Ablauf dar.

1. Es ist zu überprüfen, ob die Sendung für die eigene Buchhandlung bestimmt ist. ‚Irrläufer' sind zurückzuweisen.
2. Die Packstücke dürfen äußerlich nicht beschädigt sein. Reklamationen sind dem Transportunternehmen sofort mitzuteilen, weil Verlage für derartige Schäden nicht haften (VeO, § 16, Abs. 1).
3. Die Anzahl der gelieferten Packstücke muß mit den Angaben auf dem Begleitpapier (Avis) übereinstimmen. Differenzen sind anzuzeigen. Eventuell wird die Sendung (nach)gewogen, damit zuviel berechnetes Porto zurückgefordert werden kann.
4. Nach dem Auspacken wird die Ware auf ihren einwandfreien Zustand hin überprüft. Etwaige Mängelexemplare hat der Verlag auf seine Kosten umzutauschen oder zurückzunehmen (VeO, § 11, Abs. 1).
5. Im Rahmen der Rechnungsprüfung wird die Lieferung mit den Bestellunterlagen (Reiseauftrag, Bücherzettel, Buchlaufkarte o.ä.) verglichen. Zu kontrollieren sind neben der Bestellmenge die ausgehandelten Konditionen (Zahlungsbedingungen, Rabatte etc.).
6. (Fehl-)Meldungen werden festgehalten und an die Bestellabteilung, bzw. an die entsprechenden Abteilungen des Ladens zur weiteren Bearbeitung (Kundenbenachrichtigung, Vormerken etc.) weitergegeben.
7. Buchhandlungen, die ihre Warengruppen auch im Einkauf separat erfassen, notieren die Warengruppennummer, sofern sie nicht bereits als Bestellzeichen auf der Rechnung angegeben ist, auf der Rechnung.
8. Die Bücher werden mit Preis, Warengruppennummer sowie mit Eingangsdaten bzw. -schlüssel ausgezeichnet.
9. Die Rechnung ist in Anbetracht der rechtzeitigen Begleichung der Verbindlichkeiten und hinsichtlich einer konsequenten Skontoausnutzung unverzüglich an die Buchhaltung weiterzuleiten.

Preisauszeichnung

Nach gesetzlicher Vorschrift besteht für alle Waren, die im Verkaufsraum angeboten werden, eine Preisauszeichnungspflicht. Aus der Auszeichnung muß für den Käufer der Endpreis, also der für ihn zu zahlende Betrag incl. Mehrwertsteuer ersichtlich sein. Neben der Preisangabe sollte auf dem Buch bzw. auf der inliegenden Buchlaufkarte die Warengruppe notiert werden.

Darüber hinaus wird in den meisten Buchhandlungen noch das Eingangs- oder Rechnungsdatum oder ein entsprechendes Kürzel vermerkt. Dies geschieht aus zwei Gründen. Einmal findet man bei einer späteren Remission die in Frage kommende Rechnung schneller, zum andern hängt die Eingangsmarkierung mit der Inventur zusammen. Da ein Großteil der Buchhandlungen nicht pauschal mit 60%, sondern gestaffelt nach Anschaffungsjahren abschreibt (vgl. Kap. 6.3.7), muß das Anschaffungsjahr auf jedem einzelnen Buch zu ersehen sein. Nur bei Taschenbüchern entfällt das Notieren des Anschaffungsjahres, da diese Buchgattung – unabhängig vom Anschaffungsjahr – pauschal abgeschrieben werden kann.

29.80/118	29.80	Ladenpreis
	1	Bezugsjahr 1991
	18	Warengruppe 18 (z.B. Reise)
29.80/Li 106	29.80	Ladenpreis
	Li	Lieferant Lingenbrink
	1	Bezugsjahr 1991
	06	Warengruppe 06 (z.B. Sprache)
29.80/0012/08	29.80	Ladenpreis
	0012	Nummer des fortlaufenden Wareneingangsbuches
	08	Warengruppe 08 (z.B. Hobby)
2980/1/02/RR	2980	Ladenpreis (=29.80)
	1	Bezugsjahr 1991
	02	Warengruppe 02 (z.B. Medizin)
	RR	mit Remissionsrecht bezogen

Abb. 37: Eine Auswahl aus zahlreichen Auszeichnungsmöglichkeiten

Einige Buchhandlungen arbeiten mit einem Wareneingangsbuch. In ihm werden die relevanten Daten der eingehenden Rechnungen (Verlagsname, Rechnungsdatum, Fakturenwert etc.) mit Hilfe chronologisch fortlaufender Nummern erfaßt. Diese Wareneingangsnummer wird auf jedem Buch wiederholt und signalisiert das Anschaffungsjahr.

Die Auszeichnung kann mit Bleistift im Buch erfolgen, ebenso aber auch mit einer Auszeichnungsmaschine auf dem Rückendeckel. Natürlich kann jede Buchhandlung – je nach Grad der hausinternen EDV-Organisation – auch Klebeetiketten mit EAN- und OCR-B-Codierung herstellen und sie auf die Bücher oder Buchlaufkarten aufkleben.

Bearbeitung von Barsortimentssendungen

Barsortimentssendungen werden zusammen mit den Verlegerbeischlüssen zugestellt und treffen mitunter schon vor Geschäftsbeginn in der Buchhandlung ein. Sie werden in der Regel vor den Verlagssendungen bearbeitet, weil die Titel zum großen Teil unter dem Gesichtspunkt der Schnelligkeit bestellt worden sind.

Mancher Arbeitsschritt, der bei Verlagssendungen anfällt, braucht nicht vollzogen zu werden, z.B. die Konditionenkontrolle und die Überprüfung des Gewichts der Packstücke. Gelieferte Titel werden auf dem Lieferschein abgestrichen und nach Lagertiteln (einzelne Abteilungen) und Besorgungstiteln sortiert. Der den Wareneingang bearbeitende Mitarbeiter oder Mitarbeiter der einzelnen Abteilungen übertragen die Meldungen über Lieferhindernisse auf die Bestellunterlagen. Die Lieferscheine werden abgelegt und bis zur nächsten Monats- oder Dekadenrechnung gesammelt.

Einen besonderen Rationalisierungseffekt bewirken die mitgelieferten Klebeetiketten. Sie geben Auskunft über

- Autor, Kurztitel bzw. Reihe
- Preis
- Barsortimentsnummer und ISBN
- Einbandart
- Verkehrsnummer des Kunden
- Lieferscheinnummer und Lieferscheindatum
- Bestellzeichen
- Warengruppe (wenn gewünscht).

Da die Etiketten nicht für jeden Titel, sondern für jedes gelieferte Exemplar bedruckt sind, stellen sie in folgenden Bereichen eine Arbeitserleichterung dar:

- Die Preisauszeichnung mit Jahrgangs- und Warengruppennotierung entfällt für Lagertitel.
- Bei einer Remission brauchen die relevanten Angaben nicht aus den Bestell- und Lieferunterlagen herausgesucht werden. Das Etikett reicht als Bezugsnachweis.
- Die Bibliographierarbeit entfällt beim Nachbezug des Buches vom Verlag und Barsortiment.
- Die Überprüfung auf Vollständigkeit einer Sendung erübrigt sich, da jedem Etikett ein Buch zuzuordnen ist.

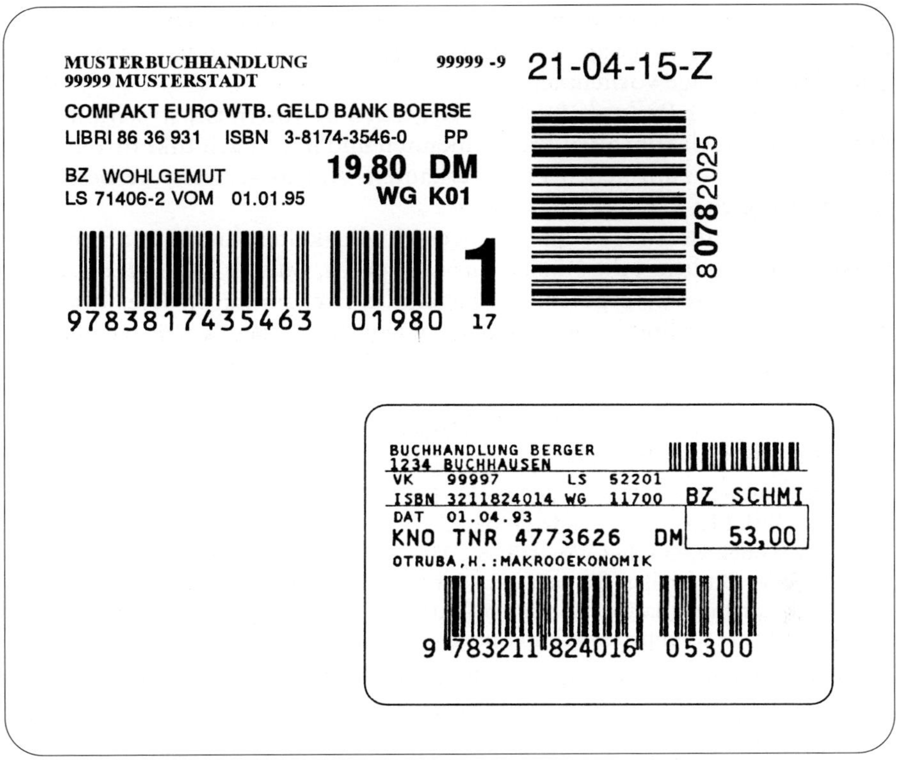

Abb. 38: Barcode-Auszeichnungsetiketten der überregional arbeitenden Barsortimente

6.3.4 Arbeiten am Lager

Neben der ständigen Lagerkontrolle (Kap. 6.3.5) gibt es weitere Tätigkeiten, die im Sortiment regelmäßig anfallen: das Arbeiten mit den *Gelben Blättern* des Börsenblatts und die Remission. Die gelben Beilagen des Börsenblatts geben Auskünfte über anstehende Preisänderungen (Preiserhöhungen und Preisherabsetzungen), Aufhebungen der Ladenpreise sowie Rückrufe. Preisänderungen und Preisaufhebungen müssen nach den Wettbewerbsregeln Abs. IV (vgl. Kap. 3.2) 14 Tage vor Inkrafttreten im Börsenblatt angezeigt werden.

Preisänderungen

Für Verlagsprodukte mit verändertem verbindlichen Ladenpreis gilt generell, daß sie zum Stichtag umzuzeichnen sind. Besonders bei Verlagen mit umfangreicher Titelproduktion bietet es sich an, bereits rechtzeitig unter bzw. neben dem bislang geltenden Preis (z.B. DM 19.80) den Zusatz zu notieren: ab 21.5.1991 DM 22.80. Die Preisumzeichnung muß auch dann vorgenommen werden, wenn ein Preisaufdruck seitens des Verlages vorgenommen worden ist, also auch im Taschenbuchbereich. Das Überkleben der Preise sieht zwar nicht schön aus, genügt aber den gesetzlichen Bestimmungen. In der Regel werden Taschenbuchverlage Preiserhöhungen bei neuer Bindequote bzw. bei neuer Druckauflage vornehmen.

Wenn von einer *Preiserhöhung* ein Lagertitel betroffen ist, so wird ihn der Buchhändler noch zum alten Preis einkaufen und ihn – nach Inkrafttreten der Preiserhöhung – zum neuen Preis verkaufen. Auf diese Weise verbessert er seine betriebliche Rentabilität.

Bei *Preisherabsetzungen* gibt es zwei Möglichkeiten für den Sortimenter. Entweder er remittiert die Bücher zur Gutschrift, oder er läßt sich die Differenz der Nettopreise vergüten und behält die Titel am Lager. Die Wahlmöglichkeit wird allerdings eingeschränkt, wenn die Verlage einen bestimmten Modus vorgeben.

Ein Fallbeispiel aus der Praxis

Der Walter de Gruyter Verlag veröffentlichte im Sommer des Jahres 1985 eine Anzeige im Börsenblatt, auf der zu lesen stand:
„Pschyrembel. Klinisches Wörterbuch. 254. Auflage. Neuer Ladenpreis ab 1.8.1985 DM 29.80. Bitte teilen Sie uns mit, wieviel Exemplare des Pschyrembel Sie am 31.7.1985 am Lager hatten. Wir lassen Sie dann wissen, ob wir Differenzgutschrift erteilen oder die Exemplare nach Berlin zurückerbitten."

Ein Buchhändler hatte zum früheren Preis von DM 58.– 20 Exemplare mit 35% Rabatt bezogen. Vier Exemplare stehen noch am Lager, und der Verlag wählt den Weg einer Differenzgutschrift.

Die Errechnung einer Differenzgutschrift geht wie folgt vor sich.

4 x 58.– DM =	232.– DM	früherer Ladenpreis
./.	81.20 DM	35% Rabatt
	150.80 DM	früherer Nettopreis
4 x 29.80 DM =	119.20 DM	neuer Ladenpreis
./.	41.72 DM	35% Rabatt
	77.48 DM	neuer Nettopreis
	150.80 DM	alter Nettopreis
./.	77.48 DM	neuer Nettopreis
	73.32 DM	Differenz

Die Differenzgutschrift ermittelt sich stets unter Berücksichtigung des ursprünglich gewährten Rabattsatzes (VeO § 3, Abs. 7). Verlage wählen den Weg einer Preisherabsetzung (statt einer Preisaufhebung), wenn sie unkontrollierten Ramsch befürchten, der dem Renommé des Objekts schaden könnte. Ansonsten werden Ladenpreise für Titel, die veraltet sind oder nicht die vom Verlag gewünschte Lagerleistung erbringen, aufgehoben.

Preisaufhebungen

Bei Aufhebungen der Ladenpreise muß der Sortimenter zunächst die Bezugsdaten der in der Buchhandlung noch vorrätigen Exemplare feststellen. Denn der Verleger ist nur dazu verpflichtet, die innerhalb der letzten zwölf Monate vom verbreitenden Buchhandel bezogenen und dort noch vorrätigen Exemplare zurückzunehmen, wobei der Anspruch des Abnehmers auf Rücknahme binnen sechs Wochen ab Bekanntmachung geltend zu machen ist (VeO § 3, Abs. 6 und 8). Es erfolgt dann eine Gutschrift über den Nettopreis. Wenn das Bezugsdatum jenseits des angegebenen 12-Monats-Zeitraums liegt, so bieten sich dem Buchhändler zwei Möglichkeiten. Entweder er setzt sich mit dem Verlag oder dem Vertreter des Verlags in Verbindung und hofft auf dessen Kulanz (Gutschrift des Nettopreises), oder er plaziert die Ware im Bereich des Modernen Antiquariats mit dem Hinweis ‚Ladenpreis aufgehoben' (vgl. Wettbewerbsregeln, Abs. V, 1 in Kap. 3.2).

Bei Preisaufhebungen hat der Sortimenter in Bezug auf die Preisgestaltung freie Hand. Er kann die Bücher im Preis herabsetzen, den ursprünglichen Preis als unverbindliche Preisempfehlung beibehalten oder den früheren Preis überschreiten. Über die Akzeptanz des Preises entscheidet der Markt.

Rückrufe

Rückrufe erfolgen in der Regel für Kommissionsware. Sie betreffen Bücher, die der Buchhändler *bedingt* (vgl. Kap. 6.2.2) bezogen hat. Der Verlag ist in diesem Fall Eigentümer der Bücher und kann über sie verfügen. Der Grund für den Rückruf besteht meistens darin, daß eine neu bearbeitete Auflage erscheint und die ältere aus dem Handel gezogen werden soll. Demnach betreffen Rückrufe vor allem Fachabteilungen mit wissenschaftlichem Sortiment.

Aber auch Publikumsverlage können Rückrufe vornehmen; z.B. wenn eine Auflage irrtümlich fehlerhaft auf den Markt gekommen ist. Wenn der Sortimenter die Rückrufe nicht beachtet, muß er für etwaige Schäden (keine Gutschrift o.ä.) selbst aufkommen.

Remission

Generell ist festzuhalten, daß Verlage Remittenden ohne Genehmigung bzw. ohne hinreichenden Grund nicht annehmen. Trotzdem können Bücher aus zahlreichen Gründen (VeO § 6 und § 11) remittiert werden:

Der Verlag …

… liefert mehr Exemplare als bestellt worden sind.
… liefert ein falsches Buch.
… versäumt bei einem Fixkauf die angegebene Lieferfrist.
… gibt einen Rückruf bekannt.
… sendet Unverlangtsendungen.
… liefert das Buch zu einem Ladenpreis, der den angekündigten wesentlich überschreitet.

Das Sortiment remittiert ...

... irrtümlich falsch bestellte Bücher.
... aus àc-Bezügen.
... Bücher, die mit RR bezogen worden sind.
... beschädigte Bücher.
... Bücher im Rahmen einer vereinbarten Remissionsquote.
... alte Auflagen.
... Bücher nach erfolgter Rückgabegenehmigung durch den Vertreter oder den Verlag.
... fehlerhafte Bücher (Defektexemplare).

Um den Remissionsverkehr zumindest in formaler Hinsicht zu vereinheitlichen und um die Schreibarbeit in der Remittendenabteilung zu minimieren, hat der Rationalisierungsausschuß des Börsenvereins ein Remittendenformular mit einem Schlüssel-Nummern-System für Remissions- und Umtauschgründe entwickelt.

Bei Rücksendungen, die ein Verlag ‚verursacht' hat (Falschlieferungen, Unverlangtsendungen o.ä.), kann der Buchhändler in Rechnung gestellte Porto- und Versandkosten zurückfordern sowie eine angemessene Bearbeitungsgebühr für den Remissionsvorgang in Rechnung stellen. Andererseits ist auch der Verlag dazu berechtigt, bei genehmigten Rücknahmen zum Ausgleich seiner innerbetrieblichen Kosten eine angemessene Bearbeitungsgebühr zu verlangen.

In der Regel werden die Bücher im Originalzustand zurückgeschickt. Es gibt aber auch die Möglichkeit einer *Vereinfachten Remission* (VR), auch *körperlose Remission* genannt. Man trifft sie z.B. im Taschenbuchbereich an, wenn bei Gesetzestexten eine überarbeitete Auflage erscheint. Die Vereinfachte Remission wird jedoch auch bei der Rücksendung von Defektexemplaren praktiziert, die herstellungsbedingte Schäden aufweisen. Der *Betriebswirtschaftliche Ausschuß des Börsenvereins* hat zur Vereinfachten Remission ein Merkblatt sowie eine Broschüre herausgegeben. Die Broschüre enthält ein Verzeichnis aller am VR-Verfahren beteiligten Verlage und wird jährlich zur Messe mit Nachträgen aktualisiert (vgl. Abb. 40 und 41).

Remittenden im Rahmen der allgemeinen Remission, die vom Barsortiment bezogen und an das Barsortiment zur Gutschrift zurückgesandt werden, unterliegen keinem aufwendigen Verwaltungsaufwand. Es reicht, wenn das selbstklebende Auszeichnungsetikett, auf dem alle erforderlichen Daten stehen (vgl. Kap. 6.3.3), mit zurückgeschickt wird. Obwohl das Barsortiment bei Bestellungen, die über das Terminal eingehen, grundsätzlich nur fest liefert, räumt es aus Kulanzgründen eine Remissionsquote ein, die bei ca. 3% des Jahresumsatzes liegt. Allerdings ist die Remission erst ab einem festgelegten Ladenpreis möglich und wird u.U. mit einer Bearbeitungsgebühr berechnet.

Verkehrs-Nr.
Ablege-Wort

Firmen-Angaben der Sortimentsbuchhaltung

Kurzanschrift (Firma, Postfach bzw. Straße und Haus-Nr.) Postleitzahl, Ort

(Straße und Haus-Nr.)
Telefon-Nr.
Ortsnetz-Kennzahl
Telegrammadresse
Fernschreiber-Nr.

Rücksendungs-Rechnung/-Lieferschein

für allgemeine Remission .... ○
für vereinfachte Remission (VR) .... ○

Sie erhalten durch:	Komm. / BSV	Post frei	Post unfrei	Fracht frei	Fracht unfrei	Selbst-Anlief.		Ihre Verkehrs-Nr.	Rücksendungs-Rechn.-Nr.	Datum

A. Schlüssel-Nummern für allgemeine Remission (nicht VR, siehe B.)

01 Remissions-Recht
02 Rückruf durch Verlag
03 Remissions-Genehmigung durch Verlag (Datum angeben)

09 aus Kommissions-Lieferung

11 nicht verlangt
12 falsch geliefert, bestellt war ....
(Titel unten angeben)
16 Lieferung zu spät eingetroffen
17 Ersatz bereits bestellt am ....
(Datum unten angeben)
18 Ersatz war bereits geliefert
(Datum unten angeben)
19 sonstige Gründe
(bitte unten angeben)

wenn Umtausch
21 Mängel bei Druck, Papier, Heftung
(bitte kennzeichnen)
22 Einbandmängel
23 beschädigt, da ungenügend verpackt
wenn kein Umtausch (aus Termingründen)
91 Mängel bei Druck, Papier, Heftung
(bitte kennzeichnen)
92 Einbandmängel
93 beschädigt, da ungenügend verpackt

B. Schlüssel-Nummern für vereinfachte Remission (VR) von Defekt-Exemplaren (siehe Merkblatt)

31 verschmierter oder fehlerhafter Druck
32 zerknitterte, zerissene, fehlerhafte, doppelte Seiten
33 fehlerhafter Beschnitt, mangelhafte Bindung

Rechn.-Datum Rechn.-Nr.	Anzahl	Autor/Kurztitel/Auflage/Reihenkürzel/Band-Nr. ISBN/Titel-Nr. Warengruppe	Schlüssel-Nr.	Ladenpreis DM	Rabatt %	Nettopreis DM	Betrag DM

○ in Rechnung gestellte Porto- und Versandkosten (evtl. auch Bearbeitungskosten) ....

Porto-Ersatz in Briefmarken: DM
○ erbeten für uns
○ anbei für Sie

○ **Rückbelastung BAG** (Rücklastzettel anbei)
○ bitte Konto-Gutschrift
bitte Rücküberweisung auf
○ Postscheckkonto ...
Bankkonto ...

Ladenpreis insgesamt

Steuerl. Entgelt DM	MwSt. %	MwSt. DM	Endbetrag DM

Änderungen

Bearbeitungsvermerke

© Börsenverein 3.07 ndard-Rücksendungs-Rechnung

Abb. 39: Standard-Rücksendungs-Rechnung für allgemeine und vereinfachte Remission aus dem Formularbuch

Merkblatt

Vereinfachte Remission von Defektexemplaren

1. Was ist „Vereinfachte Remission (VR)"?

Defektexemplare müssen nicht komplett an den Verlag zurückgeschickt werden; es genügen Teile dieser Bücher, die der Verlag benötigt, um den Ersatzanspruch zu prüfen. Dadurch werden Kosten und Zeit gespart.

Der Verlag ersetzt remittierte Defektexemplare durch Umtausch oder Gutschrift.

2. Was sind „Defektexemplare"?

Defektexemplare sind Bücher mit Fehlern, die eindeutig erkennbar während der Herstellung entstanden sind:

- verschmierter oder fehlerhafter Druck,
- zerknitterte, zerrissene, fehlende, doppelte Seiten,
- fehlerhafter Beschnitt, mangelhafte Bindung.

Nicht ersatzpflichtig ist der Verlag für Schäden, die erst auf dem Transportweg oder nach dem Eintreffen in der Buchhandlung entstehen; ggf. ist der Schaden von der Buchhandlung bei dem zuständigen Transportführer oder der Versicherung anzumelden.

3. Checkliste „Vereinfachte Remission (VR)"

10 Schritte – leicht verständlich – leicht getan

① Handelt es sich **wirklich um ein Defektexemplar?**
Siehe oben.
Falls klarer Fall:

② Nachsehen, ob der **Verlag in „VR-Liste" aufgeführt ist.**
Falls nicht: Kein Fall für VR. (Normale Erledigung gemäß „Verkehrsordnung" § 11).

③ **Ladenpreis** des Defektexemplares innerhalb der **Betragsgrenze?**
Siehe VR-Liste, Spalte 5.
Falls nicht: Kein Fall für VR.

④ Welche **Teile des Defektexemplares** sind dem Verlag einzusenden?
Siehe VR-Liste, Spalte 6a, 6b, 6c.
Heraustrennen. Oberste Seite mit Firmenstempel der Buchhandlung abstempeln; Verkehrsnummer eintragen.

⑤ **VR-Beleg schreiben** wie bei normaler Remission. Deutlich vermerken: **„Defektexemplar/Vereinfachte Remission."**

⑥ **Richtig adressieren.** Anschrift des Verlages, der Verlagsauslieferung:
Siehe VR-Liste

⑦ **Verpacken, Beleg beifügen.** Außen deutlich vermerken:
„Achtung – Vereinfachte Remission, bitte sofort bearbeiten."

⑧ Versand als **„Warensendung"**; richtig frankieren.

⑨ **Kontrolle der Vergütung.** Ersatzlieferung oder Gutschrift:
Siehe VR-Liste, Spalte 7a, 7b, 7c.
Ggf. Reklamation mit Wiederholung (mögl. Kopie) der Angaben des VR-Belegs.

Empfehlung des Betriebswirtschaftlichen Ausschusses des Börsenvereins des Deutschen Buchhandels
Frankfurt/M., März 1992

Abb. 40: Merkblatt ‚Vereinfachte Remission'

Vereinfachte Remission von Defektexemplaren			Teilnahme am VR-Verfahren ab	Betragsgrenze	Belegteile aus Defektexemplar			Aufbewahrungsfrist für Defekt-Expl. (Wochen)	Vergütungsart		
				bis Ladenpreis (DM)	Titelblatt und/oder Defektbogen		bei TB: ersten und Umschlag S.		Grundsätzl. Ersatzlieferung (Umtausch)	Grundsätzlich Gutschrift	Gutschrift nur, wenn vergriffen
Verkehrs-Nr.	Firma/Verlag	PLZ und Ort			und	oder					
1	2	3	4	5	6a	6b	6c	7	8a	8b	8c
15438	Rosgarten Verlag	7750 Konstanz Postfach 4430	sofort	50		x	10	3	x		x
15440	Dr.Loth. Rossipaul Verlagsgesellsch.	8000 München 2 Bavariaring 24	sofort	50		x	10	3	x		x
16810	Verlag Roter Stern	6000 Frankfurt Holzhausenstr. 4	sofort	50		x		3	x		x
15443	Rowohlt Verlag	2057 Reinbek Postfach 9	sofort	40	x			3	x		x
15444	Rowohlt Taschenbuch Verlag	2057 Reinbek Postfach 9	sofort	40	x			3	x		x
17319	RVG Rheingauer Verlagsgesellsch.	6228 Eltville Postfach 90	sofort	30		x	-	3	x		x
15497	Saarbrücker Druckerei und Verlag	6600 Saarbrücken Postfach 442	sofort	50		x	10	3	x		x
15506	Otto Salle	6000 Frankfurt 11 Postfach 110651	sofort	50		x		3	x		x
15508	Eugen Salzer	7100 Heilbronn 1 Postfach 3048	sofort	50	x		5	2	x		x
15532	St. Otto-Verlag	8600 Bamberg 2 Laubanger 23	sofort	50	x		10	3	x		x
15548	I.H. Sauer	6900 Heidelberg Häusserstr. 14	sofort	30		x	10	4	x		x
15553	K.G. Saur Verlag	8000 München 71 Postfach 711009	sofort	80	x			4			x
11852	Schäffer & Co.	7000 Stuttgart 1 Alexander-str. 169 171	sofort	40		x		3	x		x
15599	F.K. Schattauer	7000 Stuttgart 1 Lenzhalde 3	sofort	50	x		10	3	x		x
15595	Friedr. Schaumburg	2160 Stade Gr.Schmiedestr.27	sofort	50		x	10	3	x		x
15605	Scherz Verlag	8000 München 19 Stievestr. 9	sofort	50	x		10	3	x		x

Abb. 41: Auszug aus der Broschüre ‚Vereinfachte Remission von Defektexemplaren'. Stand: Juli 1986

6.3.5 Lagerkontrolle

Es gibt verschiedene Möglichkeiten, das Warenlager zu kontrollieren. Die umfassendste Form der Kontrolle ist die Inventur, anläßlich derer das komplette Lager – in der Regel gestaffelt nach Anschaffungsjahren – erfaßt wird. Da die Inventur nicht nur für die Lagerkontrolle wichtig ist, sondern auch hinsichtlich der Besteuerung eines Unternehmens, wird sie in einem separaten Kapitel erörtert (vgl. Kap. 6.3.7.).

Lageraufnahme

Zur Vorbereitung des Vertreterbesuchs wird zweimal jährlich (im Taschenbuchbereich häufiger) eine Lageraufnahme zur Lagerkontrolle durchgeführt.

Anhand der Lageraufnahme stellt der Buchhändler zunächst fest, wieviel Exemplare eines Titels sich am Lager befinden. Ferner ermittelt er, wieviel Exemplare eines Titels seit der letzten Reise (oder im letzten individuell festgelegten Verkaufszeitraum) verkauft worden sind. Dies geschieht mit Hilfe der Buchlaufkarte oder unter Heranziehung des letzten Auftragsformulars. Damit die Kontrolle nicht lückenhaft wird, müssen die Bestellzahlen der seit der letzten Reise zwischenzeitlich nachbezogenen Bücher selbstverständlich einsehbar sein, z.B. durch Notierung auf der Buchlaufkarte.

Wenn man die Zahlen über den Abverkauf und den Lagerbestand festgestellt hat, dann wird die Bestellmenge pro Titel ermittelt. Das könnte nach folgender Berechnung erfolgen:

	Soll	(zu erwartende Verkaufszahlen in der nächsten Verkaufsperiode)
./.	Ist	(aktueller Lagerbestand)
	Bestellmenge pro Titel	

Der Sortimenter sollte diese Formel allerdings nur als Faustregel ansehen; denn der zur Verfügung stehende Lagerplatz und das vorhandene Kapital für den Wareneinkauf müssen auch berücksichtigt werden.

Des weiteren dient die Lageraufnahme zur Ermittlung etwaiger Remittenden. Darunter befinden sich zum großen Teil Titel, die sich in den jeweiligen Sortimenten schlecht bzw. gar nicht verkaufen. Es gibt aber auch vereinzelt Titel, die nicht mehr auf den Bestellformularen verzeichnet sind. Der Grund hierfür könnte darin liegen, daß die Preisaufhebungen nicht bearbeitet worden sind. Es könnte jedoch auch der Fall vorliegen, daß Verlage zwar die fraglichen Titel vom eigenen Lager abverkauft haben und dennoch die Preisbindung für die im verbreitenden Buchhandel noch vorrätigen Exemplare beibehalten wollen. Eine Remission bedarf auf jeden Fall der Genehmigung durch den Vertreter.

Eine derartige ‚Lagerbereinigung durch Remission' dient in erster Linie dazu, Präsentationsmöglichkeiten für die Novitäten zu sichern. Daneben entlastet der Buchhändler das eigene Sortiment von zu großer Kapitalbindung.

Tägliche Lagerkontrolle

Die Kontrolle des Warenlagers darf aber nicht nur in größeren Abständen (Inventur, Lageraufnahme von Vertreterbesuchen) erfolgen. Täglich müssen die verkauften Titel erfaßt werden, um zu überprüfen, ob sich nicht ein zweites oder sogar noch mehrere Exemplar(e) der Titel am Lager befinden. Ferner muß sich der Buchhändler die Frage stellen, ob und bei welchem Lieferanten ein verkaufter Lagertitel in welcher Stückzahl nachbestellt werden soll.

Die herkömmliche Form der Lagerkontrolle besteht darin, daß ein Kassenbeleg mit Durchschlag ausgestellt wird. Der Durchschlag dient dann als Unterlage für die erwähnten Lagerarbeiten. Es gibt aber auch Buchhandlungen, die dem Kunden den Kassenbon mitgeben und sich (Kurz-)Titel und Verlag auf einem separaten Zettel notieren.

Buchlaufkarte

Die Buchlaufkarte hat sich in den 80er Jahren als Rationalisierungsmittel zur Lagerkontrolle durchgesetzt. Der Rationalisierungsausschuß des Börsenvereins hat zwei Muster entwickelt, die von Formularverlagen zu beziehen sind. Es bleibt jedoch jeder Buchhandlung unbenommen, abweichende Karten zu verwenden, z.B. farbig unterschiedene DIN A4- oder DIN A6-Karteikarten für unterschiedliche Warengruppen.

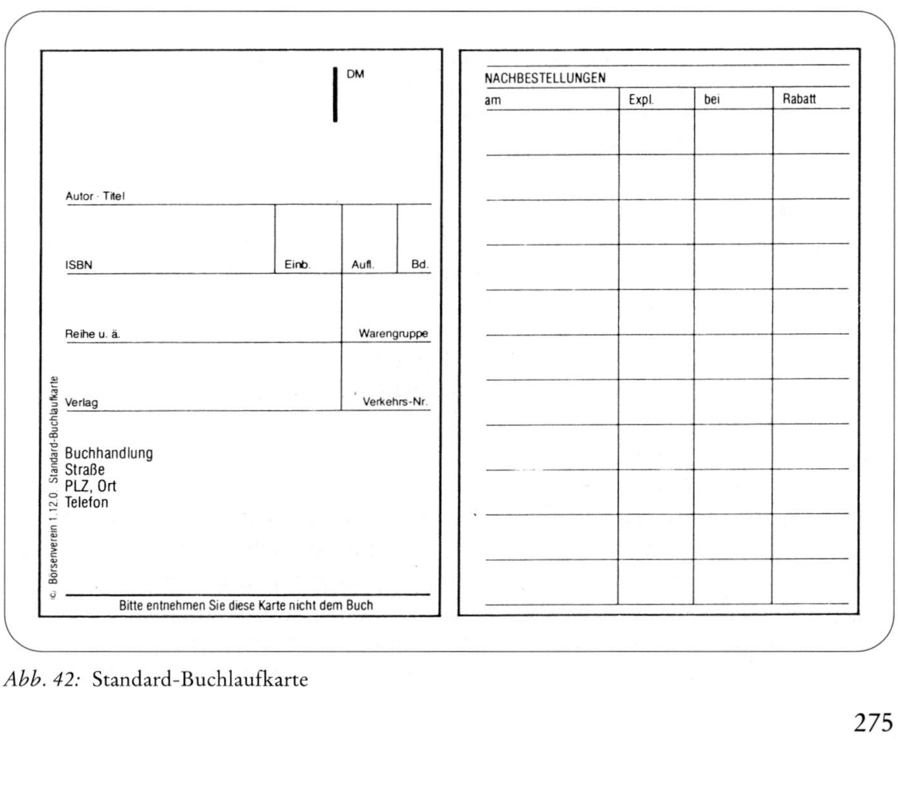

Abb. 42: Standard-Buchlaufkarte

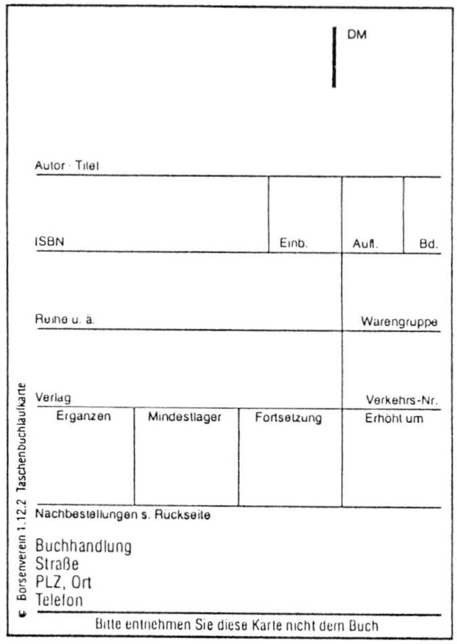

Abb. 43: Taschenbuchlaufkarte

Wie man als Sortimenter mit einer Buchlaufkarte arbeitet, die nicht pro Exemplar, sondern pro Titel erstellt wird, ist der Abbildung 46 zu entnehmen. Natürlich können einzelne Buchhandlungen im Detail anders mit ihr umgehen. Es sei aber nicht verschwiegen, daß das Arbeiten mit der Buchlaufkarte zwei Nachteile aufweist. Sie kann z.B. abhanden kommen, oder das Buch kann mit der Buchlaufkarte entwendet werden. In diesem Fall wird man den Verlust nur zufällig bemerken, und zwar bei Bestsellern eher als bei Titeln, die in geringer Stückzahl (1–2 Exemplare) geführt werden. Auch aus diesem Grund ist eine halbjährliche Durchsicht des Warenlagers anläßlich des Vertreterbesuchs notwendig und sinnvoll. Es kann aber auch der Fall vorkommen, daß an einem Tag mehrere Exemplare eines Titels aus besonderen Präsentationsmöbeln (Frontalauslage, Mittenmöbel) verkauft werden. Hier ist das aufmerksame Auge des Buchhändlers gefordert, es sei denn, daß nicht nur jeder Titel, sondern jedes Exemplar eine Buchlaufkarte enthielte, was jedoch einen zu großen Verwaltungsaufwand bedeuten würde. Der letztgenannten Schwachstelle kann man zwar dadurch entgegenwirken, daß jeder Stapeltitel eine separate Buchlaufkarte enthält, die beispielsweise in dem letzten oder zweitletzten Exemplar inliegt, aber eine exakt wirksame Lagerkontrolle stellt diese Hilfsmaßnahme nicht dar. Eine betriebswirtschaftlich sinnvolle lückenlose Lagerkontrolle erhält man nur durch das Modell einer EDV-gestützten Warenbewirtschaftung.

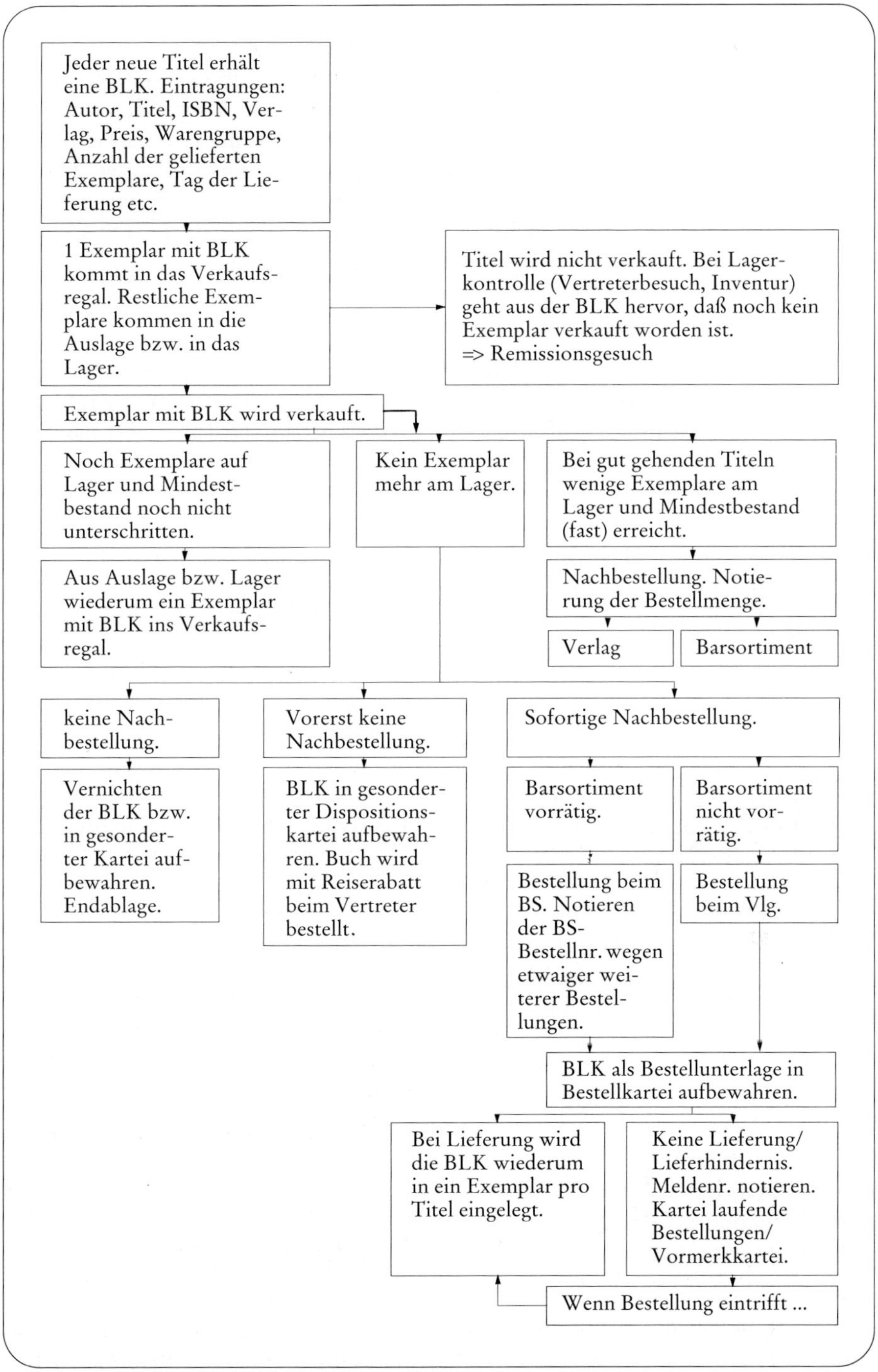

Abb. 44: So arbeitet man mit einer Buchlaufkarte.

Neben der Buchlaufkarte sollten noch zwei weitere manuelle Lagerkarteien erwähnt werden. Eine solche Kartei bietet sich einerseits bei Schulbüchern und Kalendern an. Hier handelt es sich um einen relativ überschaubaren Titelstand, der Jahr für Jahr in großen Mengen bewegt und kontrolliert werden muß. Anhand der Titelkarteien sind auch Rückgriffe auf die Vorjahresein- und -verkäufe möglich. Andererseits geht es um eine Aktionstitelkartei. Da für verstärkt umworbene Titel ein vermehrter Aufwand (Schriftwechsel, Werbemaßnahmen, Werbekostenzuschüsse) anfällt, lohnt sich unter Umständen eine nach Titel (oder Verlagen) geführte separate Karteihaltung.

Warenbewirtschaftung

Ziel einer jeden Warenbewirtschaftung ist, die eingekaufte Ware zu erfassen und den Warenfluß bis hin zum Verkauf zu kontrollieren. Diesem Ziel kommen die einzelnen Buchhandlungen mit unterschiedlicher Intensität nach.

Bislang wurde nur eine Form der manuellen Lagerkontrolle nicht angesprochen. Sie besteht darin, daß alle eingehenden Bücher mit Lagerkarten ausgestattet werden. Dieses aufwendige Verfahren wird vereinzelt in Fachabteilungen durchgeführt. Die Karten werden nach Verkauf in Verlagskarteien einsortiert und dienen als Dispositionsgrundlage für den nächsten Einkauf.

Der Gedanke, jedes Exemplar im Wareneingang zu erfassen und bis zum Verkauf zu verfolgen, ist auch der Grundgedanke eines Warenwirtschaftssystems. Die Leistungen eines solchen Systems liegen jedoch nicht nur in einer lückenlosen Lagerkontrolle. Ein Warenwirtschaftssystem muß höheren Ansprüchen genügen und erfüllt bestenfalls folgende Aufgaben:

- Titel-, mengen- und wertmäßige Erfassung der Warenbestände im Verkaufsraum und im Lager
- Titel-, mengen- und wertmäßige Erfassung der Wareneingänge und Warenausgänge
- Aufbereitung der Daten zur Erstellung aktueller Eingangs-, Lager- und Absatzstatistiken
- Titel-, Absatz-, Konditionen- und Lieferantenstatistiken als Dispositionsgrundlage für Nachbestellungen.

Es ist offensichtlich, daß dieser Verwaltungsaufwand bei der extrem hohen Anzahl lieferbarer Titel und bei mehr als 1000 Lieferanten im Jahr mit Hilfe der EDV leichter gelöst werden kann. Die EDV – als Kernstück der betrieblichen Organisation – würde den gesamten Warenwirtschaftskreis transparent machen. Sie kann nicht nur einzelne Unternehmensbereiche (Wareneingang, Lager etc.) differenziert erfassen, sondern sie kann auch die einzelnen Bereiche miteinander verknüpfen. Eine derartige Lagertransparenz, die nur durch eine permanente Datenpflege zu gewährleisten ist, verbessert die innerbetriebliche Gewinnspanne und hilft mit, unternehmerische Entscheidungen zu treffen.

Jeder Buchhändler muß individuell entscheiden, ob der Investitionsaufwand für Hardware und Software sowie die laufenden Kosten (Personaleinsatz u.a.m.) durch einen späteren Nutzen aufgewogen werden kann. Der Nutzen könnte – je nach Leistung des EDV-Systems – u.a. darin bestehen, daß per Knopfdruck ...

... differenzierte Lagerstatistiken nach Warengruppen, nach Verlagen und nach Autoren erstellt werden.
... Lieferzeiten und Konditionen der Lieferanten abfragbar sind.
... differenzierte Angaben über individuell festlegbare Verkaufszeiträume für das Gesamtlager, einzelne Warengruppen, einzelne Verlage, einzelne Autoren und einzelne Titel zu erfahren sind.
... anstehende Lagerergänzungen bei Verlagen, die an festgelegte Warenauftragswerte gebunden sind, aufrufbar sind bzw. direkt bestellt werden können.
... Bestandslisten, Bestellvorschlaglisten sowie Listen remissionsfähiger Titel erstellt werden.
... eine permanente Inventur durch tägliche Lagerbestandsfortschreibung erreicht wird.

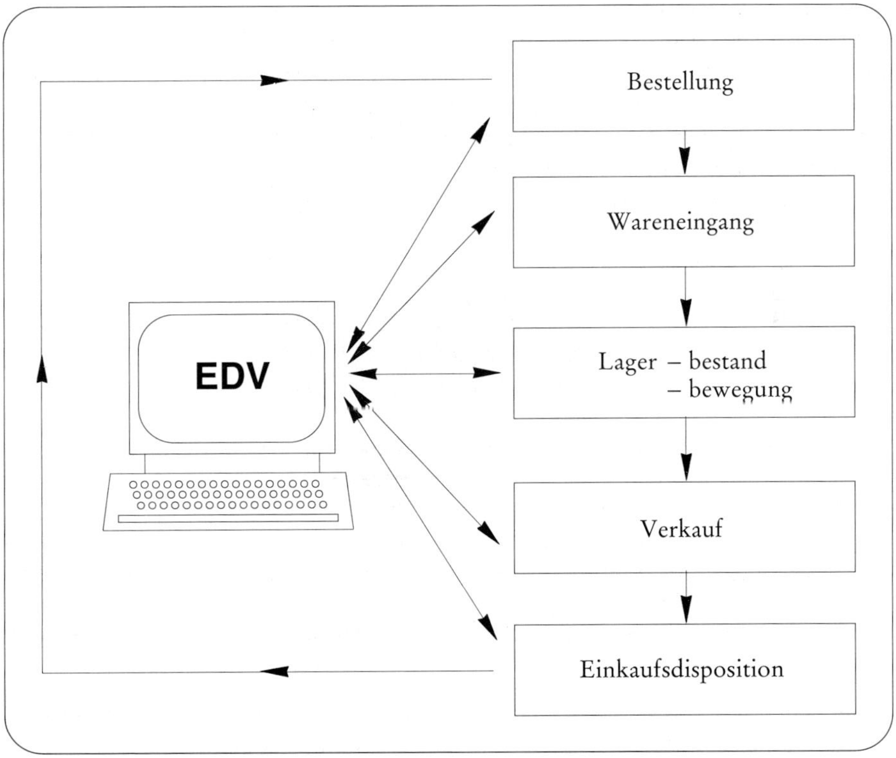

Abb. 45: Warenwirtschaftskreis im Buchhandel

Im Bereich des verbreitenden Buchhandels entwickelten zunächst die Barsortimente in den 70er und 80er Jahren derartige integrierte Warenwirtschaftssysteme. Ob und in welchem Maße der Bucheinzelhandel in den 90er Jahren nachzieht (vereinzelte Ansätze gibt es seit Anfang der 80er Jahre), wird u.a. davon abhängen, wie das Problem der Codierung auf den Büchern gelöst wird. Wer jedoch den breitgefächerten Bereich des Bucheinzelhandels in seinen mannigfachen Erscheinungen betrachtet, wird verstehen, daß es zwischen der Alternative ‚einfache Buchhaltung' und ‚geschlossenes Warenwirtschaftssystem' auch weiterhin eine Vielzahl individueller Lösungsansätze zur Lagertransparenz geben wird.

Büchercodierung

Die Codierung der Bücher bildet die Voraussetzung für das automatische Erfassen von Buchtiteln. Hinsichtlich dieser Frage kann in nächster Zukunft keine einheitliche Verhaltenspraxis aller Verlage erwartet werden. Man kann allerdings feststellen, daß die Verlage, die ihre Produktion (teilweise) in Warenhäusern und in den buchhändlerischen Nebenmärkten anbieten, eine Codierung auf der vierten Umschlagseite durchführen. Buchhändler, die bereits ein geschlossenes Warenwirtschaftssystem praktizieren wollen, drucken zwangsläufig ihre eigenen Etiketten oder Buchlaufkarten, was vom Stand der technischen Entwicklung gesehen kein Problem darstellt.

Der Börsenverein, die Arbeitsgemeinschaft der Taschenbuchverlage, umsatzstarke Großbuchhandlungen sowie die Centrale für Coorganisation (CCG) in Köln, die das EAN-System in der Bundesrepublik Deutschland verwaltet, haben Ende der 80er Jahre die ‚EAN-ADD-On-Codierung' in Verbindung mit dem OCR-B-Eindruck empfohlen.

DM 9.80

9 783423 112048

EAN-ADD-On-Codierung in Verbindung mit OCR-B-Schrift

Der Titel ist wie folgt zu entschlüsseln:

978	--	Kennzeichen für ‚Buch' im Rahmen des EAN-Systems
3	--	Gruppennummer der ISBN
423	--	Verlagsnummer der ISBN
11204	--	Artikelnummer der ISBN
8	--	Prüfziffer
DM 9.80	--	Preisangabe

Abb. 46: Büchercodierung

Das EAN-System ist Hand in Hand mit der Computerisierung des Einzelhandels entwickelt worden. Die Abkürzung EAN steht für Europäische Artikel Nummer. Nach der EAN-Handhabung werden Handelsgegenstände mit Hilfe eines Balken- oder Strichcodes identifiziert. Da die EAN-Nummer jedoch in ihrer Normalversion nur 13 Stellen(Zahlen) besitzt, der Buchhandel jedoch mehr Informationen speichern muß als andere Einzelhandelsbereiche, einigte man sich auf eine zusätzliche (add-on) Preiscodierung. Parallel zur EAN-Codierung geschieht der Aufdruck in der OCR-B-Schrift. Die OCR-Schrift (optical character recognition) ist eine visuell und maschinell lesbare Schrift; das B kennzeichnet eine klar definierte computerlesbare Schrift. Obwohl der Balkencode die billigere Technik darstellt, wollte man auf eine Klartext-Information für das menschliche Auge nicht verzichten.

6.3.6 Warenausgang

Man unterscheidet im Buchhandel zwischen Bar-Verkauf (Kassenumsatz) und Rechnungs-Verkauf (Kreditumsatz). Je nach Lage und Struktur des Sortiments wird das prozentuale Verhältnis der beiden Umsatzarten variieren. Vereinfacht könnte man jedoch sagen: Je mehr Laufkundschaft und je besser die Geschäftslage, desto mehr wird der Buchhändler bar vom Lager verkaufen. Diese Umsätze sind auf Kassen zu registrieren, die folgende Funktionen besitzen sollten:

- Erfassung verschiedener Warengruppen
- Erfassung der Artikel mit vollem MwSt-Satz
- Getrennte Erfassung von Lager- und Besorgungsumsatz pro Warengruppe
- Separate Erfassung des Kreditumsatzes.

	Betriebe in Städten mit ausgebildeten Vororten					Betriebe in Orten ohne Vorortbildung	
	Innenstadt			Vorort oder Außenbezirk			
Auswertungspositionen	Haupt-verkehrs-lage	Mittlere Verkehrs-lage	Ruhige Verkehrs-lage	Haupt-verkehrs-lage	Neben-verkehrs-lage	Haupt-verkehrs-lage	Neben-verkehrs-lage
1 Zahl der Berichtsbetriebe	86	98	33	37	9	94	36
Absatzwegeanteil am Umsatz in %							
23 Umsatz mit Letztverbrauchern	81	71	72	75	63	83	82
24 Umsatz mit gewerblichen und Großverbrauchern	19	29	27	25	37	17	18
25 Umsatz mit Wiederverkäufern	–	–	1	–	–	–	–
26 Anteil Kreditverkäufe am Umsatz in %	22,5	35,9	41,7	31,7	44,7	18,8	23,8
27 Anteil Außenstände am Jahresende am Umsatz in %	2,0	3,1	4,6	2,9	4,7	1,8	1,9

Abb. 47: Absatzwege in Prozent je nach Geschäftslage. Aus dem Kölner Betriebsvergleich 1989 (Quelle: Buch und Buchhandel in Zahlen 1991, Tab. 23)

Rechnungserstellung

Im Falle eines Kreditumsatzes, der bei Vorzugskunden (Firmen, Bibliotheken, umsatzstarke Privatkunden) gewährt wird, sollten die Angaben über Rechnungsadresse, Zahlungsmodalität und Anzahl der Rechnungsdurchschläge in einer Kundenkartei nachzusehen sein.

Beim Schreiben der Rechnung erscheint im Kopffeld

- die Anschrift
- als Kundennummer die bestehende Vorzugsnummer oder die Bestellnummer
- die Rechnungsnummer (wird i.d.R. fortlaufend numeriert)
- der Tag der Rechnungsstellung sowie das Namenskürzel des Rechnungsschreibenden.

Firmen-Angaben der Sortimentsbuchhandlung

Kurzanschrift (Firma, Postfach bzw. Straße u. Haus-Nr., Postleitzahl, Ort)

Straße und Haus-Nr.
Telefon-Nr.
Ortsnetz-Kennzahl
Telegrammadresse
Fernschreiber-Nr.

Auftragsbestätigung und Rechnung

Bei Zahlungen und geschäftlichen Mitteilungen bitte angeben!

Ihre Bestellung		Ihre Kunden-Nr.	Rechnungs-Nr.	Rechnungs-Datum	
	vom 21.10.1990	280	1357	1.11.90	
Menge	Titel	WG-Nr.	Preis einzeln	Preis gesamt	MWSt
1	H. Paulerberg, Marketing und Werbung der Sortiments-Buchhandlung	21	38.-	38.-	1
1	Fr. Hinze, Gründung und Führung einer Buchhandlung	21	89.-	89.-	1
1	W. Stöckle u.a., abc des Buchhandels	21	32.-	32.-	1
1	W.E. Heinold, Bücher und Buchhändler	21	24.-	24.-	1
Zahlbar ohne Abzug	Postscheck Banken	Steuerl. Entgelt DM	MWSt DM	Rechn.-Betrag DM	
		171.03	11.97	183.-	1
Juristische Zusatzvermerke		Bezahlt am			

Abb. 48: Standard-Faktur aus dem Formularbuch

Der Rechnungsbetrag setzt sich zusammen aus der Mehrwertsteuer und dem steuerlichen Entgelt. Es ist zu beachten, daß der Rechnungsbetrag einen um die Mehrwertsteuer erhöhten Grundbetrag darstellt. Er ist demnach mit 107% (115%) anzusetzen, wobei auf das steuerliche Entgelt 100% und auf die Mehrwertsteuer 7% (15%) entfällt. Die Mehrwertsteuer, die bei Beträgen über 200.– DM anzugeben ist, kann wie folgt ermittelt werden:

– mit Hilfe eines Dreisatzes

Rechnungsbetrag	=	107% (115%)
MwSt.	=	7% (15%)

– mit Hilfe eines Multiplikationsfaktors

für Waren mit 7% MwSt. =	6,542
für Waren mit 15% MwSt. =	13,04

– mit Hilfe einer MwSt-Tabelle (vgl. Abb. 49).

Zu beachten ist der jeweilige MwSt-Satz der ausgehenden Sendungen; unter Umständen müssen zwei Rechnungen erstellt werden. Aus Abbildung 51, der Auflistung der Handelsgegenstände des Sortimentsbuchhandels, geht sowohl der MwSt-Satz als auch die Möglichkeit des Versandweges per Büchersendung hervor (vgl. Kap. 3.3 sowie Kap. 3.4).

Ferner sei darauf hingewiesen, daß Nachlässe an Bibliotheken gemäß den Bestimmungen des Sammelrevers gewährt werden (vgl. Kap. 3.1.1 sowie Punkt B des Sammelrevers). Insbesondere ist auf abweichende Nachlaßbestimmungen (W 0%, V 5% etc.) zu achten. Der Börsenverein verschickt an seine Mitglieder jedes Jahr zur Messe ein Verzeichnis der Verlage, deren Nachlaßgewährung von der üblichen Regelung des wissenschaftlichen Bibliotheksnachlasses (W 5%) und/oder des Volksbüchereinachlasses (V 10%) abweicht. Nicht erlaubte Nachlaßgewährung ist darüber hinaus illegal und schmälert die betriebliche Rendite.

Ein letzter Hinweis gilt der Versandkostenberechnung. Grundsätzlich kann jeder Buchhändler – wenn er will – die ihm entstehenden Versandkosten dem Kunden berechnen. Da aber die Versandkosten in den Rechnungsbetrag einfließen und das Finanzamt die Mehrwertsteuer aus dem Rechnungsbetrag ermittelt, schadet jeder Buchhändler sich selbst, wenn er die Mehrwertsteuer für das Porto nicht in den Rechnungsbetrag einfließen läßt.

Zur Illustration ein Beispiel.

Es geht um einen Verkauf von Büchern im Wert von 212.– DM, die mit einem Päckchen (Gebühr 5,50 DM, Stand April 1995) an den Kunden geschickt werden.

Fall 1 mit Porto netto:

Warenwert	212,– DM
Porto netto	5,50 DM
Rechnungsbetrag	217,50 DM
davon	14,23 DM MwSt (7%)
	203,27 DM Steuerl. Entgelt

Fall 2 mit Porto brutto:

Warenwert	212,–	DM
Porto brutto	5,89	DM
Rechnungsbetrag	217,89	DM
davon	14,25	DM MwSt (7%)
	203,64	DM Steuerl. Entgelt

Im Fall 2 ist das Steuerliche Entgelt, das als Unternehmensumsatz in die Bilanz einfließt, höher als im Fall 1.

Die Berechnung der Brutto-Versandkosten erübrigt sich, wenn Buchhandlungen eine Versandkostenpauschale ansetzen, z.B. wenn sie für eine Päckchenzustellung grundsätzlich 7,– DM (statt 5,50 DM offizielle Postgebühr, Stand April 1995) verlangen.

7 %		Brutto	15 %		7 %		Brutto	15 %	
Netto	Steuer		Steuer	Netto	Netto	Steuer		Steuer	Netto
170,09	11,91	**182,—**	23,74	158,26	174,77	12,23	**187,—**	24,39	162,61
170,19	11,91	**10**	23,75	158,35	174,86	12,24	**10**	24,40	162,70
170,28	11,92	**20**	23,77	158,43	174,95	12,25	**20**	24,42	162,78
170,37	11,93	**30**	23,78	158,52	175,05	12,25	**30**	24,43	162,87
170,47	11,93	**40**	23,79	158,61	175,14	12,26	**40**	24,44	162,96
170,56	11,94	**50**	23,80	158,70	175,23	12,27	**50**	24,46	163,04
170,65	11,95	**60**	23,82	158,78	175,33	12,27	**60**	24,47	163,13
170,75	11,95	**70**	23,83	158,87	175,42	12,28	**70**	24,48	163,22
170,84	11,96	**80**	23,84	158,96	175,51	12,29	**80**	24,50	163,30
170,93	11,97	**90**	23,86	159,04	175,61	12,29	**90**	24,51	163,39
171,03	11,97	**183,—**	23,87	159,13	175,70	12,30	**188,—**	24,52	163,48
171,12	11,98	**10**	23,88	159,22	175,79	12,31	**10**	24,53	163,57
171,21	11,99	**20**	23,90	159,30	175,89	12,31	**20**	24,55	163,65
171,31	11,99	**30**	23,91	159,39	175,98	12,32	**30**	24,56	163,74
171,40	12,—	**40**	23,92	159,48	176,07	12,33	**40**	24,57	163,83
171,50	12,—	**50**	23,93	159,57	176,17	12,33	**50**	24,59	163,91
171,59	12,01	**60**	23,95	159,65	176,26	12,34	**60**	24,60	164,—
171,68	12,02	**70**	23,96	159,74	176,36	12,34	**70**	24,61	164,09
171,78	12,02	**80**	23,97	159,83	176,45	12,35	**80**	24,63	164,17
171,87	12,03	**90**	23,99	159,91	176,54	12,36	**90**	24,64	164,26
171,96	12,04	**184,—**	24,—	160,—	176,64	12,36	**189,—**	24,65	164,35
172,06	12,04	**10**	24,01	160,09	176,73	12,37	**10**	24,67	164,43
172,15	12,05	**20**	24,03	160,17	176,82	12,38	**20**	24,68	164,52
172,24	12,06	**30**	24,04	160,26	176,92	12,38	**30**	24,69	164,61
172,34	12,06	**40**	24,05	160,35	177,01	12,39	**40**	24,70	164,70
172,43	12,07	**50**	24,07	160,43	177,10	12,40	**50**	24,72	164,78
172,52	12,08	**60**	24,08	160,52	177,20	12,40	**60**	24,73	164,87
172,62	12,08	**70**	24,09	160,61	177,29	12,41	**70**	24,74	164,96
172,71	12,09	**80**	24,10	160,70	177,38	12,42	**80**	24,76	165,04
172,80	12,10	**90**	24,12	160,78	177,48	12,42	**90**	24,77	165,13

Abb. 49: Auszug aus einer MwSt-Tabelle
(Quelle: Mehrwertsteuertabelle. Gültig ab 1.1.1993. Schäffer-Poeschel-Verlag)

Handelsgegenstände des Buchhandels	MwSt-Satz (1 = ermäßigter Steuersatz 2 = voller Steuersatz)	Versand als Büchersendung
Antiquarische Bücher	1	ja
Bibliographien	1	nur, wenn ohne Preisangaben
Briefmarkenkataloge	2	ja
Bücher und Broschüren	1	ja
– in Kassetten	1	ja
Cassetten (Ton-)	2	nein
Einbanddecken	2	nein
Globen	1	nein
Jugendgefährdende Schriften (Liste der Bundesprüfstelle)	2	ja
Kalender (Abreiß-)	2	nein
Kalender, Jahrbücher (in Buchform)	1	ja
Landkarten, kartographische Erzeugnisse	1	ja
Lehrmittel, Lernmittel	2	nein
Loseblattwerke, Ergänzungslieferungen	1	ja
Loseblattwerke, Grundwerk im Ordner	1	ja, soweit fest im Ordner
Noten	1	ja
Poster	2	nein
Postkarten, Kunstpostkarten	2	nein
Schallplatten	2	nein
Spiele	2	nein
Videos	2	nein
Zeitungen, Zeitschriften	1	nein

Abb. 50: Handelsgegenstände des Buchhandels in bezug auf ihren MwSt-Satz und einen möglichen Versand als Büchersendung

6.3.7 *Inventur*

Gesetzliche Bestimmungen

Jeder Vollkaufmann ist zu einer ordnungsgemäßen Buchführung verpflichtet. Voraussetzung hierzu ist eine Bestandsaufnahme über Betriebsvermögen und Schulden. Die Verpflichtung zur Bestandsaufnahme ergibt sich u.a. aus § 39 HGB. Hiernach hat jeder Kaufmann zu Beginn seines Handelsgewerbes, einmal jährlich sowie bei Aufgabe seines Betriebes eine *Inventur* (lat. invenire = finden) durchzuführen. Sie dient der vollständigen Erfassung und der sachgemäßen Bewertung aller Wirtschaftsgüter. Die Inventur erfaßt alle Vermögensgegenstände (Aktiva) sowie alle Schulden (Passiva). In der buchhändlerischen Praxis ist vor allem die Inventur des Warenlagers von besonderem Belang.

Die *körperliche* Inventur wendet man bei allen Vermögensgegenständen an, deren Werte am Stichtag (zum Beispiel 31.12.) nicht ohne weiteres feststehen: z.B. Bargeld und vor allem Warenvorräte. Hier erfolgt die Inventur durch Zählen, Wiegen, Messen, Schätzen oder Fotografieren. Zur *buchmäßigen* Bestandaufnahme – also zur wertmäßigen, unkörperlichen – gehören alle Vermögenswerte und Schulden eines Betriebes, deren Vorhandensein sich aus Belegen und Buchungen ergibt; z.B. Bank- und Sparkassenbestände, Forderungen und Verbindlichkeiten.

Das lückenlose und sachlich geordnete Verzeichnis der Inventur bezeichnet man als *Inventar.*

Lagerbestandsaufnahme

Die vom Gesetzgeber geforderte Bestandsaufnahme des Warenlagers ist nicht ausschließlich im Hinblick auf steuerliche Erfordernisse zu sehen; sie liefert dem Buchhändler gleichzeitig auch wertvolle Aufschlüsse über seinen Lagerbestand, aufgegliedert in verschiedene Warengruppen, über Altersaufbau des Lagers und somit Erkenntnisse über eventuelle Verbesserungen der Lager- und Einkaufspolitik. Dem Buchhändler liegt eine vollständige Übersicht aller Vorräte vor, die ihm auch Anhaltspunkte für interne und/oder externe Betriebsvergleiche (siehe Lagerkennzahlen Kap. 6.3.8) gibt.

Nach dem *Merkblatt für die körperliche Aufnahme der Lagerbestände im Sortimentsbuchhandel und ihre Bewertung in den Steuerbilanzen* von der Oberfinanzdirektion Frankfurt am Main, zuletzt geändert im Januar 1983, sind die Warenbestände nach Art und Menge vollständig aufzunehmen. Die Bestandsmengen und ihre Wertansätze sollen ohne Schwierigkeiten nachprüfbar sein. Im einzelnen werden aufgenommen (vgl. Abb. 51):

a) Titel und Verfasser (ggf. Kurzfassung)
b) Menge
c) Ladenpreis
c) Gesamtpreis (Menge mal Ladenpreis)
e) Anschaffungsjahr

Oberfinanzdirektion Frankfurt /Main

Besitz- und Verkehrsteuerabteilung

(Fassung gemäß Schreiben der OFD
S 1479 A-1-St III 12 vom 20. Jan. 1983)

I. Merkblatt

für die körperliche Aufnahme der Lagerbestände im Sortimentsbuchhandel und ihre Bewertung in den Steuerbilanzen (Verfasser: Oberfinanzdirektion Frankfurt/Main)

Eine wesentliche Voraussetzung für die Anerkennung der Ordnungsmäßigkeit der Buchführung bildet die körperliche Bestandsaufnahme. Der Grundsatz der materiellen Ordnungsmäßigkeit der Buchführung erfordert, daß die Lagerbestände nach Art und Menge vollständig aufgenommen und einschließlich der Wertansätze jederzeit nachprüfbar sind.
Aus diesem Grund werden für künftige Bestandsaufnahmen und für die Bewertung der Lagerbestände im Sortimentsbuchhandel (Verlagserzeugnisse) folgende Richtlinien aufgestellt:

A. Bestandsaufnahme

I. Merkmale für die körperliche Bestandsaufnahme:

I. Bei herkömmlicher Aufnahmemethode

a) Titel und Verfasser (ggf. Kurzfassung)
b) Menge
c) Ladenpreis
d) Gesamtpreis (Menge × Ladenpreis)
e) Anschaffungsjahr

2. Bei Kurzfassung von Titel und Verfasser (als Ersatz für vollständige textliche Titel- und Verfasser-Angaben):
a) ISBN (Internationale Standard-Buch-Nummer), wenn sie für das betreffende Buch angegeben ist und Titel und Verfasser anhand von Verzeichnissen im Unternehmen festgestellt werden können
b) Verlagskürzel und Titelnummer, z. B. bei Schulbüchern, Reihentiteln mit unterschiedlichen Preisen
c) Wareneingangs-Nummer, die die Rechnung bezeichnet, in der der Titel aufgeführt ist. Dabei wird wie folgt verfahren:

- alle Wareneingangs-Rechnungen werden fortlaufend numeriert
- diese Eingangs-Nummer der Rechnung wird in jedes auf diese Rechnung eingegangene Buch eingetragen
- die Rechnungs-Nummer wird bei der Inventur übernommen. (Auf diese Weise ist gewährleistet, daß von der Eingangs-Nummer aus die Eingangs-Rechnung und der Titel ohne Schwierigkeit ermittelt werden kann.)

3. Bei Reihentiteln aus demselben Verlag und mit demselben Preis kann darauf verzichtet werden, den einzelnen Titel zu nennen.

4. Bei Kleinschriften mit einem Verkaufspreis bis zu 5 DM ist die Titelangabe nicht erforderlich.

II. Verfahren bei der Bestandsaufnahme

Als Verfahren zur körperlichen Aufnahme der Bestände kommen in Betracht:

I. Eintragen in eine Liste bei der Aufnahme

- Dabei ist ein Kontrollvermerk mit Datum und Namensangabe des Aufnehmenden anzubringen

2. Erfassen in maschinell lesbaren Datenträgern zur Umwandlung in Listen

- Als maschinell lesbare Datenträger kommen u. a. (Verbund-)Lochkarten, Klarschriftbelege, Magnetbänder in Betracht

3. Erfassen auf Diktiergeräten mit anschließendem Übertragen vom Tonträger auf Listen oder maschinell lesbare Datenträger
a) Ansage durch den Aufnehmenden in ein Diktiergerät, wobei Datum, Lagerort, Beginn, Schlußzeit und Name des Aufnehmenden anzugeben sind,
b) Abhören und stichprobeweiser Vergleich mit den Ist-Beständen durch eine Kontrollperson; Ansage des Kontrollvermerks mit Namensangabe der Kontrollperson am Schluß,
c) Übertragen der Aufnahme in die Inventurliste,
d) Vergleich der Inventurliste mit der Aufnahme durch Kontrollabhören,
e) Abzeichnen der Niederschrift durch die übertragende Person.

4. Fotografische Aufnahme der Titel-Angaben, verbunden mit dem Eintragen von Menge, Ladenpreis und ggf. Anschaffungsjahr in eine Liste oder der Übernahme auf maschinell lesbare Datenträger
a) Es muß gewährleistet sein, daß die Titel ohne Schwierigkeit identifizierbar sind,
b) Abstimmung zwischen der fotografischen Aufnahme, die die Titelangaben enthält, und der Liste, in der die zugehörigen Mengen, Preise (und evtl. Anschaffungsjahre) eingetragen sind, muß ohne Schwierigkeit möglich sein, z. B. durch Reihenfolge, Sachgebietseinstellung oder Regalbezeichnung. Die Fotografien stellen einen Teil der Inventurlisten dar und sind mit diesen aufzubewahren.

B. Bewertung

I. Für die Bewertung der Bestände sind folgende Methoden zulässig:

I. Bewertung mit einem einheitlichen Pauschalabschlagsatz (ohne Berücksichtigung der Anschaffungsjahre);
a) Es soll nicht beanstandet werden, wenn dieser Pauschalabschlagsatz 60 v. H des Verkaufspreises beträgt,
b) es müssen alle Bestände, auch die im Preis herabgesetzten und die bisher mit 0 DM bewerteten Bücher mit dem Verkaufspreis am Stichtag aufgenommen werden,
c) Sortimentsbuchhandlungen, die auf die Bewertung mit einheitlichem Pauschalabschlagsatz übergehen wollen, im vorangegangenen Jahr aber einen Abschlag von mehr als 65 v. H. aufweisen, können im Jahr des Übergangs zum Mittelwert zwischen dem bisherigen und dem durch Anwendung eines einheitlichen Pauschalabschlagsatzes von 60 v.H. ermittelten Betrag bewerten
Beispiel: Bisheriger Abschlagsatz 66 v. H., neuer einheitlicher Abschlagsatz 60 v. H., Mittelwert für das Jahr des Übergangs 63 v. H.

2. Bewertung mit nach Anschaffungsjahren gestaffelten Pauschalabschlagsätzen;
Es bleibt dem Unternehmer unbenommen, die Bestände wie bisher nach Anschaffungsjahren getrennt aufzunehmen und folgende gestaffelte Abschlagsätze auf die Verkaufspreise vorzunehmen:

Einkaufsjahr	Abschlag
letztes Geschäftsjahr	50 v. H.
vorletztes Geschäftsjahr	70 v. H.
vorvorletztes Geschäftsjahr	90 v. H.
noch früher	Makulaturwert

Taschenbücher und taschenbuchähnliche Reihenbücher ohne Wertgrenze, deren Ladenpreise vereinheitlicht sind, und Kleinschriften mit einem Verkaufspreis bis zu 5 DM können ohne Rücksicht auf das Anschaffungsjahr mit einem Abschlagsatz bis zu 70 v. H. des Verkaufspreises bewertet werden.

3. Einzelbewertung je Titel;
Basis für die Pauschalabschlagsätze (Bewertungsverfahren 1 und 2) und für die Einzelbewertung bilden die um die Umsatzsteuer gekürzten Verkaufspreise.
Es kann nur eine der genannten Bewertungsmethoden angewendet werden. Der Wechsel von einem Verfahren zu einem anderen ist zulässig, wenn der Wechsel nicht willkürlich vorgenommen wird.

II. Bewertung von antiquarischen Gegenständen

Die Bewertung mit dem einheitlichen Pauschalabschlagsatz oder mit nach Einkaufsjahren gestaffelten pauschalen Abschlagsätzen gilt nicht für Werke mit Altertums- oder Liebhaberwert, wie Erstdrucke (Inkunabeln), Kupferstiche, Holzstiche u. ä. Diese Bestände sind stets mit den Anschaffungskosten oder dem niedrigeren Teilwert zu bewerten (Einzelbewertung).

(Abb. 106)

228

Abb. 51: Merkblatt Oberfinanzdirektion Frankfurt am Main

3.13. INVENTURLISTE

Inventur-Liste

Stichtag	Regal-Nr.	Sachgebiet	Sachg. Nr.	Blatt

	Verfasser, Titel, ISBN, WE-Nr. (evtl. durch Foto ergänzt)	Anz.	Laden-Preis	Einkaufsjahr				Reihen- und Kleinschriften
				letztes	2. letztes	3. letztes	älter	
1								
2								
3								
4								
5								
6								
7								
8								
9								
10								
11								
12								
13								
14								
15								
16								
17								
18								
19								
20								
21								
22								
23								
24								
25								
26								
27								
28								
29								
30								

Angesagt	Geschrieben	Gerechnet

Abb. 52: Inventurliste
(Quelle: Formularbuch für den Sortimentsbuchhandel)

Werden als Ersatz für vollständige textliche Titel- und Verfasser-Angaben Kurzfassungen von Titeln erfaßt, müssen folgende Angaben zusätzlich gemacht werden:
a) ISBN
b) Verlagskürzel und Titelnummer
c) Wareneingangsnummer

Als Verfahren zur körperlichen Bestandsaufnahme der Bestände kommen gemäß dem Merkblatt in Betracht:
a) Eintragungen in eine Liste bei der Aufnahme
b) Erfassen in maschinell lesbare Datenträger zur Umwandlung in Listen
c) Erfassen auf Diktiergeräte mit anschließendem Übertragen auf Listen
d) Fotografische Aufnahme der Titel-Angaben, verbunden mit dem Eintragen von Menge, Ladenpreis und Anschaffungsjahr in eine Liste

Aufgenommen werden müssen alle Waren, die am Stichtag (üblich im Buchhandel sind die Termine 31.12. und 30.6.) zum Bestand gehören. Dies sind alle Waren im Ladengeschäft, im Hand- und Ersatzlager, in den Schaufenstern und an Kunden zur Ansicht versandte. Die Bestandsaufnahme des Lagers sollte gleichzeitig auch einer Lagersäuberung dienen. Beschädigte Bücher werden aussortiert, fällige oder verfallene RR-Exemplare erfaßt, überzählige Titel aufgenommen, beschädigte Umschläge neu bestellt etc. Nicht einbezogen in die Aufnahme werden ac-Bestände; diese Kommissionswaren sind Eigentum der Verlage und werden daher nicht berücksichtigt.

Inventurdifferenzen

Voraussetzung für die genaue Feststellung von Inventurdifferenzen ist eine genaue Bestimmung des Soll-Bestandes, der dem Ist-Wert gegenübergestellt werden muß. In vielen Buchhandlungen wird dies nicht gegeben sein. Trotzdem sei auf die Gründe solcher Differenzen hingewiesen:
- Diebstähle
- Auszeichnungsfehler
- unleserliche Preisauszeichnungen
- fehlende Rechnungen für bereits eingegangene Waren
- bezahlte und gebuchte Rechnungen ohne Wareneingang
- nicht erfaßte Ansichtssendungen an Kunden
- nicht berücksichtigte uneingelöste Gutscheine von Kunden
- selbst entnommene Bücher
- mangelhafte, fehlerhafte Aufnahme
- fehlerhafte Niederschriften

Steuerliche Bewertung des Lagers

Die Buchhandlung kann die Wertminderungen (Abschreibungen) von Büchern (also nicht von Schallplatten, Schreibwaren und ähnlichem) durch Abschläge (in Prozent) von den um die Mehrwertsteuer gekürzten Verkaufswerten vornehmen.

Warenbestände in DM (Ladenpreise)		Einkaufsjahr			
Abteilungen	Gesamt	letztes	vorletztes	drittletztes	älter
Belletristik	120.000	82.800	20.400	7.200	9.600
Jugendbuch	70.000	55.300	11.900	2.100	700
Taschenbuch	130.000	97.500	19.500	6.500	6.500
Reise-, Hobby-, Freizeitliteratur	110.000	80.300	20.900	4.400	4.400
Fach-, Schulbuch	250.000	160.000	50.000	22.500	17.500
Sachbuch	120.000	66.000	30.000	9.600	14.400
Zeitschriften, Presse-Erzeugnisse, Fortsetzungen	70.000	63.100	6.900	0	0
Antiquariat, Kunst Modernes Antiquariat, Sonstiges	130.000	75.000	20.400	17.700	16.900
Gesamtunternehmen	1.000.000	680.000	180.000	70.000	70.000
Warenbestände in DM (ohne 7% MwSt)	934.580	635.514	168.224	65.421	65.421
Abschreibungssätze		50%	70%	90%	100%
Abschreibungsbeträge		317.757	117.757	58.879	65.421
abgeschriebene Warenbestände in DM (= Bilanzwerte)	374.766	317.757	50.467	6.542	0

Abb. 53: Schema einer Inventur

Auch die Bewertung des Warenlagers wird im oben erwähnten Merkblatt geregelt. Folgende Methoden sind zulässig:

a) Pauschalabschreibung
= 60%

b) Abschreibung nach der Altersstruktur
- letztes Geschäftsjahr = 50%
- vorletztes Geschäftsjahr = 70%
- drittletztes Geschäftsjahr = 90%
- viertletztes Geschäftsjahr und älter (Makulaturwert) = 100%

Sonderabschreibung von Taschenbüchern und Reihen
ohne Wertgrenze sowie Kleinschriften bis zu DM 5,–
ohne Rücksicht auf das Anschaffungsjahr = 70%

c) Einzelbewertung je Titel

Es kann nur eine der genannten Bewertungsmethoden angewendet werden. Ein Wechsel ist zulässig, „wenn der Wechsel nicht willkürlich vorgenommen wird" (Merkblatt).

Geht man von dem in der Abbildung 53 gezeigten Beispiel einer Inventuraufnahme aus, beträgt der Verkaufspreis aller aufgenommenen Waren 1 Mio. DM. Gekürzt um die Mehrwertsteuer beträgt der Warenbestand 934.580 DM. Dieser Warenbestand verteilt sich auf die verschiedenen Anschaffungsjahre. Bei einer Abschreibung nach Altersstruktur ergibt sich ein abgeschriebener Warenbestand (= Bilanzwert des Warenbestandes) in Höhe von 374.766 DM (= 40,1% von 934.580 DM). Dies entspricht einer durchschnittlichen Abschreibung von ca. 59,9%.

Hätte der Buchhändler eine pauschale Abschreibung von 60% vorgenommen, wäre der ermittelte Bilanzwert 373.832 DM (40% von 934.580 DM) gewesen. In unserem Beispiel führen beide Bewertungsmethoden zu sehr ähnlichen Ergebnissen.

Je aktueller (neuer) ein Warenlager ist, desto eher ist die Pauschalwertminderung steuerlich günstiger. Im ersten (laufenden) Geschäftsjahr liegt der pauschale Abschreibungssatz um 10% über dem nach Altersstruktur. Diese ‚überhöhten' Wertminderungen führen zur Bildung von stillen Reserven. (Stille Reserven entstehen durch die Differenz zwischen dem steuerlichen Wert von Waren und dem durch den Verkauf noch erzielten Wert.)

Je älter ein Warenlager ist, desto wahrscheinlicher wird der Buchhändler mit den nach Jahren gestaffelten Abschreibungssätzen 50, 70, 90 und 100% arbeiten.

6.3.8 Lagerkennzahlen

Die Betriebsstatistik zeigt dem Betrachter nicht nur Geldwerte auf, die aus der Buchhaltung und der Kostenrechnung kommen, sondern auch Mengendaten, die ein wesentlich vielfaltigeres Bild des Betriebes zeigen. Somit sind statistische Werte Hilfsmittel für unternehmerische Entscheidungen. Sie machen vorliegende Ergebnisse durchschaubar und lassen vor allem Vergleiche mit Daten – sowohl früheren eigenen als auch ähnlich strukturierten von Konkurrenzfirmen bzw. Durchschnittszahlen der Branche – zu.

Einer der wichtigsten Anhaltspunkte für externe Vergleiche läßt sich der jährlich vom Börsenverein des Deutschen Buchhandels e.V. herausgegebenen Broschüre *Buch und Buchhandel in Zahlen* entnehmen. Diese Buchhandelsdaten werden vom *Kölner Institut für Handelsforschung* (IHF) erhoben (vgl. Abb. 55).

Folgende Kennziffern sind im Zusammenhang mit Lager und Lagerbewertung zu nennen:

Eine wichtige Kennziffer zur Überprüfung der Wertverhältnisse Warenlager und Umsatz liefert uns die *Lagerumschlagsgeschwindigkeit*. Sie sagt aus, wie oft sich das durchschnittliche Warenlager während eines Geschäftsjahres umgeschlagen hat (wie oft es verkauft wurde). Die Lagerumschlagsgeschwindigkeit gibt somit Auskunft über die Wirtschaftlichkeit des Betriebes. Eine hohe Umschlagsgeschwindigkeit bringt Vorteile:

- höherer Umsatz bei gleichbleibendem Lagerbestand
- geringer Kapitalbedarf
- verbesserte Liquidität
- niedrigere Finanzierungskosten
- weniger Lohnkosten (verminderte Lagerpflege)
- weniger Raumkosten (kleinere Warenlager)
- verringertes Lagerrisiko (weniger überaltertes Lager)
- höhere Rentabilität

Beispiel zur Berechnung der Lagerumschlagsgeschwindigkeit und der daraus folgenden durchschnittlichen Lagerdauer (in Tagen).

Warenanfangsbestand zu Verkaufspreisen bei Beginn des Geschäftsjahres	940.000 DM
Warenendbestand zu Verkaufspreisen am Ende des Geschäftsjahres (lt. Inventur)	1.200.000 DM
Jahresumsatz zu Verkaufspreisen	4.494.000 DM

durchschnittlicher Lagerbestand $\frac{940.000 + 1.200.000}{2} = 1.070.000$ DM

Lagerumschlagsgeschwindigkeit $\frac{4.494.000 \text{ (Umsatz)}}{1.070.000 \text{ (ø LB)}} = 4.2$mal

durchschnittliche Lagerdauer $\frac{360 \text{ (Tage)}}{4.2 \text{ (LUG)}} = 85.7 = 86$ Tage

Lagerkennzahlen

ø Lagerbestand (LB)	=	$\frac{\text{Anfangsbestand + Endbestand}}{2}$
(aussagekräftiger)	=	$\frac{\text{Jahresanfangsbest. + 12 Monatsendbest.}}{13}$
Lagerumschlagsgeschwindigkeit (LUG)	=	$\frac{\text{Jahresumsatz (Verkaufswerte)}}{\text{ø Lagerbestand (Verkaufswerte)}}$
bereinigte LUG	=	$\frac{\text{Jahresumsatz – Besorgungsgeschäft (VK)}}{\text{ø Lagerbestand (VK)}}$
Lagerdauer (Tage)	=	$\frac{\text{360 Tage}}{\text{LUG}}$
Lagerbestand je m^2-Geschäftsraum	=	$\frac{\text{ø Lagerbestand}}{m^2\text{-Geschäftsraum}}$
Lagerbestand je Verkaufskraft	=	$\frac{\text{ø Lagerbestand}}{\text{Anzahl der Verkaufskräfte}}$
Rentabilität des Warenlagers (Rentabilitätskennziffer = RZ)	=	Kalkulationszuschlag (%) x LUG

Abb. 54: Lagerkennzahlen

Tabelle 44
Betriebsvergleichsergebnisse für Sortimentsbuchhandlungen mit verschiedener Beschäftigtenzahl im Jahre 1988
(Kölner Betriebsvergleich)

	Auswertungsposition	davon Sortimentsbuchhandlungen mit ... Beschäftigten							
		1	2-3	4-5	6-10	11-20	21-50	über 50	insgesamt
1	Zahl der Berichtsbetriebe	12	97	92	127	91	46	10	475
2	Gesamtzahl der beschäftigten Personen je Betrieb	1,2	2,5	4,4	7,6	14,2	30,4	70,8	10,6
4	Gesamtzahl der qm Geschäftsraum je Betrieb	62	98	149	235	378	760	1 634	299
5	davon: Verkaufsraum in v.H.	80	74	73	66	65	66	64	69
6	Absatz je Betrieb in Tausend DM	280	513	879	1 586	3 032	6 868	16 459	2 299
7	Absatzentwicklung (Vorjahr = 100)	112	111	107	105	105	107	106	107
8	Absatz je beschäftigte Person in DM	233 563	205 435	199 819	209 075	213 573	223 776	233 492	209 957
9	Absatz je qm Geschäftsraum in DM	5 881	5 835	6 789	7 557	8 789	9 922	10 261	7 585
10	Absatz je qm Verkaufsraum in DM	7 392	8 209	9 441	12 014	13 867	15 930	16 476	11 540
11	Barabsatz je Barverkauf (Barkunde) in DM	24,50	23,00	23,40	22,60	23,50	26,10	30,50	23,60
12	Kreditabsatz je Kreditverkauf (Kreditkunde) in DM	167,10	205,90	191,40	191,40	170,80	144,00	125,50	181,60
. . . . .									
34	Lagerumschlag	3,4	3,3	3,8	3,9	4,4	4,5	4,9	4,0
35	Lagerbestand je beschäftigte Person in DM	25 100	28 508	24 578	22 242	20 211	22 042	18 576	23 249
36	Lagerbestand je qm Geschäftsraum in DM	804	798	841	788	812	926	817	821
37	Lagerbestand in v.H. des Anfangsbestandes	101	103	105	104	105	109	106	105

Abb. 55: Lagerkennzahlen (Quelle: Buch und Buchhandel im Zahlen 1989/1990)

6.4 Marketing im Sortimentsbuchhandel

Marketing im Einzelhandel – so hat es Marketing Professor J. Zentes in der buchhändlerischen Fachzeitschrift Buchmarkt (8/1985, S. 50) dargelegt – bedeutet, das eigene Unternehmen strategisch zu positionieren, ihm durch Betriebsform, Sortiment, Werbung u.a.m. eine unverwechselbare Identität zu geben. Jede Bemühung um Individualisierung und Einmaligkeit bewirkt gleichzeitig eine Profilierung gegenüber der Konkurrenz und damit eine Abgrenzung von den Mitbewerbern am Markt.

Wie auf der Verlagsseite, wo Unternehmensleitlinien den Marketingstrategien übergeordnet sind (vgl. Kap. 4.6), geht es auch im Sortimentsbereich zunächst einmal um grundsätzliche Fragen:

- Welches Selbstverständnis hat das eigene Unternehmen?
- Was erwartet der Markt von dem Unternehmen?
- Was will das Unternehmen dem Markt bieten?

Erst nachdem die Rahmenbedingungen der unternehmerischen Existenz geklärt sind, werden die Mittel – die Marketinginstrumente – bestimmt, um Marktanteile zu gewinnen oder sogar marktführend zu werden bzw. zu blei-

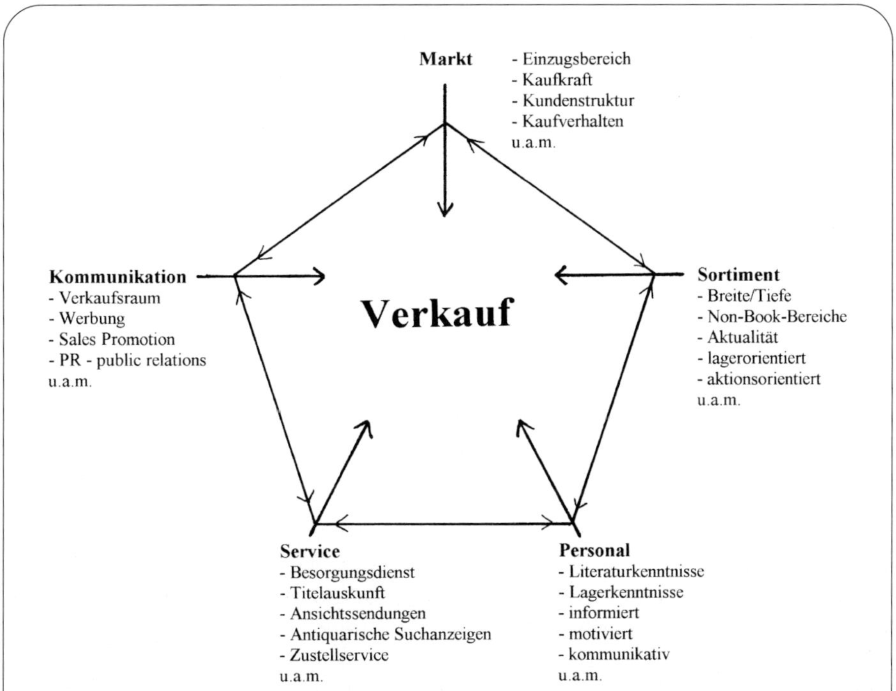

Abb. 56: Das Marketing-Pentagon. Die grundlegenden Marketingbereiche einer Sortimentsbuchhandlung mit wesentlichen Teilaspekten.

ben. Das Zusammenspiel von unternehmerischem Selbstverständnis mit den von diesem abgeleiteten und legitimierten Aktivitäten ergibt die Unternehmensidentität, die corporate identity (CI) der Firma, die das Unternehmen für den Kunden unverwechselbar macht.

Die Hauptbereiche des Marketing umfassen Fragen zur Marktsituation, Überlegungen zur Absatzstrategie, Entscheidungen über Kommunikationsformen, die Klärung der Auswahlprinzipien für das Sortiment sowie grundlegende Überlegungen zur Qualifikation und Motivation des Personals. Alle diese Bereiche stehen in einem wechselseitigen Spannungsverhältnis und haben letztlich die Aufgabe, den Geschäftserfolg zu optimieren. So erklärt sich das Marketingschema, in dessen Mitte der Verkauf steht und um den sich die Bereiche Sortiment, Markt, Service, Kommunikation und Personal mit ihren unterschiedlichen Aspekten gruppieren (vgl. Abb. 56). Obwohl in den folgenden Ausführungen einzelne Marketingpunkte aus didaktischen Gründen künstlich isoliert werden, sollte man sich stets dessen bewußt sein, daß erst das bewußte Zusammenspiel von Sortiment, Personal, Absatzstrategie und Kommunikationsformen die Profilierung einer Sortimentsbuchhandlung bewirkt.

(In der ersten Auflage des vorliegenden Buches fehlte ein eigenes Kapitel ‚Marketing im Sortimentsbuchhandel', da in der Reihe ‚Grundwissen Buchhandel – Verlage' ein spezieller Band nur für diese Thematik lieferbar war. Dennoch wurden ständig Marketingbereiche, vor allem das Sortiment (vgl. Kap. 6.1), und das Lager (vgl. Kap. 6.3) behandelt. Deshalb bleiben diese Punkte im neu konzipierten Kapitel 6.4 unberücksichtigt, welches in erster Linie den Bereichen Marktanalyse, Absatzstrategie (Verkauf/Service) und Unternehmenskommunikation vorbehalten bleiben soll.)

6.4.1 Marktanalysen

Tendenzen im Verbraucherverhalten

Da der Buchhandel nicht isoliert vom übrigen Einzelhandel gesehen werden darf, sei zunächst ein kurzer Überblick über das sich wandelnde Verbraucherverhalten in der Bundesrepublik gegeben. Der allgemeine Einkommensanstieg, der weite Teile der Bevölkerung erfaßt hat, ist in den 90er Jahren nicht mehr für alle Bevölkerungsschichten gleichermaßen festzustellen. Trotzdem gilt, daß ca. 80% der Bevölkerung sich selbst zur Mittelschicht zählt, was sich u.a. im Besitz früherer Luxusgüter niederschlägt. Auto, Kühlschrank, Waschmaschine und Fernseher sind Allgemeingüter geworden. Dieser materielle Wohlstand unserer Gesellschaft geht allerdings einher mit einer starken schichtenspezifischen Differenzierung: Nicht mehr das Produkt (z.B. das Auto) steht im Vordergrund, sondern dessen Marke und dessen Ausstattung. So ist eine Pluralisierung der Lebensstile entstanden, die sich nicht nur in ökonomischer Hinsicht äußert, sondern auch in geistig-intellektueller – im sogenannten Wertepluralismus.

Nach B. Rürup (Deutschland 2000, s. Literaturverzeichnis) kommen alle einschlägigen soziologischen Milieustudien zu folgenden Ergebnissen:
- das kleinbürgerliche Milieu und das traditionelle Arbeitermilieu schrumpfen
- das konservativ-gehobene Milieu bleibt quantitativ konstant
- das aufstiegsorientierte und hedonistische Milieu nimmt zu.

Eine der bekannteren Untersuchungen stellt die in Heidelberg durchgeführte SINUS-Studie ‚Lebenswelten' dar, in der gemeinsame Wunsch- und Leitbilder, Lebensstile, Werthaltungen, Freizeitmuster u.a.m. der einzelnen Gruppen herausgearbeitet worden sind.

Die Verlagerung der Werte läßt sich anschaulich durch das vom amerikanischen Wissenschaftler H.S. Sullivan in die Auseinandersetzung gebrachte Begriffspaar ‚satisfaction' (auf unmittelbare, spontane Befriedigung gerichtete Bedürfnisse) und ‚safety' (auf die Sicherheit künftiger Befriedigung gerichtete Bedürfnisse) verdeutlichen. ‚Satisfaction', d.h. die Befriedigung der Bedürfnisse im Hier und Jetzt, der Wunsch nach uneingeschränktem individuellen Wohlbefinden, ist bei vielen Menschen dominant geworden, was durch das moderne Schlagwort ‚Selbstverwirklichung' sinnfällig zum Ausdruck kommt. Ethik und Rücksichtnahme treten zurück bzw. werden von anderen gefordert. Durch den Verlust traditioneller Werte wird der Vergnügungsgesellschaft (‚fun society'), in der (Flucht-)Konsum und Kaufen wichtige Rollen spielen, Tür und Tor geöffnet. Wer hätte gedacht, daß in dem in christlicher Tradition stehenden Abendland der antike Begriff ‚Hedonismus' (das höchste ethische Prinzip ist das Streben nach Sinnenlust und Genuß) eine so starke Renaissance erfahren würde.

Der Hang zur Individualität, mitunter zur Selbststilisierung, findet in ständiger Auseinandersetzung mit dem Phänomen der Massenkultur und des Massenkonsums statt. In dieser Situation werden die Verbraucher immer weniger berechenbar; ihr Verhalten wird mit dem Begriff ‚multioptional' umschrieben. Denn sie sind – in ein und derselben Person – gleichzeitig Konsumverweigerer und Luxuskäufer – je nach Liquidität und Wertschätzung der Kaufobjekte. So wird auf der einen Seite Geld gespart (Kaufen von No-Name-Products im Lebensmittelbereich, billiger Fast-Food-Konsum in Schnellrestaurants, Hobby-Schreinern mit Baumarktartikeln u.a.m.), das dann auf der anderen Seite wiederum ausgegeben wird (hochwertige Kleidung und Kosmetik, Designerlampen aus Fachgeschäften, Menüs in Spezialitätenrestaurants u.a.m.). Oder mit anderen Worten ausgedrückt: Einerseits spielen bei Produkten, die für den Käufer nur geringen Wert haben, Kauf- und Konsumerlebnisse eine untergeordnete Rolle, während andererseits bei für wertvoll erachteten Kaufobjekten das Einkaufserlebnis durch das Ambiente des Geschäftsraumes, die Kompetenz des Personals oder die Zusage individueller Serviceleistungen o.ä. dominierend ist. Das modische Wort des Erlebnishandels findet hier seine Wurzeln.

Die Polarisierung des Einkaufsverhaltens geht einher mit einer entsprechenden Entwicklung im (Fach-)Einzelhandel. Marktanteile gewonnen haben sowohl der preisaggressive Discounter als auch der hochpreisige, statusvermittelnde Waren und auch entsprechende Kauferlebnisse anbietende

Spezialist. Für beide Distributionsformen bieten sich Filialisierungs- und Franchisekonzepte an, und so ist es wenig erstaunlich, daß die Zahl der nicht überbetrieblich organisierten Einzelhandelsunternehmen ständig abnimmt. Auch im Buchhandel gibt es die Tendenz zu Ketten, zur Errichtung von Zweigunternehmen etc. (vgl. Kap. 6.1), allerdings legt der Großteil der Betriebe großen Wert auf seine Eigenständigkeit – books are different, Bücher sind eben etwas anderes.

Abschließend seien auszugsweise Ergebnisse der Marketing-Agentur Gruber, Titze & Partner vorgestellt, die das Verhalten der Verbraucher diagnostiziert und in ihren Auswirkungen analysiert hat (Abb. 57).

Buchmarktforschung

Buchmarktforschung kann mit unterschiedlichen Fragestellungen anfangen, z.B. mit:

- Wie sieht es mit dem Freizeit- und Medienverhalten der Bevölkerung aus?
- Welcher Etat wird für Freizeitgüter und welcher für die berufliche Qualifizierung und Fortbildung ausgegeben?
- Welches Interesse an Büchern und Neuen Medien besteht in unserer Informationsgesellschaft?
- Welche Auswirkungen haben die Neuen Medien auf die Lesefähigkeit und Lesefreudigkeit?

Derartige Untersuchungen werden von verschiedenen Forschungsinstituten in regelmäßigen Abständen durchgeführt und beleben die Auseinandersetzungen mit der ,Kulturware' Buch. Ob Infratest, IfaK, EMNID oder das Institut für Demoskopie in Allensbach – um nur vier größere Institute zu nennen –, sie alle recherchieren, sichten und ordnen die Fakten mit wissenschaftlicher Sorgfalt. Daneben gibt es aber auch Untersuchungen, die auf unmittelbare ökonomische Verwertung angelegt sind, so z.B., wenn ein Konzern wie Bertelsmann eine großangelegte Studie über das Kaufverhalten von Buchhandelskunden in Auftrag gibt oder wenn die Gesellschaft für Konsumforschung (GfK) in Nürnberg Woche für Woche Ausgaben bundesrepublikanischer Haushalte festhält und seismographenartig Veränderungen im Einkaufsverhalten diagnostiziert.

Es kann hier nicht der Ort sein, auf alle Buchmarktanalysen einzugehen, die unter Fragestellungen wie ,Buch und Leser', ,Lese- und Kaufverhalten', ,Das Buch als Geschenk' oder ,Buchhändler und Buchkäufer' durchgeführt worden sind. Häufig sind sie in der Börsenblattbeilage ,Archiv für Soziologie und Wirtschaftsfragen' veröffentlicht worden. Ansonsten dürften sie in Fachbibliotheken entsprechender Studiengänge, in der Bibliothek des Börsenvereins und in der Bibliothek Buchmarktforschung (der Bibliothek der Deutschen Buchhändlerschule in Frankfurt angegliedert) einsehbar sein. Auch zahlreiche neuere Analysen werden nicht näher berücksichtigt; diese vorzustellen und – auszugsweise – interessierten BuchhändlerInnen zugänglich zu machen, ist Sache der Fachpresse. Die folgenden Ausführungen geben deshalb nur die wichtigsten und interessantesten Buchmarktuntersuchungen wieder.

Einflußfaktor	Beobachtbare Änderung	Einfluß auf Kaufprozesse
Einkommen/Vermögen	- steigendes Bildungsniveau - Zunahme der Konsumerfahrung	- konsumkritischeres Verhalten der Konsumenten - verstärkte Nachfrage nach neutralen Informationen - zunehmende Informationsnachfrage aufgrund eines Informationsparadoxons: Konsument hat mehr Infos denn je (Medienfülle) und dennoch Info-Bedarf wie nie zuvor (Produktfülle, kritische Einstellung) - verstärkt Nutzung der Neuen Medien zur Informationsgewinnung und -verarbeitung - verstärkte Preisvergleiche bei unauffälligen Produkten - abnehmende Bindungsbereitschaft (Kunde wandert zwischen Produkten, Marken und Geschäften)
Wertewandel	- Arbeit nicht mehr im Mittelpunkt - Betonung von Unabhängigkeit, Individualität, Spontanität	- Abnahme von Produkt-, Marken- und Geschäftstreue - Suche nach individuellen Produkten - schnellere Test-Akzeptanz neuer Produkte/Betriebstypen
Aufkommen eines Wertepluralismus	- ausgeprägte Meinungsvielfalt zu allen aktuellen Fragen	- stark voneinander abweichende Verbraucherwünsche - stark differenzierte Kundenansprüche an Geschäftstypen und Waren
Freizeitorientierung	- Zeitparadoxon: obwohl Konsument mehr Zeit denn je hat, sucht er Zeitersparnis bei Routineangelegenheiten - Convenience-Orientierung	- Routinekäufe müssen schnell und bequem abzuwickeln sein - Nachfrage nach Produkten mit hohem Convenience-Potential (Schnellgerichte etc.) - Nutzung convenience-orientierter Betriebstypen (Einkaufszentren, Heimlieferer) (engl. convenience = dt. Bequemlichkeit)
Erlebnisorientierung	- Suche nach Spannungs- und Erlebnisfeldern - Realisierung des jeweils nächsthöheren Lebensstandardniveaus	- Kauf von hochwertigen Produkten in erlebnisorientiertem Ambiente - Suche nach Produkten/Dienstleistungen, die Erlebnisfelder erschließen - Konsum als Lifestyle (neueste Mode, exotischste Früchte)
Trend zur Selbstverwirklichung	- Anstreben von Selbstverwirklichung in allen Lebensbereichen	- Suche nach individuellen (maßgeschneiderten) Produkten - Partizipation an Hersteller- und Handelspolitik - Demonstration von Lebensstil durch Konsum (exklusive Produkte, sozial auffällige Produkte: Individualität braucht die Masse) - Nutzung von Konsumgütern als Bausteine des Lebensgefühls

Abb. 57: Das Verhalten der Verbraucher: Ursachen und Konsequenzen (Quelle: Gruber, Titze & Partner). Entnommen aus: Bellino, H.: Abschied von der uniformen Ladengestaltung. Neue Verkaufskonzepte reagieren auf verändertes Verbraucherverhalten. In: Blick durch die Wirtschaft vom 22.5.1990

Rund 5% der monatlichen Ausgaben für Freizeitgüter entfallen auf die Objekte des Buchhandels: Schul-, Lehr- und wissenschaftliche Fachbücher, Karten sowie Bücher und Broschüren. Dieser Wert täuscht allerdings darüber hinweg, daß Anfang der 90er Jahre fast die Hälfte der Bevölkerung überhaupt kein Buch gekauft und selten bzw. so gut wie nie gelesen hat. Zwar steht das Interesse am Lesen und damit auch an Büchern in Abhängigkeit zum verfügbaren Einkommen und zum Bildungsniveau, doch hat die Bildungsreform der 70er Jahre, die zu einer steigenden Anzahl formal höherer Bildungsabschlüsse geführt hat, weder zu Mehr-Lesern noch zu Mehr-Käufern geführt. Trotzdem entwickeln sich die Umsätze im Buchhandel positiv. Dies mag auf der einen Seite an steigenden Ladenpreisen liegen, ist aber auf der anderen Seite auch auf ein Phänomen zurückzuführen, dem sich der Börsenverein in den 80er und 90er Jahren verstärkt widmet: dem Buch als Geschenkartikel. Denn Bücherlesen und Bücherverschenken stehen in unmittelbarem Zusammenhang. Die Einführung eines branchenspezifischen Bücherschecks (vgl. Kap. 6.4.2) – in erster Linie für Wenig- und Kaum-Leser – war eine Konsequenz der Studie ‚Das Buch als Geschenk'.

Interessant ist die Fragestellung, in welchen Geschäften die Buchkäufer ihre Waren erstehen. 1978 kam eine Allensbach-Untersuchung zu dem Ergebnis, daß rund ein Drittel der Kunden ausschließlich im Buchhandel kauft, rund ein Drittel seine Bücher nur im Warenhaus, im Supermarkt o.ä. oder bei Buchgemeinschaften erwirbt, während das letzte Drittel alle Vertriebsformen benutzt. Die Gesellschaft für Konsumforschung gab für 1993 veränderte Zahlenwerte heraus: Zwar kauft ein Drittel der Buchkäufer auch weiterhin am klassischen Buchfachhandel vorbei, doch verringerte sich die Zahl der Kunden, die ausschließlich über die Sortimentsbuchhandlungen kaufen, gravierend. 55% der untersuchten Haushalte gaben sich als Parallelkäufer zu erkennen, die ihren Buchbedarf sowohl in der Buchhandlung als auch über andere Einkaufsstätten befriedigen. Hier zeigt sich der neue Verbraucher, der die verschiedenen ihm zur Verfügung stehenden Einkaufsalternativen nutzt. Da dieser Parallelkäufer im statistischen Schnitt mit 15 Büchern weitaus lese- und kauffreudiger ist als die Gruppe der ‚Ein-Kanal-Käufer', stellt er **die** Herausforderung für den klassischen Buchfachhandel in den 90er Jahren dar.

Als häufigste Kaufmotive für Bücher werden von Kundenseite ein Interesse am Thema und persönliche Empfehlungen angegeben. Danach folgt der Spontankauf in der Buchhandlung – häufig infolge der Suche nach einem Geschenk. Vorschläge von Buchhändlerinnen und -händlern werden überdurchschnittlich von regelmäßigen Buchkäufern angenommen. Im übrigen bewirken werbliche Aktivitäten, Rezensionen, Verfilmungen etc. den Kaufimpuls.

Markterkundung

Soviel zur Marktforschung. Doch was fängt der einzelne Sortimenter ‚vor Ort' mit diesen Informationen an? Zunächst einmal wird er für bestimmte Fragestellungen und Zusammenhänge sensibilisiert. Jetzt sollte er überprüfen, ob bestimmte Tendenzen oder Analysen auch für seinen speziellen Markt zutreffen. Da er jedoch in den seltensten Fällen mit wissenschaftlicher Sorgfalt Marktforschung betreiben kann, wird man seine Analysen eher mit dem Begriff Markterkundung umschreiben können. Was ein Sortimenter alles erkunden kann bzw. sollte, entnehme man der beigefügten Checkliste (vgl. Abb. 58). Je nachdem, ob er die Daten selbst gewinnt (durch Erhebungen, Umfragen o.ä.) oder ob er vorhandene Daten auswertet (z.B. die Gelben Seiten der Telekom), unterscheidet man primäre von sekundärer Markterkundung.

Marktanalyse

- ☐ Kaufkraft
- ☐ Einzugsgebiet
- ☐ Infrastruktur
- ☐ Zahl der Haushalte
- ☐ Beschäftigungsstruktur
- ☐ Bildungsstruktur
- ☐ Industrie-/Handels-/Dienstleistungs-/Handwerksunternehmen
- ☐ Bildungseinrichtungen u.a.m.

Konkurrenzanalyse

- ☐ stationäre Wettbewerber
- ☐ ambulante Wettbewerber
- ☐ Stärken und Schwächen der Konkurrenz
- ☐ Marktanteile der Konkurrenz u.a.m.

Kundenanalyse

- ☐ Laufkunden/Stammkunden
- ☐ Kaufkraft
- ☐ Verbraucherverhalten
- ☐ Lebensstil
- ☐ Kaufmotive
- ☐ Ansprüche hinsichtlich Sortiment, Präsentation, Beratung, Service u.a.m.

Abb. 58: Checkliste Markterkundung

Mindestens genauso wichtig wie die Erkundung des Marktes ist die Frage: „Wie sehen mich meine Kunden?“ Hier geht es um das Fremdbild, um die Bewertung von außen. Derartige Analysen zur Vergewisserung des eigenen Selbstverständnisses oder zur In-Frage-Stellung eigener Sichtweisen gewinnt man am ehesten mit Hilfe von Polaritäten-Profilen (vgl. Abb. 59). Stamm-

Polaritäten-Profil

	1	2	3	4	5	6
Außen						
Hausfassade						
Firmen-/Außenwerbung						
Abhebung von Nachbargeschäften						
Schaufenstergestaltung						
Eingangslösung						
Verkaufsraum						
Übersichtlichkeit						
Sortimentsauswahl						
Sortimentsaktualität						
Integration von NonBooks						
Arrangement der Mittenmöbel						
Blendenbeschriftung						
Gesimsgestaltung						
Regalbodenbeschriftung						
Herausstellung von Titeln/Themen/Reihen						
Personal						
Literaturkenntnisse						
Lagerkenntnisse						
freundlich						
informiert						
motiviert						
Service						
Besorgungsdienst						
Zustellung/Versand						
Behandlung von Sonderwünschen (Antiquarische Suchanzeigen o.ä.)						

Abb. 59: Polaritäten-Profil für eine Sortimentsbuchhandlung

und Laufkunden, aber auch das eigene Personal oder Mitglieder der eigenen ERFA-Gruppe beantworten einen Fragekatalog nach dem Schulnotensystem. In einer zu definierenden Werteskala von – in unserem Beispiel – 1 als Positiv-Pol bis zu einer 6 als Negativ-Pol werden bestimmte Zusammenhänge schnell erfaßt und bewertet. Wo immer die Antworten überwiegend dem Negativ-Pol zugeordnet werden, sollte man Maßnahmen zur Abschaffung der Mißstände in die Wege leiten. Statt Zahlen können auch (polar) entgegengesetzte Begriffe eine Bewertung ermöglichen, z.B. motiviertes – unmotiviertes Personal, gute – schlechte (Regalboden-)Beschriftung, originelle – einfallslose Schaufenstergestaltung.

6.4.2 Verkauf

Bücher-Verkaufen ist häufig ein strategisches Unternehmen mit vielen Unbekannten. Denn die Buchfachverkäufer können nicht jeden Kunden mit seinen Vorlieben und Erwartungshaltungen kennen, beherrschen die diversen Sortimentsbereiche unterschiedlich gut, wissen mitunter wenig von sich selbst, und manchmal fehlt auch ein grundlegendes (Selbst-)Verständnis hinsichtlich des Verkaufen-Wollens. Obwohl – wie in Schillers Ballade ‚Das verschleierte Bildnis zu Sais' – die letzte Wahrheit verborgen bleiben wird, wollen die folgenden Ausführungen versuchen, den Schleier der vielen Unbekannten ein wenig zu lüften. Sie beginnen beim Kunden/Käufer, gehen dann zum Verkäufer über und thematisieren schließlich das Verkaufsgespräch. Informationen zur Verkaufsabwicklung runden das Kapitel ab.

Bedarf decken und Bedarf wecken

Es gibt sehr unterschiedliche Anlässe, eine Buchhandlung zu betreten. Nur wenige führen – so entsprechende Bücher vorrätig – zwangsläufig zum Kauf, z.B. ein bestimmtes Buch kaufen wollen, ein Buch zum Verschenken suchen, das Sammeln bestimmter Literaturbereiche. Eine großangelegte Bertelsmannstudie, die das Marketingunternehmen Freising & Partner 1993 durchführte, erbrachte folgendes Resultat: Von ca. 4.000 befragten Käufern haben 1.600 die Buchhandlungen ohne Buch verlassen, wobei etwa zwei Drittel der Nicht-Käufer (= rund ein Viertel aller Kunden) den Laden ohne Kaufabsicht betreten haben. Obwohl die Umfrage vor 50 größeren allgemeinen Sortimentsbuchhandlungen stattfand und demnach die Ergebnisse nicht ohne weiteres auf die zahlreichen kleinen Buchhandlungen in der Bundesrepublik zu übertragen sind, zeigt sie, daß das Betreten einer Buchhandlung nicht untrennbar mit einem Kaufwunsch verbunden ist. Viele Kunden wollen sich einfach nur umschauen, vielleicht um ihre freie verbleibende Zeit in der Stadt sinnvoll zu nutzen, um sich einen Überblick über das Buchangebot zu verschaffen, um eine Reise vorzubereiten, um sich über ein Spezialthema zu informieren o.ä.m.

Einer Buchhandlung stellen sich somit drei unterschiedliche verkäuferische Aufgaben:

1. *Bedarf decken.* Bei einem Zielkauf seitens der Kunden sollten die entsprechenden Bücher vorrätig sein oder zumindest in angemessener Zeit besorgt werden können. Hier liegt eigentlich keine verkäuferische Leistung vor, sondern die Wünsche des Kunden werden aufgrund des Sortimentseinkaufs und der Lagerkenntnisse der Mitarbeiter befriedigt. Die verkäuferische Kompetenz tritt erst dann zutage, wenn ein Ersatzverkauf angeboten wird und der Kunde nach einem erfolgreichen Verkaufsgespräch zum Buchkauf geführt wird. Eine Bedarfs-Deckung liegt auch dann vor, wenn der Kunde mit mehr oder weniger vagen Vorstellungen den Buch(fach)verkäufer um Rat angeht.
2. *Bedarf wecken.* Über Warenpräsentation im Schaufenster oder im Verkaufsraum (Tische, Regalwände) wird der Kunde auf Themen/Titel auf-

merksam gemacht, an die er (zunächst) gar nicht gedacht hat. Die besagte Bertelsmannstudie hat ergeben, daß ca. zwei Drittel der Kaufentscheidungen erst in der Buchhandlung selber fallen. Auch diese sogenannten Spontankäufe stellen im Grunde genommen non-personale Verkaufsleistungen dar; sie sind Resultat eines – mitunter auch werblich durchdachten – visuellen Warenarrangements. Das heutige Vorwahl-Käuferverhalten ist eben dadurch charakterisiert, daß der Kunde sich zunächst durch das präsentierte oder auch inszenierte Buchangebot zum Kauf inspirieren läßt und nur bei Bedarf die Fachkraft aufsucht. Dieses Verhalten der Kunden ist für Sortimentsinhaber nicht nur unter dem Gesichtspunkt der Personalkosten zu sehen, sondern in erster Linie vom Käufer her. Denn der ‚freie' Kunde trifft selbst die Entscheidung darüber, wo er gerne Geld ausgibt.
3. *Verkauf der zweiten Dimension.* Hier geht es um den Gesichtspunkt, in erster Linie Atmosphäre zu verkaufen. Der Kunde soll sich zunächst einmal wohl fühlen, sich in Ruhe umschauen dürfen und die Buchhandlung mit ihrem Warenangebot, ihrem ihr eigenen Flair und auch mit ihrer mitunter hektischen Betriebsamkeit erfahren können. Ein derart positiv beeinflußter Kunde wird wiederkommen, wenn er demnächst Bücher kauft bzw. kaufen muß oder anderen einen Laden empfehlen soll.

Stammkunden und Laufkunden

Die traditionelle Art, Kunden zu selektieren, ist die Unterteilung in Stamm- und Laufkunden. Der Stammkunde ist derjenige, der alle, zumindest den größten Teil seiner Bücher bei **seiner** Firma kauft. Er ist in der Regel auch der Kunde, der viel liest und das Verkaufsgespräch mit **seiner** Buchhändlerin/**seinem** Buchhändler sucht. Er hat Aufnahme in die Kundenkartei gefunden und wird zu allen Veranstaltungen eingeladen. Wenn es die Organisation ermöglicht, ist für ihn ein Monatskonto eingerichtet worden, d.h. er erhält alle Buchbestellungen mit einem Lieferschein, und die gekauften Bücher werden einmal im Monat belastet. EDV-mäßig gut ausgestattete Sortimente bieten bereits spezielle Kundenkarten an, die bargeldlosen Zahlungsverkehr ermöglichen. Der Umsatz über Stammkunden macht den größten Teil des Rechnungsgeschäftes aus und ist somit ein wichtiger Ertragsbereich jeder Firma. Neben den vielen Privatkunden zählen natürlich auch die Großabnehmer wie Bibliotheken, Verwaltungsorgane, Industriebetriebe etc. zu den Stammkunden.

Je spezialisierter oder je kleiner eine Buchhandlung ist, desto größer ist ihr Stammkundenpotential; Laufkunden findet man eher in den größeren allgemeinen Sortimentsbuchhandlungen in den Fußgängerzonen der Innenstädte. Eine strenge Trennungslinie zwischen Stammkundschaft und Laufkundschaft hat es nie gegeben und wird es auch in Zukunft nicht geben. Denn einerseits ist schon immer jeder neue Laufkunde ein potentieller Stammkunde gewesen, und jede Buchhandlung wird sich – über eine Art ‚Beziehungsmanagement' – um Bindungsmöglichkeiten gegenüber neuen Kunden bemühen, andererseits ist eingangs des Kapitels Marketing das heutige Einkaufsverhalten als ‚multioptional' beschrieben worden.

Informations- und erlebnisorientierte Kunden

Einen neuen Ansatz, Kunden zu differenzieren, machten die Verfasser der Marketing-Fibel des Falken Verlags (Anne Buhrfeind und Klaus Peter Kluge) im Jahre 1993. Ausgehend von verschiedenen Anforderungsprofilen, die Kunden an Buchhandlungen stellen, unterscheiden sie informations- und erlebnisorientierte Kunden (vgl. Abb. 60). So sinnvoll und erhellend diese neuerliche Einteilung auch sein mag – auch in diesem Fall der Kundenunterscheidung dürfte es wohl kaum ausschließlich **den** einen oder **den** anderen Kunden geben. Große Buchhandlungen versuchen bereits, beiden Kundentypen gerecht zu werden, indem sie im Eingangsbereich eine ‚Marktatmosphäre' mit Sonderplazierungen einrichten und erst in den Fachabteilungen ein differenziertes Sortiment vorweisen. Sortimentskompetenz **und** Animation sind die verkäuferischen Aufgaben der Zukunft.

Der informationsorientierte Kundentyp erwartet:	**Der erlebnisorientierte Kundentyp erwartet:**
• übersichtlich nach Zielgruppen geordnete Themenbereiche	• themenorientierte „Erlebniszonen"
• große Sortimentstiefe	• breites, trendorientiertes (Boulevard)-Sortiment
• Rückenrepräsentation dabei in der Regel ausreichend	• Frontalpräsentation, Sonderplazierungen und Stapeltitel erwünscht
• Bibliografische Nachschlagewerke zur persönlichen Nutzung	• Herausstellen von „Preis-Hits", Schnäppchen und „Titel im Gespräch" (Sonderplazierung)
• fachkundige, kompetente Beratung	• freundliche, aber zurückhaltende Beratung
• Service beim Bestellen, Bibliografieren, Erstellen von Literaturlisten, Vormerken von Titeln etc.	• „Kommunikations"-Service in Form von Aktionszonen, integriertem Café, Sitzmöglichkeiten, visuelle und audiovisuelle Blickfänge
• sachlich-nüchterne Raumgestaltung	• moderne, trendorientierte, großzügige Raumgestaltung mit regelmäßig wechselnden Highlights

Abb. 60: Informations- und erlebnisorientierte Kunden. (Quelle: Marketing Fibel. Hrsg. von der Marketing-Abteilung des Falken Verlags, 1993)

Die psychologische Dimension des Kaufens

Es ist eine Binsenweisheit, daß Verstand und Gefühl zwei Seiten der menschlichen Persönlichkeit sind. Jeder menschlichen Handlung liegen vernünftige Überlegungen und gefühlsmäßige Motive zugrunde. Häufig sind gerade die irrationalen Antriebsfedern, wie Gefühle, Sehnsüchte und Wünsche, Auslöser menschlichen Handelns.

Was für menschliches Handeln im allgemeinen zutrifft, gilt natürlich ebenso für das Kaufen im speziellen. Eine rein sachliche Argumentation des Verkäufers kann zwar verstandesmäßig überzeugen, aber Kaufen stellt gleichermaßen – auch wenn es dem Kunden selten bewußt ist – eine emotionale Bedürfnisbefriedigung dar, die in unser heutigen Gesellschaft gar nicht selten eine kompensatorische Funktion ausübt (Kaufen als Ersatzbefriedigung). Wie sonst ist es zu erklären, daß viele Menschen, obwohl sie eigentlich alles Lebensnotwendige ihr eigen nennen können, ständig auf der Suche nach Neuem, nach Anderem sind, dessen Besitz oder Konsum sie aber nur kurzfristig befriedigt, so daß die erneute Unzufriedenheit wiederum zu Kaufentscheidungen führt. Es ist ein ‚offenes Geheimnis', daß so manches Verkaufsgespräch und viele Werbestrategien gerade an diesem Punkt ansetzen.

Auch wenn der Bücherkauf ungleich häufiger das Resultat einer rationalen Entscheidung ist (sich mit neuen Inhalten auseinandersetzen wollen/müssen o.ä.), darf man die psychologische Komponente nicht aus dem Blick verlieren. Auch hinter objektivierbaren Verwendungszwecken stecken häufig irrationale, aber psychologisch begründete Kaufmotive, die dem Kunden mitunter nicht bewußt sind, und die er demnach auch nicht zur Sprache bringen kann. Halten wir fest, daß der größte Teil der heutigen Konsumenten neben der rationalen Bedarfsdeckung (Produktnutzen) auch eine emotionale Bedürfnisbefriedigung (Zusatznutzen) erwartet. (Einer der elementaren Sätze der Werbebranche lautet: „Man verkaufe keine Lippenstifte, sondern schöne Lippen."). An dieser Stelle möge ein kleiner Exkurs in das schier unerschöpfliche Gebiet, das sich Konsumenten-Psychologie nennt, eingefügt werden.

Der amerikanische Sozialforscher und Psychologe Abraham H. Maslow hat die Bedürfnisse des Menschen in eine hierarchische Ordnung gebracht. Als elementare Grund- oder Primärbedürfnisse nennt er u.a. Essen und Trinken. Erst wenn die Grundbedürfnisse befriedigt sind, stellen sich dem Menschen andere (sekundäre) Anforderungen und Bedürfnisse, auf die er Antworten und Wege finden muß. Da sind z.B. die Fragen nach Sicherheit (Gesundheit, Beruf, Vorsorge) und nach gesellschaftlicher Integration und Akzeptanz. Da der Mensch aber nie ausschließlich ein Gemeinschaftswesen ist, lassen sich auch individualistische Bedürfnisse feststellen. Während das Erfolgs- oder Geltungsbedürfnis die beginnende Abgrenzung zum gesellschaftlichen Umfeld signalisiert, zeigt das Streben nach Selbstverwirklichung verstärkt privatistische Züge.

Menschliche Verhaltensweisen sind allerdings zu komplex, um als Reaktion auf nur ein Bedürfnis reduziert werden zu können. So können beispielsweise verschiedene (Sekundär-)Bedürfnisse beim Kauf einer Enzyklopädie ineinandergreifen. So will der Käufer nicht nur die Sicherheit, faktenmäßig gut aufbereitetes Material vorzufinden, sondern er möchte auch in der heutigen Informationsgesellschaft mitreden können. Vielleicht spielt beim Kauf das Bedürfnis, Gespräche qualifiziert führen zu können, eine Rolle, und die Präsentation der mit Goldschnitt und Lederrücken ausgestatteten Bände dient zur Stilisierung seiner Lebenswelt und befriedigt damit das Bedürfnis nach Selbstverwirklichung. Natürlich wäre es falsch, den Kunden unmittelbar auf seine Bedürfnisse anzusprechen, aber herauszufinden, welches Kaufmotiv dominiert und den Kunden dahingehend positiv bei seiner Kaufentscheidung zu bestärken, macht u.a. den Reiz eines Verkaufsgespräches aus.

Der Innenarchitekt W. Kreft hat in seinem Buch *Ladenplanung* in Anlehnung an Maslow eine ‚Konsumenten-Bedürfnis-Hierarchie' für unsere Industrie- und Verbrauchergesellschaft skizziert. Seine zentrale These ist, daß mehr Freizeit und höher verfügbares Einkommen immer neue Bedürfnisse des Konsumenten in Richtung Selbstverwirklichung bewirken. Denn ein Mehr an verfügbarer Kaufkraft führt nicht zwangsläufig zu mehr Käufen, sondern zu bewußteren, sorgfältigeren Kaufentscheidungen. Dabei spielt natürlich die Frage, welche Anregungen dem potentiellen Käufer geboten werden, eine entscheidende Rolle. Ausgehend von der Frage, welche Bedürfnisse der heutige Konsument hat, unterscheidet er fünf Kundentypen: den preisbewußten, den warenbewußten, den beratungerwartenden, den anregungerwartenden und den statusbewußten mit jeweils spezifischen Erwartungshaltungen an seine Einkaufsstätte. Die psychologische Dimension des Verkaufens hat bereits das gesamte Verkaufsumfeld erfaßt.

Psychologie des Verkäufers

Ausgehend von den Untersuchungen Herzbergs unterscheidet man in der heutigen Betriebspsychologie ‚Hygienefaktoren' und ‚Motivatoren'. Hygienefaktoren resultieren aus dem Arbeitsumfeld (Betriebspolitik, Führungstechnik, Organisation, Beziehungen zu den Kollegen und Vorgesetzten, Bezahlung); ihr Vorhandensein wird in der Regel als selbstverständlich vorausgesetzt. Erst wenn diese Faktoren fehlen, wenn sie für die Mitarbeiter nicht ‚stimmen', entsteht eine Unzufriedenheit, die demotivierend und damit leistungsmindernd wirkt. Die Motivatoren hingegen sind Faktoren, die in direktem Zusammenhang mit dem Inhalt der Arbeit stehen. Hier geht es um Verantwortung, Zuständigkeitsbereiche, Anerkennung, Selbstbestätigung, Beförderungsmöglichkeiten u.a.m. Auch hier gilt: ‚Stimmen' die Motivatoren, erbringt der Mitarbeiter gute Leistung, während das Fehlen eine stark verminderte Produktivität nach sich zieht. Eine gute Mitarbeiterführung sollte demnach Hygienefaktoren und Motivatoren bedenken; die einen, damit erst gar keine Leistungssperre eintritt, und die anderen, damit durch aktive Entfaltungsmöglichkeiten das Leistungspotential ausgeschöpft wird.

Die Frage, welche Faktoren optimale Leistung und Zufriedenheit des Personals erbringen, kann auch anschaulich mit Hilfe der vier Verben wissen, können, dürfen und wollen erklärt werden. Nur wenn diese kognitiven und praktischen Fähigkeiten für die Mitarbeiter richtig koordinierbar sind, arbeitet die Fachkraft motiviert, bereitwillig, engagiert und mit vollem Einsatz. Wenn allerdings Dissonanzen auftreten (z.B., wenn der Mitarbeiter mehr will und kann als er darf, wenn er mehr weiß als er kann, wenn er mehr darf als er kann) können allzu leicht psychische Zustände wie Frustration, Enttäuschung, Angst o.ä. eintreten, die sich arbeits- und produktivitätshemmend auswirken.

Verlassen wir die Fragen des Arbeitsumfeldes und kommen zur Frage: Wie steht der Buchhändler zu seiner Aufgabe, Bücher zu verkaufen? Welche Grundeinstellung hat er zum Verkaufen, zum Umsatz? Was macht eigentlich einen guten Verkäufer aus? Die Amerikaner Greenberg und Maier bieten zur Beantwortung dieser wichtigen Fragen einen interessanten Lösungsansatz. Ausgehend von den Begriffen ‚Ego Drive' und ‚Empathy' versuchen sie, verschiedene Verkäuferpersönlichkeiten zu bestimmen. Unter Ego Drive verstehen sie die Fähigkeit des Verkaufen-Wollens, während Empathy das Vermögen signalisiert, auf den Käufer einzugehen. Durch die mathematisch vorgegebenen Kombinationsmöglichkeiten entstehen unterschiedliche Verkäufertypen (vgl. Abb. 61), die wiederum in ihrer Unterschiedlichkeit typisch für den nicht zu vereinheitlichenden Buchhandel sind. Bereits zu Beginn des Kapitels 6.4 ist auf denkbare unterschiedliche Selbstverständnisse einzelner Buchhandlungen hingewiesen worden. Jeder Inhaber oder Geschäftsführer sollte deshalb **die** Verkaufskräfte einstellen, die seiner ‚Firmenphilosophie' oder seinen ‚Unternehmensleitlinien' gegenüber positiv eingestellt sind. Denn er braucht eben unterschiedlich engagierte und motivierte Mitarbeiter, je nachdem, ob er einen ökonomisch-orientierten Laden (‚Hauptsache, der Rubel rollt'), ein ideologisch-orientiertes Sortiment (‚Wir führen nur gute Bücher') oder ein kunden-orientiertes Geschäft (‚Im Mittelpunkt steht der Kunde') betreibt.

Verkäufertyp A	Viel Ego Drive, wenig Empathy : der *drängende* Verkäufer. Der Verkäufer, der nur an die schnelle Mark denkt. Für ihn ist kurzfristiger Erfolg langfristigen Unternehmenszielen übergeordnet.
Verkäufertyp B	Wenig Ego Drive, viel Empathy: der *einfühlsame* Verkäufer. Er berät, stellt zusammen und kann sich in seine Kunden gut hineinversetzen. Da jedoch nicht der Verkauf, sondern die Beratung im Vordergrund steht,überläßt er lieber dem Kunden die Kaufentscheidung.
Verkäufertyp C	Wenig Ego Drive, wenig Empathy: der *unglückliche* Verkäufer. Weder die Kunden noch sein Chef können eigentlich mit ihm zufrieden sein, wenn es um Verkaufsgespräche geht. Und auch er selber fühlt sich in seiner Haut nicht wohl.
Verkäufertyp D	Viel Ego Drive, viel Empathy: der *ideale* Verkäufer. Der Wille zum Verkauf ist gepaart mit der Fähigkeit, sein Gegenüber mit dessen Wünschen und Interessen zu verstehen.

Abb. 61: Versuch einer Verkäufertypologie, ausgehend vom Ausgeprägtsein und/oder dem Fehlen der verkäuferischen Eigenschaften Ego Drive und Empathy.

Verkaufsgespräche führen

Das Verkaufsgespräch schlechthin gibt es nicht und kann es aufgrund der Singularität der jeweiligen Verkaufssituation auch nicht geben. Trotzdem wird im folgenden versucht, einzelne Phasen eines abgerundeten Gespräches künstlich zu isolieren und zu thematisieren.
Begrüßung. Wenn ein Kunde den Laden betritt und die Buchhandlung nicht konzeptionell das Vorwahlsystem betreibt, sollte die Verkaufskraft sich als solche zu erkennen geben. Blicke, insbesondere ein Lächeln, signalisieren Aufmerksamkeit. Der beratungsuchende Kunde möchte zur Kenntnis genommen werden, möchte merken, daß er willkommen ist. Auch ein freundlich ausgerichteter Gruß zeigt die prinzipielle Bereitschaft, auf das Gegenüber einzugehen. Wenn der Kunde verbal oder durch abwartendes Stehenbleiben non-verbal zu erkennen gibt, daß er Beratung wünscht, beginnt das eigentliche Verkaufsgespräch.
Bedarfsermittlung. Die Bedarfsermittlung erfolgt i.d.R. durch öffnende Fragen (Wer ...? Wo ...? Was ...? Wie ...? o.ä.). Die buchhändlerische Verkaufskraft hört zu, fragt eventuell zur Kontrolle nach oder versucht mit Hilfe von Alternativfragen, die Wünsche und Erwartungen des Kunden näher einzugrenzen. (Eine Übersicht über sinnvoll einzusetzende Fragearten entnehme man der Abb. 62). Ziel müßte es sein, nicht nur zu verstehen, was die Kundin/der Kunde sagt, sondern darüber hinaus herauszufinden, was sie/ihn motiviert und bewegt.
Demonstration. In dieser Phase wird dem Kunden sein Buch oder ein überschaubares Buchangebot vorgestellt (Systemverkauf), das nur im Fachbuchbereich mehr als fünf Titel umfassen sollte. Wenn es die Produkt- und die Sortimentskenntnis der Verkaufskraft erlaubt und der Käufer Offenheit und Aufgeschlossenheit zu erkennen gibt, darf auch ein zusätzlicher – ergänzender, neue Aspekte erschließender – Verkaufsartikel vorgelegt werden. Es ist nun vor allem wichtig, den Kunden genau zu beobachten; der ständige Blickkontakt muß gewährleisten, daß er der Demonstration adäquat folgt. Sowohl Unter- als auch Überforderung lassen den Kaufabschluß in weite Ferne rükken. Der Kunde sollte die Inhalte nicht nur erklärt bekommen, sondern die Bücher sehen und sie auch in die Hand nehmen können. Auf diese Weise wird der Informationsverlust (vgl. Abb. 63) klein gehalten.
Einwandbehandlung. Es kommt nicht selten vor, daß der Kunde – auch nach einer noch so qualifizierten Beratung – vor der Kaufentscheidung zögert. Nun gilt es, alle Einwände gegen den Kauf ernst zu nehmen. Gegenfragen, relativieren, die einzelnen Argumente und den Produktnutzen ‚Scheibe für Scheibe' noch einmal durchsprechen (‚Salami'-Technik), mag manchen Widerstand gegen den eigentlichen Kaufakt besiegen. Aber was tun, wenn der Kunde nicht genug Geld bei sich hat oder sich alles noch einmal in Ruhe überlegen will? In derartigen Fällen sollte der Kunde wenigstens die oder den Titel aus der Buchhandlung mit nach Hause nehmen dürfen; auf einem Prospekt angekreuzt oder einem Merkzettel mit Firmenanschrift, Telefon-/Telefaxnummer notiert, ist der Kaufprozeß nur aufgeschoben, aber nicht abgebrochen wor-

Fragearten	Funktionen	Beispiele
Öffnende Fragen beginnen mit den Fragewörtern wer, was, wo, weshalb u.a.	... dienen zur Bedarfsermittlung, um eine nähere Auskunft des Kunden zu erhalten.	"Was haben Sie zuletzt gelesen?" "Wer hat Ihnen diese Empfehlung gegeben?" "Welche Ansprüche stellen Sie an eine gute Klassiker-Ausgabe?"
Geschlossene Fragen beginnen mit einem (Hilfs-)Verb und legen die Antwort ja oder nein nahe.	... dienen zur Vergewisserung, zur Kontrolle oder zur Abklärung möglicher Zusatzangebote.	"Kann ich Ihnen behilflich sein?" "Habe ich Sie richtig verstanden?" "Darf ich Ihnen noch ein weiteres Buch zeigen?"
Alternative Fragen beinhalten die Konjunktion oder.	... dienen zur näheren Eingrenzung des Kundenwunsches oder bieten Entschei-scheidungshilfen an.	"Lesen Sie eher Romane oder lieber Kurzgeschichten?" "Soll ich es als Geschenk einpacken, oder nehmen Sie es so mit?" "Nehmen Sie zunächst dieses Buch mit und später vielleicht das andere, das Ihnen auch so gut gefallen hat, oder nehmen Sie heute gleich beide mit?"

Abb. 62: Fragearten im Überblick.

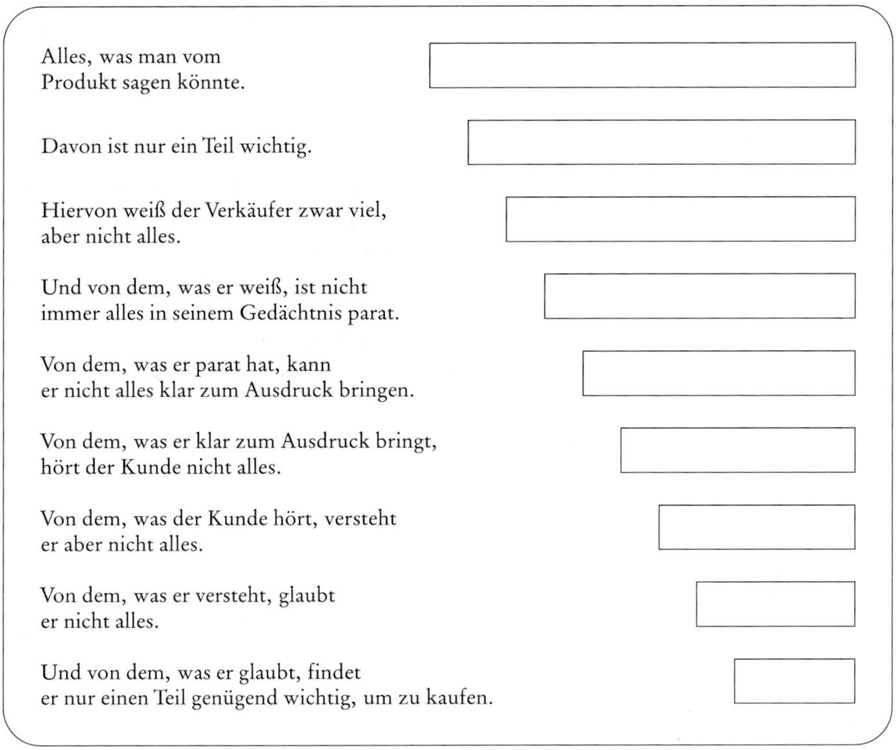

Abb. 63: Der Informationsverlust. (Quelle: Jan L. Wage, Psychologie und Technik des Verkaufsgesprächs. 4., erweiterte und überarbeitete Auflage, verlag moderne industrie, 1973, S. 45)

den. Der Einwand gegen den Preis wird wegen seiner grundsätzlichen Bedeutung im nächsten Abschnitt behandelt.

Abschluß. Wenn der Kunde mit einem Buch – oder vielleicht auch mit mehreren Büchern – zur Kasse geht, steht der Kaufentschluß bereits fest. Manche Kunden können sich jedoch in Anbetracht zweier gleichwertiger Titel schwer entscheiden. Hier sollte ein ‚freundliches Machtwort' (Ego Drive in Verbindung mit Empathy) die Entscheidung herbeiführen. Allerdings kann in bestimmten Fällen auf die hilfeerheischende Frage ‚Soll ich dieses oder jenes nehmen?' auch – augenzwinkernd – mit ‚Ja, wenn Ihnen beide so gut gefallen, dann nehmen Sie doch beide mit!' geantwortet werden.

Ergibt sich aus dem Gespräch, daß der Kunde an einer größeren Anzahl eines Titels interessiert ist (als Geschenk für Freunde, Firmenmitarbeiter o.ä.), so sollte der Buchhändler den ‚Mehrverkauf' mit dem Hinweis auf preisbindungsrechtlich vorgeschriebene Mengenpreise unterstützen.

Gesprächsausklang. Egal, ob Ersatzverkäufe, Systemverkäufe oder Mehrverkäufe zur Lösung der Kundenprobleme geführt haben, man sollte auch nach dem Kassiervorgang zu erkennen geben, daß man an mehr als nur an den Umsatz gedacht hat. Wendungen wie ‚Es wäre schön, wenn sie mir bei Gelegenheit erzählen, wie Ihnen das Buch gefallen hat' offenbaren den ernst genommenen ,Sie-Standpunkt'. Und im übrigen: Buchkäufer sind potentielle Leser für Buchhändler!

Der gerechtfertigte Preis

,Bücher sind zu teuer', hört man auf der einen Seite, ,Bücher sind zu preisgünstig', tönt es auf der anderen. Fakt ist, daß die Preisentwicklung der Bücher weit hinter der der allgemeinen Lebenskosten zurückgeblieben ist. Trotzdem erscheinen vielen Kunden die Buchpreise zu hoch. Auf derartige Preiseinwände kann es mehrere Antworten geben.

Zunächst einmal kann man auf die Wertigkeit der Bücher und ihre Preis-Nutzen-Relation hinweisen. Bücher als Problemlöser, als bleibende Werte, als Wissensvermittler, als phantasieweckende Medien, als Kunstgebilde u.a.m. sind allemal mehr wert als sie kosten. Sodann kann in Einzelfällen der Hinweis auf buchhandelsbedingte, objektivierbare Gründe, wie Auflagenhöhe, Papier-, Binde-, Einbandqualität o.ä. angebracht sein. Ein weiterer Gesichtspunkt ist weniger für den Kunden als für den Buchhändler gedacht, dem immer bewußt sein muß, daß die Höhe des Ladenpreises auch etwas mit seiner eigenen Verdienstmöglichkeit zu tun hat. Denn der in den Ladenpreis einkalkulierte Sortimenterrabatt stellt die Grundlage für den Rohgewinn und damit für die Bezahlung der betrieblichen Kosten dar. Und nicht vergessen sei: Nur die gebundenen Ladenpreise bieten den Garant für die Titelvielfalt, deren Nutznießer natürlich auch der Käufer ist. Die Preisbindung ermöglicht es den Verlagen, über eine Art Mischkalkulation auch schwer verkäufliche Titel zu produzieren. Der Verleger Klaus Wagenbach hat diesen Sachverhalt einmal so formuliert: „Die Preisbindung ... erlaubt uns – das sage ich auch öffentlich, auch vor Lesern! – die Liebesgedichte von Erich Fried, von denen wir glücklicherweise 300.000 Exemplare verkauft haben, zwei Mark teurer zu machen. Das stecken wir uns in die Tasche. Rechte Tasche – Kapital, weil Kapital – rechts. Linke Tasche – die schönen Verlustprojekte. Wenn das nicht mehr funktioniert, ist ein großer Teil unserer Arbeit nicht mehr möglich." (Buch-Markt 10/94, S. 74).

Bar- und Kreditverkauf

Der Buchkauf nach einem gelungenen Verkaufsgespräch, aber auch der ,Aushändigungskauf' und der ,Mitnahmekauf' finden ihren Abschluß an der Kasse. Nach der Devise ,Zug um Zug' zahlt der Kunde und erhält danach seine Ware. In der Kasse werden die Preise der Verkaufsobjekte nach Warengruppen und Umsatzsteuersätzen differenziert eingegeben. Vom Barverkauf grundsätzlich zu unterscheiden ist der Rechnungsverkauf. Hier liegt ein Kreditgeschäft vor, das überwiegend mit Stammkunden praktiziert wird, von denen wiederum die umsatzstärksten als Großkunden (Behörden, Institute, Bibliotheken, Privatfirmen, Rechtanwalts-/Arztpraxen o.ä.) anzusehen sind. Hier bietet sich die Einrichtung einer speziellen Kundenkartei an, auf der die Vereinbarungen bezüglich der Fakturierung (Lieferschein/Rechnung, Modus der

Abrechnung, Anzahl der Formulare o.ä.), der Konditionen (etwaige Nachlässe lt. Sammelrevers, Zustellmodalität und -kosten o.ä.) sowie sonstige Übereinkünfte (Benachrichtigungsdienst, Novitäteninformation o.ä.) zu notieren sind. (Man vergleiche hierzu auch die Ausführungen im Kapitel 6.3.6.)

Neben dem traditionellen Zahlungsmittel Bargeld faßt in zunehmendem Maße der bargeldlose Zahlungsverkehr auch im Buchhandel Fuß. Dies betrifft nicht nur die Begleichung der Rechnungsverkäufe mit Banküberweisungen, Verrechnungsschecks, Bankeinzugsermächtigungen, Lastschriftverfahren o.ä., sondern auch den Barverkauf im Laden. Der Eurocheque hat den Anfang gemacht und wird mittlerweile ergänzt durch diverse Kreditkarten sowie moderne Möglichkeiten des ‚electronic banking'. Dabei kommt der Gebührenfrage für diese bargeldlose Zahlungsabwicklung im Buchhandel eine besondere Bedeutung zu. Denn die Gebühren können – im Unterschied zu anderen Einzelhandelsunternehmen – nicht in den Verkaufspreis mit einkalkuliert werden. Nehmen wir einmal den Fall der Kreditkarten: Jeder Unternehmer steht vor der Wahl, auf sie und damit auf einen Teil des potentiellen Umsatzes zu verzichten, oder sie zu akzeptieren und damit eine Minderung der Handelsspanne in Kauf zu nehmen.

Bücherschecks

Die Bücherschecks (oder sonstige Gutscheine) nehmen im Rahmen des Zahlungsverkehrs eine Sonderstellung ein. Sie werden nicht als Barverkäufe registriert, sondern müssen der ausgebenden Stelle unter Beifügung der Belege nachträglich in Rechnung gestellt werden. Dies gilt natürlich nicht für die Schecks/Gutscheine, die von der eigenen Buchhandlung ausgegeben worden sind.

Neben den firmeneigenen Büchergutscheinen, die mit dem Logo der Buchhandlung individuell gestaltet werden und prinzipiell nur in der jeweiligen Buchhandlung eingelöst werden können, gibt es den *BuchSchenkService* des Börsenvereins. Er steht allen Mitgliedsfirmen des Verbandes zur Verfügung und gewährleistet die Einlösung der Büchergutscheine in fast allen Buchfachhandlungen in der Bundesrepublik. Der Stellenwert des Buches als Geschenkartikel ist bekannt, und manches langwierige und ineffektive Verkaufsgespräch ließe sich vielleicht abkürzen, wenn auf die Existenz jener Bücherschecks hingewiesen würde. Wenn die scheckausgebende und die scheckeinlösende Buchhandlung zwei Firmen sind, so erfolgt die Verteilung des Gewinns über die zentrale Verrechnungsstelle (vgl. Abb. 64). Die Schmälerung des individuellen Gewinns sollte aber von jeder Buchhandlung unter dem Gesichtspunkt in Kauf genommen werden, daß mit dem brancheneigenen Bücherscheck eine Überregionalität hergestellt ist, die auf dem – auch von anderen Einzelhandelsunternehmen – hart umkämpften Geschenkemarkt eine wichtige Funktion erfüllt.

Die ausgestellten Bücherschecks haben meistens eine einjährige Gültigkeitsdauer und müssen beim Verkauf mit Ausgabedatum, Firmenstempel (soweit nicht bereits eingedruckt) und Unterschrift des Ausstellers versehen wer-

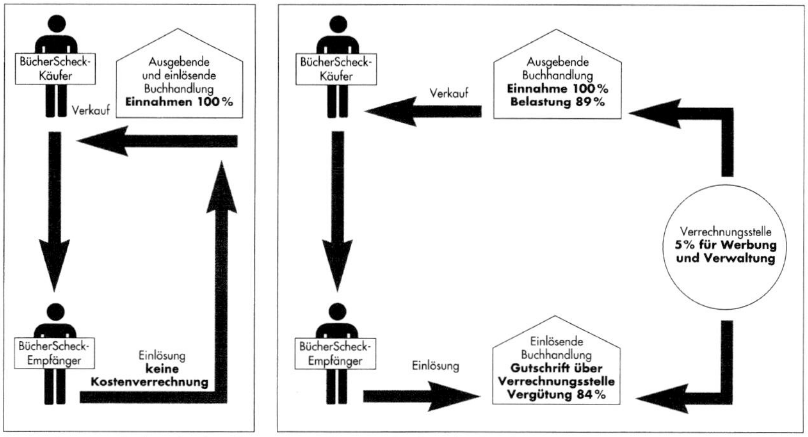

Beispiel 1: *Ausgebende und einlösende Buchhandlung sind identisch.*

Beispiel 2: *Ausgebende und einlösende Buchhandlung sind nicht identisch.*

Abb. 64: So funktioniert die Abrechnung der Bücherschecks des BuchSchenkService.

den. Juristisch gesehen stellt ein Bücherscheck ein Waren- und kein Geldversprechen dar. Falls also bei einem Kauf der volle Scheckbetrag nicht eingelöst wird, besteht für den Buchhändler keine Verpflichtung der Herausgabe von Bargeld; vielmehr wird in aller Regel eine Gutschrift über den Restbetrag ausgestellt.

6.4.3 Service

Das Gesetz gegen Wettbewerbsbeschränkungen schließt für Buchhandlungen die Konkurrenz über Preise gebundener Verlagserzeugnisse aus. Diese Tatsache bedeutet jedoch nicht den Ausschluß des Konkurrenzdenkens schlechthin; vielmehr wird der Wettbewerb nur auf andere Marketingbereiche verlagert, zu denen auch der Service gehört.

Besorgungsdienst

Einer der Gründe, die Preisbindung zu gestatten, bestand für den Gesetzgeber darin, ein flächendeckendes Buchhandelsnetz zu ermöglichen. Hier sollte die ‚heilige Ware' (Bertolt Brecht) erhältlich sein, und die nicht vorrätigen Titel sollten besorgt werden können. Nicht zufällig haben sich somit differenzierte Bestellsysteme entwickelt, die die Optimierung der Bestellabläufe gewährleisten (vgl. Kap. 6.2). Auch das Barsortiment als ‚Hintergrundlager' des Sortimentsbuchhändlers (vgl. Kap. 5.1) und die bibliographischen Verzeichnisse erfüllen unter diesem Gesichtspunkt ihre wesentlichen Funktionen. Die Kosten für die Besorgung hat nach den Bestimmungen des Sammelrevers (Punkt A.1) der Händler zu tragen; nur außergewöhnliche Auslagen, wie die Abwicklung von Eilbestellungen, können dem Kunden berechnet werden.

Dienstleistungen, um Kunden zu binden

Der Umfang an Serviceleistungen für Stammkunden (vgl. Kap. 6.4.2) ist um einiges umfangreicher als der für ‚normale' Kunden. Er beginnt bei ausführlichen Titelauskünften, Titelrecherchen, Titelzusammenstellungen, Ansichtssendungen, Benachrichtigungsdienst, Novitäteninformation, Monatskonto, Kundencard, Bücherreservierung und erstreckt sich bis zur kostenlosen Zustellung der Waren. Einige dieser ‚Sonderkosten' könnten theoretisch dem Kunden belastet werden. Da es sich aber in der Regel um umsatzstarke Rechnungskunden handelt, versuchen viele Buchhandlungen, sie durch unentgeltliche Dienstleistungen an sich zu binden – ein Unterfangen, das bei gebundenen Ladenpreisen, nicht immer guten Konditionen und steigenden Kosten oft an die Grenzen der Belastbarkeit der betrieblichen Rendite geht.

Bibliographische Titelrecherche und antiquarischer Suchdienst

Titel, die auf den jeweils aktuellen Datenbanken nicht zu finden sind, an denen der Kunde jedoch großes Interesse zeigt, können – gegen eine Gebühr – vom Buchhändler recherchiert werden. Die bibliographische Suche erfolgt über die Auskunftsstellen Der Deutschen Bibliothek oder über O. Gracklauer (vgl. Kap. 7.1).

besch.	beschädigt	ms.	Manuskript
bez.	bezeichnet	nn.	nicht numeriert
Bl(l).	Blatt, Blätter	Or/Orig.	Original-
def.	defekt	OrUmschl/ou	Original-umschlag
einger.	eingerissen	pag.	paginiert
ersch.	erschienen	rest./restaur.	restauriert
gebr.	gebräunt	S./SS.	Seite, Seiten
Gr.	Größe	Slg.	Sammlung
hs.	handschriftlich	t.	teilweise/teils
Kat.	Katalog	vorgeb.	vorgebunden
kplt.	komplett	vorw.	vorwiegend
Kte.	Karte	w.	weiß
l.	leicht	wasserfl.	wasserfleckig
läd.	lädiert	wdh.	wiederholt

Abb. 65: Abkürzungen im Antiquariatsbereich (Auswahl)

Die ‚körperliche' Suche beginnt im Börsenblatt (vgl. Kap. 2.5) über die Beilage *Angebotene und gesuchte Bücher*, in der alle Buchhandlungen und fachverwandte Institutionen (Bibliotheken o.ä.), nicht jedoch Privatpersonen inserieren können. Wenn sich Anbieter auf die Suchanzeige melden, wird ein Kaupfreis ausgehandelt, der sich – wie im klassischen Antiquariat üblich – nach dem Erhaltungszustand, dem Seltenheitswert, dem Marktwert, aber auch dem Sammlerwert richtet. Einen kleinen Überblick über nicht ohne weiteres verständliche Abkürzungen gibt die Abb. 65. Die Klärung weiterer Begriffe möge anhand der Standardwerke von H. Hiller (Wörterbuch des Buches) sowie von B. Wendt (Der Antiquariats-Buchhandel) erfolgen.

6.4.4 Kommunikation

Eine Sortimentsbuchhandlung veranstaltet eine Autorenlesung. Die Kunden sind persönlich eingeladen worden, das Plakat des Autors/der Autorin wurde mit entsprechenden Büchern im Schaufenster arrangiert und auf Mittenmöbeln bzw. im Kassenbereich plaziert, vielleicht stand auch eine Anzeige in der örtlichen Zeitung. Bei gründlicher Vorbereitung der Lesung wurde eine Mappe für die Presse zusammengestellt, wo sich der zuständige Redakteur über den Gast oder auch über etwaige organisatorische Besonderheiten informieren konnte. Der Redakteur berichtet daraufhin vor und nach der Lesung über das Ereignis. Die Buchhandlung wird für ihr literarisches Engagement gelobt und verfestigt somit ihren Ruf als **die** Buchhandlung für … .

In dem hier skizzierten Fall greifen drei mögliche Kommunikationsformen ineinander über: Sales Promotion, Werbung und PR. Die Lesung selber ist eine der beliebtesten verkaufsfördernden Maßnahmen im Buchhandel, die Akzente im Geschäftsleben setzt. Sie wird begleitend unterstützt durch den kontrollierten Einsatz entsprechender Werbemittel. Aber letzten Endes will man auch die interessierte Öffentlichkeit für sich einnehmen, man will, daß andere positiv über das eigene Unternehmen sprechen.

Produkt- und imageorientierte Werbung

Werbung als ein wichtiger Teilaspekt absatzorientierten Handelns im heutigen Käufermarkt ist das wohl publikumswirksamste Mittel, um sich von der Konkurrenz im Einzelhandel abzugrenzen, um Marktanteile zu erwerben, zu sichern und zu vergrößern. Durch geschickten Einsatz verschiedener Werbemittel und -träger ist jede Buchhandlung aufgefordert, ihr Sortiment und ihre Dienstleistungen transparent zu machen und auf Produkte/Themen hinzuweisen, die der Kunde ohne ‚Sonderplazierungen' nicht zur Kenntnis genommen hätte. Neben der produktorientierten Werbung gibt es jedoch auch die imageorientierte Werbung, deren erklärtes Ziel es ist, das Image des Unternehmens und die Einstellung der Kunden zur Firma zu verbessern.

Als ‚versuchte Meinungsbeeinflussung' (so Gablers Wirtschaftslexikon) oder als ‚planmäßige psychologische Beeinflussung' (so im Sortimentsbuchhändler von Uhlig-Peitz) gekennzeichnet, versucht die Werbung mal rationalinformativ, mal psychologisierend-manipulativ die Konsumenten für die Durchsetzung ihrer Werbeziele zu gewinnen. Wenn man die verschiedenen Definitionen für die Belange des Sortimentsbuchhandels zusammenfaßt, kann man Werbung wie folgt definieren: Planmäßig konzipierte, mediengebundene Information an tatsächliche und potentielle Buchleser und -käufer, um den Wert, Vorteil und Nutzen von Waren und Dienstleistungen einer Buchhandlung mit dem Ziel aufzuzeigen, den Absatz herausgestellter Titel/Themenbereiche anzubahnen.

Jede Werbung bedarf der Bestimmung von Werbemitteln und -trägern. Werbemittel sind gestaltete Werbebotschaften, die mit Hilfe eines Werbeträgers zum Konsumenten ‚transportiert' werden. Wie aus der Werbemittel-Werbeträger-Matrix im Kap. 4.6.3 ersichtlich wird, sind fast alle Werbemittel verschiedenen Werbeträgern zuzuordnen. Die häufigsten im Sortimentsbuchhandel eingesetzten Werbemittel sind das Schaufenster (es gehört zur Einrichtung eines jeden stationären Ladengeschäftes), Prospekte, Bücherkataloge oder Fachverzeichnisse sowie Kundenzeitschriften (vor allem das Buchjournal, da jede Mitgliedsfirma des Börsenvereins ein bestimmtes Freikontingent erhält).

Während – neben den finanziellen – vor allem inhaltliche Überlegungen den Ausschlag für oder gegen bestimmte Werbemittel abgeben, steht bei der Wahl der Werbeträger der Gesichtspunkt eines etwaigen Streuverlustes im Vordergrund. Denn ein solcher tritt unweigerlich ein, wenn das Verbreitungsgebiet eines Werbeträgers größer ist als der Einzugsbereich der Buchhandlung. So ist der Streuverlust bei einer themenspezifischen Individualwerbung mit Hilfe der firmeneigenen Kundenkartei eigentlich kaum vorhanden, während er bei einer Massenumwerbung mit Hilfe von Radio-Commercials, Plakaten und Anzeigen beachtliche Ausmaße annehmen kann.

Das AIDA-Prinzip

Die Frage, wie Werbung funktioniert, haben amerikanische Werbepsychologen mit der AIDA-Formel beantwortet. Da Werbung Nachfrage stimulieren, also Bedarf wecken will, geht es zunächst einmal darum, Aufmerksamkeit beim Umworbenen zu erregen (A = Attention). Dies geschieht in der Regel durch Bilder oder durch kontrastreich gestaltete Werbemittel (vgl. Abb. 66), die den Konsumenten aus seiner Gleichgültigkeit herausreißen. Erst wenn der Kunde innehält bzw. neugierig gemacht worden ist, kann er sich mit den Inhalten der Werbung auseinandersetzen. Jetzt kommt es darauf an, Interesse zu wecken (I = Interest), wobei es nicht entscheidend ist, ob man neue Produkte/Autoren/Themen o.ä. vorstellt oder ältere noch einmal hervorhebt, Hauptsache, ein Kaufwunsch wird stimuliert (D = Desire), damit ein Kaufabschluß (A = Action) in greifbare Nähe rückt. Das AIDA-Prinzip schließt nicht aus, daß einzelne Werbemaßnahmen mitunter auch unterhalten oder – bei entsprechender Gestaltung – auch einen gewissen ästhetischen Reiz ausstrahlen. Mal kurz, sachlich und sparsam, mal aufwendig kritisch und intelligent – der Buchhändler hat viele Möglichkeiten zu werben. Doch sollten alle Werbeaktivitäten aus dem Kommunikationskonzept des Unternehmens hervorgehen.

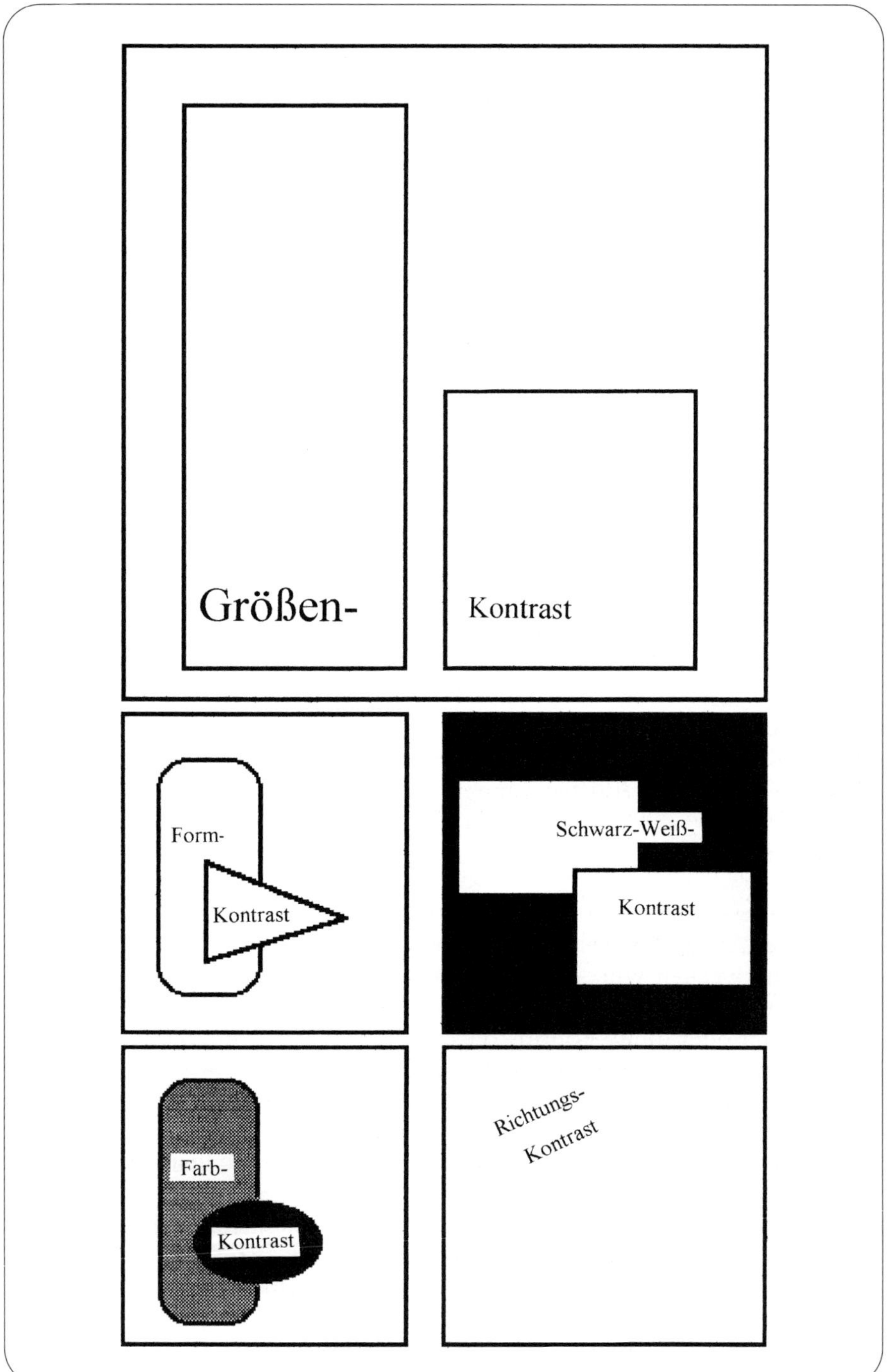

Abb. 66: Auswahl an formalen Kontrastmöglichkeiten im Bereich der Werbung.

Werberecht

Werbung findet nicht im rechtsfreien Raum statt. Im ‚Gesetz gegen den unlauteren Wettbewerb' (UWG) stehen die wichtigsten Beschränkungen. So darf Werbung z.B. nicht sittenwidrig oder irreführend sein. Auch vergleichende Werbung, die erkennbar die eigene Leistung in Relation zu einem Mitbewerber herausstellt (besser als ...), darf nur begrenzt eingesetzt werden. Verstöße gegen das Werberecht, das den Wettbewerb sichern und den Verbraucher schützen will, können geahndet werden. Das höchste Kontrollorgan ist der Deutsche Werberat. Im Buchhandel konkretisieren die Wettbewerbsregeln in den Punkten 7 und 8 den unlauteren Wettbewerb bei der Prospekterstellung und bei Schaufensteraktionen (vgl. Kap. 3.2).

Werbeetat

Der US-Werbefachmann Steve McKenzie hat einmal gesagt: „Wer aufhört zu werben, um Geld zu sparen, der könnte genausogut seine Uhren stehenlassen, um Zeit zu sparen." Und von Henry Ford ist der Satz überliefert: „Ich weiß, daß ich die Hälfte meines Werbeetats falsch ausgebe; ich weiß nur nicht welche Hälfte."

Anders als bei Verlagen, die ihren Werbeaufwand in den Ladenpreis mit einkalkulieren können, muß der Buchhandel seine Werbeausgaben aus seiner Gewinnspanne bestreiten. Dies erklärt den vergleichsweise niedrigen prozentualen Anteil von rund 1,2% vom Umsatz im Sortimentsbuchhandel (laut Kölner Betriebsvergleich). Zwar fließen manche Werbekosten in die allgemeinen Geschäftskosten (Beleuchtung für das Schaufenster, Portoauslagen für Werbebriefe o.ä.) und werden als Werbeausgaben erst gar nicht ersichtlich, doch auch mit 1,5% oder 2% vom Umsatz lassen sich kaum große Sprünge machen. Auch die größten Buchhandlungen veranschlagen selten mehr als 3% vom Umsatz für Werbeaktivitäten. Da es demnach darauf ankommt, das wenige zur Verfügung stehende Geld am effizientesten einzusetzen, fällt der sogenannten Mediaselektion eine entscheidende Rolle zu: Welche Werbemittel und welche Werbeträger sind zu wählen, damit die jeweilige Zielgruppe zu vertretbaren Kosten am wirkungsvollsten erreicht wird?

Gemeinschaftswerbung

Die Herstellung von Werbemitteln kostet nicht nur Geld, sondern erfordert auch handwerkliches bzw. gestalterisches Geschick und setzt ein angemessenes Zeitbudget voraus – Faktoren, die in den Buchhandlungen nicht immer zur Verfügung stehen. Was liegt also näher, als Werbemittel oder (Fach-)Kataloge mit anderen Firmen gemeinsam zu organisieren oder aber Fremdwerbemittel einzusetzen, die mit dem Eindruck des Firmennamens die Kompetenz der Unternehmung unterstreichen sollen. Eine ausgezeichnete thematische Übersicht für derartige buchhändlerische Werbemittel und Fachkataloge wird jedes Jahr vom Sortimenter-Ausschuß des Börsenvereins des Deutschen Buchhandels herausgegeben; hier findet man alle Anbieter, und häufig kann man der Broschüre direkt die (Staffel-)Preise entnehmen.

Wenn man sich dem Phänomen der Gemeinschaftswerbung von der terminologischen Seite nähert, muß man grundlegend horizontale und vertikale

Gemeinschaftswerbung unterscheiden. Von *horizontaler Gemeinschaftswerbung* spricht man, wenn Unternehmen einer Handelsstufe, also in unserem Fall nur Sortimentsbuchhandlungen, sich zusammenschließen, um Werbemittel gemeinsam zu erstellen. In der Praxis sieht dies in der Regel so aus, daß man eine (Werbe-/Marketing-)Agentur mit der Erstellung, der Mediaplanung und der Durchführung der Werbemaßnahmen beauftragt; die Unternehmung ‚Buchwerbung der Neun' und ‚Rossipaul' seien hier stellvertretend für viele andere genannt. Häufig besteht für die Werbemaßnahmen ‚Ortsexklusivität', damit nicht zwei Buchhandlungen an einem Ort oder in demselben Stadtteil dieselben Werbemittel einsetzen. Dadurch bietet dieses System eine prinzipielle Offenheit; denn jede Buchhandlung kann – wenn sie will und wenn die Ortsexklusivität gewährleistet ist – derartige Werbekampagnen ordern. Ein Spezialfall der horizontalen Gemeinschaftswerbung stellt die *Verbundwerbung* dar. Hier erfolgt die Werbung branchenübergreifend, z.B. durch Gewerbevereine oder Einkaufszentren, denen die Buchhandlung zugehört.

Eine *vertikale Gemeinschaftswerbung* liegt vor, wenn Unternehmen verschiedener Wirtschaftsstufen werbliche Aktivitäten entfalten, wenn also Verlage mit Buchhandlungen gemeinsam werben. Die einfachste Form dieser Gemeinschaftswerbung besteht in der Auslage von Prospekten oder Gesamtverzeichnissen der Verlage in den Buchhandlungen, die ihrerseits ihren Namen aufstempeln oder – bei einer gewissen Mindestabnahme – ihr Firmenlogo eindrucken lassen. Interessanter und vielschichtiger wird diese kooperative Werbung erst, wenn Aktionen durchgeführt werden, wobei es zunächst von nachgelagerter Bedeutung ist, ob der Verlag oder aber die Buchhandlung die Aktion initiiert. Hier besteht eine gemeinsame Interessenslage: Die Buchhandlung setzt sich für Autoren/Themen/Produkte des Verlages ein. Dafür erhält sie als Gegenleistung Aktionsrabatte, Zuschüsse für Werbemaßnahmen (i.d.R. in Form von Freiexemplaren), Vorzugszahlungsbedingungen u.a.m.

Eine Gemeinschaftswerbung ganz anderer Art ist die *Branchenwerbung*. Hier geht es weniger um einzelne Firmen als vielmehr um die Gesamtbranche, die sich von anderen Branchen durch bestimmte Angebote und Dienstleistungen abzugrenzen versucht. Hierzu zählen in erster Linie die Kundenzeitschriften ‚*BuchJournal*' (Buchhändlervereinigung) und ‚*Buch aktuell*' (Harenberg). Zur Branchenwerbung gehören aber auch weitere Angebote der Buchhändlervereinigung (Außenwerbung mit dem Signet des Börsenvereins, Taschen und Tüten mit branchenspezifischen Schlagzeilen, wie ‚Erfahrungen, die man kaufen kann' u.a.m.) – denn wer sollte berufener sein, derartige Werbemittel anzubieten als das verlegerische Unternehmen des Börsenvereins.

Werbeplan

Es fällt nicht immer leicht, den richtigen Zeitpunkt der Werbeaktivitäten festzulegen. Theoretisch gibt es drei Orientierungsmöglichkeiten:

zyklische Werbung	Der Werbeaufwand wird entsprechend der Umsatzspitzen eingesetzt (Weihnachtsgeschäft, Semestergeschäft, saisonale Anlässe etc.).

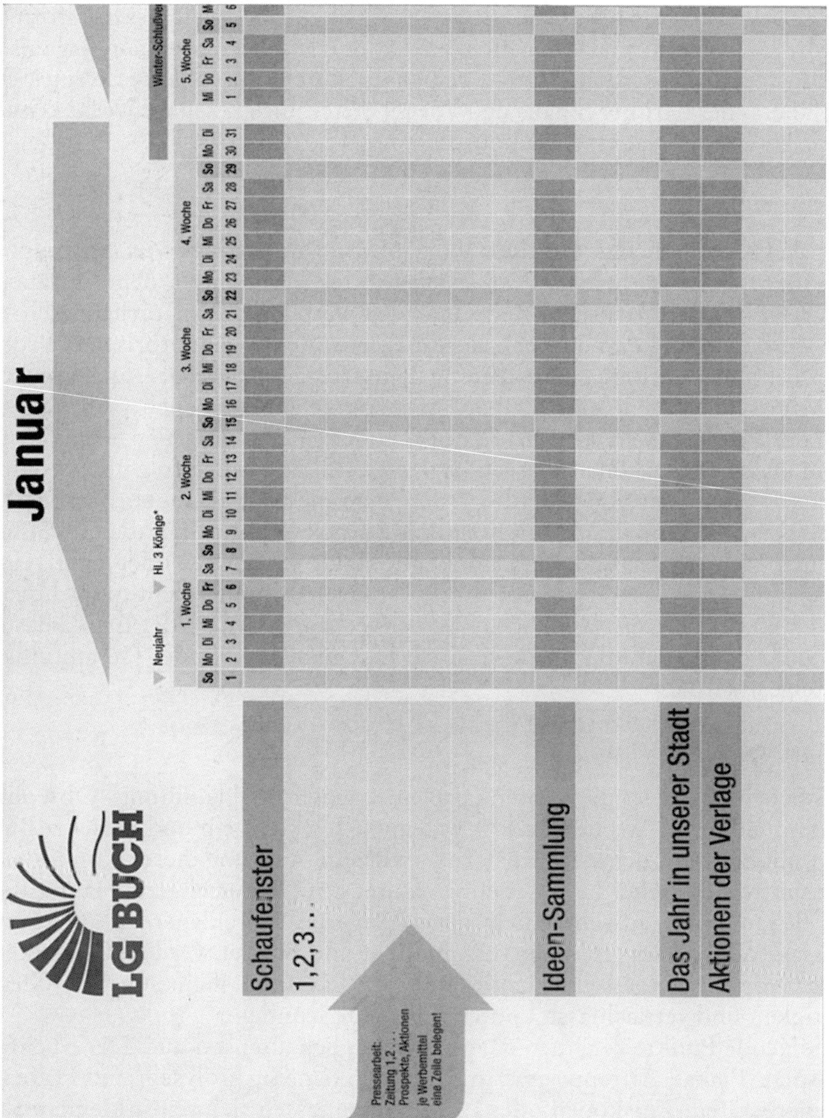

Abb. 67: Auszug aus dem Werbeplaner der Leistungsgemeinschaft Buch für das Jahr 1995.

antizyklische Werbung Der Werbeeinsatz wird in konjunkturell bedingten umsatzschwachen Zeiten aktiviert.
konstante Werbung Die Werbung erfolgt ohne Berücksichtigung der Umsatzschwankungen eines Geschäftsjahres.

Egal, wie sich eine Buchhandlung entscheidet, oder welche Mischform sie wählt, alle Werbeaktivitäten sollten mittel- und langfristig geplant, organisiert und festgehalten werden. Hierzu bedient man sich sinnvollerweise eines Werbeplaners, der darüber hinaus den Vorteil bietet, die einzelnen Werbeaktivitäten organisatorisch besser zu koordinieren (vgl. Abb. 67).

Werbeerfolg

Der Werbeerfolg hängt von einer Vielzahl von Faktoren ab: Von der zielgruppenorientierten Werbeidee, der Gestaltung der Werbemittel, dem Einsatz der Werbeträger, dem richtigen Zeitpunkt der Werbung und natürlich auch von der Werbeplanung und den sich aus ihr ergebenden organisatorischen Problemen vor allem im Bereich des Personaleinsatzes. Eine Werbeerfolgskontrolle fällt umso leichter, je unmittelbarer der Kunde angesprochen wird. So wird sich der Erfolg einer Mail-Order-Aktion oder einer gelungenen Schaufensteraktion viel eher in Zahlen ausrechnen lassen als der Werbeerfolg über Streumedien wie einer Zeitung. Allerdings darf man nie den indirekten Werbeerfolg übersehen, der einfach dadurch zum Ausdruck kommt, daß die Gesamteinnahmen steigen, daß vermehrt Kundenkontakte stattfinden oder daß das gute Image am Markt verfestigt wird. Es ist demnach mitunter nicht so wichtig, ob 5 oder 20 Bücher aus einem Schaufenster verkauft werden; der Erfolg besteht vielmehr darin, daß durch das positive Erscheinungsbild der Gesamtumsatz gesteigert wird.

Schau(fenster)werbung

Das Schaufenster ist die Visitenkarte einer jeden Buchhandlung. Obwohl es das individuellste Werbemittel ist – denn selten steht ein und dieselbe Buchauswahl in zwei Buchschaufenstern –, wird die Wirkung dieses Kommunikationsmittels in vielen Läden nicht beachtet bzw. unterschätzt. Häufig dient das Schaufenster ausschließlich als verlängertes Warenlager, die (Gesamt-) Aussage des Fensters ist nicht verständlich, und Bücher werden ohne erkennbare Ordnung hingestellt. Damit reißt man Passanten nicht aus ihrer Gleichgültigkeit und vernachlässigt potentielle neue Kunden.

Folgende Punkte zeichnen ein gelungenes Schaufenster aus. Der Blickfang (Display, Plakat, Attrappe etc.) muß verhältnismäßig groß sein; mit Hilfe von Kopiergeräten, Episkopen oder Dia-Geräten lassen sich selbst kleinere Skizzen vergrößern. Falls das Schaufenster eine Textaussage hat, dann wird auch die Schrift in gut und leicht lesbaren Lettern angefertigt. Der Text sollte so gehalten sein, daß er mehr mitteilt als die Bücher ohnehin bereits zeigen. Also nicht: ‚Ihre Reiseliteratur in unserer Buchhandlung', sondern ‚Für den Kurzurlaub nach ...'. Die aussagekräftige Kombination von Bild/Blickfang und Text bewirkt das Stehenbleiben des Passanten und erfüllt somit das erste A des

Abb. 68: Ein Schaufenster des Autors zum Thema Schauwerbegestaltung im Buchhandel. Gestaltet in der Lehrbuchhandlung der Deutschen Buchhändlerschule. (Foto: Klaus-W. Bramann)

AIDA-Werbeprinzips. Die Bücher werden in Gestaltungsgruppen plaziert, wobei Respekträume zwischen den einzelnen Gruppen einzuhalten sind; denn erst Gruppen machen das Angebot transparent. Mindestens eine Gruppe stellt die Verbindung zum Blickfang/Text her, damit der Blick des Betrachters die Einheit der Fenstergestaltung nicht aus dem Auge verliert. Da das Schaufenster das einzige Werbemittel mit dreidimensionalen Plazierungsmöglichkeiten ist, muß die Tiefe und die Höhe des Raumes genutzt werden, wobei die Lichtlösung (Spots nahe der Schaufensterscheibe, die die Gestaltungsgruppen von vorn beleuchten) für Schattenwurf sorgt und den räumlichen Aspekt vertieft. Formkontraste – vor allem im Blickfangbereich beleben das Schaufenster, und auch Farbkontraste bzw. inszenierte Farb(dis)harmonien können die Wirkung erheblich steigern. Bild- und Leseproben aus Büchern, aber auch buchferne Gegenstände (Gartengeräte, Backformen, Mobiles etc.) illustrieren ein Fenster und verstärken seine Attraktivität.

Die Belegdauer des Schaufensters beträgt etwa zwei bis drei Wochen. Während dieser Zeit sollten die ausgewählten Titel auch im Laden herausgestellt sein; denn das Schaufenster gibt ja nur den ersten Kaufimpuls – der Verkauf findet im Laden statt. Aus dem Fenster entnommene Bücher werden ersetzt, oder man arrangiert neue Gruppen. Denn das Schaufenster behält jeden Tag seine Vorzeige-Funktion. Wenn man die Schaufenstergestaltung vernachlässigt, braucht man sich über das Fernbleiben kauf(un)entschlossener Konsumenten nicht zu wundern.

- ☐ Das Schaufenster sollte mindestens vier Wochen vor dem Einbau geplant und mit anderen Werbemaßnahmen koordiniert sein.
- ☐ Das Schaufenster wirkt stärker als die der Nachbargeschäfte und die der buchhändlerischen Konkurrenz.
- ☐ Jede Stelle des Schaufensters ist aufgrund von Rastern/Leisten o.ä. an der Decke prinzipiell dekorierbar.
- ☐ Es besteht ein richtiges Verhältnis von Streulicht und Punktlicht.
- ☐ Die Verlagsdekohilfen bilden i.d.R. die Grundlagen des eigenen Schaufensterarrangements.
- ☐ Der Blickfang ist in Augenhöhe anzubringen (ca. 150-170 cm von Bodenhöhe).
- ☐ Die Signalwirkung des Blickfangs erreicht auch die gegenüberliegende Straßenseite.
- ☐ Die Schlagzeile/das Motto des Fensters sollte schnell erfaßbar und typographisch gut gestaltet sein.
- ☐ Die Schlagzeile kann unter Umständen durch eine Inszenierung von Blickfang und Ware in Augenhöhe ersetzt werden.
- ☐ Der Blickfang ist mit der ausgelegten Ware optisch verbunden - entweder durch Aufbaupodeste von unten oder durch Bücherketten von oben.
- ☐ Der Schaufensterraum ist kein Warenlager. Werben heißt 'Herausstellen'.
- ☐ Die Gestaltung nutzt die Schaufenstertiefe.
- ☐ Form- und Farbkontraste steigern die Wirkung eines Fensters.
- ☐ Technische Hilfsmittel (Dekoelemente) fallen nicht auf.
- ☐ Die Auslage der Bücher ist in Gestaltungsgruppen arrangiert, wobei einzelne Gruppen durch Respektzonen zu trennen sind.
- ☐ Ein Respektrand zum Fensterabschluß ist einzuhalten. Der freie Raum wirkt als Gestaltungsfaktor.
- ☐ Texttafeln, Abbildungen, Text-/Leseproben aus Büchern, fremde Ware o.ä. können die Wirkung der ausgestellten Titel vertiefen.
- ☐ Entnommene/verkaufte Bücher werden ersetzt, oder es werden neue Gestaltungsgruppen gebildet.
- ☐ Die Belegdauer sollte drei Wochen nicht übersteigen.
- ☐ Umworbene Titel sind auch im Laden herausgestellt.

Abb. 69: Checkliste Schaufenstergestaltung.

In manchen Buchhandlungen verliert das Schaufenster konzeptionell an Bedeutung. Im Zuge von Umbauten wird einem hellen, großzügig gestalteten Eingangsbereich mehr Bedeutung zugemessen als dem Schaufensterbereich. Allerdings tritt dann häufig an die Stelle der traditionellen Schaufenstergestaltung im Innenbereich der Buchhandlung die Schauwerbegestaltung; denn auch dort gilt es, dem Kunden Neues zu zeigen und Themen zu arrangieren. Die Checkliste Schaufenstergestaltung (vgl. Abb. 69) behält somit in vielen Punkten ihre Gültigkeit.

Direktwerbung

Neben der Schau(fenster)werbung wird in vielen Geschäften die Direktwerbung als unverzichtbares Instrument der Kundenbindung gepflegt. Unter Direktwerbung versteht man die unmittelbare, nicht über Medien (Zeitungen, Zeitschriften, Videotext etc.) vermittelte werbliche Kontaktaufnahme zu potentiellen Käufern. Die Palette der werblichen Ansprachemöglichkeiten ist verständlicherweise groß und reicht von schreibmaschinengetippten Literaturlisten systematisch geordneter Neuerscheinungen bis zu aufwendigen Prospektionen für hochpreisige Werke. Bei jeder Direktwerbeaktion wird auf Bestellmöglichkeiten hingewiesen, denn Direktwerbung betreiben heißt: ‚Einen Kunden zu einem Auftrag per Post bewegen' (mail-order-Prinzip). Ob man dabei ein einstufiges Mailing (Adressat bestellt das Objekt) oder aber ein indirektes, mehrstufiges Mailing (Adressat muß nähere Informationen anfordern) in Angriff nimmt, ist von nachgelagerter Bedeutung. Eine Grundvoraussetzung für den Erfolg im Mail-Order-Geschäft ist die Auswahl der Adressen. Mit Hilfe einer gut geführten Kundenkartei bzw. -datei, die nach Interessengebieten differenziert ist, dürfte kaum Streuverlust entstehen. Weitere Adressen kann man in Branchenverzeichnissen recherchieren oder schlichtweg mieten. Große Adreßverlage bieten Anschriften an, die nach diversen

Vorarbeiten: Text und Gestaltung

- ☐ Fixkosten
- ☐ Idee/Konzeption
- ☐ Layout-Erstellung

Adressenbeschaffung

- ☐ firmeneigene Kundenkartei
- ☐ Branchenverzeichnisse
- ☐ Adreßverlage

Werbemittelkosten

- ☐ Werbebrief
- ☐ Prospekt
- ☐ Stuffer (Kleinwerbemittel)
- ☐ Antwort-/Anforderungskarte
- ☐ Versandhülle

Versandkosten (Konfektionieren)

- ☐ Zusammentragen
- ☐ Falzen
- ☐ Kuvertieren
- ☐ Frankieren
- ☐ Postaufliefern

Portokosten

Abb. 70: Kostenfaktoren für ein Mail-Order-Package. (Quelle: K.-J. Schrommen, Direktverkauf (Mail Order) im Buchhandel. In: Neue Lehrbriefe für den Buchhandel, Stuttgart 1983 ff, S. 309)

Kriterien (Beruf, Kaufkraft etc.) selektiert sind. Das Nachschlagewerk ‚Wer liefert was?' listet mehr als 20 Adreßverlage auf, u.a. AZ Direct Marketing Bertelsmann (Gütersloh), RMA Rhein-Main-Adress-Direct-Marketing (Bad Homburg), Scholz (Springe/Berlin) und Merkur (München).

Wenden wir uns dem Mail-Order-Package zu, dem wohl verbreitetsten Direktwerbemittel neben der Zusendung von Literaturlisten und (Weihnachts-)-Katalogen. Ein Mail-Order-Package besteht aus einem Prospekt, einem Werbebrief, einer Bestellkarte sowie dem Versandumschlag; evtl. enthält es noch Teilnahmescheine für Preisausschreiben oder Gutscheine für Werbegeschenke. Der häufig aufwendig gestaltete Prospekt, welcher das Produkt vorstellt und beschreibt, stammt in der Regel vom Verlag. Der Werbebrief, der mit namentlicher Nennung des Umworbenen beginnt (‚Sehr geehrte Frau ...'/‚Sehr geehrter Herr ...') wird von der Buchhandlung konzipiert. Er hat die Funktion, den Nutzen herauszustellen, den der potentielle Käufer von dem Produkt hat. Logischer Aufbau (der berühmte ‚rote Faden'), klare Ausdrucksweise, keine überlangen Sätze und Absätze, überlegte Auswahl möglicher Auszeichnungen (fett, kursiv, Einrückungen etc.), Beschränkung auf eine übersichtlich gestaltete Seite (die nur bei exklusiven, hochpreisigen Objekten sollten Werbebriefe zweiseitig sein) – sind die wesentlichen formalen Anforderungen an einen Werbebrief. Auf der Bestellkarte bzw. dem Bestellcoupon kann eine etwaige Rücknahmegarantie vermerkt sein. Das Logo der Buchhandlung sollte überall markant auftreten (Umschlag, Werbebrief und Bestellkarte), damit der Kunde das Angebot auch mit der werbetreibenden Firma assoziiert. Die Kostenfaktoren für derartige Direktwerbeaktionen sind in der Abb. 70 zusammengefaßt. Die Kosten selber variieren je nach Gestaltung, Umfang, Auflage, Gewicht und Leitbereichen (Sequenz von Postleitzahlen) des Mailings. Wenn man von einem realistischen Rücklauf von 1% bis 3% ausgeht, kann man bereits im Vorfeld ausrechnen, ob der erzielte Rohgewinn nach erfolgtem Verkauf die Kosten für die Mail-Order-Aktion deckt oder wieviel zusätzlicher Gewinn durch den Werbeaufwand erwirtschaftet wird.

Anzeigenwerbung

Sie steht im Kreuzfeuer der Kritik: die Anzeigenwerbung. Den einen sind die Kosten und der Streuverlust zu hoch, die Erfolgskontrolle zu dürftig, während andere Anzeigen für ein durchaus angemessenes Mittel halten, um auf sich aufmerksam zu machen. Obwohl Anzeigen nicht nur in Zeitschriften und Zeitungen, sondern auch in Vorlesungsverzeichnissen, Festschriften örtlicher Vereine o.ä. wirkungsvoll plaziert sein können, beschränken sich die folgenden Ausführungen auf die Werbung in Presseerzeugnissen.

Der erste Schritt zu einer effektiven Anzeigenwerbung besteht in der Mediaplanung. Welche(r) Werbeträger findet/finden bei den Kunden der eigenen Buchhandlung die größte Akzeptanz? Fast alle Zeitungs- und Zeitschriftenverlage lassen in regelmäßigen Abständen Leseranalysen durchführen, die Aufschlüsse durch Altersgruppen, Ausbildung und Haushaltseinkommen der Käufer bzw. Leser geben. Derartige Leseranalysen werden mit weiteren Mediadaten (Preislisten, Verbreitungsanalyse, Auflagenziffern) dem Inserenten

Preisermittlung für Anzeigen:
Die Formel für die Ermittlung von Anzeigenpreisen lautet:
Grundpreis (mm) x Höhe (mm) x Spaltenanzahl x Anzahl der Schaltungen
./. etwaige Nachlässe zuzügl. gesetzlicher Umsatzsteuer

Die folgende schwarz-weiß gehaltene Anzeigenserie einer Buchhandlung im Osten Frankfurts soll 12mal jährlich in der Donnerstagsausgabe erscheinen, 13 cm Höhe aufweisen, sich über zwei Spalten erstrecken und im Anzeigenteil plaziert sein.
Hieraus ergeben sich insgesamt 3.120 belegte Millimeter (130 mm Höhe x 2 Spalten x 12malige Schaltung).

I: Preisermittlung für die Gesamtausgabe der Frankfurter Rundschau:

SCHWARZ-WEISS-ANZEIGEN Gesamtausgabe

Satzspiegel 520 mm hoch 371 mm breit	Anzeigenteil				Textteil		
	mm-Preis DM	Spalten-breite mm	Spalten-zahl	= 1 Seite 4160 mm brutto DM	mm-Preis DM	Spalten-breite mm	Spalten-zahl
Grundpreis							
Mo. — Fr.	**7,75**	**45**	**8**	**32 240,-**	**31,50**	**58**	**6**
Samstag*)	**8,50**	**45**	**8**	**35 360,-**	**34,70**	**58**	**6**

Nachlässe:

Mengenstaffel
für Millimeterabschlüsse von mindestens

1 000 mm	3%	30 000 mm	21%
3 000 mm	5%	40 000 mm	22%
5 000 mm	10%	60 000 mm	23%
10 000 mm	15%	80 000 mm	24%
20 000 mm	20%	100 000 mm	25%

Ab 150 000 mm sind Sondervereinbarungen möglich

7,75 DM x 130 x 2 x 12 = 24.180,-- DM
24.1480,-- DM ./. 5% Mengenstaffel =22.971,-- DM
22.971,-- DM zuzügl. 15% MwSt. = 26.416,65 DM
➔ 1 Anzeige = 26.416,65 DM : 12 = 2.201,39 DM

II. Preisermittlung für die Stadtteil-Rundschau der Frankfurter Rundschau

Stadtteil-Rundschau in Frankfurt am Main

	Anzeigenteil	Textteil	Satzspiegel
Spaltenbreite	45 mm	58 mm	520 mm hoch, 371 mm breit
Spaltenzahl	8	6	1 Seite = 4160 mm

	Schwarzweiß-Anzeigen			Farbanzeigen	
	Grundpreis je mm DM	Textteil je mm DM	Kopffeld je mm DM	1 Buntfarbe je mm DM	3 Buntfarb. je mm DM
Stadtteil-Rundschau Gesamtbelegung	2,75	8,25	12,00	4,10	4,80
Teilbelegung Nord/West	1,25	3,60	—	1,80	—
Ost	—,95	2,85	—	1,40	—
Süd	—,60	1,80	—	—,90	—

Eckfeldanzeigen = 1,333 Anzeigenspalten
Kopffeldanzeigen: Festgröße 30 mm (58 mm breit)
Mindestgrößen Farbanzeigen: 1 Zusatzfarbe = 500 mm, drei Zusatzfarben = 1000 mm

Nachlässe, wahlweise Mal- oder Mengenstaffel
(es kann nur eine von beiden Staffeln gewählt werden)

Malstaffel für mehrmalige Veröffentlichungen		**Mengenstaffel** für Millimeterabschlüsse von mindestens			
		1 000 mm	3%	30 000 mm	21%
12 mal	10%	3 000 mm	5%	40 000 mm	22%
24 mal	15%	5 000 mm	10%	60 000 mm	23%
52 mal	20%	10 000 mm	15%	80 000 mm	24%
		20 000 mm	20%	100 000 mm	25%

0.95 DM x 130 x 2 x 12 = 2.964,--DM
2.964,-- DM ./. 10% Malstaffel = 2.667,60 DM
2.667,60 DM zuzügl. 15% MwSt. = 3.067,74 DM
➔ 1 Anzeige = 3.067,74 DM : 12 = 255,65 DM

Abb. 71: Anzeigenpreisermittlung am Beispiel von zwei Ausgaben der Frankfurter Rundschau (Anzeigenpreise Stand Januar 1994).

zur Verfügung gestellt. In den Mediadaten – und auch im Impressum – findet man häufig ein ivw-Zeichen. Hinter der Abkürzung *ivw* verbirgt sich die *Arbeitsgemeinschaft zur Feststellung der Verbreitung von Werbeträgern*. Diese *Arbeitsgemeinschaft*, der sich mehr als 1.000 Verlage freiwillig angeschlossen haben, überprüft die Auflagenzahlen der Presseerzeugnisse (gedruckte, verbreitete, verkaufte, unentgeltlich vertriebene Auflage), um den Insertionswilligen verläßliche Daten über die Werbeträger zur Verfügung zu stellen.

Große Zeitungshäuser verlegen neben einer Gesamtausgabe unterschiedliche Teilausgaben, die in regionaler Berichterstattung und im dazugehörigen Anzeigenteil voneinander abweichen. So vertreibt z.B. die Frankfurter Rundschau *Lokal-Rundschauen* für diverse Landkreise und *Stadtteil-Rundschauen* für einzelne Stadtgebiete. Je größer das Verbreitungsgebiet und je höher die Auflagenzahl, desto teurer wird der Preis für eine Anzeige bzw. eine Anzeigenserie. Abb. 71 zeigt den Kostenvergleich zwischen der Gesamtausgabe und einer Stadtteil-Ausgabe am Beispiel der Frankfurter Rundschau.

Häufig erfüllen gerade Anzeigen die Funktion einer Erinnerungswerbung. Deshalb sollte man bei dieser Werbeform weniger punktuell als vielmehr kontinuierlich denken. So wie Lesungen am wirkungsvollsten in Lesereihen eingebettet sind (gleicher Wochentag, gleiches Layout für vergleichbare Werbemittel u.a.m.), bieten auch Anzeigenserien die Möglichkeit, die Buchhandlung regelmäßig ins Gespräch zu bringen und trotzdem abwechselnd Themen oder firmenindividuelle Leistungen herauszuheben.

Sales Promotion und PR

Neben der ökonomischen Form der Werbung werden verkaufsfördernde Maßnahmen (Sales Promotion) und die Öffentlichkeitsarbeit (PR = Public Relations) als Mittel der unternehmerischen Kommunikationspolitik eingesetzt. Zu den verkaufsfördernden Maßnahmen zählen im Buchhandel vor allem Lesungen und Signierstunden – Aktionen, die Abwechslung in den buchhändlerischen Alltag bringen und zusätzliche Anregungen für Bücherkäufe bieten. Doch diese Aktivitäten wollen nicht nur den Umsatz steigern, sondern auch ein bestimmtes Bild in der Öffentlichkeit bewirken. (Diese Buchhandlung ist engagiert in Sachen … .) Sie fördern das Ansehen der Firma und beeinflussen so die Meinung der Öffentlichkeit zugunsten der Unternehmung. PR bezweckt, daß andere positiv über die Buchhandlung sprechen und denken – sei es im redaktionellen Teil der Tageszeitung, in Literaturzirkeln oder in Hobby- und Sportvereinen.

Die Grenzen zwischen PR und anderen Kommunikationsformen, wie Werbung und Journalismus, sind nicht immer eindeutig zu ziehen. Auf der einen Seite geht PR über die Werbung hinaus, weil sie nicht primär marktorientiert ist, auf der anderen Seite geht PR über reinen Journalismus hinaus, weil die vermittelte Information auch unter Firmen- und damit auch unter Absatzgesichtspunkten zu sehen ist.

Ideen zu Sales Promotion-/PR-Veranstaltungen (Stichwort: event) sind bei einem so vielschichtigen Medium wie dem Buch schnell gefunden. Neben den ‚klassischen' Aktivitäten anläßlich von Jubiläen jeglicher Art bieten sich Vor-

Vorbereitende Werbe-/PR-maßnahmen

- ☐ Werbemittel (Plakate, Prospekte, Anzeigen o.ä.) aufeinander abstimmen
- ☐ Werbeträger für die unterschiedlichen Werbemittel festlegen
- ☐ Handzettel mit bio- und bibliographischen Daten des Autors erstellen
- ☐ Einladungen für Kunden und Presse schreiben
- ☐ Pressetext für den redaktionellen Teil der Zeitungen vorbereiten
- ☐ Plakate, Displays, Autorenfotos o.ä. beim Verlag anfordern
- ☐ Ausreichende Buchanzahl zu Aktions-Bezugsbedingungen ordern
- ☐ Sonderfenster gestalten und Bücher bereits auf Aktionsmöbeln präsentieren

u.a.m.

Ausstattung des Raumes

- ☐ Für Bestuhlung sorgen (evtl. auch für Kinder)
- ☐ Lesetisch für den Autor zurechtmachen (Tischdecke, Getränk, Sitzmöglichkeit)
- ☐ Beleuchtung überprüfen
- ☐ Zu- und (Not-)Ausgänge kenntlich machen
- ☐ Veranstaltung auch vor der Tür durch Aushang von Plakaten anzeigen
- ☐ Plakat hinter dem Autor aufhängen (sinnvoll für etwaige Pressefotos)
- ☐ Bei geschlossener Veranstaltung in fremden Räumlichkeiten Verkaufstische mit Standbetreuung organisieren

u.a.m

Durchführung der Lesung

- ☐ Abholen des Autors
- ☐ Begrüßung der eintreffenden Gäste
- ☐ Bekanntmachen des Autors für Presseinterviews
- ☐ (Persönliche) Begrüßungsrede mit Einführung des Autors
- ☐ Betreuung und Platzzuweisung für Zuspätkommende
- ☐ Evtl. Bewirtung, Umtrunk o.ä. überprüfen

u.a.m.

Nachbereitung der Lesung

- ☐ Dankesschreiben an Autor mit Fotos und Reaktionen auf den Abend
- ☐ Meldung beim Verlag mit Presseberichten
- ☐ Manöverkritik mit Angestellten oder Mitveranstaltern
- ☐ Signierte Bücher des Autors mit Hinweis auf die Lesung im Laden weiterhin an exponierter Stelle auslegen

u.a.m.

Abb. 72: Checkliste Autorenlesung

stellungsabende von Novitäten, Film-, Dia- oder Tonbildvorführungen an, weiterhin Fahrten zu Buchmessen oder regionalen Büchertagen, Schaufenstergestaltungen durch Schulklassen oder ortsansässige Vereine, prämierte Vorlesungswettbewerbe, auch ein ,Tag der offenen Tür' u.a.m. Dabei ist stets darauf zu achten, daß das Erscheinungsbild ein einheitliches sein soll. Um die Kontaktpflege zur Presse zu optimieren, bietet es sich an, vorab Pressemappen zu erstellen, in denen die ,öffentliche Relevanz' der Veranstaltung hervorgehoben wird; so braucht sich der Journalist während der Veranstaltung nur noch einen zusätzlichen persönlichen Eindruck zu verschaffen. Nicht überflüssig zu erwähnen: Auch die Mitarbeiter der Firma müssen optimal informiert und an den Aktionen beteiligt werden.

Lesungen

Eine der wirkungsvollsten Maßnahmen einer Buchhandlung, sich Öffentlichkeit zu verschaffen, besteht darin, Buchautoren lesen und signieren zu lassen. Je nach Profil, Engagement und zur Verfügung stehendem Etat wird die Buchhandlung vielversprechenden Newcomern der Literaturszene ein Podium zur Verfügung stellen oder (regionale) Autoren mit hohem Bekanntheitsgrad lesen lassen. Die erste Kontaktaufnahme erfolgt in der Regel über den Verlag; dies muß aber zwangsläufig nicht sein. Denn auch in ,Kürschners Deutschem Literaturkalender' (de Gruyter) sowie im P.E.N. Autorenlexikon der Bundesrepublik Deutschland stehen die Adressen, oder sie können über literarische Agenturen in Erfahrung gebracht werden.

Wenn die Lesung nicht in den eigenen Räumlichkeiten stattfinden kann, bemüht man sich um Mitveranstalter, die sich in Bildungseinrichtungen, wie Bibliotheken, VHS u.a., finden lassen. Bei zu hoher Saalmiete trägt ein angemessenes Eintrittsgeld zur Finanzierung der Aktion bei; es schreckt zwar vielleicht einige Kunden vom Kommen ab, erhöht aber unbestritten den ,Wert' der Veranstaltung. Wo die Veranstaltung auch stattfindet, der geeignete Kooperationspartner ist der Autor des Verlags; denn jede Lesung ist auch für den Verlag eine verkaufsfördernde Maßnahme. So stellt der Verlag Autorenplakate zur Verfügung, liefert die Bücher zu günstigen Konditionen (RR, Aktionsrabatt etc.), beteiligt sich an flankierenden Werbemaßnahmen und finanziert mitunter Reise- und Übernachtungskosten seines Autors, der im Mittelpunkt der Veranstaltung stehen darf und soll. Der Buchhändler hat die Aufgabe, ihn einzuladen, für seine Übernachtung zu sorgen, ihn zu bewirten, ihn über Ablauf der Lesung und des geplanten (Rahmen-)Programms zu informieren, ihn zu Beginn der Veranstaltung einleitend zu begrüßen, ihm wichtige Personen (Persönlichkeiten des Kulturlebens der Stadt, Redakteure der Presse) zuzuführen und ihm auch eine Nachbereitung der Lesung zukommen zu lassen.

Nur eine reibungslos funktionierende Organisation (vgl. Abb. 72), die in ein schlüssiges Kommunikationskonzept der jeweiligen Buchhandlung eingebettet sein muß, schafft die Voraussetzung für ein physisches und geistiges Zusammentreffen von Autor und Leser. Hier wird der Buchhandelsstand – im wahrsten Sinne des Wortes – der Rolle gerecht, die er auch in Zukunft einnehmen möchte: der Rolle des Kulturvermittlers.

7 Bibliographie

Die Notwendigkeit des Bibliographierens stellt sich in allen Bereichen des Buchhandels. So müssen Verlage ihre Titel schützen, der Zwischenbuchhandel muß effiziente Verzeichnisse für das Sortiment erstellen, das Sortiment hat mit zahlreichen konkreten Kundenanfragen zu tun, und der Antiquar ermittelt Ausgaben und Preise alter Bücher. Weitere Benutzer von Bibliographien sind Bibliotheken und Wissenschaftler, die jeweils auf ihre Weise mit dem Buchhandel verbunden sind. Grundlegend unterscheidet man zwischen *aktivem Bibliographieren* (Verzeichnisse erstellen) und *passivem Bibliographieren* (Verzeichnisse benutzen). Beide Aspekte des Bibliographierens sind in allen Bereichen des Buchhandels anzutreffen.

Der Begriff *Bibliographie* kommt aus dem Griechischen (biblion = das Buch, gráphein = schreiben; biblio-graphia = Bücherschreiben). Heute versteht man unter Bibliographie ein nach bestimmten Gesichtspunkten geordnetes Druckschriftenverzeichnis. Andere Medien, wie Videokassetten, Musikkassetten und Software – mit oder ohne Buch –, werden unter dem Begriff Bibliographie subsumiert, soweit es Erzeugnisse aus dem Verlagswesen sind. Daneben gibt es inzwischen auch die Begriffe Diskographie für Tonträger und Filmographie für Filme.

Die wohl gebräuchlichste Bedeutung von Bibliographie ist die eines Bücherverzeichnisses. Anhand solcher Verzeichnisse – wobei es keine Rolle spielt, ob sie als Print- oder als EDV-Medien vorliegen – können die in der Praxis anfallenden Arbeiten erledigt werden.

7.1 Aufgaben der Bibliographie

Die Bibliographie hat in der buchhändlerischen Praxis drei verschiedene Aufgabenbereiche, die jeweils durch zwei Beispiele verdeutlicht werden sollen.

Titelsuche

Unter einer Titelsuche versteht man das Ergänzen fehlender bibliographischer Daten, die zur Identifizierung eines Titels notwendig sind.

Fall 1
Ein Kunde kommt in eine Buchhandlung und kennt von einem lieferbaren Buch nur den Titel bzw. einzelne Wörter des Titels.

Fall 2
Ein Kunde kennt nur den Autor sowie den Verlag eines Buches, jedoch nicht den Titel.

Literatursuche/Literaturzusammenstellung

Im Rahmen der Literaturzusammenstellung werden Publikationen gesucht, die inhaltlich zusammengehören.

Fall 1
Ein Wissenschaftler sucht Bücher über ein bestimmtes Gebiet, über eine bestimmte Person oder über bestimmte Zeiträume.

Fall 2
Verlage wollen wissen, welche Titel zu bestimmten Themen – evtl. in bestimmten Kulturkreisen – verlegt worden sind.

Literaturkontrolle

In diesem Bereich der Bibliographie verschafft man sich gezielt Informationen über Neuerscheinungen.

Fall 1
Der Buchhändler ist nicht nur im Fachbuchbereich daran interessiert, ein aktuelles Lager in den Sortimentsbereichen zu haben, die er schwerpunktmäßig führt. So wird er ständig die für ihn relevanten neuesten Verlagskataloge sowie zweimal wöchentlich die Anzeigen im Börsenblatt bearbeiten.

Fall 2
Eine wissenschaftliche Bibliothek wird die Deutsche Nationalbibliographie benutzen. Diese erfaßt die deutschsprachigen Veröffentlichungen und bietet in einer speziellen Reihe, die wöchentlich erscheint (Reihe N: Vorankündigungen Monographien und Periodika), einen Informationsdienst für in naher Zukunft erscheinende Literatur an.

Die Anzahl der Verzeichnisse, die für die verschiedenartigen bibliographischen Recherchen zur Verfügung stehen, dürfte von der Größe und Zielsetzung der jeweiligen Unternehmen abhängig sein, die sie benutzen. So wird im Buchhandel eine kleinere allgemeine Sortimentsbuchhandlung mit weniger Verzeichnissen auskommen als ein differenziertes großes Sortiment. Auch im Bibliotheksbereich kommt eine kleine Stadtbücherei mit weniger Nachschlagewerken aus als eine renommierte Universitätsbibliothek.

Die Arbeit im Sortimentsbuchhandel kann unterstützt werden durch die Benutzung örtlicher bzw. nahe gelegener (wissenschaftlicher) Bibliotheken. Ansonsten steht es jedem Unternehmen frei, bibliographische Auskunftsstellen zu befragen. Gebührenpflichtige Auskünfte erhält man von der *Deutschen Bibliothek* oder von *O. Gracklauer*, einer bibliographischen Agentur in Berlin, die für zahlreiche Verlage den Titelschutz organisiert und Urheberrechtsfragen klärt.

7.2 Bibliographiearten

Die Vielfalt der Arten von Bibliographien ist auf den ersten Blick verwirrend. Deshalb sollte man sich bei einer unbekannten Bibliographie zunächst einmal den Titel, die Benutzerhinweise sowie einige Einträge ansehen. Im Zusammenhang mit der Klärung der folgenden Punkte läßt sich dann die jeweilige Bibliographieart bestimmen (Beispiele hierzu sind jeweils eingerückt.).

Zeichen des Anfragers: ______________________ Zeichen der Auskunft: __________

Datum: ______________ Datum: ______________

An die
Deutsche Bibliothek
6.2.1. Bibliographische Auskunft
Zeppelinallee 4–8
6000 Frankfurt 1

Bibliographische Ermittlungen zu folgender Veröffentlichung:
(Bitte ausfüllen, soweit bekannt)

1. Verfasser (mit ausgeschriebenem Vornamen) ______________________

   Titel ______________________

   Erscheinungsort und Erscheinungsjahr ______________________

   Verlag bzw. herausgebende Institution ______________________

2. Titelschutz. Überprüfung, ob folgender Titel in der Datenbank Biblio-Data (1966 ff.) oder in der neuesten Ausgabe des „Verzeichnisses lieferbarer Bücher“ enthalten ist:

   ____

3. Literaturzusammenstellung zum Thema:
   (evtl. stichwortartige Beschreibung, Nennung von Suchbegriffen)

   ____

   ____

   ____

Bitte nur Titel aus den letzten 2–3 Jahren ☐
Auch Titel aus weiter zurückliegenden Jahren ☐ bis einschließlich __________ Maximal __________ Titel
Wir bitten um die Übersendung einer Rechnung ☐

Adresse für Rückantwort

Gebührenmarken sind zu beziehen gegen Voreinsendung des Betrages auf das Postscheckkonto Nr. 8971 der Bundeskasse Frankfurt/M., **für Deutsche Bibliothek,** Titel 0602–68523 / 11101.

Anfrageformulare werden zusammen mit den Gebührenmarken zugesandt.

Abb. 1: Auskunftsformular der Deutschen Bibliothek in Frankfurt am Main. Eine Auskunft kostet DM 2,– (Stand 1991)

Erscheinungsform

Wenn es eine eigenständige Publikation ist und im Titel auch noch Bibliographie, Verzeichnis o.ä. vorkommt, dann handelt es sich um eine *selbständige Bibliographie*.

Deutsche Nationalbibliographie
Books in Print

Nicht zu vergessen sind jedoch die *unselbständigen, versteckten Bibliographien* – auch *Kryptobibliographien* genannt. Sie gibt es in Form von Literaturanhängen und Quellenangaben in Monographien jeder Art, aber auch in mehrbändigen Lexika oder Enzyklopädien.

Rowohlts Bildmonographien
Kindlers Literatur Lexikon
Kürschners Deutscher Literatur-Kalender

Erscheinungsweise

Es gibt Verzeichnisse, die über zurückliegende Zeiträume berichten, was in der Regel durch die Angabe des Berichtszeitraumes im Titel angegeben wird. Diese Verzeichnisse nennt man *abgeschlossene* oder auch *retrospektive Bibliographien.*

Gesamtverzeichnis des deutschsprachigen Schrifttums 1911–1965

Für die aktuelle Recherche, z.B. im Rahmen der Literaturkontrolle, eignen sich Verzeichnisse, die regelmäßig erscheinen und fortlaufend berichten. Derartige Nachschlagewerke, die in jedem Heft nur neue Informationen bringen, nennt man *laufende* oder auch *periodische Bibliographien.*

Deutsche Nationalbibliographie, Reihe A und B (vgl. 7.6)

Leider haben solche Bibliographien den Nachteil, daß man nach einem längeren Zeitraum Informationen in den einzelnen Heften suchen muß. Deshalb gibt es zu festgelegten Zeiträumen kumulierende, d.h. zusammenfassende Verzeichnisse.

Deutsche Nationalbibliographie.
Die Reihen A und B werden kumuliert zu Halbjahres- und zu Fünfjahresverzeichnissen.

Einen Spezialfall der laufenden Bibliographien stellen aktualisierende Verzeichnisse dar. Sie bieten zu jedem Erscheinungstermin nicht nur neue Informationen, sondern übernehmen auch Angaben aus älteren Ausgaben. Derartige Bibliographien sind in der Regel handelsorientiert.

Barsortimentskataloge
Verzeichnis lieferbarer Bücher

Inhalt

Wenn dem Titel der Bibliographie das Gebiet bzw. das Thema der zusammengestellten Bücher zu entnehmen ist, dann spricht man von einer *Fachbibliographie* oder einem *Fachkompendium* (vgl. Kap. 7.5).

Führer durch die technische Literatur
Geo-Katalog

Sind Publikationen aus allen Gebieten in einer Bibliographie aufgeführt, liegt eine *Allgemeinbibliographie* vor.

Verzeichnis lieferbarer Bücher
Deutsche Nationalbibliographie

Bibliographien, die thematisch alle Bereiche abdecken, die aber nach formalen Kriterien Einschränkungen vornehmen, werden zu den Allgemeinbibliographien gezählt. Derartige „Spezial"-Bibliographien sind z.B.:

Halbjährliches Verzeichnis Taschenbücher
Deutschsprachige Zeitschriften
Verzeichnis lieferbarer Schulbücher

Erstellungsweise

Wenn die bibliographischen Angaben dem körperlich vorliegenden Buch entnommen werden, wird eine *Primärbibliographie* erstellt. Da es sich bei diesem Vorgang um ein ‚in Augenschein nehmen' handelt, spricht man auch von einer Titelaufnahme nach *Autopsie*.

Deutsche Nationalbibliographie, Reihe A

Mitunter ist es jedoch sehr aufwendig, alle Bücher vorliegen zu haben. Als Alternative kann man die bibliographischen Angaben nach fremden Angaben (z.B. Meldungen der Verlage) übernehmen. Eine so erstellte Bibliographie nennt man eine Sekundärbibliographie.

Verzeichnis lieferbarer Bücher

Titelbeschreibung

Wenn ein Verzeichnis die bibliographischen Angaben – mehr oder weniger ausführlich – aufführt, spricht man von einer *reinen* oder *anzeigenden Bibliographie*; der entsprechende Fachterminus heißt *Titelbibliographie*. In den meisten Fällen reichen die gegebenen Informationen für bibliographische Recherchen aus.

Verzeichnis lieferbarer Bücher
Barsortimentskataloge

Wenn man aber nicht nur die Auskunft, ob es ein Buch gibt, sondern darüber hinaus noch Informationen zum Inhalt wünscht, dann muß man auf *annotierende Bibliographien* zurückgreifen. Sie sind im wissenschaftlichen Bereich in verstärktem Maße anzutreffen. Diese Nachschlagewerke enthalten – zuzüglich der bibliographischen Angaben – Anmerkungen und Erläuterungen. Sind die Anmerkungen wertneutral, spricht man von referierenden oder analytischen Bibliographien, sind sie jedoch kritisch oder wertend, spricht man von räsonierenden Bibliographien.

M. Schlaefer, Kommentierte Bibliographie zur deutschen Orthographietheorie und Orthographiegeschichte im 19. Jahrhundert. (= annotierend referierend)

Germanistik. Internationales Referatenorgan (= annotierend räsonierend)

Zweck

Bei den bibliographischen Recherchen im Buchhandel müssen Antworten auf Fragen gegeben werden wie:
Wo ist das Buch erschienen?
Ist das Buch noch lieferbar?
Was kostet es?
Welches ist die neueste Auflage?
Über diese für den Handel wichtigen und notwendigen Daten informieren die *buchhändlerischen Bibliographien.*

Barsortimentskataloge
Verzeichnis lieferbarer Bücher

Eine *wissenschaftliche Bibliographie* wendet sich an einen anderen Benutzerkreis und muß demnach folgende Fragen beantworten können:
Welche Bücher und Zeitschriften informieren grundlegend über ein Wissenschaftsgebiet?
Welche Aufsätze findet man in welchen Zeitschriften, Festschriften oder anderen Monographien?

J. Hansel, Bücherkunde für Germanisten
J. Busch, Bibliographie zum Bibliotheks- und Büchereiwesen

Umfang

Für umfassende Arbeiten sind Bibliographien wünschenswert, die versuchen, das erscheinende Schrifttum vollständig zu erfassen. Allerdings sind den *vollständigen Bibliographien* durch die gestiegene Produktion innerhalb und außerhalb des Verlagsbuchhandels (= sog. graue Literatur) Grenzen gesetzt. Dem Ideal der vollständigen Bibliographie kommen die Nationalbibliographien am nächsten. Sie erfassen und systematisieren die Literatur aufgrund gesetzlicher Bestimmungen (Pflichtstückverordnungen; vgl. Kap. 7.6). Da man den Begriff ‚national' auf die Sprache ausgeweitet hat und neben den Pflicht- auch freiwillige Belegexemplare gesammelt werden, sind National-

Bibliographien kann man unterscheiden nach ...		Beispiele (Auswahl)
1. ... ihren Erscheinungsformen		
1.1	Selbständige Bibliographie	BS, DNB, VlB
1.2	Unselbständige Bibliographie	
2. ... ihren Erscheinungsweisen		
2.1	Retrospektive Bibliographie	
2.2	Laufende, periodische Bibliographie	
2.2.1	immer neue Information	DNB
2.2.2	aktualisierende Information	BS, VlB
3. ... ihren Inhalten		
3.1	Allgemeine Bibliographie	BS, DNB, VlB
3.1.1	Taschenbuchverzeichnisse	BS-Taschenbuchkataloge
3.1.2	Schulbuchverzeichnisse	BS-Schulbuchkataloge, VlS (Verzeichnis lieferbarer Schulbücher)
3.1.3	Zeitschriftenverzeichnisse	
3.2	Fachbibliographien	BS-Kompendien
4. ... ihren Erstellungsprinzipien		
4.1	Primärbibliographie	BS (bis auf angekündigte Novitäten), DNB (außer Reihe N)
4.2	Sekundärbibliographie	VlB
5. ... der Art der Titelbeschreibung		
5.1	Titelbibliographie	BS, DNB, VlB
5.2	Annotierende Bibliographie	
5.2.1	Referierende Bibliographie	
5.2.2	Räsonierende Bibliographie	
6. ... ihrem Zweck		
6.1	Buchhändlerische Bibliographie	BS, VlB, DNB in begrenztem Umfang
6.2	Wissenschaftliche Bibliographie	DNB in unterschiedlichen Reihen
7. ... ihrem Umfang		
7.1	Auswahlbibliographie	BS-Kompendien
7.2	Vollständige Bibliographie	DNB, BS, VlB

Abb. 2: Übersicht über Bibliographiearten in Kurzform.
Bei der Auswahl der Beispiele werden bewußt nur die Verzeichnisse der Barsortimente (= BS), das Verzeichnis lieferbarer Bücher (= VlB) sowie die Deutsche Nationalbibliographie (= DNB) herangezogen. Weitere Beispiele sind dem laufenden Text zu entnehmen. Die einzelnen Reihen der Deutschen Nationalbibliographie werden in Abschnitt 7.6 vorgestellt.

bibliographien – in bezug auf die Herkunft des Titelmaterials – eigentlich internationale Bibliographien.

Deutsche Nationalbibliographie

Neben den Bibliographien, die die Vollständigkeit anstreben, gibt es Verzeichnisse, die selektieren. Derartigen *Auswahlbibliographien* können unterschiedliche Selektionskriterien zugrunde liegen:

- der Inhalt (bei diversen Fachbibliographien)
- die Qualität der verzeichneten Bücher (bei prämierten Büchern) etc.

Oft ist bereits im Titel, auf jeden Fall aber bei den Benutzerhinweisen das Auswahlkriterium erkennbar.

7.3 Namens- und Titelansetzung in Bibliographien

Nachdem ein Überblick über die verschiedenen Bibliographiearten gegeben worden ist, stellt sich nun die Frage: Wie kommt man zu den gewünschten Informationen in den Verzeichnissen?

Haupteinträge und Nebeneinträge

Zunächst einmal muß auf die grundlegende Unterscheidung zwischen Haupt- und Nebeneinträgen hingewiesen werden. Unter den Haupteinträgen stehen im Anschluß an das Ordnungswort alle Angaben (Titel, Untertitel etc.), die für die Bibliographien wichtig sind. Mögliche Nebeneinträge verweisen jeweils auf den Haupteintrag.

Ein Beispiel aus dem Barsortimentskatalog der Unternehmensgruppe KNO/K&V/GW (die Sigelung wurde für dieses Beispiel weggelassen):

Haupteintrag im Autorenkatalog:
Hertz, Anselm; Loose, Helmuth N.: Fra Angelico. 81. 189 S. m. zahlr. SW-Abb. im Text und 65 Farbabb. auf Taf. 27,5 cm, 3-451-19256-X, Herder, FR., 1834331, Geb. 29.80.

Eintrag im Autorenkatalog:
Loose, Helmuth N. → Hertz, Anselm; Loose, Helmuth N.: Fra Angelico, 3-451-19256-X, Herder, FR., 1834331

Eintrag im Stichwort- und Titelregister:
Fra Angelico → Hertz, Anselm; Loose, Helmuth N.

Eintrag im Stichwort- und Titelregister:
Angelico, Fra → Hertz, Anselm; Loose, Helmuth N.

Das aufgeführte Beispiel zeigt, daß es verschiedene Nebeneinträge geben kann. Einesteils können sie in dem Alphabet auftreten, in dem auch der Haupteintrag steht. Wenn dies der Fall ist, dann werden die Haupteinträge (oder aber die Nebeneinträge) in der Regel durch eine abweichende Schriftgröße oder -stärke, manchmal sogar durch eine andere Typographie, hervorgehoben. Anderenteils – und dies ist u.a. bei den Barsortimentskatalogen der Fall – stehen weitere Einträge in speziellen Registerbänden. Derartige Register haben eine reine Verweisfunktion; sie sind für die alltägliche Titelsuche unerläßlich.

Die Aufteilung zwischen einem alphabetischen Autorenverzeichnis und alphabetisch geordneten Registerbänden ist jedoch nicht für alle Bibliographien verpflichtend. So faßt beispielsweise das ‚Verzeichnis lieferbarer Bücher' (VlB) das Autorenalphabet sowie das Titel- und Stichwortregister in *einem* alphabetischen Verzeichnis (Kreuzregister) zusammen.

Das *Ordnungswort* leitet den Haupteintrag ein. Normalerweise ist der Nachname eines Autors das Ordnungswort. In drei Fällen jedoch wird das Ordnungswort dem Titel entnommen, und zwar wenn ...

... eine Publikation keinen Autor aufweist, d.h. anonym erschienen ist
... eine Publikation von mehr als drei Autoren verfaßt worden ist
... eine Publikation nur einen Herausgeber nennt.

In solchen Fällen wird der Titel zu einem Sachtitel.

Das grundlegende Alphabet in den Bibliographien ist demnach ein kombiniertes Autoren- und Sachtitelalphabet. Für die Namens- und Sachtitelansetzung eines solchen Alphabets gibt es ‚alte' und ‚neue' Regeln: die *Preußischen Instruktionen* (PI), die seit 1899 gelten, sowie die *Regeln für die alphabetische Katalogisierung* (RAK), die seit den 60er Jahren Anwendung finden.

Preußische Instruktionen (PI)

Seit 1899 gibt es die *Instruktionen für die alphabetischen Kataloge an Preußischen Bibliotheken* – kurz ‚Preußische Instruktionen' (PI) genannt. Diese Anleitungen versuchten, die bis dahin (unterschiedlich) praktizierten grammatikalischen Ordnungen zu vereinheitlichen. In 241 Paragraphen wurde geregelt, was bei Aufnahme und Ordnung der Titel zu beachten ist (Namensansetzung, Reihenfolge der Werke eines Verfassers, Format etc.). Die wichtigsten Bestimmungen werden hier kurz vorgestellt.

Mittelalterliche Autoren werden unter dem persönlichen Namen (Taufnamen) angesetzt (§ 91), ebenso Autoren der Übergangszeit, die zwar schon einen Familiennamen haben, aber unter ihrem Vornamen bekannter sind (§ 92). Ist es bei einem Autor der Übergangszeit zweifelhaft, ob der Zusatz noch Beiname oder schon Familienname ist, wird der Zusatz als Familienname behandelt (§ 93).

Hartmann von Aue → <u>Hartmann</u> von Aue
Dante Alighieri → <u>Dante</u>
Oswald von Wolkenstein → <u>Wolkenstein</u>, Oswald von

In *germanischen Sprachen* wird der Artikel vor dem Namen nicht berücksichtigt, in *romanischen Sprachen* dagegen zum Namen gezählt (§ 108).

Hans der Kinderen → <u>Kinderen</u>, Hans der
Roger le Sage → <u>LeSage</u>, Roger

Präpositionen vor (Artikel und) Namen werden nicht berücksichtigt (§ 109)
Alexander von Humboldt → Humboldt, Alexander von
Piet van der Velde → Velde, Piet van der
Verschmelzungen aus Präpositionen und Artikel zählen zum Namen (§ 110).
Peter zur Megede → ZurMegede, Peter
Bei Doppelnamen – mit oder ohne Bindestrich – wird der erste Teil des Namens Ordnungswort (§ 115).
Hans Schulze-Delitzsch → Schulze-Delitzsch, Hans
Bei Sachtiteln gilt: Das erste grammatikalisch unabhängige Substantiv wird Ordnungswort (‚substantivum regens', vgl. § 187).
Die entlarvte böse Sieben → Sieben
Über das von den Justizbehörden behufs Erwirkung von Auslieferung zu beobachtende Verfahren → Verfahren

In der Nachkriegszeit befolgte die Deutsche Bibliographie in der Bundesrepublik Deutschland die Preußischen Instruktionen bis zum Jahr 1965, während die Deutsche Nationalbibliographie in der ehemaligen Deutschen Demokratischen Republik bis zum Jahr 1974 danach arbeitete. Wer auch immer in älteren Verzeichnissen oder Bibliothekskatalogen nachschlagen muß – ohne Grundkenntnisse der Preußischen Instruktionen wird man manch einen Titel vergeblich suchen.

Regeln für die alphabetische Katalogisierung (RAK)

Seit 1966 verwendet die Deutsche Bibliographie – und in der Folgezeit (fast) alle anderen Verzeichnisse im deutschsprachigen Raum – das Ordnungsprinzip der *mechanischen Wortfolge*. Das Regelwerk dafür, die *Regeln für die alphabetische Katalogisierung (RAK)*, wurde erstmals 1977 publiziert. Im Vorwort versuchte man, den Stellenwert des neuen Ordnungssystems zu umschreiben:

> „[...] als ein Regelwerk [...], das den heutigen Formen und Titelangaben von Veröffentlichungen und dem Informationsverhalten der Benutzer unserer Zeit gerecht zu werden suchte, das den internationalen Konsens in der Katalogisierung anstrebte und das die zur Präzision zwingenden Ansprüche der elektronischen Datenverarbeitung berücksichtigte."

In der Zwischenzeit gibt es eine RAK für wissenschaftliche Bibliotheken (RAK-WB) und eine für Öffentliche Bibliotheken (RAK-ÖB), die sich in der Ausführlichkeit bzw. der Genauigkeit der Angaben unterscheiden.

Die Ansetzung der Namen von Personen wird in den Paragraphen 301–342 behandelt. Für den Buchhandel gelten folgende grundlegende Regeln, selbst wenn sie teilweise mit einigen Abweichungen angewandt werden.

Mittelalterliche Autoren (zwischen 500–1501 n.Chr. gestorben) werden unter ihrem persönlichen Namen oder Taufnamen angesetzt; Beinamen werden als Ordnungshilfe hinzugefügt (§332,1). Diese Regelung gilt auch für Künstler der italienischen Renaissance (z.B. Leonardo da Vinci) sowie für geistliche Würdenträger (z.B. Franz von Assisi).

Hartmann von Aue
Hartmann ‹von Aue› (DNB)
Hartmann von Aue (Buchhandel)

Verwandtschaftsbezeichnungen – wie O', Fitz, Mac, Abu, Ibn – zählen zum Namen, d.h. die Verwandtschaftsbezeichnung und der Name bilden ein Ordnungswort (§ 316). Die Schreibweisen Mac, Mc, M^{c} und M' werden immer in der Form ‚Mac' angesetzt.

Eugène O'Neill → O'Neill, Eugène
Sean Mc Arthur → MacArthur, Sean

Bei modernen Autoren (mit europäischen Sprachen) richtet man sich bei der Namensansetzung nach der Gepflogenheit des Landes, dessen Staatsbürgerschaft der Autor hat. Ist diese nicht zu ermitteln, nimmt man die Sprache, in der er überwiegend schreibt, als Kriterium zu Hilfe (§313).

Autorennamen mit Präfixen, das sind Präpositionen, Artikel und Verschmelzungen aus Präpositionen und Artikel, bilden – soweit sie der Staatenregel entsprechend dazugezählt werden (s. unten) – ein Ordnungswort (§314). Im einzelnen gelten folgende Regeln (§314, 318; Auswahl).

Staaten mit deutscher Sprache
Verschmelzungen zählen zum Namen
Hans Karl zur Maiburg → ZurMaiburg, Hans Karl

Bei Namen romanischen Ursprungs zählt der Artikel zum Namen.
Gertrud von le Fort → LeFort, Gertrud von

Staaten mit englischer Sprache
Präfixe aller Art (stets fremden Ursprungs) zählen zum Namen.
Lloyd de Mause → DeMause, Lloyd

Familiennamen als Vornamen verwendet (‚Patennamen', ‚middlenames') zählen nicht zum Namen.
Jean Craighead George → George, Jean Craighead
Martin Luther King → King, Martin Luther

Staaten mit französischer Sprache
Artikel zählen zum Namen.
Jean de la Fontaine → LaFontaine, Jean de

Verschmelzungen zählen zum Namen.
Charles du Bos → DuBos, Charles

Staaten mit italienischer Sprache
Präfixe zählen zum Namen (ausgenommen sind Autoren, die vor dem 19. Jahrhundert gelebt haben).
Luciano de Crescenzo → DeCrescenzo, Luciano

Staaten mit niederländischer und flämischer Sprache
Präfixe zählen nicht zum Namen.
Jan ten Brink → Brink, Jan ten

Staaten mit portugiesischer Sprache (auch Brasilien)
Präfixe zählen nicht zum Namen.
Joao dos Santos → Santos, Joao dos

Bei Doppelnamen gilt (mit Ausnahmen) der letzte Teil des Doppelnamens.
Joao Ubaldo Ribeiro → Ribeiro, Joao Ubaldo

Staaten mit spanischer Sprache
Nur Artikel zählen zum Namen (Ausnahme: Chile).
Manuel Antonio las Heras → LasHeras, Manuel Antonio

Präpositionen oder Präpositionen und Artikel, auch verschmolzen, zählen nicht zum Namen.
Francisco de la Vega → Vega, Francisco de la

Bei Doppelnamen gilt der erste Teil des Doppelnamens.
Gonzalo Torrente Ballester → Torrente Ballester, Gonzalo

Bei Übertragungen aus nicht-lateinischen Schriften wird – soweit dies möglich ist – die *Transliteration* verwendet (§ 116,4). Diese wissenschaftliche Umschreibung ordnet dem nicht-lateinischen Buchstaben einen oder mehrere lateinische Buchstaben zu. Von Verlagen, einigen buchhändlerischen Bibliographien und in Lexika wird meist die *Transkription*, d.h. die phonetische oder Lautumschreibung, angewandt.
ЧЕХОВ
Transliteration: Čechov
Transkription: Tschechow

Generell ist bei der Einordnung zu berücksichtigen (§ 803), daß ‚ß' als ‚ss' angesetzt wird. Ferner gilt, daß *Umlaute* aufgelöst und Akzente sowie diakritische Zeichen bei der Einordnung übergangen werden.
ä → ae, ö, ø → oe, ü → ue
à, á, â → a; ç, č → c; é, è → e

Neben den persönlichen Verfassern kennen die RAK auch den *korporativen Verfasser*. Darunter versteht man Gesellschaften und Institutionen, die als Verfasser auftreten (§ 401–486). Der Vorteil des korporativen Verfassers ist, daß die verschiedenen Publikationen einer Institution an einer Stelle zu finden sind.

Berichte und Mitteilungen der Max-Planck-Gesellschaft ...
Dokumente zur Gründung der Max-Planck-Gesellschaft ...
Jahresbericht und Jahresrechnung der Max-Planck-Gesellschaft ...

→Max-Planck-Gesellschaft
Berichte und Mitteilungen ...
Dokumente zur Gründung ...
Jahresbericht und Jahresrechnung ...

Körperschaften als Verfasser finden in buchhändlerischen Bibliographien keine Anwendung. Nur vereinzelt gibt es Ausnahmen, wie im Fall des ‚Club of Rome'.

Bei Sachtiteln gilt, daß der *einleitende Artikel*, ob bestimmt oder unbestimmt, und (in derselben Sprache) gleichlautende Zahlwörter und Pronomina bei der Einordnung nicht berücksichtigt werden (§ 822).

Bei den folgenden Beispielen stehen die zu übergehenden Worte in Klammern:
(Der) Alte Mythische Orden vom Rosenkranz
(Dem) Andenken an Müller-Lyer
(Des) Lebens Sinn
(Einem) guten Freunde
(Eine) Schwalbe macht noch keinen Sommer

Aus Verständnisgründen weichen die buchhändlerischen Bibliographien bei den Zahlwörtern und Pronomina von dieser Regel ab, zumindest bei den Print-Ausgaben.

Wenn Publikationen mit vielen gleichlautenden (Ordnungs-)Wörtern im Titel alphabetisch sortiert werden, z.B. Zeitschriften, können ‚unwichtige' Wörter übergangen werden. Dies nennt man *mechanische Wortfolge mit Auslassungen*.

Beisp.: Deutschsprachige Zeitschriften,
Banger 1989

Nachschlageregeln:
Bei der alphabetischen Einordnung werden Geschlechtswörter am Anfang des Titels durch Komma abgetrennt und an den Schluß gesetzt. Am Anfang des Titels stehende Verhältnis- und Bindewörter werden immer bei der alphabetischen Einordnung berücksichtigt. Dagegen werden weitere Geschlechts-, Binde- und Verhältniswörter innerhalb des Titels nicht berücksichtigt.

Zeitschrift des Bayerischen Landesamts für Statistik und Datenverarbeitung
Zeitschrift für Beamtenrecht
Zeitschrift des Bergischen Geschichtsvereins
Zeitschrift für Bergrecht
Zeitschrift des Bernischen Juristenvereins
Zeitschrift für Berufs- und Wirtschaftspädagogik

Eine weitere, allerdings selten angewandte Variante besteht darin, die Wortfolge aufzugeben und die *mechanische Buchstabenfolge* anzuwenden.

Beisp.: Stamm. Leitfaden durch Presse und Werbung, Stamm Verlag 1989

Benutzerhinweise (Auszug):

Grundlage für die Alphabetisierung ist das Buchdruckeralphabet (Buchstabe-für-Buchstabe-Methode). Umlaute werden als ae, oe und ue gelesen. Einleitende Artikel der Publikationen wie Der, Die, Das, Ein, Eine, Le, Les, La, Il, The, Un, Une bleiben bei der alphabetischen Sortierung unberücksichtigt. Der gesamte übrige Text wird als ein Wort behandelt. Zum Beispiel steht im Teil 3a der Titel Deutscher Drucker (deutscherdrucker) vor Der Deutsche Rechtspfleger (deutscherechtspfleger) und Mitteilungen der Westdeutschen Gesellschaft für Familienkunde (mitteilungenderwestdeutschengesellschaftfuerfamilienkunde) vor Mitteilungen des ADAC-Ortsclubs Würzburg (mitteilungendesadacortsclubswuerzburg).

Doppelnamen mit Bindestrich werden als ein Ordnungswort genommen (§203,2) und entsprechend einsortiert (§804). Die buchhändlerischen Bibliographien weichen hier von der Regel ab und sortieren die Doppelnamen im Anschluß an die ersten Namen (wie nach den Preußischen Instruktionen).

Als Beispiel eine Gegenüberstellung der Deutschen Nationalbibliographie mit dem Barsortimentskatalog der Firma Lingenbrink

Deutsche Nationalbibliographie Reihe D, 1994/I

Müller, Wunibald
Müller-Arp, Eberhard
Müller-Nietlispach, Rosa
Müllerott, Hansjürgen
Müller-Stewens, Günter
Müllert, Norbert R.
Müller-Urban, Kristiane

Libri-Barsortiments-Katalog 1994/95

Müller, Wunibald
Müller-Alten, Lutz
Müller-Seidel, Walter
Müller-Thurau, Claus-Peter
Muellern, Henning von
Müllers großes deutsches Ortsbuch

7.4 Internationale Vereinbarungen

Im Bibliotheks- wie auch im Buchhandelsbereich gibt es diverse Vereinbarungen, die im Zuge einer ständig wachsenden Internationalität staatenübergreifend beschlossen worden sind. In diesem Abschnitt sollen die Titelaufnahme sowie die Identifikationsziffern für Bücher und Zeitschriften vorgestellt werden.

Titelaufnahme nach ISBD

Bei einer Titelaufnahme (TA) erfolgt die Reihenfolge der bibliographischen Angaben des Haupteintrags in Übereinstimmung mit der ISBD (international standard bibliographic description). Auch die Regeln für die alphabetische Katalogisierung verweisen im § 114 auf diese Bestimmungen. Bei einer einfachen Verfasserschrift (kein Sachtitel etc.) würde eine Titelaufnahme wie folgt aussehen:

Autor (Nachname, Vorname)
Titel
Untertitel
Auflage
(Erscheinungs-)Ort
Verlag
(Erscheinungs-)Jahr
Seitenzahl
Format
Reihe
ISBN
Einbandart
Preis

Die Seitenzahl wird in vielen Schriften – vor allem wissenschaftlichen Publikationen – mit römischen und arabischen Ziffern angegeben. Ist dies der Fall, dann stehen die römischen Ziffern für eine gesonderte Seitenzählung des Vorwortes (Geleitwort, Einleitung eines Herausgebers o.ä.).

Der Vorteil einer internationalen Festlegung besteht darin, daß dem Benutzer fremdsprachiger Bibliographien die Identifizierung der Angaben erleichtert wird. Allerdings richten sich meist nur Nationalbibliographien, wie z.B. die Deutsche Nationalbibliographie und Bibliotheken, nach den Regeln der ISBD. Buchhändlerische Bibliographien weichen von den Bestimmungen ab.

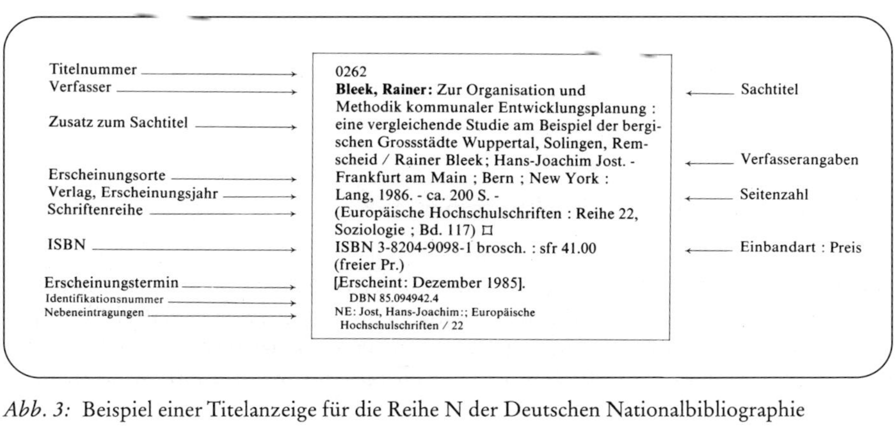

Abb. 3: Beispiel einer Titelanzeige für die Reihe N der Deutschen Nationalbibliographie

Verzeichnis lieferbarer Bücher (VlB)

Autor
Titel
Untertitel
Auflage
Jahr
Seitenzahl
Abbildungen
Format
Gewicht
Reihe
Verlag
Einbandart
Preis
ISBN
Sigelung(en)

Autorenkatalog *KNO/K&V/GW*	*Barsortiments-Katalog* *Lingenbrink*
Autor	Autor
Titel	Titel
Untertitel	Untertitel
Auflage	
Reihe	Reihe
Jahr	Abb./Tab./Illustrationen
Seitenzahl	Seitenzahl
Abb./Tab./Illustrationen	Jahr
Format in cm (Höhe)	Auflage
(Etwaige Staffelrabatte)	
ISBN	
Verlag	Verlag
Sigelung(en)	
KNO-Nummer	Libri-Nummer
Einbandart	Einbandart
Preis	Preis

Abb. 4: Titelaufnahmen der drei Bibliographien, die im Buchhandel am meisten benutzt werden. Der Begriff Sigelung wird in Kap. 7.5 erklärt.

Internationale Standard-Buchnummer (ISBN)

In den 60er Jahren beschäftigten sich Verantwortliche im Bibliotheks- und Buchhandelsbereich in Europa und den USA intensiv mit Fragen einer einheitlichen Numerierung für Printobjekte. Das Resultat dieser Bemühungen ist die ISBN, die ‚international standard booknumber' oder auf deutsch die *Internationale Standard-Buchnummer.* Seit November 1971 gilt dieses System nicht nur als internationale, sondern auch als nationale Norm (DIN). Mittlerweile ist sie aus den Bereichen des Buchhandels und des Bibliothekswesens als Rationalisierungsmittel nicht mehr wegzudenken. Im Verlag begleitet sie die Verlagsprodukte von der Herstellung über die Lagerhaltung bis hin zum Vertrieb. Im Verbreitenden Buchhandel dient sie als Bestellziffer; sie führt aber auch in Verbindung mit modernen EDV-Lösungen zu Vereinfachungen im Rechnungswesen und leistet einen Beitrag zu einer möglichen Warenbewirtschaftung. Im Bibliotheksbereich spielt die ISBN eine entscheidende Rolle bei der Bestellung, der Katalogisierung und der länderübergreifenden Ausleihe.

Die ISBN ist ein kurzes, eindeutiges und unverwechselbares Identifikationszeichen für jeden Buchtitel. Die stets 10stellige Nummer ist immer in vier Teile aufgegliedert, die durch Bindestriche oder Zwischenräume voneinander abgegrenzt werden.

Teil 1:	Gruppennummer	für nationale, geographische, Sprach- oder ähnliche Gruppen
Teil 2:	Verlagsnummer	für einzelne Verlage innerhalb einer Gruppe
Teil 3:	Titelnummer	für einen Titel des in Teil 2 bezeichneten Verlages
Teil 4:	Prüfziffer	

Die Stellenzahl der Teile 1, 2 und 3 ist variabel. Bei der Gruppen- und Verlagsnummer richtet sie sich nach dem Umfang der Verlagsproduktion der Gruppe bzw. des Verlages. Die Prüfziffer ist prinzipiell einstellig.

Eine ISBN könnte also folgendermaßen aussehen:
ISBN 0 571 08989 0
ISBN 3-88226-166-8

Unter Anwendung der Regeln, die für den Gebrauch der EAN (european article number, vgl. Kap. 6.3.5 Stichwort Büchercodierung) gelten, kann die ISBN in einen Strichcode überführt werden. Dabei muß außerdem die ISBN in OCR-Schrift angegeben werden. Diese Form der Wiedergabe der ISBN hat den Vorteil, sowohl maschinell als auch ohne weitere Hilfsmittel vom menschlichen Auge lesbar zu sein. Es wurde festgelegt, daß die numerische Länderkennzeichnung, die üblicherweise die EAN einleitet, durch eine Artikelgruppenkennziffer ersetzt wird. Die Nummernfolge 978 gilt für Bücher, die Ziffern 977 für periodisches Schrifttum. Im Anschluß an diese Nummer kommen die ersten neun Stellen der ISBN, anschließend die Prüfziffer der EAN.

Die Gruppennummer wird von einer internationalen ISBN-Agentur zugeteilt und umfaßt bis zu fünf Ziffern. Bis Ende der 80er Jahre haben sich 97 Länder dem ISBN-System angeschlossen, wobei einige zu sprachlichen Gruppen (z.B. deutschsprachiger Bereich mit der Gruppennummer 3) oder regionalen Einheiten (z.B. Südpazifik mit der Gruppennummer 982) zusammengefaßt worden sind.

ISBN 0-330-28987-X

9 780330 289870

Abb. 5: ISBN in EAN-Strichcode und in OCR-Schrift.

0 + 1	U.K. / U.S. group
	Australia; Canada (Engl.); New Zealand; Puerto Rico; South Africa; UK; USA; Zimbabwe
2	France
	France; Belgium (Fr); Canada (Fr); Luxembourg; Switzerland (Fr)
3	Germany, Federal Republic
	Austria; Switzerland (Ger); Germany, Federal Republic
4	Japan
5	U.S.S.R.
	now:
	Russian Federation: Armenia; Azerbaijan; Georgia; Kyrgyzstan; Moldova, Republic; Tajikistan; Turkmenistan; Ukraine; Uzbekistan
	and
	Belarus (and 985);
	Estonia (and 9985);
	Kazakhstan (and 9965);
	Latvia (and 9984);
	Lithuania (and 9986)
7	China, People's Republic
80	Czech Republic; Slovakia
81	India (and 93)
82	Norway
83	Poland
84	Spain
85	Brazil
86	Yugoslavia
	now:
	Yugoslavia and Bosnia and Herzegovina;
	Croatia (and 953);
	Macedonia (and 9989);
	Slovenia (and 961)
87	Denmark
88	Italy
	Italy; Switzerland (It)
89	Korea, Republic
90	Netherlands
	Netherlands; Belgium (Flemish)
91	Sweden
92	International Publishers (Unesco)
93	India (and 81)

Abb. 6: Liste aller ein- und zweistelligen Gruppennummern. Stand 27. Februar 1995. (Quelle: Internationale ISBN-Agentur, Berlin)

Die Verlagsnummern werden von nationalen oder regionalen ISBN-Agenturen zugeteilt. Für die Bundesrepublik Deutschland erfüllt die Buchhändler-Vereinigung die Funktion einer nationalen Agentur. Anhand der Verlagsnummer lassen sich Verlagsname und -anschrift ermitteln. Wenn Verlage aufgrund einer hohen Verlagsnummer ihr Titelnummernkontingent ausgeschöpft haben, können sie eine weitere Verlagsnummer beantragen.

Die Titelnummern werden durch die Verlage vergeben. Sie bezeichnen die einzelnen Artikel des durch die Verlagsnummer identifizierten Verlages. Dies sind jedoch nicht nur Bücher, sondern es können auch andere Verlagsobjekte sein, wie Tonträger, Videos, Lehrmittel u.a.m.

Die Prüfziffer errechnet sich nach festgelegten Regeln. Mit ihrer Hilfe werden Fehler in der Ansetzung oder der Schreibweise der ISBN erkannt.

Für eine neunstellige ISBN – es handelt sich um *H. Böll*s Irisches Tagebuch aus dem Verlag dtv – soll die Prüfziffer errechnet werden.

```
3 – 4 2 3 -- 0 0 0 0 1 -- ?
|   | | |    | | | | |
10  9 8 7    6 5 4 3 2
```

Nachdem den neun Ziffern die Zahlenfolge 10 bis 2 zugeordnet ist, multipliziert man die Zahlengruppen und addiert anschließend die Produkte.

$$
\begin{aligned}
10 \times 3 &= 30\\
9 \times 4 &= 36\\
8 \times 2 &= 16\\
7 \times 3 &= 21\\
6 \times 0 &= 0\\
5 \times 0 &= 0\\
4 \times 0 &= 0\\
3 \times 0 &= 0\\
2 \times 1 &= \underline{2}\\
&\ 105
\end{aligned}
$$

Das Ergebnis wird durch 11 dividiert und die Differenz zwischen der Zahl 11 und dem Restbetrag ergibt die Prüfziffer.

$105 : 11 = 9 \text{ Rest } 6 \rightarrow 11 - 6 = 5$

Die Prüfziffer lautet im vorliegenden Fall 5. Bei einer Differenz von 10 würde die Prüfziffer X lauten und für den Fall, daß es keine Differenz gibt, die Ziffer 0.

Es kann vorkommen, daß ein und derselbe Titel verschiedene ISBN zugeteilt bekommt. Dies dürfte der Fall sein, wenn eine neue Auflage erscheint, die gegenüber der vorhergehenden hinsichtlich des Textes oder der Abbildungen verändert worden ist. Aber auch verschiedene Einbandarten (Leinen/Leder), verschiedene Ausgaben (Schullektüre/Studienausgabe) oder verschiedene Medienarten (Buch/Video) bedingen unterschiedliche ISBN. Nicht zu reden von den Fällen, daß ein Titel bei mehreren Verlagen erscheint.

Die Preispolitik der Verlage hat keinen Einfluß auf die ISBN. So erhält ein und dieselbe Ausgabe oder Auflage eines Buches mit verschiedenen Preisen (Vorzugspreis, Subskriptionspreis, Preiserhöhungen infolge von Preisänderungen) nur eine ISBN.

Mehrbändige Werke erhalten eine ISBN, wenn der Titel für das gesamte Werk gilt. So hat beispielsweise das 6-bändige Verzeichnis lieferbarer Bücher nur eine ISBN, die in jedem Band eingedruckt ist. Erscheinen aber unterschiedliche Bände, z.B. im Rahmen einer Gesamtausgabe eines Schriftstellers, so können eine ISBN für das Gesamtwerk und jeweils eine ISBN für jeden Einzelband vergeben werden. In jedem Teilband muß jedoch dann die ISBN für das Gesamtwerk angegeben werden.

Internationale Standardnummer für fortlaufende Serienwerke (ISSN)

Im Unterschied zu Büchern und anderen Verlagsobjekten erhalten Zeitungen, Zeitschriften und zeitschriftenartige Reihen, die keinen von vornherein geplanten Abschluß haben und in aufeinander folgenden Teilen (Hefte, Bände, Jahrgänge) erscheinen, eine ISSN. Die Vergabe und Kontrolle dieser *Internationalen Standard Serien Nummer* (international standard serial number) ist abweichend von der ISBN organisiert. Die fortlaufenden Sammelwerke – so die offizielle Umschreibung für Serien – werden zentral in Form eines *International Serials Data Systems* (ISDS) verwaltet, wobei die Zuteilung durch jeweilige nationale Behörden erfolgt. Das ‚national centre' für die Bundesrepublik Deutschland ist die Deutsche Bibliothek in Frankfurt. Sie verteilt die stets 8-stellige ISSN in zwei Vierer-Blöcken (z.B. 0304-3718), die nur für den Titel des Sammelwerkes vergeben wird. Anders als bei der ISBN sind keine Rückschlüsse auf Verlage und Titelnummern möglich.

7.5 Buchhändlerische Bibliographien

In diesem Kapitel sollen die grundlegenden buchhändlerischen Bibliographien vorgestellt werden. Deshalb kommt (vielleicht) nicht jedes Verzeichnis zur Sprache, das der Buchhändler von seiner täglichen Arbeit her kennt oder vielmehr kennen sollte. Ausgeklammert werden zunächst nur die Verzeichnisse der Deutschen Nationalbibliographie sowie die EDV-Modelle im Bibliographierbereich; sie werden in den anschließenden Kapiteln 7.6 und 7.7 behandelt.

Bibliographie oder Katalog?

Wenn man unter einer Bibliographie ein nach bestimmten Gesichtspunkten geordnetes Druckschriftenverzeichnis versteht, dann gibt es in formaler Hinsicht keinen Unterschied zwischen Katalogen und Bibliographien. Und trotzdem ist der Unterschied gerade im Buchhandel von entscheidender Bedeutung. Denn während ein Katalog ein lieferantenabhängiges Bestandsverzeichnis darstellt, wird eine Bibliographie unabhängig von möglichen Bezugsquellen erstellt. Kataloge bzw. Katalogwerke sind demnach die Bestandsverzeichnisse der Zwischenbuchhändler – die der Barsortimente, die der Importgrossisten oder die vergleichbarer Unternehmen. Eine buchhändlerische Bibliographie hingegen ist das *Verzeichnis lieferbarer Bücher*; dieses Verzeichnis erfaßt bibliographische Daten unabhängig von der Frage, ob ein Großhändler den Titel am Lager führt oder nicht.

Sigelung

Das *Verzeichnis lieferbarer Bücher* ist nicht irgendeine, sondern eine auf die Bedürfnisse des Buchhandels zugeschnittene Bibliographie. Der Buchhändler will jedoch nicht nur wissen, welche lieferbaren Titel es gibt, sondern er hat darüber hinaus ein Interesse zu erfahren, welcher Großhändler den Titel evtl. am Lager führt. Deshalb wird den Zwischenbuchhändlern im VlB die Gelegenheit gegeben zu sigeln; d.h. sie geben durch ein Kürzel zu verstehen, daß sie eine mögliche Kontakt- und Bestelladresse für diesen Titel sind. Die Sigelungen der Großhändler sind im Anschluß an die Haupteinträge in eckigen Klammern ausgewiesen (z.B. [KÖ] für das Barsortiment Könemann in Hagen oder [A-BA] für die Firma G. Bartsch in Wien); die Firmen Lingenbrink, Umbreit sowie das Schweizer Buchzentrum geben sogar ihre eigenen Bestellnummern an (z.B. [Libri 4906799]). (Stand: VlB 1994/95)

Auch im Autoren-Katalog der Unternehmensgruppe KNO/K&V/GW, der von dem K.F. Koehler Verlag in Stuttgart herausgegeben wird, ist das Phänomen der Sigelung anzutreffen (vgl. nächste Seite).

Titel-, Stich- und Schlagwortverzeichnisse

Bei einer Titelsuche wird der Buchhändler mit dem Autoren-Katalog alleine nicht auskommen. Für den Fall, daß ein Kunde nur den Titel, aber nicht den Autor kennt, braucht er ein (alphabetisches) *Titelverzeichnis*. Für den – auch häufig vorkommenden – Fall, daß der Kunde nur ein Wort (oder einzelne Wörter) aus dem Titel kennt, braucht er ein weiteres Verzeichnis: ein *Stichwortverzeichnis*. In den Stichwortverzeichnissen sind alle Wörter verzeichnet, die in den Titeln vorkommen, bis auf Wortgruppen, wie bestimmte Artikel und Konjunktionen.

Buchhändlerische Bibliographien haben durchweg integrierte Titel- und Stichwortverzeichnisse, die in der Regel in speziellen Registerbänden (Stichwort- und Titelregister) erfaßt sind. Über diese Einträge sind die jeweiligen Haupteinträge dann zu finden.

Neben der Titelsuche besteht ein weiteres Aufgabenfeld des Buchhändlers in der Literatursuche. Hier geht es nicht darum, bruchstückhafte Titelangaben zu vervollständigen, sondern es geht um die Suche nach Titeln zu diesem oder jenem Thema. Hier helfen die *Schlagwortverzeichnisse*, die gezieltes detailliertes Suchen zu bestimmten Gebieten ermöglichen. In der Regel wird allerdings keine Belletristik erfaßt; die Barsortimentskataloge nehmen die Belletristik nur ansatzweise auf.

Während ein Stichwort immer in einem Titel vorkommen muß, braucht das Schlagwort nicht zwingend dem Titel oder Untertitel entnommen zu werden.

Der Buchtitel Aseptisches Verpacken von Lebensmitteln wird wir folgt bestichwortet:

Aseptisches
Verpacken
Lebensmittel

Im Schlagwort könnte er auftreten unter Begriffen wie:

Lebensmittelverpackung
Asepsis
Verpackungsindustrie o.ä.

Barsortimentskataloge

Die Barsortimente als (Fach-) Großhändler der Branche (vgl. Kap. 5.1) sind an Katalogwerken, die über ihr aktuelles lieferbares (Lager-)Sortiment informieren, interessiert. Die Anlage und der Umfang der Bestandsverzeichnisse, die – bis auf angekündigte Neuerscheinungen – durch Autopsie erstellt sind, werden vom jeweiligen Händler entschieden. Einige Zwischenbuchhändler haben keine eigenen Kataloge; sie sigeln in anderen buchhändlerischen Verzeichnissen, z.B. im *Verzeichnis lieferbarer Bücher* oder im KNO-Katalog. Mitte der 90er Jahre stellt sich die Kataloglandschaft im Bereich der allgemeinen Barsortimente wie folgt dar.

Der K.F. Koehler Verlag in Stuttgart, der zur Unternehmensgruppe KNO/K&V/GW gehört, bietet an:

I. Autoren-Katalog (Herbst mit Ergänzungsband im Frühjahr) mit Sigelungen der Firmen:

KNO	Koch, Neff & Oetinger, Barsortiment
KV	Koehler & Volckmar
GW	Grossohaus Wegner
KÖ	Könemann
U	Umbreit
W	Wehling

II. Stichwort- und Titelregister zum Autoren-Katalog
III. Schlagwort-Katalog (Herbst mit Ergänzungsband im Frühjahr) mit Sigelungen wie oben
IV. Kurz-Titel-Katalog (mehrmals jährlich)
V. Taschenbuch Katalog (zweimal jährlich) mit Sigelungen wie oben in vier Rubriken:
   - Autoren
   - Reihen und Bandnummern
   - Schlagwort
   - Stichwort- und Titelregister

Der Kurztitel-Katalog ist der jüngste Bestandteil in diesen mehrbändigen Katalogwerken. Er ist zweibändig und enthält die Neuaufnahmen, die jeweils neuen Preisänderungen sowie aktualisierte Erscheinungstermine. Die bibliographischen Angaben sind zwar stark gekürzt, jedoch werden die buchhändlerisch relevanten Mindestangaben (Autor, Titel, (Jahr), Verlag, Einbandart, Preis und Bestellnummer) aufgelistet.

Die Firma Lingenbrink hat mit ihrem Katalogwerk 1993/94 ihren Barsortimentskatalog grundlegend neu konzipiert. Der bis dahin geführte Taschenbuch- sowie der Kurztitelkatalog erschien nicht mehr, und das Stichwort-/Titelregister wurde in den Autorenkatalog integriert (Kreuzregister). Demnach erscheinen:
I. Barsortiments-Katalog. Autoren · Titel · Stichwörter (Herbst mit Ergänzungsband ‚Neuerscheinungen/Neuaufnahmen' im Frühjahr)
II. Schlagwortbibliographie

Die Firma Umbreit gibt ihren Barsortimentskatalog in zwei Teilen heraus.
I. Autoren
II. Stichwortregister

Neben den genannten allgemeinen Lagerkatalogen haben die meisten Zwischenbuchhändler auch Sonderverzeichnisse. Jene erfassen nicht nur buchhändlerische Spezialbereiche, wie Schulbücher und Kalender, sondern sie greifen auch spezielle Angebotssegmente auf, wie christliche Literatur, Medizin u.a.m.

Man kann davon ausgehen, daß die gedruckten Barsortimentskataloge in Zukunft nicht mehr die zentrale Bedeutung im Bereich des tagesaktuellen Bibliographierens spielen werden. Die CD-ROM-Editionen der Zwischenbuchhändler bieten mehr, sind vergleichsweise kostengünstiger und zudem schneller zu aktualisieren (vgl. auch Kap. 5.7 und 7.7).

Verzeichnis lieferbarer Bücher (VlB)und Schulbücher (VlS)

Das *Verzeichnis lieferbarer Bücher* (VlB), mit dem Zweittitel ,German Books in Print', erscheint seit 1971 und stellt ebenfalls ein bedeutendes Hilfsmittel im buchhändlerischen Alltag dar. Es wird verlegt von der Buchhändler-Vereinigung; für die Auslieferung und den Vertrieb zeichnet das Unternehmen K.G. Saur verantwortlich. Im Jahre 1995 erfaßte es die bibliographischen Daten von über 600.000 lieferbaren Titeln aus rund 12.000 Verlagen. In diesem Verzeichnis werden Verlagsobjekte der Bundesrepublik Deutschland, Österreichs, der Schweiz sowie auch anderer Länder erfaßt, soweit sie von den Verlagen gemeldet werden. Somit ist das VlB ein klassisches Beispiel für eine Sekundärbibliographie. Die einzige Voraussetzung erfaßt zu werden besteht darin, eine ISBN für das Verlagsobjekt vorweisen zu können bzw. zu beantragen. Das VlB erscheint im Bereich der Print-Medien in drei Teilen:

I. VlB Autoren – Titel – Stichwörter (Herbst mit Ergänzungsband im Frühjahr)

II. VlB ISBN-Register (Herbst mit Ergänzungsband im Frühjahr)

III. VlB Schlagwort-Verzeichnis (im letzten Band mit einer Schlagwortübersicht)

Im Band Autoren – Titel – Stichwörter ist eine *Kreuzanordnung* festzustellen: Das Autoren- und Sachtitelalphabet ist mit dem Titel- und Stichwortalphabet kombiniert.

Im ISBN-Register sind alle ISBN in numerischer Reihenfolge erfaßt, die im Hauptkatalog im Rahmen der Titelaufnahmen auftreten. Dieser Band ist hilfreich, wenn der Kunde wissen möchte, welcher Titel sich hinter der ISBN verbirgt (vgl. Abb. 8).

Seit 1987 erscheint jährlich ein separates Schulbuchverzeichnis: das *Verzeichnis lieferbarer Schulbücher* (VlS).

Zeitschriftenverzeichnissse

Für das Zeitschriftengeschäft im Sortiment und die dort anfallenden bibliographischen Arbeiten reichen in der Regel zwei Verzeichnisse aus: die *Börsenblatt Sondernummer Zeitschriften* und der *Zeitschriften – Banger*. Beide Verzeichnisse setzen sich zusammen aus einem Titel- sowie einem anschließenden Sachgebietsverzeichnis.

Für den internationalen Zeitschriftenmarkt ist der *Ulrich's* die maßgebliche Bibliographie. Ihm liegt eine systematische Ordnung zugrunde; ein ISSN- und ein alphabetisches Titelverzeichnis runden die Informationen ab.

Eine versteckte Zeitschriftenbibliographie ist im *Presse- und Medienhandbuch Stamm* zu sehen. Der *Stamm* versteht sich als ein Leitfaden durch Presse und Werbung und erfaßt die Zeitschriften als potentielle Werbeträger. Von seiner Anlage her beschränkt er sich nicht auf reine Titelangaben, sondern er

Buchhändler-Vereinigung · Großer Hirschgraben 17-21 · Postfach 10 04 42 · 6000 Frankfurt/M. 1 · Tel. (0 69) 13 06-365/360

VLB **ISBN- und Titelmeldung** ↓ ISBN ↓	Verlag: Verkehrs-/bzw. Ersatznummer:	**Bitte beachten:** 1. Formular mit der Schreibmaschine ausfüllen 2. Original (weiß) an VLB 3. Gelbe Kopie bleibt beim Verlag

Nur ausfüllen falls mehrbändiges Werk (begrenztes Sammelwerk) — **045** Gesamtzahl d. Bände

390 ISBN **des Gesamtwerkes**	**004** Bandbezeichnung u. Bandzählung	**Verfasser/Titel des Gesamtwerkes**

010 Verfasser
Namen/Vornamen
sämtlich ausgeschrieben
(wenn mehr als 3 siehe unter 150)

020 Titel

030 Untertitel

150 Namen/Vornamen
– 3 Verfasser (nur wenn mehr als 3)
– 4 Vorwort/Einleitung/Nachwort
– 5 Illustrator/Fotograf
– 6 Beiträge von
– 7 Herausgeber
– 8 Bearbeiter
– 9 Übersetzt aus/Übersetzer

210 Aufl./Tsd./Erscheinungsjahr

220 Seitenzahl, Abbildungen
Format (Höhe x Breite in cm)

223 Gewicht (in Gramm)

241 Titel der Reihe — VLB-Reihenkürzel — Bandnummer

Titel der Unterreihe

250 Sonstige Angaben zu Titel
254 Verlag
255 Preis
Subskr.-Pr. . . . bis:

260 Einband (s. Rücks.)	**265** **DM**	Preis **frei** ☐ **gebunden** ☐	**270** **SFr**	**275** **ÖS**	**285** Sonst.

901 Schulbuch ☐ — bitte nur ankreuzen, wenn Titel auch im VLS aufzunehmen ist (s. Rückseite Verlagskopie)

Nur für Verlagskataloge aus dem VLB-Pool — **690** Systematiknr. — **900** Sprachenschlüssel — **905** Symbolschlüssel

Weitere ISBN	↓	↓	Einband	DM	Preis	SFr	ÖS	Sonst.
1. für andere Bindeart					**frei** ☐			
2. des Ko-Verlages					**geb.** ☐			

Schlagwort Bitte unbedingt ausfüllen bei Sach-, Fach- und Lehrbüchern

I. Namen/Vornamen der behandelten Personen, literarischen Gestalten, Fabelwesen usw. — 1. 2. 3. 4.

II. Behandelte Zeiträume:
Altertum ☐ Mittelalter ☐
Jahrhundertangaben
v. Chr. 1. 2. — n. Chr. 1. 2.

III. Behandelte Länder, Orte, Völker, Stämme, Sprachen usw. — 1. 2. 3. 4.

IV. Behandelte Inhalte, Sachgebiete, Gegenstände, Begriffe usw. — 1. 2. 3. 4.

V. Sonstige Vorschläge der Verlage:

VI. Art der Darstellung - **nur** falls zutreffend ankreuzen

			10. Festschrift ☐	14. i.d. Musik ☐	18. Lexikon, Wörterb. ☐	22. Unterrichtsmater. ☐
1. Aufgabensammlung ☐	4. Bildband ☐	7. Comics ☐	11. Humorist. Darstell. ☐	15. im Film ☐	19. Magnetband ☐	23. Videokassette ☐
2. Bestimmungsbuch ☐	5. Biographie ☐	8. Dia ☐	12. i.d. Bildend. Kunst ☐	16. Jugendbuch ☐	20. Reiseführer ☐	24. ☐
3. Bibliographie ☐	6. CD-ROM ☐	9. Diskette ☐	13. i.d. Literatur ☐	17. Karte ☐	21. Tonträger ☐	25. ☐

Abb. 7: ISBN- und Titelanmeldung für das Verzeichnis lieferbarer Bücher

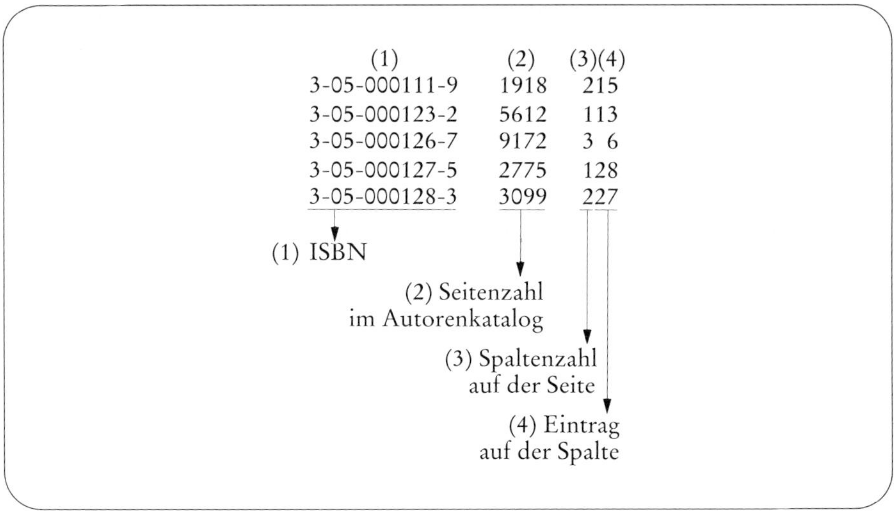

Abb. 8: Aus dem ISBN-Register. So werden die Zahlenfolgen entschlüsselt.

liefert auch Informationen über Satzspiegel, Millimeter- und Beilagenpreise u.a.m. Als Medienhandbuch erfaßt er neben den Zeitschriften auch die Zeitungen und Anzeigenblätter, die Fernseh-, Funk- und Filmwerbung, die Plakatanschlagwerbung und weitere Werbemöglichkeiten.

Zeitschriftenverzeichnisse (Auswahl) im Überblick:

I. Börsenblatt Sondernummer Zeitschriften, Buchhändler-Vereinigung

II. Deutschsprachige Zeitschriften. Deutschland, Österreich, Schweiz und internationale Fachzeitschriften mit deutschen Beiträgen, Verlag der Schillerbuchhandlung Hans Banger

III. Ulrich's international periodicals directory, Bowker

IV. Stamm. Leitfaden durch Presse und Werbung, Stamm

Taschenbuchverzeichnisse

Neben dem bereits erwähnten Taschenbuchverzeichnis von KNO verdient noch eine weitere Publikation Beachtung: das lieferantenunabhängige *Halbjährliche Verzeichnis Taschenbücher.* Es ist ebenfalls vierteilig aufgebaut; allerdings weist es statt eines Schlagwortteiles ein Sachgebietsverzeichnis auf, das sich an das der Deutschen Nationalbibliographie (vgl. Kap. 7.6) anlehnt.

Erwähnenswert in diesem Zusammenhang sind auch die von einzelnen Verlagen erstellten Gesamtverzeichnisse sowie die (monatlichen) Bestellformulare, die – neben den EDV-Datenbanken – als die aktuellsten Verzeichnisse angesehen werden müssen. Außerdem sei darauf hingewiesen, daß manche Verlage anläßlich von Jubiläen Gesamtbibliographien aller verlegten Titel veröffentlichen.

Taschenbuchverzeichnisse (Auswahl) im Überblick:

I. Taschenbuchkatalog der Unternehmensgruppe KNO/K&V/GW mit Sigelungen der Barsortimente Umbreit, Könemann und Wehling sowie der KNO- Verlagsauslieferung.
Unterteilt in vier Rubriken:
- Autoren
- Reihen und Bandnummern
- Schlagwort
- Stichwort- und Titelregister

II. Halbjährliches Verzeichnis Taschenbücher, Verlag der Schillerbuchhandlung Hans Banger
Unterteilt in vier Rubriken:
- Alphabetisches Verzeichnis der Autoren/Herausgeber
- Alphabetisches Titelverzeichnis
- Taschenbuchreihen und Bandnummern
- Sachgebietsverzeichnis

Kompendien

Unter Kompendien versteht man Fachbibliographien oder Fachkataloge. Sie werden für zahlreiche Spezialgebiete von Barsortimenten, Buchhandlungen, Instituten und Werbegemeinschaften herausgegeben und Interessenten angeboten. An dieser Stelle sei nur auf drei größere Objekte hingewiesen, die jeder Buchhändler kennen sollte. Es handelt sich um Fachverzeichnisse für die Sortimentsbereiche Reise, Jura/Wirtschaft sowie Naturwissenschaften/Technik.

Standard-Kompendien (Auswahl) im Überblick:

I. Geo-Katalog. Geo Center
Bd. 1. Touristische Veröffentlichungen.
Landkarten, Reiseführer, Pläne, Atlanten aus aller Welt.
Bd. 2. Geowissenschaften (in 3 Loseblattordnern)

II. Schweitzer's Vademecum, Schweitzer Sortiment
Bd. 1. Recht
Bd. 2. Steuerrecht und Wirtschaftsprüfung
Bd. 3. Wirtschaftspraxis

III. Führer durch die technische Literatur, Fr. Weidemanns Buchhandlung

Wichtige ausländische Bibliographien

Einige wichtige ausländische Bibliographien sollen hier nur dem Namen nach erwähnt werden. Nur größere oder auf den Import spezialisierte Unternehmen dürften sie in der Bestellabteilung zum Nachschlagen bereit haben. Ansonsten geben (wissenschaftliche) Bibliotheken oder Importgrossisten – z.T. gebührenpflichtige – bibliographische Auskünfte.

Einige ausländische Bibliographien im Überblick:

Österreich:
Österreichische Bibliographie. 1964ff.
Reihe A. Verzeichnis der österreichischen Neuerscheinungen innerhalb und außerhalb des Buchhandels.
Reihe B. Verzeichnis der österreichischen Hochschulschriften.

Schweiz:
Schweizer Buch. Erscheinungen innerhalb und außerhalb des Buchhandels, schweizerische Publikationen und ausländische Veröffentlichungen, die durch Inhalt oder Verfasser die Schweiz betreffen. 1943ff.

USA:
Cumulative book index (CBI). World list of books in the English language. 1898ff.
Books in Print (BIP). 1948ff.

Großbritannien:
British National Bibliography (BNB). 1955ff.
British Books in Print (BBIP). 1965ff.

Frankreich:
Livres disponibles. French Books in Print. 1972ff.

7.6 Deutsche Nationalbibliographie

Die *Deutsche Nationalbibliographie* stellt die größte bibliographische Datensammlung für deutsche Literatur seit 1912 dar. In den Jahren 1945–1990 erschienen sowohl in der Bundesrepublik Deutschland (Hrsg.: Deutsche Bibliothek; Titel: Deutsche Bibliographie) als auch in der Deutschen Demokratischen Republik (Hrsg.: Deutsche Bücherei; Titel: Deutsche Nationalbibliographie) Nationalbibliographien. Seit 1991 gibt es nur noch einen Herausgeber: *Die Deutsche Bibliothek*. Die Deutsche Bibliothek ist eine bundesunmittelbare Anstalt des öffentlichen Rechts und weist drei Abteilungen auf:

I. Deutsche Bücherei, Leipzig
II. Deutsche Bibliothek, Frankfurt
III. Deutsches Musikarchiv, Berlin

I. und II. sind zuständig für Druckwerke und audio-visuelle Medien
III. ist zuständig für Musiknoten und Musiktonträger

Pflichtstückverordnung

Die Deutsche Nationalbibliographie weist die Druckwerke, Tonträger und audio-visuellen Medien nach, die der Deutschen Bücherei, der Deutschen Bibliothek sowie dem Deutschen Musikarchiv aufgrund gesetzlich festgelegter Ablieferungspflichten zugegangen sind. Diese Pflichtstückverordnung besteht seit 1969. Ab 1991 müssen zwei Exemplare abgegeben werden, wobei die Verleger in Berlin, Brandenburg, Mecklenburg-Vorpommern, Nordrhein-Westfalen, Sachsen, Sachsen-Anhalt und Thüringen die Exemplare nach Leipzig und die Verleger aller übrigen Bundesländer ihre Pflichtstücke nach Frankfurt übermitteln.

Gemäß dem *Gesetz über die Deutsche Bibliothek* und der *Pflichtstückverordnung* werden in der Deutschen Nationalbibliographie Monographien und Periodika (Zeitschriften, zeitschriftenartige Reihen und Loseblattausgaben) unabhängig von ihrer Erscheinungsform (Papierausgaben, Mikroformen, Diaserien, Arbeitstransparentsammlungen oder Tonträger) angezeigt. Periodika sind nur verzeichnet bei Neuerscheinen und wesentlichen bibliographischen Änderungen. Veränderte Neuauflagen werden immer angezeigt, unveränderte nur, wenn sie aus verschiedenen Jahrgängen stammen. Durch die Pflichtstückverordnung ist die Titelaufnahme nach Autopsie sichergestellt.

In der Deutschen Nationalbibliographie werden nicht angezeigt, da hier die Pflichtstückverordnung nicht wirksam ist:
- Filmwerke
- Patentschriften
- Veröffentlichungen mit einer geringeren Auflage als 10 Exemplare
- gedruckte Publikationen bis zu vier Seiten Umfang
- Originalkunstmappen ohne Titelblatt und Text
- Plakate, Wandzeitungen und Flugblätter
- Akzidenzschriften
- Tageszeitungen, soweit sie nicht verfilmt werden.

Sammelrichtlinien legen fest, was im einzelnen zu sammeln ist und was nicht.

Auszüge aus dem *Gesetz über die Deutsche Bibliothek*

§ 2

Die Deutsche Bibliothek hat die Aufgabe,

1. die ab 1913 in Deutschland verlegten oder, soweit es sich um Tonträger handelt, hergestellten Druckwerke,
2. die ab 1913 im Ausland verlegten oder hergestellten deutschsprachigen Druckwerke, die Übersetzungen deutscher Druckwerke in andere Sprachen und die fremdsprachigen Druckwerke über Deutschland,
3. die zwischen 1933 und 1945 von deutschsprachigen Emigranten verfaßten oder veröffentlichten Druckwerke zu sammeln, zu inventarisieren und bibliographisch zu verzeichnen,
4. die Beziehungen zu den nationalbibliographischen Einrichtungen des Auslandes sowie zu den internationalen Organisationen, die mit bibliographischen Fragen befaßt sind, zu pflegen.

§ 3

Druckwerke im Sinne dieses Gesetzes sind alle Darstellungen in Schrift, Bild und Ton, die im Vervielfältigungsverfahren hergestellt und zur Verbreitung bestimmt sind.

§ 18

Von jedem Druckwerke gemäß § 3, das im Geltungsbereich dieses Gesetzes verlegt oder, soweit es sich um Tonträger handelt, hergestellt ist, ist je ein Stück (Pflichtstück) an die Deutsche Bibliothek und die Deutsche Bücherei abzuliefern.

Abb. 9: Gesetzliche Grundlagen zur Literaturerfassung der Deutschen Nationalbibliographie. Das *Gesetz über die Deutsche Bibliothek* vom 31. März 1969 wurde durch den Einigungsvertrag zwischen der Deutschen Demokratischen Republik und der Bundesrepublik Deutschland in einigen Punkten geändert. Die obigen Textstellen geben den nunmehr geltenden amtlichen Wortlaut wieder.

Reihen

Die *Deutsche Nationalbibliographie und Bibliographie der im Ausland erschienenen deutschsprachigen Veröffentlichungen* – so der vollständige Titel der *Deutschen Nationalbibliographie* – verzeichnet neben den eingesandten Pflichtexemplaren der in Deutschland verlegten Veröffentlichungen auch die Beleg-, Kauf- und Tauschexemplare aus anderen Ländern. Um die Titelflut einigermaßen überschaubar zu halten, werden die Publikationen in verschiedenen Reihen erfaßt. Dabei erhalten Musikalien und Musikschriften ebenso besondere Reihen wie die Hochschulschriften oder die Erscheinungen des Verlagsbuchhandels. Die einzelnen Reihen werden dann in Halbjahres- und/ oder Fünfjahresverzeichnissen zusammengefaßt.

Besondere Bedeutung für den Buchhandel hat die Reihe N. In ihr werden Titel verzeichnet, die erst in naher Zukunft (4–12 Wochen) erscheinen. So-

Reihe A	Monographien und Periodika des Verlagsbuchhandels – Wöchentliches Verzeichnis
Reihe B	Monographien und Periodika außerhalb des Verlagsbuchhandels - Wöchentliches Verzeichnis
	Monographien und Periodika des Verlagsbuchhandels und außerhalb des Verlagsbuchhandels Wochenregister zu Reihe A und Reihe B
	Monographien und Periodika des Verlagsbuchhandels und außerhalb des Verlagsbuchhandels Monatsregister zu Reihe A und Reihe B
Reihe C	Karten – Vierteljährliches Verzeichnis
Reihe D	Monographien und Periodika – Halbjahresverzeichnis
Reihe E	Monographien und Periodika - Fünfjahresverzeichnis (Deutsches Bücherverzeichnis)
Reihe F	Periodika – Fünfjahresverzeichnis
Reihe G	Fremdsprachige Germanica und Übersetzungen deutschsprachiger Werke – Vierteljährliches Verzeichnis
Reihe H	Hochschulschriften – Monatliches Verzeichnis
Reihe M	Musikalien und Musikschriften – Monatliches Verzeichnis
Reihe N	Vorankündigungen Monographien und Periodika (CIP) – Wöchentliches Verzeichnis
Reihe T	Musiktonträger – Monatliches Verzeichnis

Abb. 10: Übersicht über die Reihen der Deutschen Nationalbibliographie

mit erfolgt die Aufnahme eines Titels in einer Reihe der Deutschen Nationalbibliographie bereits vor Erscheinen während des Publikationsvorganges, was durch die Abkürzung CIP (engl. cataloguing in publication) zum Ausdruck gebracht wird. Die Teilnahme an der Reihe N ist für die Verlage freiwillig – sie unterliegt keinerlei Pflichtbestimmungen. Die Titel erhalten später einen speziellen Eintrag im Impressum (vgl. Abb. 11). Der *CIP*, der gleichermaßen von Bibliotheken und Buchhandlungen benutzt wird, stellt ein wichtiges Mittel der Literaturkontrolle dar.

Seit 1986 gibt es die Bestände der Deutschen Nationalbibliographie (vormals: Deutsche Bibliographie) auf einer handlichen CD-ROM (vgl. Kap. 7.7). Auf dieser mehrmals jährlich aktualisierten Compact Disc befinden sich die bibliographischen Informationen der Reihen A, B, C, H und N.

CIP-Kurztitelaufnahme der Deutschen Bibliothek

Grundwissen Buchhandel – Verlage / hrsg. von Wolfgang Göhler u. Joachim Merzbach. – München ; London ; New York ; Oxford ; Paris : Saur
Teilw. mit d. Erscheinungsorten München, New York, London, Paris

NE: Göhler, Wolfgang [Hrsg.]

Bd. 4. Paulerberg, Herbert: Marketing und Werbung der Sortimentsbuchhandlung. – 1986

Paulerberg, Herbert:
Marketing und Werbung der Sortimentsbuchhandlung : Lehr- und Praxisbuch / von Herbert Paulerberg. – München ; London ; New York ; Oxford ; Paris : Saur, 1986.
(Grundwissen Buchhandel – Verlage ; Bd. 4)
ISBN 3-598-20054-4

Abb. 11: CIP-Vermerk aus dem Impressum eines erschienenen Buches.

Sachgruppenübersicht

Das eingehende Schrifttum wird nicht nur in einzelnen Reihen erfaßt, sondern innerhalb der Reihen in einzelnen Sachgruppen. Die Deutsche Nationalbibliographie kennt zwei Systematiken: eine Sachgruppenübersicht des Deutschen Musikarchivs, die in den Reihen M und T Anwendung findet, und eine 65er Systematik für alle anderen Reihen.

Die 65 Sachgruppen stellen eine numerische Systematik dar; erst innerhalb der einzelnen Bereiche herrscht ein alphabetisches Ordnungsprinzip. Die neun Hauptabteilungen sind in Anlehnung an die Hauptabteilungen der Dezimal-Klassifikation – einem von *M. Dewey* 1876 entwickelten Systematisierungsmodell – festgesetzt worden:

Allgemeines (DK 0)

Philosophie, Psychologie (DK 1)

Religion, Theologie (DK 2)

Sozialwissenschaften (DK 3)

Mathematik, Naturwissenschaften (DK 5)

Angewandte Wissenschaften, Medizin, Technik (DK 6)

Kunst, Kunstgewerbe, Photographie, Musik, Spiel, Sport (DK 7)

Sprach- und Literaturwissenschaft, Belletristik (DK 8)

Geographie, Geschichte (DK 9)

ALLGEMEINES (DK 0)

1 Wissenschaft und Kultur allgemein
2 Buch und Bibliothek, Information und Dokumentation
3 Nachschlagewerke, Bibliographien
4 Adreßbücher, Fernsprechbücher
5 Kalender
6 Publizistik
7 Kinder- und Jugendliteratur
8 Verschiedenes
9 Buchkunst, Handschriften- und Schriftkunde

PHILOSOPHIE, PSYCHOLOGIE (DK 1)

10 Philosophie
11 Psychologie

RELIGION, THEOLOGIE (DK 2)

12 Christliche Religion
13 Allgemeine und Vergleichende Religionswissenschaft, Nichtchristliche Religionen

SOZIALWISSENSCHAFTEN (DK 3)

14 Soziologie, Gesellschaft
15 Statistik
16 Politik
17 Wirtschaft
18 Arbeit
19 Recht
20 Öffentliche Verwaltung
21 Militär
22 Erziehung, Bildung, Unterricht
23 Schulbücher
24 Berufsschulbücher
25 Volkskunde, Völkerkunde

MATHEMATIK, NATURWISSENSCHAFTEN (DK 5)

26 Natur, Naturwissenschaften allgemein
27 Mathematik
28 Informatik, Kybernetik
29 Physik, Astronomie
30 Chemie
31 Geowissenschaften
32 Biologie

ANGEWANDTE WISSENSCHAFTEN, MEDIZIN, TECHNIK (DK 6)

33 Medizin
34 Veterinärmedizin
35 Technik allgemein
36 Energie-, Maschinen-, Fertigungstechnik
37 Elektrotechnik
38 Bergbau, Bautechnik, Umwelttechnik
39 Landwirtschaft
40 Hauswirtschaft, Hotel- und Gaststättengewerbe
41 Nachrichten- und Verkehrswesen
42 Chemische Technik, Lebensmitteltechnik, Textiltechnik und andere Technologien
43 Basteln, Handarbeit, Heimwerken

KUNST, KUNSTGEWERBE, PHOTOGRAPHIE, MUSIK, SPIEL, SPORT (DK 7)

44 Umweltschutz, Raumordnung, Landschaftsgestaltung
45 Architektur
46 Bildende Kunst
47 Photographie
48 Musik
49 Theater, Tanz, Film
50 Sport, Spiele

SPRACH- UND LITERATURWISSENSCHAFT, BELLETRISTIK (DK 8)

51 Allgemeine und Vergleichende Sprach- und Literaturwissenschaft
52 Englische Sprach- und Literaturwissenschaft
53 Deutsche Sprach- und Literaturwissenschaft
54 Sprach- und Literaturwissenschaft der übrigen germanischen Sprachen
55 Romanische Sprach- und Literaturwissenschaft
56 Klassische Sprach- und Literaturwissenschaft
57 Slawische und baltische Sprach- und Literaturwissenschaft
58 Sprach- und Literaturwissenschaft sonstiger Sprachen
59 Belletristik

GEOGRAPHIE, GESCHICHTE (DK 9)

60 Archäologie, Vorgeschichte
61 Geographie, Heimat- und Länderkunde, Reisen
62 Atlanten
63 Geschichte und Historische Hilfswissenschaften
64 Sozialgeschichte
65 Wirtschaftsgeschichte

Abb. 12: Sachgruppenübersicht der Deutschen Nationalbibliographie

Anders als bei der Dezimal-Klassifikation, die, mit den Nummern der Hauptabteilungen anfangend, weitere (untergeordnete) Sachgebiete aufgliedert, werden bei der Deutschen Nationalbibliographie die Sachgruppen von 1 bis 65 fortlaufend gezählt.

Die 65 Sachgruppen, die in dieser Form seit 1982 angewandt werden, sollten auch mögliche Warengruppen für den Buchhandel darstellen. Ein derartiges Modell – in den 80er Jahren ansatzweise durchgeführt – konnte sich jedoch nicht durchsetzen.

7.7 Bibliographieren mit Hilfe der EDV

Die elektronische Datenverarbeitung setzt sich – auch im Bereich des Bibliographierens – seit den 80er Jahren immer stärker durch. Zu offensichtlich sind die Rationalisierungseffekte, die durch die EDV ermöglicht werden:

1. Bibliographische Daten lassen sich auf geringem Platz in nahezu unbegrenzter Anzahl erfassen.
2. Der Computer vervollständigt binnen Sekunden bruchstückhafte bibliographische Angaben.
3. Spezielle Literaturlisten können in kürzester Zeit für Kunden erstellt und – bei vorhandenem Drucker – auch ausgedruckt werden.
4. Die gefundenen Daten(sätze) können gespeichert werden und stehen für weitere Verarbeitungszwecke (Katalogerstellung, Bestellen, Warenbewirtschaftung, Werbung, Fakturierung etc.) zur Verfügung.

Bibliographieren auf CD-ROM

Seit 1988 befindet sich die bibliographische Datenbank des Verzeichnisses lieferbarer Bücher auf einer *CD-ROM.* CD-ROM bedeutet, daß auf einer compact disc Daten abgespeichert sind, die nur gelesen (read only memory) werden können, ansonsten jedoch nicht veränderbar sind. Der Datenstamm des VlB und des VlS wird mehrmals jährlich auf einer derartigen CD mit dem Namen *VlB aktuell* auf den neuesten Stand gebracht.

Entscheidend für die effiziente Benutzung des VlB aktuell ist die Tatsache, daß der Benutzer eine Vielzahl von Zugriffsmöglichkeiten auf einen Titel hat. Für die mehr als 600.000 Titel sind mehr als 10.000.000 Suchpositionen möglich. So kann der Benutzer Titel folgendermaßen suchen: über den Autor, den Herausgeber, die ISBN, das Stichwort, den Titel, das Schlagwort, die Reihe, den Verlag, das Erscheinungsjahr, den Preis oder über Verknüpfungen der genannten Suchkriterien (Autor und Stichwort, Verlag und Schlagwort, Stichwort und Reihe und Preis). Damit stehen dem Buchhändler Möglichkeiten für bibliographische Recherchen zur Verfügung, die durch traditionelle Print-Medien nicht gegeben sind bzw. nur mit großem Zeitaufwand gelöst werden können.

Abb. 13: VlB aktuell oder die bibliographische Recherche am PC.

Die bibliographische Arbeit am PC gewinnt auch dadurch neue Dimensionen, daß verschiedene Großobjekte mittlerweile mit CD-ROM-Editionen aufwarten. Neben dem *VlB aktuell* verdienen weitere Datenbanken Beachtung:

Deutsche Nationalbibliographie
Books in Print
British Books in Print
Ulrich's (internationale Zeitschriftenbibliographie)

EDV-Lösungen der Zwischenbuchhändler

Auch die Barsortimente haben in den 90er Jahren damit begonnen, ihre Datenbanken auf CD-ROM-Basis anzubieten. Drei Gründe waren für die Entwicklung eigener CDs von wesentlicher Bedeutung:

... Die Barsortimente bieten zunehmend – vor allem im Bereich der Neuen Medien – Produkte an, die keine ISBN besitzen und damit nicht VlB-fähig sind.

... Die Barsortimente können aufgrund ihrer Autopsie die Titelstämme weit besser pflegen als dies die VlB-Redaktion kann, die auf Meldungen der rund 12.000 Lieferanten angewiesen ist.

... Die Barsortimente beanspruchen aufgrund steigender Datensätze (vor allem im Bereich besorgungsfähiger Titel, vgl. Kap. 5.7) soviel an Speicherkapazität, daß eine CD für die Buchbranche nicht ausreichen würde.

Mit der CD-ROM-Technik steigen natürlich die bibliographischen Suchmöglichkeiten im Inhouse-Bereich. Auch die Frage aktueller Lieferhinweise ist durch sogenannte ‚Up-date‘-Programme der Zwischenbuchhändler geklärt.

Unbefriedigend bleibt allerdings die Tatsache, daß die Buchbranche von ihrem Traum „**Ein** Datenwerk, auf dem die Titel **aller** Lieferanten zu recherchieren sind“ durch die Existenz dreier CD-ROM-Editionen weiterhin entfernt bleibt. Doch auch hier eröffnet die EDV neue Perspektiven: Geplant ist ein Verbundsystem zwischen VlB, Libri und KNO-K&V-GW, das die Einbindung der drei CDs in alle Anwendungen ermöglichen soll (Stand März 1995).

7.8 Adreßverzeichnisse

Die Adressenbeschaffung ist kein eigentliches Thema der Bibliographie. Für den Buchhandel ist jedoch die Kenntnis der wichtigsten Adreßverzeichnisse unerläßlich.

Für den deutschsprachigen Bereich reichen in der Regel die Auskünfte des von der Buchhändler-Vereinigung herausgegebenen Adreßbuches oder die des Anschriftenverzeichnisses von Banger aus. Auch im Anhang einer jeden VlB-Rubrik, also im letzten Band des Autoren- und des Schlagwortkatalogs sowie im ISBN-Registerband, stehen Verlagsadressen. Für den Fall, daß man eine Anschrift in den genannten Verzeichnissen nicht findet, besteht noch die Möglichkeit, im *Oeckl* nachzuschlagen; hier sind die Anschriften aller öffentlichen Institute im Bereich der EG zu finden.

Für den internationalen Bereich gibt es die Publikation *Publishers' International ISBN Directory*. In diesem Werk, in dem es ein numerisches, ein geographisches und ein firmenalphabetisches ISBN-Verzeichnis gibt, werden in der Ausgabe 1991/92 ca. 250.000 Verlage aus rund 200 Ländern erfaßt. Wer das Verzeichnis in der Bestellabteilung nicht besitzt, kann sich eventuell mit dem jährlich erscheinenden Messekalender behelfen, der alle nationalen und internationalen Aussteller der Frankfurter Buchmesse registriert.

Adreßverzeichnisse (Auswahl) im Überblick:

I. Adreßbuch für den deutschsprachigen Buchhandel, Buchhändler-Vereinigung
Bd. 1 Verlage
Bd. 2 Buchhandel
Bd. 3 Organisationen

II. Deutschsprachige Verlage · Deutschland · Östereich · Schweiz · Verlag der Schillerbuchhandlung Hans Banger

III. Taschenbuch des öffentlichen Lebens. Bundesrepublik Deutschland und Organisationen der EG. Hrsg. von A. Oeckl, Festland Verlag

IV. Publishers' International ISBN Directory, K.G. Saur, R.R. Bowker

8 Ausbildung und Fortbildung im Buchhandel

Gemäß seiner Satzung (§ 1, Abs. 2) hat sich der Börsenverein verpflichtet, die Aus- und Fortbildung zu einem seiner Aufgabenbereiche zu machen. Als verbandszuständige Stelle bemüht sich der *Berufsbildungs-Ausschuß* um den buchhändlerischen Nachwuchs sowie um Möglichkeiten der beruflichen Weiterqualifizierung. Dahinter steht die Überzeugung, daß nur ein qualifizierter Nachwuchs die Zukunft des Berufsstandes sichern und meistern kann.

8.1 Ausbildung im Buchhandel

Neben dem traditionellen Beruf Buchhändlerin/Buchhändler mit den unterschiedlichen Schwerpunkten Sortimentsbuchhandel, Verlagsbuchhandel sowie Antiquariatsbuchhandel gibt es die Berufsausbildung zur Verlagskauffrau bzw. zum Verlagskaufmann. Das Bundeswirtschaftsministerium hat in entsprechenden Ausbildungsverordnungen die Berufsbilder dieser beiden staatlich anerkannten Ausbildungsberufe charakterisiert (vgl. Abb. 1).

Interessant ist die Feststellung, daß überwiegend Frauen den Buchhandel als Ausbildungsberuf ergreifen. Gemäß einer Statistik des Deutschen Industrie- und Handelstages (DIHT) standen im Jahr 1990 2.757 weibliche Auszubildende 611 männlichen gegenüber. Hingegen waren bei den insgesamt 2.155 auszubildenden Verlagskaufleuten immerhin 632 männlichen Geschlechts (vgl. Abb. 2).

Ferner kann festgestellt werden, daß mehr als 80% aller Auszubildenden als schulischen Abschluß das Abitur vorweisen können. Sogar die Zahl derjenigen, die mit abgebrochenem bzw. sogar abgeschlossenem Studium in die Buchbranche einsteigen, ist nicht unerheblich. So gilt weiterhin das vielzitierte Wort, daß der Buchhändler der akademischste aller nicht-akademischen Berufe ist.

Duales Prinzip

In der Bundesrepublik Deutschland werden rund 380 Berufe nach dem dualen System ausgebildet. Das Dualsystem geht prinzipiell von zwei Lernorten aus: dem Betrieb und der Schule. Dies klingt zwar einfach und überzeugend, doch beim näheren Betrachten werden unterschiedliche Kompetenzen sichtbar.

Für die betriebliche Ausbildung kann der Staat einheitliche Regelungen vorschreiben. So hat der Bundesminister für Wirtschaft auf der Grundlage des Berufsbildungsgesetzes vom 14. August 1969 (Bundesgesetzblatt I, S. 1112) im Einvernehmen mit dem Bundesminister für Bildung und Wissenschaft im Jahre 1979 eine ‚Ausbildungsverordnung für die Berufsausbildung zum Buchhändler/zur Buchhändlerin' erlassen; im Jahre 1981 erfolgte eine vergleichbare

Ausbildung ...

... zur Buchhändlerin
... zum Buchhändler

§ 3
Ausbildungsberufsbild

Gegenstand der Berufsausbildung sind mindestens die folgenden Kenntnisse und Fertigkeiten:

1. Stellung und Struktur des Ausbildungsbetriebes,
2. Büroarbeiten und Schriftverkehr,
3. Bibliographien und Nachschlagewerke,
4. Einkauf:
   a) Einkaufsplanung,
   b) Wareneingang,
   c) Rechnungsprüfung,
   d) Lagerarbeiten;
5. buchhändlerischer Verkehr:
   a) buchhändlerische Information,
   b) Bestellen von Büchern,
   c) Verwalten von Bestellunterlagen und Fortsetzungen;
6. Verkauf:
   a) Verkaufsplanung,
   b) Verkaufstechnik,
   c) Werbung,
   d) Versand und Vertrieb;
7. Verlagswesen,
8. Rechnungswesen:
   a) Organisation,
   b) Buchführung
   c) Zahlungsverkehr;
9. Personalwesen.

... zur Verlagskauffrau
... zum Verlagskaufmann

§ 3
Ausbildungsberufsbild

Gegenstand der Berufsausbildung sind mindestens die folgenden Fertigkeiten und Kenntnisse:

1. Stellung und Struktur des Ausbildungsbetriebes,
2. Vertrieb:
   a) Organisation,
   b) Verkauf und Verwaltung,
   c) Vertriebswerbung;
3. Anzeigengeschäft;
4. Redaktion und Lektorat;
5. Nebenrechte und Lizenzen;
6. Herstellung von Zeitungen, Zeitschriften und Büchern;
7. Materialwirtschaft:
   a) Organisation,
   b) Beschaffung und Lagerung;
8. Personalwesen:
   a) Organisation und Verwaltung,
   b) Berufsbildung im Ausbildungsbetrieb,
   c) Arbeitsschutz und Unfallverhütung,
   d) Lohn- und Gehaltsabrechnung;
9. Rechnungswesen:
   a) Organisation.
   b) Buchführung,
   c) Zahlungsverkehr,
   d) Kosten- und Leistungsrechnung.

Abb. 1: Vergleichende Gegenüberstellung der Ausbildungsberufe Buchhändlerin/Buchhändler und Verlagskauffrau/Verlagskaufmann.
Quellen:
Verordnung über die Berufsausbildung zum Buchhändler/zur Buchhändlerin vom 11. Dezember 1979 (veröffentlicht im Bundesgesetzblatt I Nr. 73 vom 20.12.1979).
Verordnung über die Berufsausbildung zum Verlagskaufmann/zur Verlagskauffrau vom 12. Januar 1981 (veröffentlicht im Bundesgesetzblatt I Nr. 3 vom 17. Januar 1981).

Ausbildungsbereich: Wareneingang

Inhalte	Kenntnisse	Fertigkeiten	Stichwort-Beispiele
1. Wareneingang	Lagerordnung des Ausbildungsbetriebes Preisauszeichnungsverordnung	Sendungen annehmen und kontrollieren Auspacken Lieferungen nach Art und Menge auf offene Mängel prüfen. Rechnungen mit Bestellungen und Wareneingangs-Unterlagen vergleichen, bei Beanstandungen die erforderlichen Maßnahmen einleiten. Eintragen der Rechnung in das Wareneingangsbuch Nichtpreisgebundene Ware nach Anweisung kalkulieren. Ware entsprechend der Preisbindung und den betrieblichen Bestimmungen auszeichnen. Die Lieferungen zur Weiterverarbeitung bereitstellen.	Antiqua auszeichnen Bibliophile Ausgabe Buchformate Buchlaufkarte Einbandarten Faximilie Fraktur Impressum ISBN Mängelrüge Papiersorten Titel
2. Warenkunde	Papier, Schrift, Einband	Bücher nach technischen Kriterien (Papier, Druck Einband) und ästhetischen Gesichtspunkten (Gestaltung, Ausstattung) beurteilen	Titelei Videokassette Wareneingangsbuch Warenwirtschaftsetikett

Ausbildungsbereich: Zeitschriften / Fortsetzungen

Inhalte	Kenntnisse	Fertigkeiten	Stichwort-Beispiele
1. Grundlagen	Begriffsbestimmung: Zeitschrift - Fortsetzung Die Unterschiede zwischen einer Einzelbestellung und einem Abonnement Die wesentlichen Merkmale einer Fortsetzung Die wichtigsten Unterschiede zwischen der Besorgung deutscher und ausländischer Zeitschriften Für den Ausbildungsbetrieb wichtige Fortsetzungen, Zeitschriften und deren Verlage Die Funktion des Pressegrosso: Belieferung; Remission	Fach- und Spezialkataloge, z.B. Zeitschriftenverzeichnis, Ulrich's, Börsenblatt (Zeitschriften-Sondernummer), Stamm, Postzeitungsliste benutzen. Zeitschriftentitel bibliographieren. Besonderheiten von regelmäßigen und unregelmäßigen Fortsetzungen beachten (Erscheinungsweise).	Abonnement Apartbestellung Fortsetzung ISSN Loseblattausgaben Pressegrosso Streifband Subskription Ulrich's
2. Organisation	Die traditionelle Organisation einer Fortsetzungskartei (Leitkarte; Kundenkarten; Zentralkartei). Möglichkeiten der Verarbeitung per EDV.	Abonnements anlegen, bestellen, verlängern, stornieren. Laufende Abonnements überwachen. Wareneingang und Rechnungsschreibung bei Abonnements durchführen. Apartbestellungen durchführen. Reklamationen bearbeiten. Mitwirken bei der einschlägigen Korrespondenz mit Verlagen und Kunden.	

Abb. 2: Aus dem „Ausbildungsfahrplan Sortiment"

Verordnung für den Ausbildungsberuf Verlagskauffrau/Verlagskaufmann. Die schulische Ausbildung hingegen ist – in Anbetracht des Kulturföderalismus in der Bundesrepublik Deutschland – Angelegenheit der Länder. So entscheiden die jeweiligen Kultusministerien über Berufsschulberechtigung oder Berufsschulpflicht, über Förderungsmaßnahmen, über Lehrpläne und über anderes mehr. Obwohl für den Buchhandel laut Beschluß der Kultusministerkonferenz (KMK) vom 7. Dezember 1979 ein gemeinsamer Rahmenlehrplan für den Ausbildungsberuf Buchhändler/Buchhändlerin verabschiedet worden ist, nehmen einzelne Länder unterschiedliche Wertungen und Gewichtungen vor.

Betriebliche Ausbildung

Wie bereits erwähnt, hat der Staat, d.h. in diesem Fall der Bundesminister für Wirtschaft, Verordnungen für die buchhändlerischen Ausbildungsberufe erlassen. In diesen Verordnungen sind die Ausbildungsdauer, das jeweilige Ausbildungsberufsbild (vgl. Abb. 1), die Prüfungsmodalitäten und wichtige Bestimmungen für den Ausbildungszeitraum festgelegt. Dazu zählen u.a.:

1. Der Auszubildende hat ein Berichtsheft in Form eines Ausbildungsnachweises zu führen. Das Berichtsheft kann während der Ausbildungszeit geschrieben und soll vom Ausbildenden regelmäßig durchgesehen werden. (§6)
2. Der Ausbildungsrahmenplan (Anlage der Ausbildungsverordnung) gilt als Richtschnur für die betriebliche Ausbildung. Sachliche und zeitlich abweichende Gliederungen der Ausbildungsabschnitte sind jedoch zulässig, sofern eine berufsbezogene Grundbildung vorausgegangen ist oder sofern betriebsinterne Besonderheiten Abweichungen erfordern. (§4)
3. Der Ausbildende muß unter Berücksichtigung des Ausbildungsrahmenplans für den Auszubildenden einen Ausbildungsplan erstellen. (§5)

Die z.Zt. praktizierte Ausbildung basiert auf den Ausbildungsverordnungen von 1979 bzw. 1981. Der Berufsbildungs-Ausschuß des Börsenvereins hat jedoch erkannt, daß auch die Ausbildung sich geänderten Realitäten anpassen sollte. Dies betrifft den vor sich gehenden Strukturwandel genauso wie den wachsenden EDV-Einsatz oder neue elektronische Herstellungstechniken. In Anbetracht der Überlegung, daß sich eine ministerielle Neuordnung über Jahre hinweg erstrecken würde, hat der Berufsbildungs-Ausschuß praxisbezogene *Ausbildungsfahrpläne* für Buchhandlungen und Verlage erarbeitet. Sie weichen in ihrem Aufbau von den Ausbildungsrahmenplänen ab, ohne jedoch gesetzliche Bestimmungen und Lerninhalte außer Acht zu lassen (Abb. 2).

Ausbildungsbereiche im Sortiment sind nach dem neuen Ausbildungsfahrplan:

Verwaltung/Geschäftsleitung
Bestellabteilung/Einkauf
Wareneingang

Verkauf
Zeitschriften/Fortsetzungen
Werbung
Rechnungswesen/EDV

Die Ausbildungsbereiche für Verleger sind stark aufdifferenziert zwischen Buchhändler/in mit Schwerpunkt Verlag und Verlagskauffrau/-mann; sie werden in der folgenden Übersicht vorgestellt.

Ausbildungsbereich	Buchhändler/ Buchhändlerin (Schwerpunkt Verlag)	Verlagskaufmann/ Verlagskauffrau (Schwerpunkt Buchverlag)	
		nur Buchproduktion	auch Fachzeitschriften
Verwaltung/Verlagsleitung	x	x	x
Lektorat/Redaktion (Buch)	x	x	
Redaktion (Fachzeitschrift)			x
Herstellung (Buch)	x	x	
Herstellung (Fachzeitschrift)			x
Verkauf/Vertrieb (Buch)	x	x	
Presse- u. Öffentlichkeitsarbeit	x	x	x
Werbung (Buch)	x	x	
Werbung (Fachzeitschrift)			x
Auslieferung (Buch)	x	x	
Verkauf/Vertrieb/Versand (Fachzeitschrift)			x
Lizenzen	x	x	
Anzeigen			x
Buchhaltung	x	x	x

Abb. 3: Ausbildungsbereiche im Verlag nach dem neuen Ausbildungsfahrplan.
(Quelle: Sonderbeilage des Börsenblatts Nr. 27 vom 5. April 1991, S. 2)

Schulische Ausbildung

Die betriebliche Ausbildung sollte durch praxisorientierten Unterricht ergänzt werden. Dies geschieht durch ca. 25 Buchhandelsfachklassen sowie durch eine etwa gleich große Anzahl von Fachklassen für Verlagskaufleute, die i.d.R. in größeren Städten institutionalisiert sind. Einzelne Bundesländer haben jedoch – was die Ausbildung zur Buchhändlerlin/zum Buchhändler betrifft – Absprachen mit der *Deutschen Buchhändlerschule* in Frankfurt-Seckbach getroffen. So dient der *Ersatz-Berufsschul-Lehrgang* (EBL), der sich über neun Wochen erstreckt, als Ablösung für ein Jahr Berufsschulpflicht. Diese Ablösung ist staatlich anerkannt in Rheinland-Pfalz, Saarland, Niedersachsen und Hessen.

Aber auch aus anderen Bundesländern kommen Auszubildende nach Seckbach. Dabei hängt die Frage, ob jemand kommt bzw. nicht kommt, von einer Vielzahl verschiedener Faktoren ab. So spielt die Frage, ob ein Auszubildender berufsschulpflichtig oder ‚nur' berufsschulberechtigt ist, ebenso eine Rolle wie der zeitlich/geographisch zumutbare Weg zu einer Buchhandelsfachklasse und ein vom Kuratorium der Schulen verabschiedetes Quotensystem, das die Teilnehmer pro Bundesland bzw. pro Landesverband begrenzt.

Die Ersatz-Berufsschul-Lehrgänge (EBL) sowie die Lehrgänge für Berufsschul-Berechtigte (LBB) sind seit 1982 staatlich anerkannt. Nach der Auszeichnung der *Deutschen Buchhändlerschule* als *Schule besonderer pädagogischer Prägung* durch den Hessischen Kultusminister im Jahr 1991 werden diese Lehrgänge in die Ersatzberufsschulfinanzierung des Landes Hessen einbezogen. Dafür mußte jedoch eine gemeinnützige Deutsche Buchhändlerschule GmbH gegründet werden (seit 1993). Trotz hessischer Fördermittel sowie Zahlungen einzelner Bundesländer und der Ausbildungsfirmen tragen die Auszubildenden einen Teil der Gebühren selber. In Härtefällen hilft der *Freundeskreis für Berufsbildung im Buchhandel* einzelnen Lehrgangsteilnehmern durch entsprechende Ausgleichszahlungen. Dieser ‚Freundeskreis' wurde 1975 ins Leben gerufen, als ein Verkauf der Buchhändlerschule diskutiert wurde; seitdem setzt er sich durch ideelle und materielle Unterstützung für den buchhändlerischen Nachwuchs ein.

In den Buchhandelsfachklassen sowie im EBL wird in Anlehnung an den Rahmenlehrplan der Kultusminister unterrichtet. Der Rahmenlehrplan für den Ausbildungsberuf Buchhändler/Buchhändlerin vom 7. Dezember 1979 (veröffentlicht im Bundesanzeiger Nr. 217a vom 21. November 1980) führt in den Vorbemerkungen aus:

> Der vorliegende Rahmenlehrplan geht von folgenden schulischen Zielen aus:
> Der Schüler soll:
> - die wirtschaftlichen Grundtatbestände und Abläufe kennen und Einsicht in die einzel- und gesamtwirtschaftlichen Zusammenhänge und Ordnungsprinzipien haben;
> - mit dem betriebswirtschaftlichen, rechtlichen und organisatorischen Ordnungsgefüge eines Buchhandelsbetriebes vertraut sein und alle wesentlichen Entscheidungsgrundlagen und Arbeitstechniken beherrschen;
> - die für den Buchhandel wichtigen Instrumentarien und Methoden zur Informationsgewinnung und -verwaltung kennenlernen und sie rationell und mit Sorgfalt anwenden;
> - mit allen Handelsgegenständen des Buchhandels vertraut sein und die Einrichtungen, Mittel und Maßnahmen der Beratung und des Vertriebs kennen und zweckmäßig einsetzen.

Vergleichbares gilt für den Ausbildungsberuf Verlagskaufmann/Verlagskauffrau. Eine Übersicht über die unterschiedlichen Lerngebiete der Rahmenlehrpläne bietet Abbildung 4.

Zuzüglich zum Fachklassenunterricht der Berufsschule bietet die Deutsche Buchhändlerschule den Auszubildenden zwei ergänzende Lehrgänge an. Der *Lehrgang Überbetriebliche Ausbildung* (LÜA), der für den Ausbildungsberuf

Ausbildung ...

... zur Buchhändlerin
... zum Buchhändler

Lerngebiete

Allgemeine Wirtschaftslehre
1. Grundlage des Wirtschaftens
2. Rechtliche Rahmenbedingungen des Wirtschaftens
3. Menschliche Arbeit im Betrieb
4. Der betriebliche Leistungsprozeß
5. Markt und Preis
6. Steuern
7. Wirtschaftsordnung
8. Grundzüge der Wirtschaftspolitik in der sozialen Marktwirtschaft

Buchhandelsbetriebslehre
1. Sortiment
2. Verlag
3. Herstellung

Fachgebiete des Buchhandels
1. Literaturkunde
2. Bibliographie
3. Wissenschaftskunde

Rechnungswesen
1. Buchführung
2. Kaufmännisches Rechnen
3. Datenverarbeitung

... zur Verlagskauffrau
... zum Verlagskaufmann

Lerngebiete

Allgemeine Wirtschaftslehre
1. Grundlage des Wirtschaftens
2. Rechtliche Rahmenbedingungen des Wirtschaftens
3. Menschliche Arbeit im Betrieb
4. Der betriebliche Leistungsprozeß
5. Markt und Preis
6. Steuern
7. Wirtschaftsordnung
8. Grundzüge der Wirtschaftspolitik in der sozialen Marktwirtschaft

Verlagsbetriebslehre
1. Grundlagen des Verlagswesens
2. Vertriebsgeschäft
3. Anzeigengeschäft
4. Marketing
5. Beschaffung und Lagerung
6. Herstellung
7. Redaktion, Lektorat, Lizenz

Rechnungswesen
1. Einführung in das System der doppelten Buchführung
2. Organisation des industriellen Rechnungswesens
3. Die Umsatzsteuer im Rechnungswesen
4. Die Funktionen des Verlagsbetriebs in der Praxis des Rechnungswesens
5. Jahresabschluß
6. Kosten- und Leistungsrechnung
7. Grundlagen der Statistik
8. Datenverarbeitung

Abb. 4: Vergleichende Übersicht der Lerngebiete gemäß der Rahmenlehrpläne für die Ausbildungsberufe Buchhändler(in) sowie für die Verlagskaufleute.

Buchhändler(in) konzipiert ist, vermittelt in vier Wochen vertiefenden Unterricht in Literatur, Sortimentskunde, Wissenschaftskunde sowie Bibliographie und bietet betriebsnahe Übungen in der Lehrbuchhandlung der Schule an. Der *Lehrgang für Verlagskaufleute* (LVK) wird für Auszubildende in Zeitschriften- und Buchverlagen angeboten; zur Zeit findet er in zwei Abschnitten von jeweils zwei Wochen statt. Die Schwerpunkte erstrecken sich hier ausgehend von Lektorat, Redaktion, Herstellung und Kalkulation über das Anzeigengeschäft bis hin zu Rechts- und Marketingfragen.

Abschlußprüfung

Die Abschlußprüfung muß vor der jeweiligen Industrie- und Handelskammer (IHK) des Ausbildungsbetriebes abgelegt werden. Gegenstand der Prüfung sind einerseits die in den Betrieben gewonnenen Kenntnisse und Fähigkeiten nach dem Ausbildungsrahmenplan sowie andererseits die im Berufsschulunterricht vermittelten Lehrstoffe. Ein großer Teil der Prüfung wird schriftlich abgenommen. Hier handelt es sich um die Fächer Rechnungswesen/Datenverarbeitung, Wirtschafts- und Sozialkunde sowie um Buchhandelsbetriebslehre bzw. Verlagsbetriebslehre (für Verlagskaufleute). Darüber hinaus erfolgt ein mündliches Prüfungsgespräch. Nach Bestehen der Prüfung erhält jeder Auszubildende seinen Kaufmannsgehilfenbrief.

8.2 Fortbildungsmöglichkeiten im Buchhandel

So gut die Ausbildung im Betrieb und in der Schule auch gewesen sein mag – kaum ein ‚Ausgelernter' kann es sich in der heutigen Arbeitswelt leisten, mit dem einmal Erlernten zufrieden zu sein. Dies nicht nur, weil die Arbeits- und Verwaltungsvorgänge – i.d.R. durch neue EDV-Techniken – umstrukturiert werden, sondern auch, weil gerade der Buchhandel sich mit ständig neuen Themen, Inhalten und Autoren in einer sich wandelnden Medienlandschaft auseinandersetzen muß.

Es kann hier nicht der Platz sein, alle Veranstalter aufzuführen, die Fortbildungsveranstaltungen anbieten. Denn die Palette der Anbieter ist ebenso stark aufdifferenziert wie die der angebotenen Themen. Eine vollständige Übersicht bietet jedem Interessierten der Berufsbildungs-Ausschuß des Börsenvereins. Hier erfährt man nicht nur jede Kontaktadresse, sondern darüber hinaus auch inhaltliche Bestimmungen, z.B. welche Voraussetzungen an Auslandspraktika oder an bestimmte Studiengänge gebunden sind.

Seminare der Landesverbände und der Schulen des Deutschen Buchhandels

Das Berufsbildungsreferat des Börsenvereins veröffentlicht jeweils zu Beginn eines Halbjahres im Börsenblatt eine Übersicht über Fortbildungsveranstaltungen. Dabei fällt auf, daß der Großteil der Seminare von den Landesverbänden und von den Schulen des Deutschen Buchhandels angeboten wird.

Die Themen umfassen alle sortiments- und verlagsspezifischen Bereiche. Die Dauer der Veranstaltungen ist unterschiedlich: Während die Landesverbände überwiegend Tagesseminare anbieten, sind die Seminare und Kompaktkurse der Schulen des Deutschen Buchhandels fast ausnahmslos mehrtägig.

34./35.	Wiedereingliederungs- und Umschulungskurs (WUK)
14./15.	Jugendbuchseminar
27./28.	Lektorenseminar
4.	Seminar „Reiseführer“
8.	Seminar „Reise/Touristik“
3.	Seminar „Gründung und Aufbau eines Verlages“
18./19.	Seminar „Schaufenstergestaltung“
7./ 8.	Seminar „Rund ums Taschenbuch“
2.	Seminar „Verkaufskunde“
2.	Aufbauseminar „Kartenkunde“
4.	Seminar „Elektronisches Bibliographieren und Bestellen“
19.	Literatur-Seminar
4.	Comic-Seminar
8.	Kurs „Neue Bücher“ (22. Ergänzungs-WUK)
5.	Seminar „Einführung in Kreativ-Techniken“
5.	Einführungsseminar Buchtypographie
9.	Typographie-Seminar für Buchhersteller/innen
4.	Seminar „Herstellungsgrundwissen für Lektoren“
8.	Seminar „Öffentlichkeits- und Pressearbeit für Einsteiger/innen“
5.	Aufbau-Seminar „Lizenzen“
19.	Hersteller-Seminar
11.	Aufbau-Seminar für Hersteller
19.	Fachklassenlehrer-Seminar (in Zusammenarbeit mit dem Berufsbildungsausschuß des Börsenvereins)

Abb. 5: Bewährte Seminarthemen der Schulen des Deutschen Buchhandels. Die Aufstellung ist einer Terminliste (Stand: Februar 1995) entnommen. Deshalb sind die Seminare nicht nach systematischen Gesichtspunkten zusammengefaßt.

Nur zwei Seminare seien an dieser Stelle hervorgehoben. Da ist zunächst das Fachklassenlehrer-Seminar zu nennen, das ein Forum geworden ist für Lehrer an staatlichen Berufsschulen, denen von staatlicher Seite kaum fachbezogene Fortbildungsmöglichkeiten gegeben werden. (Dieselbe Funktion erfüllen im übrigen auch Seminare, die von Verlagsverbänden für Verlagsfachklassenlehrerangeboten werden.) Das zweite Seminar ist der *Kurs zur Wiedereingliederung und Umschulung in den Sortimentsbuchhandel* (WUK). Dieser Kurs dauert fast drei Wochen und richtet sich in erster Linie an (zukünftige) Buchhändler, die bereits in anderen Einzelhandelsberufen gearbeitet haben sowie an Buchhändler, die lange Zeit nicht mehr im Beruf gearbeitet haben; aber auch gründungswillige Seiteneinsteiger finden sich in zunehmendem Maße unter den Teilnehmern.

Akademie des Deutschen Buchhandels

1993 wurde eine Akademie des Deutschen Buchhandels ins Leben gerufen. Wirtschaftliche Träger sind die Buchhändler-Vereinigung sowie die Reinhard Mohn GmbH. Die Akademie richtet ihr Angebot in erster Linie an Führungskräfte und den Führungsnachwuchs aus allen Branchenbereichen. Die Themenschwerpunkte liegen in den Bereichen Management, Organisation, Führung sowie Marketing.

Fachschule des Deutschen Buchhandels und weitere Studiengänge

Der Fachschulstudiengang stellt nicht das einzige Angebot vertiefter buchhändlerischer Fortbildung dar. Trotzdem sei er an dieser Stelle besonders hervorgehoben, einmal weil er der traditionsreichste und lange Zeit der einzige umfangreichere Studiengang war, und zum anderen, weil er eine Fortbildungseinrichtung des Börsenvereins ist. Die Fachschule richtet sich an besonders befähigte Nachwuchskräfte, die nach abgeschlossener Buchhändlerausbildung mindestens zwei Jahre im Beruf gearbeitet haben und das Mindestalter von 24 Jahren aufweisen. Das Studium dauert ungefähr 4 1/2 Monate und wurde bis 1994 mit einer schulinternen Prüfung abgeschlossen. Die Absolventen erhielten die Bezeichnung *Assistent/in im Buchhandel.* Seit 1995 schließt der Fachschulstudiengang mit einer IHK-Prüfung zum *Buchhandelsfachwirt.* Analoge *Verlagsfachwirt-Abschlüsse* für die Bereiche Herstellung und Marketing können bereits vor einzelnen Industrie- und Handelskammern abgelegt werden.

Aufbaustudiengänge für den Buchhandel, die sich an Absolventen von Universitäten und Hochschulen richten, werden z.Zt. von der *Universität München* und in Stuttgart von dem *Klett Wirtschafts- und Bildungsservice* angeboten. Hier soll Akademikern die Gelegenheit gegeben werden, Fähigkeiten und Kenntnisse zu erwerben, die sie später im beruflichen Alltag des herstellenden oder verbreitenden Buchhandels anwenden können.

Einen achtsemestrigen *Studiengang Buchhandel/Verlagswirtschaft* bietet die Leipziger *Hochschule für Technik, Wirtschaft und Kultur* im Fachbereich Buch und Museum an. Die Studienabsolventen nennen sich *Diplom-Buchhandelswirt/in (FH)* und sollen Führungsaufgaben nicht nur im klassischen Buchhandel und Verlagswesen, sondern auch in anderen Branchen der Kulturwirtschaft wahrnehmen. Einen Diplomabschluß nach acht Semestern Regelstudienzeit kann man auch an der *Fachhochschule für Druck* in Stuttgart erlangen; hier werden die Studiengänge Verlagswirtschaft und Verlagsherstellung durchgeführt.

Auf weitere Möglichkeiten, die Buchbranche und angrenzende Gebiete praxisorientiert oder akademisch intensiver kennenzulernen, sei hier abschließend nur pauschal hingewiesen. Für Interessierte wird jährlich auf der Frankfurter Buchmesse von der *Abteilung für Berufsbildung des Börsenvereins des Deutschen Buchhandels* eine Informationsbörse für Buchhändler und Verlagskaufleute abgehalten.

I. Fragen zu den Hauptkapiteln

Fragen zum Kapitel „1. Aufgaben und Bedeutung des Buchhandels"

1. Was versteht man unter Inkunabeln?

2. Welcher bedeutende Buchhändler gilt als erster „reiner" Sortimenter?

3. Was versteht man unter der „Krönerschen Reform"?

4. Nennen Sie drei deutsche „Kulturverlage", die zu Beginn unseres Jahrhunderts gegründet wurden.

5. Mit welcher billigen Buchreihe gelang es dem Rowohlt Verlag, nach dem Zweiten Weltkrieg die deutsche Bevölkerung mit Lesestoff zu versorgen?

6. Wie heißt die Reihe, mit der Franz Greno seit Mitte der 80er Jahre dem Bleisatz und Buchdruck zu neuen Ehren verhalf?

Fragen zum Kapitel „2. Organisation und Gemeinschaftseinrichtungen im Buchhandel"

7. Worin besteht die Besonderheit des Börsenvereins im Unterschied zu anderen Wirtschaftsverbänden?

8. Wieviel Mitgliedsfirmen hat der Börsenverein? (1 Antwort)
( ) ca. 1.000
( ) ca. 3.000
( ) ca. 6.000
( ) ca. 10.000

9. Welche ‚Einrichtungen zur Erleichterung des Geschäftsverkehrs' (Satzung § 1, Abs. 2) hat der Börsenverein ins Leben gerufen? Nennen Sie drei!

10. Müssen Mitglieder des Börsenvereins zugleich Mitglieder der Landesverbände sein?

11. Welche Personen arbeiten im Börsenverein ehrenamtlich? (2 Antworten)
( ) Vorsteher(in)
( ) Justitiar
( ) Geschäftsführer des Verleger-Ausschusses
( ) Vorsitzender des Sortimenter-Ausschusses

12. Nennen Sie zwei Wettbewerbe des Börsenvereins, die im Hinblick auf des Phänomen Leseförderung stattfinden.

13. Nennen Sie fünf Friedenspreisträger des Deutschen Buchhandels (Ihrer Wahl).

14. Welche beiden – auch international – bedeutenden Ausstellungen führt die *Stiftung Buchkunst* durch?

15. Welche Institution betreut die ehemaligen *Wanderausstellungen* des Börsenvereins?

16. Nennen Sie fünf Berufssparten, die sich auf der Frankfurter Buchmesse treffen.

17. Wie heißen die vier Wirtschaftsunternehmen des Börsenvereins?

18. Nennen Sie fünf Verlagsobjekte der Buchhändler-Vereinigung.

19. Was bedeutet die Aussage: Die BAG übernimmt nur die technische Abwicklung der Zahlungsabrechnung im Buchhandel?

20. Ist die Teilnahme am BAG-Abrechnungsverfahren für alle Verlage und Buchhandlungen verpflichtend?

Fragen zum Kapitel „3. Rechtsgrundlagen und Vereinbarungen im Buchhandel"

21. Ordnen Sie die zusammenhängenden Begriffe zu:

(1) HGB	( ) Wettbewerbsregeln
(2) UWG	( ) Verkehrsordnung
(3) GWB	( ) Preisbindung

22. Was verstand man im 19. Jahrhundert unter ‚Preisschleuderey'?

23. Wann trat die Krönersche Reform in Kraft?

24. Was versteht man unter der ‚Preisbindung der letzten Hand'?

25. Kreuzen Sie die richtigen Aussagen an. (2 Antworten)
( ) Die Preisbindung für Bücher ist in der Bundesrepublik gesetzlich vorgeschrieben.
( ) Die Preisbindung verbietet und verhindert jeglichen Wettbewerb.
( ) § 15 GWB verbietet die Preisbindung, § 16 erlaubt sie für Verlagserzeugnisse.
( ) Einige Verlage erlauben Skontogewährung, die meisten jedoch nicht.
( ) Der Sammelrevers setzt Sortimenterrabatte fest.

26. Welche Aussagen zur Vermittlerprovision sind richtig? (2 Antworten)
( ) Der Buchhändler gewährt 10% Provision und erlaubt dem Vermittler, diese – in vollem Umfang oder teilweise – dem Kunden weiterzugeben.
( ) Die Gewährung von Vermittlerprovisionen verstößt gegen die Bestimmungen des Sammelrevers.
( ) Nur gewerbsmäßige Vermittler dürfen die Provision weitergeben.
( ) Der handelsübliche Satz für Vermittlerprovisionen liegt bei 10%.
( ) Der Buchhändler muß gewerbsmäßige Vermittler dazu verpflichten, beim Weiterverkauf der Ware die Bestimmungen der Preisbindung einzuhalten.

27. Sie stellen eine Sendung für Ihre Stadtbücherei zusammen.
Schreiben Sie jeweils neben den Verlagsnamen, wieviel Nachlaß nach dem Sammelrevers Sie höchstens gewähren dürfen. (Benutzen Sie bitte den Sammelrevers-Auszug aus dem Kapitel 3.1)
Ullstein Taschenbuchverlag
Ullstein Verlag
Ulmer Verlag
Vahlen Verlag
VDE-Verlag

28. Nennen Sie fünf wesentliche Bestimmungen der Wettbewerbsregeln.

29. Welche der folgenden Aussagen, die Büchersendungen betreffen, sind falsch? (3 Antworten)
( ) Büchersendungen dürfen Rechnungen und Zahlkartenformulare beigelegt werden.
( ) Vervielfältigungen, die unmittelbar von Hand hergestellt sind, können als Büchersendung versandt werden.
( ) Als Büchersendung können auch handelsübliche Landkarten versandt werden.
( ) Auch Noten dürfen als Büchersendung verschickt werden.
( ) Ergänzungen zu Loseblattwerken gelten nicht als Büchersendung, da sie nicht durch Klebung oder Drahtung zusammengehalten sind.
( ) Büchersendungen können grundsätzlich geschlossen versandt werden.

30. Welche Aussagen bezüglich der Verkehrsordnung sind richtig? (6 Antworten)
(Um die Fragen leichter beantworten zu können, sind die jeweiligen Paragraphen der VeO im Anschluß an die Aussagen angegeben.)
( ) Nettopreise enthalten im Buchhandel die gesetzliche Mehrwertsteuer. (§ 1)
( ) Als Erscheinungstermin eines Buches gilt der Tag, an dem das Buch erstmals ausgestellt werden darf. (§ 1)
( ) Wenn ein Verlag seine gebundenen Ladenpreise erhöht, so muß er alle bis zum Stichtag aufgegebenen Bestellungen zum alten Preis ausführen. (§ 3)
( ) Bei Preisherabsetzungen kann der Verlag die Bücher zurücknehmen oder den Unterschied der Nettopreise vergüten. (§ 3)
( ) Wenn ein Verlag seine gebundenen Ladenpreise aufhebt, so muß der Buchhändler seinen Anspruch auf Rücknahme binnen 6 Monaten ab Bekanntgabe der Preisaufhebung geltend machen. (§ 3)
( ) Subskriptionspreise gelten für den Buchhändler bis zu sieben Werktage nach Ablauf der für den Endabnehmer verbindlichen Subskriptionsfrist. (§ 3)
( ) Als rechtsgültige Bestellung dient ein Bestellformular, auf das die Firma des Auftraggebers aufgestempelt ist. (§ 5)
( ) Ein Verlag darf ein Werk, das er in verschiedenen Ausstattungen lieferbar hält, in der teuersten Ausgabe dem Buchhändler liefern, wenn dieser keine detaillierten Bestelldaten angibt. (§ 5)
( ) Der Versandweg wird vom Abnehmer festgelegt. (§ 14)
( ) Verlage bzw. ihre Auslieferungen dürfen bei der Versendung einen angemessenen Kostensatz für Verpackungen in Rechnung stellen. (§ 14)

31. Nennen Sie zwei Geschäftsfälle, wo ein Sortimenter seine Verkehrsnummer verwendet.

32. Welche Verkehrsnummernbereiche stehen dem verbreitenden Buchhandel zur Verfügung?

33. Kann ein Verlag auch eine Debitorennummer erhalten?

Fragen zum Kapitel „4. Verlagswesen“

34. Beschreiben Sie die Aufgaben eines Lektors in einem Verlag.

35. Welche Korrekturen am Manuskript kann der Verlag ohne Genehmigung des Autors vornehmen?

36. Nennen Sie die beiden wichtigsten internationalen Urheberrechtsabkommen (Jahr und Ort) sowie deren Schutzbestimmungen.

37. Was versteht man bei der Schutzfristenberechnung unter Inländerbehandlung?

38. Erläutern Sie das Entstehen von Verlags/Medienkonzernen, und nennen Sie drei wichtige bundesdeutsche Verlags/Medienkonzerne.

39. Welche Werke genießen laut UrhG keinen urheberrechtlichen Schutz?

40. Erläutern Sie die beiden Begriffe ‚Miturheber‘ und ‚Urheber verbundener Werke‘. Wie werden die Schutzfristen berechnet?

41. Nennen Sie die Urheberpersönlichkeitsrechte.

42. Nennen Sie die körperlichen und unkörperlichen Verwertungsrechte.

43. Erklären Sie den Unterschied zwischen einer Bearbeitung und einer freien Benutzung. Nennen Sie drei Bearbeitungsrechte.

44. Was versteht man unter einem einfachen bzw. unter einem ausschließlichen Nutzungsrecht?

45. Was bedeutet ‚Rückrufsrecht wegen gewandelter Überzeugung‘ und wie wirkt es sich aus?

46. Das Urheberrecht findet als sozialgebundenes Recht seine Grenzen in den Bedürfnissen der Allgemeinheit.
Nennen Sie drei Ihnen bekannte Zwecke dieser Art, zu deren Gunsten das Urheberrecht eingeschränkt worden ist!

47. Ein Verleger bereitet ein Schulbuch vor, in das Gedichte verschiedener Autoren aufgenommen werden sollen. Muß der Verleger eine Vergütung bezahlen?

48. Der Autor Alfred E. Neumann starb am 13.05.1977.
Wann werden seine Werke gemeinfrei?

49. Welchen wirtschaftlichen Nutzen können andere Verlage aus der genannten Gemeinfreiheit ziehen?

50. Bis wann ist ein 1950 unter (nicht aufgelöstem) Pseudonym erschienenes Werk urheberrechtlich geschützt?

51. Nennen Sie die Schutzfristen (bitte exakte Angaben) von Lichtbildwerken:
Lichtbildern mit dokumentarischem Wert:
einfachen Lichtbildern:

52. Was regelt der Verlagsvertrag?

53. Nennen Sie jeweils drei buchnahe sowie drei buchferne Nebenrechte.

54. Nennen Sie drei Honorararten.

55. Wenn in einem Verlagsvertrag zwischen Verlag und Autor über die Auflagenhöhe des zu erstellenden Werkes nichts vereinbart wurde, wie hoch kann der Verlag ohne Rücksprache mit dem Autor die Erstauflage ansetzen?

56. Nennen Sie drei bedeutende bundesdeutsche Verwertungsgesellschaften.

57. Wie kann sich ein Urheber (oder Verlag) einen Buchtitel schützen lassen?

58. Nennen Sie Methoden der primären Marktforschung!

59. Nennen Sie die vier Marketinginstrumente, die zusammen das Marketing-Mix ergeben, sowie die Einzelinstrumente des Kommunikationsmixes!

60. Schildern Sie Vor- und Nachteile der Fremdauslieferung (b. Selbstauslieferung)!

61. Nennen Sie die wichtigsten Vertriebswege/Vertriebskanäle, die einem Verlag offenstehen!

62. Problematisieren Sie die Entscheidung eines Verlages, den Direktversand (zum Endverbraucher) zu wählen!

63. Nehmen Sie Stellung zu der Behauptung: ‚PR ist kostenlose Werbung!‘

Fragen zum Kapitel „5. Zwischenbuchhandel“

64. Welche Aussagen sind richtig? (3 Antworten)
( ) Der buchhändlerische Kommissionär handelt im eigenen Namen und auf fremde Rechnung.
( ) Barsortimente handeln im eigenen Namen und auf eigene Rechnung.
( ) Verlagsauslieferungen handeln im fremden Namen und auf fremde Rechnung.
( ) Der Kommissionär einer Verlagsauslieferung ist ein Verlag.
( ) Das Kommissionsgeschäft ist ein Dienstleistungsunternehmen für den Sortimentsbuchhandel.
( ) Verlagsauslieferungen stellen die bestellte Ware zu.

65. Nennen Sie fünf Betriebsformen des Großhandels.

66. Wieviel Titel führen die großen allgemeinen Barsortimente?
( ) ca. 50.000
( ) ca. 100.000
( ) ca. 150.000
( ) ca. 200.000
( ) ca. 250.000

67. Was versteht man unter einem Originalverlagsgrundrabatt?

68. Was versteht man unter dem Funktionsrabatt der Barsortimente?

69. Welche Kriterien bestimmen die Wirtschaftlichkeit von Barsortimentstiteln? (3 Antworten)

70. Warum gibt es in dem Bereich des Pressevertriebs Gebietskartelle?

71. Welche Programmbereiche führen die Presse-Vertriebs-Gesellschaften neben Presseerzeugnissen?
Nennen Sie drei!

72. Nennen Sie fünf Gründe, die einen Sortimentsbuchhändler dazu bewegen, den Import einzelner Titel über den Importgrossisten vorzunehmen.

73. Nennen Sie drei Dienstleistungsbereiche, die eine Verlagsauslieferung für ihre Auftraggeber ausführt.

74. Was versteht man unter ‚factoring‘?

75. Welche drei Dienstleistungsbereiche erfüllt das Kommissionsgeschäft für seine Auftraggeber?

76. Was versteht man unter Verlegerbeischlüssen?

Fragen zum Kapitel „6. Bucheinzelhandel“

77. Nennen Sie sechs Betriebsformen des Bucheinzelhandels.

78. Was versteht man unter einer ‚Depotbuchhandlung‘?

79. Worin liegt die Rentabilität von Buchkaufkäusern begründet?
Nennen Sie drei verschiedene Punkte.

80. Welche Aussagen treffen zu? (3 Antworten)
( ) Der Sortimentsbuchhandel tätigt rund 2/3 des Umsatzes der Buchbranche.
( ) Die Warenhäuser bestreiten rund 10% des Umsatzes der Buchbranche.
( ) Reisebuchhändler haben sich auf Reiseliteratur spezialisiert.
( ) Bei einer Fachbuchhandlung gilt das Sortimentsprinzip ‚Tiefe vor Breite‘.
( ) Der größte Buchhändler der Bundesrepublik Deutschland ist ein Unternehmen des Warenhausbuchhandels.
( ) Presseerzeugnisse erhält der Bahnhofsbuchhandel vom regional zuständigen Presse-Vertriebs-Grossisten.
( ) Für den Bahnhofsbuchhändler gelten die vom Gesetz festgeschriebenen Ladenschlußgesetze.

81. Was versteht man unter P/B/S-Artikeln?

82. Welche Vertriebsform verknüpft man grundlegend mit dem Begriff ‚mail-order‘?

83. Worin besteht das Grundkonzept der Buchgemeinschaften?

84. Nennen Sie vier Buchgemeinschaften.

85. Lizenzausgaben der Buchgemeinschaften können als sogenannte Parallelausgaben zeitlich gleich mit den noch preisgebundenen Originalausgaben erhältlich sein.
Welche Kriterien sind für das Bundeskartellamt hinsichtlich der Frage wichtig, ob der Originalverlag die Preisbindung mißbräuchlich handhabt? (4 Kriterien)

86. Welche Aussagen sind falsch? (3 Antworten)
( ) Das einstufige Vertriebsmodell der Buchgemeinschaften schließt das Ladengeschäftskonzept aus.
( ) Der allgemeine Sortimentsbuchhändler stellt eine Form des ambulanten Buchhandels dar.
( ) Der Reisebuchhändler führt in der Regel ein ausgewähltes Programm hochpreisiger Titel.
( ) Das rack-jobbing-Verfahren wird häufig im Bereich der buchhändlerischen Nebenmärkte praktiziert.
( ) Die hundert größten Sortimenter teilen rund 20% des Umsatzes des Sortimentsbuchhandels unter sich auf.
( ) Moderne Großantiquariate vertreiben ausschließlich Restauflagen und Mängelexemplare.

87. Nennen Sie drei Bestellanlässe im Bucheinzelhandel.

88. Worin besteht der Unterschied zwischen einem Verlagsvertreter und einem freien Handelsvertreter?

89. Nennen Sie fünf Tätigkeiten, die einem zweimal im Jahr stattfindenden Vertreterbesuch vorausgehen sollten.

90. Bei der Frage ‚Bezug über das Barsortiment oder Bezug über den Verlag‘ spielen weitestgehend die Punkte Konditionen und Schnelligkeit die entscheidende Rolle. Daneben sind jedoch noch weitere Faktoren zu berücksichtigen. Nennen Sie vier.

91. Nennen Sie fünf Rabattformen, die über den Originalverlagsgrundrabatt hinausgehen.

92. Errechnen Sie den Effektivrabatt für die Reizpartie 23/20 bei einem Vertreterrabatt von 40%.

93. Sie vereinbaren mit einem bedeutenden Publikumsverlag auf der Messe die Zahlungskonditionen: 60 Tage Valuta, 30 Tage Ziel und 2% Skonto bei Zahlung binnen 10 Tagen.
Am 20. Oktober kommt die Sendung (Rechnungsdatum 17. Oktober) mit einem Rechnungswert über 1.650.– DM.
Zu welchen Terminen werden Sie welche Beträge spätestens überweisen, wenn Sie a) Skonto und b) Ziel ausnutzen (und nicht der BAG angeschlossen sind)?

94. Bleiben wir bei dem Beispiel der Aufgabe 93.
In welche BAG-Abrechnung würde die Überweisung fallen, wenn Sie mit der BAG vereinbart hätten: BAG bis 200.– DM, bei Skonto in jeder Höhe?

95. Welche Aussagen sind richtig (2 Antworten)?
( ) Standing order-Bezüge gibt es nur im wissenschaftlichen Sortiment.
( ) Bedingt-Bezug ist ein anderer Ausdruck für àc-Bezug.
( ) Nicht verkaufte àc-Ware kann am Ende einer Abrechnungsperiode umgetauscht werden.
( ) Disponierte Titel müssen nach der zweiten Abrechnungsperiode bezahlt werden.
( ) Der Buchhändler, der Kommissionsware verkauft, handelt im eigenen Namen und auf fremde Rechnung.

96. Welche Zahlen bzw. Zahlenkombinationen nehmen die Terminals der Zwischenbuchhändler als Bestellnummern an? Nennen Sie drei.

97. Wofür stehen die Abkürzungen DFÜ, Btx und IBU?

98. Welche Aussagen bezüglich der Transport- bzw. Zustellkosten sind falsch? (3 Antworten)
( ) Barsortimentssendungen werden traditionell nach Gewicht berechnet.
( ) Der Büchersammelverkehr berechnet seine Gebühren entfernungsabhängig.
( ) Büchersendungen werden nur bis 2.000 Gramm befördert.
( ) Die privaten Paketdienste berechnen nach Gewicht und Entfernung.
( ) Kleinbeischlüsse gelten als besonders kostenintensiv.

99. Nennen Sie acht Daten, die bei einer Kundenbestellung aufgenommen werden müssen.

100. Was versteht man unter einer Alpha-Numerik?

101. Welche Zahlen würden die Namen Kunz, Meyer und Schmidt nach der 99er Alpha-Numerik erhalten?

102. Wohin gehen bei einem 4-fach-Aufnahmeset die einzelnen Bücherzettel?

103. Was versteht man unter Meldenummern?

104. Nennen Sie je drei Angaben für eine Objekt-/Leitkarte sowie für eine Kunden-/Bezieherkarte im Rahmen der Verwaltung von Zeitschriften und Fortsetzungswerken.

105. Welche drei Faktoren entscheiden grundlegend über das Sortiment einer Buchhandlung?

106. Was versteht man unter Warengruppen?

107. In welchen Abteilungen werden in manchen Buchhandlungen Lagerbereiche nach Standard-Kompendien geordnet?

108. Nennen Sie vier Sortimentsbereiche, wo als grundlegendes Lagerordnungsprinzip das Alphabet benutzt werden kann.

109. Bringen Sie folgende Tätigkeiten im Wareneingang in die richtige Reihenfolge.
( ) Preise auszeichnen
( ) Festhalten der Fehlmeldungen
( ) Abgleichen der Vollständigkeit der Sendung mit dem Avis
( ) Vergleichen mit den Bestellunterlagen
( ) Überprüfen auf offene Mängel
( ) Überprüfen der Anschrift

110. Wieviel Tage vor Inkrafttreten müssen Preisänderungen von den Verlagen im Börsenblatt angezeigt werden?

111. Der Verlag setzt für ein Objekt den gebundenen Ladenpreis von DM 78.– auf DM 39.– herab.
Der Buchhändler hatte beim Erstbezug 5 Exemplare mit 40% Rabatt bezogen. Drei Exemplare hat er bis jetzt verkauft und möchte für die beiden restlichen Exemplare eine Differenzgutschrift. Auf wieviel DM beläuft sich diese Gutschrift?

112. Welche Aussagen sind richtig? (3 Antworten)
( ) Eine Differenzgutschrift bei Preisherabsetzungen ermittelt sich unter Berücksichtigung des alten Rabattsatzes.
( ) Preisänderungen müssen zum Stichtag vorgenommen werden.
( ) Rückrufe im Börsenblatt betreffen nur Kommissionsware.
( ) Preise brauchen nicht umgezeichnet zu werden, wenn der Verlag den Ladenpreis aufgedruckt hat.
( ) Neuwertige Remittenden bleiben preisgebunden.
( ) Der Verlag kann eine Remissionssendung zurückweisen, wenn bei einem Fixkauf der Liefertermin nicht eingehalten worden ist.

113. Nennen Sie fünf Remissionsgründe für Sortimenter, und ordnen Sie die entsprechenden Schlüssel-Nummern der Standard-Rücksendungs-Rechnung aus dem Formularbuch zu.

114. Wann spricht man von einem Defektexemplar?

115. Die vereinfachte Remission gilt nicht nur für Defektexemplare, sondern auch für … .

116. Welche Möglichkeiten zur Lagerkontrolle bieten sich dem Buchhändler? Nennen Sie fünf.

117. Nennen Sie vier verschiedene Listen, mit deren Hilfe Sie im Rahmen eines geschlossenen Warenwirtschaftssystems für eine optimale Lagerorganisation sorgen können.

118. Was bedeuten die Abkürzungen EAN und OCR-B?

119. Welche Zahlenfolge steht für die Ware Buch im Rahmen der EAN-Codierung?

120. Sie haben einen Rechnungsbetrag von DM 272,50.
Auf wieviel DM belaufen sich das steuerliche Entgelt und die Mehrwertsteuer (bei einem ermäßigten Mehrwertsteuersatz von 7%)?

121. Welche Verkaufsobjekte des Buchhandels enthalten den vollen Mehrwertsteuersatz? (5 Antworten)

( ) Bibliographien
( ) Videos
( ) Poster
( ) Mängelexemplare
( ) Globen
( ) Antiquarische Bücher
( ) Landkarten
( ) Abreiß-Kalender
( ) Briefmarkenkataloge
( ) Kunstpostkarten

122. Was versteht man unter Inventur? Nennen Sie Beispiele für die Verpflichtung, Inventur zu machen.

123. Wie bewertet man die ac-Bestände hinsichtlich Inventuraufnahme und Abschreibung?

124. In welchem Fall ist eine ‚pauschale Abschreibung‘ in der Regel steuerlich günstiger als eine Abschreibung nach Altersstruktur?

125. Mit welchem Prozentsatz kann man bei einer Abschreibung nach Altersstruktur ‚Reihen und Kleinschriften‘ abschreiben (für das laufende 1. Jahr)? (1 Antwort)

( ) 50%
( ) 70%
( ) 90%
( ) 100%
( ) gar nicht

126. Ermitteln Sie die Lagerdauer bei einem Umsatz von 1,2 Mio. DM und einem durchschnittlichen Lagerbestand von 250.000 DM.

127. Welche fünf Hauptbereiche des Marketing gibt es?

128. Was versteht man unter ‚Erlebnisbuchhandel‘?

129. Was versteht man unter ‚Parallelkäufern‘?

130. Nennen Sie fünf Detailuntersuchungen, die man im Rahmen der Marktanalyse eines Unternehmens in Angriff nehmen kann.

131. Mit welchen Mitteln wird im Sortimentsbuchhandel Bedarf geweckt?

132. Was versteht man unter dem Verkauf der ‚2. Dimension‘?

133. Anhand welcher Merkmale kann man einen Stammkunden definieren?

134. Was versteht man in der modernen Betriebspsychologie unter ‚Hygienefaktoren'?

135. Welche Phasen des Verkaufsgespräches werden gängigerweise unterschieden?

136. Was versteht man unter ‚öffnenden Fragen'?

137. Worin unterscheiden sich firmenindividuelle Bücherschecks von den Bücherschecks der Buchhändlervereinigung?

138. Nennen Sie vier traditionelle Servicebereiche des Buchfachhandels.

139. An welcher Stelle im Börsenblatt beginnt die antiquarische Recherche?

140. Welche drei Kommunikationsformen eines Unternehmens greifen bei der Ausrichtung einer Signierstunde ineinander über?

141. Neben der Funktion, den Umsatz für neue Produkte kurzfristig zu steigern, kann die Werbung auch andere Funktionen haben. Nennen Sie zwei.

142. Nennen Sie Werbemittel, die zugleich Werbeträger sein können.

143. Ordnen Sie zu:
horizontale Gemeinschaftswerbung (1)
vertikale Gemeinschaftswerbung (2)
Verbundwerbung (3)
Branchenwerbung (4)
( ) Die Buchhändlervereinigung erstellt und vertreibt die Kundenzeitschrift Buch Journal.
( ) Geschäfte eines Einkaufszentrums werben auf öffentlichen Verkehrsmitteln.
( ) Verlage mit gleichem Profil erstellen und verbreiten einen gemeinsamen Prospekt.
( ) Der BuchSchenkService wird auf Anschlagflächen plakatiert.
( ) Eine Buchhandlung führt eine Ratgeberaktion mit einem Verlag durch.
( ) Eine Buchhandlung wirbt gemeinsam mit einem Schallplattengeschäft.

144. Welche zwei wichtige Funktionen hat ein Werbeplaner?

145. Worin unterscheiden sich die Werbemöglichkeiten der Schauwerbegestaltung und der Direktwerbung?

146. Was versteht man unter einem mehrstufigen mailing?

Fragen zum Kapitel „7. Bibliographie"

147. Welchen Bibliographiearten sind das ‚Gesamtverzeichnis des deutschsprachigen Schrifttums 1700–1910' (GV alt) und das ‚Verzeichnis lieferbarer Bücher' (VlB) zuzuordnen?

	GV alt	VlB
Sekundärbibliographie	( )	( )
Titelbibliographie	( )	( )
Retrospektive Bibliographie	( )	( )
Buchhändlerische Bibliographie	( )	( )
Allgemeine Bibliographie	( )	( )

148. Man unterscheidet aktives und passives Bibliographieren.
Ordnen Sie die beiden Tätigkeiten den drei Aufgabenbereichen der Bibliographie zu.

149. Gesucht werden deutsche Übersetzungen und (deutsche) Originalausgaben von den unten angegebenen Autoren/Autorinnen. Wo finden Sie diese im Autorenalphabet einer nach RAK geordneten Bibliographie?
Bitte geben Sie jeweils das erste Ordnungswort an.
François de la Rochefoucault (F)
Ian Mc Ewan (GB)
Ba Jin (China)
Ernst zur Nieden
Gonzalo Torrente Ballester (Span.)
Barbara Taylor Bradford (USA)
Tasuburo Matsumara (Japan)

150. Welche der folgenden Behauptungen stimmen nicht? (4 Antworten)
( ) Das Ordnungswort und das erste Wort eines Titels sind immer identisch.
( ) Eine abgeschlossene Bibliographie gibt Auskunft über Neuerscheinungen.
( ) Literaturanhänge zählen zu den unselbständigen Bibliographien.
( ) Hartmann von Aue wird im Autorenverzeichnis unter Hartmann eingetragen.
( ) Eine Sekundärbibliographie wird durch Autopsie erstellt.
( ) Die Transliteration ist die phonetische Umschreibung.
( ) Ein Buch mit vier Verfassern kommt unter den Sachtitel als Haupteintrag.
( ) Die Buchhändler-Vereinigung ist die nationale ISBN-Agentur für die Bundesrepublik Deutschland.
( ) Der ‚Ulrichs‘ ist ein internationales Zeitschriftenverzeichnis.

151. Welche der folgenden Aussagen sind richtig? (5 Antworten)
( ) Die Teilnahme am CIP (Reihe N der Deutschen Nationalbibliographie) ist für die Verlage Pflicht.
( ) Die Deutsche Nationalbibliographie richtet sich nach der RAK.
( ) Das ‚Verzeichnis lieferbarer Schulbücher‘ ist eine Primärbibliographie.
( ) Die topographische Ordnung ist eine inhaltlich-sachliche Ordnung.
( ) Die Dezimal-Klassifikation gehört zur systematischen Ordnung.
( ) Der Brockhaus kann zu den Krypto-Bibliographien gezählt werden.
( ) Der KNO-Barsortimentskatalog enthält Anschriften von Verlagen.
( ) Die ISBN ist für den Eintrag eines Titels in das ‚Verzeichnis lieferbarer Bücher‘ notwendig.
( ) Die ISSN wird von der Buchhändler Vereinigung zugeteilt.

152. Bringen Sie die folgenden bibliographischen Angaben durch die Zuordnung der Ziffern 1–10 in die richtige Reihenfolge nach ISBD (Bsp.: Deutsche Nationalbibliographie).
( ) Die Entwicklung des deutschen Frauenromans im ausgehenden 18. Jahrhundert
( ) Frankfurt a.M.
( ) Helicon Bd. 5
( ) 1987
( ) ISBN 3-8204-0050-8
( ) Lydia Schieth
( ) brosch.
( ) Ein Beitrag zur Gattungsgeschichte
( ) P. Lang
( ) unverbindliche Preisempfehlung

153. Definieren Sie folgende Begriffe:
Kompendium
Stichwort
Haupteintrag
Transkription
DK

Fragen zum Kapitel „8. Ausbildung und Fortbildung im Buchhandel“

154. Wie heißt der für Bildungsfragen zuständige Ausschuß des Börsenvereins?

155. Was versteht man unter dem dualen Ausbildungsprinzip?

156. Welche zwei Instanzen haben Ausbildungsverordnungen bzw. Rahmenlehrpläne verabschiedet?

157. Vor welcher Institution wird die Abschlußprüfung abgelegt?

158. Erläutern Sie folgende Abkürzungen:
EBL
LVK
LÜA
WUK

159. Welcher Studiengang schließt mit dem Titel ‚Buchhandelsfachwirt(in)‘?

II. Lösungen zu den Fragen

Antworten zum Kapitel „1. Aufgaben und Bedeutung des Buchhandels"

1. Bezeichnung für Druckwerke, die zwischen 1450 und 1500 hergestellt wurden.

2. Friedrich Christoph Perthes (1772–1843).

3. Eine neue Satzung des Börsenvereins 1887/88, deren wesentlichste Bestimmung die Vereinbarung über den Festen Ladenpreis war.

4. S. Fischer Verlag, Rowohlt Verlag, Insel Verlag

5. RO-RO-RO = Rowohlts-Rotations-Romane

6. Die Andere Bibliothek

Antworten zum Kapitel „2. Organisation und Gemeinschaftseinrichtungen im Buchhandel"

7. Die drei Wirtschaftsstufen bilden *einen* Verband.

8. Ca. 6.000

9. BAG, IBU, Verkehrsnummernsystem

10. Ja

11. Vorsteher(in), Vorsitzender des Sortimenter-Ausschusses

12. Vorlese-Wettbewerb des deutschen Buchhandels
    Das lesende Klassenzimmer

13. Siehe Liste der Friedenspreisträger im Kap. 2.2

14. Die schönsten Bücher aus aller Welt (Leipzig)
    Buchkunst international (Frankfurt a.M.)

15. Stiftung Lesen

16. Buchhändler
    Bibliothekare
    Wissenschaftler
    Redakteure
    Journalisten (oder andere)

17. Buchhändler-Vereinigung
    BAG-Buchhändler-Abrechnungs-Gesellschaft
    Rechenzentrum Buchhandel (RZB)
    Ausstellungs- und Messe-GmbH (AuM)

18. Börsenblatt
Verzeichnis lieferbarer Bücher
Deutsche Nationalbibliographie
Adreßbuch für den deutschsprachigen Buchhandel
Buch Journal (oder andere)

19. Die BAG erwirbt kein Eigentum (kein Obligo) an abzurechnenden Forderungen.

20. Nein

Antworten zum Kapitel „3. Rechtsgrundlagen und Vereinbarungen im Buchhandel"

21. HGB – Verkehrsordnung
UWG – Wettbewerbsregeln
GWB – Preisbindung

22. Das überproportionale Unterbieten von (empfohlenen) Buchpreisen.

23. 1888

24. Der Endabnehmer zahlt – woher er das Buch auch bezieht – den vom Verlag festgesetzten Ladenpreis.

25. 1. § 15 GWB verbietet die Preisbindung, § 16 erlaubt sie für Verlagserzeugnisse.
2. Einige Verlage erlauben Skontogewährung, die meisten jedoch nicht.

26. Die zwei richtigen Antworten sind die 4. und 5. Aussage!

27.

Ullstein Taschenbuchverlag	10%
Ullstein Verlag	5%
Ulmer Verlag	10%
Vahlen Verlag	5%
VDE-Verlag	0%

28. 1. Bekanntgabe von Preisänderungen
2. Mitteilungspflicht bei Parallelausgaben
3. Schaufensterbelegdauer
4. Werbung für nicht mehr preisgebundene Bücher
5. Mindestbestellmenge (oder andere Auswahl)

29. 1. Vervielfältigungen, die unmittelbar von Hand hergestellt sind, können als Büchersendung versandt werden.
5. Ergänzungen zu Loseblattausgaben gelten nicht als Büchersendung, da sie nicht durch Klebung oder Drahtung zusammengehalten sind.
6. Büchersendungen können grundsätzlich geschlossen versandt werden.

30. 1. Nettopreise enthalten im Buchhandel die gesetzliche Mehrwertsteuer. (§ 1)
2. Wenn ein Verlag seine gebundenen Ladenpreise erhöht, so muß er alle bis zum Stichtag aufgegebenen Bestellungen zum alten Preis ausführen. (§ 3)
3. Bei Preisherabsetzungen kann der Verlag die Bücher zurücknehmen oder den Unterschied der Nettopreise vergüten. (§ 3)
4. Subskriptionspreise gelten für den Buchhändler bis zu sieben Werktage nach Ablauf der für den Endabnehmer verbindlichen Subskriptionsfrist. (§ 3)

5. Als rechtsgültige Bestellung dient ein Bestellformular, auf das die Firma des Auftraggebers aufgestempelt ist. (§ 5)
6. Der Versandweg wird vom Abnehmer festgelegt. (§ 14)

31. 1. BAG-Abrechnungsnummer
2. Identifikationsnummer bei Terminalbestellungen

32. 20.000 – 59.999

33. Ja (wenn er Bücher bei anderen Verlagen bezieht).

Antworten zum Kapitel „4. Verlagswesen"

34. Manuskriptdurchsicht und -auswahl, Manuskriptkorrektur, Kontakt mit Scouts und literarischen Agenturen, Autorenpflege, Besuch von Fachveranstaltungen, Messen etc., Zusammenarbeit mit anderen Verlagsabteilungen (z.B. Herstellung, Vertrieb)

35. Orthographie, Interpunktion, Grammatik, grobe sachliche Fehler

36. BÜ, Bern, 1886, Inländerbehandlung, mind. 50 J. p.m.a.
WUA, Genf, 1952, Inländerbehandlung, mind. 25. J. p.m.a.

37. Die Verpflichtung, Verbandsangehörige wie die eigenen Staatsangehörigen zu schützen.

38. Horizontale, vertikale und diagonale Ausweitung. Bertelsmann, Springer, Holtzbrinck, Bauer, Burda etc.

39. Amtliche Werke

40. Miturheber: mehrere Urheber schaffen ein gemeinsames Werk, nur ein Urheberrecht, 70 Jahre nach Ablauf des Todesjahres des längstlebenden Miturhebers
Urheber verbundener Werke: mehrere Urheber fassen ihre Werke zur einheitlichen Verwertung zusammen, Schutzfrist läuft 70 Jahre nach Ablauf des Todesjahres jedes einzelnen Urhebers ab

41. Veröffentlichungsrecht, Schutz vor Entstellung, Anerkennung der Urheberschaft

42. Körperlich: Vervielfältigungs-, Verbreitungs- und Ausstellungsrecht
Unkörperlich: Vorführ-, Vortrags- und Ausführungsrecht, Senderecht, Wiedergabe Bild/Tonträger und Funksendungen

43. Bearbeitung: Zustimmung des Berechtigten muß eingeholt und Lizenzgebühren müssen bezahlt werden.
Freie Benutzung: Es erfolgt eine neue selbständige Schöpfung, wobei die Individualität des benutzten Werkes in den Hintergrund treten muß
Bearbeitungsrechte: Verfilmungs-, Vertonungs- und Adaptionsrecht u.a.

44. Der Inhaber eines einfachen Nutzungsrechts ist berechtigt, das Werk neben dem Urheber und anderen Berechtigten auf die ihm erlaubte Art zu nutzen. Der Inhaber eines ausschließlichen Nutzungsrechts ist berechtigt, das Werk unter Ausschluß aller anderen Personen einschließlich des Urhebers auf die ihm erlaubte Art zu nutzen und einfache Nutzungsrechte einzuräumen

45. Möglichkeit, sein Werk wegen gewandelter politischer, religiöser oder sonstiger Gründe zurückzurufen. Der entstehende Schaden für den Verlag muß der Urheber bezahlen

46. Sammlungen für Kirchen-, Schul- und Unterrichtsgebrauch, Rechtspflege und für die öffentliche Sicherheit, Vervielfältigungen zum eigenen persönlichen oder wissenschaftlichen Gebrauch

47. Bei geschützten Werken muß dem Autor eine Vergütung bezahlt werden, bei gemeinfreien Werken entfällt natürlich eine Vergütung

48. Gemeinfrei ab 01.01.2048

49. Nachdruck ohne Genehmigung und Lizenzgebühren

50. Geschützt bis 31.12.2020

51. Lichtbildwerken: 70 J. p.m.a.
Lichtbilder mit dokumentarischem Wert: 50 J. nach Erscheinen oder Herstellung einfachen Lichtbildern: 25 J. nach Herstellung

52. Die Rechte und Pflichten des Autors und des Verlages

53. buchnah: Übersetzungsrecht, Mikrokopieausgaben, Vorabdrucksrecht
buchfern: Dramatisierungsrecht, Vertonungs- und Verfilmungsrecht

54. Pauschalhonorar, Absatzhonorar, Mischform aus beiden

55. 1000 Exemplare

56. GEMA, VG Wort/Wissenschaft, VG Bild/Kunst

57. Mit einer Titelschutzanzeige im Börsenblatt

58. Befragung, Beobachtung, (Feld- und Labor-)Experiment.

59. Produkt- und Programmpolitik(-mix);
Distributionspolitik(-mix);
Kontrahierungspolitik(-mix);
Kommunikationspolitik(-mix); Werbung, PR, VKF, Pers. Verkauf.

60. Vorteile: Keine eigene Lagerhaltung; günstige Nutzung von EDV-Leistungen wie Fakturierung, Remittendenbearbeitung, statistische Auswertungen etc.; Abwälzung des Zahlungsrisikos; Kostenvorteile im Versand.
Nachteile: Direkter Kontakt zum Kunden nicht vorhanden oder erschwert; keine individuelle Konditionenpolitik möglich; generelle Abhängigkeit von Großbetrieben.

61. Barsortiment (Großhandel);
Sortimenter (Einzelhandel);
Direktvertrieb;
Reise- und Versandbuchhandel;
Sonstiger Groß- und Einzelhandel.

62. Für den Direktversand sprechen das Einsparen von Handelsspannen sowie der direkte Kontakt zum Endverbraucher. Dagegen spricht die drohende Sperrung sonstiger Vertriebskanäle. Die Entscheidung wird davon abhängen, ob die Zielgruppe fast vollständig direkt zu erreichen ist und die Einordnung als Direktvertreiber durch das Sortiment dem Verlagsprofil unschädlich ist.

63. ‚Kostenlos' bedeutet in diesem Zusammenhang lediglich, daß für PR im Gegensatz zur Werbung keine Schaltkosten anfallen. PR an sich verursacht sehr wohl Kosten, z.B. Personal- und Kommunikationsaufwand (für Pressinformationen) und Rezensionsexemplare.

Antworten zum Kapitel „5. Zwischenbuchhandel"

64. 1. Barsortimente handeln im eigenen Namen und auf eigene Rechnung.
2. Verlagsauslieferungen handeln im fremden Namen und auf fremde Rechnung.
3. Das Kommissionsgeschäft ist ein Dienstleistungsunternehmen für den Sortimentsbuchhandel.

65. Allgemeines Barsortiment, Spezialbarsortiment, Regalgroßhandel, Importeur, Presse-Vertriebs-Grossist (oder andere Auswahl)

66. Ca. 200.000 (250.000 bei KNO-KV-GW)

67. Rabatt, den der Buchhändler bei Einzelbestellungen vom Verlag erhält

68. ‚Gewinnspanne' des Barsortiments (ca. 15%). Differenz zwischen Einkaufsrabatt und Wiederverkäuferrabatt (Originalverlagsgrundrabatt)

69. Ladenpreis, Rabatt, Bündelung (Bestellmenge pro Titel)

70. Damit die flächendeckende Versorgung der gesamten Bevölkerung mit Presse-Erzeugnissen lückenlos und rationell organisiert werden kann.

71. Taschenbücher, ‚Groschenhefte', Comics (oder andere Auswahl)

72. 1. schnelle Lieferung bei Lagertiteln
2. Schriftverkehr in deutsch
3. kein Währungsrechnen
4. BAG-Einzug möglich
5. Bündelungseffekt (viele Titel verschiedener Verlage von einem Lieferanten) (oder andere Auswahl)

73. Bestellannahme, Fakturierung, EDV-gestützte Absatzstatistiken (oder andere Auswahl)

74. Forderungskauf

75. Bestellweiterleitung, Zustellen der Ware, Remittendenmitnahme

76. Verlagssendungen, die durch den Büchersammelverkehr zugestellt werden.

Antworten zum Kapitel „6. Bucheinzelhandel"

77. Allgemeines Sortiment, Fachbuchhandlung, Buchkaufhaus, Bahnhofsbuchhandlung, Warenhausbuchhandel, Taschenbuchladen (oder andere Auswahl)

78. Unternehmen, das (nahezu) das komplette lieferbare Programm einzelner Verlage führt.

79. 1. Minimierung des Besorgungsgeschäftes
2. Zusatzverkäufe über großzügige Warenpräsentation
3. Einkäufe in größeren Stückzahlen zu günstigen Konditionen (oder andere Auswahl)

80. 1. Der Sortimentsbuchhandel tätigt rund 2/3 des Umsatzes der Buchbranche.
2. Bei einer Fachbuchhandlung gilt das Sortimentsprinzip ‚Tiefe vor Breite'.
3. Der größte Buchhändler der Bundesrepublik ist ein Unternehmen des Warenhausbuchhandels.

81. P – Papierbedarf, B – Bürobedarf, S – Schreibwarenbedarf

82. Versandbuchhandel

83. Verplante Kaufkraft durch Buch-Abos

84. Bertelsmann Lesering, Deutscher Bücherbund, Büchergilde Gutenberg, Wissenschaftliche Buchgesellschaft

85. Wertunterschied, Zeitabstand, Preisunterschied (je zur Originalausgabe), Grad der Abnahmeverpflichtung der Buchgemeinschaft

86. 1. Der allgemeine Sortimentsbuchhändler stellt eine Form des ambulanten Buchhandels dar.
2. Die hundert größten Sortimenter teilen rund 20% des Umsatzes des Sortimentsbuchhandels unter sich auf.
3. Moderne Großantiquariate vertreiben ausschließlich Restauflagen und Mängelexemplare.

87. Novitäteneinkauf, Backlisteinkauf, Kundenbesorgung

88. Verlagsvertreter – Angestellter des Verlags
Handelsvertreter – selbständiger Kaufmann

89. Lageraufnahme durchführen, Bestellmenge fixieren, Remissionstitel heraussuchen, Konditionenkarte zurechtlegen, Werbemaßnahmen (mit Verlagen) planen

90. Bezugskosten, Lagerkosten, Buchhaltungsaufwand, Bonus/Skonti (oder andere Auswahl)

91. Reise-/Vertreterrabatt, Messerabatt, Partie, Jahresabschluß, Staffelrabatt

92. 47,8%

93. Mit Skonto: 27. Dezember – 1.617,– DM
Mit Ziel: 17. Januar – 1.650,– DM

94. BAG-Abrechnung 1 vom 2. Januar

95. 1. Bedingt-Bezug ist ein anderer Ausdruck für àc-Bezug.
2. Der Buchhändler, der Kommissionsware verkauft, handelt im eigenen Namen und auf fremde Rechnung.

96. Barsortimentsnummern, ISBN, Reihenkürzel und Bandnummern

97. DFÜ – Datenfernübertragung
Btx – Bildschirmtext
IBU – Informationsverbund Buchhandel

98. 1. Barsortimentssendungen werden traditionell nach Gewicht berechnet.
2. Der Büchersammelverkehr berechnet seine Gebühren entferungsabhängig.
3. Büchersendungen werden nur bis 2.000 Gramm befördert.

99. Name/Anschrift des Kunden, Bezugsform, Anzahl der gewünschten Exemplare, Verfasser/Titel/Verlag, Lieferweg, Zahlungsmodus, Tag der Bestellung, Namenskürzel

100. System, nach dem Buchstaben (i.d.R. Eigennamen) bestimmten Zahlen zugeordnet werden

101. Kunze – 50, Meyer – 58, Schmidt – 79

102. Verlag, Kundenkartei, Verlagskartei, Abholschein

103. Meldenummern geben den Grund der Nicht-Lieferbarkeit in Zahlen an

104. Leitkarte: Titel, Erscheinungsweise, Verlag
Kundenkarte: Rechnungsanschrift, Zustellart, Zahlungsmodus (oder andere Auswahl)

105. Lage/Standort, Größe, Konzept

106. Ökonomische Einheiten, mit deren Hilfe Umsätze differenziert erfaßt werden können

107. Jura (Schweitzer's Vademecum), Technik (Weidemann), Reise (GEO)

108. Belletristik (Autorenalphabet), Reiseabteilung (Länderalphabet), Wörterbuchabteilung (Länderalphabet), Bilderbücher (Verlagsalphabet) (oder andere Auswahl)

109.
1. Überprüfen der Anschrift
2. Abgleichen der Vollständigkeit der Sendung mit dem Avis
3. Vergleichen mit den Bestellunterlagen
4. Überprüfen auf offene Mängel
5. Festhalten der Fehlmeldungen
6. Preise auszeichnen

110. 14 Tage

111. DM 46,80

112.
1. Eine Differenzgutschrift bei Preisherabsetzungen ermittelt sich unter Berücksichtigung des alten Rabattsatzes.
2. Preisänderungen müssen zum Stichtag vorgenommen werden.
3. Neuwertige Remittenden bleiben preisgebunden.

113.

Remissionsgrund:	Schlüssel-Nummer:
Unverlangtsendung	11
Remission aus àc-Bezügen	09
RR-Bezug	01
Rückruf	02
vom Vertreter genehmigt	03
(oder andere Auswahl)	

114. Wenn ein Buch herstellungsbedingte Mängel aufweist

115. Alte Auflagen, sofern Verlage das VR-Verfahren wünschen

116. Buchlaufkarte, EDV, Kassendurchschläge, Inventur, Vergleich mit letztem Reiseauftrag

117. Bestandslisten (nach Warengruppen u.a.)
Verkaufslisten (für verschiedene Zeiträume u.a.)
Bestellvorschlagslisten (für Nachbestellungen)
Remissionslisten (nicht verkaufter Titel)

118. EAN – european article number
OCR-B – visuell und maschinell lesbare Computerschrift (optical character recognation)

119. 978

120. Steuerliches Entgelt: 254,67 DM
Mehrwertsteuer: 17,83 DM

121. Videos, Poster, Abreiß-Kalender, Briefmarkenkataloge, Kunstpostkarten

122. Inventur ist die körperliche und wertmäßige Bestandsaufnahme von Vermögens- und Schuldwerten.
Sie ist vorzunehmen: bei Geschäftsaufnahme, bei Geschäftsaufgabe und einmal jährlich.

123. AC-Bestände (Kommissionsware) sind Eigentum der Verlage und werden nicht in die Inventur einbezogen und somit auch nicht bewertet (bzw. abgeschrieben).

124. Je aktueller (also neuer) ein Warenlager ist, desto günstiger ist eine pauschale Abschreibung. Man bildet ‚stille Reserven'. (Statt 50% Abschreibung kann man 60% abschreiben.)

125. 70%

126. Lagerumschlagsgeschwindigkeit (LUG) $\frac{\text{Umsatz}}{\text{LB}} = 4{,}8\text{mal}$

Lagerdauer (Tage) $\frac{360}{4{,}8} = \underline{\underline{75 \text{ Tage}}}$

127. Marktanalyse, Sortiment, Personal, Service, Kommunikation

128. Der/die Sortimenter/in sorgt sich nicht nur um die Ware und ein kompetentes Personal, sondern auch um ein entsprechendes Verkaufsumfeld (Ambiente).

129. Käufer, die in unterschiedlichen Einkaufsstätten Bücher kaufen.

130. Analysen zum Einzugsgebiet, zum Verbraucherverhalten, zur Infrastruktur, zur Beschäftigungs- und Bildungsstruktur o.ä.

131. Werbung, Warenpräsentation, Empfehlung des Personals

132. Verkauf einer (positiven) Einstellung zu der eigenen Firma

133. Häufigkeit des Kaufs, regelmäßiger Kontakt, Interesse an Infomaterialen (Werbung o.ä.) der Buchhandlung, Interesse an Aktionen, Vorzugszahlungsbedingungen (Monatskonto o.ä.) etc.

134. Faktoren, die aus dem Arbeits*umfeld* (Organisation etc.) her definiert sind und nicht nach dem Inhalt der Tätigkeit.

135. Begrüßung, Bedarfsermittlung, Demonstration, (Einwandbehandlung), Abschluß, Gesprächsausklang

136. ‚W-Fragen' – Fragen, die mit den Fragewörtern wer, was, womit etc. beginnen. Sie werden zur Bedarfsermittlung eingesetzt.

137. Es gibt Abweichungen hinsichtlich der graphisch-visuellen Gestaltung (Layout-Lösung) sowie bezüglich der Einlöse- und Verrechnungsmodalitäten.

138. Besorgung, bibliographische Recherche, Ansichtsbestellungen, antiquarische Suche o.ä.

139. Beilage ‚Angebotene und gesuchte Bilder'.

140. Werbung, Verkaufsförderung (sales promotion), Öffentlichkeitsarbeit (PR)

141. Informationsvermittlung, Imageverbesserung o.ä.

142. Kataloge, Prospekte

143. Richtige Reihenfolge: (4), (3), (1), (4), (2), (1)

144. Er hilft, die unterschiedlichen Werbeaktivitäten mittel-/langfristig zu planen und zu koordinieren.

145. Schauwerbegestaltung: standortabhängige Mengenumwerbung. Direktwerbung: Nutzung diverser Werbeträger, Individualumwerbung (persönliche Ansprache)

146. Kunde muß in einem Schreiben erst nähere Informationen zum Produkt (o.ä.) ordern.

Antworten zum Kapitel „7. Bibliographie"

147.	GV alt	VlB
Sekundärbibliographie	(x)	(x)
Titelbibliographie	(x)	(x)
Retrospektive Bibliographie	(x)	( )
Buchhändlerische Bibliographie	( )	(x)
Allgemeine Bibliographie	(x)	(x)

148. Titelsuche – passiv
Literaturkontrolle – passiv
Literatursuche – aktiv+passiv

149. LaRochefoucault, MacEwan, Ba, Zur Nieden, Torrente, Bradford, Matsumara

150. 1. Das Ordnungswort und das erste Wort eines Titels sind immer identisch.
2. Eine abgeschlossene Bibliographie gibt Auskunft über Neuerscheinungen.
3. Eine Sekundärbibliographie wird durch Autopsie erstellt.
4. Die Transliteration ist die phonetische Umschreibung.

151. 1. Die Deutsche Nationalbibliographie richtet sich nach der RAK.
2. Die topographische Ordnung ist eine inhaltlich-sachliche Ordnung.
3. Die Dezimal-Klassifikation gehört zur systematischen Ordnung.
4. Der Brockhaus kann zu den Krypto-Bibliographien gezählt werden.
5. Die ISBN ist für den Eintrag eines Titels in das Verzeichnis lieferbarer Bücher notwendig.

152. 1. Lydia Schieth, 2. Die Entwicklung des deutschen Frauenromans im ausgehenden 18. Jahrhundert, 3. Ein Beitrag zur Gattungsgeschichte, 4. Frankfurt a.M., 5. P. Lang, 6. 1987, 7. Helicon Bd. 5, 8. ISBN 3-8204-0050-8, 9. brosch., 10. unverbindliche Preisempfehlung

153. Kompendium – Fachbibliographie
Stichwort – ... kommt im Titel vor
Haupteintrag – Eintrag mit den vollständigen bibliographischen Angaben

Transkription – Lautumschreibung (phonetische Umschreibung) aus nichtlateinischen Alphabeten
DK – Dezimal-Klassifkation

Antworten zum Kapitel „8. Ausbildung und Fortbildung im Buchhandel"

154. Berufsbildungs-Ausschuß

155. Ausbildung in Betrieben *und* Berufsschulen

156. Ausbildungsverordnungen – Bundesminister der Wirtschaft
Rahmenlehrpläne – Kultusministerkonferenz

157. Industrie- und Handelskammer

158. EBL – Ersatz-Berufsschul-Lehrgang
LVK – Lehrgang für Verlagskaufleute
LÜA – Lehrgang Überbetriebliche Ausbildung
WUK – Kurs zur Wiedereingliederung und Umschulung in den Sortimentsbuchhandel

159. Fachschule des Deutschen Buchhandels

III. Literaturverzeichnis

abc des Zwischenbuchhandels. 2., veränderte und ergänzte Auflage. Zusammengestellt von Thomas Bez. Sonderdruck aus Börsenblatt 67/93.

Adreßbuch für den deutschsprachigen Buchhandel 1994/95. Frankfurt: Buchhändler-Vereinigung 1994.

Bartsch, Eberhard: Die Bibliographie. 2. Aufl. München: K.G. Saur 1989.

Der befragte Leser. Buch und Demoskopie. Hrsg. von Ludwig Muth. München: K.G. Saur 1993.

Börsenblatt für den Deutschen Buchhandel. Frankfurt: Buchhändler-Vereinigung 1946ff.

Börsenblatt-Sondernummer Strukturwandel Nr. 75/88 vom 20.9.1988.

Börsenverein des Deutschen Buchhandels Jahrbuch '90ff. Frankfurt: Marketing-Abteilung des Börsenvereins 1990.

Buch und Buchhandel in Zahlen. Hrsg. vom Börsenverein des Deutschen Buchhandels. Frankfurt: Buchhändler-Vereinigung 1952ff.

Buchhändlerische Werbemittel und Fachkataloge. Hrsg. vom Sortimenterausschuß des Börsenvereins des Deutschen Buchhandels e.V. Frankfurt: jährlich.

Buchland DDR. Fakten, Daten, Zahlen, Namen. o.O. o.J.

BuchMarkt. Düsseldorf: BuchMarkt Verlag, diverse Jahrgänge.

Buchreport. Dortmund: Harenberg, diverse Jahrgänge.

Der Deutsche Buchhandel in Urkunden und Quellen. Hrsg. von Hans Widmann unter Mitwirkung von Horst Kliemann und Bernhard Wendt. Bd. 1.2. Hamburg: Hauswedell 1976.

Der Deutsche Buchhandel. Wesen, Gestalt, Aufgabe. Hrsg. von Helmut Hiller und Wolfgang Strauß. 5., überarbeitete und verbesserte Auflage Hamburg: Verlag für Buchmarkt-Forschung 1975.

Dokumentation deutschsprachiger Verlage. Hrsg. v. Curt Vinz, Günter Olzog. 11. Ausg. München: Olzog 1992.

Eick, Jürgen: Das Buch aus der Fabrik. In: F.A.Z. vom 28.2.1953. Wirtschaftsteil.

Formularbuch für den Sortimentsbuchhandel. Hrsg. vom Börsenverein des Deutschen Buchhandels e.V. Sortimenter-Ausschuß. 2. Aufl. Frankfurt: Buchhändler-Vereinigung 1984.

Franzen, Hans: Die Preisbindung des Buchhandels. 3. Aufl. München: Beck 1987.

Funke, Fritz: Buchkunde. Ein Überblick über die Geschichte des Buches. 5., neubearbeitete Auflage. München: K. G. Saur 1992.

Der gegenwärtige Stand der Gutenbergforschung. Hrsg. von Hans Widmann. Stuttgart: Hiersemann 1972. (Bibliothek des Buchwesens. Bd. 1.)

Grimpe, Wolfgang: Der feste Ladenpreis im Buchhandel. Ein Leitfaden für die Praxis. 2. Aufl. Hannover: Landesverband der Buchhändler und Verleger in Niedersachsen e.V. 1990.

Halbhuber, Lothar: Schaufenstergestaltung. Mit Sonderteil Buchschaufenster von Klaus-Wilhelm Bramann. München: Bruckmann 1994.

Handbuch des Buchhandels. Hrsg. von Peter Meyer-Dohm und Wolfgang Strauß. Bd. 1–4. Hamburg: Verlag für Buchmarktforschung 1971–77,

Heinold, Ehrhardt: Bücher und Büchermacher. Was man von Verlagen und Verlegern wissen sollte. 3. Aufl. Heidelberg: Decker & Müller 1989. (Heidelberger Wegweiser).

Heinold, Ehrhardt: Bücher und Buchhändler. Was man vom Einzelhandel mit Büchern wissen sollte. 2. Aufl. Heidelberg: Decker & Müller 1990. (Heidelberger Wegweiser).

Hess-Maier, Dorothee: Halbzeit. In: Börsenblatt 25/91, S. 1104–1114.
Hiller, Helmut: Wörterbuch des Buches. 5. vollst. neubearb. Aufl. Frankfurt: Klostermann 1991.
Horizont. Zeitung für Marketing, Werbung und Medien in Kooperation mit Advertising Age. Nr. 30/94.
Instruktionen für die alphabetische Kataloge der preußischen Bibliotheken vom 10. Mai 1899. 2. Ausgabe in der Fassung vom 10. August 1908. Unveränderter Nachdruck. Wiesbaden: Harrassowitz 1961.
ISBN Internationale Standard-Buchnummer. Leitfaden. 2. Aufl. Frankfurt: Börsenverein des Deutschen Buchhandels 1981.
Jessen, Peter: Verkaufspsychologie für Buchhändler. Düsseldorf: Buchhändler heute 1977.
Kapp-Goldfriedrich, Geschichte des deutschen Buchhandels. Leipzig: Börsenverein der Deutschen Buchhändler 1886–1913. Bd. 1–4.
Kapr, Albert: Johannes Gutenberg. Persönlichkeit und Leistung. München: Beck 1987.
Keuchen, Gernot: Berufspraxis in Verlagen. 2. Aufl. Hardebeck: Eulenhof-Verlag 1986. (Seminar Branchenpraxis).
Krause, Joachim: Bibliographieren in Praxis und Unterricht. 3. Aufl. Düsseldorf: Buchhändler heute 1987.
Kreft, Wilhelm: Ladenplanung. Merchandising-Architektur. Strategie für Verkaufsräume. Leinfelden-Echterdingen: Verlagsanstalt Alexander Koch 1993.
Lexikon des Buchwesens. Hrsg. von Joachim Kirchner. Stuttgart: Hiersemann 1952–1956. Bd. 1 und 2: 1952/53. Bilderatlas in 2 Theilen: 1955/56.
Lexikon des gesamten Buchwesens. Hrsg. von Joachim Kirchner und Karl Löffler. Bd. 1–3. Leipzig: Hiersemann 1935–37.
Lexikon des gesamten Buchwesens. LGB^2. Hrsg. von Severin Corsten, Günther Pflug u. Friedrich Adolf Schmidt-Künsemüller. Stuttgart: Hiersemann 1985–.
Marketing Fibel. Text von Anne Buhrfeind und Klaus Kluge. Hrsg. von der Marketing-Abteilung des Falken Verlags. Niedernhausen: Falken Verlag 1993.
Meffert, Heribert: Marketing: Grundlagen der Absatzpolitik, Wiesbaden: Gabler 1986.
Neue Lehrbriefe für den Buchhandel. Loseblattausgabe. Stuttgart: Verband der Verlage und Buchhandlungen in Baden-Württemberg e.V. 1983ff.
Paschke, Max: Lehrbuch des deutschen Buchhandels. Von Max Paschke und Philipp Rath. Leipzig: Börsenverein der Deutschen Buchhändler 1908. Bd. 1.2.
Paulerberg, Herbert: Buch-Schaufenster selbst gemacht. Hrsg. vom Börsenverein des Deutschen Buchhandels, Sortimenterausschuß. Frankfurt: 1983.
Paulerberg, Herbert: Die Marketing-Formular- und Arbeitsmappe für die Sortimentsbuchhandlung. Frankfurt: im Selbstverlag 1993.
Paulerberg, Herbert: Marketing und Werbung der Sortimentsbuchhandlung. Lehr- und Praxisbuch. München: Saur 1986.
Publishers' International ISBN Directory. Hrsg. von International ISBN Agency, Berlin. 19th Edition. München/New York/London: Saur/Bowker 1992.
Regeln für die alphabetische Katalogisierung. Wiesbaden: Reichert 1983/1986. Bd. 1: Regeln für wissenschaftliche Bibliotheken. Bd. 2: Regeln für öffentliche Bibliotheken.
Reifensteck, Peter: Handbuch Lesungen und Literaturveranstaltungen. Konzeption – Organisation – Öffentlichkeitsarbeit. Reutlingen: Beratungsbüro für Literaturveranstaltungen 1994.
Röhring, Hans-Helmut: Wie ein Buch entsteht. Einführung in den modernen Buchverlag. 5. Aufl. Darmstadt: Wissenschaftliche Buchgesellschaft 1992.
Rürup, Bert: Deutschland 2000. Perspektiven für den Buchmarkt. In: Buchhandel in Hessen I/1993, S. 1ff.

Schmitz, Hein Günter: Die BAG seit über 65 Jahren im Dienste des Buchhandels. Frankfurt: o.V. o.J.

Schönstedt, Eduard: Der Buchverlag. Geschichte, Aufbau, Wirtschaftsprinzipien, Kalkulation und Marketing. Stuttgart: Metzler und Poeschel 1991.

Schulz, Gerd: Buchhandels-Ploetz. Abriß der Geschichte des deutschsprachigen Buchhandels von Gutenberg bis zur Gegenwart. 4. Aufl. Freiburg, Würzburg: Ploetz 1989.

Schulze, Gernot: Meine Rechte als Urheber. Urheber- und Verlagsrecht. Beck-Rechtsberater im dtv. Stand 01. März 1991. dtv 5291.

Schwarzner, Britta: Motivation im Betrieb und Möglichkeiten der Motivationsanalyse. In: Archiv für Soziologie und Wirtschaftsfragen des Buchhandels. Heft XXXVII vom 21.12.1976 (Börsenblatt 102/1976).

Sieger, Ferdinand: Recht im Verlag. Frankfurt: Buchhändler-Vereinigung 1977ff. Mehrbändige Loseblatt-Ausgabe.

Stiehl, Ulrich: Der Verlagsbuchhändler. Ein Lehr- und Nachschlagewerk, Hamburg: Hauswedell 1980.

Stöckle, Wilhelm: ABC des Buchhandels. Wirtschaftliche, technische und rechtliche Grundbegriffe. 7. Aufl. München: Lexika Verlag 1988.

Uhlig, Friedrich/Peitz, Wolfgang: Der Sortiments-Buchhändler. Ein Lehrbuch für junge Buchhändler. 19. Aufl. Neu bearbeitet und hrsg. von W. Peitz. Stuttgart: Hauswedell 1992.

Urheber- und Verlagsrecht. Textausgabe mit einer ausführlichen Einführung und einem Sachverzeichnis von Hans-Peter Hillig. Beck-Texte im dtv. 5. Aufl. Stand 1. Oktober 1991. dtv 5538.

Das Verhalten der Verbraucher: Ursachen und Konsequenzen (Quelle: Gruber, Titze & Partner). Entnommen aus: Bellino, Holger: Abschied von der uniformen Ladengestaltung. Neue Verkaufskonzepte reagieren auf verändertes Verbraucherverhalten. In: Blick durch die Wirtschaft vom 22.5.1990.

Waage, Jan L.: Psychologie und Technik des Verkaufsgesprächs. 4. Aufl. München: Moderne Industrie 1969.

Wallenfels, Dieter: Das Büchlein der Bücher oder Warum ich preisgebunden bin. Frankfurt: Eichborn 1982.

Weigel, Chr.: Abbildung der gemein-nützlichen Haupt-Stände ... Regensburg: Weigel 1698.

Die Welt des Buches. Eine Kunde vom Buch. Hrsg. von Hellmuth Langenbucher. München: Langewiesche-Brandt 1940.

Weis, Hans Christian: Marketing, Ludwigshafen (Rhein): Kiehl 1987.

Wendt, Bernhard: Der Antiquariatsbuchhandel. Eine Fachkunde für junge Antiquare. 3. Aufl. Hamburg: Hauswedell 1974.

Wenzel, Karl Egbert: Urheberrecht für die Praxis. 2. Aufl. Stuttgart: Fachverlag für Wirtschaft und Steuern: Schäffer & Co. 1990. (AfP-Praxisreihe)

Widmann, Hans: Geschichte des deutschen Buchhandels vom Altertum bis zur Gegenwart. Völlige Neubearbeitung d. Auflage von 1952. T. 1. Wiesbaden: Harrassowitz 1975.

Wittmann, Reinhard: Geschichte des deutschen Buchhandels. München: Beck 1992.

DIE ZEIT. Nr. 40 vom 1. Oktober 1993.

IV. Sach- und Personenregister